一个都不宽恕
——鲁迅和他的论敌

陈漱渝 ◎ 主编

人民日报出版社

图书在版编目(CIP)数据

一个都不宽恕：鲁迅和他的论敌 / 陈漱渝主编. --
北京：人民日报出版社，2010.4
ISBN 978-7-5115-0047-2

Ⅰ.①一… Ⅱ.①陈… Ⅲ.①鲁迅（1881~1936）-
人物研究 Ⅳ.①K825.6

中国版本图书馆 CIP 数据核字(2010)第 048803 号

书　　名：一个都不宽恕——鲁迅和他的论敌
主　　编：陈漱渝

出 版 人：董　伟
责任编辑：田玉香　宋　娜
封面设计：刘文东

出版发行：人民日报出版社
社　　址：北京市金台西路2号
邮政编码：100733
发行热线：(010)65369527　65369509　65369510
邮购热线：(010)65369530
编辑热线：(010)65369521
网　　址：www.peopledailypress.com
经　　销：新华书店
印　　刷：北京中新伟业印刷有限公司

开　　本：700×1020　1/16
字　　数：600 千字
印　　张：33.5
印　　次：2010 年 4 月第 1 版　2010 年 4 月第 1 次印刷

书　　号：ISBN 978-7-5115-0047-2
定　　价：59.00 元

序　言

　　《一个都不宽恕》1996年由中国文联出版公司初版。因当时跻身于畅销书排行榜前列，随即遭到盗版（起码有两种盗版本）；又因为盗版书错字超标，遭到了某读书周报的酷评，使我精神物质两败俱伤。不料14年之后，本书又有幸得到修订再版的机缘，作为编者，自然会倍感欣慰。

　　"一个都不宽恕"这六个字出自鲁迅遗嘱式的杂文《死》。鲁迅在留下七条遗嘱之后接着写道："此外自然还有，现在忘记了。只还记得在发热时，又曾想到欧洲人临死时，往往有一种仪式，是请别人宽恕，自己也宽恕了别人。我的怨敌可谓多矣，倘有新式的人问起我来，怎么回答呢？我想了一想，决定的是：让他们怨恨去，我也一个都不宽恕。"

　　显然，鲁迅素来不认同这种"勿念旧恶"的"恕道"，主张"拳来拳对，刀来刀挡"的"直道"。他认为人被压迫，且退让到无可退避之地的时候，反抗和斗争就成为了唯一的选择。同样在杂文《死》中，鲁迅谆谆告诫他的读者——"损着别人的牙眼，却反对报复，主张宽容的人，万勿和他接近"。这也就是说，宽容的对象中，不应该包括那种一方面贻害于人一方面又骗以"宽恕"美名的伪善者。鲁迅的上述主张，一方面受到中国传统文化和吴越地域文化的明显影响，另一方面又受到中国社会现实的深刻启示。宋代理学家朱熹在《中庸》第十三章的注文中提出过"即以其人之道还治其人之身"的见解，被鲁迅引用到《论"费厄泼赖"应该缓行》这篇著名的战斗檄文当中。明末浙江籍金事王思任所说"会稽乃报仇雪耻之乡，非藏污纳垢之地"，这句话也使鲁迅十分欣赏，并因身为越人而引以为荣。促使鲁迅反对对敌宽容的主要是中国历史上无数血的教训。在《庆祝沪宁克复的那一边》中鲁迅说："在中国，历来的胜利者，有谁不苛酷呢。最近例，则如清初的几个皇帝，民国二年后的袁世凯。对于异己者何尝不赶尽杀绝。只是他嘴上却说着什么大度和宽容，还有什么慈悲和仁厚……"（《集外集拾遗补编》）在《论"费厄泼赖"应该缓行》一文中，他设专章论述不"打落水狗"是误人子弟。例证是：辛亥革命之后，绍兴都督王金发不念旧恶，宽容为怀，释放了杀害秋瑾烈士的谋主章介眉，但等到二次革命失败后，王金发却被袁世凯的走狗枪决了,而主谋就是被他宽恕过的章介眉。在给许广平的一封信中鲁迅说得更明确:"我常想:治中国应该有两种方法,对新的用新法,对旧的用旧法。例如,'遗老'有罪,即该用清朝法律:打屁股。因为这是他所佩服的。民元革命时,对于任何人都宽容(那时称为'文明'),但待到二次革命失败,许多旧党对于革命党都不'文明'了:杀。假使那时(元年)的新党不'文明',则许多东西早已灭亡,那里会来发挥他们的老手段?"(《两地书·三五》)"不打落水狗,反被狗咬了",这就是鲁迅从许多血的经验教训中总结出的一个朴素真理。面对压迫要反抗,对敌宽容是纵恶,这是鲁迅留给我们的十分宝贵的遗训。在这个意义上可以说,"一个都不宽恕",既是鲁迅对自己战斗经验的总结,也是他对后继者的一种昭示。

然而需要特别指出的是:在鲁迅著作中,"一个都不宽恕"的对象仅限于"怨敌",即指那些坚持错误立场并心怀怨恨的人,而不是在思想和行动上都改正了错误的论争对手。所谓"不宽恕",就是不在原则问题上妥协,不以背弃真理为代价进行个人的情感交易。作家王任叔指出,高尔基的爱是伟大的爱,他的憎也是伟大的憎。鲁迅对此深表赞同。他认为作家应该有热烈的爱憎,分明的是非。真正的"爱",就包含了对"恶"的深恶痛绝。所以,这本书以"一个都不宽恕"作为书名,只是为了突出鲁迅在论争中坚如磐石的原则立场,决不能理解为鲁迅对于跟他进行过笔战的人一律咬住不放。鲁迅自己就说过,他跟郭沫若虽然曾以笔墨相讥,但因为大目标相同,并不日夜记着个人之间的恩怨。"一个都不宽恕",更不意味着鲁迅以一贯正确者自居。鲁迅无情面地解剖别人,更加无情面地解剖自己。鲁迅在革命文学论争过程中加速了世界观转变,就是他勇于正视自己弱点和局限的一个明证。

呈现在读者面前的这本《一个都不宽恕——鲁迅和他的论敌》,为鲁迅参与的历次论争提供了比较完备的史料,也为研究中国现代文艺思潮史提供了丰富的史料。翻开书页,我们可以闻到80年前文坛浓郁的硝烟味,可以看到以鲁迅为旗帜的文化新军跟形形色色、明明暗暗的论敌进行较量的波澜壮阔的历史画面。鲁迅光辉一生就是在文征笔伐中度过的。中国新文学走过的历史道路也是前驱者用战斗来开拓的。

如何看待论争?如何看待鲁迅参与的历次论争?重温这段历史有何现实意义?对于上述问题,笔者想借这篇前言略抒己见。

我以为,论争是人类古已有之的传统,能展示人类自身的智慧和风采。在论争过程中,双方的学术视野、知识水平、思维能力和论辩技巧进行着激烈的抗衡,从而使文化、学术得到进一步的提升、传播和推广。在古希腊,学者之间的论争蔚然成风,出现过著名的雄辩家伊萨乌斯(Isaeus)和著名的诡辩家莱什阿斯(Lysias)、伊索克拉特(Lsocrates)。他们能说会道,口若悬河。在中国,春秋战国时代也一度呈现过"百家争鸣"的局面。孟子对他的弟子公都子说过一句有名的话:"予岂好辩哉?予不得已也。"(《孟子·滕文公下》)孟子当时论争的主要对象是杨朱和墨翟——他认为这两位思想家的言论属于"邪说淫辞",批驳他们是为了使夏禹、周公、孔子的学说得到承传和发扬。儒家学说有一个重要的价值观,即"和而不同"。"和"是对和谐有序的重视,"不同"是对人的独立人格和独立思想的不懈追求。《尚书·舜典》曰:"八音克谐,无相夺伦,神人以和。""八音"指的是金、石、土、革、丝、木、匏、竹这八类乐器。不同音色的乐器有序地演奏,才能奏响感天动地、人神共享的乐章;如果只鸣响一种音色,那宇宙之间会损失多少绚丽斑斓呵!所以,从总体上说,论争是为了互补,而不是让一种观点、一种主张独统天下。

的确,论争可以为学术文艺的发展注入活力,提供动力。论争犹如铁锤敲打燧石,在撞击的过程中时时迸发出真理的火花。比如,著名的英国诗人雪莱正是在跟他的友人托马斯·皮科克论争的过程中撰写了长篇论文《诗之辩护》,形成了他的最完整的浪漫主义诗歌理论。在中国20世纪30年代曾发生过左翼文坛跟自称"第三种人"的苏汶的辩论。苏汶当时指责"左联"只顾目前需要,不论什么真理不真理。周扬当即反驳说:"只有实践才能辨别真理,只有实践才是真理的决定的规准"(《到底谁不要真理,不要文艺》,载《现代》第1卷第3期)显而易见,周扬的上述观点不仅十分正确,而且非常超前。不过,论争不一定每次都能得出泾渭分明的是非结论。常见的情况是:论争的一方能指出对方实质性的错误,而另一方也能指出对方的某些偏颇和欠缺,最终形成了一种相互制衡的合力,推动着学术的车轮在健康的轨道上不断前行。比如五四时期国故派主张"保存国粹",而钱玄同干脆主张"废止汉字",有了这种激进的观点和守旧的观点对抗,白话文则乘机得以流行,终于成为了文学的正宗。

在鲁迅生活的时代,文艺战线论争频频发生有其历史必然性。在漫长的封建社会中,中国文学一直处于与世隔绝的单元的文化背景之下,呈现出一幅老态龙钟、我行我素的固执形象。直到五四时期,随着外来文化的八面来风,中国文化才真正打破了文化背景的单元性质。多元并存的外来影响,使中国文学在20世纪二三十年代出现了群芳竞艳的喜人景象。仅当时引进的批评方法,就有为人生的现实主义批评、表现论的浪漫主义批评、印象式的批评、心理分析批评、古典主义批评,以及后来成为批评界主流的马克思主义文艺批评。各具不同倾向、不同规模的文学社团和文学报刊也如雨后春笋般涌现。在范泉主编的《中国现代文学社团流派辞典》中,开列的社团条目就多达1035条,流派条目有47条。在这样的文化背景之下,文学论争的产生就成了"势所必至，理有固然"的事情。比如同样留学美国，胡适等新文化运动先驱者所开采的思想资源是欧美启蒙运动和科学主义思潮，手段是理智，目标是个性解放和思想文化上的反叛传统。而梅光迪等"学衡派"骨干则师承新人文主义思想家白璧德，敌视科学理性主义和艺术中的浪漫主义，片面维护古典主义传统，因而走到了新文化运动的对立面。又比如同样留学日本，鲁迅接受了明治时代盛行的写实主义、功利主义影响，具有强烈的政治意识和社会责任感，创作关注人生问题，尤强调揭示灵魂的奥秘，而创造社的批评家成仿吾却接受了大正时代尊个性、崇天才、赞创造、重自我的现代意识，以及重表现（即"创造"）轻再现（即写实）的批评观。因此，在成仿吾看来，鲁迅小说集《呐喊》中的现实主义作品如《孔乙己》、《药》、《阿Q正传》都是"浅薄"、"庸俗"之作，惟独"描写性的发动和创造，以至衰亡"的《不周山》"最出色"，有资格进入"纯文艺的宫廷"。可见，鲁迅与成仿吾文艺观的冲突，在特定意义上反映了日本明治时代文化观与大正时代文化观的冲突。

　　不同文化背景、不同文学流派的作家之间固然容易进行论争，就是处于同一思潮流派、同一思想体系之中的作家往往也会展开论争。因为任何人都是带着与他人的差异性跨入生命长河的，必然具有不尽相同的生命体验、思维方法以及判断文学价值的准则。不同人即使在某些方面存在共识或大同，仍然会在另一方面出现分歧或小异。像法国古典主义内部出现了以布瓦洛为代表的贵族派和以圣·厄佛烈蒙为代表的民主派。在西方浪漫主义内部，出现了积极浪漫主义与消极浪漫主义的对立。在湖畔诗人群中，柯勒律治对华兹华斯的诗论进行了批判。在自然主义阵营，泰纳与左拉各走一途。在五四时期的新青年阵营中，因为政治理念的不同发生了"问题与主义"之争。在20世纪30年代的左翼文坛内部，因为对抗日统一战线的理解不同导致了"两个口号"之争。即使同一作家身上，前后主张发生矛盾的情况也经常出现。所以，我们应该把论争视为文学的灵魂，而不应该谈论争色变。

　　至于对论争中是非得失的判断，这是一个见仁见智的问题。不同人有不同的价值准则，同一人不同时期价值准则也可能有调整或变化，所以这成为了说不尽的话题。编者在本书的导言和附录中表达的观点，绝非定论，而只是作为一孔之见，坦陈于众，就教于大方之家，以期收到抛砖引玉之效。

　　最后想谈的一点是：在构建和谐社会、和谐世界的当下，在"和"字已成为时代主旋律的当下，重版《一个都不宽恕》这本论争集还有何现实意义？

　　葛优在《非诚勿扰》中说："21世纪什么最可贵？和谐。"但如果睁眼看现实，当今社会正处于改革开放的黄金期，同时也处于社会矛盾的凸显期，是一种和谐追求和怨慰情绪并存的社会。民主原则和法治理念中的"平等"期待和分配格局中"不平等"的现状,导致了怨怼心理的滋生;而怨怼情绪的弥漫,又引发了"直接利益冲突"和"无直接利益"冲突,成为了社会凝聚机制的一种离心力和破坏力。因此,在探索具有中国特色社会主义道路的过程中,恐怕需要更多提倡的是一种比天空更宽阔的胸怀。只有用宽容的清泉浇灭怨怼的火种,才能变冲突为祥和,化干戈为玉帛。在宽恕的对象中,自然应该包括伤害过自己的人。如果心胸褊狭,睚眦必报,不给对方留余地,也不给自己留余地,则不利于社会的稳定与人际关系的祥和。无怪乎有人援引南非大主教德斯蒙德·图图的名言:"没有宽恕就没有未来。"

不过,我们编辑出版这本论争集的主要目的,并不是为了抖露个人恩怨的"猛料",而是着眼于总结中国现代文艺思想斗争史上的经验教训,为繁荣今天的文艺提供历史的借鉴。论争双方的不同观念所反映的往往是不同的信仰和追求,所以在论争文字背后隐藏的其实是各不相同的心灵轨迹。从这个角度也可以说,一部论争史也就是一部心灵史,其意义也就超越了文艺的领域。

鲁迅是一个有坚定信仰、执着追求和热烈好恶的作家。他好比是在茫茫人海中夜航的舵手,凭借着理想的星辰为自己引路。"惊听荒鸡偏阒寂,起看星斗正阑干",正是他战斗英姿的生动写照。所以,编者特别希望读者从鲁迅的论辩文字中,不仅能够感受到他缜密的思考,严谨的逻辑,鲜活的形象,辛辣的讽刺,睿智的幽默,成功的典型,凝练的词语……而且能进一步感受到他那种上下求索,永远进取的精神,那种"不克厥敌,战则不止"的精神,那种挺直脊梁、永不言败的精神。正是这种精神使我们这个饱经忧患、遍体鳞伤的民族能够支撑五千年之久,并在改革开放的新长征中创造出举世瞩目的奇迹。在当今这个物质相对丰腴而理想信仰特别匮乏的时代,重新呼唤这种精神,正是激动真的猛士奋然前行的强大动力。所以,编辑出版这样一部读物,实在具有多方面的意义。

是为序。

陈漱渝

2010年3月10日于北京

目 录

一个都不宽恕
——鲁迅和他的论敌

壹 与复古派的论争 1

1 估"学衡" 1
以子之矛,攻子之盾:鲁迅与复古派的论争 陈漱渝 2
如何看待五四时期的文化保守主义 陈漱渝 3
估"学衡" 陈漱渝 6
《学衡》杂志简章 8
《学衡》弁言 9
中国文学改良论 胡先骕 10
评提倡新文化者 梅光迪 14
《吴宓自编年谱》(节录) 吴 宓 19

2 批"甲寅" 22
鲁迅与章士钊的一场诉讼 陈漱渝 23
答KS君 鲁迅 29
十四年的"读经" 鲁迅 31
从胡须说到牙齿(节录) 鲁迅 34
学界的三魂 鲁迅 37
"碰壁"之余 鲁迅 39
再来一次 鲁迅 42
对于北京女子师范大学风潮宣言 鲁迅 45
为北京女师大学生拟呈教育部文二件 鲁迅 46

贰 与现代评论派的论争 49
新文化营垒的分化:与现代评论派之辩 陈漱渝 50
关于陈西滢 陈漱渝 51
我的"籍"和"系" 鲁迅 56
并非闲话 鲁迅 58
并非闲话(二) 鲁迅 61
并非闲话(三) 鲁迅 63
杂论管闲事·做学问·灰色等 鲁迅 67
有趣的消息 鲁迅 71

不是信　鲁迅　　74
我还不能"带住"　鲁迅　　82
无花的蔷薇之三(节录)　鲁迅　　84
粉刷毛厕　陈源　　85
参战　陈源　　86
剽窃与抄袭　陈源　　87
"管闲事"　陈源　　90
新文学运动以来的十部著作(上)　陈源　　92
闲话的闲话之闲话引出来的几封信　陈源　　93
陈源致周作人　陈源　　97
徐志摩致周作人　徐志摩　　98
徐志摩致周作人　徐志摩　　99
胡适致鲁迅周作人陈源　胡适　　100

叁　左联时期参加的三次论争　103

1 "丧"梁实秋　103

鲁迅参加"左联"的第一仗　陈漱渝　　104
我也来谈梁实秋　陈漱渝　　105
卢梭和胃口　鲁迅　　108
文学和出汗　鲁迅　　110
"硬译"与"文学的阶级性"　鲁迅　　111
"丧家的""资本家的乏走狗"　鲁迅　　122
新月社批评家的任务　鲁迅　　124
卢梭论女子教育　梁实秋　　125
论批评的态度　梁实秋　　128
文学是有阶级性的吗　梁实秋　　131
论鲁迅先生的"硬译"　梁实秋　　139
"资本家的走狗"　梁实秋　　142

2 撕开"民族主义文学"的假面　144

撕开民族主义文学的假面　陈漱渝　　145

"民族主义文学"的任务和运命　鲁　迅　　　146
　　不通两种　鲁　迅　　　153
　　对战争的祈祷
　　　——读书心得　鲁　迅　　　157
　　止哭文学　鲁　迅　　　159
　　民族主义文艺运动宣言　傅彦长　　　163
　　以民族意识为中心的文艺运动　傅彦长　　　169

附录:反共文人的攻讦　　　171
　　二心集·序言(节录)　鲁　迅　　　172
　　"以夷制夷"　鲁　迅　　　174
　　伪自由书·后记(节录)　鲁　迅　　　178
　　准风月谈·后记(节录)　鲁　迅　　　194
　　文坛上的贰臣传　《国民日报》　　　206
　　解放中国文坛　管　理　　　208
　　如何突破现在普罗文艺嚣张的危机　陶恩川　　　210
　　鲁迅加盟左翼之动机　飞　狼　　　213
　　鲁迅卖狗皮膏药　甲辰生　　　214
　　呜呼"自由运动"竟是一群骗人勾当　天　敌　　　216
　　鲁迅愿作汉奸　思　　　218
　　内山完造底秘密　天　一　　　219
　　鲁迅与托派　少　离　　　221

3 戳穿"第三种人"　　　222
　　戳穿"第三种人"　陈漱渝　　　223
　　关于杜衡先生的一篇回忆　陈漱渝　　　224
　　论"第三种人"　鲁　迅　　　231
　　又论"第三种人"　鲁　迅　　　234
　　关于《文新》与胡秋原的文艺论辩　苏　汶　　　237
　　论"第三种人"　梁实秋　　　243
　　"第三种人"的出路
　　　——论作家的不自由并答复易嘉先生　苏　汶　　　245
　　法国通信
　　　——关于文艺界的反法西斯谛运动　戴望舒　　　256

肆 左翼文坛内部之争　　261

1 "革命文学"论争　　261

"革命文学"之辩　陈漱渝　　262

"醉眼"中的朦胧　鲁　迅　　263

我的态度气量和年纪　鲁　迅　　267

上海文艺之一瞥
——八月十二日在社会科学研究会讲　鲁　迅　　270

《三闲集》序言　鲁　迅　　278

艺术与社会生活(节录)　冯乃超　　281

死去了的阿Q时代　钱杏邨　　284

谈现在中国的文学界　弱　水　　293

请看我们中国的Don Quixote的乱舞
——答鲁迅《"醉眼"中的朦胧》　李初梨　　296

"除掉"鲁迅的"除掉"!　彭　康　　304

毕竟是"醉眼陶然"罢了　石厚生　　309

文艺战线上的封建余孽
——批评鲁迅的《我的态度气量和年纪》　杜　荃　　313

阿Q与鲁迅　朱　彦　　320

"眼中钉"　郭沫若　　323

周伯超致鲁迅　周伯超　　327

2 鲁迅与田汉之争　　328

鲁迅与田汉　陈漱渝　　329

答《戏》周刊编者信(节录)　鲁　迅　　331

调和
——读《社会月报》八月号　绍　伯　　332

田汉致鲁迅　田　汉　　334

田汉致《戏》周刊编者信　田　汉　　335

3 鲁迅与廖沫沙之争　　336

廖沫沙误伤鲁迅　陈漱渝　　337

花边文学·序言(节录)　鲁　迅　　340

倒提　鲁　迅　　342
　　　论"花边文学"　林　默　　343

4 "两个口号"论争　　345
　　人事纠葛下的一场论事　陈漱渝　　346
　　"敌乎,友乎?余惟自问"
　　　——徐懋庸临终前后琐忆　陈漱渝　　347
　　　答徐懋庸并关于抗日统一战线问题　鲁　迅　　353
　　　徐懋庸致鲁迅　徐懋庸　　361
　　　一封真的想请发表的私信　徐懋庸　　364
　　　还答鲁迅先生　徐懋庸　　365
　　　我所受于鲁迅的影响　徐懋庸　　370

附录:《社会日报》上攻击鲁迅的一组材料　　374
　　鲁迅将转变谷非张光人近况如何　虹　儿　　375
　　《文学》起内哄　黑　二　　376
　　鲁迅茅盾暗斗　黄老大　　378
　　鲁老头子笔尖儿横扫五千人　未　名　　380
　　读鲁迅先生关于统一战线问题应为徐懋庸先生辩白的几句话　灵　犀　　381
　　鲁迅笔下的二位西装大汉　孙　奥　　382
　　梅雨以大义责鲁迅　维　新　　383
　　曹聚仁致鲁迅　曹聚仁　　384

伍　有关中西文化的论争　　387
　　中西文化之辩　陈漱渝　　388
　　咬文嚼字　鲁　迅　　389
　　咬嚼之余　鲁　迅　　391
　　咬嚼未始"乏味"　鲁　迅　　397
　　青年必读书
　　　——应《京报副刊》的征求　鲁　迅　　400
　　　熊以谦致孙伏园　熊以谦　　401
　　　我希望鲁迅先生"行"　郝广盛　　402
　　　可叹致柯柏森、熊以谦　可　叹　　403

为中国书打抱不平　袁小虚　　404
真是偏见的经验　张空空　　407
柯柏森致鲁迅　柯柏森　　409
笨伯致孙伏园　笨伯　　410
瞎咀（郝广盛）致孙伏园　郝广盛　　412
重三感旧
——一九三三年忆光绪朝末　鲁迅　　414
"感旧"以后（上）　鲁迅　　416
"感旧"以后（下）　鲁迅　　419
扑空　鲁迅　　421
答"兼示"　鲁迅　　426
玩笑只当它玩笑（上）　鲁迅　　428

陆　与高长虹、顾颉刚等人的短兵相接　　431

1 鲁迅与高长虹　　431

高长虹和他的"月亮诗"　陈漱渝　　432
所谓"思想界先驱者"鲁迅启事　鲁迅　　437
《走到出版界》的"战略"　鲁迅　　438
新的世故　鲁迅　　440
新时代的放债法　鲁迅　　446
《两地书》原稿中的高长虹　　448
鲁迅致友人信中的高长虹　　450
给鲁迅先生　长虹　　454
一九二六,北京出版界形势指掌图　高长虹　　456
给　长　虹　　469
一点回忆
——关于鲁迅和我　长虹　　471
一点回忆
——关于鲁迅和我　长虹　　482

2 鲁迅与顾颉刚　　485

鲁迅为何与顾颉刚势不两立　陈漱渝　　486

辞顾颉刚教授令"候审"　鲁　迅　　489
鲁迅先生脱离广东中大　伏　园　　491
《两地书》(原稿)中的顾颉刚　　494
鲁迅致友人信中的顾颉刚　　497

3 鲁迅与杨邨人　　501
杨邨人和鲁迅的一场论战　陈漱渝　　502
答杨邨人先生公开信的公开信　鲁　迅　　503
青年与老子　鲁　迅　　508
伪自由书·后记(节录)　鲁　迅　　509
准风月谈·后记(节录)　鲁　迅　　512

4 鲁迅与史济行　　514
史济行和鲁迅的一场论战　陈漱渝　　515
史济行致鲁迅　史济行　　516
续记　鲁　迅　　519

壹　与复古派的论争

1 估"学衡"

学衡派：昌明国粹,融化新知;
　　　　　以中正之眼光,行批评之职事。

鲁　迅：据我看来,实不过是"几个假古董所放的假毫光"。
　　　　　倘使字句未通的人也算是国粹的知己,则国粹更要惭惶煞人!

【导读】

以子之矛，攻子之盾：鲁迅与复古派的论争

☆陈漱渝

　　五四时期中国现实社会中民主主义与封建主义的斗争，反映在文学领域就形成了提倡白话文的激进派与维护文言文的守成派的斗争。在这场论争中，鲁迅"所对付的不过一小部分"（《热风·题记》）；也就是说，鲁迅并没有跟旧文学营垒的所有代表人物都展开正面交锋，而只是集中火力对付那些"学了外国本领，保存中国旧习"的人物，如学衡派、甲寅派诸公。

　　学衡派出现于1922年，以学衡杂志为阵地，以留美学生为骨干，以"昌明国粹，融化新知"为旗帜。与"孔教派""国粹派"的不同之处是，学衡派的学者主张引进西方的自然科学和白璧德的新人文主义；但在维护文言文的正宗地位、维护旧文化中恒定的精神价值等方面，学衡派则是文化守成主义的稳定的同盟军，同样的是五四新文化潮流的对立面。甲寅派代表人物章士钊也是"学贯中西"的人物，辛亥革命前主持《苏报》，倡言革命，颇为人们称道，但在北洋军阀统治时期，他却一变而为皖系军阀的高级幕僚，并利用他担任教育总长兼司法总长的大权，压制爱国运动，明令尊孔读经，其危害更甚于学衡派。

　　在跟学衡派、甲寅派的论争中，鲁迅没有和对手在一些理论问题上扭打，在一些名词概念上兜圈，而主要凭借自己谙熟中国传统文化的优势，采用"以子之矛，攻子之盾"的战法，戳穿这批自炫渊博的旧文学卫道者的"文且未亨，理将安托"。如他的《估〈学衡〉》一文，只不过从该刊中随手拾来若干未通的字句，就"衡"出了他们的铢两，让这些跟国粹谬托知己的人窘态毕现。在《答KS君》《再来一次》等文中，鲁迅以实例证明章士钊乱用成语，错解典故，文字庞杂，陋弱可哂，使后者从逻辑学、语言学、文化史的角度证明文言文优越的图谋彻底破产。由于学衡派的人物尊杜威、罗素而贬马克思，而章士钊当时更是段祺瑞执政府中的核心人物，这就使得鲁迅跟他们论争的意义超出了文学领域，而带有了思想批判和政治斗争的色彩。

如何看待五四时期的文化保守主义

☆陈漱渝

谈到文化保守主义,它跟文化激进主义长期存在着正误优劣之争。这种论争的中心是要不要向西方学习、如何学习以及如何对待传统文化的问题。我以为,保守主义是一个相对含混的概念,名词翻译也不一定完全得体(比如翻译为"文化守成主义",是否会避免一些误解?)。它在不同历史时期有着不同的表现和对立面,所产生的社会效果也不尽相同。比如洋务运动时期的保守主义,是以清朝为"天朝",以儒学为"正学",反对洋务派学习西方的先进科技(坚船利炮,天文算学……)。戊戌变法时期的保守主义,坚守的是君主专制制度和宗法制度这个"体",但并不反对吸收西学中能够实用的那一部分,这相对于洋务运动中的保守主义又进了一步。辛亥革命时期的国粹主义,是借国学当中的精华部分——"国粹"来激发汉族的民族性,以达到反满革命的目标。他们把历代帝王尊崇的那一部分国学称之为"君学",要打倒"君学"当中的"纲常名教",而用"国学"当中的"国粹"来铸造"国魂"。

五四时期的文化保守主义主要是林纾为代表的古文派,梁漱溟为代表的东方文化派,章士钊为代表的甲寅派,以及梅光迪、吴宓为代表的学衡派,其中最重要、影响最大的是学衡派。

林纾是清代举人,古文、经学大家,桐城派古文的推崇者,他出版的《畏庐文集》共收古文109篇,《畏庐诗存》330首,可见他于古诗文很有功底。所以,他特别担心废弃古文。白话文运动兴起,他如丧考妣,写出了《致蔡鹤卿太史书》这种意气化、低水平的文章;最为可笑的是又写了《荆生》《妖梦》这种充满暴力倾向的文言小说,想把陈独秀、胡适之、钱玄同暴打一顿,反映出他理论上的苍白乏力。其实早在1897年,林纾就创作了白话童谣《闽中新乐府》,1912年又在《平报》发表了相当于白话体的《讽谕新乐府》,他只是认为白话要以文言为根柢。他更不反对留学西洋学习西学。他翻译的作品共171部(共270册),堪称晚清翻译家中的第一人。所译《巴黎茶花女遗事》《鲁宾逊漂流记》《伊索寓言》《黑奴吁天录》等四十多种外国名著,更影响了鲁迅这一代新文学大家。

以章士钊为首的甲寅派,因创办《甲寅》月刊得名。但《甲寅》分前后两个时期。

1914年创办的《甲寅》反对袁世凯复辟,是进步的。1925年改为周刊后的《甲寅》,主张尊孔读经,诋毁进步思潮,成为了新文化运动的"拦路虎"。甲寅派没有像样的理论主张,文字多有不通之处,在鲁迅看来,"只见得复古派的可怜,不过以此当作讣闻,公布文言文的气绝罢了。"(《华盖集·答KS君》)

学衡派的灵魂人物是梅光迪和吴宓。他们攻击新文化提倡者弃绝传统,把孔夫子视为古今中外第一人,认为中国文化最伟大的成就就是纲常礼教。他们反对当时流行的平民主义和进化主义,认为文化学术是少数天才的事情,像美术、文艺、道德这些人类文明不可能有什么进化。此外,文化的发展也不会遵循"今胜于古,新胜于旧"的进化规律,而是新中有旧,旧中有新,由旧而新。学衡派跟其他文化保守主义的一个最大区别,就是他们主张兼取中西文明的精华而熔铸贯通,因此他们反对文化激进主义的武器不但有"国学"而且有"西学"。他们崇奉的西方文化是美国白璧德的新人文主义。这种学说强调节制人性,跟"存天理,灭人欲"的理学精神相通;其中对儒家思想的赞赏和对西方近代科学、民主、人权等主流思想的批判,尤其引起了学衡派的共鸣。学衡派反对以白话取代文言当然不符合中国文化的发展趋势,但他们对文言文特长与优点某些肯定和对白话文创作的某些批评也并非毫无可取之处。比如他们不赞成胡适提出的"作诗如作文""作诗如说话"的观点,不赞成把音韵格律视为诗歌创作枷锁镣铐的观点,不赞成文言不能入诗的观点,都应该视为中国现代诗论中的一种观点,不能予以全盘否定。

对学衡派的以上概括,是笔者在事隔约90年后经过梳理所得的印象。但在当年,学衡派对新文化派的批评远没有如此理性,而是充满了攻讦之词,表现出心胸褊狭,甚至让人感到他们对新文化派的暴得大名充满了妒忌之心。在已经出版的《吴宓日记》中,从五四到1949年之前,他对新文化运动的仇视从未中辍。如说五四前驱是"无知狂徒,妖言煽惑,淆乱人心,贻害邦家"(1919年11月22日);"盖胡、陈之学说,本不值识者一笑"(1920年3月28日);"宓思胡适等的白话文之倡,罪重未惩,举国昏瞆。"(1944年5月4日)他明知新文化运动是"流潮所趋,或莫能挽"(1919年11月12日),但仍以螳臂挡车,表现出他自视过高,心存意气。

目前,有学者一方面充分肯定文化保守主义的内在价值及其在抗衡外来文化同化过程中的作用,另一方面又力图从所谓激进主义与保守主义之间寻求一种平衡,在五四精神中挖掘和谐和仁爱的内涵。我对这种努力表示尊重,但如果要把文化保守派也包含进新文化运动之内,这恐怕是不符合历史实际的;我认为至多只能包含在五四时期的文化现象之内。至于这两种思潮所起的历史作用,并不是一个单纯的理论问题,我认为只要睁眼看看现实即可了然:这90年来,推动中国社会进步的到底是哪种力量?特别需要警惕的是,要防止文化保守主义把最后的落脚点放在维持现状上。这对国家、民族和个人都绝无好处。总之,五四时期的文化保守主义阻碍新文化运动的立场是错误的,但对他们当中不同的具体主张还是应该认真辨析。

估《学衡》

☆ 鲁 迅

我在二月四日的《晨报副刊》上看见式芬先生的杂感,很诧异天下竟有这样拘迂的老先生,竟不知世故到这地步,还来同《学衡》诸公谈学理。夫所谓《学衡》者,据我看来,实不过聚在"聚宝之门"左近的几个假古董所放的假毫光;虽然自称为"衡",而本身的称星尚且未曾钉好,更何论于他所衡的轻重的是非。所以,决用不着较准,只要估一估就明白了。

《弁言》说,"籀绎之作必趋雅音以崇文","籀绎"如此,述作可知。夫文者,即使不能"载道",却也应该"达意",而不幸诸公虽然张皇国学,笔下却未免欠亨,不能自了,何以"衡"人。这实在是一个大缺点。看罢,诸公怎么说:

《弁言》云,"杂志迩例弁以宣言",按宣言即布告,而弁者,周人戴在头上的瓜皮小帽一般的帽子,明明是顶上的东西,所以"弁言"就是序,异于"杂志迩例"的宣言,并为一谈,太汗漫了。《评提倡新文化者》文中说,"或操笔以待。每一新书出版。必为之序。以尽其领袖后进之责。顾亭林曰。人之患在好为人序。其此之谓乎。故语彼等以学问之标准与良知。犹语商贾以道德。娼妓以贞操也。"原来做一篇序"以尽其领袖后进之责",便有这样的大罪案。然而诸公又何以也"突而弁兮"的"言"了起来呢? 照前文推论,那便是我的质问,却正是"语商贾以道德。娼妓以贞操也"了。

《中国提倡社会主义之商榷》中说,"凡理想学说之发生。皆有其历史上之背影。决非悬空虚构。造乌托之邦。作无病之呻者也。"查"英吉之利"的摩耳,并未做 Pia of Uto,虽曰之乎者也,欲罢不能,但别寻古典,也非难事,又何必当中加楦呢。于古未闻"睹史之陀",在今不云"宁古之塔",奇句如此,真可谓"有病之呻"了。

《国学摭谭》中说,"虽三皇寥廓而无极。五帝搢绅先生难言之。"人而能"寥廓",已属奇闻,而第二句尤为费解,不知是三皇之事,五帝和搢绅先生皆难言之,抑是五帝之事,搢绅先生也难言之呢? 推度情理,当从后说,然而太史公所谓"搢绅先生难言之"者,乃指"百家言黄帝"而并不指五帝,所以翻开《史记》,便是赫然的一篇《五帝本纪》,又何尝"难言之"。难道太史公在汉朝,竟应该算是下等社会中人么?

《记白鹿洞谈虎》中说,"诸父老能健谈。谈多称虎。当其摹示抉噬之状。闻者鲜不色变。退而记之。亦资诙噱之类也。"姑不论其"能""健""谈""称"，床上安床，"抶噬之状"，终于未记，而"变色"的事，但"资诙噱"，也可谓太远于事情。倘使但"资诙噱"，则先前的闻而色变者，简直是呆子了。记又云，"伥者。新鬼而膏虎牙者也。"刚做新鬼，便"膏虎牙"，实在可悯。那么，虎不但食人，而且也食鬼了。这是古来未知的新发见。

鲁迅自题小像

《渔丈人行》的起首道："楚王无道杀伍奢。覆巢之下无完家。这"无完家"虽比"无完卵"新奇，但未免颇有语病。假如"家"就是鸟巢，那便犯了复，而且"之下"二字没有着落，倘说是人家，则掉下来的鸟巢未免太沉重了。除了大鹏金翅鸟（出《说岳全传》），断没有这样的大巢，能够压破彼等的房子。倘说是因为押韵，不得不然，那我敢说：这是"挂脚韵"。押韵至于如此，则翻开《诗韵合璧》的"六麻"来，写道"无完蛇""无完瓜"无"无完叉"，都无所不可的。

还有《浙江采集植物游记》，连题目都不通了。采集有所务，并非漫游，所以古人作记，务与游不并举，地与游才相连。匡庐峨眉，山也，则曰纪游，采硫访碑，务也，则曰日记。虽说采集时候，也兼游览，但这应该包举在主要的事务里，一列举便不"古"了。例如这记中也说起吃饭睡觉的事，而题目不可作《浙江采集植物游食眠记》。

以上不过随手拾来的事，毛举起来，更是费笔费墨费时费力，犯不上，中止了。因此诸公的说理，便没有指正的必要，文且未亨，理将安托，穷乡僻壤的中学生的成绩，恐怕也不至于此的了。

总之，请公掊击新文化而张皇旧学问，倘不自相矛盾，倒也不失其为一种主张。可惜的是于旧学并无门径，并主张也还不配。倘使字句未通的人也算是国粹的知己，则国粹更要惭惶煞人！"衡"了一顿，仅仅"衡"出了自己的铢两来，于新文化无伤，于国粹也差得远。

我所佩服诸公的只有一点，是这种东西也居然会有发表的勇气。

注释：

原载《晨报副刊》1922年2月9日，署名风声。

《学衡》杂志简章

（一）宗旨：论究学术。阐求真理。昌明国粹。融化新知。以中正之眼光。行批评之职事。无偏无党。不激不随。

（二）体裁及办法：①本杂志于国学则主以切实之工夫。为精确之研究。然后整理而条析之。明其源流。著其旨要。以见吾国文化。有可与日月争光之价值。而后来学者。得有研究之津梁。探索之正轨。不至望洋兴叹。劳而无功。或盲肆攻击。专图毁弃。而自以为得也。②本杂志于西学则主博极群书。深窥底奥。然后明白辨析。番慎取择。庶使吾国学子。潜心研究。兼收并览。不至道听途说。呼号标榜。陷于一偏而昧于大体也。③本杂志行文则力求明畅雅洁。既不敢堆积饾饤。古字连篇。甘为学究。尤不敢故尚奇诡。妄矜创造。总期以吾国文字。表西来之思想。既达且雅。以见文字之效用。实系于作者之才力。苟能运用得宜。则吾国文字。自可适时达意。固无须更张其一定之文法。摧残其优美之形质也。

（三）编辑：本杂志由发起同志数人。担任编辑。文字各由作者个人负责。与所任事之学校及隶属之团体。毫无关系。

注释：
原载《学衡》1922年1月第1期。

《学衡》弁言

　　杂志迻例。弁以宣言。综其旨要。不逾二辙。自襮则夸饰。斥人则底词。句必盈天。字或累万。同人优劣。谢未能也。出版之始。谨矢四义。
　　一诵述中西先哲之精言。以翼学。
　　二解析世宙名著之共性。以邮思。
　　三籀绎之作必趋雅音。以崇文。
　　四平心而言。不事谩骂。以培俗。
　　揭示真理不趋众好。自勉勉人。期于是而已。庄生有言。瞽者无以与乎文章之观。聋者无以与乎钟鼓之声。岂惟形骸聋盲哉。夫知亦有之。同人不敏。求知不敢懈。第祝斯志之出。不聋盲吾国人。则幸矣。

注释：

原载《学衡》1922年1月第1期。

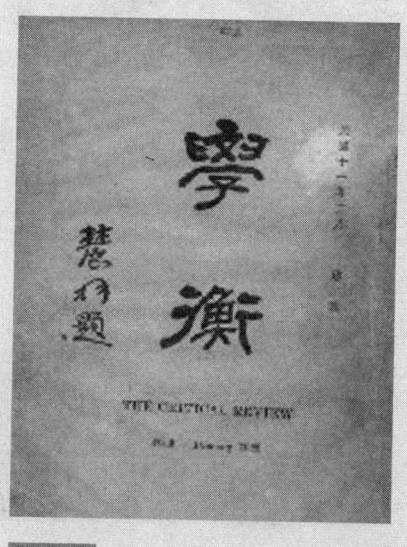

《学衡》杂志封面

中国文学改良论

☆ 胡先骕

自陈独秀胡适之创中国文学革命之说,而盲从者风靡一时,在陈胡所言,固不无精到可采之处,然过于偏激,遂不免因噎废食之讥,而盲从者方为彼等外国毕业及哲学博士等头衔所震,遂以为所言者,在在合理,而视中国大学,果皆陈腐卑下不足取,而不惜尽情推翻之。殊不知彼等立言,大有所蔽也。彼故作堆砌难涩之文者,固以艰深以文其浅陋。而此等文学革命家,则以浅陋以文其浅陋。均一失也。而前者尚有先哲之规模,非后者毫无大学之价值者,所可比焉。某不佞,亦曾留学外国,寝馈于英国文学,略知世界文学之源流,素怀改良文学之志,且与胡适之君之意见多所符合,独不敢为卤莽灭裂之举,而以白话推倒文言耳。今试平心静气,以论文学之改良,读者或不以其头脑为陈腐,而不足以语此乎。

文学自文学,文字自文学,文字仅取其达意,文学则必达意之外,有结构,有照应,有点缀。而字句之间,有修饰,有锻炼。凡曾习修辞学作文学者,咸能言之,非谓信笔所之,信口所说,便足称文学也。故文学与文字,迥然有别,今之言文学革命者,徒知趋干便易,乃昧于此理矣。

学衡派代表人物胡先骕

或谓欧西各国,言文合一,故学文字甚易,而教育发达。我国文言分离,故学问之道苦。而教育亦受其障碍,而不能普及,实则近来文学之日衰,教育之日敝,皆司教育之职者之过,而非文学有以致之也。且言文合一,谬说也。欧西言文何尝合一,其他无论矣。即以戏曲论,夫戏曲本取于通俗也。何莎士比亚之戏曲,所用之字至万余,岂英人日用口语须用如此之多之字乎,小说亦本以白话为本者也。今试读Charlotte Bronte之著作,则见其所用典雅之字极夥。其他若 Dr. johnson 之喜用奇字者，更无论矣。且历史家如 Macaulay, Prescott, Green 等，科学家如达尔文赫胥黎斯宾塞尔等，莫不用极雅驯极生动之笔，以记载一代之历史。或叙述辩论其学理，而令百世之下，犹以其文为规范。此又何耶？夫口语所用之字句，多写实，文学所用之字句多抽象，执一英国农夫询以 perception conception, consciousness, freedom of will, reflection, stimulation, trance, meditation, suggestion 等名词，彼固无从而知之，即敷陈其义，亦不易领会也。且用白话以叙说高深之理想，最难剀切简明，今试用白话而译 Betgson 之创制天演论，必致不能达意而后已。若欲参入抽象之名词，曲雅之字句？则又不以纯粹之白话矣。又何必不用简易之文言，而必以驳杂不纯口语代之乎。

且古人之为文，固不务求艰深也。故孔子曰，辞达而已矣，今试以《左传》《礼记》《国语》《国策》《论孟》《史汉》观之，除少数艰涩之句外，莫不言从字顺，非若"书"之"般庚""大诰"，"诗"之雅颂可比也。至韩欧以还之作者，尤以奇僻为戒，且有因此而流入枯槁之病者矣。此等文学，苟施以相当之教育，犹谓十四五龄之中学生不能领解其意，吾不之信也。进而观近人之著，如梁任公之《意大利建国三杰传》《噶苏士传》何等简明显豁，而亦不失文学之精神。下至金圣叹之批《水浒》。动辄洋洋万言，莫不痛快淋漓纤悉必达，读之者几于心目十行而下，宁有艰涩之感。又何必白话之始能达意，始能明了乎。凡此皆中学学生能读能作之文体。非《乾凿度》《穆天子传》之比也。若以此为犹难，犹欲以白话代之，则无宁划除文字，纯用语言之为愈耳。

更进而论美术之韵文。韵文者，以有声韵之辞句，传以清逸隽秀之词藻以感人，美术，道德，宗教，之感想者也。故其功用不专在达意，而必有文采焉。而必能表情焉。写景焉。再上，则以能造境为归宿。弥尔敦但丁之独绝一世者，岂不以其魄力之伟大，非常人所能摹拟耶。我国陶谢李杜过人者，岂不以心境冲淡，奇气恣横，笔力雄沉，非后人所能望其肩背耶。不务于此，而以为白话作诗始能写实，能述意，初不知白话之适用与否为一事，诗之为诗与否又一事也。且诗家必不能尽用白话，徵诸中外皆然，彼震于外国毕业而用白话为诗者，曷亦观英人之诗乎。Wordsworth, Browning, Byron, Tennyson 此英人近代最著名之诗家也。如 Wordsworth 之重至汀潭寺，Tintern Abbey 诗理想极高洁而冲和，岂近日白话诗家所能作者。即其所用之字如 Seclusion, sportive, Vagrant, Tranquil, Tririol Aspect, sublime, serene, corporceal, perplexity, Recompenes, Grating, Interfused, Behold, Ecstasy 等，岂有话中常见之诗乎。其化若 Byron 之 The Prisoner of Chillon, Tennyson 之 Enone. Longfellows 之 Evangeline 皆雅词正音也。至 Browning 之 Rabbi Ben Ezra 则尤为理想高超之作，非素习文学者不能穷其精蕴，岂元白之诗，爨妪皆解之比耶。其真以白话为诗者，如

Robert Burns之歌谣《新青年》所载Lady A. Lindsay之Auld Robin Gray等诗是,然亦诗中之一体耳。更观中国之诗,如杜工部之《兵车行》,《赠卫八处士》,《哀江头》,《哀王孙》,《石壕吏》,《垂老别》,《无家别》,《梦李白》诸古体,及律诗中之《月夜》,《月夜忆舍弟》,《阁夜》,《秋兴》,《诸将》,诸诗皆情文兼至之作,其他唐宋名家指不胜屈,岂皆不能言情达意,而必俟今日之白话诗乎。如刘半农之"相隔一层纸"一诗,何如杜工部之"朱门酒肉臭,路有冻死骨。"十字之写得尽致。至如沈尹默之《月夜》诗"霜风呼呼的吹着,月光明明的照着,我和一株顶高的树并排立着,却没有靠着。"与其鸽子宰羊之诗,直毫无诗意存于其间,真可覆瓿矣。试观阮大铖之《村夜》:"坐听柴扉响,村童夜汲还,为言溪上月,已照门前山,暮气千峰领,清宵独树间,徘徊空影下,襟露已斑斑"。其造境之高,岂可方物乎。即小诗如"小娃撑小艇,偷采白莲回,不解藏踪迹?浮萍一道开"。亦较沈氏之《月夜》有情致也。不此之辨,徒以白话为贵,又何必作诗乎。不特诗尚典雅,即词曲亦莫不然,故柳屯田之"愿奶奶兰心蕙性"之句,终为白圭之玷。比之周清真之"如今向渔村水驿,夜如岁,焚香独自语",同一言情,而有仙凡之别。然周之"许多烦恼,秪为当时一晌留情"之句,独为通人所诟病焉。至如曲则《牡丹亭》,原来姹紫嫣红开遍一折,亦必用姹紫嫣红,断井颓垣,良辰美景,赏心乐事,雨丝风片,烟波划船,锦屏人韶光,诸雅词以点缀之,不闻其非俗语而避之也。且无论何人,必不能以俗语填词,而胜于汤玉茗此折之绝唱,则可断言之矣。

　　以上所陈,为白话不能全代文言之证,即或能代之,然古语有云,利不十,不变法。即如今日之世界语,虽极便利,然欲以之完全替代各国语言文字,则必不可能之事也。且语言若与文字合而为一,则语言变而文字亦随之而变。故英之Chancer去今不过五百余年,Spencer去今不过四百余年,以英国文字为谐声文字之故,二氏之诗已如我国商周之文之难读,而我国则周秦之书尚不如是,岂不以文字不变始克臻此乎。向使以白话为文,随时变迁,宋元之文,已不可读,况秦汉魏晋乎。此正中国言文分离之优点,乃论者以之为劣,岂不谬哉。且"般庚""大诰之"所以难于"尧典""舜典"者,即以前者为殷人之白话,而后者乃史官文言之记述也。故宋元语录与元人戏齣,其为白话大异于今,多不可解。然宋元人之文章则与今日无别而非陈陈相因,即尽其能事者。然亦非既能创造,则昔人之所创造,便可唾弃之也。故瓦特创造汽机,论者乃恶其便利,而欲故增其困难乎。抑宋元以上之学已可完全抛弃而不足惜,则文学已无流传于后世之价值,而古代之书籍可完全焚毁矣。斯又何解于西人之保存彼国之书籍耶。且Chancer,Spencer,即近至莎士比亚弥尔敦之诗文,已有异于今日之英文。而乔斯二氏之文,已非别求训诂,即不能读。何英美中学,尚以诸氏之诗文,教其学子,而不限于专门学者始研究之乎。盖人之异于物者,以其有思想之历史,而前人之著作,即后人之遗产也。若尽弃遗产,以图赤手创业,不亦难乎。某亦非不知文学须有创造能力,后人必就瓦特所创造者而改良之,始能成今日优美之成绩。而今日之汽机,无一非脱胎于瓦特汽机者,故创造与脱胎相因而成者也。吾人所称为模仿而非脱胎,陈陈相因,是谓模仿,去陈出新,是谓脱胎,故史汉创造而非模仿者也。然必脱胎于周秦之文,丽文创造而非模仿者也,亦必脱胎于周秦之文。韩柳创造而革丽文之弊者也,亦必脱胎于周秦之文。他若五言七言古诗,五律七律乐府,歌谣词曲,何者非创造,亦何者非脱胎者乎。故欲创造新文学,必浸淫于古籍,尽得其精华,而遗其糟粕,乃能应时势之所趋,而创造一时之新文学,如斯始可望其成功。故俄国之文学,其始脱胎于英法,而今远驾其上,即善用其古产,而能发扬张大之耳。否则,盲行于具茨之野,即令或达,已费无限之气力矣。故居今日而言创造新文学,必以古文学为根基而发扬光大之,则前途未可限量,否则徒自苦耳。

注释:
原载《南京高等师范月刊》1919年,有上篇无下篇。

评提倡新文化者

☆梅光迪

　　国人倡言改革。已数十年。始则以欧西之越我。仅在工商制造也。继则慕其政治法制。今且兼及教育哲理文学美术矣。其输进欧化之速。似有足惊人者。然细考实际。则功效与速度适成反比例。工商制造。显而易见者也。推之万国。无甚差别者也。得其学理技巧。措之实用。而输进之能事已毕。吾非谓国人于工商制造已尽得欧西之长。然比较言之。所得为多。若政治法制。则原于其历史民性。隐藏奥秘。非深入者不能窥其究竟。而又以东西历史民性之异。适于彼者。未必适于此。非仅恃模拟而已。至于教育哲理文学美术。则原于其历史民性者尤深且远。窥之益难。采之益宜慎，故国人言政治法制。垂二十年。而政治法制之不良自若。其言教育哲理文学美术。号为"新文化运动"者。甫一启齿。而弊端丛生。恶果立现。为有识者所诟病。惟其难也。故反易开方便之门。作伪之途。而使浮薄妄庸者。得以附会诡随。窥时俯仰。遂其国利名誉之野心。夫言政治法制者之失败。尽人皆知。无待余之哓哓。独所谓提倡"新文化"者。犹以工于自饰。巧于语言奔走。颇为幼稚与流俗之人所趋从。故特揭其假面。穷其真相。缕举而条析之。非余好为苛论。实不得已耳。

　　一曰彼等非思想家乃诡辩家也。诡辩家之名（英文为 Sophist）起于希腊季世。其时哲学盛兴。思想自由。诡辩家崛起。以教授修词。提倡新说为业。犹吾国战国时谈天雕龙。坚白同异之流。希腊少年靡然从风。大哲苏格拉底辞而辟之。犹孟轲之拒杨墨。荀卿之非十二子也。今所传柏拉图语录。多其师与诡辩家驳辩之词也。盖诡辩家之旨。在以新异动人之说。迎阿少年。在以成见私意。强定事物。顾一时之便利。而不计久远之真理。至其言行相左。贻讥明哲。更无论矣。吾国今之提倡"新文化"者。颇亦类是。夫古文与八股何涉。而必并为一谈。吾国文学。汉魏六朝则骈体盛行。至唐宋则古文大昌。宋元以来。又有白话体之小说戏曲。彼等乃谓文学随时代而变迁。以为今人当兴文学革命。废文言而用白话。夫革命者。以新代旧。以此易彼之谓。若古文白话递兴。乃文学体裁之增加。实非完全变迁。尤非革命也。诚如彼等所云。则古文之后。当无骈体。白话之后。当无古文。而何以唐宋以来。

文学正宗。兴专门名家。皆为作古文或骈体之人。此吾国文学史上事实。岂可否认。以圆其私说者乎。盖文学体裁不同。而各有所长。不可更代混淆。而有独立并存之价值。岂可尽弃他种体裁。而独尊白话乎。文学进化至难言者。西国名家（如英国十九世纪散文及文学评论大家韩士立 Hazlitt）。多斥文学进化论为流俗之错误。而吾国人乃迷信之。且谓西洋近世文学。由古典派而变为浪漫派。由浪漫派而变为写实派。今则又由写实派而变为印象。未来,新浪漫诸派。一若后派必优于前派。后派兴而前派即绝迹者。然此稍读西洋文学史。稍闻西洋名家诸论者。即不作此等妄言。何吾国人童　无知。颠倒是非如是乎。彼等又谓思想之在脑也。本为白话。当落纸成文时。乃由白话而改为文言。犹翻译然。诚虚伪与不经济之甚者也。然此等经验。乃吾国数千年来文人所未尝有。非彼等欺人之谈而何。昔者希腊诡辩家普罗塔果拉斯力主真理无定。在于个人之我见。苏格拉底应之曰。既人自为真理。则无是非贤愚之分。然则普罗塔果拉斯何以为人师。强欲人之从己乎。今之主文学革命者。亦曰文学之旨。在发挥个性。注重创造。须"处处有一个我在"。而破除旧时模仿之习。易词言之。则各人有各人之文学。一切模范规律。皆可废也。然而彼等何以立说著书。高据讲席。而对于为文言者。仇雠视之。不许其有我与个性创造之自由乎。

二曰彼等非创造家乃模仿家也。彼等最足动人听闻之说。莫逾于创造。新之一字。几为彼等专有物。凡彼等所言所行。无一不新。侯官严氏曰。名义一经俗用。久辄失真。审慎之士。已不敢用新字。惧无意义之可言也。彼等以推翻古人与一切固有制度为职志。诬本国无文化。旧文学为死文学。放言高论。以骇众而眩俗。然夷考其实。乃为最下乘之模仿家。其所称道。以创造矜于国人之前者。不过欧美一部分流行之学说。或倡于数十年前。今已视为谬陋。无人过问者。杜威罗素。为有势力思想家中之二人耳。而彼等奉为神明。一若欧美数千年来思想界。只有此二人者。马克思之社会主义。久已为经济学家所批驳。而彼等犹尊若圣经。其言政治。则推俄国。言文学。则袭晚近之堕落派。（如印象神秘未来诸主义,皆属此派,所谓白话诗者。纯拾自由诗 Verslibre 及美国近年来形象主义 Imagism 之余唾。而自由诗与形象主义,亦堕落派之两支。乃倡之者数典忘祖。自矜创造。亦太欺国人矣。）庄周曰。井鼃不可以语海者。拘于虚也。彼等于欧西文化。无广博精粹之研究。故所知既浅。所取尤谬。以彼等而输进欧化。亦厚诬欧化矣。特国人多不谙西文。未出国门。而彼等所恃者。又在幼稚之中小学生。故得以肆意猖狂。行其伪学。视通国若无人耳。夫国无学者。任伪学者冒取其名。国人之耻也。而彼等犹以创造自矜。以模仿非笑国人。斥为古人奴隶。实则模仿西人与模仿古人。其所模仿者不同。其为奴隶则一也。况彼等模仿西人。仅得糟粕。国人之模仿古人者。时多得其神髓乎。且彼等非但模仿西人也。亦互相模仿。本无创造天才。假造之名。束书不观。长其惰性。中乃空虚无有。彼等之书报杂志。雷同因袭。几乎千篇一律。毫无个性特点之可言。与旧时之八股试贴。有何别异。而犹大言不惭以创造自命。其谁欺哉。

三曰彼等非学问家乃功名之士也。学问家为真理而求真理。重在自信。而不在世俗之知。重在自得。而不在生前之报酬。故其毕生辛勤。守而有待。不轻出所学以问世。必审虑至当。而后发一言。必研索至精。而后成一书。吾国大师。每诫学者。毋轻著述。囊者牛津大学学者。以早有著述为深耻。夫如是而后学问之尊严。学问家之人格乃可见。今之所谓学问家。则不然。其于学问。本无澈底研究。与自信自得之可言。特以为功利名誉之念所驱迫。故假学问为进身之阶。专制时代。君主卿相。操功名之权。以驱策天下之士。天下士亦以君主卿相之好尚为准则。民国以来。功名之权。操于群众。而群众之智识愈薄者。其权愈大。今之中小学生。即昔之君主卿相也。否则功名之士。又何取乎白话诗文。与各种时髦之主义乎。盖恒人所最喜者。曰新曰易。幼稚人尤然。其于学说之来也。无审择之能。若使贩自欧美。为吾国夙所未闻。而又合于多数程度。含有平民性质者。则不径而走。成效立著。惟其无审择之能。以耳代目。于是所谓学问家者。乃有广告以扩其市场。有标榜以扬其徒众。喧呼愈甚。获利愈厚。英谚曰。美酒不需招牌。酒尚如此。况于学问乎。彼等既以学问为其成功之具。故无尊视学问之意。求其趋时投机而已。杜威罗素之在华也。以为时人倾倒。则皆言杜威罗素。社会主义与堕落派文学。亦为少年所喜者也。则皆言社会主义与堕落派文学。而真能解杜威罗素社会主义与堕落派文学。有所心得。知其利弊者。有几人乎。学问既以趋时投机为的。故出之甚易。而切实探讨之必要。以一人而兼涉哲理文学政治经济者。所在多有。后生小子。未有不诧为广博无涯涘者。美国有某学者。曾著书数百种。凡哲理算术文学科学及孔佛之教。无所不包。论者以无学问良知訾之。不许以学者之名。此在美国有甚高之学术标准。故某学者贻讥当世。不能行其博杂肤放之学。若在吾国今日。将享绝代通儒之誉矣。东西学者。多竭数年或数十年之力而成一书。故为不刊之作。传之久远。今之所谓学者。或谓能于一年内成中国学术史五六种。或立会聚徒。包办社会主义与俄罗斯犹太波兰等国之文学。或操笔以待。每一新书出版。必为之序。以尽其领袖后进之责。顾亭林曰。人之患在好为人序。其此之谓乎。故语彼等以学问之标准与良知。犹语商贾以道德。娼妓以贞操也。夫以功利名誉之薰心。乃不惜牺牲学问如此。非变相之科学梦而何。

四曰彼等非教育家乃政客也。近年以来。蒙彼等之毒者。莫如教育。吾国政治外交之险恶。社会之腐暗。教育之堕败。固不能使人冷眼坐视。然必牺牲全国少年之学业道德。不为国家将来计。而冀幸获目前万一之补救。虽至愚者不出此。不谓号称教育家者。首先倡之。五四运动以来。教育界虽略呈活泼气象。而教育根本已斫丧不少。人性莫不喜动而恶静。乐趋乎呼嚣杂遝。万众若狂之所为。而厌平淡寂寞。日常例行之事。少年尤然。聚众罢学。结队游行之乐。盖胜于静室讲习。埋首故纸万万。又况有爱国大义以迫之。多数强权以扶之哉。其尤捷黠者。则声誉骤起。为国闻人。夫人材以积久陶育磨炼而后成。否则启其骄惰之心。易视天下事。终其身无成矣。至于学校内部。各种新名词亦乘机而兴。如"奋斗"。"学生自动"。"校务公开"。意义非不美也。而以置诸中小学生简单脑中。鲜有不偾事者。美儒某氏曰。授新思想于未知运思之人。其祸立见。故今日学生。或为政客利用。或启无故之衅。神圣学校。几为万恶之府矣。然则当世所谓教育家者。其意果何居。曰。利用群众心理。人性弱点。与幼稚智识之浅薄。情感之强烈。升高而呼。如建瓴而泻水。以遂其功利名誉之野心而已。或又曰。子之言亦太苛。教育界现象岂彼等始意之所料。且彼等已知悔过矣。子不闻"提高程度""严格训练"之说。又顺时而起。以为补救之策乎。应之曰。杨子云有云。无验而言之为妄。彼等据教育要津。一言之出。举国响应。乃不顾是非利害。不计将来之效果。信口诳言。以全国天真烂漫之少年。为其试验品。为其功利名誉之代价。是可忍。孰不可忍。彼等固敏捷之徒。其所最膺服者。为"应时势之需要"一语。今则时势异于数年以前。其数年以前所主张。已完全失败。故悔而知返。认目前时势之需要。为"提高程度""严格训练"矣。然责任所在。乌可既往而不咎也。军法战败者以身殉。否则为戮。西国航海家遇险。船亡则与之俱亡。惟言说之士。以其主义祸人。无法律以绳之。祇有舆论与良心问题而已。故就舆论与良心问题而论。彼等言而不验者。已无再发言之资格。而犹 颜曰。"提高程度""严格训练"。亦已晚矣。

　　夫建设文化之必要。孰不知之。吾国数千年来。以地理关系。凡其邻近。皆文化程度远逊于我。故孤行创造。不求外助。以成此灿烂伟大之文化。先民之才智魄力。与其惨淡经营之功。盖有足使吾人自豪者。今则东西邮通。较量观摩。凡人之长。皆足用以补我之短。乃吾文化史上千载一时之遭遇。国人所当欢舞庆幸者也。然吾之文化既如此。必有可发扬光大。久远不可磨灭者在。非如菲列宾夏威夷之岛民。美国之黑人。本无文化之可言。遂取他人文化以代之。其事至简也。而欧西文化亦源远流长。自希腊以迄今日。各国各时。皆有足备吾人采择者。二十世纪之文化。又乌足包括欧西文化之全乎。故改造固有文化。与吸取他人文化。皆须先有澈底研究。加以至明确之评判。副以至精当之手续合千百融贯中西之通儒大师。宣导国人。蔚为风气。则四五十年后。成效必有可观也。今则以政客诡辩家与夫功名之士。创此大业。标袭喧攘。侥幸尝试。乘国中思想学术之标准未立。受高等教育者无多之时。挟其伪欧化。以鼓起学力浅薄血气未定之少年。故提倡方始。衰象毕露。明达青年。或已窥底蕴。觉其无有。或已生厌倦。别树旗鼓。其完全失败。早在识者洞鉴之中。夫飘风不终朝。骤雨不终日。势所必然。无足怪者。然则真正新文化之建设。果无望乎。曰。不然。余将不辞愚陋。略有刍尧之献。惟兹限于篇幅。又讨论建设。似不在本题范围之内。请以俟之异耳。

注释：

原载《学衡》1921年第1期。

《吴宓自编年谱》（节录）

☆ 吴　宓

1922　民国十一年　岁次壬戌　宓二十九岁。

此一年，宓尽心授课外，集中全力于编撰《学衡》杂志。

一月初，得白璧德师自美国寄来其所撰之"Humanistic Education in China and in the West"一文。盖1921年秋（宓离美国后）留美中国学生会年会特请白璧德师莅会之演讲稿，而刊登于《留美中国月报》者也。胡先骕君见之，立即译出，题曰《白璧德中西人文教育谈》，登入《学衡》第三期。由是确定两词：(1)Babbitt 师之姓氏宓初译曰巴比陀（取自1902年出版《经国美谈》小说中之 Pelopidas）。译为白璧德三字。(2)Humanism 宓初译曰人本主义。译为人文主义。皆胡先骕君造定之译名，而众从之者也。Humanitarianism 译为人道主义，则世之所同。《学衡》第三期中，增入《学衡杂志简章》一页，刊于册首，《目录》前。并发表宓为总编辑兼干事。又胡先骕主持"文苑"一门，专登江西省人所作之江西诗派或名之曰同光体。之诗，实则限于(1)胡先骕。(2)邵祖平字潭秋。(3)汪国垣字辟疆，胡之外家，表兄弟。(4)王易字简庵。(5)王浩字然父，二年后即殁。此兄与弟二人，乃胡在北京大学之同学。五人而已。友、生及来稿，皆不选入一首。宓甚愤，乃于第三期中，毅然改胡先骕主编之"诗录"为"诗录一"，另辟"诗录二"，登入柳诒徵先生之《圆明园遗石歌》，陈伯澜姑丈之《辛亥杂诗》、《新秋杂咏》，时癸丑七月。张鹏一世丈富平人。之《颐和园词》，宓自作之《清华园词》、《石鼓歌》。第三期出版后，胡先骕甚责宓，谓：此举显示出《学衡》社"内部分裂"，将为敌所乘。宓不屈，亦不辩。梅君讽宓不应急速登出自己所作之诗，迹近自炫，则宓极以为是，颇自悔轻躁。——此后，直到1923年八月胡先骕君赴美国进修，以"诗录一"授邵祖平主持编选。宓则自编"诗录二"，多得各地投稿。以成都寄来者为最多。其作者，则(1)先吴之英，名山人。早已逝世，而宓不知!(2)后赵熙、向楚、庞俊，(3)终则庞俊独多。总之，"诗录一"与"诗录二"久久对立、并峙云。

二月，编第四期。宓每期译登《钮康氏家传》一回，至此未断。第五期、第六期缺。第七期、八期续登。共译登六回而止。第四期中，录入宓撰《再论新文化运动，答邱昌渭君》。

三月，编第五期。登入张其昀撰《论刘知几与章实斋父谕：应曰章学诚，庶与刘相配，皆名。不应一名一字。之史学》长篇。宓始嫌其为考古述学之专著，无关国事与时局。（后

一个都不宽恕

学衡派代表人物吴宓

来此类之稿多矣！）

四月，编第六期。当时，讨论"宗教问题"，在国内学术、文化界甚嚣尘上。《学衡》幸得景昌极君撰文一篇。主张须有宗教。宓又转录上海《中华新报》主笔一苇（张季鸾君名炽章。之笔名）之文，可以应景。

在《学衡》初出版之数期中，刘伯明及梅光迪两君，每期皆撰文一篇登入。以后，则否。自第二年初之第十三期起，梅君则不再投登一字之稿，反而对人漫说："《学衡》内容愈来愈坏。我与此杂志早无关系矣！"又在初出版之数月中，每月皆在宓寓宅，由宓备茶点招待。开社务会议一次。讨论决定再下一期本月所编撰者。之稿件内容。以后，则不开。半年后，除(i)胡先骕、邵祖平君与(ii)柳诒徵、缪凤林、景昌极君外，《学衡》社之基本原始。社员，无复有过问社务或谈论杂志内容者矣！《学衡》杂志本无经费。社员亦毫无捐助。自始至终（1921—1933），所有办大小事，需用之款无论巨细。以及每次开会有时，梅君提议：星期日到下关开会，藉图一次欢乐醉饱。之茶点费，纸张笔墨，尤其邮费，寄出杂志。此为大宗开支。全由宓出钱付给。故谓《学衡》杂志竟成为宓个人之事业"者，亦非诬也。（梅光迪君如前如述。好为高论，而无工作能力。彼置父母妻子于原籍安徽省宣城县籍。家住南陵县（邻县）。不顾，而尽花费其薪入于衣服，极华丽。酒食，平日美餐，偶客豪宴。游乐，打麻雀牌，冶游，狎妓。盖一极端个人主义与享乐主义者耳。）

与《学衡》杂志敌对者，为：（一）上海"文学研究会"之茅盾（沈雁冰）一派。茅盾时在商务印书馆，任《小说月报》总编辑。后由郑振铎继。郑乃长乐高氏之婿也。（二）上海《民国日报》副刊《学灯》之编辑邵力子一派。邵名闻泰，字仲辉，浙江省山阴县人。清末，任陕西高等学堂教员，故与陕西，多有渊源。至于（三）上海"创造社"郭沫若宓1921年八月，初回国时，曾由亚东图书局邓均吾（原名成均）之介绍，与郭沫若君约会于外摆渡桥，在桥上立谈一小时。一派，则在1923年始兴起，故与《学衡》杂志无直接对辩及论争。鲁迅先生北京大学教授、教育部佥事，周树人（1881—1936）。于1922二月九日此时《学衡》第二期虽已在上海出版，但由海船装运，尚不能到北京。作《估"学衡"》一文，甚短，专就第一期立论，谓：第一期《学衡》"文苑"门，所登录之古文、诗、词，皆邵祖平一人所作，实甚陋劣，不足为全中国文士、诗人以及学子之模范者也！——按，鲁迅先生此言，实甚公允。《学衡》第一期"文苑"门专登邵祖平时年十九。之古文、诗、词，斯乃胡先骕之过。而彼邵祖平乃以此记恨鲁迅先生,至有1951年冬,在重庆诋毁鲁迅先生之事,祸累几及于宓,亦可谓不智之甚者矣。

若其赞同《学衡》者,首有上海《中华新报》主笔张季鸾君,在其《报》中著论,且更进一解,谓今全国青年所旁皇纷扰者,厥为人生观问题,盼《学衡》社诸君,能于此有所主张,有所启示。云云。日本国中,研读汉文书籍,志在维持儒学,保存儒教之团体,则速起响应《学衡》杂志,以其出版物寄来。五六月间,更有来中国各地游览考察之学者与政客清水氏等二十余人,持张季鸾君介函,直到《学衡》杂志社寻访,与社员会谈半日。座中梅、胡诸君多发言,宓仅供办招待而已。另有日本青年桥川时雄(由南满铁道供给资用)在北京出版和、汉对译之《文字同盟》月刊。此时互通信,交换刊物。宓1926到京,始识面。

宓每月寄发《学衡》杂志多册,"中华"赠送150册;社员各给一册。有文章刊登者赠给一册,余照定价订售。为争取不多费邮费,辄手自包卷印有包纸,填写。贴上定额邮票,亲乘人力车送至北门桥(街)邮局交代寄发。邮局局长蒋君,为顾泰来君之旧同学,由顾君介绍面识者也。

注释:

节选自《吴宓自编年谱》,三联书店,1995年12月出版。

壹　与复古派的论争

2 批"甲寅"

章士钊：该员"显系有意抗阻本部行政，既情理之所难容，亦法律之所不许"。

鲁　迅：又是章士钊。我之遇到这个姓名而摇头，实在由来已久；但是，先前总算是为"公"，现在却像憎恶中医一样，仿佛也挟带一点私怨了，因为他"无故"将我免了官……

【导读】

鲁迅与章士钊的一场诉讼

☆陈漱渝

1925年8月,国立北京女子师范大学学生运动掀起高潮。北洋军阀政府为了扑灭这场革命群众运动的烈火,于8月10日悍然颁布了女师大停办令,妄图借端开刀,杀一儆百。以鲁迅为代表的女师大进步师生不屈服于强暴,坚持斗争,断然拒绝解散令,并自行组织女师大校务维持会,共起维护校务。鲁迅被公选为校务维持会委员。北洋军阀政府司法总长兼教育总长章士钊"深恐群相效尤",致使"此项风潮愈演愈烈,难以平息"(章士钊致平政院的答辩书),于8月12日呈请免去鲁迅教育部佥事的职务,一场政治迫害就这样降临到了鲁迅身上。

关于罢免鲁迅职务的理由,章士钊在12日致段祺瑞的呈文中是这样陈述的:"敬折呈者,窃查官吏服务,首在恪守本分,服从命令。兹有本部佥事周树人,兼任国立女子师范大学教员,于本部下令停办该校以后,结合党徒,附和女生,倡设校务维持会,充任委员,似此违法抗令,殊属不合,应请明令免去本职,以示惩戒(并请补交高等文官惩戒委员会核议,以完法律手续)。是否有当,理合呈请鉴核施行。谨呈临时执政"。13日,"中华民国临时执政府总执政"段祺瑞明令照准。十四日,鲁迅日记记载:"我之免职令发表。"

前有残酷镇压学生运动的"老虎总长"章士钊亲自出马,后有炙手可热的皖系军阀头目段祺瑞坐镇撑腰,来势不可谓不猛,压力不可谓不大。但是,鲁迅为了使迫害他的敌人"恨得扒耳搔肋,忍不住露出本相(《不是信》,见《华盖集续编》)大义凛然,沉着应战,以历史裁决者的气势在平政院对章士钊提起诉讼,并赢得了奇迹般的胜利。这场诉讼案的经过大体是这样的:

当时,北洋军阀政府将行政诉讼与普通民刑诉讼分离,于普通法院之外又设立了专门处理行政诉讼的机关——平政院。平政院置院长一人,评事15人,共分三庭,每庭由评事五人组成。又设书记处,掌握诉讼记录等事务。其审理职权包括:

一、中央或地方最高级行政官署之违法处分,致损害人民权利,经人民陈诉者;

二、中央或地方行政官署之违法处分,致损害人民权利,经人民依诉讼法之规定,诉愿至最高行政官署,不服其决定而陈诉者。

根据当时的诉讼法,行政诉讼的程序大体是:

一、原告不服上级之违法处分时,得于处分书或判定书达到之次日起,六十日内,向平政院递交诉状并具副本。

二、平政院经审查认为与行政诉讼相符决定受理之后,将原告诉状副本咨送被告官署,限令被告提出答辩书,定期依法答辩。

三、被告提出答辩后,平政院将被告答辩书副本发交原告,令原告、被告以书状进行第二次互辩。

四、平政院以评事五人所组成的法庭审理裁决。裁决理由书由评事、书记官署名钤章,并另用缮本,发交原被告及参加人。

五、主管官署违法处分取消或变更之后,由平政院呈请大总统批令主管官署执行。

1925年8月22日,鲁迅的免职令发表不到十天,他就在朋友们的支持鼓励下,以原告人的主动进攻姿态,亲赴平政院投递了诉状。同月31日,又亲赴平政院纳诉讼费30元。9月12日,平政院正式决定由该院第一庭审理此案。

鲁迅提起诉讼的法律依据是《文官惩戒条例》及《文官保障法草案》。当时文官分为四种九等,除特任官外,第一、二等为简任官,第三至五等为荐任官,第六至九等为委任官,鲁迅属荐任官。根据当时的惩戒制度,文官的惩戒处分分为褫职、降等、减俸、申诫、记过五种。其中受褫职处分者,其期限为二年以上,六年以下,在此期间,不得复任。但惩戒须按一定的程序:荐任官属于各部或各省各级行政官署或直隶于各部总长者,各该长官认为有应付惩戒之行为时,须备文声叙事由,先由称为"文官高等惩戒委员会"的专门机构进行审查,而章士钊在免除鲁迅教育部佥事职务之前,并未交付惩戒委员会审查,因此违反了惩戒的法律程序。

鲁迅递交的控章士钊诉状原件,今已难于查找,但这份诉状的要旨,却保存在1926年3月23日平政院的裁决书里:

> 树人充教育部佥事,已十有四载,恪恭将事,故任职以来屡获奖叙。讵教育总长章士钊竟无故将树人呈请免职。查文官免职,系属惩戒处分之一。依《文官惩戒条例》第十八条之规定,须先交付惩戒始能依法执行。乃竟滥用职权,擅自处分,无故将树人免职,显违《文官惩戒条例》第一条及《文官保障法草案》第二条之规定。此种违法处分,实难自甘缄默。

平政院将鲁迅的诉状副本送交章士钊后,章士钊以教育部名义进行了答辩。鲁迅保存了这一答辩书副本的抄件:

> 查周树人免职理由,本部上执政呈文业经声叙明白,兹更为贵院述之:本年八月十日,本部遵照执政训令停办国立女子师范大学,当委部员刘百昭等前往接收,不意本部佥事周树人,原系社会司第一科科长,地位职务均极重要,乃于本部执行令准停办该校,正属行政严重之时,竟敢勾结该校教员、捣乱分子及少数不良学生,谬托校务维持会名义,妄自主张,公然与所服务之官署悍然立于反抗地位。据接收委员会报告,入校办公时亲见该员盘踞校舍,集众开会,确有种种不合之行为。又该伪校务维持会,擅举该员为委员,该员又不声明否认,显系有意抗阻本部行政,既情理之所难容,亦法律之所不许。查《官吏服务令》第一条:凡官吏应竭尽忠勤,服从法律命令以行职务。第二条:长官就其范围以内所发命令,属员有服从之义务。第四条:属官对于长官所发命令如有意见,得随时陈述。第二十九条:凡官吏有违上开各条者,该管长官依其情节,分别训告,或付惩戒。规定至为明切。今周树人既未将意见陈述,复以本部属员不服从本部长官命令,实已违反《文官服务令》第一第二第四各条之规定。本部原拟循例呈请交付惩戒,乃其时女师大风潮最剧,形势严重,若不即时采取行政处分,一任周树人以部员公然反抗本部行政,深恐群相效尤,此项风潮愈演愈烈,难以平息,不得已于八月十二日呈请执政将周树人免职。十三日由执政明令照准,此周树人免职经过之实在情形也。查原诉状内有无故免职等语,系欲以无故二字遮掩其与女师大教习学生集会违令各行为,希图脱免。至追加理由所称本部呈请执政将周树人免职稿件倒填日月一节,实因此项免职事件情出非常,本部总长系于十二日面呈执政,即日明令发表,随后再将呈稿补发存案。即日补发,无所谓倒填,情势急迫,本部总长应有权执行此非常处分,周树人不得引为口实。兹特详叙事实答辩如右。

10月13日,平政院给鲁迅送来章士钊的答辩书副本,并要求鲁迅在文到五日之内答复。针对章士钊的答辩,鲁迅进行了互辩。鲁迅博物馆现存一份鲁迅亲自收藏的互辩书草稿。写作日期是1925年10月16日,其"要旨"是:

一、查总长妄称□□(按"树人"二字。下同)以部员资格勾结该校教员捣乱分子及少数不良学生,谬托校务维持会名义,妄有主张等语,全不明言去勾结何等捣乱分子及不良学生何人,□□主张何事,信口虚捏,全无事实证据,殊不称长官体统,有玷人格。况各部职员兼任国立各校教员不下数百人，□□为女师大兼任教员之一。在部则为官吏，在校则为教员。两种资格，各有职责、不容牵混。……

二、□□平日品性人格，向不干预外事，社会共晓。此次女师大应否解散尤与□□无涉。故该总长对于该校举动是否合宜，□□从不过问。现该答辩内有"周树人既未将意见陈述"一言可知从未干预。至□□在女师大担任教员职务，一方关于教课，固为个人应负责；一方关于公众，又为团体共负之责。若由团体发表之事件，应由团体负责，尤不能涉及个人，更不能专诬□□一人而加以非法(处分)。譬如现北大与教育部脱离关系。公然反抗，是为团体行动，岂北大教员之兼教部职员者将共负其责耶？

三、该答辩称"据接收委员报告云确有种种不法行为"，试问报告委员何人？报告何在？□□盘踞何状？不合何事？概未明言，即入人罪。且说教员维持校务为伪托，伪者何在？抑凡为教员者于法不得维持校务耶？

四、答辩又称"该伪校务维持会擅举该员为委员，该员又不声明否认，显系有意抗阻本部行政"。查校务维持会公举□□为委员，系在8月13日，而该总长呈请免职，据称在12日。岂预知将举□□为委员而先为免职之罪名耶？况他人公举□□何能为□□之罪？

五、……□□充教育部佥事、社会教育司科长，与女师大停办与否，职守上毫无关系，故对于女师大停办命令从未一字陈述意见，亦实无陈述之职责。既未陈述，既无违反命令举动及言论可知。乃章士钊反以未陈述意见指为抗违命令，其理由何在？且又以未陈述意见即为违反服务令第一、二、四等条，其理由又安在？殊不可解。岂官吏须出位陈述职守以外之意见方为遵守服务令耶？何悖谬至此！

六、该答辩谓"本部原拟循例呈请惩戒，乃其时女师大风潮最剧，形势严重，若不即时采取行政处分，一任周树人以部员公然反抗本部行政，深恐群相效尤，此项风潮愈演愈恶，难以平息，不得已呈请免职"。查以教长权力整顿一女校，何至形势严重？依法免部员职，何至迫不及待？风潮难平，事系学界？何至用非常处分。此等饰词，殊属可笑。且所谓行政处分原以合法为范围。凡违法令之行政处分当然无效。此《官吏服务令》所明白规定者。今章士钊不依法惩戒，殊属身为长官，弁髦法令。

互辩阶段结束后，平政院正式进行了裁决，参加裁决的是第一庭庭长、评事邵章，评事员吴煦、贺俞、延鸿、周贞亮，书记官孙祖渔。1926年2月23日，鲁迅在诉讼中取得完全胜利。3月17日，鲁迅亲往平政院交裁决书送达费。3月23日，裁决书下达，主文是"教育部之处分取消之"，理由是：

依据前述事实,被告停办国立女师大学,原告兼任该校教员,是否确有反抗部令情事,被告未能证明。纵使属实,涉及《文官惩戒条例》规定范围,自应交付惩戒,由该委员会依法议决处分,方为合法。被告遽行呈请免职,确与现行法令规定程序不符,至被告答辩内称原拟循例交付惩戒,其时形势严重,若不采用行政处分,深恐群相效尤等语,不知原告果有反抗部令嫌疑,先行将原告停职或依法交付惩戒已足示儆,何患群相效尤?又何至迫不及待必须采用非常处分?答辩各节并无理由,据此论断,所有被告呈请免职之处分系属违法,应予取消。兹依《行政诉讼法》第二十三条之规定裁决如主文。

平政院裁决结束,最后一道法律程序是呈请最高当局批令主管官署执行。1926年3月31日,国务总理贾德耀签署了给教育总长的训令(临时执政训令第十三号)。令文是:

据平政院院长汪大燮呈,审理前教育部佥事周树人陈诉不服教育部呈请免职之处分,指为违法,提起行政诉讼一案,依法裁决教育部之处分应予取消等语,著交教育部查照执行。
此令
国务总理贾德耀

教育总长
中华民国十五年三月三十一日

根据临时执政训令第十三号,教育部颁布了鲁迅的复职令。至此,这场诉讼以段祺瑞、章士钊的惨败与鲁迅的全胜宣告结束。

回顾这场斗争的过程,我们可以看到,鲁迅之所以能取得这场诉讼的胜利,首先是由于他具有大无畏的战斗精神。鲁迅对章士钊提起诉讼,决非为了保住一个佥事的职位。鲁迅公然违抗北洋军阀政府教育部的命令,其实是确凿的事实,只不过军阀政府眼中的非法行为,在革命人民看来是天经地义的罢了。鲁迅曾坦率地对友人说:"这次章士钊的举动,我倒并不为奇,其实我也太不象官,本该早被免职的了。"(《鲁迅书信集》上卷,第73页。)他明确指出这场斗争的目的,"不过为着揭穿老虎的假面目"(尚钺:《怀念鲁迅先生》)。在《"碰壁"之余》一文中,鲁迅还大义凛然地宣布:"我还不是'臣罪当诛兮天王圣明'式的理想奴才,所以竟不能'尽如人意',

已经在平政院对章士钊提起诉讼了。"(《华盖集》)可以设想,如果鲁迅被北洋政府一时的气势汹汹所吓倒,那么不仅他个人将成为这场政治迫害的牺牲品,敌人还会得意忘形,得寸进尺地向革命人民步步进逼。

除了在战略上藐视敌人之外,鲁迅之所以取得这场斗争的胜利,还因为他具有高超的战术。革命的勇气,只有跟革命的谋略相结合,才能形成强大的战斗力。无谋之勇,决非真勇。鲁迅跟章士钊的诉讼,是在北洋军阀政府的法律允许限度之内进行的一场合法斗争。要稳操胜券,就必须谙熟敌人的内情,善于利用敌人的破绽,而后"以子之矛攻子之盾"。鲁迅在起诉过程中,主要是利用《文官惩戒条例》《文官保障法草案》等北洋军阀政府自己制定的法令,将他们置于非法的地位,从而使段祺瑞亲自批准的令文成了一张废纸。这种斗争艺术确是令人惊叹的。

还必须进一步指出,鲁迅对章士钊诉讼的胜利,固然由于鲁迅代表了真理,具有砥柱中流的英雄气概和卓越的斗争艺术,但这并不是鲁迅取胜的全部原因。在阶级社会,法律从来就是阶级统治的工具。统治阶级不仅把自己的意志表现为法,而且总是通过国家机器运用强制力量来保证法的执行和遵守,因此,在一切旧的法律面前决没有真正的平等,决不是单纯掌握了真理就能在诉讼过程中占据优势的地位;相反,强权战胜公理,邪恶战胜光明的事例,在旧中国的法庭上倒是屡见不鲜的。所以,我们在分析鲁迅与章士钊的诉讼这一案例时,不能够单纯探求诉讼双方取得胜负的主观原因,而必须进一步探求胜负的社会原因。应该看到,在不同的社会制度下固然有着不同的法;而在同一类型的国家或在同一社会制度之下,由于阶级斗争形势和阶级力量对比的变化,对法也有很大的影响。

章士钊呈请罢免鲁迅教育部佥事职务,是在 1925 年 8 月,当是皖系军阀段祺瑞声势煊赫,公然扬言"敢先父兄之教,不博宽大之名",对于参加或支持学生运动的人"依法从事,决不姑贷"。号称"老虎总长"的章士钊有恃无恐,因此敢于对鲁迅"下了冷口"。而到 1926 年 3 月时,章士钊早已被免去教育总长职务;临时执政府增设的国务院中又存在着皖系、冯(玉祥)系和国民党之间的复杂矛盾。特别是在党的领导下,北方的革命群众运动形成了前所未有的高潮,段祺瑞执政府正处于全面崩溃的前夕。同年 4 月,段祺瑞即被迫下野。在这种阶级斗争形势下,平政院慑于进步舆论的压力,才决定取消对鲁迅的处分,以免事态进一步扩大。如果阶级力量的对比有利于段祺瑞卖国政府,那他们是决不可能撤消对鲁迅的处分的。

答KS君

☆鲁 迅

KS兄：

　　我很感谢你的殷勤的慰问，但对于你所愤慨的两点和几句结论，我却并不谓然，现在略说我的意见——

　　第一，章士钊将我免职，我倒并没有你似的觉得诧异，他那对于学校的手段，我也并没有你似的觉得诧异，因为我本就没有预期章士钊能做出比现在更好的事情来。我们看历史，能够据过去以推知未来，看一个人的已往的经历，也有一样的效用。你先有了一种无端的迷信，将章士钊当作学者或智识阶段的领袖看，于是从他的行为上感到失望，发生不平，其实是作茧自缚；他这人本来就只能这样，有着更好的期望倒是你自己的误谬。使我较为感到有趣的倒是几个向来称为学者或教授的人们，居然也渐次吞吞吐吐地来说微温话了，什么"政潮"咧，"党"咧，仿佛他们都是上帝一样，超然象外，十分公平似的。谁知道人世上并没有这样一道矮墙，骑着而又两脚踏地，左右稳妥，所以即使吞吞吐吐，也还是将自己的魂灵枭首通衢，挂出了原想竭力隐瞒的丑态。丑态，我说，倒还没有什么丢人，丑态而蒙着公正的皮，这才催人呕吐。但终于使我觉得有趣的是蒙着公正的皮的丑态，又自己开出帐来发表了。仿佛世界上还有光明，所以即便费尽心机，结果仍然是一个瞒不住。

　　第二，你这样注意于《甲寅周刊》，也使我莫明其妙。《甲寅》第一次出版时，我想，大约章士钊还不过熟读了几十篇唐宋八大家文，所以模仿吞剥，看去还近于清通。至于这一回，却大大地退步了，关于内容的事且不说，即以文章论，就比先前不通得多，连成语也用不清楚，如"每下愈况"之类。尤其害事的是他似乎后来又念了几篇骈文，没有融化，而急于掉攉，所以弄得文字庞杂，有如泥浆混着沙砾一样。即如他那《停办北京女子师范大学呈文》中有云，"钊念儿女乃家家所有良用痛心为政而人人悦之亦无是理"，旁加密圈，想是得意之笔了。但比起何栻《齐姜醉遣晋公子赋》的"公子固翩翩绝世未免有情少年而碌碌因人安能成事"来，就显得字句和声调都怎样陋弱可哂。何栻比他高明得多，尚且不能入作者之林，章士钊的文章更于何处讨生活呢？况且，前载公文，接着就是通信，精神虽然是自己广告性的半官报，形式却成了公报尺牍合璧了,我中国自有文字以来,实在没有过这样滑稽体式的著作。这种东西,用处只有一种,就是可以借此看看社会的暗角落里,有着怎样灰色的人们,以为现在是攀附显现的时候了,也都吞吞吐吐的来开口。至于别的用处,我委实至今还想不出来。倘说这是复古运动的代表,那可是只见得复古派的可怜,不过以此当作讣闻,公布文言文的气绝罢了。

所以,即使真如你所说,将有文言白话之争,我以为也该是争的终结,而非争的开头,因为《甲寅》不足称为敌手,也无所谓战斗。倘要开头,他们还得有一个更通古学,更长古文的人,才能胜对垒之任,单是现在似的每周印一回公牍和游谈的堆积,纸张虽白,圈点虽多,是毫无用处的。

鲁迅,八月二十日

注释:
原载《莽原》1925 年 8 月 28 日周刊第 19 期。

十四年的"读经"

☆ 鲁 迅

自从章士钊主张读经以来，论坛上又很出现了一些论议，如谓经不必尊，读经乃是开倒车之类。我以为这都是多事的，因为民国十四年的"读经"，也如民国前四年，四年，或将来的二十四年一样，主张者的意思，大抵并不如反对者所想像的那么一回事。

尊孔，崇儒，专经，复古，由来已经很久了。皇帝和大臣们，向来总要取其一端，或者"以孝治天下"，或者"以忠诏天下"，而且又"以贞节励天下"。但是，二十四史不现在么？其中有多少孝子，忠臣，节妇和烈女？自然，或者是多到历史上装不下去了；那么，去翻专夸本地人物的府县志书去。我可以说，可惜男的孝子和忠臣也不多的，只有节烈的妇女的名册却大抵有一大卷以至几卷。孔子之徒的经，真不知读到那里去了；倒是不识字的妇女们能实践。还有，欧战时候的参战，我们不是常常自负的么？但可曾用《论语》感化过德国兵，用《易经》咒翻了潜水艇呢？儒者们引为劳绩的，倒是那大抵目不识丁的华工！

所以要中国好，或者倒不如不识字罢，一识字，就有近乎读经的病根了。"瞰亡往拜""出疆载质"的最巧玩艺儿，经上都有，我读熟过的。只有几个胡涂透顶的笨牛，真会诚心诚意地来主张读经。而且这样的脚色，也不消和他们讨论。他们虽说什么经，什么古，实在不过是空嚷嚷。问他们经可是要读到像颜回，子思，孟轲，朱熹，秦桧（他是状元），王守仁，徐世昌，曹锟；古可是要复到像清（即所谓"本朝"），元，金，唐，汉，禹汤文武周公，无怀氏，葛天氏？他们其实都没有定见。他们也知不清颜回以至曹锟为人怎样，"本朝"以至葛天氏情形如何；不过像苍蝇们失掉了垃圾堆，自不免嗡嗡地叫。况且既然是诚心诚意主张读经的笨牛，则决无钻营，取巧，献媚的手段可知，一定不会阔气；他的主张，自然也决不会发生什么效力的。

至于现在的能以他的主张，引起若干议论的，则大概是阔人。阔人决不是笨牛，否则，他早已伏处牖下，老死田间了。现在岂不是正值"人心不古"的时候么？则其所以得阔之道，居然可知。他们的主张，其实并非那些笨牛一般的真主张，是所谓别有用意；反对者们以为他真相信读经可以救国，真是"谬以千里"了！

我总相信现在的阔人都是聪明人；反过来说，就是倘使老实，必不能阔是也。至于所挂的招牌是佛学，是孔道，那倒没有什么关系。总而言之，是读经已经读过了，很悟到一点玩意儿，这种玩意儿，是孔二先生的先生老聃的大著作里就有的，此后的书本子里还随时可得。所以他们都比不识字的节妇，烈女，华工聪明；甚而至于比真要读经的笨牛还聪明。何也？曰："学而优则仕"故也。倘若"学"而不"优"，则以笨牛没世，其读经的主张，也不为世间所知。

孔子岂不是"圣之时者也"么，而况"之徒"呢？现在是主张"读经"的时候了。武则天做皇帝，谁敢说"男尊女卑"？多数主义虽然现称过激派，如果在列宁治下，则共产之合于葛天氏，一定可以考据出来的。但幸而现在英国和日本的力量还不弱，所以主张亲俄者，是被卢布换去了良心。

我看不见读经之徒的良心怎样，但我觉得他们大抵是聪明人，而这聪明，就是从读经和古文得来的。我们这曾经文明过而后来奉迎过蒙古人满洲人大驾了的国度里，古书实在太多，倘不是笨牛，读一点就可以知道，怎样敷衍，偷生，献媚，弄权，自私，然而能够假借大义，窃取美名。再进一步，并可以悟出中国人是健忘的，无论怎样言行不符，名实不副，前后矛盾，撒谎造谣，蝇营狗苟，都不要紧，经过若干时候，自然被忘得干干净净；只要留下一点卫道模样的文字，将来仍不失为"正人君子"。况且即使将来没有"正人君子"之称，于目下的实利又何损哉？

这一类的主张读经者，是明知道读经不足以救国的，也不希望人们都读成他自己那样的；但是，耍些把戏，将人们作笨牛看则有之，"读经"不过是这一回耍把戏偶尔用到的工具。抗议的诸公倘若不明乎此，还要正经老实地来评道理，谈利害，那我可不再客气，也要将你们归入诚心诚意主张读经的笨牛类里去了。

以这样文不对题的话来解释"俨乎其然"的主张，我自己也知道有不恭之嫌，然而我又自信我的话，因为我也是从"读经"得来的。我几乎读过十三经。

衰老的国度大概就免不了这类现象。这正如人体一样，年事老了，废料愈积愈多，组织间又沉积下矿质，使组织变硬，易就于灭亡。一面，则原是养卫人体的游走细胞（Wanderzelle）渐次变性，只顾自己，只要组织间有小洞，它便钻，蚕食各组织，使组织耗损，易就于灭亡。俄国有名的医学者梅契尼珂夫（Elias Metschnikov）特地给他别立了一个名目：大嚼细胞（Fresserzelle）。据说，必须扑灭了这些，人体才免于老衰；要扑灭这些，则须每日服用一种酸性剂。他自己就实行着。

古国的灭亡，就因为大部分的组织被太多的古习惯教养得硬化了，不再能够转移，来适应新环境。若干分子又被太多的坏经验教养得聪明了，于是变性，知道在硬化的社会里，不妨妄行。单是妄行的是可与论议的，故意妄行的却无须再与谈理。惟一的疗救,是在另开药方:酸性剂,或者简直是强酸剂。

不提防临末又提到了一个俄国人,怕又有人要疑心我收到卢布了罢。我现在郑重声明:我没有收过一张纸卢布。因为俄国还未赤化之前,他已经死掉了,是生了别的急病,和他那正在实验的药的有效与否这问题无干。

十一月十八日

注释:
原载《猛进》周刊1925年11月27日第39期。

从胡须说到牙齿(节录)

☆鲁 迅

一

一翻《呐喊》,才又记起我曾在中华民国九年双十节的前几天做过一篇《头发的故事》;去年,距今快要一整年了罢,那时是《语丝》出世未久,我又曾为它写了一篇《说胡须》。实在似乎很有些章士钊之所谓"每况愈下"了,——自然,这一句成语,也并不是章士钊首先用错的,但因为他既以擅长旧学自居,我又正在给他打官司,听以就栽在他身上。当时就听说,——或者也是时行的"流言",——一位北京大学的名教授就愤慨过,以为从胡须说起,一直说下去,将来就要说到屁股,则于是乎便和上海的《晶报》一样了。为什么呢?这须是熟精今典的人们才知道,后进的"束发小生"是不容易了然的。因为《晶报》上曾经登过一篇《太阳晒屁股赋》,屁股和胡须又都是人身的一部分,既说此部,即难免不说彼部,正如看见洗脸的人,敏捷而聪明的学者即能推见他一直洗下去,将来一定要洗到屁股。所以有志于做gentleman者,为防微杜渐起见,应该在背后给一顿奚落的。——如果说此外还有深意,那我可不得而知了。

昔者窃闻之:欧美的文明人讳言下体以及和下体略有渊源的事物。假如以生殖器为中心而画一正圆形,则凡在圆周以内者均在讳言之列;而圆之半径,则美国者大于英。中国的下等人,是不讳言

《呐喊》初版本

的；古之上等人似乎也不讳，所以虽是公子而可以名为黑臀。讳之始，不知在什么时候；而将英美的半径放大，直至于口鼻之间或更在其上，则 于一千九百二十四年秋。

文人墨客大概是感性太锐敏了之故罢，向来就很娇气，什么也给他说不得，见不得，听不得，想不得。道学先生于是乎从而禁之，虽然很像背道而驰，其实倒是心心相印。然而他们还是一看见堂客的手帕或者姨太太的荒冢就要做诗。我现在虽然也弄弄笔墨做做白话文，但才气却仿佛早经注定是该在"水平线"之下似的？所以看见手帕或荒冢之类，倒无动于中；只记得在解剖室里第一次要在女性的尸体上动刀的时候，可似乎略有做诗之意，——但是，不过"之意"而已，并没有诗，读者幸勿误会，以为我有诗集将要精装行世，传之其人，先在此预告。后来，也就连"之意"都没有了，大约是因为见惯了缘故罢，正如下等人的说惯一样。否则，也许现在不但不敢说胡须，而且简直非"人之初性本善论"或"天地玄黄赋"便不屑做。遥想土耳其革命后，撕去女人的面幕，是多么下等的事？呜呼，她们已将嘴巴露出，将来一定要光着屁股走路了！

二

孔二先生说，"虽有周公之才之美，使骄且吝，其余，不足观也矣。"这话，我确是曾经读过的，也十分佩服。所以如果打落了两个门牙，借此能给若干人们从旁快意，"痛快"，倒也毫无吝惜之心。而无如门牙，只有这几个，而且早经脱落何？但是将前事拉成今事，却也是不甚愿意的事，因为有些事情，我还要说真实，便只好将别人的"流言"抹杀了，虽然这大抵也以有利于己，至少是无损于己者为限。准此，我便顺手又要将章士钊的将后事拉成前事的胡涂账揭出来。

又是章士钊。我之遇到这个姓名而摇头，实在由来已久；但是，先前总算是为"公"，现在却像憎恶中医一样，仿佛也挟带一点私怨了，因为他"无故"将我免了官，所以，在先已经说过：我正在给他打官司。近来看见他的古文的答辩书了，很斤斤于"无故"之辩，其中有一段：

>……又该伪校务维持会擅举该员为委员，该员又不声明否认，显系有意抗阻本部行政，既情理之所难容，亦法律之所不许。……不得已于八月十二日，呈请执政将周树人免职，十三日由 执政明令照准……

于是乎我也"之乎者也"地驳掉他：

　　查校务维持会公举树人为委员，系在八月十三日，而该总长呈请免职，据称在十二日。岂先预知将举树人为委员而先为免职之罪名耶？……

其实，那些什么"答辩书"也不过是中国的胡牵乱扯的照例的成法，章士钊未必一定如此胡涂；假使真只胡涂，倒还不失为胡涂人，但他是知道舞文玩法的。他自己说过："挽近政治。内包甚复。一端之起。其真意往往难于迹象求之。执法抗争。不过迹象间事。……"所以倘若事不干己，则与其听他说政法，谈逻辑，实在远不如看《太阳晒屁股赋》，因为欺人之意，这些赋里倒没有的。

离题愈说愈远了：这并不是我的身体的一部分。现在即此收住，将来说到那里，且看民国十五年秋罢。

一九二五年十月三十日

注释：
原载《语丝》周刊 1925 年 11 月 9 日第 52 期。

学界的三魂

☆鲁　迅

　　从《京报副刊》上知道有一种叫《国魂》的期刊，曾有一篇文章说章士钊固然不好，然而反对章士钊的"学匪"们也应该打倒。我不知道大意是否真如我所记得？但这也没有什么关系，因为不过引起我想到一个题目，和那原文是不相干的。意思是，中国旧说，本以为人有三魂六魄，或云七魄；国魂也该这样。而这三魂之中，似乎一是"官魂"，一是"匪魂"，还有一个是什么呢？也许是"民魂"罢，我不很能够决定。又因为我的见闻很偏隘，所以未敢悉指中国全社会，只好缩而小之曰"学界"。

　　中国人的官瘾实在深，汉重孝廉而有埋儿刻木，宋重理学而有高帽破靴，清重帖括而有"且夫""然则"。总而言之：那魂灵就在做官，——行官势，摆官腔，打官话。顶着一个皇帝做傀儡，得罪了官就是得罪了皇帝，于是那些人就得了雅号曰"匪徒"。学界的打官话是始于去年，凡反对章士钊的都得了"土匪"，"学匪"，"学棍"的称号，但仍然不知道从谁的口中说出，所以还不外乎一种"流言"。

　　但这也足见去年学界之糟了，竟破天荒的有了学匪。以大点的国事来比罢，太平盛世，是没有匪的；待到群盗如毛时，看旧史，一定是外戚，宦官，奸臣，小人当国，即使大打一通官话，那结果也还是"呜呼哀哉"。当这"呜呼哀哉"之前，小民便大抵相率而为盗，所以我相信源增先生的话："表面上看只是些土匪与强盗，其实是农民革命军。"（《国民新报副刊》四三）那么，社会不是改进了么？并不，我虽然也是被谥为"土匪"之一，却并不想为老前辈们饰非掩过。农民是不来夺取政权的，源增先生又道："任三五热心家将皇帝推倒，自己过皇帝瘾去。"但这时候，匪便被称为帝，除遗老外，文人学者却都来恭维，又称反对他的为匪了。

　　所以中国的国魂里大概总有这两种魂：官魂和匪魂。这也并非硬要将我辈的魂挤进国魂里去，贪图与教授名流的魂为伍，只因为事实仿佛是这样。社会诸色人等，爱看《双官诰》，也爱看《四杰村》，望偏安巴蜀的刘玄德成功，也愿意打家劫舍的宋公明得法；至少，是受了官的恩惠时候则艳羡官僚，受了官的剥削时候便同情匪类。但这也是人情之常；倘使连这一点反抗心都没有，岂不就成为万劫不复的奴才了？

　　然而国情不同，国魂也就两样。记得在日本留学的时候，有些同学问我在中国最有大利的买卖是什么,我答道:"造反。"他们便大骇怪。在万世一系的国度里,那时听到皇帝可以一脚踢落,就如我们听说父母可以一棒打杀一般。为一部分士女所心悦诚服的李景林先生,可就深知此意了,要是报纸上所传非虚。今天的《京报》即载着他对某外交官的谈话道:"予预计于旧历正月间,当能与君在天津晤谈;若天津攻击竟至失败,则拟俟三四月间卷土重来,若再失败,则暂投土匪,徐养兵力,以待时机"云。但他所希望的不是做皇帝,那大概是因为中华民国之故罢。

所谓学界,是一种发生较新的阶级,本该可以有将旧魂灵略加湔洗之望了,但听到"学官"的官话,和"学匪"的新名,则似乎还走着旧道路。那末,当然也得打倒的。这来打倒他的是"民魂",是国魂的第三种。先前不很发扬,所以一闹之后,终不自取政权,而只"任三五热心家将皇帝推倒,自己过皇帝瘾去"了。

惟有民魂是值得宝贵的,惟有他发扬起来,中国才有真进步。但是,当此连学界也倒走旧路的时候,怎能轻易地发挥得出来呢?在乌烟瘴气之中,有官之所谓"匪"和民之所谓匪;有官之所谓"民"和民之所谓民;有官以为"匪"而其实是真的国民,有官以为"民"而其实是衙役和马弁。所以貌似"民魂"的,有时仍不免为"官魂",这是鉴别魂灵者所应该十分注意的。

话又说远了,回到本题去。去年,自从章士钊提了"整顿学风"的招牌,上了教育总长的大任之后,学界里就官气弥漫,顺我者"通",逆我者"匪",官腔官话的余气,至今还没有完。但学界却也幸而因此分清了颜色;只是代表官魂的还不是章士钊,因为上头还有"减膳"执政在,他至多不过做了一个官魂;现在是在天津"徐养兵力,以待时机"了。我不看《甲寅》,不知道说些什么话:官话呢,匪话呢,民话呢,衙役马弁话呢?……

一月二十四日

注释:
原载《语丝》周刊 1926 年 2 月 1 日第 64 期。

"碰壁"之余

☆ 鲁 迅

女师大事件在北京似乎竟颇算一个问题,号称"大报"如所谓《现代评论》者,居然也"评论"了好几次。据我所记得的,是先有"一个女读者"的一封信,无名小婢,不在话下。此后是两个作者的"评论"了:陈西滢先生在《闲话》之间评为"臭毛厕",李仲揆先生的《在女师大观剧的经验》里则比作戏场。我很吃惊于同是人,而眼光竟有这么不同;但究竟同是人,所以意见也不无符合之点;都不将学校看作学校。这一点,也可以包括杨荫榆女士的"学校犹家庭"和段祺瑞执政的"先父兄之教"。

陈西滢先生是"久已夫非一日矣"的《闲话》作家,那大名我在报纸的广告上早经看熟了,然而大概还是一位高人,所以遇有不合自意的,便一气呵成屎橛,而世界上蛆虫也委实太多。至于李仲揆先生其人也者,我在《女师风潮纪事》上才识大名,是八月一日拥杨荫榆女士攻入学校的三勇士之一;到现在,却又知道他还是一位达人了,庸人以为学潮的,到他眼睛里就等于"观剧":这是何等逍遥自在。

据文章上说,这位李仲揆先生是和杨女士"不过见面两次",但却被用电话邀去看"名振一时的文明新戏"去了,幸而李先生自有脚踏车,否则,还要用汽车来迎接哩。我真自恨福薄,一直活到现在,寿命已不可谓不长,而从没有遇见过一个不大认识的女士来邀"观剧";对于女师大的事说了几句话,尚且因为不过是教一两点功课的讲师,"碰壁之后",还很恭听了些高仁山先生在《晨报》上所发表的伟论。真的,世界上实在又有各式各样的运气,各式各样的嘴,各式各样的眼睛。

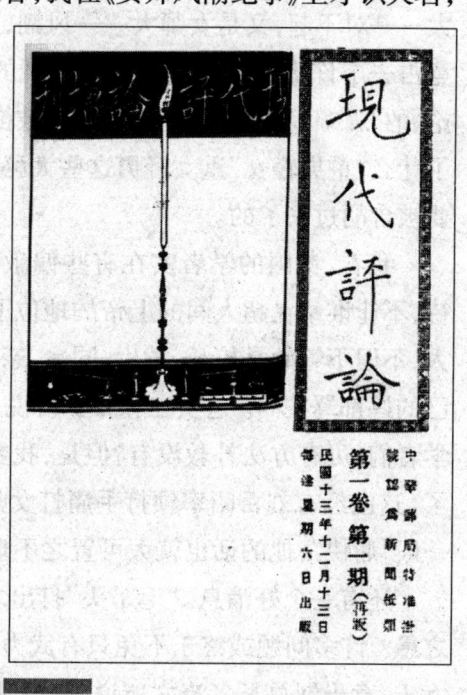

《现代评论》的刊头及增刊封面

接着又是西滢先生的《闲话》:"现在一部分报纸的篇幅,几乎全让女师风潮占去了。现在大部分爱国运动的青年的时间,也几乎全让女师风潮占去了。……女师风潮实在是了不得的大事情,实在有了不得的大意义。"临末还有颇为俏皮的结论道:"外国人说,中国人是重男轻女的。我看不见得吧。"

我看也未必一定"见得"。正如人们有各式各样的眼睛一样,也有各式各样的心思,手段。便是外国人的尊重一切女性的事,倘使好讲冷话的人说起来,也许以为意在于一个女性。然而侮蔑若干女性的事,有时也就可以说意在于一个女性。偏执的弗罗特先生宣传了"精神分析"之后,许多正人君子的外套都被撕碎了。但撕下了正人君子的外套的也不一定就是"小人",只要并非自以为还钻在外套里的不显本相的脚色。

我看也未必一定"见得"。中国人是"圣之时者也"教徒,况且活在二十世纪了,有华道理,有洋道理,轻重当然是都随意而无不合于道的:重男轻女也行,重女轻男也行,为了一个女性而重一切女性或轻若干女性也行,为了一个男人而轻若干女性或男性也行……。所可惜的是自从西滢先生看出底细之后,除了哑吧或半阴阳,就都坠入弗罗特先生所掘的陷坑里去了。

自己坠下去的是自作自受,可恨者乃是还要带累超然似的局外人,例如女师大——对不起,又是女师大——风潮,从有些眼睛看来,原是不值得提起的,但因为竟占去了许多可贵的东西,如"报纸的篇幅""青年的时间"之类,所以,连《现代评论》的"篇幅"和西滢先生的时间也被拖累着占去一点了,而尤其罪大恶极的是触犯了什么"重男轻女"重女轻男这些大秘密。倘不是西滢先生首先想到,提出,大概是要被含胡过去了的。

我看,奥国的学者实在有些偏激,弗罗特就是其一,他的分析精神,竟一律看待,不让谁站在超人间的上帝的地位上。还有那短命的 Otto Weininger,他的痛骂女人,不但不管她是校长,学生,同乡,亲戚,爱人,自己的太太,太太的同乡,简直连自己的妈都骂在内。这实在和弗罗特说一样,都使人难于利用。不知道咱们的教授或学者们,可有方法补救没有?但是,我要先报告一个好消息:weininger 早用手枪自杀了。这已经有刘百昭率领打手痛打女师大——对不起,又是女师大——的"毛丫头"一般"痛快",他的话也就大可置之不理了罢。

还有一个好消息。"毛丫头"打出之后,张崧年先生引"罗素之所信"道,"因世人之愚?许多问题或终于不免只有武力可以解决也!"(《京副》二五〇号)又据杨荫榆女士,章士钊总长者流之所说,则捣乱的"毛丫头"是极少数,可见中国的聪明人还多着哩,这是大可以乐观的。

忽而想谈谈我自己的事了。

我今年已经有两次被封为"学者",而发表之后,也就即刻取消。第一次是我主张中国的青年应当多看外国书,少看,或者竟不看中国书的时候,便有论客以为素称学者的鲁迅不该如此,而现在竟至如此,则不但决非学者,而且还有洋奴的嫌疑。第二次就是这回佥事免职之后,我在《莽原》上发表了答KS君信,论及章士钊的脚色和文章的时候,又有论客以为因失了"区区佥事"而反对章士钊,确是气量狭小,没有"学者的态度";而且,岂但没有"学者的态度"而已哉,还有"人格卑污"的嫌疑云。

其实,没有"学者的态度",那就不是学者喽,而有些人偏要硬派我做学者。至于何时封赠,何时考定,却连我自己也一点不知道。待到他们在报上说出我是学者,我自己也借此知道了原来我是学者的时候,则已经同时发表了我的罪状,接着就将这体面名称革掉了,虽然总该还要恢复,以便第三次的借口。

据我想来,佥事——文士诗人往往误作签事,今据官书正定——这一个官儿倒也并不算怎样"区区",只要看我免职之后,就颇有些人在那里钻谋补缺,便是一个老大的证据。至于又有些人以为无足重轻者,大约自己现在还不过做几句"说不出"的诗文,所以不知不觉地就来"慷他人之慨"了罢,因为人的将来是想不到的。然而,惭愧我还不是"臣罪当诛兮天王圣明"式的理想奴才,所以竟不能"尽如人意",已经在平政院对章士钊提起诉讼了。

提起诉讼之后,我只在答KS君信里论及一回章士钊,但听说已经要"人格卑污"了。然而别一论客却道是并不大骂,听以鲁迅究竟不足取。我所经验的事委实有点希奇,每有"碰壁"一类的事故,平时回护我的大抵愿我设法应付,甚至于暂图苟全。平时憎恶我的却总希望我做一个完人,即使敌手用了卑劣的流言和阴谋,也应该正襟危坐,毫无愤怨,默默地吃苦;或则戟指嚼舌,喷血而亡。为什么呢?自然是专为顾全我的人格起见喽。

够了,我其实又何尝"碰壁",至多也不过遇见了"鬼打墙"罢了。

九月十五日

注释:

原载《语丝》周刊1925年9月21日45期。

再来一次

☆鲁 迅

去年编定《热风》时,还有绅士们所谓"存心忠厚"之意,很删削了好几篇。但有一篇,却原想编进去的,因为失掉了稿子,便只好从缺。现在居然寻出来了;待《热风》再版时,添上这篇,登一个广告,使迷信我的文字的读者们再买一本,于我倒不无裨益。但是,算了罢,这实在不很有趣。不如再登一次,将来收入杂感第三集,也就算作补遗罢。

这是关于章士钊先生的——

两个桃子杀了三个读书人

章行严先生在上海批评他之所谓"新文化"说,"二桃杀三士"怎样好,"两个桃子杀了三个读书人"便怎样坏,而归结到新文化之"是亦不可以已乎?"

《热风》初版本

是亦大可以已者也!"二桃杀三士"并非僻典,旧文化书中常见的。但既然是"谁能为此谋?相国齐晏子。"我们便看看《晏子春秋》罢。

《晏子春秋》现有上海石印本,容易入手的了,这古典就在该石印本的卷二之内。大意是"公孙接田开疆古冶子事景公,以勇力搏虎闻,晏子过而趋,三子者不起,"于是晏老先生以为无礼,和景公说,要除去他们了。那方法是请景公使人送他们两个桃子,说道:"你们三位就照着功劳吃桃罢。"呵,这可就闹起来了:

"公孙接仰天而叹曰,'晏子,智人也,夫使公之计吾功者,不受桃,是无勇也。士众而桃寡,何不计功而食桃矣?接一搏猏而再搏虎,若接之功,可以食桃而无与人同矣。'援桃而起。"

"田开疆曰,'吾仗兵而却三军者再。若开疆之功,可以食桃而无与人同矣。'援桃而起。

"古冶子曰,'吾尝从君济于河,鼋衔左骖以入砥柱之流。当是时也,冶少不能游,潜行逆流百步,顺流九里,得鼋杀之,左操骖尾,右挈鼋头,鹤跃而出。津人皆曰,河伯也;若冶视之,则大鼋之首。若冶之功,可以食桃而无与人同矣!二子何不反桃?'抽剑而起。"

钞书太讨厌。总而言之,后来那二士自愧功不如古冶子,自杀了;古冶子不愿独生,也自杀了:于是乎就成了"二桃杀三士"。

我们虽然不知道这三士于旧文化有无心得,但既然书上说是"以勇力闻",便不能说他们是"读书人"。倘使《梁父吟》说是"二桃杀三勇士",自然更可了然,可惜那是五言诗,不能增字,所以不得不作"二桃杀三士",于是也就害了章行严先生解作"两个桃子杀了三个读书人"。

旧文化也实在太难解,古典也诚然太难记,而那两个旧桃子也未免太作怪:不但那时使三个读书人因此送命,到现在还使一个读书人因此出丑,"是亦不可以已乎"!

去年,因为"每下愈况"问题,我曾经很受了些自以为公平的青年的教训,说是因为他革去了我的"签事",我便那么奚落他。现在我在此只得特别声明:这还是一九二三年九月所作,登在《晨报副刊》上的。那时的《晨报副刊》,编辑尚不是陪过泰戈尔先生的"诗哲",也还未负有逼死别人,掐死自己的使命,所以间或也登一点我似的俗人的文章;而我那时和这位后来称为"孤桐先生"的,也毫无"睚眦之怨"。那"动机",大概不过是想给白话的流行帮点忙。

在这样"祸从口出"之秋,给自己也辩护得周到一点罢。或者将曰,且夫这次来补遗,却有"打落水狗"之嫌,"动机"就很"不纯洁"了。然而我以为也并不。自然,和不多时以前,士钊秘长运筹帷幄,假公济私,谋杀学生,通辑异己之际,"正人君子"时而相帮讥笑着被缉诸人的逃亡,时而"孤桐先生""孤桐先生"叫得热剌剌地的时候一比较,目下诚不免有落寞之感。但据我看来,他其实并未落水,不过"安住"在租界里而已:北京依旧是他所豢养过的东西在张牙舞爪,他所勾结着的报馆在颠倒是非,他所栽培成的女校在兴风作浪:依然是他的世界。

在"桃子"上给一下小打击,岂遂可与"打落水狗"同日而语哉?!

但不知怎的,这位"孤桐先生"竟在《甲寅》上辩起来了,以为这不过是小事。这是真的,不过是小事。弄错一点,又何伤乎?即使不知道晏子,不知道齐国,于中国也无损。农民谁懂得《梁父吟》呢,农业也仍然可以救国的。但我以为攻击白话的豪举,可也大可以不必了；将白话来代文言，即使有点不妥，反正也不过是小事情。

我虽然未曾在"孤桐先生"门下钻，没有看见满桌满床满地的什么德文书的荣幸，但偶然见到他所发表的"文言"，知道他于法律的不可恃，道德习惯的并非一成不变，文字语言的必有变迁，其实倒是懂得的。懂得而照直说出来的？便成为改革者；懂得而不说，反要利用以欺瞒别人的，便成为"孤桐先生"及其"之流"。他的保护文言，内骨子也不过是这样。

如果我的检验是确的，那么，"孤桐先生"大概也就染了《闲话》所谓"有些志士"的通病，为"老婆子女"所累了，此后似乎应该另买几本德文书，来讲究"节育"。

五月二十四日

注释：
原载《莽原》半月刊1926年6月10日第11期。

对于北京女子师范大学风潮宣言

☆鲁　迅

　　溯本校不安之状,盖已半载有余,时有隐显,以至现在,其间亦未见学校当局有所反省,竭诚处理,使之消弭,迨五月七日校内讲演时,学生劝校长杨荫榆先生退席后,杨先生乃于饭馆召集教员若干燕饮,继即以评议部名义,将学生自治会职员六人(文预科四人理预科一人国文系一人)揭示开除,由是全校然,有坚拒杨先生长校之事变,而杨先生亦遂遍送感言,又驰书学生家属,其文甚繁,第观其已经公表者,则大概谆谆以品学二字立言,使不谙此事始末者见之,一若此次风潮,为校长整饬风纪之所致,然品性学业,皆有可征,六人学业,俱非不良,至于品性一端,平素尤绝无惩戒记过之迹,以此与开除并论,而又若离若合,殊有混淆黑白之嫌,况六人俱为自治会职员,倘非长才,众人何由公举,不满于校长者倘非公意,则开除之后,全校何至然?所罚果当其罪,则本系之两主任何至事前并不与闻,继遂相率引退,可知公论尚在人心,曲直早经显见,偏私谬戾之举,究非空言曲说所能掩饰也,同人忝为教员,因知大概,义难默尔,敢布区区,惟关心教育者察焉。

　　　　　　　　　　　马裕藻,沈尹默,周树人,李泰棻,钱玄同,
　　　　　　　　　　　沈兼士,周作人。

注释:

原载《京报》1925年5月27日。

许广平在她所保存的这一宣言的铅印件旁写有附注:"鲁迅拟稿,针对杨荫榆的《感言》仗义执言,并邀请马裕藻先生转请其他先生联名的宣言"。

一个都不宽恕

为北京女师大学生拟呈教育部文二件

☆鲁　迅

一

　　呈为校长溺职滥罚,全校冤愤,恳请迅速撤换,以安学校事。窃杨荫榆到校一载,毫无设施,本属尸位素餐,贻害学子,屡经呈明大部请予查办,并蒙派员莅校彻查在案。从此杨荫榆即忽现忽隐,不可究诘,自拥虚号,专恋惰金,校务遂愈形败坏,其无耻之行为,为生等久所不齿,亦早不觉尚有杨荫榆其人矣。不料"五七"国耻在校内讲演时,忽又然临席,生等婉劝退去,即老羞成怒,大呼警察,幸经教员阻止,始免流血之惨。下午即借宴客为名,在饭店召集不知是否合法之评议员数人,于杯盘狼藉之余,始以开除学生之事含糊相告,亦不言学生为何人。至九日,突有开除自治会职员……等六人之揭示贴校内。夫自治会职员,乃众所公推,代表全体,成败利钝,生等固同负其责。今乃倒行逆施,罚非其罪,欲乘学潮汹涌之时,施其险毒阴私之计,使世人不及注意,居心下劣,显然可知!继又停止已经预告之运动会,使本校失信于社会,又避匿不知所往,使生等无从与之辩诘,实属视学子如土芥,以大罚为儿戏,天良丧失,至矣尽矣!可知杨荫榆一日不去,即如刀俎在前,学生为鱼肉之不暇,更何论于学业!是以全体冤愤,公决自失踪之日起,即绝对不容其再入学校之门,以御横暴,而延残喘。为此续呈　大部,恳即明令迅予撤换,拯本校于阽危,出学生于水火。不胜迫切待命之至!

　　谨呈

　　教育部总长

北京女子师范大学校长杨荫榆

二

呈为续陈杨荫榆氏行踪诡秘，心术叵测，败坏学校，恳即另聘校长，迅予维持事。窃杨氏失踪，业已多日。曾于五月十二日
具呈
大部，将其阴险横暴实情，沥陈梗概，请予撤换在案。讵杨氏怙恶不悛，仍施诡计。先谋提前放假，又图停课考试。术既不售，乃愈设盛筵，多召党类，密画毁校之策，冀复失位之仇。又四出请托，广播谣诼，致函学生家长，屡以品性为言，与开除时之揭示，措辞不同，实属巧设谰言，阴伤人格，则其良心何在，不问可知。倘使一任诪张，诚为学界大辱，盖不独生等身受摧残，学校无可挽救而已。为此合词续恳即下
明令，速任贤明，庶校务有主持之人，暴者失蹂躏之地，学校幸甚！教育幸甚！
谨呈
教育部总长

注释：

本篇据手稿编入，原无标题、标点。第一件呈文曾发表于1925年6月3日北京女子师范大学学生自治会编辑出版的《驱杨运动特刊》，题为《学生自治会上教育部呈文》。第二件呈文鲁迅生前未曾发表。

贰　与现代评论派的论争

陈　源：鲁迅常常的无故骂人,要是那人生气,他就说人家没有"幽默"。可是要是有人侵犯了他一言半语,他就跳到半天空,骂得你体无完肤——还不肯罢休。

鲁　迅：我自己也知道,在中国,我的笔要算较为尖刻的,说话有时也不留情面。但我又知道人们怎样地用了公理正义的美名,正人君子的徽号,温良敦厚的假脸,流言公论的武器,吞吐曲折的文字,行私利己,使无刀无笔的弱者不得喘息。

【导读】

新文化营垒的分化：与现代评论派之辩

☆陈漱渝

如果说，在鲁迅眼中，"学衡"派、"甲寅"派的人物"不足称为敌手，也无所谓战斗"(《答KS君》)；那么，跟现代评论派的论争则是鲁迅在思想文化战线经历的一次时间最长、鏖战激烈的重大战役。现代评论派跟中国现代的其它文艺社团一样，并不是一个严密的组织；《现代评论》周刊的作者也倾向不一，流品不齐；但就其核心成员而言，则是一群曾沐浴欧风美雨又身着五四衣衫的学者。他们在政治上持自由主义立场，标榜精神独立，平和公正，不尚攻讦，但在女师大风潮、五卅惨案、三·一八惨案等重大政治事件中，他们的舆论客观上却偏袒站在爱国民众对立面的列强和军阀。他们在文章中有时也流露出对旧中国社会现状的不满，但那是以西方资本主义国家为参照系，比照中常流露出民族自卑感和片面崇洋的心态。鲁迅跟现代评论派的矛盾，除了源于他们政治观点和文艺观点的深刻分歧外，还存在着自由主义与反自由主义、中庸与反中庸的分歧。以鲁迅为代表的语丝派跟以胡适、陈西滢、徐志摩等现代评论派成员的论争，标志着五四新文化阵营的分化。这场论争虽然常围绕在一些个别的甚至私人的问题展开，但同样具有不容低估的思想文化意义。

关于陈西滢

☆陈漱渝

陈西滢,名源,字通伯,1896年(清光绪二十二年)生。西滢是他为《现代评论》周刊"闲话"专栏撰稿时使用的笔名。16岁那年即赴英国留学,先后入爱丁堡大学和伦敦大学学政治经济,获博士学位。1922年回国,在北京大学执教。1924年8月,应王世杰之约加入现代评论社,同年12月13日出版《现代评论》周刊,至1928年8月3日终刊,共出版9卷,209期,又增刊3期。陈西滢在该刊发表随笔小品译文约90篇。他回忆这份刊物的历史时说:"当时正值孙(中山)、段(祺瑞)合作时期,汪精卫主张在北方办一刊物,由段拿出1000银元作开办费用。这笔款是李石曾先生转到。刊物虽系综合性,但重文艺。《志摩诗集》,杨振声所著《玉君》,丁西林所著《一只马蜂》和凌叔华所著《花之寺》等书,都由《现代评论》出版。后来刊物移上海出版,无专人负责,渐无起色,以致停刊。"

在中国现代文学史上,陈西滢是一位争议颇大的人物。早在1920年代,有人就在广告中尊他为现代评论派的"主将"。后来,梁实秋又将他与胡适、周氏兄弟、徐志摩并称为五四以来五大散文家之一。但在1949年后的中国现代文学史教材中,他却成了声名狼藉的人物。现代评论派被说成是一个由反动教授拼凑起来的买办资产阶级文化集团,鲁迅与现代评论派之间的矛盾似乎也成了敌我矛盾。

依笔者之见,把陈西滢评为五四以来五大散文家之一,不无溢美之嫌;因为他自撰写《西滢闲话》之后,并无散文佳作问世。至于把他目为反动文人,那也"真冤枉得很"。陈西滢谈不上是现代评论派的"主将",只不过是《现代评论》杂志"闲话"专栏的作者,协助王世杰等人审阅过该刊前两卷的文艺稿件。在所谓现代评论派的成员中,他的两重性表现得较为鲜明;他那本收录了78篇短评、随笔的《西滢闲话》,也是良莠并存,泥沙混杂。

对于西方国家的物质文明和精神文明,陈西滢佩服得五体投地。他反对"高唱打倒帝国主义",反对"把种种黑暗腐败的事实归罪于列强的侵略政策"。"五卅"惨案发生后,他"不赞成高唱宣战",只主张"据理力争"。但他也跟北大师生一起到段祺瑞执政府请过一次愿,认为一个民族遭受侵略时不能把一切气节、人格、名誉都丢掉。

对于军阀混战残害人民生命财产的黑暗状况,陈西滢当然不满;在直奉大战的炸弹声中他自己也有一种栗栗危惧之感。但他却美化一些军阀头目如袁世凯、吴佩孚的私德,并且认为"那样的人民只配有那样的政府"。对于把矛头指向北洋军阀政府的一系列革命群众运动,他都认为"太不像样"。三·一八惨案发生后,他甚至诬蔑烈士们是盲目地被群众领袖"引向死地",客观上替北洋军阀政府开脱了罪责。

对于中国新文艺的前途,陈西滢是怀着很大希望的。他支持白话文,不满于骈体文的复活和线装书的行时。但章士钊创办《甲寅》周刊,反对新文化运动时,陈西滢却掏了5块钱,买了一张股票。章士钊高兴得将他的文章译成文言,吹嘘他是"当今通品"。

对于鲁迅,陈西滢表示:"我不能因为我不尊敬鲁迅先生的人格,就不说他的小说好,我也不能因为佩服他的小说,就称赞他其余的文章。"他盛赞鲁迅笔下的阿Q是一个不朽的典型,但认为鲁迅大部分杂感没有一读的价值,甚至散布鲁迅的《中国小说史略》有剽窃之嫌的流言,使鲁迅受到很大的伤害。

鲁迅曾经明确表示,他跟陈西滢的论争"实为公仇,决非私怨"。1933年4月,何凝(瞿秋白)在《〈鲁迅杂感选集〉序言》中也指出,鲁迅当时反对陈西滢一类欧化绅士的战斗,"虽然隐蔽在个别的甚至私人的问题之下,然而这种战斗的原则上的意义,越到后来就越发明显了"。鲁迅对于这一论断有知己之感。1936年7月的一天,鲁迅对冯雪峰说:"看出我攻击章士钊和陈源(西滢)一类人,是将他们作为社会上的一种典型的一点来的,也还只有何凝一个人!"

今天看来,鲁迅跟陈西滢之间的矛盾,除了源于他们政治观点和文艺观点的深刻分歧外,跟他们两人的不同心态也有着潜在的关系。在英国自由主义思想的熏陶下,陈西滢形成了一种与儒家折中、调和主张暗合的中庸心态,而鲁迅却恰恰具有一种以反对自由主义为特征的反中庸心态。在阶级矛盾和民族矛盾空前尖锐的特定历史阶段,用陈西滢这种心态把握客观事物,虽然自以为不偏不倚、温良敦厚,但往往在实际上混淆了大是大非,产生了不可低估的消极作用。而鲁迅这种反对中庸主义的立场,则使他在事关原则的问题上旗帜鲜明,勇猛进取,具有革命的彻底性。当然,这种反中庸的心态有时也难免使人因峻急而偏于极端。在跟陈西滢论战时,鲁迅采用了一些今天看来显得过于激烈的措词,对并非铁板一块的现代评论派也缺乏细致的具体分析,甚至由批判陈西滢而株连到虽然在《现代评论》上发表文章但实际上是第三国际成员的陈翰笙等人,这是我们在总结历史经验时应该明确指出的。

《现代评论》停刊后,陈西滢一度携夫人凌叔华赴日本小住。1929年5月,王世杰出任武汉大学校长,聘他为教授兼文学院院长。抗日战争爆发后,他又随迁往乐山的武大入川,在巴山蜀水之间滞留数年。王世杰当时雄心勃勃,扬言不但要使武大成为华中最高学府,而且要争取与剑桥、哥大等世界名校并驾齐驱。为了支持王世杰的办学计划,陈西滢可说是把他的时间和精力都贡献给了武大,他除开担任教学行政工作外,还先后开设过"短篇小说"、"英国文化"、"翻译"、"长篇小说"、"世界名著"等课程。学生们觉得他是一位"通儒",遗憾的是他口才塞涩,不善表达情感。

1943年,国民党政府将陈西滢派赴英国从事外交工作。1945年,联合国成立并决定设立教育、科学、文化组织(UNESEO,简称"教科文组织")作为下属机构之一。翌年,"教科文组织"在巴黎召开第一届成立大会,国民党政府委派陈源为首任常驻代表。此后,他在该组织任职达27年之久。中华人民共和国成立之后,陈西滢在该机构中的处境日渐狼狈。原因之一,"教科文组织"以策进国际文教科学合作为宗旨,所以社会主义阵营的国家以"文教合作应超越政治争执之外"为理由,支持新中国入会,动摇了台湾当局的合法地位。二是20世纪50年代,台湾当局经费支绌,无力支付每年近百万美金的会费。按规定,凡会员国积欠会费在两年以上者,无投票表决权。因此,每次开会,陈西滢均需绞尽脑汁,以免除被褫夺投票权的处分。三是联合国大会每次开会,均讨论中华人民共和国的代表权问题。如果联合国大会在"教科文组织"开会之前举行,首先否定了中华人民共和国的合法地位,"教科文组织"讨论同一问题时,台湾"代表"才能多少找到一点依据,说什么"母体机构已有决定,子体机构应服从母体,不宜另有主张"。可是,有的时候,"教科文组织"在联合国大会之前开会,陈西滢就要为维护台湾当局的"代表权"煞费周折,四处拉票,迹近绑架,回想起来也自觉可笑。

在担任台湾当局驻"教科文组织"常任代表期间,陈西滢帮助台湾作家恢复了跟国际笔会的联系。国际笔会是1922年在伦敦成立的,中国于1925年加入,总会设于上海,会长由蔡元培先生担任,林语堂任执行秘书。但除开1933年2月17日下午以"国际笔会中国分会"的名义招待过一次萧伯纳之外,迄少活动,形同虚设。1957年,国际笔会准备在东京召开第29届大会。经陈西滢提议,台湾重建了笔会组织,推举张道藩为会长,并于同年恢复了会籍。1959年,陈源与罗家伦、陈纪滢、曾恩波出席了在德国法兰克福召开的第30届国际笔会。

从跟鲁迅论战的文字来看,陈西滢给读者留下的是尖酸刻薄的印象,但在实际生活中他却木讷寡言,只有在酒酣耳热之际才会谈兴盎然。在巴黎的时候,有些人不知道陈源就是当年活跃于《现代评论》周刊的西滢先生,竟多次当着他的面议论鲁迅、刘半农跟西滢的笔战。这种时候,这位陈代表总是合上双眼,叼着烟斗,静静地聆听,就像在听人讲述遥远年代一个与己无关的故事。其余时光,陈西滢的爱好是读书和欣赏美术作品。在这一点上,他跟夫人凌叔华是同好;或者说是在潜移默化之间受到了夫人影响。凌叔华是作家，也是画家。她的作品集《古韵》就是由自己配制插图。凌叔华最擅长花鸟兰竹，属于青藤白阳一派；其山水画跟石涛、八大亦有渊源。她的作品风姿超逸，古趣盎然，在巴黎和纽约展出时颇受好评。陈西滢固然喜爱中国文人画，但更喜爱西洋印象派，叹服这些画家能在画面上造成一种"光"与"色"的生动跳跃的感觉。他说："面对一张克洛德·莫奈的作品，有如品尝一杯美酒。"

陈西滢在旅居欧洲期间，还做过一件并未奏效的好事。那是在1956年秋，原《现代评论》周刊的同人之一周鲠生先生到瑞士参加"世界联合国同志大会"后，又应"英国联合国同志会"之邀赴伦敦访问。在这里，他会见了陈西滢，两位老友单独恳谈了三个小时。周鲠生除规劝陈西滢落叶归根之外，还动员胡适也回中国大陆看看。周鲠生说："对于胡适，主要是批判其思想，并不是针对个人。胡适如果归国，一定还会受到欢迎，来去自由，绝对没有问题。胡适要多做学术方面的工作，不必去谈政治；应放眼看看世界上的实在情形，不要将眼光拘于一地。"

陈西滢是1970年3月29日在伦敦病逝的，终年74岁。据苏雪林在《悼陈源教授》一文中说，他的病因跟1964年1月27日中法建交有关。当时，台湾当局的"驻法大使"已降旗返台，但台湾当局仍电令陈西滢以"联合国中国代表"的名义驻馆看守。法国冬季漫长严寒，"使馆"中没有炉火，也无其他保暖设备。陈西滢孤零零地在屋内看守，形影相吊，连吃饭都要到外面小餐馆解决，苦不堪言。1966年3月12日，法国政府要求台湾当局交出"使馆"，并要陈西滢迁出。他极力抗争，被法国军警强行架出，当挣扎时血压突然升高，引发心脏衰弱，当场晕厥。此后"引咎辞职"，长住伦敦养病（见1970年4月7日台湾《中央日报》）。苏雪林所谈的情况是真实的。陈西滢在1966年5月18日致王世杰的一封长信中谈得更为具体："当法警迫我们出走时，心中愤怒精神紧张，故血压高涨至250度。法警请来的医生，认为必须躺下以救护车送去旅馆。次日便降低，以后均在200度以下，有时仅170、180度，可以告慰。""心中愤怒"，这是陈西滢的政治立场决定的。一些友人和学生劝陈西滢返回台湾，但由于他跟国民党内的"CC派"有矛盾，故犹豫不定。1969年12月18日他在给学生吴鲁芹的一封信中写道："年关已经到了，我们还是在伦敦没有动，并不是我们决定不去台北，而是我们没有决定是否去台湾还是留伦敦。走或不走，须有决心。老是决不下心来。"

关于陈西滢临终前后的情况，夫人凌叔华女士1970年4月6日致陈纪滢信中作了介绍："3月25日来示收到，蒙记挂通伯病况，十分感激。不幸他终于抵抗不过旧病（即在法国受刺激得的Stroke病！）于29晚与世长辞了！通伯于3月12日入院之后，始终未能说话，大约多半在半醒半睡状态中，样子安祥，颇可告慰挚友与亲人而已。4月3日在伦敦北城教堂火葬。此后华拟将骨灰带回台湾,择风景清幽之处给他作长眠之地。罗家伦先生墓地似乎甚为理想,通伯与他、孟真、适之等生前为至好朋友,如能在这些人附近择到地点就好了。不知先生暇时能否就所知告我一点可能性……"不过,凌叔华此信所述也有遗漏,那就是陈西滢的骨灰从殡仪馆到伦敦坟场的一路上,只有台湾的"外交官"陈尧圣跟他的太太熊文英两人送行,那场景真是出人意料的冷清。熊文英在《回忆陈源教授的最后一程》中如实写道:"陈源教授交游甚众,门墙桃李也很多,但是,他的最后一程,人生的最后一程,肉体行将被焚化的最后一段三英里的道路,只有我们夫妇相送……""陈源教授在灵柩中,如果有知,应该觉得孤独,凄凉……"(台湾《大成》杂志,第13期)。

我的"籍"和"系"

☆鲁　迅

虽然因为我劝过人少——或者竟不——读中国书,曾蒙一位不相识的青年先生赐信要我搬出中国去,但是我终于没有走。而且我究竟是中国人,读过中国书的,因此也颇知道些处世的妙法。譬如,假使要掉文袋,可以说说"桃红柳绿",这些事是大家早已公认的,谁也不会说你错。如果论史,就赞几句孔明,骂一通秦桧,这些是非也早经论定,学述一回决没有什么差池;况且秦太师的党羽现已半个无存,也可保毫无危险。至于近事呢,勿谈为佳,否则连你的籍贯也许会使你由可"尊敬"而变为"可惜"的。

我记得宋朝是不许南人做宰相的,那是他们的"祖制",只可惜终于不能坚持。至于"某籍"人说不得话,却是我近来的新发见。也还是女师大的风潮,我说了几句话。但我先要声明,我既然说过,颇知道些处世的妙法,为什么又去说话呢?那是,因为,我是见过清末捣乱的人,没有生长在太平盛世,所以纵使颇有些涵养工夫,有时也不免要开口,客气地说,就是大不"安分"的。于是乎我说话了,不料陈西滢先生早已常常听到一种"流言",那大致是"女师大的风潮,有北京教育界占最大势力的某籍某系的人在暗中鼓动"。现在我一说话,恰巧化"暗"为"明",就使这常常听到流言的西滢先生代为"可惜",虽然他存心忠厚,"自然还是不信平素所很尊敬的人会暗中挑剔风潮";无奈"流言"却"更加传布得厉害了",这怎不使人"怀疑"呢?自然是难怪的。

我确有一个"籍",也是各人各有一个的籍,不足为奇。但我是什么"系"呢?自己想想,既非"研究系",也非"交通系",真不知怎么一回事。只好再精查,细想;终于也明白了,现在写它出来,庶几乎免得又有"流言",以为我是黑籍的政客。

因为应付某国某君的嘱托,我正写了一点自己的履历,第一句是"我于一八八一年生在浙江省绍兴府城里一家姓周的家里",这里就说明了我的"籍"。但自从到了"可惜"的地位之后,我便又在末尾添上一句道,"近几年我又兼做北京大学,师范大学,女子师范大学的国文系讲师",这大概就是我的"系"了。我真不料我竟成了这样的一个"系"。

我常常要"挑剔"文字是确的,至于"挑剔风潮"这一种连字面都不通的阴谋,我至今还不知道是怎样的做法。何以一有流言,我就得沉默,否则立刻犯了嫌疑,至于使和我毫不相干的人如西滢先生者也来代为"可惜"呢?那么,如果流言说我正在钻营,我就得自己锁在房里了;如果流言说我想做皇帝,我就得连忙自称奴才了。然而古人却确是这样做过了,还留下些什么"空穴来风,桐乳来巢"的鬼格言。可惜我总不耐烦敬步后尘;不得已,我只好对于无论是谁,先奉还他无端送给我的"尊敬"。

其实,现今的将"尊敬"来布施和拜领的人们,也就都是上了古人的当。我们的乏的古人想了几千年,得到一个制驭别人的巧法:可压服的将他压服,否则将他抬高。而抬高也就是一种压服的手段,常常微微示意说,你应该这样,倘不,我要将你摔下来了。求人尊敬的可怜虫于是默默地坐着;但偶然也放开喉咙道"有利必有弊呀!""彼亦一是非,此亦一是非呀!""猗欤休哉呀!"听众遂亦同声赞叹道,"对呀对呀,可敬极了呀!"这样的互相敷衍下去,自己以为有趣。

从此这一个办法便成为八面锋,杀掉了许多乏人和白痴,但是穿了圣贤的衣冠入殓。可怜他们竟不知道自己将褒贬他的人们的身价估得太大了,反至于连自己的原价也一同失掉。

人类是进化的,现在的人心,当然比古人的高洁;但是"尊敬"的流毒,却还不下于流言,尤其是有谁装腔作势,要来将这撒去时,更足使乏人和白痴惶恐。我本来也无可尊敬;也不愿受人尊敬,免得不如人意的时候,又被人摔下来。更明白地说罢:我所憎恶的太多了,应该自己也得到憎恶,这才还有点像活在人间;如果收得的乃是相反的布施,于我倒是一个冷嘲,使我对于自己也要大加侮蔑;如果收得的是吞吞吐吐的不知道算什么,则使我感到将要呕哕似的恶心。然而无论如何,"流言"总不能吓哑我的嘴……。

六月二日晨

注释:

原载《莽原》周刊1925年6月5日第7期。

并非闲话

☆鲁　迅

凡事无论大小,只要和自己有些相干,便不免格外警觉。即如这一回女子师范大学的风潮,我因为在那里担任一点钟功课,也就感到震动,而且就发了几句感慨,登在五月十二的《京报副刊》上。自然,自己也明知道违了"和光同尘"的古训了,但我就是这样,并不想以骑墙或阴柔来买人尊敬。三四天之后,忽然接到一本《现代评论》十五期,很觉得有些稀奇。这一期是新印的,第一页上目录已经整齐(初版字有参差处),就证明着至少是再版。我想:为什么这一期特别卖的多,送的多呢,莫非内容改变了么?翻开初版来,校勘下去,都一样;不过末叶的金城银行的广告已经杳然。所以一篇《女师大的学潮》就赤条条地露出。我不是也发过议论的么?自然要看一看,原来是赞成杨荫榆校长的,和我的论调正相反。做的人是"一个女读者"。

中国原是玩意儿最多的地方,近来又刚闹过什么"琴心是否女士"问题,我于是心血来潮,忽而想:又捣什么鬼,装什么佯了?但我即刻不再想下去,因为接着就起了别一个念头,想到近来有些人,凡是自己善于在暗中播弄鼓动的,一看见别人明白质直的言动,便往往反噬他是播弄和鼓动,是某党,是某系;正如偷汉的女人的丈夫,总愿意说世人全是忘八,和他相同,他心里才觉舒畅。这种思想是卑劣的;我太多心了,人们也何至于一定用裙子来做

鲁迅摄于1925年

军旗。我就将我的念头打断了。

此后,风潮还是拖延着,而且展开来,于是有七个教员的宣言发表,也登在五月二十七日的《京报》上,其中的一个是我。

这回的反响快透了,三十日发行(其实是二十九日已经发卖)的《现代评论》上,西滢先生就在《闲话》的第一段中特地评论。但是,据说宣言是"《闲话》正要付印的时候"才在报上见到的,所以前半只论学潮,和宣言无涉。后来又做了三大段,大约是见了宣言之后,这才文思泉涌的罢,可是《闲话》付印的时间,大概总该颇有些耽误了。但后做而移在前面,也未可知。那么,足见这是一段要紧的"闲话"。

《闲话》中说,"以前我们常常听说女师大的风潮,有在北京教育界占最大的势力的某籍某系的人在暗中鼓动,可是我们总不敢相信。"所以他只在宣言中摘出"最精彩的几句",加上圈子,评为"未免偏袒一方";而且因为"流言更加传布得厉害",遂觉"可惜",但他说"还是不信我们平素所很尊敬的人会暗中挑剔风潮"。这些话我觉得确有些超妙的识见。例如"流言"本是畜类的武器,鬼蜮的手段,实在应该不信它。又如一查籍贯,则即使装作公平,也容易启人疑窦,总不如"不敢相信"的好,否则同籍的人固然惮于在一张纸上宣言,而别一某籍的人也不便在暗中给同籍的人帮忙了。这些"流言"和"听说",当然都只配当作狗屁!

但是,西滢先生因为"未免偏袒一方"而遂叹为"可惜",仍是引用"流言",我却以为是"可惜"的事。清朝的县官坐堂,往往两造各责小板五百完案,"偏袒"之嫌是没有了,可是终于不免为胡涂虫。假使一个人还是有是非之心,倒不如直说的好;否则,虽然吞吞吐吐,明眼人也会看出他暗中"偏袒"那一方,所表白的不过是自己的阴险和卑劣。宣言中所谓"若离若合",殊有"混淆黑白之嫌"者,似乎也就是为此辈的手段写照。而且所谓"挑剔风潮"的"流言",说不定就是这些伏在暗中,轻易不大露面的东西所制造的,但我自然也"没有调查详细的事实,不大知道"。可惜的是西滢先生虽说"还是不信",却已为我辈"可惜",足见流言之易于惑人,无怪常有人用作武器。但在我,却直到看见这《闲话》之后,才知道西滢先生们原来"常常"听到这样的流言,并且和我偶尔听到的都不对。可见流言也有种种,某种流言,大抵是奔凑到某种耳朵,写出在某种笔下的。

但在《闲话》的前半,即西滢先生还未在报上看见七个教员的宣言之前,已经比学校为"臭毛厕",主张"人人都有扫除的义务"了。为什么呢?一者报上两个相反的启事已经发现;二者学生把守校门;三者有"校长不能在学校开会,不得不借邻近的饭店招集教员开会的奇闻"。但这所述的"臭毛厕"的情形还得修改些,因为层次有点颠倒。据宣言说,则"饭店开会",乃在"把守校门"之前,大约西滢先生觉得不"最精彩",所以没有摘录,或者已经写好,所以不及摘录的罢。现在我来补摘几句,并且也加些圈子,聊以效颦——

　　……迨五月七日校内讲演时,学生劝校长杨荫榆先生退席后,杨先生乃于饭馆召集校员若干燕饮,继即以评议会名义,将学生自治会职员六人揭示开除,由是全校哗然,有坚拒杨先生长校之事变。……

　　《闲话》里的和这事实的颠倒,从神经过敏的看起来,或者也可以认为"偏袒"的表现;但我在这里并非举证,不过聊作插话而已。其实,"偏袒"两字,因我适值选得不大堂皇,所以使人厌观,倘用别的字,便会大大的两样。况且,即使是自以为公平的批评家,"偏袒"也在所不免的,譬如和校长同籍贯,或是好朋友,或是换帖兄弟,或是叨过酒饭,每不免于不知不觉间有所"偏袒"。这也算人情之常,不足深怪;但当侃侃而谈之际,那自然也许流露出来。然而也没有什么要紧,局外人那里会知道这许多底细呢,无伤大体的。

　　但是学校的变成"臭毛厕",却究竟在"饭店招集教员"之后,酒醉饭饱,毛厕当然合用了。西滢先生希望"教育当局"打扫,我以为在打扫之前,还须先封饭店,否则醉饱之后,总要拉矢,毛厕即永远需用,怎么打扫干净?而且,还未打扫之前,不是已经有了"流言"了么?流言之力,是能使粪便增光,蛆虫成圣的,打扫夫又怎么动手?姑无论现在有无打扫夫。

　　至于"万不可再敷衍下去",那可实在是斩钉截铁的办法。正应该这样办。但是,世上虽然有斩钉截铁的办法,却很少见有敢负责任的宣言。所多的是自在黑幕中,偏说不知道;替暴君奔走,却以局外人自居;满肚子怀着鬼胎,而装出公允的笑脸;有谁明说自己所观察的是非来的,他便用了"流言"来作不负责任的武器:这种蛆虫充满的"臭毛厕",是难于打扫干净的。丢尽"教育界的面目"的丑态,现在和将来还多着哩!

　　　　　　　　　　　　　　　　　　　　　　　　　　　五月三十日

注释:

原载《京报副刊》1925年6月1日。

并非闲话（二）

☆鲁　迅

向来听说中国人具有大国民的大度，现在看看，也未必然。但是我们要说得好，那么，就说好清净，有志气罢。听以总愿意自己是第一，是唯一，不爱见别的东西共存。行了几年白话，弄古文的人们讨厌了；做了一点新诗，吟古诗的人们憎恶了；做了几首小诗，做长诗的人们生气了；出了几种定期刊物，连别的出定期刊物的人们也来诅咒了：太多，太坏，只好做将来被淘汰的资料。

中国有些地方还在"溺女"，就因为豫料她们将来总是没出息的。可惜下手的人们总没有好眼力，否则并以施之男孩，可以减少许多单会消耗食粮的废料。

但是，歌颂"淘汰"别人的人也应该先行自省，看可有怎样不灭的东西在里面，否则，即使不肯自杀，似乎至少也得自己打几个嘴巴。然而人是总是自以为是的，这也许正是逃避被淘汰的一条路。相传曾经有一个人，一向就以"万物不得其所"为宗旨的，平生只有一个大愿，就是愿中国人都死完，但要留下他自己，还有一个女人和一个卖食物的。现在不知道他怎样，久没有听到消息了，那默默无闻的原因，或者就因为中国人还没有死完的缘故罢。

据说。张歆海先生看见两个美国兵打了中国的车夫和巡警，于是三四十个人，后来就有百余人，都跟在他们后面喊"打！打！"美国兵却终于安然的走到东交民巷口了，还回头"笑着嚷道：'来呀！来呀！'说也奇怪，这喊打的百余人不到两分钟便居然没有影踪了！"

西滢先生于是在《闲话》中斥之曰："打！打！宣战！宣战！这样的中国人，呸！"

这样的中国人真应该受"呸！"他们为什么不打的呢，虽然打了也许又有人来说是"拳匪"。但人们那里顾忌得许多，终于不打，"怯"是无疑的，他们所有的不是拳头么？

但不知道他们可曾等候美国兵走进了东交民巷之后，远远地吐了唾沫？《现代评论》上没有记载，或者虽然"怯"，还不至于"卑劣"到那样罢。

然而美国兵终于走进东交民巷口了，毫无损伤，还笑嚷着"来呀来呀"哩！你们还不怕么？你们还敢说"打！打！宣战！宣战！"么？这百余人，就证明着中国人该被打而不作声!

"这样的中国人,呸!呸!!"

更可悲观的是现在"造谣者的卑鄙龌龊更远过于章炳麟",真如《闲话》所说,而且只能"匿名的在报上放一两枝冷箭"。而且如果"你代被群众专制所压迫者说了几句公平话,那么你不是与那人有'密切的关系',便是吃了他或她的酒饭。在这样的社会里,一个报不顾利害的专论是非,自然免不了诽谤丛生,谣诼蜂起。"这确是近来的实情。即如女师大风潮,西滢先生就听到关于我们的"流言",而我竟不知道是怎样的"流言",是哪几个"卑鄙龌龊更远过于章炳麟"者所造。还有女生的罪状,已见于章士钊的呈文,而那些作为根据的"流言",也不知道是哪几个"卑鄙龌龊"且至于远不如畜类者所造。但是学生却都被打出了,其时还有人在酒席上得意。——但这自然也是"谣诼"。

可是我倒也并不很以"流言"为奇,如果要造,就听凭他们去造去。好在中国现在还不到"群众专制"的时候,即使有几十个人,只要"无权势"者叫一大群警察,雇些女流氓,一打,就打散了,正无须乎我来为"被压迫者"说什么"公平话"。即使说,人们也未必尽相信,因为"在这样的社会里",有些"公平话"总还不免是"他或她的酒饭"填出来的。不过事过境迁,"酒饭"已经消化,吸收,只剩下似乎毫无缘故的"公平话"罢了。倘使连酒饭也失了效力,我想,中国也还要光明些。

但是,这也不足为奇的。不是上帝,那里能够超然世外,真下公平的批评。人自以为"公平"的时候,就已经有些醉意了。世间都以"党同伐异"为非,可是谁也不做"党异伐同"的事,现在,除了疯子,倘使有谁要来接吻,人大约总不至于倒给她一个嘴巴的罢。

九月十九日

注释:

原载《猛进》周刊 1925 年 9 月 25 日第 30 期。

并非闲话（三）

☆鲁　迅

　　西滢先生这回是义形于色，在《现代评论》四十八期的《闲话》里很为被书贾擅自选印作品，因而受了物质上损害的作者抱不平。而且贱名也忝列于作者之列：惶恐透了。吃饭之后，写一点自己的所感罢。至于捏笔的"动机"，那可大概是"不纯洁"的。记得幼小时候住在故乡，每看见绅士将一点骗人的自以为所谓恩惠，颁给下等人，而下等人不大感谢时，则斥之曰"不识抬举！"我的父祖是读书的，总该可以算得士流了，但不幸从我起，不知怎的有了下等脾气，不但恩惠，连吊慰都不很愿意受，老实说罢：我总疑心是假的。这种疑心，大约就是"不识抬举"的根苗，或者还要使写出来的东西"不纯洁"。

　　我何尝有什么白刃在前，烈火在后，还是钉住书桌，非写不可的"创作冲动"；虽然明知道这种冲动是纯洁，高尚，可贵的，然而其如没有何。前几天早晨，被一个朋友怒视了两眼，倒觉得脸有点热，心有点酸，颇近乎有什么冲动了，但后来被深秋的寒风一吹拂，脸上的温度便复原，——没有创作。至于已经印过的那些，那是被挤出来的。这"挤"字是挤牛乳之"挤"；这"挤牛乳"是专来说明"挤"字的，并非故意将我的作品比作牛乳，希翼装在玻璃瓶里，送进什么"艺术之宫"。倘用现在突然流行起来了的论调，将青年的急于发表未熟的作品称为"流产"，则我的便是"打胎"；或者简直不是胎，是狸猫充太子。所以一写完，便完事，管他妈的，书贾怎么偷，文士怎么说，都不再来提心吊胆。但是，如果有我所相信的人愿意看，称赞好，我终于是欢喜的。后来也集印了，为的是还想卖几文钱，老实说。

　　那么，我在写的时候没有虔敬的心么？答曰：有罢。即使没有这种冠冕堂皇的心，也决不故意耍些油腔滑调。被挤着，还能嬉皮笑脸，游戏三昧么？倘能，那简直是神仙了。我并没有在吕纯阳祖师门下投诚过。

　　但写出以后，却也不很爱惜羽毛，有所谓"敝帚自珍"的意思，因为，已经说过，其时已经是"便完事，管他妈的"了。谁有心肠来管这些无聊的后事呢？所以虽然有什么选家在那里放出他那伟大的眼光，选印我的作品，我也照例给他一个不管。其实，要管也无从管起的。我曾经替人代理过一回收版税的译本，打听得卖完之后，向书店去要钱,回信却道,旧经理人已经辞职回家了,你向他要去罢;我们可是不知道。这书店在上海,我怎能趁了火车去向他坐索,或者打官司?但我对于这等选本,私心却也有"窃以为不然"的几点,一是原本上的错字,虽然一见就明知道是错的,他也照样错下去;二是他们每要发几句伟论,例如什么主义咧,什么意思咧之类,大抵是我自己倒觉得并不这样的事。自然,批评是"精神底冒险",批评家的精神总比作者会先一步的,但在他们的所谓死尸上,我却分明听到心搏,这真是到死也说不到一块儿。此外,倒也没有什么大怨气了。

这虽然似乎是东方文明式的大度,但其实倒怕是因为我不靠卖文营生。在中国,骈文寿序的定价往往还是每篇一百两,然而白话不值钱;翻译呢,听说是自己不能创作而嫉妒别人去创作的坏心肠人所提倡的,将来文坛一进步,当然更要一文不值。我所写出来的东西,当初虽然很碰过许多大钉子,现在的时价是每千字一至二三元,但是不很有这样好主顾,常常只好尽些不知何自而来的义务。有些人以为我不但用了这些稿费或版税造屋,买米,而且还靠它吸烟卷,吃果糖。殊不知那些款子是另外骗来的;我实在不很擅长于先装鬼脸去吓书坊老板,然后和他接洽。我想,中国最不值钱的是工人的体力了,其次是咱们的所谓文章,只有伶俐最值钱。倘真要直直落落,借文字谋生,则据我的经验,卖来卖去,来回至少一个月,多则一年余,待款子寄到时,作者不但已经饿

《语丝》第一期

死,倘在夏天,连筋肉都烂尽了,哪里还有吃饭的肚子。

所以我总用别的道儿谋生;至于所谓的文章也者,不挤,便不做。挤了才有,则和什么高超的"烟士披离纯"呀,"创作感兴"呀之类不大有关系,也就可想而知。倘说我假如不必用别的道儿谋生,则心志一专,就会有"烟士披离纯"等类,而产生较伟大的作品,至少,也可以免于献出剥皮的狸猫罢,那可是也未必。三家村的冬烘先生,一年到头,一早到夜教村童,不但毫不"时时想政治活动",简直并不很"干着种种无聊的事",但是他们似乎并没有《教育学概论》或"高头讲章"的待定稿,藏之名山。而马克思的《资本论》,陀思妥夫斯奇的《罪与罚》等,都不是啜末加咖啡,吸埃及烟卷之后所写的。除非章士钊总长治下的"有些天才"的编译馆人员,以及讨得官僚津贴或银行广告费的"大报"作者,于谋成事遂,睡足饭饱之余,三月炼字,半年锻句,将来会做出超伦轶群的古奥漂亮作品。总之,在我,是肚子一饱,应酬一少,便要心平气和,关起门来,什么也不写了;即使还写,也许不过是温暾之谈,两可之论,也即所谓执中之说,公允之言,其实等于不写而已。

所以上海的小书贾化作蚊子,吸我的一点血,自然是给我物质上的损害无疑,而我却还没有什么大怨气,因为我知道他们是蚊子,大家也都知道他们是蚊子。我一生中,给我大的损害的并非书贾,并非兵匪,更不是旗帜鲜明的小人;乃是所谓"流言"。即如今年,就有什么"鼓动学潮"呀,"谋做校长"呀,"打落门牙"呀这些话。有一回,竟连现在为我的著作权受损失抱不平的西滢先生也要相信了,也就在《现代评论》(第二十五期)的照例的《闲话》上发表出来;它的效力就可想。譬如一个女学生,与其被若干卑劣阴险的文人学士们暗地里散布些关于品行的谣言,倒不如被土匪抢去一条红围巾——物质。但这种"流言",造的是一个人还是多数人?姓甚,名谁?我总是查不出;后来,因为没有多工夫,也就不再去查考了,仅为便于述说起见,就总称之曰畜生。

虽然分了类,但不幸这些畜生就杂在人们里,而一样是人头,实际上仍然无从辨别。所以我就多疑,不大要听人们的说话;又因为无话可说,自己也就不大愿意做文章。有时候,甚至于连真的义形于色的公话也会觉得古怪,珍奇,于是乎而下等脾气的"不识抬举"遂告成功,或者会终于不可救药。

平心想起来,所谓"选家"这一流人物,虽然因为容易联想到明季的制艺的选家的缘故,似乎使人厌闻,但现在倒是应该有几个。这两三年来,无名作家何尝没有胜于较有名的作者的作品,只是谁也不去理会他,一任他自生自灭。去年,我曾向DF先生提议过,以为该有人搜罗了各处的各种定期刊行物,仔细评量,选印几本小说集,来绍介于世间;至于已有专集者,则一概不收,"再拜而送之大门之外"。但这话也不过终于是空话，当时既无定局，后来也大家走散了。我又不能做这事业，因为我是偏心的。评是非时我总觉得我的熟人对，读作品是异己者的手腕大概不高明。在我的心里似乎是没有所谓"公平"，在别人里我也没有看见过，然而还疑心什么地方也许有，因此就不敢做那两样东西了：法官，批评家。

现在还没有专门的选家时，这事批评家也做得，因为批评家的职务不但是剪除恶草，还得灌溉佳花，——佳花的苗。譬如菊花如果是佳花，则他的原种不过是黄色的细碎的野菊，俗名"满天星"的就是。但是，或者是文坛上真没有较好的作品之故罢，也许是一做批评家，眼界便极高卓，所以我只见到对于青年作家的迎头痛击，冷笑，抹杀，却很少见诱掖奖劝的意思的批评。有一种所谓"文士"而又似批评家的，则专是一个人的御前侍卫，托尔斯泰呀，托她斯泰呀，指东画西的，就只为一人做屏风。其甚者竟至于一面暗护此人，一面又中伤他人，却又不明明白白地举出姓名和实证来，但用了含沙射影的口气，使那人不知道说着自己，却又另用口头宣传以补笔墨所不及，使别人可以疑心到那人身上去。这不但对于文字，就是女人们的名誉，我今年也看见有用了这畜生道的方法来毁坏的。古人常说"鬼蜮技俩"，其实世间何尝真有鬼蜮，那所指点的，不过是这类东西罢了。这类东西当然不在话下，就是只做侍卫的，也不配评选一言半语，因为这种工作，做的人自以为不偏而其实是偏的也可以，自以为公平而其实不公平也可以，但总不可"别有用心"于其间的。

书贾也像别的商人一样，惟利是图；他的出版或发议论的"动机"，谁也知道他"不纯洁"，决不至于和大学教授的来等量齐观的。但他们除惟利是图之外，别的倒未必有什么用意，这就是使我反而放心的地方。自然，倘是向来没有受过更奇特而阴毒的暗箭的福人，那当然即此一点也要感到痛苦。

这也算一篇作品罢，但还是挤出来的，并非围炉煮茗时中的闲话，临了，便回上去填作题目，纪实也。

十一月二十二日

注释：

原《语丝》周刊1925年12月7日第56期。

杂论管闲事·做学问·灰色等

☆鲁　迅

一

听说从今年起，陈源（即西滢）教授要不管闲事了；这豫言就见于《现代评论》五十六期的《闲话》里。惭愧我没有拜读这一期，因此也不知其详。要是确的呢，那么，除了用那照例的客套说声"可惜"之外，真的倒实在很诧异自己之胡涂：年纪这么大了，竟不知道阳历的十二月三十一日和一月一日之交在别人是可以发生这样的大变动。我近来对于年关颇有些神经过钝了，全不觉得怎样。其实，倘要觉得罢，可是也不胜其觉得。大家挂上五色旗，大街上搭起几坐彩坊，中间还有四个字道："普天同庆"，据说这算是过年。大家关了门，贴上门神，爆竹毕剥砰礚的放起来，据说这也是过年。要是言行真跟着过年为转移，怕要转移不迭，势必至于成为转圈子。所以，神经过钝虽然有落伍之虑，但有弊必有利，却也很占一点小小的便宜的。

但是，还有些事我终于想不明白：即如天下有闲事，有人管闲事之类。我现在觉得世上是仿佛没有所谓闲事的，有人来管，便都和自己有点关系；即便是爱人类，也因为自己是人。假使我们知道了火星里张龙和赵虎打架，便即大有作为，请酒开会，维持张龙，或否认赵虎，那自然是颇近于管闲事了。然而火星上事，既然能够"知道"，则至少必须已经可以通信，关系也密切起来，算不得闲事了。因为既能通信，也许将来就能交通，他们终于会在我们的头顶上打架。至于咱们地球之上，即无论那一处，事事都和我们相关，然而竟不管者，或因不知道，或因管不着，非以其"闲"也。譬如英国有刘千昭雇了爱尔兰老妈子在伦敦拉出女生，在我们是闲事似的罢，其实并不，也会影响到我们这里来。留学生不是多多，多多了么？倘有合宜之处，就要引以为例，正如文学上的引用什么莎士比亚呀，塞文狄斯呀，芮恩施呀一般。

（不对，错了。芮恩施是美国的驻华公使，不是文学家。我大约因为在讲什么文艺学术的一篇论文上见过他的名字，所以一不小心便带出来了。合即订正于此，尚希读者谅之。）

即使是动物，也怎能和我们不相干？青蝇的脚上有一个霍乱菌，蚊子唾沫里有两个疟疾菌,就说不定会钻进谁的血里去。管到"邻猫生子",很有人以为笑谈,其实却正与自己大有相关。譬如我的院子里,现在就有四匹邻猫常常吵架了,倘使这些太太们之一又诞育四匹,则三四月后,我就得常听到八匹猫们常常吵闹,比现在加倍地心烦。

所以我就有了一种偏见,以为天下本无所谓闲事,只因为没有这许多遍管的精神和力量,于是便只好抓一点来管。为什么独抓这一点呢?自然是最和自己相关的。大则因为同是人类,或是同类,同志;小则,因为是同学,亲戚,同乡,——至少,也大概叨光过什么,虽然自己的显在意识上并不了然,或者其实了然,而故意装痴作傻。

但陈源教授据说是去年却管了闲事了,要是我上文所说的并不错,那就确是一个超人。今年不问世事,也委实是可惜之至,真是斯人不管,"如苍生何"了。幸而阴历的过年又快到了,除夕的亥时一过,也许又可望心回意转的罢。

二

昨天下午我从沙滩回家的时候,知道大琦君来访过我了。这使我很高兴,因为我是猜想他进了病院的了,现在知道并没有。而尤其使我高兴的是他还留赠我一本《现代评论增刊》,只要一看见封面上画着的一枝细长的蜡烛,便明白这是光明之象,更何况还有许多名人学者的著作,更何况其中还有陈源教授的一篇《做学问的工具》呢?这是正论,至少可以赛过"闲话"的;至少,是我觉得赛过"闲话",因为它给了我许多东西。

我现在才知道南池子的"政治学会图书馆"去年"因为时局的关系,借书的成绩长进了三至七倍"了,但他"家翰笙"却还"用'平时不烧香,临时抱佛脚'十个字形容当今学术界大部分的状况"。这很改正了我许多误解。我先已说过,现在的留学生是多多,多多了,但我总疑心他们大部分是在外国租了房子,关起门来炖牛肉吃的,而且在东京实在也看见过。那时我想:炖牛肉吃,在中国就可以,何必路远迢迢,跑到外国来呢?虽然外国讲究畜牧,或者肉里面的寄生虫可以少些,但炖烂了,即使多也就没有关系。所以,我看见回国的学者,头两年穿洋服,后来穿皮袍,昂头而走的,总疑心他是在外国亲手炖过几年牛肉的人物,而且即使有了什么事,连"佛脚"也未必肯抱的。现在知道并不然,至少是"留学欧美归国的人"并不然。但可惜中国的图书馆里的书太少了,据说北京"三十多个大学,不论国立私立,还不及我们私人的书多"云。这"我们"里面,据说第一要数"溥仪先生的教师庄士敦先生",第二大概是"孤桐先生"即章士钊,因为在德国柏林时候,陈源教授就亲眼看见他两间屋里"技乎满床满架满桌满地,都是关于社会主义的德文书"。现在呢,想来一定是更多的了。这真教我欣羡佩服。记得自己留学时候,官费每月三十六元,支付衣食学费之外,简直没有赢余,混了几年,所有的书连一壁也遮不满,而且还是杂书,并非专而又专,如"都是关于社会主义的德文书"之类。

但是很可惜,据说当民众"再毁"这位"孤桐先生"的"寒家"时,"好像他们夫妇两位的藏书都散失了"。想那时一定是拉了几十车,向各处走散,可惜我没有去看,否则倒也是一个壮观。

所以"暴民"之为"正人君子"所深恶痛绝,也实在有理由,即如这回之"散失"了"孤桐先生"夫妇的藏书,其加于中国的损失,就在毁坏了三十多个国立及私立大学的图书馆之上。和这一比较,刘百昭司长的失少了家藏的公款八千元,要算小事件了,但我们所引为遗憾的是偏是章士钊刘百昭有这么多的储藏,而这些储藏偏又全都遭了劫。

在幼小时候曾有一个老于世故的长辈告诫过我:你不要和没出息的担子和摊子为难,他会自己摔了,却诬赖你,说不清,也赔不完。这话于我似乎到现在还有影响,我新年去逛火神庙的庙会时,总不敢挤近玉器摊去,即使它不过摆着寥寥的几件。怕的是一不小心,将它碰倒了,或者摔碎了一两件,就要变成宝贝,一辈子赔不完,那罪孽之重,会在毁坏一坐博物馆之上。而且推而广之,连热闹场中也不大去了,那一回的示威运动时,虽有"打落门牙"的"流言",其实却躺在家里:托福无恙。但那两屋子"关于社会主义的德文书"以及其他从"孤桐先生"府上陆续散出的壮观,却也因此"交臂失之"了。这实在也就是所谓"有一利必有一弊",无法两全的。

现在是收藏洋书之富,私人要数庄士敦先生,公团要推"政治学会图书馆"了,只可惜一个是外国人,一个是靠着美国公使芮恩施竭力提倡出来的。"北京国立图书馆"将要扩张,实在是再好没有的事,但听说所依靠的还是美国退还的赔款,常年经费又不过三万元,每月二千余。要用美国的赔款,也是非同小可的事,第一,馆长就必须学贯中西,世界闻名的学者。据说,这自然只有梁启超先生了,但可惜西学不大贯,所以配上一个北大教授李四光先生做副馆长,凑成一个中外兼通的完人。然而两位的薪水每月就要一千多,所以此后也似乎不大能够多买书籍。这也就是所谓"有利必有弊"罢,想到这里,我们就更不能不痛切地感到"孤桐先生"独力购置的几房子好书惨遭散失之可惜了。

总之,在近几年中,是未必能有较好的"做学问的工具"的,学者要用功,只好是自己买书读,但又没有钱。听说"孤桐先生"倒是想到了这一节,曾经发表过文章,然而下台了,很可惜。学者们另外还有什么法子呢,自然"也难怪他们除了说说'闲话'

便没有什么可干",虽然北京三十多个大学还不及他们"私人的书多"。为什么呢?要知道做学问不是容易事,"也许一个小小的题目得参考百十种书",连"孤桐先生"的藏书也未必够用。陈源教授就举着一个例:"就以'四书'来说"罢,"不研究汉宋明清许多儒家的注疏理论,'四书'的真正意义是不易领会的。短短的一部'四书',如果细细的研究起来,就得用得了几百几千种参考书"。

这就足见"学问之道,浩如烟海"了,那"短短的一部'四书'",我是读过的,至于汉人的"四书"注疏或理论,却连听也没有听到过。陈源教授所推许为"那样提倡风雅的封藩大臣"之一张之洞先生在做给"束发小生"们看的《书目答问》上曾经说:"'四书',南宋以后之名。"我向来就相信他的话,此后翻翻《汉书艺文志》,《隋书经籍志》之类,也只有"五经","六经","七经","六艺",却没有"四书",更何况汉人所做的注疏和理论。但我所参考的,自然不过是通常书,北京大学的图书馆里就有,见闻寡陋,也未可知,然而也只有这样就算了,因为即使要"抱",却连"佛脚"都没有。由此想来,那能"抱佛脚"的,肯"抱佛脚"的。的确还是真正的福人,真正的学者了。他"家翰笙"还慨乎言之,大约是"《春秋》责备贤者"之意罢。

完

现在不高兴写下去了,只好就此完结。总之:将《现代评论增刊》略翻一遍,就觉得五光十色,正如看见有一回广告上所开列的作者的名单。例如李仲揆教授的《生命的研究》呀,胡适教授的《译诗三首》呀,徐志摩先生的译诗一首呀,西林氏的《压迫》呀,陶孟和教授的要到二〇二五年才发表而必须我们的玄孙才能全部拜读的大著作的一部分呀……。但是,翻下去时,不知怎的我的眼睛却看见灰色了,于是乎抛开。

现在的小学生就能玩七色板,将七种颜色涂在圆板上,停着的时候,是好看的,一转,便变成灰色,——本该是白色的罢,可是涂得不得法,变成灰色了。收罗许多著名学者的大著作的大报,自然是光怪陆离,但也是转不得,转一周,就不免要显出灰色来,虽然也许这倒正是它的特色。

一月三日

注释:

原载《语丝》周刊 1926 年 1 月 18 日第 62 期。

有趣的消息

☆鲁　迅

虽说北京像一片大沙漠,青年们却还向这里跑;老年们也不大走,即或有到别处去走一趟的,不久就转回来了,仿佛倒是北京还很有什么可以留恋。厌世诗人的怨人生,真是"感慨系之矣",然而他总活着;连祖述释迦牟尼先生的哲人叔本华尔也不免暗地里吃一种医治什么病症的药,不肯轻易"涅槃"。俗语说:"好死不如恶活",这当然不过是俗人的俗见罢了,可是文人学者之流也何尝不这样。所不同的,只是他总有一面辞严义正的军旗,还有一条尤其义正辞严的逃路。真的,倘不这样,人生可要无聊透顶,无话可说了。

北京就是一天一天地百物昂贵起来;自己的"区区金事",又因为"妄有主张",被章士钊先生革掉了。向来所遭遇的呢,借了安特来夫的话来说,是"没有花,没有诗"。就只有百物昂贵。然而也还是"妄有主张",没法回头:倘使有一个妹子,如《晨报副刊》上所艳称的"闲话先生"的家事似的,叫道:"阿哥!"那声音正如"银铃之响于幽谷",向我求告:"你不要再做文章得罪人家了,好不好?"我也许可以借此拨转马头,躲到别墅里去研究汉朝人所做的"四书"注疏和理论去。然而,惜哉,没有这样的好妹子;"女须之婵媛兮,申申其詈予,曰:鲧婞直以亡身兮,终然殀乎羽之野。"连有一个那样凶姊姊的幸福也不及屈灵均。我的终于"妄有主张",或者也许是无可推托之故罢。然而这关系非同小可,将来怕要遭殃了,因为我知道,得罪人是要得到报应的。

话要回到释迦先生的教训去了,据说:活在人间,还不如下地狱的稳妥。做人有"作"就是动作(=造孽),下地狱却只有"报"(=报应)了;所以生活是下地狱的原因,而下地狱倒是出地狱的起点。这样说来,实在令人有些想做和尚,但这自然也只限于"有根"(据说,这是"一句天津话")的大人物,我却不大相信这一类鬼画符。活在沙漠似的北京城里,枯燥当然是枯燥的,但偶然看看世态,除了百物昂贵之外,究竟还是五花八门,创造艺术的也有,制造流言的也有,肉麻的也有,有趣的也有……这大概就是北京之所以为北京的缘故,也就是人们总还要奔凑聚集的缘故。可惜的是只有一些小玩意,老实一点的朋友就难于给自己竖起一杆辞严义正的军旗来。

我一向以为下地狱的事,待死后再对付,只有目前的生活的枯燥是最可怕的,于是便不免于有时得罪人,有时则寻些小玩意儿来开开笑口,但这也就是得罪人。得罪人当然要受报,那也只好准备着,因为寻些小玩意儿来开开笑口的是更不能竖起辞严义正的军旗来的。其实,这里也何尝没有国家大事的消息呢,"关外战事不日将发生"呀,"国军一致拥段"哪,有些报纸上都用了头号字煌煌地排印着,可以刺得人们头昏,但于我却都没有什么鸟趣味。人的眼界之狭是不大有药可救的,我近来觉得有趣的倒要算看见那在德国手格盗匪若干人,在北京率领三河县老妈子一大队的武士刘百昭校长居然做骈文,大有偃武修文之意了;而且"百昭海邦求学,教部备员,多艺之誉愧不如人,审美之情差堪自信",还是一位文武全才,我先前实在没有料想到。第二,就是去年肯管闲事的"学者",今年不管闲事了,在年底结清帐目的办法,原来不止是掌柜之于流水簿,也可以适用于"正人君子"的行为的。或者,"阿哥!"这一声叫,正在中华民国十四年十二月卅一日的夜间十二点钟罢。

　　但是,这些趣味,刹那间也即消失了,就是我自己的思想的变动,也诚然是可恨。我想,照着境遇,思想言行当然要迁移,一迁移,当然会有所以迁移的道理。况且世界上的国庆很不少,古今中外名流尤其多,他们的军旗,是全都早经竖定了的。前人之勤,后人之乐,要做事的时候可以援引孔丘墨翟,不做事的时候另外有老聃,要被杀的时候我是关龙逄,要杀人的时候他是少正卯,有些力气的时候看看达尔文赫胥黎的书,要人帮忙就有克鲁巴金的《互助论》,勃朗宁夫妇岂不是讲恋爱的模范么,□本华尔和尼采又是咒诅女人的名人,……归根结蒂,如果杨荫榆或章士钊可以比附到犹太人特莱孚斯去,则他的簏片就可以等于左拉等辈了。这个时候,可怜的左拉要被中国人背出来;幸而杨荫榆或章士钊是否等于特莱孚斯,也还是一个大疑问。

　　然而事情还没有这简单,中国的坏人(如水平线下的文人和学棍学匪之类),似乎将来要大吃其苦,虽然也许要在身后,像下地狱一般。但是,深谋远虑的人,总还以从此小心。不要多说为稳妥。你以为"闲话先生"真是不管闲事了么?并不然的。据说他是要"到那天这班出锋头的人们脱尽了锐气的日子,我们这位闲话先生正在从容的从事他那'完工的拂拭'(The finishingtouch),笑吟吟的擎着他那枝从铁杠磨成的绣针,讽刺我们情急是多么不经济的一个态度,反面说只有无限的耐心才是天才唯一的凭证"。(《晨报副刊》一四二三)

　　后出者胜于前者,本是天下的平常事情,但除了堕落的民族。即以衣服而论,也是由裸体而用会阴带或围裙,于是有衣裳,衮冕。我们将来的天才却特异的,别人系了围裙狂跳时,他却躲在绣房里刺绣,——不,磨绣针。待到别人的围裙全数破旧,他却穿了绣花衫子站出来了。大家只好说道:"阿!"可怜的性急的野蛮人,竟连围裙也不知道换一条,怪不得锐气终于脱尽;脱尽犹可,还要看那"笑吟吟"的"讽刺"的

"天才"脸哩,这实在是对于灵魂的鞭责,虽说还在辽远的将来。

还有更可怕的,是我们风闻二〇二五年一到,陶孟和教授要发表一部著作。内容如何,只有百年后的我们的曾孙或玄孙们知道罢了,但幸而在《现代评论增刊》上提前发表了几节,所以我们竟还能"管中窥豹"似的,略见这一部新书的大概。那是讲"现代教育界的特色"的,连教员的"兼课"之多也说在内。他问:"我的议论太悲观,太刻薄,太荒诞吗?我深愿受这个批评,假使事实可以证明。"这些批评我们且俟之百年之后,虽然那时也许无从知道事实;典籍呢,大概也只有"笑吟吟的"佳作留传。要是当真这样,那大半是"英雄所见略同"的,后人总不至于以为刻薄罢。但我们也难于悬揣,不过就今论今,似乎颇有些"孔子作《春秋》,而乱臣贼子惧"之意了。人们不逢如此盛事者,盖已将二千四百年云。

总之,百年以内,将有陈源教授的许多(?)书,百年以后,将有陶孟和教授的一部书出现。内容虽不知道怎样,但据目下所走漏的风声看起来,大概总是讽刺"那班出锋头的人们",或"驰驱九城"的教授的。

我常常感叹,印度小乘教的方法何等厉害:它立了地狱之说,借着和尚,尼姑,念佛老妪的嘴来宣扬,恐吓异端,使心志不坚定者害怕。那诀窍是在说报应并非眼前,却在将来百年之后,至少也须到锐气脱尽之时。这时候你已经不能动弹了,只好听别人摆布,流下鬼泪,深悔生前之妄出锋头;而且这时候,这才认识阎罗大王的尊严和伟大。

这些信仰,也许是迷信罢,但神道设教,于"挽世道而正人心"的事,或者也还是不无裨益。况且,未能将坏人"投畀豺虎"于生前,当然也只好口诛笔伐之于身后,孔子一车两马,倦游各国以还,抽出钢笔来作《春秋》,盖亦此志也。

但是,时代迁流了,到现在,我以为这些老玩意,也只好骗骗极端老实人。连闹这些这玩意儿的人们自己尚且未必信,更何况所谓坏人们。得罪人要受报应,平平常常,并不见得怎样奇特,有时说些宛转的话,是姑且客气客气的,何尝想借此免于下地狱。这是无法可想的,在我们不从容的人们世界中,实在没那许多工夫来摆臭绅士的臭架子了,要做就做,与其说明年喝酒,不如立刻喝水;待廿一世纪的剖拨戮尸,倒不如马上就给他一个嘴巴。至于将来,自有后起的人们,决不是现在人即将来所谓古人的世界,如果还是现在的世界,中国就会完!

一月十四日

注释:

原载北京《国民新报副刊》1926年1月19日。

不 是 信

☆鲁 迅

　　一个朋友忽然寄给我一张《晨报副刊》，我就觉得有些特别，因为他是知道我懒得看这种东西的。但既然特别寄来了，姑且看题目罢：《关于下面一束通信告读者们》。署名是：志摩。哈哈，这是寄来和我开玩笑的，我想；赶紧翻转，便是几封信，这寄那，那寄这，看了几行，才知道似乎还是什么"闲话……闲话"问题。这问题我仅知道一点儿，就是曾在新潮社看见陈源教授即西滢先生的信，说及我"捏造的事实，传布的'流言'，本来已经说不胜说"。不禁好笑；人就苦于不能将自己的灵魂砍成酱，因此能有记忆，也因此而有感慨或滑稽。记得首先根据了"流言"，来判决杨荫榆事件即女师大风潮的，正是这位西滢先生，那大文便登在去年五月三十日发行的《现代评论》上。我不该生长"某籍"又在"某系"教书，所以也被归入"暗中挑剔风潮"者之列，虽然他说还不相信，不过觉得可惜。在这里声明一句罢，以免读者的误解："某系"云者，大约是指国文系，不是说研究系。那时我见了"流言"字样，曾经很愤然，立刻加以驳正，虽然也很自愧没有"十年读书十年养气的工夫"。不料过了半年，这些"流言"却变成由我传布的了，自造自己的"流言"，这真是自己掘坑埋自己，不必说聪明人，便是傻子也想不通。倘说这回的所谓"流言"，并非关于"某藉某系"的，乃是关于不信"流言"的陈源教授的了，则我实在不知道陈教授有怎样的被捏造的事实和流言在社会上传布。说起来惭愧煞人，我不赴宴会，很少往来，也不奔走，也不结什么文艺学术的社团，实在最不合式于做捏造事实和传布流言的枢纽。只是弄弄笔墨是在听不免的，但也不肯以流言为根据，故意给它传布开来，虽然偶有些"耳食之言"，又大抵是无关大体的事；要是错了，即使月久年深，也决不惜追加订正，例如对于汪原放先生"已作古人"一案，其间竟隔了几乎有两年。——但这自然是只对于看过《热风》的读者说的。

　　这几天，我的"捏……言"罪案，仿佛只等于昙花一现了，《一束通信》的主要部分中，似乎也承情没有将我"流"进去，不过在后屁股的《西滢致志摩》是附带的对我的专论，虽然并非一案，却因为亲属关系而灭族，或文字狱的株连一般。灭族呀，株连呀，又有点"刑名师爷"口吻了，其实这是事实，法家不过给他起了一个名，所谓"正人君子"是不肯说的，虽然不妨这样做。此外如甲对乙先用流言，后来却说乙制造流言这一类事,"刑名师爷"的笔下就简括到只有两个字:"反噬"。呜呼,这实在形容得痛快淋漓。然而古语说,"察见渊鱼者不祥",所以"刑名师爷"总没有好结果,这是我早经知道的。

我猜想那位寄给我《晨报副刊》的朋友的意思了:来刺激我,讥讽我,通知我的,还是要我也说几句话呢?终于不得而知。好,好在现在正须还笔债,就用这一点事来搪塞一通罢,说话最方便的题目是《鲁迅致□□》,既非根据学理和事实的论,也不是"笑吟吟"的天才的讽刺,不过是私人通信而已,自己何尝愿意发表;无论怎么说,粪坑也好,毛厕也好,决定与"人气"无关。既不然,也是因为生气发热,被别人逼成的,正如别的副刊将被《晨报副刊》"逼死"一样。我的镜子真可恨,照出来的总是要使陈源教授呕吐的东西,但若以赵子昂——"是不是他?"——画马为例,自然恐怕正是我自己。自己是没有什么要紧的,不过总得替□□想一想。现在不是要谈到《西滢致志摩》么,那可是极其危险的事,一不小心就要跌入"泥潭中",遇到"悻悻的狗",暂时再也看不见"笑吟吟"。至少,一关涉陈源两个字,你总不免要被公理家认为"某藉","某系","某党","喽罗","重女轻男"……等;而且还要小心记住,倘有人说过他是文士,是法兰斯,你便万不可再用"文士"或"法兰斯"字样,否则,——自然,当然又有"某藉"……等等的嫌疑了,我何必如此陷害无辜,《鲁迅致□□》决计不用,所以一直写到这里,还没有题目,且待写下去看罢。

我先前不是刚说我没有"捏造事实"么?那封信里举的却有。说是我说他"同杨荫榆女士有亲戚朋友的关系,并且吃了她许多的酒饭"了,其实都不对。杨荫榆女士的善于请酒,我说过的,或者别人也说过,并且偶见于新闻上。现在的有些公讼家,自以为中立,其实却偏,或者和事主倒有亲戚,朋友,同学,同乡,……等等关系,甚至于叨光了酒饭,我也说过的。这不是明明白白的么,报社收津贴,连同业中也互评过,但大家仍都自称为公论。至于陈教授和杨女士是亲戚而且吃了酒饭,那是陈教授自己连结起来的,我没有说曾经吃酒饭,也不能保证未曾吃酒饭,没有说他们是亲戚,也不能保证他们不是亲戚,大概不过是同乡罢,但只要不是"某籍",同乡有什么要紧呢。绍兴有"刑名师爷",绍兴人便都是"刑名师爷"的例,是只适用于绍兴的人们的。

我有时泛论一般现状,而无意中触着了别人的伤疤,实在是非常抱歉的事。但这也是没法补救。除非我真去读书养气,一共廿年,被人们骗得老死牖下:或者自己甘心倒掉;或者遭了阴谋。即如上文虽然说明了他们是亲戚并不是我说的话,但因为列举的名词太多了,"同乡"两字,也足以招人"生气",只要看自己愤然于"流言"中的"某藉"两字,就可想而知。照此看来,这一回的说"叭儿狗"(《莽原半月刊》

第一期),怕又有人猜想我是指着他自己,在那里"悻悻"了。其实我不过是泛论,说社会上有神似这个东西的人,因此多说些它的主人:阔人,太监,太太,小姐。本以为这足见我是泛论了,名人们现在那里还有肯跟太监的呢,但是有些人怕仍要忽略了这一层,各各认定了其中的主人之一,而以"叭儿狗"自命。时势实在艰难,我似乎只有专讲上帝,才可以免于危险,而这事又非我所长。但是,倘使所有的只是暴戾之气,还是让它尽量发出来罢,"一群悻悻的狗",在后面也好,在对面也好。我也知道将什么之气都放在心里,脸上笔下却全都"笑吟吟",是极其好看的;可是掘不得,小小的挖一个洞,便什么之气都出来了。但其实这倒是真面目。

第二种罪案是"近一些的一个例",陈教授曾"泛论图书馆的重要","说孤桐先生在他未下台以前发表的两篇文章里,这一层'他似乎没看到'。"我却轻轻地改为"听说孤桐先生倒是想到了这一节,曾经发表过文章,然而下台了,很可惜"了。而且还问道:"你看见吗,那刀笔吏的笔尖?""刀笔吏"是不会有漏洞的,我却与陈教授的原文不合,所以成了罪案,或者也就不成其为"刀笔吏"了罢。《现代评论》早已不见,全文无从查考,现在就据这一回的话,敬谨改正,为"据说孤桐先生在未下台以前发表的文章里竟也没想到;现在又下了台,目前无法补救了,很可惜"罢。这里附带地声明,我的文字中,大概是用别人的原文用引号,举大意用"据说",述听来的类似"流言"的用"听说",和《晨报》大将文例不相同。

第三种罪案是关于我说"北大教授兼京师图书馆副馆长月薪至少五六百元的李四光"的事,据说已告了一年的假,假期内不支薪,副馆长的月薪又不过二百五十元。别一张《晨副》上又有本人的声明,话也差不多,不过说月薪确有五百元,只是他"只拿二百五十元",其余的"捐予图书馆购买某种书籍"了。此外还给我许多忠告,这使我非常感谢,但愿意奉还"文士"的称号,我是不属于这一类的。只是我以为告假和辞职不同,无论支薪与否,教授也仍然是教授,这是不待"刀笔吏"才能知道的。至于图书馆的月薪,我确信李教授(或副馆长)现在每月"只拿二百五十元"的现钱,是美国那面的;中国这面的一半,真说不定要拖欠到什么时候才有。但欠帐究竟也是钱,别人的兼差,大抵多是欠帐,连一半现钱也没有,可是早成了有些论客的口实了,虽然其缺点是在不肯及早捐出去。我想,如果此后每月必发,而以学校欠薪作比例,中国的一半是明年的正月间会有的,倘以教育部欠俸作比例,则须十七年正月间才有,那时购买书籍来,我一定就更正,只要我还在做"官僚",因为这容易得知,我也自信还有这样的记性,不至于今年忘了去年事。但是,倘若又被章士钊们革掉,那就莫明其妙,更正的事也只好作罢了。可是我所说的职衔和钱数,在今日却是事实。

第四种的罪案是……。陈源教授说,"好了,不举例了。"为什么呢? 大约是因为

"本来已经说不胜说",或者是在矫正"打笔墨官司的时候,谁写得多,骂得下流,捏造得新奇就是谁的理由大"的恶习之故罢,所以就用三个例来概其全般,正如中国戏上用四个兵卒来象征十万大军一样。此后,就可以结束,漫骂——"正人君子"一定另有名称;但我不知道,只好暂用这加于"下流"人等的行为上的话——了。原文很可以做"正人君子"的真相的标本,删之可惜,扯下来粘在后面罢——

有人同我说,鲁迅先生缺乏的是一面大镜子,所以永远见不到他的尊容。我说他说错了。鲁迅先生的所以这样,正因为他有了一面大镜子。你听见过赵子昂——是不是他?——画马的故事罢?他要画一个姿势,就对镜伏地做出那个姿势来。鲁迅先生的文章也是对了他的大镜子写的,没有一句骂人的话不能应用在他自己的身上。要是你不信,我可以同你打一个赌。

这一段意思很了然,犹言我写马则自己就是马,写狗自己就是狗,说别人的缺点就是自己的缺点,写法兰斯自己就是法兰斯,说"臭毛厕"自己就是臭毛厕,说别人和杨荫榆女士同乡,就是自己和她同乡。赵子昂也实在可笑,要画马,看看真马就够了,何必定作畜生的姿势;他终于还是人,并不沦入马类,总算是侥幸的。不过赵子昂也是"某藉",所以这也许还是一种"流言",或自造,或那时的"正人君子"所造都说不定。这只能看作一种无稽之谈。倘若陈源教授似的信以为真,自己也照样做,则写法兰斯的时候坐下做一个法姿势,讲"孤桐先生"的时候立起作一个孤姿势,倒还堂哉皇哉;可是讲"粪车"也就得伏地变成粪车,说"毛厕"即须翻身充当便所,未免连臭架子也有些失掉罢,虽然肚子里本来满是这样的货色。

不是有一次一个报馆访员称我们为"文士"吗?鲁迅先生为了那名字几乎笑掉了牙。可是后来某报天天鼓吹他是"思想界的权威者"他倒又不笑了。

他没有一篇文章里不放几枝冷箭,但是他自己常常的说人"放冷箭",并且说"放冷箭"是卑劣的行为。

他常常"散布流言"和"捏造事实",如上面举出来的几个例,但是他自己又常常的骂人"散布流言""捏造事实",并且承认那样是"下流"。

他常常的无故骂人,要是那人生气,他就说人家没有"幽默"。可是要是有人侵犯了他一言半语,他就跳到半天空,骂得你体无完肤——还不肯罢休。

这是根据了三条例和一个赵子昂故事的结论。其实是称别个为"文士"我也笑,称我为"思想界的权威者"我也笑,但牙却并非"笑掉",据说是"打掉"的,这较可以使他们快意些。至于"思想界的权威者"等等,我连夜梦里也没有想做过,无奈我和"鼓吹"的人不相识,无从劝止他,不像唱双簧的朋友,可以彼此心照;况且自然会有"文士"来骂倒,更无须自己费力。我也不想借这些头衔去发财发福,有了它于实利上是并无什么好处的。我也曾反对过将自己的小说采入教科书,怕的是教错了青年,记得曾在报上发表;不过这本不是对上流人说的,他们当然不知道。冷箭呢,先是不肯的,后来也放过几枝,但总是对于先"放冷箭"用"流言"的如陈源教授之辈,"请君入瓮",也给他尝尝这滋味。不过虽然对于他们,也还是明说的时候多,例如《语丝》上的《音乐》就说明是指徐志摩先生,《我的籍和系》和《并非闲话》也分明对西滢即陈源教授而发;此后也还要射,并无悔祸之心。至于署名,则去年以来只用一个,就是陈教授之所谓"鲁迅,即教育部佥事周树人"就是。但在下半年,应将"教育部佥事"五字删去,因为被"孤桐先生"所革;今年却又变了"暂署佥事"了,还未去做,然而豫备去做的,目的是在弄几文俸钱,因为我祖宗没有遗产,老婆没有奁田,文章又不值钱,只好以此暂且糊口。还有一个小目的,是在对于以我去年的免官为"痛快"者,给他一个不舒服,使他恨得扒耳搔腮,忍不住露出本相。至于"流言",则先已说过,正是陈源教授首先发明的专卖品,独有他听到过许多;在我呢,心术是看不见的东西,且勿说,我的躲在家里的生活即不利于作"捏……言"的枢纽。剩下的只有"幽默"问题了,我又没有说过这些话,也没有主张过"幽默",也许将这两字连写,今天还算第一回。我对人是"骂人",人对我是"侵犯了一言半语",这真使我记起我的同乡"刑名师爷"来,而且还是弄着不正经的"出重出轻"的玩意儿的时候。这样看来,一面镜子确是该有的,无论生在那一县。还有罪状哩——

> 他常常挖苦别人家抄袭。有一个学生抄了沫若的几句诗,他老先生骂得刻骨镂心的痛快,可是他自己的《中国小说史略》,却就是根据日本人盐谷温的《支那文学概论讲话》里面的"小说"一部分。其实拿人家的著述做你自己的蓝本,本可以原谅,只要你在书中有那样的声明,可是鲁迅先生就没有那样的声明。在我们看来,你自己做了不正当的事也就罢了,何苦再去挖苦一个可怜的学生,可是他还尽量的把人家刻薄。"窃钩者诛,窃国者侯",本是自古已有的道理。

这"流言"早听到过了;后来见于《闲话》,说是"整大本的剽窃",但不直指我,而同时有些人的口头上,却相传是指我的《中国小说史略》。我相信陈源教授是一定会干这样勾当的。但他既不指名,我也就只回敬他一通骂街,这可实在不止"侵犯了他

"一言半语"。这回说出来了;我的"以小人之心"也没有猜错了"君子之腹"。但那罪名却改为"做你自己的蓝本"了,比先前轻得多,仿佛比自谦为"一言半语"的"冷箭"钝了一点似的。盐谷氏的书,确是我的参考书之一,我的《小说史略》二十八篇的第二篇,是根据它的,还有论《红楼梦》的几点和一张《贾氏系图》,也是根据它的,但不过是大意,次序和意见就很不同。其他二十六篇,我都有我独立的准备,证据是和他的所说还时常相反。例如现有的汉人小说,他以为真,我以为假;唐人小说的分类他据森槐南,我却用我法。六朝小说他据《汉魏丛书》,我据别本及自己的辑本,这工夫曾经费去两年多,稿本有十册在这里;唐人小说他据谬误最多的《唐人说荟》,我是用《太平广记》的,此外还一本一本搜起来……。其余分量,取舍,考证的不同,尤难枚举。自然,大致是不能不同的,例如他说汉后有唐,唐后有宋,我也这样说,因为都以中国史实为"蓝本"。我无法"捏造得新奇",虽然塞文狄斯的事实和"四书"合成的时代也不妨创造。但我的意见,却以为似乎不可,因为历史和诗歌小说是两样的。诗歌小说虽有人说同是天才即不妨所见略同,所作相像,但我以为究竟也以独创为贵;历史则是纪事,固然不当偷成书,但也不必全两样。说诗歌小说相类不妨,历史有几点近似便是"剽窃",那是"正人君子"的特别意见,只在以"一言半语""侵犯""鲁迅先生"时才适用的。好在盐谷氏的书听说(!)已有人译成(?)中文,两书的异点如何,怎样"整大本的剽窃",还是做"蓝本",不久(?)就可以明白了。在这以前,我以为恐怕连陈源教授自己也不知道这些底细,因为不过是听来的"耳食之言"。不知道对不对?(盐谷教授的《支那文学概论讲话》的译本,今年夏天看见了,将五百余页的原书,译成了薄薄的一本,那小说一部份,和我的也无从对比了。广告上却道"选译"。措辞实在聪明得很。十月十四补记。)

但我还要对于"一个学生抄了沫若的几句诗"这事说几句话;"骂得刻骨镂心的痛快"的,似乎并不是我,因为我于诗向不留心,所以也没有看过"沫若的诗",因此即更不知道别人的是否抄袭。陈源教授的那些话,说得坏一点,就是"捏造事实",故

张勋像

意挑拨别人对我的恶感，真可以说发挥着他的真本领。说得客气一点呢，他自说写这信时是在"发热"，那一定是热度太高，发了昏，忘记装腔了，不幸显出本相；并且因为自己爬着，所以觉得我"跳到半天空"，自己抓破了皮肤或者一向就破着，却以为被我"骂"破了。——但是，我在有意或无意中碰破了一角纸糊绅士服，那也许倒是有的；此后也保不定。彼此迎面而来，总不免要挤擦，碰磕，也并非"还不肯罢休"。

绅士的跳踉丑态，实在特别好看，因为历来隐藏蕴蓄着，所以一来就比下等人更浓厚。因这一回的放泄，我才悟到陈源教授大概是以为揭发叔华女士的剽窃小说图画的文章，也是我做的，所以早就将"大盗"两字挂在"冷箭"上，射向"思想界的权威者"。殊不知这也不是我做的，我并不看这些小说。"琵亚词侣"的画，我是爱看的，但是没有书，直到那"剽窃"问题发生后，才刺激我去买了一本 Art of A.Beardsley 来，化钱一元七。可怜教授的心目中所看见的并不是我的影，叫跳竟都白费了。遇见的"粪车"，也是境由心造的，正是自己脑子里的货色，要吐的唾沫，还是静静的咽下去罢。

太费纸张了，虽然我不至于娇贵到会发热，但也得赶紧的收梢。然而还得粘上一段大罪状——

> 据他自己的自传，他从民国元年便做了教育部的官，从没脱离过。所以袁世凯称帝，他在教育部，曹锟贿选，他在教育部，"代表无耻的彭允彝"做总长，他也在教育部，甚而至于"代表无耻的章士钊"免了他的职后，他还大嚷"佥事这一个官儿倒也并不算怎样的'区区'"，怎样有人在那里钻谋补他的缺，怎样以为无足轻重的人是"慷他人之慨"，如是如是，这样这样……这像"青年叛徒的领袖"吗？
>
> 其实一个人做官也不大要紧，做了官再装出这样的面孔来可叫人有些恶心吧了。
>
> 现在又有人送他"土匪"的名号了。好一个"土匪"。

苦心孤诣给我加了上去的"土匪"的恶名，这一回忽又否认了，可见唾沫还是静静的咽下去好，免得后来自己舔回去。但是，"文士"别有慧心，哪里会给我便宜呢，自然即代以自"袁世凯称帝"以来的罪恶，仿佛"称帝""贿选"那类事，我既在教育部，即等于全由我一手包办似的。这是真的，从那时以来，我确没有带兵独立过，但我也没有冷笑云南起义，也没有希望国民军失败；对于教育部，其实是脱离过两回，一是张勋复辟时，一就是章士钊长部时，前一回以教授的一点才力自然不知道，后一回却忘却得有些离奇。我向来就"装出这样的面孔",不但毫不顾忌陈源教授可"有些恶心",对于"孤桐先生"也一样。要在我的面孔上寻出些有趣来,本来是没头脑的妄想,还是去看别的面孔罢。

这类误解似乎不止陈源教授,有些人也往往如此,以为教员清高,官僚是卑下的。真所谓"得意忘形","官僚盲僚"的骂着。可悲的就在此,现在的骂官僚的人里面,到外国去炸大过一回而且做教员的就很多:所谓"钻谋补他的缺"的也就是这一流,那时我说"佥事这一个官儿倒也并不算怎样的'区区'",就为此人的乘机想做官而发,刺他一针,聊且快意,不提防竟又被陈教授"刻骨镂心"的记住了,也许又疑心我向他在"放冷箭"了罢。

我并非因为自己是官僚,定要上侪于清高的教授之列,官僚的高下也因人而异,如所谓"孤桐先生",做官时办《甲寅》,佩服的人就很多,下台之后,听说更有生气了。而我"下台"时所做的文章,岂不是不但并不更有生气,还招了陈源教授的一顿"教训",而且罪孽深重,延祸"面孔"么?这是以文才和面孔言;至于从别一方面看,则官僚与教授就有"一丘之貉"之叹,这就是说:钱的来源。国家行政机关的事务官所得的所谓俸钱,国立学校的教授所得的所谓薪水,还不是同一来源,出于国库的么?在曹辊政府下做国立学校的教员,和做官的没有大区别。难道教员的是捐给了学校,所以特别清高了?袁世凯称帝时代,陈源教授或者还在外国的研究室里,是到了曹锟贿选前后才做教授的,比我到北京迟得多,福气也比我好得多。曹锟贿选,他做教授,"代表无耻的彭允彝做总长",他做教授,"甚而至于'代表无耻的章士钊做总长",他自然做教授,我可是被革掉了,甚而至于待到那"甚而至于'代表无耻的章士钊'"不做总长了,他自然还做教授,归国以来,一帆风顺,一个小钉子也没有碰。这当然是因为有适宜的面孔,不"叫人有些恶心"之故喽。看他脸上既无我一样的可厌的"八字胡子",也可以说没有"官僚的神情",所以对于他的面孔,却连我也并没有什么大的"恶心",而且仿佛还觉得有趣。这一类的面孔,只要再白胖一点,也许在中国就不可多得了。

不免招我说几句费话的不过是他对镜装成的姿势和"爆发"出来的蕴蓄,但又即刻掩了起来,关上大门,据说"大约不再打这样的笔墨官司"了。前面的香车既经杳然,我且不做叫门的事,因为这些时候所遇到的大概不过几个家丁;而且已是往"国立北京女子师范大学复校纪念会"的时候了,就这样的算收束。

二月一日

注释:
原载《语丝》周刊1926年2月8日第65期。

我还不能"带住"

☆鲁　迅

一月三十日《晨报副刊》上满载着一些东西,现在有人称它为"攻周专号",真是些有趣的玩意儿,倒可以看见绅士的本色。不知怎的,今天的《晨副》忽然将这事结束,照例用通信,李四光教授开场白,徐志摩"诗哲"接后段,一唱一和,说道"带住!让我们对着混斗的双方猛喝一声,带住!"了。还"声明一句,本刊此后不登载对人攻击的文字"云。

他们的什么"闲话……闲话"问题,本与我没有什么鸟相干,"带住"也好,放开也好,拉拢也好,自然大可以随便玩把戏。但是,前几天不是因为"令兄"关系,连我的"面孔"都攻击过了么?我本没有去"混斗",倒是株连了我。现在我还没有怎样开口呢,怎么忽然又要"带住"了?从绅士们看来,这自然不过是"侵犯"了我"一言半语",正无须"跳到半天空",然而我其实也并没有"跳到半天空",只是还不能这样地谨听指挥,你要"带住"了,我也就"带住"。

对不起,那些文字我无心细看,"诗哲"所说的要点,似乎是这样闹下去,要失了大学教授的体统,丢了"负有指导青年重责的前辈"的丑,使学生不相信,青年不耐烦了。可怜可怜,有臭赶紧遮起来。"负有指导青年重责的前辈",有这么多的丑可丢,有那么多的丑怕丢么?用绅士服将"丑"层层包裹,装着好面孔,就是教授,就是青年的导师么?中国的青年不要高帽皮袍,装腔作势的导师;要并无伪饰,——倘没有,也得少有伪饰的导师。倘有戴着假面,以导师自居的,就得叫他除下来,否则,便将它撕下来,互相撕下来。撕得鲜血淋漓,臭架子打得粉碎,然后可以谈后话。这时候,即使只值半文钱,却是真价值;即使丑得要使人"恶心",却是真面目。略一揭开,便又赶忙装进缎子盒里去,虽然可以使人疑是钻石,也可以猜作粪土,纵使外面满贴着好招牌,法兰斯呀,萧伯讷呀,……毫不中用的!

李四光教授先劝我"十年读书十年养气"。还一句绅士话罢:盛意可感。书是读过的,不止十年,气也养过的,不到十年,可是读也读不好,养也养不好。我是李教授所早认为应当"投畀豺虎"者之一,此时本已不必温言劝谕,说什么"弄到人家无故受累",难道真以为自己是"公理"的化身,判我以这样巨罚之后,还要我叩谢天恩么?还有,李教授以为我"东方文学家的风味,似乎格外的充足,……所以总要写到露骨到底,才尽他的兴会。"我自己的意见却绝不同。我正因为生在东方,而且生在中国,所以"中庸""稳妥"的余毒,还沦肌浃髓,比起法国的勃罗亚——他简直称大报的记者为"蛆虫"——来,真是"小巫见大巫",使我自惭究竟不及白人之毒辣勇猛。即以李教授的事为例罢:一,因为我知道李教授是科学家,不很"打笔墨官司"的,所以只要可以不提,便不提;只因为要回敬贵会友一杯酒,这才说出"兼差"的事来。二,关于兼差和薪水一节,已在《语丝》(六五)上答复了,但也还没有"写到露骨到底"。

我自己也知道,在中国,我的笔要算较为尖刻的,说话有时也不留情面。但我又知道人们怎样地用了公理正义的美名,正人君子的徽号,温良敦厚的假脸,流言公论的武器,吞吐曲折的文字,行私利己,使无刀无笔的弱者不得喘息。倘使我没有这笔,也就是被欺侮到赴诉无门的一个;我觉悟了,所以要常用,尤其是用于使麒麟皮下露出马脚。万一那些虚伪者居然觉得一点痛苦,有些省悟,知道技俩也有穷时,少装些假面目,则用了陈源教授的话来说,就是一个"教训"。只要谁露出真价值来,即使只值半文,我决不敢轻薄半句。但是,想用了串戏的方法来哄骗,那是不行的;我知道的,不和你们来敷衍。

"诗哲"为援助陈源教授起见,似乎引过罗曼罗兰的话,大意是各人的身上都有鬼,但人却只知道打别人身上的鬼。没有细看,说不清了,要是差不多,那就是一并承认了陈源教授的身上也有鬼,李四光教授自然也难逃。他们先前是自以为没有鬼的。假使真知道了自己身上也有鬼,"带住"的事可就容易办了。只要不再串戏,不再摆臭架子,忘却了你们的教授的头衔,且不做指导青年的前辈,将你们的"公理"的旗插到"粪车"上去,将你们的绅士衣装抛到"臭毛厕"里去,除下假面具,赤条条地站出来说几句真话就够了!

二月三日

注释:

原载北京《京报副刊》1926年2月7日。

无花的蔷薇之三(节录)

☆鲁 迅

积在天津的纸张运不到北京,连印书也颇受战争的影响,我的旧杂感的结集《华盖集》付印两月了,排校还不到一半。可惜先登了一个预告,以致引出陈源教授的"反广告"来——

"我不能因为我不尊敬鲁迅先生的人格,就不说他的小说好,我也不能因为佩服他的小说,就称赞他其余的文章。我觉得他的杂感,除了《热风》中二三篇外,实在没有一读之价值。"(《现代评论》七十一,《闲话》。)

这多么公平!原来我也是"今不如古"了;《华盖集》的销路,比起《热风》来,恐怕要较为悲观。而且,我的作小说,竟不料是和"人格"无关的。"非人格"的一种文字,像新闻记事一般的,倒会使教授"佩服",中国又仿佛日见其光怪陆离了似的,然则"实在没有一读之价值"的杂感,也许还要存在罢。

五月六日

注释:

原载《语丝》周刊 1926 年 5 月 17 日第 79 期。

粉刷毛厕

☆陈 源

以前学校闹风潮，学生几乎没有对的，现在学校闹风潮，学生几乎没有错的。这可以说是今昔言论界的一种信条。在我这种喜欢怀疑的人看来，这两种观念都无非是迷信。女师大的风潮，究竟学生是对的还是错的，反对校长的是少数还是多数，我们没有调查详细的事实，无从知道。我们只觉得这次闹得太不像样了。同系学生同时登两个相反的启事已经发现了。学生把守校门，误认了一个缓缓驶行的汽车为校长回校而群起包围它的笑话，也到处流传了。校长不能在校开会，不得不借邻近饭店招集教员会议的奇闻，也见于报章了，学校的丑态既然毕露，教育界的面目也就丢尽。到了这种时期，实在旁观的人也不能再让它酝酿下去，好像一个臭毛厕，人人都有扫除的义务。在这时候劝学生们不为过甚，或是劝杨校长辞职引退，都无非粉刷毛厕，并不能解决根本的问题。我们以为教育当局应当切实的调查这次风潮的内容，如果过在校长，自应立即更换，如果过在学生，也少不得加以相当的惩罚，万不可再敷衍姑息下去，以至将来要整顿也没有了办法。

闲话正要付印的时候，我们在报纸上看见女师大七教员的宣言。以前我们常常听说女师大的风潮，有在北京教育界占最大势力的某籍某系的人在暗中鼓动，可是我们总不敢相信。这个宣言语气措辞，我们看来，未免过于偏袒一方，不大平允，看文中最精彩的几句就知道了。

> 至于品行一端，平素尤绝无惩戒记过之迹，以此与开除并论，而又若离若合，殊有混淆黑白之嫌。况六人职俱为自治会员，倘非长才，众人何由公举？不满于校长者，倘非公意，则开除之后，全校何至哗然，所罚果当其罪，则本系之两主任何至事前并不与闻，继则相率引退？可知公论尚在人心，曲直早经显见，偏私谬戾之举，究非室言曲说所能掩饰也。

这是很可惜的。我们自然还是不信我们平素所很尊敬的人会暗中挑剔风潮，但是这篇宣言一出，免不了流言更加传布得厉害了。

注释：
选自《西滢闲话》。

参 战

☆ 陈 源

张歆海先生有一天晚上在王府井大街走路,忽听得前面一声声的呐喊。他走上前去,看见一个车夫在路旁啜泣,说有一个喝醉了的美国兵坐了车,非但不给他钱,还打了他一顿。再走几步,看见一黄衣的巡警躺在烂泥里,挣扎着不得起身。停望前面黑黝黝一片人,还在叫着嚷着,走近去一看,原来是三四十个人跟在两个美国兵的后面叫喊着"打!打!"这两个美国兵不慌不忙的慢慢的走着,有时还立停了转身看看后面的中国人。后面的中国人口中喊着"打!打!",可是总是隔远着六七丈的距离,美国兵走他们也跟着走,美国兵立停他们也跟着立停。他们的人数愈聚愈多了,一会儿就有了百余人,也有几个警察,可是还只是远远的跟着喊"打!打!"美国兵走到了东交民巷的一个口上了,他们回返身来,笑着嚷道:"来呀!来呀!"说了奇怪,这喊打的百余人不到两分钟便居然没有影踪了!

打!打!宣战!宣战!这样的中国人,呸!

注释:

选自《西滢闲话》。

晚年陈源

剽窃与抄袭

☆陈　源

现在著述界盛行"剽窃"或"抄袭"之风,这是大家公认的事实。一般人自己不用脑筋去思索研究,却利用别人思索或研究的结果来换名易利,到处都可以看到。然而我们也哪能深怪?现在的社会是不是鼓励人们用脑筋的社会?社会的种种方面,总是用心用力的役于人,不用心不用力的役人;心力用得愈多的得到的报酬愈少,心力用得愈少的得到的报酬愈多。那么著述界又哪能特别的立异?要是用自己的脑筋去研究,一年半载也许得不到什么结果,要是利用人家的脑筋,半天就可以写一篇文章,一月就可以草成一种著述。好在中国的读者从不问你的作品质的好坏,只问它量的多少;中国的学生不问你的学问深浅,只问你在副刊上发表文章的多寡。这种办法也无非是依照经济学的原则,用最少的力量得最大的效果罢了。这种风气的结果,乙抄甲,丙又抄乙,永远没有完毕的时候。在健忘的普通读者的眼中,一篇文章虽然读过了三百遍,他还会认它是新著,本无关系,可是一般鸿博的批评家可免不了头痛欲狂了。

所以鸿博的批评家迫不得已的生起气来,我们能够谅解,我们非但谅解,而且同情,非但同情,而且热诚的希望,馨香的祝祷他们的努力。我们相信除了他们的笔锋,没有东西可以挽回上面所说的那条经济原则。

可是,很不幸的,我们中国的批评家有时实在太宏博了。他们俯伏了身躯,张大了眼睛,在地面上寻找窃贼,以致整大本的剽窃,他们倒往往视而不见。要举个例么?还是不说吧,我实在不敢再开罪"思想界的权威"。总之这些批评家不见大处,只见小处;不见小处,只见他们自己的宏博处。例如某宏博批评家说:"某先生大抄史特林堡的名剧《钻石》而标以创作的美名,揭于前文学句刊已为识者所笑"。不错,我也仿佛记得有这一回事,可是记得某先生抄的却不是"史特林堡的名剧",而且"史特林堡的名剧"中我也记不起什么《钻石》来。这足见某先生宏博的程度了。实在许多批评家宏博的程度,深可惊奇。他们叫我们不得不联想到那些宏博的小孩,他们读三字经还没有满一句,到处见着"人","之"字,便大嚷你瞧,"你瞧!人!人!人!之!之!之!"好像那些写人字之字的都在抄他们的三字经!

在我们不宏博的人看来,"剽窃""抄袭"有一定的意思,不能看见两篇东西稍有相同之点便滥用这样的名字。两个科学家都写爱斯坦的相对论,他们的论调,自然有许多相同处,虽则他们谁也不用"剽窃"。可是,要是一个人说他自己发明了相对论,他是"剽窃"本不用说,他把第二人的书改头换面的付印,也自然是"抄袭"。种种科学都不外如此。

至于文学,界限就不能这样的分明了。许多情感是人类所共有的,他们情之所至,发为诗歌,也免不了有许多共同之点。把好花来比美人,不仅仅中国人有这样的观念,西洋人,印度人也有同样的观念,难道一定要说谁抄袭了谁才称心吗?人类的悲欢离合,总不出几个套数,因为两种作品的套数有些相同,就指为"抄袭",这种批评家的宏博也不亚于上说的小孩。

"剽窃""抄袭"的罪名,在文学里,我以为只可以压倒一般蠢才,却不能损伤天才作家的。文学是没有平权的。文学是"只许州官放火,不许百姓点灯"的。为什么蠢才一压便倒呢?因为他剽窃来的东西,在他的作品中,好像马口铁上镶的金刚钻,好像牛粪里插的鲜花,本来太不相称,你把他的金刚钻,鲜花去了,只剩了马口铁与牛粪。至于伟大的天才,有几个不偶然的剽窃?不用说广义的他们心灵受了过去大作家的陶养,头脑里充满了过去大作家的意思,就狭义的说,举起例来也举不胜举。Ben Jonson 的作品里有许多字句是从希腊罗马的作品里整段的翻出来的,而且几乎没有一个希腊罗马的诗人,历史家不曾在他的作品里留下些痕迹。托尔斯泰的杰著《战争与和平》里面讲战事的地方,就有整篇的抄袭。最显著的例莫过于莎士比亚了。他的剧本的事实布局,几乎没有一种不是借自别人。可是,你就指出了他们的剽窃,他们的作品也不会因之减色,Ben Jonson 虽然借了许多名句,他自己作品也自有传世的价值在。托尔斯泰把冷冰冰,毫无生气的纪事,化在他如火如荼的杰作中,无异乎生死人而肉白骨了。莎士比亚在他陶冶天地的大炉中把许多泥塑木雕的傀儡溶化成了英雄美人。幼稚散漫的情节制造成了绝世传奇,要不是经他的借用,还有谁会得听见那些无聊的作品来?

"剽窃"和"抄袭"的罪名固然不足以轻灭他们作品的价值,可是 Ben Jonson 究竟"剽窃"过,托尔斯泰究竟"抄袭"过。可是莎士比亚是不受这样的罪名的,因为他的作品已经又是一回事。同样,一个作家也尽可无意的,或竟有意的借用另一作家的布局,只要他运用的方法不同,他周围的空气不同,他人物的个性不同。契诃夫有一篇短篇小说 La Cigale 是把一个劳苦工作的丈夫同一个没脑筋只管享福的太太做对照的。曼殊斐儿(Katharine Mansfield)在她的 Marriage a la Mode 用同样的主旨。曼殊斐儿是私淑契诃夫的,她曾经看见他的那篇小说,毫无疑问。可是我们万不能说曼殊斐儿是抄袭契诃夫，因为契诃夫的小说里是纯粹的俄国人，曼殊斐儿的是纯粹的英国人，契诃夫的人物有他们特别的个性，曼殊斐儿的人物也有他们的个性，所以，虽然那两篇小说说的是同样的事，读者得的是差不多的感想，它们简直是两件极不相同的东西，同时却是两件同样美丽的东西。自然，要是让宏博的中国批评家看见了，他们又找到了伟大的发见了。幸而宏博的中国批评家是不曾看见的——它们还没有翻译成中文呢。

胡适之先生从上海寄蒋梦麟先生的信中有这样的话：

> 前不多日，我从南京回来，车中我忽得一个感想。我想不教书了，专作著述的事。每日定一个日程要翻译一千字，著作一千字，需时约四个钟头。每年以三百天计，可译三十万字，著三十万字，每年可出五部书，十年可得五十部书，我的书至少有两万人读，这个影响多么大？倘使我能干十年之中介绍二十部世界名著给中国青年，这点成绩，不胜于每日在讲堂上给一百五十学生制造文凭吗？所以我决定脱离教书生活了。

他在给我们的信里还说"我们能批评人家的翻译，而自己不翻译，我们能评人家的著述，而自己不著述，这是根本不对的。"（原信不在手边，字句也许有些出入。）我们自然是十分赞成他的计划，希望他能够实行。自然我不信一年六十万字，十年六百万字是能实现的。这样下去，再活五十年，不就写了三千万字么？胡先生的《中国哲学史大纲》那种书，一定不是可以一天写一千字写成的。他也许一天写了五千字，一万字，也许三个月还不能动一动笔。一天一定写多少字，虽然有那样的作家，如英国小说家 Anthony Trollope，可是大多数人耐不住那种烦，并且这样所写成的作品也许不能特别的出色。我们希望胡先生的，不是平常我们都能写的书，只是与《中国哲学史大纲》那样，和再进一步的著作。这样的著述，不要说一年五部，就是五年一部我们已经很满足的了。

梦麟先生在他的覆信里说："这种事业，我以为凡有能力的留学生们都应该做的。"可是，非常的不幸，凡应该做的"留学生"却都没有"能力"，因为，我已经说过，中国恐怕只有胡适之，梁任公两位先生有靠他们著作生活的能力。除非中国的著述事业大大的发达，或是做教书匠的有安安稳稳的一碗饭吃，这个希望只好终于希望了。

注释：
选自《西滢闲话》。

"管闲事"

☆陈　源

民国十四年在枪炮声中过去了,十五年也就在枪炮代爆竹声中落下了地。这十五年是不是还得像十四年,那样的混乱不可收拾,我们实在无从预料。不错,十四年来,政局一天混沌一天,小百姓一天困苦一天,我们有了这长久的经验,应当可以猜到这来到的年头不过又是那么一回事了,然而我们还希望着。我们不得不希望着,正因为不希望只有绝望的路了。

"以前种种事,譬如昨日死,以后种种事,譬如今日生。"在新年的时候,一个人是容易有这种决心的。我们不免结一结旧账,过了年好换一本新账簿。前几天,一位我极尊敬的老先生在朋友面前说着我。他说某人真是不得了,他喜欢管闲事,到处惹祸,这样下去,还要惹出大祸来呢。这位老先生生平就是爱管闲事,到处惹祸,他还这样说,足见这话是很有理由的了。我们新年的决心,不如就说以后永远不管人家的闲事吧?

然而仔细想来,我们何尝爱管闲事呢?实在中国爱管闲事的人太少了。欧洲人好像不是这样的。

有一次,我立在伦敦一条街上,候着看新市长就职的行列。大约立了一点钟,我身后的人已有数重,忽然一个中年妇人突来站在我的面前。我自然一声不响的退让了。我两旁的不认识的女子却抱了不平。她们说我站了一点多钟,那妇人不应当抢我的地位。中年妇人听了她们的批评,面红耳热的,逡巡自去。她去后我两旁的人还愤愤的说她无礼。这种事在中国会有吗?谁肯这样无故的开罪他人,何况为了不认识的外国人?然而这样的傻子我自己在英国遇见的就不止一次。

法国人的公道,我自己虽然没有经历过,然而十九世纪末几年的一桩案件是谁都知道的。法国军队里一个少年犹太军官受了私通敌国的嫌疑,革职定罪。法国人民自然都拍手称快。然而军官的友人竭力为他剖白,引起了几个管闲事人的注意。他们觉得证据不足,要求重审。最初这少数的人为了好管闲事,激动公愤,身家性命都几乎不保。他们却百折不回的继续奋斗,至两年之久,究竟得申冤狱。在那两年中，法国全国人民，分为二派——德雷夫党，和反德雷夫党——就是父子，兄弟，夫妻，朋友都为了它分离反目。不用说，反德雷夫党自然是大多数，知识界阶的人也就不少。然而我们所最倾倒几个近代法国文人如 Zola, AnatoleFrance Rcmain Roldna 却多在被人唾弃的廿数人中为了一个毫不相干的犹太人却费了许多光阴，抛弃了自己的事业，犯了被犹太人收买的嫌疑，冒了身家性命不保的危险，去奔走呼号，主持公道，当然只有傻子才肯干，然而法国居然还有少数这样的傻子。

中国人的毛病就是他们太聪明了。"各人自扫门前雪，莫管他家瓦上霜。"真是一条好格言。本来一个人为什么要管闲事？自己省了许多事，还在众人面前讨了好，何乐而不为呢？如果偶然有些好事人，扰乱他们的安静，只要说他是受人的指使，领人家的津贴，就可以闭了他们的嘴，这本也难怪。谁能相信人家不与自己同样的卑鄙？谁能承认自己有不如人家的地方？

中国人最初不管邻家瓦上霜，久而久之，连自己门前的雪也不管了，如果有人同住的话。所以军阀政客虽然是少数，小百姓虽然受尽了苦，却不肯团结起来反抗他们。学校风潮，只要有十分之一的学生叫嚣捣乱，就可以拆散学校，引起学潮。其余的十分之九心中虽十二分的不愿意，却不能积极的团结起来，阻止那少数分子的胡闹。

生活在这种人中，自然有许多看不过眼的事情，不得不说两句话。这样就常常惹了祸了。可是我们究竟也是中国人，本性何尝爱管闲事呢？并且我们也有自己的生活要维持，还有许多天地间的奇书没有读，那有闲功夫来代人抱不平？这就算我们的新年的决心吧，虽然下次遇到了看不过的眼的事情，能不能忍住不说话，我实在不敢保。

注释：

选自《西滢闲话》。

新文学运动以来的十部著作(上)

☆陈 源

十年以来——从民国六年一月《新青年》发表《文学改良刍议》起,直到现在,不是已经十年了吗?新文学的作品,要算短篇小说的出产顶多,也要算它的成绩顶好了。我要举的代表作品是郁达夫先生的《沉沦》,和鲁迅先生的《呐喊》。郁先生的作品,严格的说起来,简直是生活的片断,并没有多少短篇小说的格式。里面的主人,大都是一个放浪的,牢骚的,富于感情的,常常是坠落的青年。一篇文字开始时,我们往往不知道为什么那时才开始,收来时,也不知道为什么到那时就结束,因为在开始以先,在结束以后,我们知道还是有许多同样的情调,只要作者继续的写下去,几乎可以永远不绝的。所以有一次他把一篇没有写完的文章发表了,读书也不感缺少。有时他有意的想写一个有力的结束,好像《沉沦》那一篇,我们反感觉非常的不自然。他的小说虽然未免因此有些单调,可是他的力量也就在这里。他的小说里的主人翁可以说是现代的青年的一个代表,同时又是一个自有他生命的个性极强的青年。我们谁都认识他。鲁迅先生描写他回忆中的故乡的人民风物,都是很好的作品。可是《孔乙己》,《风波》,《故乡》里面的乡下人,虽然口吻举止,惟妙惟肖,还是一种外表的观察,皮毛的描写。我们记忆中的乡下人,许多就是那样的,虽然我们没有那本领写下来。到了《阿Q正传》就大不相同了。阿Q不仅是type,而且是一个活泼泼的人。他是与李逵,鲁智深,刘老老同样生动,同样有趣的人物,将来大约会同样的不朽的。(我不能因为我不尊敬鲁迅先生的人格,就不说他的小说好,我也不能因为佩服他的小说,就称赞他其余的文章。我觉得他的杂感,除了《热风》中二三篇外,实在没有一读的价值。)

注释:

选自《西滢闲话》。

闲话的闲话之闲话引出来的几封信

☆陈 源

志摩：

前面几封信里说起了几次周岂明先生的令兄：鲁迅，即教育部金事周树人先生的名字。这里似乎不能不提一提。其实，我把他们一口气说了，真有些冤屈了我们的岂明先生。他与他的令兄比较起来，真是小巫遇见了大巫。有人说，他们兄弟俩都有他们贵乡绍兴的刑名师爷的脾气。这话，岂明先生自己也好像曾有部分的承认。不过，我们得分别，一位是没有做过官的刑名师爷，一位是做了十几年官的刑名师爷。

鲁迅先生一下笔就想构陷人家的罪状。他不是减，就是加，不是断章取义，便捏造些事实。他是中国"思想界的权威者"，轻易得罪不得的。我既然说了这两句话，能不拿些证据来。可是他的文章，我看过了就放进了应该去的地方——说句体己话，我觉得它们就不应该从那里出来——手边却没有。只好随便举一两个例吧。好在他每篇文章都可以做很好的证据，要是你要看的话。

远一些的一个例。他说我同杨荫榆女士有亲戚朋友的关系，并且吃了她许多的酒饭。实在呢，我同杨女士非但不是亲戚，简直就完全不认识。直到前年在女师大代课的时候，才在开会的时候见过她五六面。从去年二月起我就没有去代课。我从那时起直到今天，也就没有在任何地方碰到过杨女士。近一些的一个例。我在《现代评论增刊》里泛论图书的重要。我说孤桐先生在他未下台以前发表的两篇

徐志摩像

文章里,这一层"他似乎没看到"(增刊六三页)。鲁迅先生在前一两星期的《语丝》里就轻轻的代我改为"听说孤桐先生倒是想到了这一节,曾经发表过文章,然而下台了,很可惜。"你看见吗,那刀笔吏的笔尖?

再举一个与我无关的例吧。李仲揆先生是我们相识人中一个最纯粹的学者,你是知道的。新近国立京师图书馆聘他为副馆长。他因为也许可以在北京弄出一个比较完美的科学图书馆来,也就答应了。可是北大的章程,教授不得兼差的。虽然许多教授兼二三个以至五六个重要的差使,李先生却向校长去告一年的假,在告假期内不支薪。他现在正在收束他的功课。他的副馆长的月薪不过二百五十元。你想一想,有几个肯这样干。然而鲁迅先生却一次再次的说他是"北大教授兼国立京师图书馆长,月薪至少五六百元的李四光。"

好了,不举例了。不过你要知道,就是这位鲁迅先生,他是中国"思想界的权威者","青年叛徒的首领"。

有人同我说,鲁迅先生缺乏的是一面大镜子,所以永远见不到他的尊容。我说他说错了,鲁迅先生的所以这样,正因为他有了一面大镜子。你见过赵子昂——是不是他?——画马的故事罢?他要画一个姿势,就对镜伏地做出那个姿势来。鲁迅先生的文章也是对了他的大镜子写的,没有一句骂人的话不能应用在他自己的身上。要是你不信,我可以同你打一个赌。

不是有一次一个报馆访员称我们为"文士"吗?鲁迅先生为了那名字几乎笑掉牙。可是后来某报天天鼓吹他是"思想界的权威者",他倒又不笑了。

他没有一篇文章里不放几枝冷箭,但是他自己常常的说人"放冷箭",并且说"放冷箭"是卑劣的行为。

他常常"散布流言"和"捏造事实",如上面举出来的几个例,但是他自己又常常的骂人"散布流言","捏造事实",并且承认那样是"下流"。

他常常的无故骂人,要是那人生气,他就说人家没有"幽默"。可是要是有人侵犯了他一言半语,他就跳到半天空,骂得你体无完肤——还不肯罢休。

他常常挖苦别人家抄袭。有一个学生抄了沫若的几句诗,他老先生骂得刻骨镂心的痛快。可是他自己的《中国小说史略》却就是根据日本人盐谷温的《支那文学概论讲话》里面的《小说》一部分。其实拿人家的著述做你自己的蓝本,本可以原谅,只要你书中有那样的声明。可是鲁迅先生就没有那样的声明。在我们看来,你自己做了不正当的事也就罢了,何苦再挖苦一个可怜的学生,可是他还尽量的把人家刻薄。"窃钩者诛,窃国者侯",本是自古已有的道理。

他在《出了象牙之塔》的《后记》里,说起不愿译《文学者和政治家》一文的理由。

他说"和中国现在的政客官僚们讲论此事,却是对牛弹琴;至于两方面的接近,在北京却时常有,几多丑态和恶行,都在这新而黑暗的阴影中开演,不过还想不出作者所说似的好招牌"。你看这才不愧为"青年叛徒的领袖"!他那种一见官僚便回头欲呕的神情,活现在纸上。可是啊,可是他现任教育部的佥事。据他自己的自传,他从民国元年便做了教育部的官,从没脱离过。所以袁世凯称帝,他在教育部,曹辊贿选,他在教育部,"代表无耻的彭永彝"做总长,他也在教育部,甚而至于"代表无耻的章士钊"免了他的职后,他还大嚷"佥事这一个官儿倒也并不算怎样的'区区'",怎么有人在那里钻谋补他的缺,怎样以为无足轻重的人是"慷他人之慨",如是如是,这样这样……这像"青年叛徒的领袖"吗?其实一个人做官也不大要紧,做了官再装出这样的面孔来可叫人有些恶心吧了。现在又有人送他"土匪"的名号了。好一个"土匪"。

志摩,你看,这才是中国"青年叛徒的领袖",中国的青年叛徒也可想而知了。这才是中国"思想界的权威者",中国的思想界也就可想而知了。这才是中国的"土匪"……我不得不也来庆祝中国的土匪!

志摩,不要以为我又生气了。我不过觉得鲁迅先生是我们中间很可研究的一位大人物,所以不免扯了一大段吧了。可惜我只见过他一次,不能代他画一幅文字的像——这也是一种无聊的妄想罢了,不要以为我自信能画得出这样心理繁复的人物来。

说起画像,忽然想起了本月二十三日《京报副刊》里林语堂先生画的《鲁迅先生打叭儿狗图》。要是你没有看见过鲁迅先生,我劝你弄一份看看。你看他面上八字胡子,头上皮帽,身上厚厚的一件大氅,很可以表出一个官僚的神情来。不过林先生的打叭儿狗的想象好像差一点。我以为最好的想象是鲁迅先生张着嘴立在泥潭中,后面立着一群悻悻的狗,"一犬吠影,百犬吠声",不是俗语么?可是千万不可忘了那叭儿狗,因为叭儿狗能今天跟了黑狗这样叫,明天跟了白狗那样叫,黑夜的时候还能在暗中猛不防的咬人家一口。

不写了,不写了。无聊的话也说够了。以上的二三千字已经够支持人家半年的攻击了。我现在也要说几句正经话了。

常常有人来问我,人家天天攻击我,他们不懂为什么。人家为什么攻击,我也不十分明了为什么。可是我为什么不回答,我是有理由的。

中国人私人相骂,谁的声音高就是谁的理由足。所以我宁可受些委屈,不愿意也不能与人相骂。打笔墨官司的时候,谁写得多,骂得下流,捏造得新奇就谁的理由大。所以我也宁可吃些亏,不愿意也不能与人家打官司。第一,我们不会捏造无中生有的事。第二,我们想不起那样的下流的字眼。第三,人家有的是闲功夫,好在衙门里没有别的事可做,我们不做事便没有饭吃。第四,人家能造种种的假名,看来好像人多势众,就是你所谓朋友也可用了假名来放两枝冷箭,我们却做不出这样的勾当。第五,他们的喽罗也实在多,我们虽然不是不认识人,可是他们既然对我们有几分信任,我们总不肯亦不忍鼓励他们去做这种无聊的事情。第六,他们有的是欢迎谩骂的报纸,我们觉得自己办的一个报纸如只能谩骂,还不如没有。

可是,志摩,还有一个顶大的原因。就是你所说的"漆黑一团"很容易把你围进去。我常常觉得我们现在走的是一条狭窄险阻的小路,左面是一个广漠无际的泥潭,右面也是一片广漠无际的浮砂,前面是遥遥茫茫荫在薄雾的里面的目的地。泥潭里有的是已经陷下去的人,有的在浅处,有的已经没到了口鼻。他们在号着,叫着,笑着,骂着。你要是忍不住他们的诬辱,一停足,一回头,也许就会忘了你的目的地。你要是同他们一较量,你不能不失足,那时你再不设法拔你的脚出来,你也许会陷,陷,陷,直到没头没顶才完毕。这就是我一向不爱与人较量的理由。我觉得我们的才具虽小,我们的学问虽浅薄,究竟也有它们的适当的用处。烛火虽然没有多大的光,可是不能因为有了太阳便妄自菲薄,何况还没有太阳。所以我一向总想兢兢业业的向前走,总想不让暴戾之气占据我的心。可是,志摩,这次也危险得很了!这一次我想,我已经踏了两脚泥!我觉悟了。我大约不再打这样的笔墨官司了。

昨晚因为写另一篇文章,睡迟了,今天似乎有些发热。今天写了这封信,已经疲乏了。就打住吧。希望你恳切的指导我。

源　十五,一,二八

注释:

原载《晨报副刊》1926年1月30日。

陈源致周作人

启明先生：

先生今天在《晨副》骂我的文章里，又说起"北京有两位新文化新文学的名人名教授……扬言于众曰，'现在的女学生都可以叫局'。"这话先生说了不止一次了，可是好象每次都在骂我的文章里，而且语气里很带些阴险的暗示。因此，我虽然配不上称为新文化新文学的名人名教授，也未免要同其余的读者一样，有些疑心先生骂的有我在里面，虽然我又拿不着把柄。先生们的文章里常有"放冷箭""卑劣"……—类的口头禅，大约在这种地方总可以应用了吧？先生兄弟两位捏造的事实、传布的"流言"，本来已经说不胜说，多一个少一个也不打紧。可是一个被骂的人总情愿知道人家骂他的是什么。所以，如果先生还有半分人气，

周作人像

请先生清清楚楚的回我两句话：（一）我是不是在先生所说的两个人里面？（二）如果有我在内，我在什么地方，对了谁扬言了来？

陈源

［一九二六年］一月二十日

回示请寄景山西陟山门大街十五号

徐志摩致周作人

启明我兄：

绑了你的文章，读了你的信，又得了你的书，过好几天不曾回你，有罪有罪。你小伤风想早好了，借因在家中躲躲，也是好的。我想回南，偏逢道路难，这里俱乐部的重担就比是一件湿衣穿上了身再也脱不下来，同时人家在旁边笑话，苦脑得狠。你要我报答，给《语丝》一点东西，我还不敢随口答应，一来这副刊真不了每期得逼，这几时又特别来得笨，什么思想都凑和不上来，就想西湖看梅花去；二来我不敢自信，我如其投稿不致再遭《语丝》同人的嫌（上回的耳朵！）；三来似乎曾听说《语丝》有它一致的文体，象我这烂拖拖的怕也镶不上。再说吧，也许有兴致给你们一碟杂碎，只是我得预先求你们诸大法家的宽容：

我妄想解围做和事老，谁想两头都碰钉子，还是你一边的软些，你只说无围可解；那一边可是大不高兴，唬得我再也不敢往下问，改天许还看得见闲话，等着看罢。同时我却还有一句老实话，启明兄以为是否？谑固然不碍，但不当近虐；新近有许多东西玩笑开得似乎太凶了。说来我还是不明白我们这几个少数人何以一定有吵架的必要。我呢，也许是这无怀氏之民的脾胃，老是想把事情的分别看小看没了的。就说西滢吧，我是完全信得过他的，就差笔头太尖酸些不肯让人，启明兄你如其信得过我，按我说，也就不该对西滢怀疑，说来还不是彼此都是朋友？也许真是我笨，你们争执的分量我始终不曾看清楚。等吧，下文还有哪，我想。

见到凤举盼代问《国民新报》的副刊可否送我看看？

志摩候候

［一九二六］一月二十六日

方才看了半农的俏皮，别的我不管，有一条甚使我不安，就是凌女士那张图案，我不早就在京副上声明那完全是我疏忽之咎，与她毫不相干，事实如此，人家又是神经不比蠢男子冥玩，屡次来向我问罪，这真叫我狼狈万分。启明兄，你有法子替我解解围否？如有，万分的感谢。

摩

徐志摩致周作人

启明兄：

对不起，今天忙了一整天，直到此刻接到你第三函才有功夫答复。大后天天津有船，我竟许后天就走，虽则满身绊着锁怕不易洒脱。走后副刊托绍原兄，还得请老兄等共同帮忙维持为感。我去少则三星期，多则一月，想回京过灯节哩。

关于这场笔战的事情，我今天与平伯、绍原、金甫诸君谈了，我们都认为有从此息争的必要，拟由两面的朋友们出来劝和，过去的当是过去的，从此大家合力来对付我们真正的敌人，省得闹这无谓的口舌，倒叫俗人笑话。我已经十三分懊怅，前晚不该付印那一大束通信，但如今我非常的欣喜，因为老兄竟能持此温和的态度。至于通伯，他这回发泄已算够过够了，彼此都说过不悦耳的话，就算两开了吧，看我们几个居中朋友的份上——因为我还是深信彼此间实没有结仇的必要。这点极诚恳的意思，千万请你容纳，最好在我动身前再给我一句可以使我放心的话，那我就快活极了！

你那个"订正"我以为也没有必要了，现在再问你的意思，如其可以不发表，我就替你扯了何如？

李四光有一封信，颇有沉痛语，星三发表，平伯也许有意见，只要彼此放开胸膛，什么事都没有了。

只有令兄鲁迅先生脾气不易捉摸，怕不易调和，我们又不易与他接近，听说我与他虽则素昧平生，并且他似乎嘲弄我几回我并不曾还口，但他对我还像是有什么过不去似的，我真不懂，惶惑极了。我极愿意知道开罪所在，要我怎样改过我都可以，此意有机会时希为转致。匆匆不尽言，即颂健福

志摩
[一九二六年]一月三十一日

胡适致鲁迅周作人陈源

豫才
启明三位先生：——
通伯

昨天在天津旅馆里读鲁迅的《热风》在页33—34上读到这一段：

> 所以我时常害怕，愿中国青年都摆脱冷气，只是向上走，不必听自暴自弃者流的话，能做事的做事，能发声的发声，有一分热，发一分光；就令萤火一般，也可以在黑暗里发一点光，不必等候炬火。此后如竟没有炬火，我便是唯一的光。倘若有炬火，出了太阳，我们自然心悦诚服的消失，不但毫无不平，而且还要随喜赞美这炬火或太阳；因为他照了人类，连我都在内。
>
> 我又愿中国青年都只是向上走，不必理会这冷笑和暗箭。尼采说：
>
> "真的，人是一个浊流，应该是海了，能容这浊流使他干净。"
>
> "咄，我叫你们超人：这便是海，在他这里，能容下你们的大侮蔑。"
>
> "纵令不过一洼浅水，也可以学学大海，横竖都是水，可以相同。几粒石子，任他们暗地里掷来；几点秽水，任他们从背后泼来就是了。"

这一段有力的散文使我很感动。我昨夜一夜不能好好的睡，时时想到这段文章，又想到在北京时半农同我谈的话。今天再忍不住了，所以写这封信给你们三位朋友。

你们三位都是我很敬爱的朋友；所以我感觉你们三位这八九个月的深仇也似的笔战，是朋友中最可惋惜的事。我深知道你们三位都自信这回打的是一场正谊之战；所以我不愿意追溯这战争的原因与历史，更不愿评论此事的是非曲直。我最惋惜的是当日各本良心的争论之中，不免都夹杂着一点对于对方动机上的猜疑；由这一点动机上的猜疑，发生了不少笔锋上的感情；由这笔锋上的感情，更引起了层层猜疑，层层误解。猜疑愈深，误解更甚。结果便是友谊上的破裂，而当日各本良心之主张，就渐渐变成了对骂的笔战。

我十月到上海时，一班少年朋友常来问我你们争的是什么；我那时还能约略解释一点。越到了后来，你们的论战离题越远，不但南方的读者不懂得你们说的什么话，连我这个老北京也往往看不懂你们用的什么"典"，打的什么官司了。我们若设身处地，为几千里外或三五年后的读者着想，为国内崇敬你们的无数青年着想，他们对于这种无头官司有何意义？有何兴趣？

我觉得我们现在应该做的事多着咧！耶稣说的好，"收成是很丰足的，可惜作工的人太少了！"国内只有这些可以作工的人，大家努力"有一分热，发一分光"，还怕干不了千万分之一的工作，——我们岂可自相猜疑，自相残害，减损我们自己的光和热吗？

我是一个爱自由的人，——虽然别人也许嘲笑自由主义是十九世纪的遗迹，——我最怕是一个猜疑，冷酷，不容忍的社会。我深深地感觉你们的笔战里双方都含有一点不容忍的态度，所以不知不觉的影响了不少的少年朋友，暗示他们朝着冷酷不容忍的方向走！这是最可惋惜的。所以我不能忘记《热风》里那一段文章：

胡适像

> 这便是海，在他这里，能容下你们的大侮蔑。纵令不过一洼浅水，也可以学学大海，横竖是水，可以相通。几粒石子，任他暗地里掷来；几滴秽水，任他们从背后泼来就是了。

敬爱的朋友们，让我们都学学大海。"大水冲了龙王庙一家人认不得一家人。"他们的石子和秽水，尚且可以容忍；何况"我们"自家人的一点子误解，一点子小猜疑呢？

亲爱的朋友们，让我们从今以后，都向上走，都朝前走，不要回头睬那伤不了人的小石子，更不要回头自相践踏。我们的公敌是在我们的前面；我们进步的方向是朝上走。

我写这信时怀抱着无限的友谊的好意，无限的希望。

适之
[一九二六年]十五、五、廿四
天津，裕中饭店

叁 左联时期参加的三次论争

1 "嘘"梁实秋

梁实秋：《拓荒者》说我是资本家的走狗,是那一个资本家,还是所有的资本家？我还不知道我的主子是谁,我若知道,我一定要带着几份杂志去到主子面前表功,或者还许得到几个金镑或卢布的赏赉呢。

鲁　迅：凡走狗,虽或为一个资本家所豢养,其实是属于所有的资本家的,所以它遇见所有的阔人都驯良,遇见所有的穷人都狂吠。

【导读】

鲁迅参加"左联"的第一仗

☆陈漱渝

左联存在的时间虽然只有短短的六年,但却是在血雨腥风、刀光剑影中度过的。鲁迅以左联盟主身份参与过三次论争,其中第一次是跟以梁实秋为代表的新月派的论争。

这次论争有三个焦点:一、文学是否有阶级性;二、翻译中因强调忠实于原文而导致的"硬译"问题;三、对黑暗现状采取憎恶嘲骂态度是否不符合"批评的态度"问题。

梁实秋是白璧德新人文主义的忠实信徒,新月派的主要批评家。鲁迅跟他的论争主要围绕文学中人性与阶级性的问题进行。需要澄清的是,梁实秋并非简单化地否定阶级性、阶级斗争以及文艺与政治的关系,而只是强调"文学的精髓是人性的描写"(《偏见集·人性与阶级性》);人性与阶级性有轻重表里之分;文艺与政治虽有关系,但文艺表现的只是政治生活的背景。由于梁实秋肯定现存资产制度的合理性而反对无产阶级革命运动及左翼文艺运动,在文章中过多强调人性中共同的亘古不变的成分而对阶级性时有简单的排斥,因此新兴的左翼文艺阵营跟他的论争就成为了不可避免的事情。鲁迅也并非一般地否定人性,而只否定抽象不变的人性。他在论争中将深刻的人生经验及其感情体验用于理论说明,独具慧眼地戳穿了梁实秋杂糅着封建等级的人性论与资产阶级自然人性论的矛盾空虚,使整个论辩过程有声有色,高潮迭起,有力地动摇了新月派文人的理论基础。据冯雪峰回忆,这是鲁迅参加"左联"之后以最愉快的心情打的第一仗。

我也来谈梁实秋

☆陈漱渝

在"文化大革命"前的17年中,梁实秋是作为"丧家的资本家的乏走狗"被钉在历史耻辱柱上的。1986年秋天,上海作协副主席柯灵首先发起为他的"抗战无关论"平反,后来一些报刊陆续发表了他思念故土的散文。1987年11月3日梁实秋病逝。台湾报刊出了不少悼念他的专辑,称颂他是"文学大师"、"知名学者"、"春花开烂漫,果实满秋林"。大陆报刊也刊登了他去世的噩耗,发表了一些悼念文章,不少出版社争相出版他的选集。就这样,历史似乎给我们开了一个大玩笑。

其实,历史待人最终总会是公正的,只不过准确判断一个复杂的历史人物的功过,总需要有一个过程。无怪乎有人说:时间和空间往往是评价事物的重要因素。

梁实秋在中国现代文化史上的功绩是无法抹杀的。他的散文集共有17种,文字清新隽永,充满谐趣,在古典文句中加入纯粹白话,更是他散文的"一绝"。因此,他1939年撰写的《雅舍小品》多次再版,成为台湾最畅销的书籍之一。梁实秋晚年译完《莎士比亚全集》,更是中国翻译史上的壮举。梁实秋还有一个特殊贡献,那就是编写了三十多种英文词典和教科书,其中一大一小两部英汉字典,在同类工具书中是较为完善的,对推广英语的教学起了很大作用。对于梁实秋的上述贡献,过去大陆出版的现代文学史大多避而不谈,台湾学术界对此研究也相当匮乏——这只须查查《梁实秋自选集》中的"作品评论引得"就可以看出。

不过,梁实秋的创作和理论并非不可批评。在《忆新月》一文中,梁实秋作过如下表述:"我当时的文艺思想是趋向于传统的稳健的一派,我接受五四运动的革新的主张,但是我也颇受哈佛大学教授白璧德的影响,并不同情过度的浪漫的倾向。同时我对于当时上海叫嚣最力的'普罗文学运动',也不以为然。我自己觉得是处于两面之间。"(见《实秋杂忆》)

白璧德是新人文主义的代表人物之一。面对第一次世界大战前后西方世界出现的社会危机和精神危机,白璧德呼唤一种古代的人文主义精神。他把全部社会、政治、精神的问题最终都归结为人性中善恶争斗这一伦理学问题,企图确立一种对个人的冲动和欲望加以内在控制的"自我克制"原则,否定个人对外在秩序和既定规范的反叛和超越,以达到维护和巩固现存秩序的政治目的。在文艺上,白璧德不仅把18世纪初浪漫主义文学的思想领袖卢梭作为"中心的敌人",而且几乎对古典主义以后的西方文艺思潮进行了整体性的批判和否定,表现出比较突出的保守、倒退的贵族化思想倾向。就连梁实秋也不得不承认,白璧德的人文思想"在当时的美国,是被很多人目为反动的守旧的迂阔的……在重功利的美国社会里并未激起多大的波澜"(《关于白璧德先生及其思想》,收入《文学因缘》)。

作为白璧德在中国的门徒,梁实秋既反对"五四"新文化运动中的人道主义倾向和个性解放主张,认为这都是未用理性的缰绳驾驭情感的恶果;另一方面更反对20世纪20年代末期中国新兴的左翼文艺运动。他强调"好的作品永远是少数人的专利品,大多数永远是蠢的,永远是与文学无缘"。他提倡表现一种无分古今、无间中外、长久普遍、永无变动的人性,否认在阶级社会里,人的社会意识、秉性、感情等断不能免掉所属的阶级性;他片面强调文学的绝对独立性,反对无产阶级在夺取政权的年代要求文艺成为整个革命事业的一翼。梁实秋还露骨地维护资产制度,要求无产者"只消辛辛苦苦诚诚实实的工作一生",而不应联合起来"不循常轨的一跃而夺取政权财权"(《文学是有阶级性的吗?》,见《梁实秋自选集》)。更难以令人宽容的是,梁实秋还诬陷左翼作家"到共产党去领卢布""在电灯杆子上写武装保护苏联"的标语,而这两个罪名,当时是可以置左翼作家于死地的。基于梁实秋的上述态度,以鲁迅为首的左翼文艺阵营对他进行反击就成了不可避免的事情。今天看来,当年左翼作家批判梁实秋的语言未免显得过于尖锐,对于文艺与政治、文学与人性以及文艺的本质特征等重大问题,理论上也未必阐述得很周全,甚至难免有简单化的倾向。但是,只要我们肯定无产阶级革命文艺运动在中国兴起的必然性和重要性,我们就不应否定或低估左翼文艺阵营跟梁实秋的这一场论争。

至于为梁实秋的"抗战无关论"平反,在我看来也是提法不确的。1938年3月27日,中华全国文艺界抗敌协会在汉口正式成立。这是中国文艺界一个最为广泛的统一战线组织,国民党方面的邵力子、冯玉祥、张道藩和共产党方面的周恩来等参加了筹备工作。"文协"的45名理事中,包括了不同党派、不同政治色彩的作家。"拿笔杆代枪杆,争取民族之独立;寓文略于战略,发扬人道的光辉"——这就是"文协"向全国作家提出的战斗口号。同年5月,"文协"的会报《抗战文艺》创刊,所载作品揭露了日本帝国主义的狰狞面目,流出了东北同胞的血和眼泪,把战士的英姿、战区的惨象以及千百万救亡队伍的面影深深地印入了全民大众的胸膛,有力推动了全民族抗战的进行。同年12月1日,梁实秋受聘于国民党《中央日报》,为该报主编《平明》副刊。在《编者的话》中,他首先向文艺界的抗日统一战线挑衅,说什么

"所谓'文坛'我就根本不知其坐落何处,至于'文坛'上谁是盟主,谁是大将,我更是茫然"。态度轻佻,出语轻薄,为抗战以来文艺刊物上所罕见。这篇《编者的话》中,固然有一句"于抗战有关的材料,我们最为欢迎"的装潢门面的话,但紧接着笔锋一转,道出了他的主要意图:"与抗战无关的材料,只要真实流畅,也是好的,不必勉强把抗战截搭上去。至于空洞的'抗战八股',那是对谁都没有益处的。"梁实秋一贯认为,描写帝国主义铁蹄下民众的呻吟固然可以反映民族的精神,但若深刻地描写失恋的苦痛,春花秋月的感慨,更能反映全人类共同的人性(《文学与革命》,见《梁实秋自选集》)。由此可见,梁实秋抗战时期的文艺观跟他此前的文艺观同属一个体系,是一脉相承的。在一个血与火的年代,在侵略者的刺刀对准同胞胸膛的时候,作为文艺理论家不首先引导作家为激发士气民气而写作,反而用"抗战八股"这种充满恶意的语言批评大部分抗日作品中存在的简单化、概念化、口号化的不足之处,恐怕也是不适时宜的,毋须煞有介事地"平反"。

我们在评价梁实秋这类具有复杂思想倾向的文化名人时,应该运用发展观点和辩证方法,好处说好,坏处说坏。

卢梭和胃口

☆ 鲁　迅

做过《民约论》的卢梭，自从他还未死掉的时候起，便受人们的责备和迫害，直到现在，责备终于没有完。连在和《民约》没有什么关系的中华民国，也难免这一幕了。例如商务印书馆出版的《爱弥尔》中文译本的序文上，就说——

　　……本书的第五编即女子教育，他的主张非但不彻底，而且不承认女子的人格，与前四编的尊重人类相矛盾。……所以在今日看来，他对于人类正当的主张，可说只树得一半……

然而复旦大学出版的《复旦旬刊》创刊号上梁实秋教授的意思，却"稍微有点不同"了。其实岂但"稍微"而已耶，乃是"卢梭论教育，无一是处，唯其论女子教育，的确精当"。因为那是"根据于男女的性质与体格的差别而来"的。而近代生物学和心理学研究的结果，又证明着天下没有两个人是无差别。怎样的人就该施以怎样的教育。所以，梁先生说——

　　我觉得"人"字根本的该从字典里永远注销，或由政府下令永禁行使。因为"人"字的意义太糊涂了。聪明绝顶的人，我们叫他做人，蠢笨如牛的人，也一样的叫做人，弱不禁风的女子，叫做人，粗横强大的男人，也叫做人，人里面的三流九等，无一非人。近代的德谟克拉西的思想，平等的观念，其起源即由于不承认人类的差别。近代所谓的男女平等运动，其起源即由于不承认男女的差别。人格是一个抽象名词。是一个人的身心各方面的特点的总和。人的身心各方面的特点既有差别，实即人格上亦有差别。所谓侮辱人格的，即是不承认一个人特有的人格，卢梭承认女子有女子的人格，所以卢梭正是尊重女子的人格。抹杀女子所特有之特性者，才是侮辱女子人格。

于是势必至于得到这样的结论——

……正当的女子教育应该是使女子成为完全的女子。

那么,所谓正当的教育者,也应该是使"弱不禁风"者,成为完全的"弱不禁风"?"蠢笨如牛"者,成为完全的"蠢笨如牛",这才免于侮辱各人——此字在未经从字典里永远注销,政府下令永禁行使之前,暂且使用——的人格了。卢梭《爱弥尔》前四编的主张不这样,其"无一是处",于是可以算无疑。

但这所谓"无一是处"者,也只是对于"聪明绝顶的人"而言;在"蠢笨如牛的人",却是"正当"的教育。因为看了这样的议论,可以使他更渐近于完全"蠢笨如牛"。这也就是尊重他的人格。

然而这种议论还是不会完结的。为什么呢?一者,因为即使知道说"自然的不平等",而不容易明白真"自然"和"因积渐的人为而似自然"之分。二者,因为凡有学说,往往"合吾人之胃口者则容纳之,且从而宣扬之"也。

上海一隅,前二年大谈亚诺德,今年大谈白璧德,恐怕也就是胃口之故罢。

许多问题大抵发生于"胃口",胃口的差别,也正如"人"字一样的——其实这两字也应该呈请政府"下令永禁行使"。我且抄一段同是美国的 Upton Sinclair 的,以尊重另一种人格罢——

无论在那一个卢梭的批评家,都有首先应该解决的唯一的问题。为什么你和他吵闹的?要为他的到达点的那自由,平等,调协开路么?还是因为畏惧卢梭所发向世界上的新思想和新感情的激流呢?使对于他取了为父之劳的个人主义运动的全体怀疑,将我们带到女子服从父母,奴隶服从主人,妻子服从丈夫,臣民服从教皇和皇帝,大学生毫不发生疑问,而佩服教授的讲义的善良的古代去,乃是你的目的么?

阿巍夫人曰:"最后的一句,好像是对于白璧德教授的一箭似的。"

"奇怪呀,"她的丈夫说。"斯人也而有斯姓也……那一定是上帝的审判了。"

不知道和原意可有错误,因为我是从日本文重译的。书的原名是《Mammonart》,在 California 的 Pasadena 作者自己出版,胃口相近的人们自己弄来看去罢。Mammon 是希腊神话里的财神,art 谁都知道是艺术。可以译作《财神艺术》罢。日本的译名是《拜金艺术》,也行。因为这一个字是作者生造的,政府既没有下令颁行,字典里也大概未曾注入,所以姑且在这里加一点解释。

二七年十二月二十一日

注释:

原载《语丝》周刊 1928 年 1 月 7 日第 4 卷第 4 期。

文学和出汗

☆鲁　迅

　　上海的教授对人讲文学，以为文学当描写永远不变的人性，否则便不久长。例如英国，莎士比亚和别的一两个人所写的是永久不变的人性，所以至今流传，其余的不这样，就都消灭了云。

　　这真是所谓"你不说我倒还明白，你越说我越糊涂"了。英国有许多先前的文章不流传，我想，这是总会有的，但竟没有想到它们的消灭，乃因为不写永久不变的人性。现在既然知道了这一层，却更不解它们既已消灭，现在的教授何从看见，却居然断定它们所写的都不是永久不变的人性了。

　　只要流传的便是好文学，只要消灭的便是坏文学；抢得天下的便是王，抢不到天下的便是贼。莫非中国式的历史论，也将沟通了中国人的文学论欤？

　　而且，人性是永久不变的么？

　　类人猿，类猿人，原人，古人，今人，未来的人……，如果生物真会进化，人性就不能永久不变。不说类猿人，就是原人的脾气，我们大约就很难猜得着的，则我们的脾气，恐怕未来的人也未必会明白。要写永久不变的人性，实在难哪。

　　譬如出汗罢，我想，似乎于古有之，于今也有，将来一定暂时也还有，该可以算得较为"永久不变的人性"了。然而"弱不禁风"的小姐出的是香汗，"蠢笨如牛"的工人出的是臭汗。不知道倘要做长留世上文学，要充长留世上的文学家，是描写香汗好呢？还是描写臭汗好？这问题倘不先行解决，则在将来文学史上的位置，委实"岌岌乎殆哉"。

　　听说，例如英国，那小说，先前大抵会给太太小姐们看的，其中自然香汗多；到十九世纪后半，受了俄国文学的影响，就很有些臭汗气了。那一种的命长，现在似乎还在不可知之数。

　　在中国，从道士听论道，从批评家听论文，都令人毛孔痉挛，汗不敢出。然而这也许倒是中国的永久不变的人性罢。

二七年十二月二十三日

注释：
原载《语丝》周刊 1928 年 1 月 14 日第 4 卷第 5 期。

"硬译"与"文学的阶级性"

☆鲁　迅

一

听说《新月》月刊团体里的人们在说，现在销路好起来了。这大概是真的，以我似的交际极少的人，也在两个年轻朋友的手里见过第二卷第六、七号的合本。顺便一翻，是争"言论自由"的文字和小说居多。近尾巴处，则有梁实秋先生的一篇《论鲁迅先生的"硬译"》，以为"近于死译"。而"死译之风也断不可长"，就引了我的三段译文，以及在"文艺与批评"的后记里所说："但因为译者的能力不够，和中国文本来的缺点，译完一看，晦涩，甚而至于难解之处也真多；倘将仂句拆下来呢，又失了原来的语气，在我，是除了还是这样的硬译之外，只有束手这一条路了，所余的唯一的希望，只在读者还肯硬着头皮看下去而已。"这些话，细心地在字旁加上圆圈，还在"硬译"两字旁边加上套圈，于是"严正"地下了"批评"道："我们'硬着头皮看下去'了，但是无所得。'硬译'和'死译'有什么分别呢？"

新月社的声明中，虽说并无什么组织，在论文里，也似乎痛恶无产阶级式的"组织"、"集团"这些话，但其实是有组织的，至少，关于政治的论文，这一本里都互相"照应"；关于文艺，则这一篇是登在上面的同一批评家所作的《文学是有阶级性的吗？》的余波。在那一篇里有一段说"……但是不幸得很，没有一本这类的书能被我看懂。……最使我感到困难的是文字，……简直读起来比天书还难。……现在还没有一个中国人，用中国人所能看得懂的文字，写一篇文章告诉我们无产文学的理论究竟是怎么一回事。"字旁也有圈圈，怕排印麻烦，恕不照画了。总之，梁先生自认是一切中国人的代表，这些书既为自己所不懂，也就是为一切中国人所不懂，应该在中国断绝其生命，于是出示曰"此风断不可长"云。

别的"天书"译著者的意见我不能代表，从我个人来看，则事情是不会这样简单的。第一，梁先生自以为"硬着头皮看下去"了，但究竟硬了没有，是否能够，还是一个问题。以硬自居了，而实则其软如棉，正是新月社的一种特色。第二，梁先生虽自来代表一切中国人了,但究竟是否全国中的最优秀者,也是一个问题。这问题从《文学是有阶级性的吗?》这篇文章里,便可以解释。Proletary 这字不必译音,大可译义,是有理可说的。但这位批评家却道:"其实翻翻字典,这个字的涵义并不见得体面,据《韦白斯特大字典》,Proletary 的意思就是:A citizen of the lowest class who served the state not with property,but only by having children. ……普罗列塔利亚是国家里只会生孩子的阶级!(至少在罗马时代是如此)"其实正无须来争这"体面",大约略有常识者,总不至于以现在为罗马时代,将现在的无产者都看作罗马人的。这正如将 Chemie 译作"舍密学",读者必不和埃及的"炼金术"混同,对于"梁"先生所作的文章,也决不会去考查语源,误解为"独木小桥"竟会动笔一样。连"翻翻字典"(《韦白斯特大字典》!)也还是"无所得",一切中国人未必全是如此的罢。

二

但于我觉得有兴味的,是上节所引的梁先生的文字里,有两处都用着一个"我们",颇有些"多数"和"集团"气味了。自然,作者虽然单独执笔,气类则决不只一人,用"我们"来说话,是不错的,也令人看起来较有力量,又不至于一人双肩负责。然而,当"思想不能统一"时,"言论应该自由"时,正如梁先生的批评资本制度一般,也有一种"弊病"。就是,既有"我们"便有我们以外的"他们",于是新月社的"我们"虽以为我的"死译之风断不可长"了,却另有读了并不"无所得"的读者存在,而我的"硬译",就还在"他们"之间生存,和"死译"还有一些区别。

我也就是新月社的"他们"之一,因为我的译作和梁先生所需的

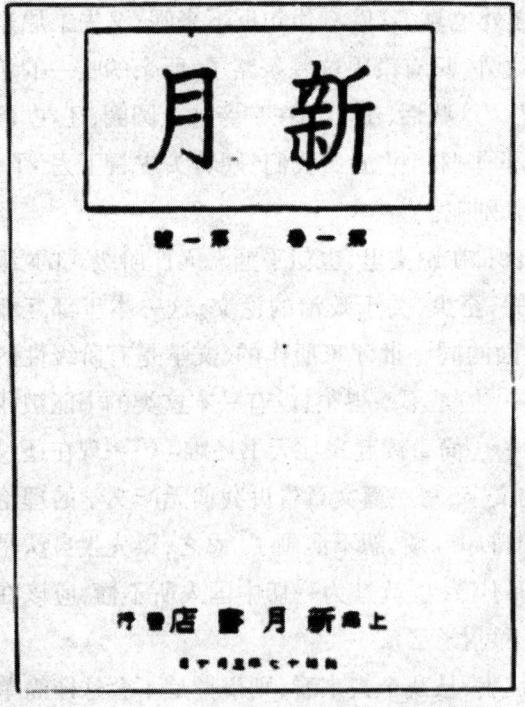

《新月》杂志封面

条件,是全都不一样的。

　　那一篇"论硬译"的开头论误释胜于死译说:"一部书断断不会完全曲译……部分的曲译即使是错误,究竟也还给你一个错误,这个错误也许真是害人无穷的,而你读的时候究竟还落个爽快。"末两句大可以加上夹圈,但我却从来不干这样的勾当。我的译作,本不在博读者的"爽快",却往往给以不舒服,甚而至于使人气闷,憎恶,愤恨。读了会"落个爽快"的东西,自有新月社的人们的译著在:徐志摩先生的诗,沈从文、凌叔华先生的小说,陈西滢(即陈源)先生的闲话,梁实秋先生的批评,潘光旦先生的优生学,还有白璧德先生的人文主义。

　　所以,梁先生后文说:"这样的书,就如同看地图一般,要伸着手指来寻找句法的线索位置"这些话,在我也就觉得是废话,虽说犹如不说了。是的,由我说来,要看"这样的书"就如同看地图一样,要伸着手指来找寻"句法的线索位置"的。看地图虽然没有看《杨妃出浴图》或《岁寒三友图》那么"爽快",甚而至于还须伸着手指(其实这恐怕梁先生自己如此罢了,看惯地图的人,是只用眼睛就可以的),但地图并不是死图;所以"硬译"即使有同一之劳,照例子也就和"死译"有了些"什么区别"。识得 ABCD 者自以为新学家,仍旧和化学方程式无关,会打算盘的自以为数学家,看起笔算的演草来还是无所得。现在的世间,原不是一为学者,便与一切事都会有缘的。

　　然而梁先生有实例在,举了我三段的译文,虽然明知道"也许因为没有上下文的缘故,意思不能十分明了"。在《文学是有阶级性的吗?》这篇文章中,也用了类似手段,举出两首译诗来,总评道:"也许伟大的无产文学还没有出现,那么我愿意等着,等着,等着。"这些方法,诚然是很"爽快"的,但我可以就在这一本《新月》月刊里的创作——是创作呀!——《搬家》第八页上,举出一段文字来——

　　　"小鸡有耳朵没有?"
　　　"我没看见过小鸡长耳朵的。"
　　　"它怎样听见我叫它呢?"她想到前天四婆告诉她的耳朵是管听东西,眼是管看东西的。
　　　"这个蛋是白鸡黑鸡?"枝儿见四婆没答她,站起来摸着蛋子又问。
　　　"现在看不出来,等孵出小鸡才知道。"
　　　"婉儿姊说小鸡会变大鸡,这些小鸡也会变大鸡么?"
　　　"好好的喂它就会长大了,像这个鸡买来时还没有这样大吧?"

　　也够了,"文字"是懂得的,也无须伸出手指来寻线索,但我不"等着"了,以为就这一段看,是既不"爽快",而且和不创作是很少区别的。

　　临末,梁先生还有一个诘问:"中国文和外国文是不同的,……翻译之难即在这个地方。假如两种文中的文法句法词法完全一样,那么翻译还成为一件工作吗?……我们不妨把句法变换一下,以使读者能懂为第一要义,因为'硬着头皮'不是一件愉快的事,并且'硬译'也不见得能保存'原来的精悍的语气'。假如'硬译'而还能保存'原来的精悍的语气',那真是一件奇迹,还能说中国文是有'缺点'吗?"我倒不见得如此之愚,要寻求和中国文相同的外国文,或者希望"两种文中的文法句法词法完全一样"。我但以为文法繁复的国语,较易于翻译外国文,语系相近的,也较易于翻译,而且也是一种工作。荷兰翻德国,俄国翻波兰,能说这和并不工作没有什么区别么?日本语和欧美很"不同",但他们逐渐添加了新句法,比起古文来,更宜于翻译而不失原来的精悍的语气,开初自然是须"找寻句法的线索位置",很给了一些人不"愉快"的,但经找寻和习惯,现在已经同化,成为己有了。中国的文法,比日本的古文还要不完备,然而也会有些变迁,例如《史》《汉》不同于《书经》,现在的白话文又不同于《史》《汉》;有添造,例如唐译佛经,元译上谕,当时很有些"文法句法词法"是生造的,一经习用,便不必伸出手指,就懂得了。现在又来了"外国文",许多句子,即也须新造,——说得坏点,就是硬造。据我的经验,这样译来,较之化为几句,更能保存原来的精悍的语气,但因为有待于新造,所以原先的中国文是有缺点的。有什么"奇迹",干什么"吗"呢? 但有待于"伸出手指","硬着头皮",于有些人自然"不是一件愉快的事"。不过我是本不想将"爽快"或"愉快"来献给那些诸公的,只要还有若干读者能够有所得,梁实秋先生"们"的苦乐以及无所得,实在"于我如浮云"。

　　但梁先生又有本不必求助于无产文学理论,而仍然很不了了的地方,例如他说:"鲁迅先生前些年翻译的文学,例如树川白村的《苦闷的象征》,还不是令人看不懂的东西,但是最近翻译的书似乎改变作风了。"只要有些常识的人就知道:"中国文和外国文是不同的",但同是一种外国文,因为作者各人的做法,而"风格"和"句法的线索位置"也可以很不同。句子可繁可简,名词可常可专,决不会一种外国文,易解的程度就都一式。我的译《苦闷的象征》,也和现在一样,是按板规逐句,甚而至于逐字译的,然而梁实秋先生居然以为还能看懂者,乃是原文原是易解的缘故,也因为梁实秋先生是中国新的批评家了的缘故,也因为其中硬造的句法,是比较地看惯了的缘故。若在三家村里,专读《古文观止》的学者们,看起来又何尝不比"天书"还难呢?

三

但是,这回的"比天书还难"的无产文学理论的译本们,却给了梁先生不少的影响。看不懂了,会有影响,虽然好像滑稽,然而是真的,这位批评家在《文学是有阶级性的吗?》里说:"我现在批评所谓无产文学理论,也只能根据我所能了解的一点材料而已。"这就是说:因此而对于这理论的知识,极不完全了。

但对于这罪过,我们(包含一切"天书"译者在内,故曰"们")也只能负一部分的责任,一部分是要作者自己的糊涂或懒惰来负的。"什么卢那卡尔斯基,蒲力汗诺夫"的书我不知道,若夫《婆格达诺夫之类》的三篇论文和托罗兹基的半部《文学与革命》,则确有英文译本的了。英国没有"鲁迅先生",译文定该非常易解。梁先生对于伟大的无产文学的产生,曾经显示其"等着,等着,等着"的耐心和勇气,这回对于理论,何不也等一下子,寻来看了再说呢。不知其有而不求曰糊涂,知其有而不求曰懒惰,如果单是默坐,这样也许是"爽快"的。然而开起口来,却很容易咽进冷气去了。

例如就是那篇《文学是有阶级性的吗?》的高文,结论是并无阶级性。要抹杀阶级性,我以为最干净的是吴稚晖先生的"什么马克思牛克斯"以及什么先生的"世界上并没有阶级这东西"的学说。那么,就万喙息响,天下太平。但梁先生却中了一些"什么马克思"毒了,先承认了现在许多地方是资产制度,在这制度之下则有无产者。不过这"无产者本来并没有阶级的自觉。是几个过于富同情心而又态度偏激的领袖把这个阶级观念传授了给他们",要促起他们的联合,激发他们争斗的欲念。不错,但我以为传授者应该并非由于同情,却因了改造世界的思想。况且"本无其物"的东西,是无从自觉,无从激发的,会自觉,能激发,足见那是原有的东西。原有的东西,就遮掩不久,即如格里莱阿说地体运动,达尔文说生物进化,当初何尝不或者几被宗教家烧死,或者大受保守者攻击呢,然而现在人们对于两说,并不为奇者,就因为地体终于在运动,生物确也在进化的缘故。承认其有而要掩饰为无,非有绝技是不行的。

但梁先生自有消除斗争的办法,以为如卢梭所说:"资产是文明的基础","所以攻击资产制度,即是反抗文明","一个无产者假如他是有出息的,只消辛辛苦苦诚诚实实的工作一生,多少必定可以得到相当的资产。这才是正当的生活斗争的手段。"我想,卢梭去今虽已百五十年,但当不至于以为过去未来的文明,都以资产为基础。(但倘说以经济关系为基础,那自然是对的)。希腊印度,都有文明,而繁盛时俱非在资产社会,他大概是知道的;倘不知道,那也是他的错误。至于无产者应该"辛辛苦苦"爬上有产阶级去的"正当"的方法,则是中国有钱的老太爷高兴时候,教导穷工人的古训,在实际上,现今正在"辛辛苦苦诚诚实实"想爬上一级去的"无产者"也还多。然而这是还没有人"把这个阶级观念传授了给他们"的时候。一经传授,他们可就不肯一个一个的来爬了,诚如梁先生所说,"他们是一个阶级了,他们要有组织了,他们是一个集团了,于是他们便不循常轨的一跃而夺取政权财权,一跃而为统治阶级。"但可还有想"辛辛苦苦诚诚实实工作一生,多少必定可以得到相当的资产"的"无产者"呢?自然还有的。然而他要算是"尚未发财的有产者"了。梁先生的忠告将为无产者所呕吐了,将只好和老太爷去互相赞赏而已了。

那么,此后如何呢?梁先生以为是不足虑的。因为"这种革命的现象不能是永久的,经过自然进化之后,优胜劣败的定律又要证明了,还是聪明才力过人的人占优越的地位,无产者仍是无产者"。但无产阶级大概也知道"反文明的势力早晚要被文明的势力所征服",所以"要建立所谓'无产阶级文化',……这里面包括文艺学术"。

自此以后,这才入了文艺批评的本题。

四

梁先生首先以为无产者文学理论的错误,是"在把阶级的束缚加在文学上面",因为一个资本家和一个劳动者,有不同的地方,但还有相同的地方,"他们的人性(这两字原本有套圈)并没有两样",例如都有喜怒哀乐,都有恋爱(但所"说的是恋爱的本身,不是恋爱的方式"),"文学就是表现这最基本的人性的艺术"。这些话是矛盾而空虚的。既然文明以资产为基础,穷人以竭力爬上去为"有出息",那么,爬上是人生的要谛,富翁乃人类的至尊。文学也只要表现资产阶级就够了,又何必如此"过于富同情心",一并包括"劣败"的无产者?况且"人性"的"本身",又怎样表现的呢?譬如原质或杂质的化学底性质,有化合力,物理学底性质有硬度,要显示这力和度数,是须用两种物质来表现的,倘说要不用物质而显示化合力和硬度的单单"本身",无此妙法;但一用物质,这现象即又因物质而不同。文学不借人,也无以表示"性",一用人,而且还在阶级社会里,即断不能免掉所属的阶级性,无需加以"束缚",实乃出于必然。自然,"喜怒哀乐,人之情也",然而穷人决无开交易所折本的懊恼,煤油大王那会知道北京捡煤渣老婆子身受的酸辛,饥区的灾民,大约总不去种兰花,像阔人的老太爷一样,贾府上的焦大,也不爱林妹妹的。"汽笛呀!""列宁呀!"固然并不就是无产文学,然而"一切东西呀!""一切人呀!""可喜的事来了,人喜了呀！"也不是表现"人性"的"本身"的文学。倘以表现最普通的人性的文学为至高，则表现最普遍的动物性——营养，呼吸，运动，生殖——的文学，或者除去"运动"，表现生物性的文学，必当更在其上。倘说，因为我们是人，所以以表现人性为限，那么，无产者就因为是无产阶级，所以要做无产文学。

其次，梁先生说作者的阶级，和作品无关。托尔斯泰出身贵族，而同情于贫民，然而并不主张阶级斗争；马克思并非无产阶级中的人物；终身穷苦的约翰孙博士，志行吐属，过于贵族。所以估量文学，当看作品本身，不能连累到作者的阶级和身份。这些例子，也全不足以证明文学的无阶级性的。托尔斯泰正因为出身贵族，旧性荡涤不尽，所以只同情于贫民而不主张阶级斗争。马克思原先诚非无产阶级中的人物，但也并无文学作品，我们不能悬拟他如果动笔，所表现的一定是不用方式的恋爱本身。至于约翰孙博士终身穷苦，而志行吐属，过于王侯者，我却实在不明白那缘故。因为我不知道英国文学和他的传记。也许，他原想"辛辛苦苦诚诚实实的工作一生，多少必定可以得到相当的资产"，然后再爬上贵族阶级去，不料终于"劣败"，连相当的资产也积不起来，所以只落得摆空架子，"爽快"了罢。

其次，梁先生说，"好的作品永远是少数人的专利品，大多数永远是蠢的，永远是和文学无缘"，但鉴赏力之有无却和阶级无干，因为"鉴赏文学也是天生的一种福气"，就是，虽在无产阶级里，也会有这"天生的一种福气"的人。由我推论起来，则只要有这一种福气的人，虽穷得不能受教育，至于一字不识，也可以赏鉴《新月》月刊，来作"人性"和文艺"本身"原无阶级性的证据。但梁先生也知道天生这一种福气的无产者一定不多，所以另定一种东西（文艺？）来给他们看，"例如什么通俗的戏剧，电影，通俗小说之类"，因为"一般劳工劳农需要娱乐，也许需要少量的艺术的娱乐"的缘故。这样看来，好像文学确因阶级而不同了，但这是因鉴赏力之高低而定的，这种力量的修养和经济无关，乃是上帝之所赐——"福气"。所以文学家要自由创造，即不该为皇室贵族所雇用，也不该受无产阶级所威胁，去做讴功颂德的文章。这是不错的，但在我们所见的无产文学理论中，也并未见过有谁说或一阶级的文学家，不该受皇室贵族雇用，却该受无产阶级的威胁，去做讴功颂德的文章，不过说，文学有阶级性，在阶级社会中，文学家虽自以为"自由"，自以为超了阶级，而无意识底地，也终受本阶级的阶级意识所支配，那些创作，并非别阶级的文化罢了。例如梁先生的这篇文章，原意是在取消文学上的阶级性，张扬真理的。但以资产为文明的祖宗，指穷人为劣败的渣滓，只要一瞥，就知道是资产家的斗争的"武器"——不，"文章"了。无产文学理论家以主张"全人类""超阶级"的文学理论为帮助有产阶级的东西，这里就给了一个极分明的例证。至于成仿吾先生似的"他们一定胜利的，所以我们去指导安慰他们去",说出"去了"之后,便来"打发"自己们以外的"他们"那样的无产文学家,那不消说,是也和梁先生一样地对于无产文学的理论,未免有"以意为之"的错误的。

又其次,梁先生最痛恨的是无产文学理论家以文艺为斗争的武器,就是当作宣传品。他"不反对任何人利用文学来达到另外的目的",但"不能承认宣传式的文字便是文学"。我以为这是自扰之谈。据我所看过的那些理论,都不过说凡文艺必有所宣传,并没有谁主张只要宣传式的文字便是文学。诚然,前年以来,中国确曾有许多诗歌小说,填进口号和标语去,自以为就是无产文学。但那是因为内容和形式,都没有无产气,不用口号和标语,便无从表示其"新兴"的缘故,实际上并非无产文学。今年,有名的"无产文学底批评家"钱杏邨先生在《拓荒者》上还在引卢那卡尔斯基的话,以为他推重大众能解的文学,足见用口号标语之未可厚非,来给那些"革命文学"辩护。但我觉得那也和梁实秋先生一样,是有意的或无意的曲解。卢那卡尔斯基所谓大众能解的东西,当是指托尔斯泰做了分给农民的小本子那样的文体。工农一看便会了然的语法,歌调,诙谐,只要看台明·培特尼(Demian Bednii)曾因诗歌得到赤旗章,而他的诗中并不用标语和口号,便可明白了。

最后,梁先生要看货色。这不错的,是最切实的办法;但抄两首译诗算是在示众,是不对的。《新月》上就曾有《论翻译之难》,何况所译的文是诗。就我所见的而论,卢那卡尔斯基的《被解放的堂·吉诃德》,法兑耶夫的《溃灭》,格拉特珂夫的《水门汀》,在中国这十一年中,就并无可以和这些相比的作品。这是指"新月社"一流的蒙资产阶级文明的余荫,而且衷心在拥护它的作家而言。于号称无产作家的作品中,我也举不出相当的成绩。但钱杏邨先生也曾辩护,说新兴阶级,于文学的本领当然幼稚而单纯,向他们立刻要求好作品,是"布尔乔亚"的恶意。这话为农工而说,是极不错的。这样的无理要求,恰如使他们冻饿了好久,倒怪他们为什么没有富翁那么肥胖一样。但中国的作者,现在却实在并无刚刚放下锄斧柄子的人,大多数都是进过学校的智识者,有些还是早已有名的文人,莫非克服了自己的小资产阶级意识之后,就连先前的文学本领也随着消失了么?不会的。俄国的老作家亚历舍·托尔斯泰和威垒赛耶夫,普理希文,至今都还有好作品。中国的有口号而无随同的实证者,我想,那病根并不在"以文艺为阶级斗争的武器",而在"借阶级斗争为文艺的武器",在"无产者文学"这旗帜之下,聚集了不少的忽翻筋斗的人,试看去年的新书广告,几乎没有一本不是革命文学,批评家又但将辩护当作"清算",就是,请文学坐在"阶级斗争"的掩护之下,于是文学自己倒不必着力,因而于文学和斗争两方面都少关系了。

但中国目前的一时现象,当然毫不足作无产文学之新兴的反证的。梁先生也知道,所以他临末让步说,"假如无产阶级革命家一定要把他的宣传文学唤做无产文学,那总算是一种新兴文学,总算是文学国土里的新收获,用不着高呼打倒资产的文学来争夺文学的领域,因为文学的领域太大了,新的东西总有它的位置的。"但这好像"中日亲善,同存共荣"之说,从羽毛未丰的无产者看来,是一种欺骗。愿意这样的"无产文学者",现在恐怕实在也有的罢,不过这是梁先生所谓"有出息"的要爬上资产阶级去的"无产者"一流,他的作品是穷秀才未中状元的时候的牢骚,从开手到爬上以及以后,都决不是无产文学。无产者文学是为了以自己们之力,来解放本阶级并及一切阶级而斗争的一翼,所要的是全般,不是一角的地位。就拿文艺批评界来比方罢,假如在"人性"的"艺术之宫"(这须从成仿吾先生处租来暂用)里,向南面摆两把虎皮交椅,请梁实秋钱杏邨两位先生并排坐下,一位右执《新月》,一个左执《太阳》,那情形可真是"劳资"媲美了。

五

到这里,又可以谈到我的"硬译"去了。

推想起来,这是很应该跟着发生的问题:无产文学既然重在宣传,宣传必须多数能懂,那么,你这些"硬译"而难懂的理论"天书",究竟为什么而译的呢?不是等于不译么?

我的回答,是:为了我自己,和几个以无产文学批评家自居的人,和一部分不图"爽快",不怕艰难,多少要明白一些这理论的读者。

从前年以来,对于我个人的攻击是多极了,每一种刊物上,大抵总要看见"鲁迅"的名字,而作者的口吻,则粗粗一看,大抵好像革命文学家。但我看了几篇,竟逐渐觉得废话太多了。解剖刀既不中腠理,子弹所击之处,也不是致命伤。例如我所属的阶级罢,就至今还未判定,忽说小资产阶级,忽说"布尔乔亚",有时还升为"封建余孽",而且又等于猩猩(见《创造月刊》上的"东京通信");有一回则骂到牙齿的颜色。在这样的社会里,有封建余孽出风头,是十分可能的,但封建余孽就是猩猩,却在任何"唯物史观"上都没有说明,也找不出牙齿色黄,即有害于无产阶级革命的论据。我于是想,可供参考的这样的理论,是太少了,所以大家有些糊涂。对于敌人,解剖,咬嚼,现在是在所不免的,不过有一本解剖学,有一本烹饪法,依法办理,则构造味道,总还可以较为清楚,有味。人往往以神话中的 Prometheus 比革命者,以为窃火给人,虽遭天帝之虐待不悔,其博大坚忍正相同。但我从别国里窃得火来,本意却在煮自己的肉的,以为倘能味道较好,庶几在咬嚼者那一面也得到较多的好处,我也不枉费了身躯:出发点全是个人主义,并且还夹杂着小市民性的奢华,以及慢慢地摸出解剖刀来,反而刺进解剖者的心脏里去的"报复"。梁先生说"他们要报复!"其实岂只"他们",这样的人在"封建余孽"中也很有的。然而,我也愿意于社会上有些用处,看客所见的结果仍是火和光。这样,首先开手的就是"文艺政策",因为其中含有各派的议论。

郑伯奇先生现是开书铺,印 Hauptmann 和 Gregory 夫人的剧本了,那时他还是革命文学家,便在所编的《文艺生活》上,笑我的翻译这书,是不甘没落,而可惜被别人着了先鞭。翻一本书便会浮起,做革命文学家真太容易了,我并不这样想。有一种小报,则说我的译《艺术论》是"投降"。是的,投降的事,为世上所常有。但其时成仿吾元帅早已爬出日本的温泉,住进巴黎的旅馆了,在这里又向谁去输诚呢。今年,说法又两样了,在《拓荒者》和《现代小说》上,都说是"方向转换"。我看见日本的有些杂志中,曾将这四字加在先前的新感觉派片冈铁兵上,算是一个好名词。其实,这些纷纭之谈,也还是只看名目,连想也不肯想的老病。译一本关于无产文学的书,是不足以证明方向的,倘有曲译,倒反足以为害。我的译书,就也要献给这些速断的无产文学批评家,因为他们是有不贪"爽快",耐苦来研究这些理论的义务的。

但我自信并无故意的曲译,打着我所不佩服的批评家的伤处了的时候我就一笑,打着我的伤处了的时候我就忍疼,却决不肯有所增减,这也是始终"硬译"的一个原因。自然,世间总会有较好的翻译者,能够译成既不曲,也不"硬"或"死"的文章的,那时我的译本当然就被淘汰,我就只要来填这从"无有"到"较好"的空间罢了。

然而世间纸张还多,每一文社的人数却少,志大力薄,写不完所有的纸张,于是一社中的职司克敌助友,扫荡异类的批评家,看见别人来涂写纸张了,便喟然兴叹,不胜其摇头顿足之苦。上海的《申报》上,至于称社会科学的翻译者为"阿狗阿猫",其愤愤有如此。在"中国新兴文学的地位,早为读者所共知"的蒋光Z先生,曾往日本东京养病,看见藏原惟人,谈到日本有许多翻译太坏,简直比原文还难读……他就笑了起来,说:"……那中国的翻译界更要莫名其妙了,近来中国有许多书籍都是译自日文的,如果日本人将欧洲人那一国的作品带点错误和删改,从日文译到中国去,试问这作品岂不是要变了一半相貌么?……"(见《拓荒者》)也就是深不满于翻译,尤其是重译的表示。不过梁先生还举出书名和坏处,蒋先生却只嫣然一笑,扫荡无余,真是普遍得远了。藏原惟人是从俄文直接译过许多文艺理论和小说的,于我个人就极有裨益。我希望中国也有一两个这样的诚实的俄文翻译者,陆续译出好书来,不仅自骂一声"混蛋"就算尽了革命文学家的责任。

然而现在呢，这些东西，梁实秋先生是不译的，称人为"阿狗阿猫"的伟人也不译，学过俄文的蒋先生原是最为适宜的了，可惜养病之后，只出了一本《一周间》，而日本则早已有了两种的译本。中国曾经大谈达尔文，大谈尼采，到欧战时候，则大骂了他们一通，但达尔文的著作的译本，至今只有一种，尼采的则只有半部，学英德文的学者及文豪都不暇顾及，或不屑顾及，拉倒了。所以暂时之间，恐怕还只好任人笑骂，仍从日文来重译，或者取一本原文，比照了日译本来直译罢。我还想这样做，并且希望更多有这样做的人，来填一填彻底的高谈中的空虚，因为我们不能像蒋先生那样的"好笑起来"，也不该如梁先生的"等着，等着，等着"了。

六

我在开头曾有"以硬自居了，而实则其软如棉，正是新月社的一种特色"这些话，到这里还应该简短地补充几句，就作为本篇的收场。

《新月》一出世，就主张"严正态度"，但于骂人者则骂之，讥人者则讥之。这并不错，正是"即以其人之道，还治其人之身"，虽然也是一种"报复"，而非为了自己。到二卷六七号合本的广告上，还说"我们都保持'容忍'的态度（除了'不容忍'的态度是我们所不能容忍以外），我们都喜欢稳健的合乎理性的学说"。上两句也不错，"以眼还眼，以牙还牙"，和开初仍然一惯。然而从这条大路走下去，一定要遇到"以暴力抗暴力"，这和新月社诸君所喜欢的"稳健"也不能相容了。

这一回，新月社的"自由言论"遭了压迫，照老办法，是必须对于压迫者，也加以压迫的，但《新月》上所显现的反应，却是一篇"告压迫言论自由者"，先引对方的党义，次引外国的法律，终引东西史例，以见凡压迫自由者，往往臻于灭亡：是一番替对方设想的警告。

所以，新月社的"严正态度"，"以眼还眼"法，归根结蒂，是专施之力量相类，或力量较小的人的，倘给有力者打肿了眼，就要破例，只举手掩住自己的脸，叫一声"小心你自己的眼睛！"

注释：

原载《萌芽月刊》1930年3月第1卷第3期。

"丧家的""资本家的乏走狗"

☆鲁　迅

梁实秋先生为了《拓荒者》上称他为"资本家的走狗",就做了一篇自云"我不生气"的文章。先据《拓荒者》第二期第六七二页上的定义,"觉得我自己便有点像是无产阶级里的一个"之后,再下"走狗"的定义,为"大凡做走狗的都是想讨主子的欢心因而得到一点恩惠",于是又因而发生疑问道——

　　《拓荒者》说我是资本家的走狗,是那一个资本家,还是所有的资本家？我还不知道我的主子是谁,我若知道,我一定要带着几分杂志去到主子面前表功,或者还许得到几个金镑或卢布的赏赉呢。……我只知道不断的劳动下去,便可以赚到钱来维持生计,至于如何可以做走狗,如何可以到资本家的帐房去领金镑,如何可以到××党去领卢布,这一套本领,我可怎么能知道呢？……

这正是"资本家的走狗"的活写真。凡走狗,虽或为一个资本家所豢养,其实是属于所有的资本家的,所以它遇见所有的阔人都驯良,遇见所有的穷人都狂吠。不知道谁是它的主子,正是它遇见所有阔人都驯良的原因,也就是属于所有的资本家的证据。即使无人豢养,饿的精瘦,变成野狗了,但还是遇见所有的阔人都驯良,遇见所有的穷人都狂吠的,不过这时它就愈不明白谁是主子了。

梁先生既然自叙他怎样辛苦,好像"无产阶级"(即梁先生先前之所谓"劣败者"),又不知道"主子是谁"？那是属于后一类的了,为确当计,还得添几个字,称为"丧家的""资本家的走狗"。

然而这名目还有些缺点。梁先生究竟是有智识的教授,所以和平常的不同。他终于不讲"文学是有阶级性的吗？"了,在《答鲁迅先生》那一篇里,很巧妙地插进电杆上写"武装保护苏联",敲碎报馆玻璃那些句子去,在上文所引的一段里又写出"到××党去领卢布"字样来,那故意暗藏的两个×,是令人立刻可以悟出的"共产"这两字,指示着凡主张"文学有阶级性"。得罪了梁先生的人,都是在做"拥护苏联",或"去领卢布"的勾当,和段祺瑞的卫兵枪杀学生,《晨报》却道学生为了几个卢布送命,自由大同盟上有我的名字,《革命日报》的通信上便说为"金光灿烂的卢布所买收",都是同一手段。在梁先生,也许以为给主子嗅出匪类("学匪"),也就是一种"批评",然而这职业,比起"刽子手"来,也就更加下贱了。

我还记得,"国共合作"时代,通信和演说,称赞苏联,是极时髦的,现在可不同了,报章所载,则电杆上写字和"××党",捕房正在捉得非常起劲,那么,为将自己的论敌指为"拥护苏联"或"××党",自然也就髦得合时,或者还许会得到主子的"一点恩惠"了。但倘说梁先生意在要得"恩惠"或"金镑",是冤枉的,决没有这回事,不过想借此助一臂之力,以济其"文艺批评"之穷罢了。所以从"文艺批评"方面看来,就还得在"走狗"之上,加上一个形容词:"乏"。

一九三〇,四,十九

注释:
原载《萌芽月刊》1930年5月1日第1卷第5期。

新月社批评家的任务

☆鲁　迅

　　新月社中的批评家,是很憎恶嘲骂的,但只嘲骂一种人,是做嘲骂文章者。新月社中的批评家,是很不以不满于现状的人为然的,但只不满于一种现状,是现在竟有不满于现状者。

　　这大约就是"即以其人之道,还治其人之身",挥泪以维持治安的意思。

　　譬如,杀人,是不行的。但杀掉"杀人犯"的人,虽然同是杀人,又谁能说他错?打人,也不行的。但大老爷要打斗殴犯人的屁股时,皂隶来一五一十的打,难道也算犯罪么? 新月社批评家虽然也有嘲骂,也有不满,而独能超然于嘲骂和不满的罪恶之外者,我以为就是这一个道理。

　　但老例,刽子手和皂隶既然做了这样维持治安的任务,在社会上自然要得到几分的敬畏,甚至于还不妨随意说几句话,在小百姓面前显显威风,只要不大妨害治安,长官向来也就装作不知道了。

　　现在新月社的批评家这样尽力地维持了治安,所要的却不过是"思想自由",想想而已,决不实现的思想。而不料遇到了别一种维持治安法,竟连想也不准想了。从此以后,恐怕要不满于两种现状了罢。

注释:

原载《萌芽月刊》1930年1月1日第1卷第1期。

卢梭论女子教育

☆ 梁实秋

商务印书馆出版的卢梭杰作《爱弥尔》的中文译本序言里有下列一段话：

……本书的第五编即女子教育，他的主张非但不澈底；而且不承认女子的人格，和前四编的尊重人类相矛盾；此实感染千千余年来底潜势。虽遇天才，也不免受些影响呢。所以今日看来，他对于人类正当的主张，可说只树得一半……

我的意思稍微有点不同。我觉得本书第五编即女子教育，他的主张非但极澈底，而且是尊重女子的人格，和前四编的尊重人类前后一贯；此实足矫正近年来男女平等的学说，非遇天才曷克臻此？所以在今日看来，他在教育学说上所造的孽，可说只造得一半。……

卢梭论教育，无一是处，唯其论女子教育，的确精当。卢梭论女子教育是根据于男女的性质与体格的差别而来。他说："男子和女子，因为他们的性质和体格不同，所以他们的教育也不能相同。"谁能承认男子和女人没有分别？如其教育是因人而设的，那么女子自然应有女子的教育。

近代生物学和心理学研究的结果，证明不但男子和女人是有差别的，就是男子和男子，女人和女人，又有差别。简而言之，天下就没有两个人是无差别的。什么样的人应该施以什么样的教育。

我觉得"人"字根本的该从字典里永远注销，或由政府下令永禁行使。因为"人"字的意义太糊涂了。聪明绝顶的人，我们叫他做人，蠢笨如牛的人，也一样的叫做人，弱不禁风的女子，叫做人，粗横强大的男人，也叫做人，人里面的三流九等，无一非人。近代的德谟克拉西的思想，平等的观念，其起源即由于不承认人类的差别。近代所谓的男女平等运动，其起源即由于不承认男女的差别。人格是一个抽象名词，是一个人的身心各方面的特点的总和。人的身心各方面的特点既有差别，实即人格上亦有差别。所谓侮辱人格者，即是不承认一个人特有的人格，卢梭承认女子有女子的人格,所以卢梭正是尊重女子的人格。抹杀女子所特有之特性者,才是侮辱女子人格。

男女平等的观念之影响于近代女子教育趋势者,至大且深。现代女子教育最显著的趋势,就是,把女子训练得愈像男子愈好。这样的教育,是否徒劳而无功,很是一疑问。卢梭说:"女人像一个女人,是好的,像一个男人,就不好。所以女人如养成她做女人的特性,那是正当的事情。但若要夺男子的威权,那么无论在什么地方,都将落后于男子。"(中译本第二三五页)现代时髦的女子,可以抽烟,可以比赛足球,可以做参议员,可以做省长,可以做任何男子可以做的事。即使女子做这些事可以比男子还做得好,但是她已失去了她的女子的特性。正当的女子教育应该是使女子成为完全的女子。

教育的范围很广,不仅指学校里的生活,更不仅书本上的训练,举凡一切身心各方面的发展,都在教育的范围以内。卢梭所最仰慕的女子教育是希腊的女子教育。希腊女子在结婚前注意身体的优美的发展,"不知男儿同队伍,而常现于公众的面前。差不多没有一个祝日,牺牲日,巡行日等。没有少女队或市长的少女队加入的时候。这般女人,戴花冠,唱圣诗,合成舞蹈的合唱,而携带蓝瓶献物等出外的游行,见者惝恍……""但希腊的女人到结婚之后,便从公众生活隐退,而围于自己家庭四壁之中,埋于家事,为夫做事。这个是适于自然和理论女子底职分。"卢梭认定理家为女子分内的事,这在现今妇女运动家看来,直是谬误的思想。

新月社批评家梁实秋

卢梭说:"在法兰西,少女蛰居于家内,而妻反出行于世间。在古时正相反对;女子任意的游行,也有出行于公会的,结婚的妇女,隐居于家内。此种古风,比现代的为合理,且适合于维持社会道德。结婚前的少女可有一种娇爱术,她们的大部的时业,在于娱乐。但做了妻,必须为家庭的周旋,没有求夫的必要,所以当着实的去做事。"(第二五七页)为预备做妻起见,女子在婚前也不可不有相当的准备。卢梭主张女子教育应该注重女子服从心之养成,及柔和的性格。"男孩可使他尽量的吃饱,而女孩这样是不行的。"卢梭以为女孩处处都该受些束缚节制。

最后,卢梭认定女子到了适当的年龄是要结婚的,这是自然的法则,不可避免的。所以卢梭在《爱弥尔》的篇末一再的叮咛苏菲亚以配偶的选择。令女子有适当选择配偶的眼光与能力,乃是女子教育的很重要的一部分。现在的女子教育的趋势似乎有些注重女子经济独立的预备,驯致现代独身的女子一天比一天多,这实在是一件极不自然的事,也可说是现代女子教育的一点缺憾。

卢梭的根本哲学是"自然主义"。他论《爱弥尔》的教育一尚自然,论苏菲亚的教育固仍以"自然"为指归。卢梭主张平等,但是卢梭并不否认"自然的不平等"。此种思想已于其《民约论》及《不平等起源论》中见之。我们若从自然主义方面观察,则卢梭之论女子教育固与其向来主张一贯,毫无矛盾。今人喜欢卢梭的平等论,但大半的人并不如卢梭讲得那么彻底,凡卢梭学说之合吾人胃口者则容纳之,且从而宣扬之,其真有精采如论女子一章,反被世人轻视。卢梭讲平等论的时候,只要心目中不忘了"自然的不平等",他的平等论便是最有价值的。自然的不平等,是件事实。卢梭之论女子教育,就是没有撇开事实的理论。承认男女的差别,便是承认自然的一部分。卢梭的女子教育论是卢梭的自然主义中最健全的一部,也是卢梭平等论中最难得的一个例外。从平等论方面观察,他的论女子教育,容或与他平素主张少有出入,从自然主义方面观察,则是顺理,成章,毫无矛盾。

注释:
原载《复旦旬刊》1927年11月创刊号。

论批评的态度

☆梁实秋

批评就是判断;批评者就是判断者。批评者在从事批评的时候有两点要注意:第一,是批评的根据;第二,是批评的态度。

所谓批评的根据,就是说,自己先要有一套的主张,自己先要确立自己的根本思想,然后再根据这个固定的出发点来衡量一切。批评者当然要以同情的态度来了解别人的思想和主张,但是他自己必须先认清自己的观察点,然后他的批评才能一贯,才有力量,才能令人懂。这就如同法院的审判官开庭审案一样,判官固然应该极力的了解被审者的言行,并且透澈的观察被审者的动机,但是最要紧的还是法官背后的那一套固定的法。没有法律,法官靠什么来定案呢?同样,批评者若是没有固定的思想主张,那么根据什么来批评呢?文学批评与法院审案不同的地方也是有的——法律是只有一套,批评的思想和主张则不只一端;法官是只有少数人做的,批评者则限制较宽,凡是有思想主张做根据的人全可以从事批评。然而根本的"判断的"的精神是一样的。

批评的态度另是一件事。但是有批评根据的批评者,他的态度也必是不会错的。惟独自己没有主张没有思想而要妄事批评的人,他们的态度最成问题。我这篇文章就是专要讨论批评者的态度的问题,关于批评的学说理论这里都不提起,为的是免除枝节。

批评的态度之最高的理想,说起来很简单,只是"严正"二字。然而这就不容易做到。现在流行的批评文字,真是五花八门,归纳起来,大概都是同"严正"的理想背道而驰的。一般的专事破坏以毁谤为目的的文字,固然不值得谈起,但是"不严正"的态度已经流传得很广,自命为"以忠实的态度力求对于国内新文化有所贡献的刊物",以及自命为"思想界文艺界知名的先进作者"和"努力的青年",有时也不能免于"不严正"。我现在把近来看见的批评文字中之不严正处标出几项来谈谈。

凡是"极有研究的价值"的"精到的批评"似乎不应该以专说俏皮话为能事,不应该不负责任的"胡凑"了事。说俏皮话,近来已成为风气了,其原因不外这几项:第一，在所谓"思想界文艺界知名的先进作者"当中，颇有几位能写一点幽默而讽刺的文章，这样文章当然有趣，当然令人爱读，于是"一些努力的青年"群起而模仿。其实，幽默而刺讽的文章是很不容易写的，大概也必要有这种天才的人才能写得好罢？我觉得中国人比较的不大能领略幽默讽刺，恶声相骂才是中国人的擅长。一般的中国人近来在各方面都太放肆，而要写幽默讽刺的文章绝对放肆不得。所以这种文章不是人人能尝试的。然而一般人偏要尝试，结果是无数无数的粗糙叫嚣的文字出现。说俏皮话，若是说很有趣，至少还可博得读者一笑。若是说得并不见好，那就只能令人难受了。俏皮话若是少说几句，还可算是文章上的一种点缀，若是连篇累牍的都是俏皮话，只有令人生厌而已。第二个原因是，一般青年对于现状不满因而都有一种激愤烦躁的心情，不知不觉的流露在文字里面，以说几句尖酸刻薄的俏皮话为发泄心里忧愤的方法。现在这个时代，你说是革命的罢，又像不是在革命；你说是不革命的罢，大家又都说是革命的。所谓"一些努力的青年"将何去何从，不能不兴徨之感了。"努力的青年"大概是要"血淋淋"的去实行革命的，可是他们在没革命的时候在纸面上也"血淋淋"了！有些人竟以"血淋淋"的说几句刻薄话便算得是"努力的青年"，其实这样就叫努力，还是不努力罢！只图一时口快，怎能就算革命，怎能令人信任，怎能"对于国内新文化有所贡献"呢？"先进作者"应该尽些责任领导领导"努力的青年"，教他们真做些"有所贡献"的事，莫把有用的精力浪费在无用路上来"耗费印刷工人和几个读者的时间"。第三个原因是，专说下流的俏皮话的文章容易作。用严正的态度写几千字，多少要费一番思索；而截取别人的文章拿来断章取义的东打一拳西踢一脚，这是最容易不过的事。大学读过一两年书的人，白话文大概还可以写得通，提起笔来"胡凑"几千字，自然是有利可图的事，不过以这种态度来写的批评文字，绝对不能令人心服，不能令人信任，只是自己暴露自己的劣性而已。俏皮话若说得好顶多不过是有趣，若说得既不能令人痛又不能令人痒，还是不说了罢。

近来一般人批评态度的不严正，在另一方面又显露出来。似乎很有人把批评文字和攻击个人不能分开。要攻击个人也可以，索兴直爽的开列十项二十项罪状，若是不嫌涉讼，还可多说几句侮辱的话，但是千万不必说这是"精到的批评"。批评的文字要专从文章上着眼。某人是 Gentleman，某人是流氓，某人是教授，某人是共产党人，某人是留学生，某人是大学生，某人是资产阶级，某人是无产阶级，——这都与他们的文字无关。文章好的便是好的，对的便是对的；你的朋友若是错了，你不必回护；你的敌人（或你的敌人的朋友）若是并不错，你也不能不公允的批评。文人相轻，这话并不假，可惜专靠了相轻，并不能就成为文人！不知为什么这个时代有这样多的变态现象？专从近一的批评文字讲，几乎处处表现出猜忌的态度，inferiority complex 根深蒂固的盘据了堕落的青年的心，总以为别人占了优越的地位来压迫自己，以为别人是成群结伙有组织的来压迫自己。别人只消触动他一根毫毛，他便撒娇打滚的暴躁如雷；没人理会他，他也要设法找出一个对象来放刁。这是疯狂。

还有一种态度，也是不严正的，那便是专在字句上小的地方挑剔而不在根本思想上讨论，写出文章来是枝枝节节的"胡凑"了事。严正的批评者不肯浪费笔墨的，绝不肯在枝节上累赘。讲到这一点，大概是个人的艺术上的修养的问题了。近来的写文章的人似乎不知道"简练"的可贵，好像谁写的文章长便算是谁的理由足！文章太长，必定废话多，必定枝节多，使读者不能得到单纯的印象。我们理想中的批评文字，是要雅洁短练的文字。

"我们感到这沉沦的出版界里有提倡真正的批评之必要"，但是我们更感到，要提倡"真正的批评"，先要懂得什么叫做批评，然后才有资格来"提倡"。现在提倡的人太多了，实行的人太少了一些。"真正的批评"决不是下流的俏皮话"胡凑"起来的。态度不纠正，"真正的批评"永远不会实现。

注释：
原载《新月》月刊1929年7月10日第3卷第4号。

文学是有阶级性的吗？

☆梁实秋

一

卢梭说："资产是文明的基础。"但是卢梭也是最先攻击资产制度的一个人，因为他以为文明是罪恶的根源。所以攻击资产制度，即是反抗文明。有了资产然后才有文明，有了文明然后资产才能稳固。不肯公然反抗文明的人，决没有理由攻击资产制度。

资产制度有时可以造成不公平的现象，我们承认。资产的造成本来是由于人的聪明才力，所以资产本来是人的身心劳动的报酬；但是资产成为制度以后，往往富者愈富，贫者愈贫，富者不一定就是聪明才力过人者；贫者也不一定是聪明才力不如人者，这种人为的不公平的现象是有的。可是我们对于这种现象要冷静的观察。人的聪明才力既不能平等，人的生活当然是不能平等的，平等是个很美的幻梦，但是不能实现的。经济是决定生活的最要紧的原素之一，但是人类的生活并不是到处都受经济的支配，资本家不一定就是幸福的，无产者也常常自有他的乐趣。经济的差别虽然是显著的，但不是永久的，没有聪明才力的人虽然能侥幸得到资产，但是他的资产终于是要消散的，真有聪明才力的人虽然暂时忍受贫苦，但是不会长久埋没的，终久必定可以赢得相当资产。所以我们充分的承认资产制度的弊病，但是要拥护文明，便要拥护资产。

无产者本来并没有阶级的自觉。是几个过于富同情心而又态度偏激的领袖把这个阶级观念传授了给他们。阶级的观念是要促起无产者的联合，是要激发无产者的争斗欲念。一个无产者假如他是有出息的，只消辛辛苦苦诚诚实实的工作一生，多少必定可以得到相当的资产。这总是正当的生活争斗的手段。但是无产者联合起来之后，他们是一个阶级了，他们要有组织了，他们是一个集团了，于是他们便不循常轨的一跃而夺取政权，一跃而为统治阶级。他们是要报复！他们唯一的报复的工具就是靠了人多势众。"多数""群众""集团"这些就是无产阶级的暴动的武器。

无产阶级的暴动的主因是经济的。旧日统治阶级的窳败，政府的无能，真的领袖的缺乏，也是促成无产阶级的起来的原因。这种革命的现象不能是永久的，经过自然进化之后，优胜劣败的定律又要证明了，还是聪明才力过人的人占优越的位置，无产者仍是无产者。文明依然是要进化的。无产阶级大概也知道这一点，也知道单靠了目前经济的满足并不能永久的担保这个阶级的胜利。反文明的势力早晚还是要被文明的势力所征服的。所以无产阶级近来于高呼"打倒资本家"之外又有了新的工作，他们要建立所谓"无产阶级的文化"或"普罗列塔利亚的文化"，这里面包括文学艺术。

"普罗列塔利亚的文学"！多么崭新的一个名词。"普罗列塔利亚"这个名字并不新，是 Proletariat 的译音，不认识这个外国字的人听了这个中文的译音，难免不觉得新颖。新的当然就是好的，于是大家都谈起"普罗列塔利亚的文学"，其实翻翻字典，这个字的涵义并不见得体面，据韦白斯特大字典，Proletary 的意思就是：A citizen of the lowest class who serves the state not with property, but only by having children。一个属于"普罗列塔利亚"的人就是"国家里最下阶级的国民，他是没有资产的，他向国家服务只是靠了生孩子"。普罗列塔利亚是国家里只会生孩子的阶级！（至少在罗马时代是如此）我看还是称做"无产阶级的文学"来得明白，比较的不像一个符咒。

无产阶级的运动是由政治的经济的更进而为文化的运动了，这是值得注意的一件事。我看近来在文学方面的宣传文字，似乎是有组织的有联络的，一方面宣传无产阶级的文学的理论，一方面攻击他们所认为是"资产阶级的文学"。无产阶级有他们的"科学的政治学"，"辩证法的唯物论"，"马克思的经济学"，现在又多出了一个"科学的艺术学"，一个"普罗列塔利亚的文学"！

我现在要彻底的问：文学是有阶级性的吗？

二

无产阶级文学理论方面的书翻成中文的我已经看见约十种了，专门宣传这种东西的杂志，我也看了两三种。我是想尽我的力量去懂他们的意思，但是不幸的很，没有一本这类的书能被我看得懂。内容深奥，也许是；那么便是我的学力不够。但是这一类宣传的书，如卢那卡尔斯基，蒲力汗诺夫，波格达诺夫之类，最使我感到困难的是文字。其文法之艰涩，句法之繁复，简直读起来比读天书还难。宣传无产文学理论的书而竟这样的令人难懂，恐怕连宣传品的资格都还欠缺，现在还没有一个中国人，用中国人所能看得懂的文字，写一篇文章告诉我们无产文学的理论究竟是怎样一回事。我现在批评所谓无产文学理论,也只能根据我所能了解的一点点的材料而已。

假定真有所谓"无产阶级的文学"这样一种东西,我们觉得这样的文学一定要有三个条件:

(一)这种文学的题材应该以无产阶级的生活为主体,表现无产阶级的情感思想,描写无产阶级的生活的实况,赞颂无产阶级的伟大。

(二)这种文学的作者一定是属于无产阶级或是极端同情于无产阶级的人。

(三)这种文学不是为少数人(有资产的少数人,受过高等教育的少数人)看的,而是为大多数的劳工劳农及所谓无产阶级的人看的。

假如这三个条件拟得不错,我们还要追加上一个附带条件,上列三点必须同时具备才能成为无产文学,缺一而不可的。但是我们立刻就可发现这种理论的错误。错误在哪里?错误在把阶级的束缚加在文学上面。错误在把文学当做阶级斗争的工具而否认其本身的价值。

文学的国土是最宽泛的,在根本上和在理论上没有国界,更没有阶级的界限。一个资本家和一个劳动者,他们的不同的地方是有的,遗传不同,教育不同,经济的环境不同,因之生活状态也不同,但是他们还有同的地方。他们的人性并没有两样,他们都感到生老病死的无常,他们都有爱的要求,他们都有怜悯与恐怖的情绪,他们都有伦常的观念,他们都企求身心的愉快。文学就是表现这最基本的人性的艺术。无产阶级的生活的苦痛固然值得描写,但是这苦痛如其真是深刻的必定不是属于一阶级的。人生现象有许多方面都是超于阶级的。例如,恋爱(我说的是恋爱的本身,不是恋爱的方式)的表现,可有阶级的分别吗?例如,歌咏山水花草的美丽,可有阶级的分别吗?没有的。如其文学只是生活现象的外表的描写,那么,我们可以承认文学是有阶级性的,我们也可以了解无产文学是有它的理论根据;但是文学不是这样肤浅的东西,文学是从人心中最深处发出来的声音。如其"烟囱呀!""汽笛呀!""机轮呀!""列宁呀!"便是无产文学,那么无产文学就用不着什么理论,由它自生自灭罢。我以为把文学的题材限于一个阶级的生活现象的范围之内,实在是把文学看得太肤浅太狭隘了。

文学家就是一个比别人感情丰富感觉敏锐想像发达艺术完美的人。他是属于资产阶级或无产阶级,这于他的作品有什么关系?托尔斯泰是出身贵族,但是他对于平民的同情真可说是无限量的,然而他并不主张阶级斗争;许多人奉为神明的马克思,他自己并不是什么无产阶级中的人物;终身穷苦的约翰孙博士,他的志行高洁吐属文雅比贵族还有过无不及。我们估量文学的性质与价值,是只就文学作品本身立论,不能连累到作者的阶级和身份。一个人的生活状况对于他的创作自然不能说没有影响,可是谁也不能肯定的讲凡无产阶级文学必定是无产阶级的人才能创作。

文学家创作之后当然希望一般人能够懂他,并且懂的人越多越好。但是,假如一部作品不能为大多数人所能了解,这毛病却不一定是在作品方面,而时常是大多数人自己的鉴赏的能力缺乏。好的作品永远是少数人的专利品,大多数永远是蠢的永远是与文学无缘的。不过鉴赏力之有无却不与阶级相干,贵族资本家尽有不知文学为何物者,无产的人也尽有赏鉴文学者。创造文学固是天才,鉴赏文学也是天生的一种福气。所以文学的价值决不能以读者数目多寡而定。一般劳工劳农需要娱乐,也许需要少量的艺术的娱乐,例如什么通俗的戏剧、电影、侦探小说之类。为大多数人读的文学必是逢迎群众的,必是俯就的,必是浅薄的;所以我们不该责令文学家来做这种的投机买卖。文学要在理性范围之内自由的创造,要忠于他自己的理想与观察,他所企求的是真,是美,是善。他不管世界上懂他的人是多数还是少数。皇室贵族雇用一班无聊文人来做讴功颂德的诗文,我们觉得讨厌,因为这种文学是虚伪的假造的;但是在无产阶级威胁之下便做对于无产阶级讴功颂德的文学,还不是一样的虚伪讨厌?文学家只知道聚精会神的创作,不能有时候考虑他的读者能有多少。真的文学家并不是人群中的寄生虫,他不能认定贵族资本家是他的主雇,他也不能认定无产阶级是他的主雇。谁能了解他,谁便是他的知音,不拘他是属于哪一阶级。文学是属于全人类的。我们希望人类中能了解文学的越来越多,但是我们不希望文学的质地降低了来俯就大多数的人。

无产文学理论家时常告诉我们,文艺是他们的斗争的"武器"。把文学当做"武器"!这意思很明白,就是说把文学当做宣传品,当做一种阶级斗争的工具。我们不反对任何人利用文学来达到另外的目的,这与文学本身无害的,但是我们不能承认宣传式的文字便是文学。例如,集团的观念是无产阶级革命家所最宝贵的一件东西,无产阶级的暴动最注重的就是组织,没有组织就没有力量,所以号称无产文学者也就竭力宣传这一点,竭力抑止个人的情绪的表现,竭力的鼓吹整个的阶级的意识。以文学的形式来做宣传的工具当然是再妙没有,但是,我们能承认这是文学吗?即使宣传文字果有文学意味,我们能说宣传作用是文学的主要任务吗?无产文学理论家说文学是武器,这句话虽不合理,却是一句老实话,足以暴露无产文学之根本的没有理论根据。

三

从文艺史上观察,我们就知道一种文艺产生不是由于几个理论家的摇旗呐喊便可成功,必定要有力量的文学作品来证明其自身的价值。无产文学的声浪很高,艰涩难懂的理论书也出了不少,但是我们要求给我们几部无产文学的作品读读。我们不要看广告,我们要看货色。我们但愿货色比广告所说的还好些。

我现在抄两首诗给大家看看:第一首诗题目是给一个新同志,作者是俄国的撒莫比特尼克,是从波格达诺夫的新艺术论里抄下来的。

> 看那旋转着的轮子,
> 看那在这儿舞蹈的疯狂的皮带……
> 同志,同志,不要怕!
> 让钢铁的混沌震响着,
> 虽然它底许多火是沉溺了
> 被眼泪底苦海所熄了……
> 不要怕,你已经从安静的地方,
> 和平的乡间和清爽的溪流边来了。
> 同志,同志,不要怕!
> 这儿无限是有了限止,
> 不可能的事情发生了……
> 这是未来的时代底黎明——
> 不要怕!
> 波浪底起水沫的冠毛震响着,
> 带了我们的幸运前来……
> 在我们底黑暗又惨淡的王国上,
> 一个新的太阳照下来,
> 比从前燃烧得更光明——
> 不要怕!
> 像一个雕在石上的巨人,
> 站在疯狂的皮带边把舵……
> 让轮子继续转下去,
> 现在行列是拉得更接近了——

　　　　你是熔在这里面的一个新的连系——
　　　　不要怕!

　　这是不是文学?是不是好的文学?请读者自己公正的品评罢。但是波格达诺夫先生对于这首诗的评语是:"在这首诗里,引起我们底注意的并不是技巧,最惊人的却是内容的纯粹。我觉得在感情和思想上,比这个更无产阶级的是没有的了。"再引一首马林霍夫先生的十月,是从郭沫若译的新俄诗选里抄出来的。

　　　　　　我们把人伦的信条踩蹦,
　　　　　　帽子要顶在头上,
　　　　　　两脚要踏在椁子的当心。
　　　　　　你们不喜欢我们,
　　　　　　自从我们以流血为大笑,
　　　　　　自从我们不再洗浣那洗了万遍的褴褛的布条,
　　　　　　自从我们敢:王八蛋哟!这震耳的大叫。
　　　　　　是的,先生,这条脊骨,
　　　　　　俨如电话杆那般的直挺,
　　　　　　但不只区区一人,全露西亚人的脊骨,
　　　　　　已屈服了许多年辰。
　　　　　　地球,谁还比我们叫的大声?
　　　　　　你说:满院的疯人——
　　　　　　没有路标——没有火把——鬼闯鬼挺——。
　　　　　　礼拜堂的廊下,我们红色的跳舞几多光荣。
　　　　　　甚么,你不信?这儿有游牧的人群,
　　　　　　云彩的牧畜听从人的指挥,
　　　　　　青天如像一件女人的衣裳,
　　　　　　太阳也失掉了他的光威。
　　　　　　基督又钉在十字架上,巴拉巴司,
　　　　　　我们细嚼的护送着,送到退尔司柯依……
　　　　　　谁要来干涉,呀谁?这西叙亚的奔马?
　　　　　　提琴弹着马赛歌的音调?
　　　　　　这样的事情你从前曾经听过。

为地球打钢镯的铁匠，
要鹰扬的抽他粗糙的淡巴菰，
就和时常骑马的军官一样？
你问——这一下呢？
这一下要跳舞许多世纪。
我们敲遍处处的家，
不会再听见：王八蛋，滚开去！
我们！我们！我们随处都在：
在足光的面前在辉煌的舞台，
不是细腻的抒情诗人，
而是激昂的丑怪。
垃圾堆，把一切垃圾都堆成堆，
像萨服那洛拉，伴着颂主的歌声，
送入火中——我们怕谁？
灵魂纤弱的人造人已经成为了——世界。
我们的每天，都是圣经的新的篇章，
每页在千百代中都是伟大。
我们今要被后人称颂：
他们幸福者，生在一九一七年的年代。
而你们却还在大骂：该死的奴才？
你们依然在无限的悲啼。
蠢东西！不是昨天粉碎了，
像被汽车房中突然驰出的汽车，
压死了的一只鸽子？

这首诗恐怕是真正的无产文学了？题目是"十月"，而里面的词藻是何等的"无产阶级的"呀！也许伟大的无产文学还没有出现，那么我愿意等着，等着，等着。

四

文学界里本来已有了不少的纷争，无产文学呼声起来之后又添了一种纷争，因为无产文学家要攻击所谓资产阶级的文学。什么是资产阶级的文学，我实在是不知道；大概除了无产文学运动那一部分的文学以外，古今中外的文学都可以算做资产阶级文学罢。我们承认这个名词，我们也不懂资产阶级的文学为什么就要受攻击？是为里面没有马克思主义，唯物史观，阶级斗争？文学为什么一定要有这些东西呢？攻击资产阶级文学是没有理由的，等于攻击无产阶级文学一样的无理由，因为文学根本没有阶级的区别。假如无产阶级革命家一定要把他的宣传文字唤做无产阶级文学，那总算是一种新兴文学，总算是文学国土里的新收获，用不着高呼打倒资产的文学来争夺文学的领域，因为文学的领域太大了，新的东西总有它的位置的。假如无产阶级可以有"无产文学"，我也不懂资产阶级为什么便不可有"资产文学"？资产阶级不消灭，资产阶级的文学也永远不会被击倒的，文明一日不毁坏，资产也一日不会废除的。

无产文学家攻击资产文学的力量实在也是薄弱的很，因为他们只会用几个标语式口号式的名词来咒人，例如"小资产阶级"，"有闲阶级"，"绅士阶级"，"正人君子"，"名流教授"，"布尔乔亚"等等，他们从不确定，分析，辨别这些名词的涵意，只以为这些名词有辟邪的魔力，加在谁的头上谁就遭了打击。这实在是无聊的举动。

我的意思是：文学就没有阶级的区别，"资产阶级文学""无产阶级文学"都是实际革命家造出来的口号标语，文学并没有这种的区别，近年来所谓的无产阶级文学的运动，据我考查，在理论上尚不能成立，在实际上也并未成功。

注释：

原载《新月》月刊1929年第2卷第6、7期。

论鲁迅先生的"硬译"

☆ 梁实秋

西滢先生说:"死译的病虽然不亚于曲译,可是流弊比较的少,因为死译最多不过令人看不懂,曲译却愈看得懂愈糟。"这话不错。不过"令人看不懂"这毛病就不算小了。我私人的意思总以为译书第一个条件就是要令人看得懂,译出来而令人看不懂,那不是白费读者的时力么?曲译诚然要不得,因为对于原文太不忠实,把精华译成了糟粕,但是一部书断断不会从头至尾的完全曲译,一页上就是发现几处曲译的地方,究竟还有没有曲译的地方;并且部分的曲译即使是错误,究竟也还给你一个错误,这个错误也许真是害人无穷的,而你读的时候究竟还落个爽快。死译就不同了;死译一定是从头至尾的死译,读了等于不读,枉费时间精力。况且犯曲译的毛病的同时决不犯死译的毛病,而死译者却有时正不妨同时是曲译。所以我以为,曲译固是我们深恶痛绝的,然而死译之风也断不可长。

什么叫死译?西滢先生说:"他们非但字比句次,而且一字不可增,一字不可先,一字不可后,名曰翻译;而'译犹不译',这种方法,即提倡直译的周作人先生都谥之为'死译'。""死译"这个名词大概是周作人先生的创造了。

死译的例子多得很,我现在单举出鲁迅先生的翻译来作个例子,因为我们人人知道鲁迅先生的小说和杂感的文笔是何等的简练流利?没有人能说鲁迅先生的文笔不济,但是他的翻译却离"死译"不远了。鲁迅先生前些年翻译的文字,例如厨

厨川白村著,鲁迅译《苦闷的象征》,北新书局初版,1926年。

川白村的《苦闷的象征》，还不是令人看不懂的东西，但是最近翻译的书似乎改变风格了。今年六月十五大江书铺出版的卢那卡尔斯基《艺术论》，今年十月水沫书店出版的卢那卡尔斯基《文艺与批评》这两部书都是鲁迅先生的近译，我现在随便检几句极端难懂的句子写在下面，让大家知道文笔矫健如鲁迅先生者却不能免于"死译"：

> 这意义，不仅在说，凡观念形态，是从现实社会受了那唯一可能的材料，而这现实社会的实际形态，则支配着即被组织在它里面的思想，或观念者的直观而已，在这观念者不能离去一定的社会底兴味这一层意义上，观念形态也便是现实社会的所产。（艺术论页七）
>
> 问题是关于思想的组织化之际，则直接和观念形态，以及产生观念形态的生活上的事实，或把持着这些观念形态的社会底集团相连系的事，颇为容易的。和这相反，问题倘触到成着艺术的最为特色底的特质的那感情的组织化，那就极其困难了。（同上页十二）
>
> 内容上虽然不相近，而形式底地完成着的作品，从受动底见地看来，对于劳动者和农民，是只能给与半肉感底性质的漠然的满足的，但在对于艺术底化身的深奥，有着兴味的劳动者和农民，则虽是观念底地，是应该敌视的作品，他们只要解剖底地加以分解，透彻了那构成的本质，便可以成为非常的大的教训。（文艺与批评页一九八）

够了。上面几句话虽然是从译文中间抽出来的，也许因为没有上下文的缘故，意思不能十分明了。但是专就文字而论，有谁能看得懂这样稀奇古怪的句法呢？我读这两本书的时候真感觉文字的艰深。读这样的书，就如同看地图一般，要伸着手指来寻找句法的线索位置。

鲁迅先生自己不是不知道他的译笔是"别扭"的。他在文艺与批评的"译者后记"里说："从译本看来，卢那卡尔斯基的论说就已经很够明白，痛快了。但因为译者的能力不够，和中国文本来的缺点，译完一看，晦涩，甚而至于难解之处也真多；倘将仂句拆下来呢，又失了原来的精悍的语气。在我，是除了还是这样的硬译之外，只有'束手'这一条路——就是所谓'没有出路'——了，所余的唯一希望，只在读者还肯硬着头皮看下去而已。"我们"硬着头皮看下去"了，但是无所得。"硬译"和"死译"有什么分别呢？

鲁迅先生说"中国文本来的缺点"是使他的译文"艰涩"的两个原故之一，照这样说，中国文若不改良，翻译的书不能免去五十分的"晦涩"了。中国文和外国文是不同的,有些种句法是中文里没有的,翻译之难即难在这个地方。假如两种文中的文法句法词法完全一样,那么翻译还成为一件工作吗?我们不能因为中国文有"本来的缺点"便使读者"硬着头皮看下去"。我们不妨把句法变换一下,以使读者能懂为第一要义,因为"硬着头皮"不是一件愉快的事。并且"硬译"也不见得能保存"原来精悍的语气"。假如"硬译"而还能保存"原来精悍的语气",那真是一件奇迹。还能说中国文是有"缺点"吗?

注释:

原载《新月》月刊 1929 年第 2 卷第 6、7 期。

"资本家的走狗"

☆梁实秋

写完前一段短文,看见了《拓荒者》第二期第六七一页起有一篇文章,题目是"阶级社会的艺术",也是回答我的"文学是有阶级性的吗?"那篇文章的。《拓荒者》的态度比较鲜明,一看就晓得那一套新名词又运用出来了,——马克斯,列宁,唯物史观,阶级斗争……等等等。但是文章写得笨,远不如鲁迅先生的文章的有趣。

这篇文章使我感得兴味的只有一点,就是,这篇文章的作者给了我一个称号,"资本家的走狗"。这个名称虽然不雅,然而在无产阶级文学家的口里这已经算是很客气的称号了。我不生气,因为我明了他们的情形,他们不这样的给我称号,他们将要如何的交代他们的工作呢?

"资本家的走狗"。那意思很明显,他们已经知道我不是资本家了,不过是走狗而已。我既不是资本家,我可算是哪一个阶级的呢? 不是资产阶级,便是无产阶级了,究竟什么是资产阶级,什么是无产阶级呢? 查字典是不行的,韦伯斯特大字典是偏向资产阶级的字典,靠不住。最靠得住的恐怕还是我们的那部《拓荒者》。第六七二页上有一个定义(我暂时还不知道那里发售无产阶级大字典,所以暂以这个定义为准):

"无产者——普罗列塔利亚是什么呢? 它是除开出卖其劳动以外完全没有方法维持其生计的,又因此又不倚赖任何种类的资本的利润之社会阶级。"这个定义是比韦伯斯特大字典上的定义体面多了,中听多了! 我觉得我自己便有点像是无产阶级里的一个了,因为我自己便是非出卖劳动便无法维持生计。我可不晓得"劳动"是否包括教书的事业,我的职业是教书,劳心,同时也劳力,每天要跑几十里路,每天要站立在讲台上三四小时,每天要把嘴唇讲干,每天要写字使得手酸,——这大概也算是劳动的一种了罢? 我不是不想要资产,但是事实上的确没有资产,一无房,二无地,那么,照理说我当然是无产阶级的一分子了,我自己是这样自居的。为什么无产阶级文学家又说我是"资本家的走狗"呢? 假如因为我否认文学的阶级性,无产阶级文学家便说我是资本家走狗,那么,资本家又何尝不可以以同样的理由说我是无产阶级的走狗呢? 也许无产阶级不再需要走狗了,那么,只好算是资本家的走狗了。

大凡做走狗的都是想讨主子的欢心因而得到一点点的恩惠。《拓荒者》说我是资本家的走狗,是那一个资本家,还是所有的资本家?我还不知道我的主子是谁,我若知道,我一定要带着几份杂志去到主子面前表功,或者还许得到几个金镑或卢布的赏赉呢。钱我是想要的,因为没有钱便无法维持生计。可是钱怎样的去得到呢?我只知道不断的劳动下去,便可以赚到钱来维持生计,至于如何可以做走狗,如何可以到资本家的帐房去领金镑,如何可以到××党去领卢布,这一套的本领,我可怎么能知道呢。也许事实上我已经做了走狗,已经有可以领金镑或卢布的资格了,但是我实在不知道到哪里去领去。关于这一点,真希望有经验的人能启发我的愚蒙。

注释:
本文和《答鲁迅先生》同时发表在《新月》1927 年 11 月 10 日第 2 卷第 9 期《零星》栏内。

叁 左联时期参加的三次论争

2 撕开"民族主义文学"的假面

鲁　迅：现在,在中国,无产阶级的革命的文艺运动,其实就是惟一的文艺运动。因为这乃是荒野中的萌芽,除此以外,中国已经毫无其他文艺。属于统治阶级的所谓"文艺家",早已腐烂到连所谓"为艺术的艺术"以至"颓废"的作品也不能生产,现在来抵制左翼文艺的,只有诬蔑,压迫,囚禁和杀戮;来和左翼作家对立的,也只有流氓,侦探,走狗,刽子手了。

傅彦长：现今我们中国文坛艺坛底当前的危机是对于文艺缺乏中心意识……从历史的教训,我们须集中我们此后的努力于民族主义的文学与艺术底创造。

【导读】

撕开民族主义文学的假面

☆陈漱渝

继新月派之后向左翼文艺进攻的是所谓"民族主义文艺"。这是国民党政府为配合军事"围剿"而发动的一场文化"围剿",其基本队伍中没有几位像样的文人而以暗探、特务、军官、党棍为其骨干。其宗旨是取缔文艺民主而使文艺统一于国民党的一党专制。由于"民族主义文艺运动"无理论可言,鲁迅在论争中仅仅揪出他们的几部代表作(如《陇海线上》《黄人之血》)示众,证明他们的政治目标是要"日支亲善",消灭当时第一个无产阶级专政的国家,实质上是在"民族主义"旗帜的掩护下出卖民族利益。由于鲁迅等左翼作家的揭露,"民族主义文艺"运动开场不久即偃旗息鼓。

"民族主义文学"的任务和运命

☆鲁　迅

一

　　殖民政策是一定保护,养育流氓的。从帝国主义的眼睛看来,惟有他们是最要紧的奴才,有用的鹰犬,能尽殖民地人民非尽不可的任务:一面靠着帝国主义的暴力,一面利用本国的传统之力,以除去"害群之马",不安本分的"莠民"。所以,这流氓,是殖民地上的洋大人的宠儿,——不,宠犬,其地位虽在主人之下,但总在别的被统治者之上的。

　　上海当然也不会不在这例子里。巡警不进帮,小贩虽自有小资本,但倘不另寻一个流氓来做债主,付以重利,就很难立足。到去年,在文艺界上,竟也出现了"拜老头"的"文学家"。

　　但这不过是一个最露骨的事实。其实是,即使并非帮友,他们所谓"文艺家"的许多人,是一向在尽"宠犬"的职分的,虽然所标的口号,种种不同,艺术至上主义呀,国粹主义呀,民族主义呀,为人类的艺术呀,但这仅如巡警手里拿着前膛枪或后膛枪,来福枪,毛瑟枪的不同,那终极的目的却只一个:就是打死反帝国主义即反政府,亦即"反革命",或仅有些不平的人民。

　　那些宠犬派文学之中,锣鼓敲得最起劲的,是所谓"民族主义文学"。但比起侦探,巡捕,刽子手们的显著的勋劳来,却还有很多的逊色。这缘故,就因为他们还只在叫,未行直接的咬,而且大抵没有流氓的剽悍,不过是飘飘荡荡的流尸。然而这又正是"民族主义文学"的特色,所以保持其"宠"的。

　　翻一本他们的刊物来看罢,先前标榜过各种主义的各种人,居然凑合在一起了。这是"民族主义"的巨人的手,将他们抓过来的么?并不,这些原是上海滩上久已沉沉浮浮的流尸,本来散见于各处的,但经风浪一吹,就漂集一处,形成一个堆积,又因为各个本身的腐烂,就发出较浓厚的恶臭来了。

　　这"叫"和"恶臭"有能够较为远闻的特色,于帝国主义是有益的,这叫做"为王前驱",所以流尸文学仍将与流氓政治同在。

二

但上文所说的风浪是什么呢?这是因无产阶级的勃兴而卷起的小风浪。先前的有些所谓文学家,本未尝没有半意识的或无意识的觉得自身的溃败,于是就自欺欺人的用种种美名来掩饰,曰高逸,曰放达(用新式话来说就是"颓废"),画的是裸女,静物,死,写的是花月,圣地,失眠,酒,女人。一到旧社会的崩溃愈加分明,阶级的斗争愈加锋利的时候,他们也就看见了自己的死敌,将创造新的文化,一扫旧来的污秽的无产阶级,并且觉到了自己就是这污秽,将与在上的统治者同其运命,于是就必然漂集于为帝国主义所宰制的民族中的顺民所竖起的"民族主义文学"的旗帜之下,来和主人一同做一回最后的挣扎了。

所以,虽然是杂碎的流尸,那目标却是同一的:和主人一样,用一切手段,来压迫无产阶级,以苟延残喘。不过究竟是杂碎,而且多带着先前剩下的皮毛,所以自从发出宣言以来,看不见一点鲜明的作品,宣言是一小群杂碎胡乱凑成的杂碎,不足为据的。

但在《前锋月刊》第五号上,却给了我们一篇明白的作品,据编辑者说,这是"参加讨伐阎冯军事的实际描写"。描写军事的小说并不足奇,奇特的是这位"青年军人"的作者所自述的在战场上的心绪,这是"民族主义文学家"的自画像,极有郑重引用的价值的——

每天晚上站在那闪烁的群星之下,手里执着马枪,耳中听着虫鸣,四周飞动着无数的蚊子,那样都使人想到

《前锋月刊》杂志封面

法国"客军"在菲洲沙漠里与阿剌伯人争斗流血的生活。(黄震遐:《陇海线上》)

原来中国军阀的混战,从"青年军人",从"民族主义文学者"看来,是并非驱同国人民互相残杀,却是外国人在打别一外国人,两个国度,两个民族,在战地上一到夜里,自己就飘飘然觉得皮色变白,鼻梁加高,成为腊丁民族的战士,站在野蛮的菲洲了。那就无怪乎看得周围的老百姓都是敌人,要一个一个的打死。法国人对于菲洲的阿剌伯人,就民族主义而论,原是不必爱惜的。仅仅这一节,大一点,则说明了中国军阀为什么做了帝国主义的爪牙,来毒害屠杀中国的人民,那是因为他们自己以为是"法国的客军"的缘故;小一点,就说明中国的"民族主义文学家"根本上只同外国主子休戚相关,为什么倒称"民族主义",来朦混读者,那是因为他们自己觉得有时好像腊丁民族,条顿民族了的缘故。

三

黄震遐先生写得如此坦白,所说的心境当然是真实的,不过据他小说中所显示的智识推测起来,却还有并非不知而故意不说的一点讳饰。这,是他将"法国的安南兵"含糊的改作"法国的客军"了,因此就较远于"实际描写",而且也招来了上节所说的是非。

但作者是聪明的,他听过"友人傅彦长君平时许多谈论……许多地方不可讳地是受了他的熏陶",并且考据中外史传之后,接着又写了一篇较切"民族主义"这个题目的剧诗,这回不用法兰西人了,是《黄人之血》(《前锋月刊》七号)。

这剧诗的事迹,是黄色人种的西征,主将是成吉思汗的孙子拔都元帅,真正的黄色种。所征的是欧洲,其实专在斡罗斯(俄罗斯)——这是作者的目标;联军的构成是汉,鞑靼,女真,契丹人——这是作者的计划;一路胜下去,可惜后来四种人不知"友谊"的要紧和"团结的力量",自相残杀,竟为白种武士所乘了——这是作者的讽喻,也是作者的悲哀。

但我们且看这黄色军的威猛和恶辣罢——

　　……
　　恐怖呀,煎着尸体的沸油;
　　可怕呀,遍地的腐骸如何凶丑;
　　死神捉着白姑娘拚命地搂;

美人蛾首变成狞猛的髑髅；
野兽般的生番在故宫里蛮争恶斗；
十字军战士的脸上充满了哀愁；
千年的棺材泄出它凶秽的恶臭；
铁蹄践着断骨，骆驼的鸣声变成怪吼；
上帝已逃，魔鬼扬起了火鞭复仇；
黄祸来了！黄祸来了！
亚细亚勇士们张大吃人的血口。

这德皇威廉因为要鼓吹"德国德国，高于一切"而大叫的"黄祸"，这一张"亚细亚勇士们张大"的"吃人的血口"，我们的诗人却是对着"斡罗斯"，就是现在无产者专政的第一个国度，以消灭无产阶级的模范——这是"民族主义文学"的目标；但究竟因为是殖民地顺民的"民族主义文学"，所以我们的诗人所奉为首领的，是蒙古人拔都，不是中华人赵构，张开"吃人的血口"的是"亚细亚勇士们"，不是中国勇士们，所希望的是拔都的统驭之下的"友谊"，不是各民旅间的平等的友爱——这就是露骨的所谓"民族主义文学"的特色，但也是青年军人的作者的悲哀。

四

拔都死了；在亚细亚的黄人中，现在可以拟为那时的蒙古的只有一个日本。日本的勇士们虽然也痛恨苏俄，但也不爱抚中华的勇士，大唱"日支亲善"虽然也和主张"友谊"一致，但事实又和口头不符，从中国"民族主义文学者"的立场上，在已觉得悲哀，对他加以讽喻，原是势所必至，不足诧异的。

果然，诗人的悲哀的豫感好像证实了，而且还坏得远。当"扬起火鞭"焚烧"斡罗斯"将要开头的时候，就像拔都那时的结局一样，朝鲜人乱杀中国人，日本人"张大吃人的血口"，吞了东三省了。莫非他们因为未受傅彦长先生的熏陶，不知"团结的力量"之重要，竟将中国的"勇士们"也看成菲洲的阿剌伯人了吗?！

五

这实在是一个大打击。军人的作者还未喊出他勇壮的声音，我们现在所看见的是"民族主义"旗下的报章上所载的小勇士们的愤激和绝望。这也是势所必至，无足诧异的。理想和现实本来易于冲突,理想时已经含了悲哀,现实起来当然就会绝望。于是小勇士们要打仗了——

> 战啊,下个最后的决心,
> 杀尽我们的敌人,
> 你看敌人的枪炮都响了,
> 快上前,把我们的肉体筑一座长城。
> 雷电在头上咆哮,
> 浪涛在脚下吼叫,
> 热血在心头燃烧。
> 我们向前线奔跑。
> 　　　(苏凤:《战歌》。《民国日报》载。)

> 去,战场上去,
> 我们的热血在沸腾,
> 我们的肉身好像疯人,
> 我们去把热血锈住贼子的枪头,
> 我们去把肉身塞住仇人的炮口。
> 去,战场上去,
> 凭着我们一股勇气,
> 凭着我们一点纯爱的精灵,
> 去把仇人驱逐,
> 不,去把仇人杀尽。
> 　　　(甘豫庆:《去上战场去》。《申报》载。)

> 同胞,醒起来罢,
> 踢开了弱者的心,
> 踢开了弱者的脑。
> 看,看,看,
> 看同胞们的血喷出来了,
> 看同胞们的肉割开来了,
> 看同胞们尸体挂起来了。
> 　　　(邵冠华:《醒起来罢同胞》。同上。)

这些诗里很明显的是作者都知道没有武器，所以只好用"肉体"，用"纯爱的精灵"，用"尸体"。这正是《黄人之血》的作者的先前的悲哀，而所以要追随拔都元帅之后，主张"友谊"的缘故。武器是主子那里买来的，无产者已都是自己的敌人，倘主子又不谅其衷，要加以"惩膺"，那么，惟一的路也实在只有一个死了——

    我们是初训练的一队，
    有坚卓的志愿，
    有沸腾的热血，
    来扫除强暴的歹类。
    同胞们，亲爱的同胞们，
    快起来准备去战，
    快起来奋斗，
    战死是我们生路。
      （沙珊：《学生军》。同上。）
    天在啸，
    地在震，
    人在冲，兽在吼，
    宇宙间的一切在咆哮，
    朋友哟，
    准备着我们的头颅去给敌人砍掉。
      （徐之津：《伟大的死》。同上。）

  一群是发扬踔厉，一群是慷慨悲歌，写写固然无妨，但倘若真要这样，却未免太不懂得"民族主义文学"的精义了，然而，却也尽了"民族主义文学"的任务。

六

  《前锋月刊》上用大号字题目的《黄人之血》的作者黄震遐诗人，不是早已告诉我们过理想的元帅拔都了吗？这诗人受过傅彦长先生的熏陶，查过中外的史传，还知道"中世纪的东欧是三种思想的冲突点"，岂就会偏不知道赵家末叶的中国，是蒙古人的淫掠场？拔都元帅的祖父成吉思皇帝侵入中国时，所至淫掠妇女，焚烧庐舍，到山东曲阜看见孔老二先生像，元兵也要指着骂道："说'夷狄之有君，不如诸夏之无也'的,不就是你吗?"夹脸就给他一箭。这是宋人的笔记里垂涕而道的,正如现在常见于报章上的流泪文章一样。黄诗人所描写的"斡罗斯"那"死神捉着白姑娘拚命地搂……"那些妙文,其实就是那时出现于中国的情形。但一到他的孙子,他们不就携手"西征"了吗?现在日本兵"东征"了共产党三省,正是"民族主义文学家"理想中的"西征"的第一步,"亚细亚勇士们张大吃人的血口"的开场。不过先得在中国咬一口。因为那时成吉思皇帝也像对于"斡罗斯"一样,先使中国人变成奴才,然后赶他打仗,并非用了"友谊",送柬帖来敦请的。所以,这沈阳事件,不但和"民族主义文学"毫无冲突,而且还实现了他们的理想境,倘若不明这精义,要去硬送头颅,使"亚细亚勇士"减少,那实在是很可惜的。

那么,"民族主义文学"无须有那些呜呼阿呀死死活活的调子吗?谨对曰:要有的,他们也一定有的。否则不抵抗主义,城下之盟,断送土地这些勾当,在沉静中就显得更加露骨。必须痛哭怒号,摩拳擦掌,令人被这扰攘嘈杂所惑乱,闻悲歌而泪垂,听壮歌而愤泄,于是那"东征"即"西征"的第一步,也就悄悄的隐隐的跨过去了。落葬的行列里有悲哀的哭声,有壮大的军乐,那任务是在送死人埋入土中,用热闹来掩过了这"死",给大家接着就得到"忘却"。现在"民族主义文学"的发扬蹄厉,或慷慨悲歌的文章,便是正在尽着同一的任务的。

但这之后,"民族主义文学者"也就更加接近了他的哀愁。因为有一个问题,更加临近,就是将来主子是否不至于再蹈拔都元帅的覆辙,肯信用而且优待忠勇的奴才,不,勇士们呢?这实在是一个很要紧,很可怕的问题,是主子和奴才能否"同存共荣"的大关键。

历史告诉我们:不能的。这,正如连"民族主义文学者"也已经知道一样,不会有这一回事。他们将只尽些送丧的任务,永含着恋主的哀愁,须到无产阶级革命的风涛怒吼起来,刷洗山河的时候,这才能脱出这沉滞猥劣和腐烂的运命。

注释:

原载上海《文学导报》1931年10月23日第1卷第6、7期合刊。发表时署名晏敖。

不通两种

☆鲁　迅

人们每当批评文章的时候,凡是国文教员式的人,大概是着眼于"通"或"不通,《中学生》杂志上还为此设立了病院。然而做中国文其实是很不容易"通"的,高手如太史公司马迁,倘将他的文章推敲起来,无论从文字,文法,修辞的任何一种立场去看,都可以发见"不通"的处所。

不过现在不说这些;要说的只是在笼统的一句"不通"之中,还可由原因而分为几种。大概的说,就是:有作者本来还没有通的,也有本可以通,而因了种种关系,不敢通,或不愿通的。

例如去年十月三十一日《大晚报》的记载"江都清赋风潮",在《乡民二度兴波作浪》这一个巧妙的题目之下,述陈友亮之死云:

> 陈友亮见官方军警中,有携手枪之刘金发,竟欲夺刘之手枪,当被子弹出膛,饮弹而毙,警察队亦开空枪一排,乡民始后退。……

"军警"上面不必加上"官方"二字之类的费话,这里也且不说。最古怪的是子弹竟被写得好像活物,会自己飞出膛来似的。但因此而累得下文的"亦"字不通了。必须将上文改作"当被击毙",才妥。倘要保存上文,则将末两句改为"警察队空枪亦一齐发声,乡民始后退",这才铢两悉称,和军警都毫无关系。——虽然文理总未免有点希奇。

1933年鲁迅摄于上海

现在，这样的希奇文章，常常在刊物上出现。不过其实也并非作者的不通，大抵倒是恐怕"不准通"，因而先就"不敢通"了的缘故。头等聪明人不谈这些，就成了"为艺术的艺术"家；次等聪明人竭力用种种法，来粉饰这不通，就成了"民族主义文学"者，但两者是都属于自己"不愿通"，即"不肯通"这一类里的。

二月三日

【因此引起的通论】：

"最通的"文艺

☆王平陵

鲁迅先生最近常常用何家干的笔名，在黎烈文主编的《申报》的《自由谈》，发表不到五百字长的短文。好久不看见他老先生的文章了，那种富于幽默性的讽刺的味儿，在中国的作家之林，当然还没有人能超过鲁迅先生。不过听说现在鲁迅先生已跑到十字街头，站在革命的队伍里去了。那么，像他这种有闲阶级的幽默的作风，严格言之，实在不革命。我以为也应该转变一下才是！譬如：鲁迅先生不喜欢第三种人，讨厌民族主义的文艺，他尽可痛快地直说，何必装腔做势，吞吞吐吐，打这么许多弯儿。在他最近所处的环境，自然是除了那些恭颂苏联德政的献词以外，便没有更通的文艺的。他认为第三种人不谈这些，是比较最聪明的人；民族主义文艺者故意找出理由来文饰自己的不通，是比较次聪明的人。其言可谓尽深刻恶毒之能事。不过，现在最通的文艺，是不是仅有那些对苏联当局摇尾求媚的献词，不免还是疑问。如果先生们真是为着解放劳苦大众而呐喊，犹可说也；假使仅仅是为着个人的出路，故意制造一块容易招摇的金字商标，以资号召而已。那么，我就看不出先生们的苦心孤行，比到被你们所不齿的第三种人，以及民族主义文艺者，究竟是高多少。其实，先生们个人的生活，由我看来，并不比到被你们痛骂的小资作家更穷苦些。当然，鲁迅先生是例外，大多数的所谓革命的作家，听说，常常在上海的大跳舞场，拉斐花园里，可以遇见他们伴着娇美的爱侣，一面喝香槟，一面吃朱古力，兴高采烈地跳着狐步舞，倦舞意懒，乘着雪亮的汽车，奔赴预定的香巢，度他们真个消魂的生活。明天起来，写工人呵！斗争呵！之类的东西，拿去向书贾们所办的刊物换取稿费，到晚上照样是生活在红绿的灯光下，沉醉着，欢唱着，热爱着。像这种优裕的生活，我不懂先生们还要叫什么苦，喊什么冤，你们猫哭耗子的仁慈，是不是能博得劳苦大众的同情,也许,在先生们自己都不免是绝大的疑问吧!

如果中国人不能从文化的本身做一点基础的工夫,就这样大家空喊一阵口号,糊闹一阵,我想,把世界上无论哪种最新颖最时髦的东西拿到中国来,都是毫无用处。我们承认现在的苏俄,确实是有了他相当的成功,但,这不是偶然。他们从前所遗留下来的一部分文化的遗产,是多么丰富,我们回溯到十月革命以前的俄国文学,音乐,美术,哲学,科学,哪一件不是已经到达国际文化的水准。他们有了这些充实的根基,才能产生现在这些学有根蒂的领袖。我们仅仅渴慕人家的成功而不知道努力文化的根本的建树,再等十年百年,乃至千年万年,中国还是这样,也许比现在更坏。

不错,中国的文化运动,也已有二十年的历史了。但是,在这二十年中,在文化上究竟收获到什么。欧美的名著,在中国是否能有一册比较可靠的译本,文艺上的各种派别,各种主义,我们是否都拿得出一种代表作,其他如科学上的发明,思想上的创造,是否能有一种值得我们记忆。唉!中国的文化低落到这步田地,还谈得到什么呢!

要是中国的文艺工作者,如不能从今天起,大家立誓做一番基本的工夫,多多地转运一些文艺的粮食,多多地树立一些文艺的种子,我敢断言:在现代的中国,决不会产生"最通的"文艺的。

二月二十日《武汉日报》的《文艺周刊》

【通论的拆通】:

官话而已

☆何家干

这位王平陵先生我不知道是真名还是笔名?但看他投稿的地方,立论的腔调,就明白是属于"官方"的。一提起笔,就向上司下属,控告了两个人,真是十足的官家派势。

说话弯曲不得,也是十足的官话。植物被压在石头底下,只好弯曲的生长,这时俨然自傲的是石头。什么"听说",什么"如果",说得好不自在。听了谁说?如果不"如果"呢?"对苏联的当局摇尾求媚的献词"是哪些篇,"倦舞意懒,乘着雪亮的汽车,奔赴预定的香巢"的"所谓革命作家"是哪些人呀?是的,曾经有人当开学之际,命大学生全体起立,向着鲍罗廷一鞠躬,拜得他莫名其妙;也曾经有人做过《孙中山与列宁》,说得他们俩真好像没有什么两样;至于聚敛享乐的人们之多,更是社会上大家周知的事实,但可惜那都并不是我们。平陵先生的"听说"和"如果",都成了无的放矢,含血喷人了。

于是乎还要说到"文化的本身"上。试想就是几个弄弄笔墨的青年,就要遇到监禁,枪毙,失踪的灾殃,我做了六篇"不到五百字"的短评,便立刻招来了"听说"和"如果"的官话,叫作"先生们",大有一网打尽之慨。则做"基本的工夫"者,现在舍官许的"第三种人"和"民族主义文艺者"之外还能靠谁呢?"唉!"

然而他们是做不出来的。现在只有我的"装腔作势,吞吞吐吐"的文章,倒正是这社会的产物。而平陵先生又责为"不革命",好像他乃是真正老牌革命党,这可真是奇怪了。——但真正老牌的官话也正是这样的。

七月十九日

注释:
原载《申报·自由谈》1933年2月11日,署名何家干。

对战争的祈祷
——读书心得

☆鲁　迅

热河的战争开始了。

三月一日——上海战争的结束的"纪念日",也快到了。"民族英雄"的肖像一次又一次的印刷着,出卖着;而小兵们的血,伤痕,热烈的心,还要被人糟蹋多少时候?回忆里的炮声和几千里外的炮声,都使得我们带着无可如何的苦笑,去翻开一本无聊的,但是,倒也很有几句"警句"的闲书。这警句是:

"喂,排长,我们到底上哪里哟?"——其中的一个问。
"走吧。我也不晓得。"
"丢那妈,死光就算了,走什么!"
"不要吵,服从命令!"
"丢那妈的命令!"

然而丢那妈归丢那妈,命令还是命令,走也当然还是走。在四点钟的时候,中山路遂复归于沉静,风和叶儿沙沙地响,月亮躲在青灰的云海里,睡着,依旧不管人类的事。

这样,十九路军向西退去。

（黄震遐：《大上海的毁灭》。）

什么时候"丢那妈"和"命令"不是这样各归各,那就得救了。

不然呢?还有"警句"可以回答这个问题:

十九路军打,是告诉我们说:除掉空谈以外,还有些事好做!
十九路军胜利,只能增加我们苟且,偷安,与骄傲的迷梦!
十九路军死,是警告我们活得可怜,无趣!
十九路军失败,才告诉了我们非努力,还是做奴隶的好!

（见同书）

这是警告我们,非革命,则一切战争,命里注定的必然要失败。现在,主战是人人都会的了——这是一二八的十九路军的经验:打是一定要打的,然而切不可打胜,而打死也不好,不多不少刚刚适宜的办法是失败。"民族英雄"对于战争的祈祷是这样的,而战争又的确是他们在指挥着,这指挥权是不肯让给别人的。战争,禁得起主持的人预定着打败仗的计划么?好像戏台上的花脸和白脸打仗,谁输谁赢是早就在后台约定了的。呜呼,我们的"民族英雄"!

二月二十五日

注释:
原载《申报·自由谈》1933年2月28日,署名何家干。

止哭文学

☆鲁 迅

前三年,"民族主义文学"家敲着大锣大鼓的时候,曾经有一篇《黄人之血》说明了最高的愿望是在追随成吉思皇帝的孙子拔都元帅之后,去剿灭"斡罗斯"。斡罗斯者,今之苏俄也。那时就有人指出,说是现在拔都的大军,就是日本的军马,而在"西征"之前,尚须先将中国征服,给变成从军的奴才。

当自己们被征服时,除了极少数人以外,是很苦痛的。这实例,就如东三省的沦亡,上海的爆击,凡是活着的人们,毫无悲愤的怕是很少很少罢。但这悲愤,于将来的"西征"是大有妨碍的。于是来了一部《大上海的毁灭》,用数目字告诉读者以中国的武力,决定不如日本,给大家平平心;而且以为活着不如死亡("十九路军死,是警告我们活得可怜,无趣!"),但胜利又不如败退("十九路军胜利,只能增加我们苟且,偷安与骄傲的迷梦!")。总之,战死是好的,但战败尤其好,上海之役,正是中国的完全的成功。

现在第二步开始了。据中央社消息,则日本已有与满洲国签订一种"中华联邦帝国密约"之阴谋。那方案的第一条是:"现在世界只有两种国家,一种系资本主义,英,美,日,意,法,一种系共产主义,苏俄。现在要抵制苏俄,非中日联合起来……不能成功"云(详见三月十九日《申报》)。

要"联合起来"了。这回是中日两国的完全的成功,是从"大上海的毁灭"走到"黄人之血"路上去的第二步。

固然,有些地方正在爆击,上海却自从遭到爆击之后,已经有了一年多,但有些人民不悟"西征"的必然的步法,竟似乎还没有完全忘掉前年的悲愤。这悲愤,和目前的"联合"就大有妨碍的。在这景况中,应运而生的是给人们一点爽利和慰安,好像"辣椒和橄榄"的文学。这也许正是一服苦闷的对症药罢。为什么呢?就因为是"辣椒虽辣,辣不死人,橄榄虽苦,苦中有味"的。明乎此,也就知道苦力为什么吸鸦片。

而且不独无声的苦闷而已,还据说辣椒是连"讨厌的哭声"也可以停止的。王慈先生在《提倡辣椒救国》这一篇名文里告诉我们说:

……还有北方人自小在母亲的怀里,大哭的时候,倘使母亲拿一只辣茄子给小儿咬,很灵验的可以立止大哭……

　　现在的中国,仿佛是一个在大哭时的北方婴孩,倘使要制止他讨厌的哭声,只要多多的给辣茄子他咬。(《大晚报》副刊第十二号)

　　辣椒可以止小儿的大哭,真是空前绝后的奇闻,倘是真的,中国人可实在是一种与众不同的特别"民族"了。然而也很分明看见了这种"文学"的企图,是在给人一辣而不死,"制止他讨厌的哭声",静候着拔都元帅。

　　不过,这是无效的,远不如哭则"格杀勿论"的灵验。此后要防的是"道路以目"了,我们等待着遮眼文学罢。

三月二十日

【备考】:

提倡辣椒救国

☆ 王　慈

　　记得有一次跟着一位北方朋友上天津点心馆子里去,坐定了以后,堂倌跑过来问道:

　　"老乡!吃些什么东西?"

　　"两盘锅贴儿!"那位北方朋友用纯粹的北方口音说。

　　随着锅贴儿端来的,是一盆辣椒。

　　我看见那位北方朋友把锅贴和着多量的辣椒津津有味的送进嘴里去,触起了我的好奇心,探险般的把一个锅贴悄悄的蘸上一点儿辣椒,送下肚去,只觉得舌尖顿时麻木得失了知觉,喉间痒辣得怪难受,眼眶里不自主涌着泪水,这时,我大大的感觉到痛苦。

　　那位北方朋友看见了我这个样子,大笑了起来,接着他告诉我,北方人的善吃辣椒是出于天性,他们是抱着"饭菜可以不要,辣椒不能不吃"的主义的;他们对于辣椒已经是仿佛吸鸦片似的上了瘾!还有北方人自小在母亲的怀里,大哭的时候,倘使母亲拿一只辣茄子给小儿咬,很灵验的可以立止大哭……

现在的中国，仿佛是一个大哭时的北方婴孩，倘使要制止他讨厌的哭声，只要多多的给辣茄子他咬。

中国的人们，等于我的那位北方朋友，不吃辣椒是不会兴奋的！

三月十二日，《大晚报》副刊《辣椒与橄榄》

【硬要用辣椒止哭】：

不要乱咬人当心咬着辣椒

☆王　慈

上海近来多了赵大爷赵秀才一批的人，握了尺棒，拚命想找到"阿Q相"的人来出气。还好，这一批文人从有色的近视眼镜里望出来认为"阿Q相"的，偏偏不是真正的阿Q。

不知道是什么来历的何家干，看了我的《提倡辣椒救国》（见本刊十二号），认北方小孩的爱嗜辣椒，为"空前绝后"的"奇闻"。倘使我那位北方朋友告诉我，是吹的牛皮，那末，的确可以说空前。而何家干既不是数千年前的刘伯温，在某报上做文章，却是像在造《推背图》。北方小孩子爱嗜辣椒，若使可以算是"奇闻"，那么吸鸦片的父母，生育出来的婴孩，为什么也有烟瘾呢？

何家干既抓不到可以出气的对象，他在扑了一个空之后，却还要振振有词，说什么："倘使是真的，中国人可实在是一种与众不同的特别民族了。"

敢问何家干，戴了有色近视眼镜捧读《提倡辣椒救国》的时候，有没有看见"北方"两个字？（何家干既把有这两个字的句子，录在他的谈话里，显然的是看到了。）既已看到了，那末，请问斯德丁是不是可以代表整个的日耳曼？亚伯丁是不是可以代表整个的不列颠群岛？

在这里我真怀疑，何家干的脑筋，怎的是这么简单？会前后矛盾到这个地步！

赵大爷和赵秀才一类的人，想结党来乱咬人。我可以先告诉他们：我和《辣椒与橄榄》的编者是素不相识的，我也从没有写过《黄人之血》，请何家干若使一定要咬我一口，我劝他再架一副可以透视的眼镜，认清了目标再咬。否则咬着了辣椒，哭笑不得的时候，我不能负责。

三月二十八日，《大晚报》副刊《辣椒与橄榄》

【但到底是不行的】:

这叫作愈出愈奇

☆ 家　干

　　斯德丁实在不可以代表整个的日耳曼的,北方也实在不可以代表全中国。然而北方的孩子不能用辣椒止哭,却是事实,也实在没有法子想。

　　吸鸦片的父母生育出来的婴孩,也有烟瘾,是的确的。然而嗜辣椒的父母生育出来的婴孩,却没有辣椒瘾,和嗜醋者的孩子,没有醋瘾相同。这也是事实,无论谁都没有法子想。

　　凡事实,靠发少爷脾气是还是改不过来的。格里莱阿说地球在回旋,教徒要烧死他,他怕死,将主张取消了。但地球仍然在回旋。为什么呢?就因为地球是实在在回旋的缘故。

　　所以,即使我不反对,倘将辣椒塞在哭着的北方(!)孩子的嘴里,他不但不止,还要哭得更加利害的。

七月十九日

注释:

原载《申报·自由谈》1933年3月24日,署名何家干。

民族主义文艺运动宣言

☆傅彦长

中国民族主义文艺运动者,于民国十九年六月一日,集会于上海,发表宣言如下:

一

中国的文艺界近来深深地陷入于畸形的病态的发展进程中。这种现象,在稍稍留意于我国今日的艺坛及文坛的人必不会否认。在今日,当前的现象,正是中国文艺的危机。

我们试一看我们今日的文坛艺坛,我们便可以发现这种混杂的局面。我们会看见在这新文坛时代下,还竟有人在保持残余的封建思想。中国新文艺运动底历史还不甚悠久,其被一般所接受,虽已不能否认,但从新文艺运动发生以后,至于今日,因为从事于新文艺运动的人,对于文艺的中心意识底缺乏,努力于形式的改革而忽略于内容的充实,致一切残余的封建思想,仍在那里无形地支配一切,这是无可讳言的。

同时我们看到那自命左翼的所谓无产阶级的文艺运动,他们将艺术"呈献给'胜利不然就死'的血腥的斗争"。而以"……艺术不能不以无产阶级在这黑暗的阶级社会之'中世纪'里面所感觉的感觉为内容……"同时,我们又看见那所谓左翼画家结合底运动,在他们的宣言里是:"诸君,请看那些拜金主义的画家们,他们除了为自己的名誉和黄金,除了为自己的地盘与奢华的生活以外,从没有为了我们谋利益吧!……青年美术家诸君,诸君应该认清他们的欺骗和榨取是他们压迫阶级一贯的政策。……"因此,在我们中国的旧文艺已倾圮,而新文艺建设的过程中却产生这一类意识的阶级的艺术运动。

在这样的两个极端的思想中,我们还可以看见许多形形式式的局面。每一个小组织,各拥有一个主观的见解。因之,今日中国的新文坛艺坛上满呈着零碎的残局。

在这样的局面下，对文艺的中心意识遂致不能形成，所以自有新文艺运动以至今日，我们在新文艺上甚少成就。

假如这种多型的文艺意识，各就其所意识到的去路而进展，则这种文艺上纷扰的残局永不会消失，其结果将致我们的新文艺运动永无发挥之日，而陷于必然的倾圮。当前的现象正是我们新文艺的危机。

但我们又如何而突破这个危机，使我们的新文艺运动演进至于灿烂辉煌之域？在前，我们认为现下中国文艺的危机是由于多型的对于文艺底见解，而在整个新文艺发展底进程中缺乏中心的意识。因此突破这个当前的危机底唯一方法，是在努力于新文艺演进进程中底中心意识底形成。

二

艺术，从它的最初的历史的纪录上，已经明示了我们它所负的使命。我们很明了，艺术作品在原始状态里，不是从个人的意识里产生而是从民族的立场所形成的生活意识里产生的，在艺术作品内所显示的不仅是那艺术家的才能，技术，风格和形式；同时，在艺术作品内显示的也正是那艺术家所属的民族底产物。这在艺术史上是很明显地告诉了我们了。

从那辽远的古代艺术上，我们便可以看出艺术之民族的基础。金字塔及人面兽之所以发现在埃及，因为这种艺术，是埃及的民族精神底展露，他们所显示的正是埃及的民族意识。金字塔是坟墓建筑，它之所以勃兴，足以映示埃及人对于死人观念的宗教信仰；人面兽及其他的艺术形态，均是埃及民族宗教底表示。希腊留下来的伟大的建筑物和雕刻，也正是希腊民族性底表示。因为希腊民族有勇猛活泼的精神，有美丽强健的身体，有兴奋热烈的感情，有物质享乐的要求，有现世思想而非出世思想的宗教观与人生观，有爱好运动兴趣；故在希腊艺术上所表现的正是希腊的民族精神；一般人所最易见的维娜丝像，正足以反映希腊民族象征人生底宗教观念；较普通的铁饼投手，也很明显希腊人爱好运动底精神。在希腊艺术上，我们看见希腊民族性底充分展布。即使就是在中古世，在那政治不安定，充满了封建主义而缺乏民族意识的中古世，在当时所流行的建筑，雕刻和绘画，也多少各有其民族的色彩。

艺术之民族色彩，益趋明显。当中古的封建制度底渐渐倾圮之时，民族的意识愈见勃长。文艺复兴的热烈运动，其所以为近代艺术开了端倪，便是它之从中古的峨特艺术底羁绊中，为民族艺术底创造。由于它，我们看见文艺复兴及其后的白罗克并罗哥哥艺术,都是新兴的民族意识底显露。

　　在文学上,文学之民族的要素,也和艺术一样地存在着。文学的原始形态,我们现在虽则很难断定其为何如,但可以深信的,它必基于民族底一般的意识。这我们在希腊的《伊里亚特》和《奥德赛》,日耳曼的《尼贝龙根》,英吉利的《皮华而夫》,法兰西的《罗兰歌》及我国的《诗经》《国风》上,很可以明了的。在西洋,民族文学底发展,必须有赖于支配拉丁语文的毁覆,及民族语文底行用。文艺复兴时代之所以为近代文学开了端倪,是因但丁及却塞各努力于把他们所属民族底民族语文为他们文学表现底手段,在英国,由于却塞底努力,我们看见有以利沙伯朝及其后底灿烂的文学时代。

　　由此我们很可以从这些文艺的纪录上明了文艺的起源——也就是文艺底最高的使命,是发挥它所属的民族精神和意识。换一句说:文艺的最高意义,就是民族主义。

三

　　民族主义文艺底充分发展,一方面须赖于政治上的民族意识底确立,一方面也直接影响于政治上民族主义的确立。

　　就前者言:民族文艺底充分发展必须有待于政治上的民族国家的建立,民族文艺底发展必伴随以民族国家底产生;所以我们在近代,看见民族文艺有充分的发展。

　　自从一八一五年的维也纳会议以后,欧洲各处都充满着民族主义的思想。那个时候,在欧洲的地图上还没有独立的有德意志、意大利、匈牙利、波兰、捷克斯拉夫、巨哥斯拉夫及芬兰等民族国家。所以在当时,民族主义的运动是非常澎湃。民族主义底目的,是在形成独立的民族国家。匈牙利是在海斯堡铁蹄之下;德意志充满了封建制度的遗风;在同一民族之下,有许多小小的封建的郡主;意大利仅仅是一个"地理上的名词",施锦尼(Szechinyt)之流的匈牙利民族运动,终于被海斯堡所征服。海斯堡帝国是当时欧洲政局底霸主。在他的主宰之下,有匈牙利人,神圣罗马帝国所遗留下来的许多封建的郡主,所谓意大利的许多政治组织底单位。这种情形之下,努力于民族主义最烈的要推普鲁士及萨丁尼亚;我们在这里无须重复说明他们如何奋斗,至少自维也纳会议以后,欧洲的民族,已经认明他们唯一的出路是民族主义。他们开始向这方向跑,这条路不是康庄大道,当然是崎岖异常。

　　一八七一年是很可纪念的一年。在那一年不但是法国被德国打败得狼狈不堪,他之所以可纪念,是欧洲民族主义运动底成功,德意志自一八一五年以后,就认明这条民族主义的道路,因为小的郡主太多,不能不推出普鲁士来做他们民族运动的首领。结果便是德意志民族国家底建立。

一八七一年之所以值得纪念,还有意大利民族底产生。虽则意大利在这年前已经有民族国家底产生,但那时罗马还在法国占领之下。普法战争底结果,便是在罗马占领中的法国军队底召回,使民族的意大利国得以奠都于罗马——意大利的必然的首都。

自一八七一年以后,日耳曼人及意大利人虽则实现了他们的民族运动,但欧洲的民族运动便不因此而停止。巴尔干问题自柏林会议以后,一直到现在不曾有满意各方的解决,而为战争酝酿的原因,便是在该处的民族运动。同时屈伏于海斯堡下的斯拉夫民族,自一八七一年后,便开始有政治的民族运动;一直到一九一四——一九一八年以后的欧战,才实现了他们的企图。欧战底结果,我们看见有更多民族国家底产生,和两大帝国底崩圮。在海斯堡铁蹄下的斯拉夫民族,实现了他们的企望;我们看见有巨哥斯拉夫、捷克斯洛夫基亚等民族国家底建立。

一九一七年十一月俄罗斯革命的结果,我们不但看见罗门诺夫帝国主义底倾覆,并且同时看见民族主义更多的成功。不但是芬兰、波兰、拉脱维亚、立陶宛及爱沙尼亚等民族的都已挣开了俄罗斯的羁绊羁而建立独立的民族国家,并且,我们看见乌克兰、白俄罗斯、南高加索、突厥和乌兹贝克各民族,都建立自主的民族国家,即俄罗斯社会主义苏维埃联邦共和国,也是由十一个自主国和十二个自主州所组成,于此足见民族主义的力量是恒久的伟大。

最近象中国的国民革命,土耳其共和国的建立,爱尔兰的自治运动,菲律宾的独立运动,朝鲜、印度、越南的独立运动,更充满了民族运动的记录。故近代文艺,因此也满呈着民族主义底运动,诚如政治上的出路是民族主义,故文艺发展底出路也是集中于民族主义。现代法兰西的艺术,最初的一名运动员是塞尚奈。他将当时流行于法国的各派艺术底主张,如印象派光的现象的注重,殷格莱(Ingres)底《画的万有说》,和柯尔贝(Courbert)底《实际论》,总合起来,而加添了他自己独创的主张——所谓自我的表现和线的形式的注重,演成所谓后来的立体主义;及野兽运动(Fauves)及最后演进于所谓"纯粹主义";在这多种多样艺术界中,中心意识,却还只是一个,就是法兰西的民族意识。

在德国,德国人另有他的民族艺术,他们的运动集中于表现主义底旗帜之下,所谓表现主义,是日耳曼民族底民族精神,及民族意识底表露,故表现主义尤其富于浓厚的民族特征。诚如白令顿教授(Prof. Brinton)所言:"日耳曼人的现代艺术是所谓表现主义;满呈了日耳曼的民族特征。"

此外,意大利人对于民族艺术的努力是集中于未来主义,俄罗斯人对于民族艺术底努力是集中于原始主义。这种主义都是他们民族精神及民族意识底表露。如前所述,我们很可以明了,文艺底进展随着政治底进展。故民族文艺底确立,必有待于民族国家底建立。

就后者说,文艺上的民族运动,直接影响及于政治上的民族主义底确立。这我们在巨哥斯拉夫底发展上是明了的。巨哥斯拉夫底民族艺术运动较巨哥斯拉夫民族国家底诞生为先。巨哥斯拉夫底民族艺术运动集中于麦司屈洛维克(Mestrovic),一九零五年成立底南斯拉夫艺术家联盟,是巨哥斯拉夫民族艺术具体的组织的活动底开端,他们集中于他们表现于南斯拉夫民族底历史的烈风和其民族的意志。由于巨哥斯拉夫民族国家艺术的确立,我们在欧战后就看见有巨哥斯拉夫民族国家底出现。

艺术和文学,因之必须以民族为其基础,这事实是不容否认的了。但是民族主义的文艺所包含的内容又是什么呢?

四

民族是一咧人种的集团。这种人种的集团底形成,决定于文化的、历史的、体质的及心理的共同点,过去的共同奋斗,是民族形成唯一的先决条件。因之,民族主义的目的,不仅消极地在乎维系那一群人种底生存,并积极地发挥那一群人底力量和增长那一群人底光辉。

艺术和文学是属于某一民族的,为了某一民族,并由某一民族产生的,其目的不仅在表现那所属民族底民间思想,民间宗教,及民族的情趣;同时在排除一切阻碍民族进展的思想,在促进民族的向上发展底意志,在表现民族在增长自己的光辉底进程中一切奋斗的历史。因之,民族主义的文艺,不仅在表现那已经形成的民族意识;同时,并创造那民族底新生命。

属于第一义的民族艺术,表现民族的情趣,我们看见有现代德意志的表现主义,俄罗斯的原始主义,及法兰西的纯粹主义。

属于第二义的民族艺术,我们看见有意大利的未来主义及巨哥斯拉夫的现代艺术。未来主义的中心意识,在物质或机械文明的赞扬,我们看到意大利在西洋是物质文明落后的国家,唯其如此,所以未来主义出现于意大利;以创造意大利民族对于物质文明底意识。巨哥斯拉夫的民族艺术,在麦司屈洛维克领导之下,不仅表现了他们民族的过去的奋斗,并努力于南斯拉夫人民族国家底意识底建立。

五

现今我们中国文坛艺坛底当前的危机是对于文艺缺乏中心意识。那末,我们要突破这个危机,并促进我们的文艺底开展,势必在形成一个对于文艺底中心意识。从历史的教训,我们须集中我们此后的努力于民族主义的文学与艺术底创造。我们此后的文艺活动,应以我们的唤起民族意识为中心;同时,为促进民族的繁荣,我们须促进民族的向上发展的意志,创造民族的新生命。我们现在所负的,正是建立我们的民族主义文学与艺术重要伟大的使命。

注释:
原载《前锋月刊》1930年10月10日第1卷第1期。

以民族意识为中心的文艺运动

☆傅彦长

以民族意识为中心思想的文艺作品,在世界最没有地位的不得不推我们中国人为第一了。我们中国人在常识上最感缺乏的也就是这个民族意识!前清末叶,我们文坛上的先知先觉们,曾经这样大声地叫喊过——我们中国人是一盘散沙。这是不错的!但是,他们对于以民族意识为中心思想的文艺作品,并没有努力过,后来也没有人来努力过,所以一直到现在,时间是经过了三十年光景,我们中国人还是一盘散沙。有了民族意识,就会有激昂的集团行动。集团行动永远是热情的,于民族有利的,而冷淡沉静的个人行动恰巧是完全与此相反!每一个中国人在群众面前的时候,都是自鸣得意,旁若无人地不顾公众的利益,尤其是所谓上等人,大家无不板起面孔来拆滥污。譬如,体面人也是随地吐痰,电车上卖票员视为当然的公开揩油,这一二件事情,在稍有血气的人(这种人都比较地肯受人利用,而且肯顾及公众的利益)看起来,决定要怒从心上起,恶向胆边生的。然而这一个个板起面孔公然在群众面前来拆滥污的人,无论如何,总不会受到大多数人的制裁。为什么呢?这就是热情的群众行动,在中国人里面恰巧是最为缺乏的缘故而已。顾及群众的一切行动,永远是中国人传统思想的反面。为努力向上,我们不得不提倡正反两方面思想的战争,所以一向是自由自在,以一盘散沙,"不识不知,顺帝之则"为目的,以板起了面孔来拆滥污过惯的中国人,我们非把他们集中起来,受民族意识的训练不可。文艺作品是宣传的,因此传统的中国文学,就宣传了置身事外,视众人皆浊而唯我独清的思想。传统的中国文学,最最缺少的是为了群众而有所利用厚生的行动。只要稍微带一点什么被人利用的所在,马上就会受到所谓清议的极度轻视。知名之士所说的礼教岂为我辈而设,最足以表示板起了面孔来拆滥污者的言论。试问,一个人而毫无可以利用的所在,世界上要他来生活着做什么?我们要中国人集中起来,在一个民族之下,个个都是可以利用的,而不是一盘散沙!一盘散沙等于一堆垃圾,中国人如果还是如此,就是说,我们中国人还没有民族意识。

我们要宣传一种有力量的,于中国人最有利益的思想。这思想一定要它是中国传统思想的反面。传统思想如果不使得我们发生那内在的矛盾,还是于我们为有利的。现在,我们受自传统思想的损害,使我们无从再加以忍耐了,我们非起来打倒它不可。这个反抗完全是我们自己内在的矛盾,决不是贩自外洋的。为了这一层,我们这一群,曾经讨论过了七八年,最后,就是现在,我们才决定了这样地说——以民族意识为中心思想的文艺运动,在现代中国是最为需要的。思想不问其浅薄深奥,只要是可以利用的,就是好的。我们中国人现在所需要的思想,只不过是可以利用的民族意识!

在我们这一群的意见,文艺作品应该是集团之下的生活表现,决不是个人有福独享的单独行动。中国人的文艺作品,应该为全体中国人所利用,决不容许众人皆浊而唯我独清的自由思想。有人说,只要中国人的文艺作品,没有不倾向于民族主义的——我说:只要一看传统的文学,就晓得这是不对的!现在,中国文坛上正充满了反民族主义的,传统思想的,以个人为中心思想的文艺作品,受了宣传的中国民众,因此还是一盘散沙,还是一堆堆不可利用的垃圾。中国民众没有集团的力量,在国际上没有地位,都是文艺作品所宣传出来的结果。

起来。宣传,我们从事文艺作品的人,请以民族意识为中心思想而上前去努力吧!

十九,九,一日

注释:
原载《前锋月刊》1930 年 10 月 11 日第 1 卷第 2 期。

叁 左联时期参加的三次论争

【附录】

反共文人的攻讦

洲:本我们村上有个老女人,丑而多怪。一天到晚专门爱说人家的短处,到了东村头摇了一下头,跑到西村头叹了一口气。好像一切总不合她的胃。但是,你真的问她到底要怎样呢,她又说不出。我觉得她倒有些像鲁迅先生。一天到晚只是讽刺,只是冷嘲,只是不负责任的发出一点杂感。当真你要问他究竟的主张,他又从来不给我们一个鲜明的回答。

鲁 迅:这的确令人讨厌的,但因此也更见其要紧,因为"中国的大众的灵魂",现在是反映在我的杂文里了。

二心集·序言(节录)

☆鲁　迅

　　这里是一九三〇年与三一年两年间的杂文的结集。

　　当三〇年的时候,期刊已渐渐的少见,有些是不能按期出版了,大约是受了逐日加紧的压迫。《语丝》和《奔流》,则常遭邮局的扣留,地方的禁止,到底也还是敷延不下去。那时我能投稿的,就只剩了一个《萌芽》,而出到五期,也被禁止了,接着是出了一本《新地》。所以在这一年内,我只做了收在集内的不到十篇的短评。

　　此外还曾经在学校里演讲过两三回,那时无人记录,讲了些什么,此刻连自己也记不清楚了。只记得在有一个大学里演讲的题目,是《象牙塔和蜗牛庐》。大意是说,象牙塔里的文艺,将来决不会出现于中国,因为环境并不相同,这里是连摆这"象牙之塔"的处所也已经没有了;不久可以出现的,恐怕至多只有几个"蜗牛庐"。蜗牛庐者,是三国时所谓"隐逸"的焦先曾经居住的那样的草窠,大约和现在江北穷人手搭的草棚相仿,不过还要小,光光的伏在那里面,少出,少动,无衣,无食,无言。因为那时是军阀混战,任意杀掠的时候,心里不以为然的人,只有这样才可以苟延他的残喘。但蜗牛界里哪里会有文艺呢,所以这样下去,中国的没有文艺,是一定的。这样的话,真可谓已经大有蜗牛气味的了,不料不久就有一位勇敢的青年在政府机关的上海《民国日报》上给我批评,说我的那些话使他非常看不起,因为我没有敢讲共产党的话的勇气。谨案在"清党"以后的党国里,讲共产主义是算犯大罪的,捕杀的网罗,张遍了全中国,而不讲,却又为党国的忠勇青年所鄙视。这实在只好变了真的蜗牛,才有"庶几得免于罪戾"的幸福了。

　　而这时左翼作家拿着苏联的卢布之说,在所谓"大报"和小报上,一面又纷纷的宣传起来,新月社的批评家也从旁很卖了些力气。有些报纸,还拾了先前的创造社派的几个人的投稿于小报上的话,讥笑我为"投降",有一种报则载起《文坛贰臣传》来,第一个就是我,——但后来好像并不再做下去了。

　　卢布之谣,我是听惯了的。大约六七年前,《语丝》在北京说了几句涉及陈源教授和别的"正人君子"们的话的时候,上海的《晶报》上就发表过"现代评论社主角"

唐有壬先生的信札，说是我们的言动，都由于墨斯科的命令。这又正是祖传的老谱，宋末有所谓"通房"，清初又有所谓"通海"，向来就用了这类的口实，害过许多人们的。所以含血喷人，已成了中国士君子的常经，实在不单是他们的识见，只能够见到世上一切都靠金钱的势力。至于"贰臣"之说，却是很有些意思的，我试一反省，觉得对于时事，即使未尝动笔，有时也不免于腹诽，"臣罪当诛兮天皇圣明"，腹诽就决不是忠臣的行径。但御用文学家的给了我这个徽号，也可见他们的"文坛"上是有皇帝的了。

　　去年偶然看见了几篇梅林格（Franz Mehring）的论文，大意说，在坏了下去的旧社会里，倘有人怀一点不同的意见，有一点携贰的心思，是一定要大吃其苦的。而攻击陷害得最凶的，则是这人的同阶级的人物。他们以为这是最可恶的叛逆，比异阶级的奴隶造反还可恶，所以一定要除掉他。我才知道中外古今，无不如此，真是读书可以养气，竟没有先前那样"不满于现状"了，并且仿《三闲集》之例而变其意，拾来做了这一本书的名目。然而这并非在证明我是无产者。一阶级里，临末也常常会自己互相闹起来的，就是《诗经》里说过的那"兄弟阋于墙"，——但后来却未必"外御其侮"。例如同是军阀，就总在整年的大家相打，难道有一面是无产阶级么？而且我时时说些自己的事情，怎样地在"碰壁"，怎样地在做蜗牛，好像全世界的苦恼，萃于一身，在替大众受罪似的：也正是中产的智识阶级分子的坏脾气。只是原先是憎恶这熟识的本阶级，毫不可惜它的溃灭，后来又由于事实的教训，以为惟新兴的无产者才有将来，却是的确的。

　　自从一九三一年二月起，我写了较上年更多的文章，但因为揭载的刊物有些不同，文字必得和它们相称，就很少做《热风》那样简短的东西了；而且看看对于我的批评文字，得了一种经验，好像评论做得太简括，是极容易招得无意的误解，或有意的曲解似的。又，此后也不想再编《坟》那样的论文集，和《壁下译丛》那样的译文集，这回就连较长的东西也收在这里面，译文则选了一篇《现代电影与有产阶级》附在末尾，因为电影之在中国，虽然早已风行，但这样扼要的论文却还少见，留心世事的人们，实在很有一读的必要的。还有通信，如果只有一面，读者也往往很容易了然，所以将紧要一点的几封来信，也擅自一并编进去了。

一九三二年四月三十日之夜，编讫并记

"以夷制夷"

☆鲁　迅

我还记得,当去年中国有许多人,一味哭诉国联的时候,日本的报纸上往往加以讥笑,说这是中国祖传的"以夷制夷"的老手段。粗粗一看,也仿佛有些像的,但是,其实不然。那时的中国的许多人,的确将国联看作"青天大老爷",心里何尝不有一点儿"夷"字的影子。

倒相反,"青天大老爷"们却常常用着"以华制华"的方法的。

例如罢,他们所深恶的反帝国主义的"犯人",他们自己倒是不做恶人的,只是松松爽爽的送给华人,叫你自己去杀去。他们所痛恨的腹地的"共匪",他们自己是并不明白表示意见的,只将飞机炸弹卖给华人,叫你自己去炸去。对付下等华人的有黄帝子孙的巡捕和西崽,对付智识阶级的有高等华人的学者和博士。

我们自夸了许多日子的"大刀队",好像是无法制伏的了,然而四月十五日的《××报》上,有一个用头号字印《我斩敌二百》的题目。粗粗一看,是要令人觉得胜利的,但我们再来看一看本文罢——

　　(本报今日北平电)昨日喜峰口右翼,仍在滦阳城以东各地,演争夺战。敌出现大刀队千名,系新开到者,与我大刀队对抗。其刀特长,敌使用不灵活。我军挥刀砍抹,敌招架不及,连刀带臂,被我砍落者纵横满地,我军伤亡亦达二百余。……

那么,这其实是"敌斩我军二百"了,中国的文字,真是像"国步"一样,正在一天一天的艰难起来。但我要指出来的却并不在此。

我要指出来的是"大刀队"乃中国人自夸已久的特长,日本人虽有击剑,大刀却非素习。现在可是"出现"了,这不必迟疑,就可决定是满洲的军队。满洲从明末以来,每年即大有直隶山东人迁居,数代之后,成为土著,则虽是满洲军队,而大多数实为华人,也决无疑义。现在已经各用了特长的大刀,在滦东相杀起来,一面是"连刀带臂,纵横满地",一面是"伤亡亦达二百余",开演了极显著的"以华制华"的一幕了。

至于中国的所谓手段,由我看来,有是也应该说有的,但决非"以夷制夷",倒是想"以夷制华"。然而"夷"又哪有这么愚笨呢,却先来一套"以华制华"给你看。

这例子常见于中国的历史上,后来的史官为新朝作颂,称此辈的行为曰:"为王前驱"!

近来的战报是极可诧异的,如同日同报记冷口失守云:"十日以后,冷口方面之战,非常激烈,华军⋯⋯顽强抵抗,故继续未曾有之大激战",但由宫崎部队以十余兵士,作成人梯,前仆后继,"卒越过长城,因此宫崎部队牺牲二十三名之多云"。越过一个险要,而日军只死了二十三人,但已云"之多",又称为"未曾有之大激战",也未免有些费解。所以大刀队之战,也许并不如我所猜测。但既经写出,就姑且留下以备一说罢。

四月十七日

【跳踉】:

"以华制华"

☆李家作

报纸不可不看。在报上不但可以看到虔修功德如念念阿弥陀佛,选拔国士如征求飞檐走壁之类的"善"文,还可以随时长许多见识。譬如说杀人,以前只知道有斫头绞颈子,现在却知道还有吃人肉,而且还有"以夷制夷","以华制华"等等的分别。经明眼人一说,是越想越觉得不错的。

尤其是"以华制华",那样的手段真是越想越觉得多的。原因是人太多了,华对华并不会亲热;而且为了自身的利害要坐大交椅,当然非解决别人不可。所以那"制"是无论如何要"制"的。假如因为制人而能得到好处,或是因为制人而能讨得上头的欢心,那自然更其起劲。这心理,夷人就很善于利用,从侵略土地到卖卖肥皂,都是用的这"华人"善于"制华"的美点。然而,华人对华人,其实也很会利用这种方法,而且非常巧妙。双方不必明言,彼此心照,各得其所;旁人看来,不露痕迹。据说那被利用的人便是哈吧狗,即走狗。但细细甄别起来,倒并不只是哈吧狗一种,另外还有一种是警犬。

做哈吧狗与做警犬,当然都是"以华制华",但其中也不无分别。哈吧狗只能听主人吩咐,向仇人摇摇尾,狂吠几声。他知道他是什么样的身分。警犬则不然:老于世故者往往如此。他只认定自己是一个好汉,是一个权威,是一个执大义以绳天下者。在那门庭间的方寸之地上,只有他可以彷徨彷徨,呐喊呐喊。他的威风没有人敢冒犯,和哈吧狗比较起来,哈吧狗真是浅薄得可怜。但何以也是"以华制华"呢?那是因为虽然老于世故,也不免露出破绽。破绽是:他俨若嫉恶如仇,平时蹲在地上冷眼旁观,一看到有类乎"可杀"的情形时,就踪身向前,猛咬一口;可是,他决不是乱咬,他早已看得分明,凡在他寄身的地段上(他当然不能不有一个寄身的地方),他决不伤害,有了也只当不看见,以免引起"不便"。他咬,是咬圈子外头的,尤其是,圈子外头最碍眼的仇人。这便是勇,这便是执大义,同时,既可显出自己的权威,又可博得主人的欢心:因为,他所咬的,往往会是他和他东家的共同的敌人。主人对于他所痛恨,自己是并不明白表示意见的,只给你一些供养和地位,叫你自己去咬去。因此有接二连三的奋勇,和吹毛求疵的找机会。旁观者不免有点不明白,觉得这仇太深,却不知道这正是老于世故者的做人之道,所谓向恶社会"搏战""周旋"是也。那样的用心,真是很苦!

所可哀者,为了要挣扎在替天行道的大旗之下,竟然不惜受员外府君之类的供奉,把那旗子斜插在庄院的门楼边,暂且作个"江湖一应水碗不得骚扰"的招贴纸儿。也可见得做中国人的不容易,和"以华制华"的效劳,虽贤者亦不免焉。

——二二,四,二一

四月二十二日,《大晚报》副刊《火炬》

【摇摆】:

过而能改

☆傅红蓼

孔老夫子,在从前教训着那么许多门生说:"过而能改,善莫大焉!"意思是错误人人都有,只要能够回头。我觉得孔老夫子这句话尚有未尽意处,譬如说:"过而能改,善莫大焉"之后,再加上一句:"知过不改,罪孽深重",那便觉得天衣无缝了。

譬如说现在前线打得落花流水的时候,而有人觉得这种为国牺牲是残酷,是无聊,便主张不要打,而且更主张不要讲和,只说索性藏起头来,等个五十年。俗谚常有"十年生聚,十年教训",看起来五十年的教训,大概什么都够了。凡事有了错误,才有教训,可见中国人尚还有些救药,国事弄得乌烟瘴气到如此,居然大家都恍然大觉大悟自己内部组织的三大不健全,更而发现武器的不充足。眼前须要几十个年头,来作准备。言至此,吾人对于热河一直到滦东的失守,似乎应当有些感到失得不大冤枉。因为吾党(借用)建基以至于今日,由军事而至于宪政,尚还没有人肯认过错,则现在失掉几个国土,使一些负有自信天才的国家栋梁学贯中西的名儒,居然都肯认错,所谓"过而能改,善莫大焉",塞翁失马,又安知非福的聊以自慰,也只得闭着眼睛喊两声了,不过假使今后"知过尚不能改,罪孽的深重",比写在讣文上,概也更要来得使人注目了。

譬如再说,四月二十二日本刊上李家作的"以华制华"里说的警犬。警犬咬人,是蹲在地上冷眼傍观,等到有可杀的时候,便一跃上前,猛咬一口,不过,有的时候那警犬被人们提起棍子,向着当头一棒,也会把专门咬人的警犬,打得藏起头来,伸出舌头在暗地里发急。这种发急,大概便又是所谓"过"了。因为警犬虽然野性,但有时被棍子当头一击,也会被打出自己的错误来的,于是"过而能改"的警犬,在暗地里发急时,自又便会想忏悔,假使是不大晓得改过的警犬,在暗地发急之余?还想乘机再试,这种犬,大概是"罪孽深重"的了。

中国人只晓得说过而能改,善莫大焉,可惜都忘记了底下那一句。

四月二十六日,《大晚报》副刊《火炬》

【只要几句】:

案　语

☆家　干

以上两篇,是一星期之内,登在《大晚报》附刊《火炬》上的文章,为了我的那篇《"以夷制夷"》而发的,揭开了"以华制华"的黑幕,他们竟有如此的深恶痛嫉,莫非真是太伤了此辈的心么?

但是,不尽然的。大半倒因为我引以为例的《××报》其实是《大晚报》,所以使他们有这样的跳跳和摇摆。然而无论怎样的跳跳和摇摆,所引的记事具在,旧的《大晚报》也具在,终究挣不脱这一个本已扣得紧紧的笼头。

此外也无须多话了,只要转载了这两篇,就已经由他们自己十足的说明了《火炬》的光明,露出了他们真实的嘴脸。

七月十九日

注释:

原载《申报·自由谈》1933年4月21日,发表时署名何家干。

伪自由书·后记(节录)

☆鲁　迅

　　我向《自由谈》投稿的由来,《前记》里已经说过了。到这里,本文已完,而电灯尚明,蚊子暂静,便用剪刀和笔,再来保存些因为《自由谈》和我而起的琐闻,算是一点余兴。

　　只要一看就知道,在我当时发表的短评中,攻击得最烈的是《大晚报》。这也并非和我前生有仇,是因为我引用了它的文字。但我也并非和它前生有仇,是因为我所看的只有《申报》和《大晚报》两种,而后者的文字往往颇觉新奇,值得引用,以消愁释闷。

　　……

　　和《大晚报》不相上下,注意于《自由谈》的还有《社会新闻》。但手段巧妙得远了,它不用不能通或不愿通的文章,而只驱使着真伪杂糅的记事。即如《自由谈》的改革的原因,虽然断不定所说是真是假,我倒还是从它那第二卷第十三期(二月七日出版)上看来的——

从《春秋》与《自由谈》说起

　　中国文坛,本无新旧之分,但到了五四运动那年,陈独秀在《新青年》上一声号炮,别树一帜,提倡文学革命,胡适之、钱玄同、刘半农等,在后摇旗呐喊。这时中国青年外感外侮的压迫,内受政治的刺激,失望与烦闷,为了要求光明的出路,各种新思潮,遂受青年热烈的拥护,使文学革命建了伟大的成功。从此之后,中国文坛新旧的界限,判若鸿沟;但旧文坛势力在社会上有悠久的历史,根深蒂固,一时不易动摇。那时旧文坛的机关杂志,是著名的《礼拜六》,几乎集了天下摇头摆尾的文人,于《礼拜六》一炉!至《礼拜六》所刊的文字,十九是卿卿我我,哀哀唧唧的小说,把民族性陶醉萎靡到极点了!此即所谓鸳鸯蝴蝶派的文字。其中如徐枕亚吴双热周瘦鹃等,尤以善谈鸳鸯蝴蝶著名,周瘦鹃且为礼拜六派之健将。这时新文坛对于旧势力的大本营《礼拜六》,攻击颇力,卒以新兴势力,实力单薄,旧派有封建社会为背景,有恃无恐,两不相让,各行其是。此后新派如文学研究会,创造社等,陆续成立,人材渐众,势力渐厚,《礼拜六》应时势之推移,终至"寿终正寝"!惟礼拜六派之残余分子,迄今犹四出活动,无肃清之望,上海各大报中之文艺编辑,至今大都仍是所谓鸳鸯蝴蝶派所把持。可是只要放眼在最近的出版界中,新兴文艺出版数量的可惊,已有使旧势力不能抬头之势!礼拜六派文人之在今日,已不敢复以《礼拜六》的头衔以相召号,盖已至强弩之末的时期了!最近守旧的《申报》,忽将《自由谈》编辑礼拜六派的巨子周瘦鹃撤职,换了一个新派作家黎烈文,这对于旧势力当然是件非常的变动,遂形成了今日新旧文坛剧烈的冲突。周瘦鹃一方面策动各小报,对黎烈文作总攻击,我们只要看郑逸梅主编的《金刚钻》,主张周瘦鹃仍返《自由谈》原位,让黎烈文主编《春秋》,也足见旧派文人终不能忘情于已失的地盘。而另一方面周瘦鹃在自己编的《春秋》内说:各种剖刊有各种副刊的特性,作河水不犯井水之论,也足见周瘦鹃犹惴惴于他现有地位的危殆。周同时还硬拉非苏州人的严独鹤加入周所主持的纯苏州人的文艺团体"星社",以为拉拢而固地位之计。不图旧派势力的失败,竟以周启其端。据我所闻,周的不能安于其位,也有原因:他平日对于选稿方面,太刻薄而私心,只要是认识的人投去的稿,不看内容,见篇即登;同时无名小卒或为周所陌生的投稿者,则也不看内容,整堆的作为字纸篓的虏俘。因周所编的刊物,总是几个夹袋里的人物,私心自用,以致内容糟不可言!外界对他的攻击日甚,如许啸天主编之《红叶》,也对周有数次剧烈的抨击,史量才为了外界对他的不满,所以才把他撤去。哪知这次史量才的一动,周竟作了导火线,造成今日新旧两派短兵相接战斗愈烈的境界!以后想好戏还多,读者请拭目俟之。

[微知]

但到二卷廿一期(三月三日)上,就已大惊小怪起来,为"守旧文化的堡垒"的动摇惋惜——

左翼文化运动的抬头

☆水 手

关于左翼文化运动,虽然受过各方面严厉的压迫,及其内部的分裂,但近来又似乎渐渐抬起头了。在上海,左翼文化在共产党"联络同路人"的路线之下,的确是较前稍有起色。在杂志方面,甚至连那些第一块老牌杂志,也左倾起来。胡愈之主编的《东方杂志》,原是中国历史最久的杂志,也是最稳健不过的杂志,可是据王云五老板的意见,胡愈之近来太左倾了,所以在愈之看过的样子,他必须再重看一遍。但虽然是经过王老板大刀阔斧的删段以后,《东方杂志》依然还嫌太左倾,于是胡愈之的饭碗不能不打破,而由李某来接他的手了。又如《申报》的《自由谈》在礼拜六派的周某主编之时,陈腐到太不像样,但现在也在左联手中了。鲁迅与沈雁冰,现在已成了《自由谈》的两大台柱了。《东方杂志》是属于商务印书馆的,《自由谈》是属于《申报》的,商务印书馆与申报馆,是两个守旧文化的堡垒,可是这两个堡垒,现在似乎是开始动摇了,其余自然是可想而知。此外,还有几个中级的新的书局,也完全在左翼作家手中,如郭沫若、高语罕、丁晓先与沈雁冰等,都各自抓着了一个书局,而做其台柱,这些都是著名的红色人物,而书局老板现在竟靠他们吃饭了。

....

过了三星期,便确指鲁迅与沈雁冰为《自由谈》的"台柱"(三月廿四日第二卷第廿八期)——

黎烈文未入文总

《申报·自由谈》编辑黎烈文,系留法学生,为一名不见于经传之新进作家。自从接办《自由谈》后,《自由谈》之论调,为之一变,而执笔为文者,亦由星社《礼拜六》之旧式文人,易为左翼普罗作家。现《自由谈》资为台柱者,为鲁迅与沈雁冰两氏,鲁迅在《自由谈》上发表文稿尤多,署名为"何家干"。除鲁迅与沈雁冰外,其他作品,亦什九系左翼作家之作,如施蛰存、曹聚仁、李辉英辈是。一般人以《自由谈》作文者均系中国左翼文化总同盟(简称文总),故疑黎氏本人,亦系文总中人,但黎氏对此,加以否认,谓彼并未加入文总,与以上诸人仅友谊关系云。

[逸]

又过了一个多月,则发现这两人的"雄图"(五月六日第三卷第十二期)了——

鲁迅沈雁冰的雄图

自从鲁迅、沈雁冰等以《申报·自由谈》为地盘,发抒阴阳怪气的论调后,居然又能吸引群众,取得满意的收获了。在鲁(?)沈的初衷,当然这是一种有作用的尝试,想复兴他们的文化运动。现在,听说已到组织团体的火候了。

参加这个运动的台柱,除他们二人外,有郁达夫、郑振铎等,交换意见的结果,认为中国最早的文化运动,是以语丝社创造社及文学研究会为中心,而消散之后,语丝创造的人分化太大了,惟有文学研究会的人大部分部还一致,——如王统照、叶绍钧、徐雉之类。而沈雁冰及郑振铎,一向是文学研究派的主角,于是决定循此路线进行。最近,连田汉都愿意率众归附,大概组会一事,已在必成,而且可以在这红五月中实现了。

〔农〕

这些记载,于编辑者黎烈文是并无损害的,但另有一种小报式的期刊所谓《微言》,却在《文坛进行曲》里刊了这样的记事——

曹聚仁经黎烈文等介绍,已加入左联。(七月十五日,九期。)

这两种刊物立说的差异,由于私怨之有无,是可不言而喻的。但《微言》却更为巧妙:只要用寥寥十五字,便并陷两者,使都成为必被压迫或受难的人们。

到五月初,对于《自由谈》的压迫,逐日严紧起来了,我的投稿,后来就接连不能发表。但我以为这并非因了《社会新闻》之类的告状,倒是因为这时正值禁谈时事,而我的短评却时有对于时局的愤言;也并非仅在压迫《自由谈》,这时的压迫,凡非官办的刊物,所受之度大概是一样的。但这时候,最适宜的文章是鸳鸯蝴蝶的游泳和飞舞,而《自由谈》可就难了,到五月廿五日,终于刊出了这样的启事——

编辑室

这年头,说话难,摇笔杆尤难。这并不是说:"祸福无门,惟人自召",实在是"天下有道","庶人"相应"不议"。编者谨掬一瓣心香,吁请海内文豪,从兹多谈风月,少发牢骚,庶作者编者,两蒙其休。若必论长议短,妄谈大事,则塞之字簏既有所不忍,布之报端又有所不能,陷编者于两难之境,未免有失恕道。语云:识时务者为俊杰,编者敢以此为海内文豪告。区区苦衷,伏乞矜鉴!

〔编者〕

这现象,好像很得了《社会新闻》群的满足了,在第三卷廿一期(六月三日)里的

"文化秘闻"栏内,就有了如下记载——

《自由谈》态度转变

《申报·自由谈》自黎烈文主编后,即吸收左翼作家鲁迅沈雁冰及乌鸦主义者曹聚仁等为基本人员,一时论调不三不四,大为读者所不满。且因嘲骂"礼拜五派",而得罪张若谷等;抨击"取消式"之社会主义理论,而与严灵峰等结怨;腰斩《时代与爱的岐途》,又招张资平派之反感,计黎主编《自由谈》数月之结果,已形成一种壁垒,而此种壁垒,乃营业主义之《申报》所最忌者。又史老板在外间亦耳闻有种种不满之论调,乃特下警告,否则为此则惟有解约。最后结果伙计当然屈伏于老板,于是"老话","小旦收场"之类之文字,已不复见于近日矣。

[闻]

而以前的五月十四日午后一时,还有了丁玲和潘梓年的失踪的事,大家多猜测为遭了暗算,而这猜测也日益证实了。谣言也因此非常多,传说某某也将同遭暗算的也有,接到警告或恐吓信的也有。我没有接到什么信,只有一连五六日,有人打电话到内山书店的支店去询问我的住址。我以为这些信件和电话,都不是实行暗算者们所做的,只不过几个所谓文人的鬼把戏,就是"文坛"上,自然也会有这样的人。但倘有人怕麻烦,这小玩意是也能发生些效力,六月九日《自由谈》上《蘧庐絮语》之后有一条下列的文章,我看便是那些鬼把戏的见效的证据了——

编者附告:昨得子展先生来信,现以全力从事某项著作,无暇旁鹜,《蘧庐絮语》,就此完结。

终于,《大晚报》静观了月余,在六月十一的傍晚,从它那文艺附刊的《火炬》上发出毫光来了,它愤慨得很——

到底要不要自由

☆法 鲁

久不曾提起的"自由"这问题,近来又有人在那里大论特谈,因为国事总是热辣辣的不好惹,索性莫谈,死心再来谈"风月",可是"风月"又谈得不称心,不免喉底里喃喃地漏出几声要"自由",又觉得问题严重,喃喃几句倒是可以,明言直语似有不便,于是正面问题不敢直接提起来论,大刀阔斧不好当面幌起来,却弯弯曲曲,兜着圈子,叫人摸不着棱角,摸着正面,却要把它当做反面看,这原是看"幽默"文字的方法也。

心要自由,口又不明言,口不能代表心,可见这只口本身已经是不自由的了。因为不自由,所以才讽讽刺刺,一回儿"要自由",一回儿又"不要自由",过一回儿再"要不自由的自由"和"自由的不自由",翻来复去,总叫头脑简单的人弄得"神经衰弱",把捉不住中心。到底要不要自由呢?说清了,大家也好顺风转舵,免得闷在葫芦里,失掉听懂的自由。照我这个不是"雅人"的意思,还是粗粗直直地说:"咱们要自由,不自由就来拚个你死我活!"

本来"自由"并不是个非常问题,给大家一谈,倒严重起来了。——问题到底是自己弄严重的,如再不使用大刀阔斧,将何以冲破这黑漆一团?细针短刺毕竟是雕虫小技,无助于大题,讥刺嘲讽更已属另一年代的'老人所发的呓语。我们聪明的知识分子又何尝不知道讽刺在这时代已失去效力,但是要想弄起刀斧。却又觉左右掣肘,在这一年代,科学发明,刀斧自然不及枪炮;生贱于蚁,本不足惜,无奈我们无能的知识分子偏吝惜他的生命啊!

这就是说,自由原不是什么稀罕的东西,给你一谈,倒谈得难能可贵起来了。你对于时局,本不该弯弯曲曲的讽刺。现在他对于讽刺者,是"粗粗直直地"要求你去死亡。作者是一位心直口快的的人,现在被别人累得"要不要自由"也摸不着头脑了。

然而六月十八日晨八时十五分,是中国民权保障同盟的副会长杨杏佛(铨)遭了暗杀。

这总算拚了个"你死我活",法鲁先生不再在《火炬》上说亮话了。只有《社会新闻》,却在第四卷第一期(七月三日出)里,还描出左翼作家的懦怯来——

左翼作家纷纷离沪

在五月,上海的左翼作家曾喧闹一时,好像什么都要染上红色,文艺界全归左翼。但在六月下旬,情势显然不同了,非左翼作家的反攻阵线布置完成,左翼的内部也起了分化,最近上海暗杀之风甚盛,文人的脑筋最敏锐,胆子最小而脚步最快,他们都以避暑为名离开了上海。据确讯,鲁迅赴青岛,沈雁冰在浦东乡间,郁达夫去杭州，陈望道回家乡，连蓬子、白薇之类的踪迹都看不见了。

[道]

西湖是诗人避暑之地，牯岭乃阔老消夏之区，神往尚且不敢，而况身游。杨杏佛一死，别人也不会突然怕热起来的。听说青岛也是好地方，但这是梁实秋教授传道的圣境，我连遥望一下的眼福也没有过。"道"先生有道，代我设想的恐怖，其实是不确的。否则，一群流氓，几枝手枪，真可以治国平天下了。

但是，嗅觉好像特别灵敏的《微言》，却在第九期（七月十五日出）上载着另一种消息——

自由的风月

☆顽　石

黎烈文主编之《自由谈》，自宣布"只谈风月，少发牢骚"以后，而新进作家所投真正谈风月之稿，仍拒登载，最近所载者非老作家化名之讽刺文章，即其刺探们无聊之考古。闻此次辩论旧剧中的锣鼓问题，署名"罗复"者，即陈子展，"何如"者，即曾经被捕之黄素。此一笔糊涂官司，颇骗得稿费不少。

这虽然也是一种"牢骚"，但"真正谈风月"和"曾经被捕"等字样，我觉得是用得很有趣的。惜"化名"为"顽石"，灵气之不钟于鼻子若我辈者，竟莫辨其为"新进作家"抑"老作家"也。

《后记》本来也可以完结了，但还有应该提一下的，是所谓"腰斩张资平"案。

《自由谈》上原登着这位作者的小说，没有做完，就被停止了，有些小报上，便轰传为"腰斩张资平"。当时也许有和编辑者往复驳难的文章的，但我

1933年2月鲁迅与杨杏佛合影

没有留心,因此就没有收集。现在手头的只有《社会新闻》,第三卷十三期(五月九日出)里有一篇文章,据说是罪魁祸首又是我,如下——

张资平挤出《自由谈》

☆粹　公

今日的《自由谈》,是一块有为而为的地盘,是"乌鸦""阿Q"的播音台,当然用不着"三角四角恋爱"的张资平混迹其间,以至不得清一。

然而有人要问:为什么那个色欲狂的"迷羊"——郁达夫却能例外?他不是同张资平一样发源于创造吗?一样唱着"妹妹我爱你"吗?我可以告诉你,这的确是例外。因为郁达夫虽则是个色欲狂,但他能流入"左联",认识"民权保障"的大人物,与今日《自由谈》的后台老板鲁(?)老夫子是同志,成为"乌鸦""阿Q"的伙伴了。

据《自由谈》主编人黎烈文开革张资平的理由,是读者对于《时代与爱的歧路》一文,发生了不满之感,因此中途腰斩,这当然是一种遁词。在肥胖得走油的申报馆老板,固然可以不惜几千块钱,买了十洋一千字的稿子去塞纸篓,但在靠卖文为活的张资平,却比宣布了死刑都可惨,他还得见见人呢!

而且《自由谈》的写稿,是在去年十一月,黎烈文请客席上,请他担任的,即使鲁(?)先生要扫清地盘,似乎也应当客气一些,而不能用此辣手。问题是这样的,鲁先生为了要复兴文艺(?)运动,当然第一步先须将一切的不同道者打倒,于是乃有批评曾今可、张若谷、章衣萍等为"礼拜五派"之举;张资平如若识相,自不难感觉到自己正酣卧在他们榻旁,而立刻滚蛋,无如十洋一千使他眷恋着,致触了这个大霉头。当然,打倒人是愈毒愈好,管他是死刑还是徒刑呢!

在张资平被挤出《自由谈》之后,以常情论,谁都咽不下这口冷水,不过张资平的阃懦是著名的,他为了老婆小孩子之故,是不能同他们斗争,而且也不敢同他们摆好了阵营的集团去斗争,于是,仅仅在《中华日报》的《小贡献》上,发了一条软弱无力的冷箭,以作遮羞。

现在什么事都没有了,《红萝卜须》已代了他的位置,而沈雁冰新组成的文艺观摹团,将大批的移殖到《自由谈》来。

还有,是《自由谈》上曾经攻击过曾今可的"解放词",据《社会新闻》第三卷廿二期(六月六日出)说,原来却又是我在闹的了,如下——

曾今可准备反攻

曾今可之为鲁迅等攻击也,实至体无完肤,固无时不想反攻,特以力薄能鲜,难于如愿耳!且知鲁迅等有左联作背景,人多手众,此呼彼应,非孤军抗战所能抵御,因亦着手拉拢,凡曾受鲁等侮辱者更所欢迎。近已拉得张资平,胡怀琛,张凤,龙榆生等十余人,组织一文艺漫谈会,假新时代书店为地盘,计划一专门对付左翼作家之半月刊,本月中旬即能出版。

〔如〕

那时我想,关于曾今可,我虽然没有写过专文,但在《曲的解放》(本书第十五篇)里确曾涉及,也许可以称为"侮辱"罢;胡怀琛虽然和我不相干,《自由谈》上是嘲笑过他的"墨翟为印度人说"的。但张、龙两位是怎么的呢?彼此的关涉,在我的记忆上竟一点也没有。这事直到我看见二卷二十六期的《涛声》(七月八日出),疑团这才冰释了——

"文艺座谈"遥领记

☆ 聚 仁

《文艺座谈》者,曾词人之反攻机关报也,遥者远也,领者领情也,记者记不曾与座谈而遥领盛情之经过也。

解题既毕,乃述本事。

有一天,我到暨南去上课,休息室的台子上赫然一个请贴;展而恭读之,则《新时代月刊》之请帖也,小子何幸,乃得此请帖!折而藏之,以为传家之宝。

《新时代》请客而《文艺座谈》生焉,而反攻之阵线成焉。报章煌煌记载,有名将在焉。我前天碰到张凤老师,带便问一个口讯;他说:"谁知道什么座谈不座谈呢?他早又没说?签了名,第二天,报上都说是发起人啦。"昨天遇到龙榆生先生,龙先生说:"上海地方真不容易做人,他们再三叫我去谈谈,只吃了一些茶点,就算数了;我又出不起广告费。"我说:"吃了他家的茶,自然是他家人啦!"

我幸而没有去吃茶,免于被强奸,遥领盛情,致此谢谢!

但这"文艺漫谈会"的机关杂志《文艺座谈》第一期,却已经罗列了十多位作家的名字,于七月一日出版了。其中的一篇是专为我而作的——

内山书店小坐记

☆ 白羽遐

某天的下午,我同一个朋友在上海北四川路散步。走着走着,就走到四川路底了。我提议到虹口公园去看看,我的朋友却说先到内山书店去看看有没有什么新书。我们就进了内山书店。

内山书店是日本浪人内山完造开的,他表面是开书店,实在差不多是替日本政府做侦探。他每次和中国人谈了点什么话,马上就报告日本领事馆。这也已经成了"公开的秘密"了,只要是略微和内山书店接近的人都知道。

我和我的朋友随便翻看着书报。内山看见我们就连忙跑过来和我们招呼,请我们坐下来,照例地闲谈。因为到内山书店来的中国人大多数是文人,内山也就知道点中国的文化。他常和中国人谈中国文化及中国社会的情形,却不大谈到中国的政治,自然是怕中国人对他怀疑。

"中国的事都要打折扣,文字也是一样。'白发三千丈'这就是一个天大的诳!这就得大打其折扣。中国的别的问题,也可以以此类推……哈哈!哈!"

内山的话我们听了并不觉得一点难为情,诗是不能用科学方法去批评的。内山不过是一个九州角落里的小商人,一个暗探,我们除了用微笑去回答之外,自然不会拿什么话语去向他声辩了。不久以前,在《自由谈》上看到何家干先生的一篇文字,就是内山所说的那些话。原来所谓"思想界的权威",所谓"文坛老将",连一点这样的文章都非"出自心裁"!

内山还和我们谈了好些,"航空救国"等问题都谈到,也有些是已由何家干先生抄去在《自由谈》发表过的。我们除了勉强敷衍他之外,不大讲什么话,不想理他。因为我们知道内山是个什么东西,而我们又没有请他救过命,保过险,以后也决不预备请他救命或保险。

我同我的朋友出了内山书店,又散步散到虹口公园去了。

不到一礼拜(七月六日),《社会新闻》(第四卷二期)就加以应援,并且廓大到"左联"去了。其中的"茅盾",是本该写作"鲁迅"的故意的错误,为的是令人不疑为出自同一人的手笔——

内山书店与"左联"

《文艺座谈》第一期上说,日本浪人内山完造在上海开书店,是侦探作用,这是确属的,而尤其与"左联"有缘。记得郭沫若由汉逃沪,即匿内山书店楼上,后又代为买船票渡日。茅盾在风声紧急时,亦以内山书店为惟一避难所。然则该书店之作用究何在者?盖中国之有共匪,日本之利也,所以日本杂志所载调查中国匪情文字,比中国自身所知者为多,而此类材料之获得,半由受过救命之恩之共党文艺份子所供给;半由共党自行送去,为张扬势力之用,而无聊文人为其收买甘愿为其刺探者亦大有人在。闻此种侦探机关,除内山以外,尚有日日新闻社,满铁调查所等,而著名侦探除内山完造外,亦有田中,小岛,中村等。

[新皖]

这两篇文章中,有两种新花样:一,先前的诬蔑者,都说左翼作家是受苏联的卢布的,现在则变了日本的间接侦探;二,先前的揭发者,说人抄袭是一定根据书本的,现在却可以从别人的嘴里听来,专凭他的耳朵了。至于内山书店,三年以来,我确是常去坐,检书谈话,比和上海的有些所谓文人相对还安心,因为我确信他做生意,是要赚钱的,却不做侦探;他卖书,是要赚钱的,却不卖人血:这一点,倒是凡有自以为人,而其实是狗也不如的文人们应该竭力学学的!

但也有人来抱不平了,七月五日的《自由谈》上,竟揭载了这样的一篇文字——

谈"文人无行"

☆谷春帆

虽说自己也忝列于所谓"文人"之"林",但近来对于"文人无行"这句话,却颇表示几分同意,而对于"人心不古","世风日下"的感喟,也不完全视为"道学先生"的偏激之言。实在,今日"人心"险毒得太令人可怕了,尤其是所谓"文人"想得出,做得到,种种卑劣行为如阴谋中伤,造谣诬蔑,公开告密,卖友求荣,卖身投靠的勾当,举不胜举。而在另一方面自吹自擂,俨然以"天才"与"作家"自命,偷窃他人唾余,还沾沾自喜的种种怪象,也是"无丑不备有恶皆臻",对着这些痛心的事实,我们还能够否认"文人无行"这句话的相当真实吗?(自然,我也并不是说凡文人皆无行。)我们能不兴起"世道之心"的感喟吗?

自然,我这样的感触并不是毫没来由的。举实事来说,过去有曾某其人者,硬以"管他娘"与"打打麻将"等屁话来实行其所谓"词的解放",被人斥为"轻薄少年"与"色情狂的急色儿",曾某却唠唠叨叨辩个不休,现在呢,新的事实又证明了曾某不仅是一个轻薄少年,而且是阴毒可憎的蛇蝎,他可以借崔万秋的名字为自己吹牛

（见二月崔在本报所登广告），甚至硬把日本一个打字女和一个中学教员派做"女诗人"和"大学教授"，把自己吹捧得无微不至；他可以用最卑劣的手段，投稿于小报，指他的朋友为×××，并公布其住址，把朋友公开出卖（见第五号《中外书报新闻》）。这样的大胆，这样的阴毒，这样的无聊，实在使我不能相信这是一个有廉耻有人格的"人"——尤其是"文人"，所能做出。然而曾某却真想得到，真做得出，我想任何人当不能不佩服曾某的大无畏的精神。

听说曾某年纪还不大，也并不是没有读书的机会，我想假如曾某能把那吹牛拍马的精力和那种阴毒机巧的心思用到求实学一点上，所得不是要更多些吗？然而曾某却偏要日以吹拍为事，日以造谣中伤为事，这，一方面固愈足以显曾某之可怕，另一方面亦正见青年自误之可惜。

不过，话说回头，就是受过高等教育的也未必一定能束身自好；比如以专写三角恋爱小说出名，并发了财的张××，彼固动辄以日本某校出身自炫者，然而他最近也会在一些小报上泼辣叫嚣，完全一副满怀毒恨的"弃妇"的脸孔，他会阴谋中伤，造谣挑拨，他会硬派人像布哈林或列宁，简直想要置你于死地，其人格之卑污，手段之恶辣，可说空前绝后，这样看来，高等教育又有何用？还有新出版之某无聊刊物上有署名"白羽遐"者作《内山书店小坐记》一文，公然说某人常到内山书店，曾请内山书店救过命保过险。我想，这种公开告密的勾当，大概也就是一流人化名玩出的花样。

然而无论他们怎样造谣中伤，怎样阴谋陷害，明眼人一见便知，害人不着，不过徒然暴露他们自己的卑污与无人格而已。

但，我想，"有行"的"文人"，对于这班丑类，实在不应当像现在一样，始终置之不理，而应当振臂奋起，把它们驱逐于文坛以外，应当在污秽不堪的中国文坛，做一番扫除工作！

于是祸水就又引到《自由谈》上去，在次日的《时事新报》上，便看见一则启事，是方寸大字的标名——

张资平启事

五日《申报·自由谈》之《谈"文人无行"》，后段大概是指我而说的。我是坐不改名，行不改姓的人，纵令有时用其他笔名，但所发表文字，均自负责，此须申明者一；白羽遐另有其人，至《内山小坐记》亦不见是怎样坏的作品，但非出我笔，我未便承认，必须申明者二；我所写文章均出自信，而发见关于政治上主张及国际情势之研究有错觉及乱视者，均不惜加以纠正。至于"造谣伪造信件及对于意见不同之人，任意加以诬毁"皆为我生平所反对，此须申明者三；我不单无资本家的出版者为我后援，又无姊妹嫁作大商人为妾，以谋得一编辑以自豪，更进而行其"诬毁造谣假造信件"等卑劣的行动。我连想发表些关于对政治对国际情势之见解，都无从发表，故凡容纳我的这类文章之刊物，我均愿意投稿。但对于该刊物之其他文字则不能负责，此须申明者四。今后凡有利用以资本家为背景之刊物对我诬毁者，我只视作狗吠，不再答复，特此申明。

这很明白，除我而外，大部分是对于《自由谈》编辑者黎烈文的。所以又次日的《时事新报》上，也登出相对的启事来——

黎烈文启事

烈文去岁游欧归来，客居沪上，因《申报》总理史量才先生系世交长辈，故常往访候，史先生以烈文未曾入过任何党派，且留欧时专治文学，故令加入申报馆编辑《自由谈》。不料近两月来，有三角恋爱小说商张资平，因烈文停登其长篇小说，怀恨入骨，常在各大小刊物，造谣诬蔑，挑拨陷害，无所不至，烈文因其手段与目的过于卑劣，明眼人一见自知，不值一辩，故至今绝未置答，但张氏昨日又在《青光》栏上登一启事，含沙射影，肆意诬毁，其中有"又无姊妹嫁作大商人为妾"一语，不知何指。张氏启事既系对《自由谈》而发而烈文现为《自由谈》编辑人，自不得不有所表白，以释群疑。烈文只胞妹两人，长应元未嫁早死，次友元现在长沙某校读书，亦未嫁人，均未出过湖南一步。且据烈文所知，湘潭黎氏同族姊妹中不论亲疏远近，既无一人嫁人为妾，亦无一人得与"大商人"结婚，张某之言，或系一种由衷的遗憾（没有姊妹嫁作大商人为妾的遗憾），或另有所指，或系一种病的发作，有如疯犬之狂吠，则非烈文所知耳。

此后还有几个启事，避烦不再剪贴了。总之，较关紧要的问题，是"姊妹嫁作大商人为妾"者是谁？但这事须问"行不改名，坐不改姓"的好汉张资平本人才知道。

可是中国真也还有好事之徒，竟有人不怕中暑的跑到真茹的"望岁小农居"这洋楼底下去请教他了。《访问记》登在《中外书报新闻》的第七号（七月十五日出）上，下面是关于"为妾"问题等的一段——

（四）启事中的疑问

以上这些话还只是讲刊登及停载的经过，接着，我便请他解答启事中的几个疑问。

"对于你的启事中，有许多话，外人看了不明白，能不能让我问一问？"

"是哪几句？"

"'姊妹嫁作商人妾'，这不知道有没有什么影射？"

"这是黎烈文他自己多心，我不过顺便在启事中，另外指一个人。"

"那个人是谁呢？"

"那不能公开。"自然他既然说了不能公开的话，也就不便追问了。

"还有一点，你所谓'想发表些关于对政治对国际情势之见解都无从发表'，这又何所指？"

"那是讲我在文艺以外的政治见解的东西，随笔一类的东西。"

"是不是像《新时代》上的《望岁小农居日记》一样的东西呢？"（参看《新时代》七月号）我插问。

"那是对于鲁迅的批评，我所说的是对政治的见解，《文艺座谈》上面有。"（参看《文艺座谈》一卷一期《从早上到下午》。）

"对于鲁迅的什么批评？"

"这是题外的事情了，我看关于这个，请你还是不发表好了。"

这真是"胸中不正，则眸子眊焉"，寥寥几笔，就画出了这位文学家的嘴脸。《社会新闻》说他"阘懦"，固然意在博得社会上"济弱扶倾"的同情，不足置信，但启事上的自白，却也须照中国文学上的例子，大打折扣的（倘白羽遐先生在"某天"又到"内山书店小坐"，一定又会从老板口头听到），因为他自己在"行不改姓"之后，也就说"纵令有时用其他笔名"，虽然"但所发表文字，均自负责"，而无奈"还是不发表好了"何？但既然"还是不发表好了"，则关于我的一笔，我也就不再深论了。

一枝笔不能兼写两件事，以前我实在闲却了《文艺座谈》的座主，"解放词人"曾今可先生了。但写起来却又很简单，他除了"准备反攻"之外，只在玩"告密"的玩艺。

崔万秋先生和这位词人，原先是相识的，只为了一点小纠葛，他便匿名向小报投稿，诬陷老朋友去了。不幸原稿偏落在崔万秋先生的手里，制成铜牌，在《中外书报新闻》（五号）上精印了出来——

崔万秋加入国家主义派

《大晚报》屁股编辑崔万秋自日回国,即住在愚园坊六十八号左舜生家,旋即由左与王造时介绍于《大晚报》工作,近为国家主义及广东方面宣传极力,夜则留连于舞场或八仙桥庄上云。

有罪案,有住址,逮捕起来是很容易的。而同时又诊出了一点小毛病,是这位词人曾经用了崔万秋的名字,自己大做了一通自己的诗的序,而在自己所做的序里又大称赞了一通自己的诗。轻恙重症,同时夹攻,渐使这柔嫩的诗人兼词人站不住,他要下野了,而在《时事新报》(七月九日)上却又是一个启事,好像这时的文坛是入了"启事时代"似的——

曾今可启事

鄙人不日离沪旅行,且将脱离文字生活。以后对于别人对我造谣诬蔑,一概置之不理。这年头,只许强者打,不许弱者叫,我自然没有什么话可说。我承认我是一个弱者,我无力反抗,我将在英雄们胜利的笑声中悄悄地离开这文坛。如果有人笑我是"懦夫",我只当他是尊我为"英雄"。此启。

这就完了。但我以为文字是有趣的,结末两句,尤为出色。

我剪贴在上面的《谈"文人无行"》,其实就是这曾、张两案的合论。但由我看来,这事件却还要坏一点,便也做了一点短评,投给《自由谈》。久而久之,不见登出,索回原稿,油墨手印满纸,这便是曾经排过,又被谁抽掉了的证据,可见纵"无姊妹嫁作大商人为妾","资本家的出版者"也还是为这一类名公"后援"的。但也许因为恐怕得罪名公,就会立刻给你戴一顶红帽子,为性命计,不如不登的也难说。现在就抄在这里罢——

驳"文人无行"

"文人"这一块大招牌,是极容易骗人的。虽在现在,社会上的轻贱文人,实在还不如所谓"文人"的自轻自贱之甚。看见只要是"人",就决不肯做的事情,论者还不过说他"无行",解为"疯人",恕其"可怜"。其实他们却原是贩子,也一向聪明绝顶,以前的种种,无非"生意经",现在的种种,也并不是"无行",倒是他要"改行"了。

　　生意的衰微使他要"改行"。虽是极低劣的三角恋爱小说,也可以卖掉一批的。我们在夜里走过马路边,常常会遇见小瘪三从暗中来,鬼鬼祟祟的问道:"阿要春宫?阿要春宫?中国的,东洋的,西洋的,都有。阿要勿?"生意也并不清淡。上当的是初到上海的青年和乡下人。然而这至多也不过四五回,他们看过几套,就觉得讨厌,甚且要作呕了,无论你"中国的,东洋的,西洋的,都有"也无效。而且因时势的迁移,读书界也起了变化,一部份是不再要看这样的东西了;一部份是简直去跳舞,去嫖妓,因为所化的钱,比买手淫小说全集还便宜。这就使三角家之类觉得没落。我们不要以为造成了洋房,人就会满足了,每一个儿子,至少还得给他赚下十万块钱呢。

　　于是乎暴躁起来。然而三角上面,是没有出路了的。于是勾结一批同类,开茶会,办小报,造谣言,其甚者还竟至于卖朋友,好像他们的鸿篇巨制的不再有人赏识,只是因为有几个人用一手掩尽了天下人的眼目似的。但不要误解,以为他真在这样想。他是聪明绝顶,其实并不在这样想的,现在这副嘴脸,也还是一种"生意经",用三角钻出来的活路。总而言之,就是现在只好经营这一种卖买,才又可以赚些钱。

　　譬如说罢,有些"第三种人"也曾做过"革命文学家",借此开张书店,吞过郭沫若的许多版税,现在所住的洋房,有一部份怕还是郭沫若的血汗所装饰的。此刻哪里还能做这样的生意呢?此刻要合伙攻击左翼,并且造谣陷害了知道他们的行为的人,自己才是一个干净刚直的作者,而况告密式的投稿,还可以大赚一注钱呢。

　　先前的手淫小说,还是下部的勾当,但此路已经不通,必须上进才是,而人们——尤其是他的旧相识——的头颅就危险了。这哪里是单单的"无行"文人所能做得出来的?

　　上文所说,有几处自然好像带着了曾今可张资平这一流,但以前的"腰斩张资平",却的确不是我的意见。这位作家的大作,我自己是不要看的,理由很简单:我脑子里不要三角四角的这许多角。倘有青年来问我可看与否,我是劝他不必看的,理由也很简单:他脑子里也不必有三角四角的那许多角。若夫他自在投稿取费,出版卖钱,即使他无须养活老婆儿子,我也满不管,理由也很简单:我是从不想到他那些三角四角的角不完的许多角的。

　　然而多角之辈,竟谓我策动"腰斩张资平"。既谓矣,我乃简直以 X 光照其五脏六腑了。

　　…………

准风月谈·后记（节录）

☆鲁　迅

　　这六十多篇杂文，是受了压迫之后，从去年六月起，另用各种的笔名，障住了编辑先生和检查老爷的眼睛，陆续在《自由谈》上发表的。不久就又蒙一些很有"灵感"的"文学家"吹嘘，有无法隐瞒之势，虽然他们的根据嗅觉的判断，有时也并不和事实相符。但不善于改悔的人，究竟也躲闪不到那里去，于是不及半年，就受着更厉害的压迫了，敷衍到十一月初，只好停笔，证明了我的笔墨，实在敌不过那些带着假面，从指挥刀下挺身而出的英雄。

　　不做文章，就整理旧稿，在年底里，粘成了一本书，将那时被人删削或不能发表的，也都添进去了，看起分量来，倒比这以前的《伪自由书》要多一点。今年三月间，才想付印，做了一篇序，慢慢的排，校，不觉又过了半年，回想离停笔的时候，已是一年有余了，时光真是飞快，但我所怕的，倒是我的杂文还好像说着现在或甚至于明年。

　　记得《伪自由书》出版的时候，《社会新闻》曾经有过一篇批评，说我的所以印行那一本书的本意，完全是为了一条尾巴——《后记》。这其实是误解。我的杂文，所写的常是一鼻，一嘴，一毛，但合起来，已几乎是或一形象的全体，不加什么原也过得去了。但画上一条尾巴，却见得更加完全。所以我的要写后记，除了我是弄笔的人，总要动笔之外，只在要这一本书里所画的形象，更成为完全的一个具象，却不是"完全为了一条尾巴"。

　　内容也还和先前一样，批评些社会的现象，尤其是文坛的情形。因为笔名改得勤，开初倒还平安无事。然而"江山好改，秉性难移"，我知道自己终于不能安分守己。《序的解放》碰着了曾今可，《豪语的折扣》又触犯了张资平，此外在不知不觉之中得罪了一些别的什么伟人，我还自己不知道。但是，待到做了《各种捐班》和《登龙术拾遗》以后，这案件可就闹大了。

　　去年八月间，诗人邵洵美先生所经营的书店里，出了一种《十日谈》，这位诗人在第二期（二十日出）上，飘飘然的论起"文人无行"来了，先分文人为五类，然后作结道——

除了上述五类外,当然还有许多其他的典型;但其所以为文人之故,总是因为没有饭吃,或是有了饭吃不饱。因为做文人不比做官或是做生意,究竟用不到多少本钱。一枝笔,一些墨,几张稿纸,便是你所要预备的一切。吮本钱生意,人人想做,所以文人便多了。此乃是没有职业才做文人的事实。

我们的文坛便是由这种文人组织成的。

因为他们是没有职业才做文人,因此他们的目的仍在职业而不在文人。他们借着文艺宴会的名义极力地拉拢大人物;借文艺杂志或是副刊的地盘,极力地为自己做广告:但求闻达,不顾羞耻。

谁知既为文人矣,便将被目为文人;既被目为文人矣,便再没有职业可得,这般东西便永远在文坛里胡闹。

文人的确穷的多,自从迫压言论和创作以来,有些作者也的确更没有饭吃了。而邵洵美先生是所谓"诗人",又是有名的巨富"盛宫保"的孙婿,将污秽泼在"这般东西"的头上,原也十分平常的。但我以为作文人究竟和"大出丧"有些不同,即使雇得一大群帮闲,开锣喝道,过后仍是一条空街,还不及"大出丧"的虽在数十年后,有时还有几个市侩传颂。穷极,文是不能工的,可是金银又并非文章的根苗,它最好还是买长江沿岸的田地。然而富家儿总不免常常误解,以为钱可使鬼,就也可以通文。使鬼,大概是确的,也许还可以通神,但通文却不成,诗人邵洵美先生本身的诗便是证据。我那两篇中的有一段,便是说明官可捐,文人不可捐,有裙带官儿,却没有裙带文人的。

然而,帮手立刻出现了,还出在堂堂的《中央日报》(九月四日及六日)上——

女婿问题

☆如 是

最近的《自由谈》上,有两篇文章都是谈到女婿的,一篇是孙用的《满意和写不出》,一篇是苇索的《登龙术拾遗》。后一篇九月一日刊出,前一篇则不在手头,刊出日期大约在八月下旬。

苇索先生说:"文坛虽然不致于要招女婿,但女婿却是会要上文坛的。"后一句"女婿却是会要上文坛的",立论十分牢靠,无瑕可击。我们的祖父是人家的女婿,我们的父亲也是人家的女婿,我们自己,也仍然不免是人家的女婿。比如今日在文坛上"北面"而坐的鲁迅茅盾之流,都是人家的女婿,所以"女婿会要上文坛的"是不成问题,至于前一句"文坛虽然不致于要招女婿",这句话就简直站不住了。我觉得文坛无时无刻不在招女婿,许多中国作家现在都变成了俄国的女婿了。

又说"有富岳家,有阔太太,用赔嫁钱,作文学资本,……"能用妻子的赔嫁钱来作文学资本,我觉得这种人应该佩服,因为用妻子的钱来作文学资本,总比用妻子的钱来作其他一切不正当的事情好一些。况且凡事必须有资本,文学也不能例外,如没有钱,便无从付印刷费,则杂志及集子都出不成,所以要办书店,出杂志,都得是大家拿一些私蓄出来,妻子的钱自然也是私蓄之一。况且做一个富家的女婿并非罪恶,正如做一个报馆老板的亲戚之并非罪恶为一样,如其一个报馆老板亲戚,回国后游荡无事,可以依靠亲戚的牌头,夺一个副刊来编编,则一个富家的女婿,因为兴趣所近,用些妻子的赔嫁钱来作文学资本,当然也无不可。

"女婿"的蔓延

☆圣 闲

狐狸吃不到葡萄,说葡萄是酸的,自己娶不到富妻子,于是对于一切有富岳家的人发生了妒忌,妒忌的结果是攻击。

假如做了人家的女婿,是不是还可以做文人呢?答案自然是属于正面的,正如前天如是先生在本园上他的一篇《女婿问题》里说过,今日在文坛上最有声色的鲁迅、茅盾之流,一方面身为文人,一方面仍然不免是人家的女婿,不过既然做文人同时也可以做人家的女婿,则此女婿是应该属于穷岳家的呢,还是属于富岳家的呢?关于此层,似乎那些老牌作家,尚未出而主张,不知究竟应该"富倾"还是"穷倾"才对,可是《自由谈》之流的撰稿人,既经对于富岳家的女婿取攻击态度,则我们感到,好像至少做富岳家的女婿的似乎不该再跨上这个文坛了,"富岳家的女婿"和"文人"仿佛是冲突的,二者只可任择其一。

目下中国文坛似乎有这样一个现象,不必检查一个文人他本身在文坛上的努力成绩,而唯斤斤于追究那个文人的家庭琐事,如是否有富妻子或穷妻子之类。要是你今天开了一家书店,则这家书店的本钱,是否出乎你妻子的赔嫁钱,也颇劳一些尖眼文人,来调查打听,以此或作攻击讥讽。

我想将来中国的文坛,一定还会进步到有下种情形:穿陈嘉庚橡皮鞋者,方得上文坛,如穿皮鞋,便属贵族阶级,而入于被攻击之列了。

现在外国回来的留学生失业的多得很。回国以后编一个副刊也并非一件羞耻事情,编那个副刊,是否因亲戚关系,更不成问题,亲戚的作用,本来就在这种地方。自命以扫除文坛为己任的人,如其人家偶而提到一两句自己的不愿意听的话,便要成群结队的来反攻,大可不必。如其常常骂人家为狂吠的,则自己切不可也落入于狂吠之列。

这两位作者都是富家女婿崇拜家,但如是先生是凡庸的,背出了他的祖父,父亲,鲁迅,茅盾之后,结果不过说着"鲁迅拿卢布"那样的滥调;打诨的高手要推圣闲先生,他竟拉到我万想不到的诗人太太的味道上去了。戏剧上的二丑帮忙,倒使花花公子格外出丑,用的便是这样的说话,我后来也引在《"滑稽"例解》中。

但邵府上也有恶辣的谋士的。今年二月,我给日本的《改造》杂志做了三篇短论,是讥评中国,日本,满洲的。邵家将却以为"这回是得之矣"了。就在也是这甜葡萄棚里产生出来的《人言》(三月三日出)上,扮出一个译者和编者来,译者算是只译了其中的一篇《谈监狱》,投给了《人言》,并且前有"附白",后有"识"——

谈监狱

☆鲁　迅

（顷阅日文杂志《改造》三月号,见载有我们文坛老将鲁迅翁之杂文三篇,比较翁以中国文发表之短文,更见精彩,因移译之,以寄《人言》。惜译者未知迅翁寓所,问内山书店主人丸造氏,亦言未详,不能先将译稿就正于氏为憾。但请仍用翁的署名发表,以示尊重原作之意。——译者井上附白。）

人的确是由事实的启发而获得新的觉醒,并且事情也是因此而变革的。从宋代到清朝末年,很久长的时间中,专以代圣贤立言的"制艺"文章,选拔及登用人才。到同法国打了败仗,才知这方法的错误,于是派遣留学生到西洋,设立武器制造局,作为改正的手段。同日本又打了败仗之后,知道这还不彀,这一回是大大地设立新式的学校。于是学生们每年大闹风潮。清朝覆亡,国民党把握了政权之后,又明白了错误,而作为改正手段,是大造监狱。

国粹式的监狱,我们从古以来,各处早就有的,清朝末年也稍造了些西洋式的,就是所谓文明监狱。那是特地造来给旅行到中国来的外人看的,该与为同外人讲交际而派出去学习文明人的礼节的留学生属于同一种类。囚人却托庇了得着较好的待遇,也得洗澡,有得一定分量的食品吃,所以是很幸福的地方。而且在二三星期之前,政府因为要行仁政,便发布了囚人口粮不得刻扣的命令。此后当是益加幸福了。

至于旧式的监狱,像是取法于佛教的地狱,所以不但禁锢人犯,而且有要给他吃苦的责任。有时还有榨取人犯亲属的金钱使他们成为赤贫的职责。而且谁都以为这是当然的。倘使有不以为然的人,那即是帮助人犯,非受犯罪的嫌疑不可。但是文明程度很进步了,去年有官吏提倡,说人犯每年放归家中一次,给予解决性欲的机会,是很人道主义的说法。老实说,他不是他对于人犯的性欲特别同情,因为决不会实行的望头,所以特别高声说话,以见自己的是官吏。但舆论甚为沸腾起来。某批评家说,这样之后,大家见监狱将无畏惧,乐而赴之,大为为世道人心愤慨。受了圣贤之教,如此悠久,尚不像那个官吏那么狡猾,是很使人心安,但对于人犯不可不虐待的信念,却由此可见。

从另一方面想来,监狱也确有些像以安全第一为标语的人的理想乡。火灾少,盗贼不进来,土匪也决不来掠夺。即使有了战事,也没有以监狱为目标而来爆击的傻瓜,起了革命,只有释放人犯的例,没有屠杀的事。这回福建独立的时候,说释人犯出外之后,那些意见不同的却有了行踪不明的谣传,但这种例子是前所未见的。总之,不像是很坏的地方。只要能容许带家眷,那么即使现在不是水灾,饥荒,战争,恐怖的时代,请求去转居的人,也决不会没有。所以虐待是必要了吧。

牛兰夫妻以宣传赤化之故,收容于南京的监狱,行了三四次的绝食,什么效力也没有。这是因为他不了解中国的监狱精神之故。某官吏说他自己不要吃,同别人有什么关系,很讶奇这事。不但不关系于仁政,且节省伙食,反是监狱方面有利。甘地的把戏,倘使不选择地方,就归于失败。

但是,这样近于完美的监狱,还留着一个缺点,以前对于思想上的事情,太不留意了。为补这个缺点,近来新发明有一种"反省院"的特种监狱,而施行教育。我不曾到其中去反省过,所以不详细其中的事情,总之对于人犯时时讲授三民主义,使反省他们自己的错误。而且还要做出排击共产主义的论文。倘使不愿写或写不出则当然非终生反省下去不行,但做得不好,也得反省到死。在目下,进去的有,出来的也有,反省院还有新造的,总是进去的人多些。试验完毕而出来的良民也偶有会到的,可是大抵总是萎缩枯槁的样子,恐怕是在反省和毕业论文上面把心用尽了。那是属于前途无望的。

　　(此外尚有《王道》及《火》二篇,如编者先生认为可用,当再译寄。——译者识。)

　　姓虽然冒充了日本人,译文却实在不高明,学力不过如邵家帮闲专家章克标先生的程度,但文字也原是无须译得认真的,因为要紧的是后面的算是编者的回答——

编者注：鲁迅先生的文章，最近是在查禁之列。此文译自日文，当可逃避军事裁判。但我们刊登此稿目的，与其说为了文章本身精美或其议论透彻，不如说举一个被本国迫逐而托庇于外人威权之下的论调的例子。鲁迅先生本来文章极好，强辞夺理亦能说得头头是道，但统观此文，则意气多于议论，捏造多于实证，若非译笔错误，则此种态度实为我所不取也。登此一篇，以见文化统制治下之呼声一般。《王道》与《火》两篇，不拟再登，转方译者，可勿寄来。

这编者的"托庇于外人威权之下"的话，是和译者的"问内山书店主人丸造氏"相应的，而且提出"军事裁判"来，也是作者极高的手笔，其中含着甚深的杀机。我见这富家儿的鹰犬，更深知明季的向权门卖身投靠之辈是怎样的阴险了。他们的主公邵诗人，在赞扬美国白诗人的文章中，贬落了黑诗人，"相信这种诗是走不出美国的，至少走不出英国语的圈子。"（《现代》五卷六期）我在中国的富贵人及其鹰犬的眼中，虽然也不下于黑奴，但我的声音却走出去了。这是最可痛恨的。但其实，黑人的诗也走出"英国语的圈子"去了。美国富翁和他的女婿及其鹰犬也是奈何它不得的。

但这种鹰犬的这面目，也不过以向"鲁迅先生的文章，最近是在查禁之列"的我而已，只要立刻能给一个嘴巴，他们就比吧儿狗还驯服。现在就引一个也曾在《"滑稽"例解》中提过，登在去年九月二十一日《申报》上的广告在这里罢——

十日谈向晶报声明误会表示歉意

敬启者：《十日谈》第二期短评有《朱霁青亦将公布捐款》一文，后段提及《晶报》，系属误会。本刊措词不善，致使《晶报》对邵洵美君提起刑事诉讼。按双方均为社会有声誉之刊物，自无互相攻讦之理。兹经章士钊、江容平、马衡诸君诠释，已得《晶报》完全谅解。除由《晶报》自行撤回诉讼外，特此登报声明，表示歉意。

"双方均为社会有声誉之刊物，自无互相攻讦之理"，此"理"极奇，大约是应该攻讦"最近是在查禁之列"的刊物的罢。金子做了骨髓，也还是站不直，在这里看见铁证了。

…………

但是，经验使我知道，我在受着武力征伐的时候，是同时一定要得到文力征伐的。文人原多"烟士披离纯"，何况现在嗅觉又特别发达了，他们深知道要怎样"创作"才合式。这就到了我不批评社会，也不论人，而人论我的时期了，而我的工作是收材料。材料尽有，妙的却不多。纸墨更该爱惜，这里仅选了六篇。官办的《中央日报》讨伐得最早,真是得风气之先,不愧为"中央";《时事新报》正当"全武行"全盛之际,最合时宜,却不免非常昏愦;《大晚报》和《大美晚报》起来得最晚,这是因为"商办"的缘故,聪明,所以小心,小心就不免迟钝,他刚才决计合伙来讨伐,却不料几天之后就要过年,明年是先行检查书报,以惠商民,另结新样的网,又是一个局面了。

现在算是还没有过年,先来《中央日报》的两篇罢——

杂　感

☆洲

近来许多杂志上都在提倡小文章。《申报月刊》《东方杂志》以及《现代》上,都有杂感随笔这一栏。好像一九三三真要变成一个小文章年头了。目下中国杂感家之多,远胜于昔,大概此亦鲁迅先生一人之功也。中国杂感家老牌,自然要推鲁迅。他的师爷笔法,冷辣辣的,有他人所不及的地方。《热风》,《华盖集》,《华盖续集》,去年则还出了什么三心《二心》之类。照他最近一年来"干"的成绩而言大概五心六心也是不免的。鲁迅先生久无创作出版了,除了译一些俄国黑面包之外,其余便是写杂感文章了。杂感文章,短短千言,自然可以一挥而就。则于抽卷烟之际,略转脑子,结果就是十元千字。大概写杂感文章,有一个不二法门。不是热骂,便是冷嘲。如能热骂后再带一句冷嘲或冷嘲里夹两句热骂,则更佳矣。

不过普通一些杂感,自然是冷朝的多。如对于某事物有所不满,自然就不满(迅案:此字似有误)有冷嘲的文章出来。鲁迅先生对于这样也看不上眼,对于那样也看不上眼,所以对于这样又有感想,对于那样又有感想了。

我们村上有个老女人,丑而多怪。一天到晚专门爱说人家的短处,到了东村头摇了一下头,跑到了西村头叹了一口气。好像一切总不合她的胃。但是,你真的问她到底要怎样呢,她又说不出。我觉得她倒有些像鲁迅先生,一天到晚只是讽刺,只是冷嘲,只是不负责任的发一点杂感。当真你要问他究竟的主张,他又从来不给我们一个鲜明的回答。

十月三十一日,《中央日报》的《中央公园》。

文坛与擂台

☆鸣　春

上海的文坛变成了擂台。鲁迅先生是这擂台上的霸王。鲁迅先生好像在自己的房间里带了一付透视一切的望远镜,如果发现文坛上那一个的言论与行为有些瑕疵,他马上横枪跃马,打得人家落花流水。因此,鲁迅先生就不得不花去可贵的时间,而去想如何锋利他的笔端,如何达到挖苦人的顶点,如何要打得人家永不得翻身。

关于这,我替鲁迅先生想想有些不大合算。鲁迅先生你先要认清了自己的地位,就是反对你的人,暗里总不敢否认你是中国顶出色的作家;既然你的言论,可以影响青年,那么你的言论就应该慎重。请你自己想想,在写《阿Q传》之后,有多少时间浪费在笔战上?而这种笔战,对一般青年发生了何种影响?

第二流的作家们既然常时混战,则一般文艺青年少不得在这战术上学许多乖,流弊所及,往往越淮北而变枳,批评人的人常离开被批评者的言论与思想,笔头一转而去骂人家的私事,说人家眼镜带得很难看,甚至说人家皮鞋前面破了个小洞;甚至血债脉张要辱及人家的父母,甚至要丢下笔杆动拳头。我说,养成现在文坛上这种浮嚣,下流,粗暴等等的坏习气,像鲁迅先生这一般人多少总要负一点儿责任的。其实,有许多笔战,是不需要的,譬如有人提倡词的解放,你就是不骂,不见得有人去跟他也填一首"管他娘"的词;有人提倡读《庄子》与《文选》,也不见得就是教青年去吃鸦片烟,你又何必咬紧牙根,横眍两艰,给人以难堪呢?

我记得一个精通中文的俄国文人 B. A. Vassiliev 对鲁迅先生的《阿Q传》曾经下过这样的批评:"鲁迅是反映中国大众的灵魂的作家,其幽默的风格,是使人流泪,故鲁迅不独为中国的作家,同时亦为世界的一员。"鲁迅先生,你现在亦垂垂老矣,你念起往日的光荣,当你现在阅历最多,观察最深。生活经验最丰富的时候,更应当如何去发奋多写几部比《阿Q传》更伟大的著作?伟大的著作,虽不能传之千年不朽,但是笔战的文章,一星期后也许人就要遗忘。青年人佩服一个伟大的文学家,实在更胜于佩服一个擂台上的霸主。我们读的是莎士比亚,托尔斯泰,哥德,这般人的文章,而并没有看到他们的"骂人文选"。

十一月十六日,《中央日报》的《中央公园》。

这两位,一位比我为老丑的女人,一位愿我有"伟大的著作",说法不同,目的却一致的,就是讨厌我"对于这样又有感想,对于那样又有感想",于是而时时有"杂文"。这的确令人讨厌,但因此也更见其要紧,因为"中国的大众的灵魂",现在是反映在我的杂文里了。

洲先生刺我不给他们一个鲜明的主张,这用意,我是懂得的;但颇为诧异鸣春先生的引了莎士比亚之流一大串。不知道为什么,近一年来,竟常常有人诱我去学托尔斯泰了,也许就因为"并没有看到他们的'骂人文选'"给我一个好榜样。可是我看见过欧战时候他骂皇帝的信,在中国,也要得到"养成现在文坛上这种浮嚣,下流,粗暴等等的坏习气"的罪名的。托尔斯泰学不到,学到了也难做人,他生存时,希腊教徒就年年诅咒他落地狱。

中间就夹两篇《时事新报》上的文章——

略 论 告 密

☆陈 代

最怕而且最恨告密的可说是鲁迅先生,就在《伪自由书》,"一名:《不三不四集》"的《前记》与《后记》里也常可看到他在注意到这一点。可是鲁迅先生所说的告密,并不是有人把他的住处,或者什么时候,他在什么地方,去密告巡捕房(或者什么要他的"密"的别的机关?)以致使他被捕的意思。他的意思,是有人把"因为"他"旧日的笔名有时不能通用,便改题了"的什么宣说出来,而使人知道"什么就是鲁迅"。

"这回,"鲁迅先生说,"是王平陵先生告发于前,周木斋先生揭露于后";他却忘了说编者暗示于鲁迅先生尚未上场之先。因为在何家干先生和其他一位先生将上台的时候,编者先介绍说,这将上场的两位是文坛老将。于是人家便提起精神来等那两位文坛老将的上场。要是在异地,或者说换过一个局面,鲁迅先生是也许会说编者是在放冷箭的。

看到一个生疏的名字在什么附刊上出现,就想知道那个名字是真名呢,还是别的熟名字的又一笔名,想也是人情之常。即就鲁迅先生说,他看完了王平陵先生的《"最通的"文艺》,便禁不住问:"这位王平陵先生我不知道是真名还是笔名?"要是他知道了那是谁的笔名的话,他也许会说出那就是谁来的。这不会是怎样的诬蔑,我相信,因为于他所知道的他不是在实说"柳丝是杨邨人先生……的笔名",而表示着欺不了他?

还有,要是要告密,为什么一定要出之"公开的"形式?秘密的不是于告密者更为安全?我有些怀疑告密者的聪敏,要是真有这样的告密者的话。

而在那些用这个那个笔名零星发表的文章,剪贴成集子的时候,作者便把这许多名字紧缩成一个,看来好像作者自己是他的最后的告密者。

十一月二十一日,《时事新报》的《青光》。

略论放暗箭

☆ 陈　代

前日读了鲁迅先生的《伪自由书》的《前记》与《后记》，略论了告密，现在读了唐弢先生的《新脸谱》，止不住又要来略论放暗箭。

在《新脸谱》中，唐先生攻击的方面是很广的，而其一方是"放暗箭"。可是唐先生的文章又几乎全为"暗箭"所织成，虽然有许多箭标是看不清楚的。

"说是受着潮流的影响，文舞台的戏儿一出出换了。脚色虽然依旧，而脸谱却是簇新的。"——是暗箭的第一条。虽说是暗箭，射倒射中了的。因为现在的确有许多文脚色，为要博看客的喝采起见，放着演惯的旧戏不演演新戏，嘴上还"说是受着潮流的影响"，以表示他的不落后。还有些甚至不要说脚色依旧，就是脸谱也并不簇新，只是换了一个新的题目，演的还是那旧的一套：如把《薛平贵西凉招亲》改题着《穆薛姻缘》之类，内容都一切依旧。

第二箭是——不，不能这样写下去，要这样写下去，是要有很广博的识见的，因为那文章一句一箭，或者甚至一句数箭，看得人眼花头眩，竟无从把它把捉住，比读硬性的翻译还难懂得多。

可是唐先生自己似乎又并不满意这样的态度，不然为什么要骂人家"怪声怪气地吆喝，妞妞妮妮的挑战"？然而，在事实上，他是在"怪声怪气地吆喝，妞妞妮妮的挑战"。

或者说，他并不是在挑战，只是放放暗箭，因为"鏖战"，即使是"拉拉扯扯的"，究竟吃力，而且"败了""再来"的时候还得去"重画"脸谱。放暗箭多省事，躲在隐暗处，看到了可射的，便轻展弓弦，而箭就向前舒散地直飞。可是他又在骂放暗箭。

要自己先能放暗箭，然后才能骂人放。

十一月二十二日，《时事新报》的《青光》。

这位陈先生是讨伐军中的最低能的一位，他连自己后来的说明和别人豫先的揭发的区别都不知道。倘使我被谋害而终于不死，后来竟得"寿终×寝"，他是会说我自己乃是"最后的凶手"的。

他还问：要是要告密，为什么一定要出之"公开的"形式？答曰：这确是比较的难懂一点，但也就是因为要告得像个"文学家"的缘故呀，要不然，他就得下野，分明的排进探坛里去了。有意的和无意的区别，我是知道的。我所谓告密，是指着叭儿们，我看这"陈代"先生就正是其中的一匹。你想,消息不灵,不是反而不便当么?

第二篇恐怕只有他自己懂。我只懂得一点:他这回嗅得不对,误以为唐弢先生就是我了。采在这里,只不过充充自以为我的论敌的标本的一种而已。

....

最后是《大美晚报》,出台的又是曾经有过文字上的交涉的王平陵先生——

骂人与自供

☆王平陵

学问之事,很不容易说,一般通材硕儒每不屑与后生小子道长论短,有所述作,无不讥为"浅薄无聊";同样,较有修养的年轻人,看着那般通材硕儒们言必称苏俄,文必宗普鲁,亦颇觉得如嚼青梅,齿颊间酸不可耐。

世界上无论什么纷争,都有停止的可能,惟有人类思想的冲突,因为多半是近于意气,断没有终止的时候的。有些人好像把毁谤人家故意找寻人家的错误当作是一种职业;而以直接否认一切就算是间接抬高自己的妙策了。至于自己究竟是什么东西,那只许他们自己知道,别人是不准过问的。其实,有时候这些人意在对人而发的阴险的暗示,倒并不适切;而正是他们自己的一篇不自觉的供状。

圣经里好像有这样一段传说:一群街头人捉着一个偷汉的淫妇,大家要把石块打死她。耶稣说:"你们反省着!只有没有犯过罪的人,才配打死这个淫妇。"群众都羞愧地走开了。今之文坛,可不是这样?自己偷了汉,偏要指说人家是淫妇。如同鲁迅先生惯用的一句刻毒的评语,骂人是代表官方说话;我不知道他老先生是代表什么"方"说话!

本来,不想说话的人,是无话可说;有话要说的人谁也不会想到是代表那一方。鲁迅先生常常"以己之心,度人之心",未免"躬自薄而厚责于人"了。

像这样的情形,文坛有的是,何止是鲁迅先生。

十二月三十日,《大美晚报》的《火树》

记得在《伪自由书》里,我曾指王先生的高论为属于"官方",这回就是对此而发的,但意义却不大明白。由"自己偷了汉,偏要指说人家是淫妇"的话看起来,好像是说我倒是"官方",而不知"有话要说的人谁也不会想到是代表那一方"的。所以如果想到了,那么,说人反动的,他自己正是反动,说人匪徒的,他自己正是匪徒⋯⋯且住,又是"刻毒的评语"了,耶稣不说过"你们反省着"吗?——为消灾计,再添一条小尾:这坏习气只以文坛为限,与官方无干。

王平陵先生是电影检查会的委员,我应该谨守小民的规矩。

真的且住。写的和剪贴的,也就是自己和别人的,化了大半夜工夫,恐怕又有八九千字了。这一条尾巴又并不小。

时光,是一天天的过去了,大大小小的事情,也跟着过去,不久就在我们的记忆上消亡;而且都是分散的,就我自己而论,没有感到和没有知道的事情真不知有多少。但即此写了下来的几十篇,加以排比,又用《后记》来补叙些因此而生的纠纷,同时也照见了时事,格局虽小,不也描出了或一形象么?——而现在又很少有肯低下他仰视莎士比亚,托尔斯泰的尊脸来,看看暗中,写它几句的作者。因此更使我要保存我的杂感,而且它也因此更能够生存,虽然又因此更招人憎恶,但又在围剿中更加生长起来了。呜呼,"世无英雄,遂使竖子成名",这是为我自己和中国的文坛,都应该悲愤的。

文坛上的事件还多得很:献检查之秘计,施离析之奇策,起谣诼兮中权,藏真实兮心曲,立降幡于往年,温故交于今日……然而都不是做这《准风月谈》时期以内的事,在这里也且不提及,或永不提及了。还是真的带住罢,写到我的背脊已经觉得有些痛楚的时候了!

一九三四年十月十六夜,鲁迅记于上海

【附录】

《民国日报》上一组攻击鲁迅的材料

文坛上的贰臣传

一 鲁迅

鲁迅先生最近不惜抛弃其固有之文坛地位,甘与一般共产党徒勾结一起,组织所谓"自由大同盟"等,鼓吹普罗文学,一般人均为之齿冷。昨见某报载有本文,对鲁迅批判甚为痛快,亟为转载于此。

(编者)

鲁迅是中国现在文坛之健将,不但在国内享有盛名,而其作品竟译成五国文字而传播于海外。

创造社诸人,因为卢布及虚荣之关系,为共产党所收买。把文艺的心灵,要将中国文艺界,统一在共产党政治主张之下,而且要独霸文坛,于是此文坛老将鲁迅首当其冲,创造社之成仿吾,太阳社之钱杏邨等(也是创造社之旧伙计在党的命令之下)半公半私的对鲁迅下总攻击,说鲁迅反对普罗列塔利亚文学,是封建残梦之迷恋者(大意如此),在《创造》《太阳》等刊物非理性的把鲁骂到狗血喷头,但鲁迅亦不示弱,在《语丝》冷嘲热讽的,把此辈自命无产阶级文学家气到七窍生烟。但以一无政治集团为背景之文学家,与有政治集团之所谓文学家争斗,必然不免于受打击的,逮属共产党籍之青年,在党团指挥,摇旗呐喊,到处诅咒鲁迅如何不革命,如何反动,作品又如何不好,在有识者目中,固为鲁迅抱不平,对所谓普罗文学发生反激,然鲁迅因此不能不有怯于中了。

过去共产党之文艺运动,虽然自己高呼胜利,但是都是同归失败,此种事实,我们在现在所谓普罗文学家的互评中可以见到,鲁迅过去差误之追评。(见于《萌芽》第四期,鲁迅的演讲杂文)郭沫若的过去失败之纠正(见于北新书局出版之《艺术》第一期,郭沫若所作《无产阶级文学大众化》一文,此文可说是宣传大纲,而不是论文)所以,共产党过去之文艺政策,如潘汉年、蒋光慈之流,在个人享乐固然成功,但在党的政策可算失败,于是由自身之觉悟,以应付环境,共产党之文艺政策又是一变,对鲁迅等不取攻击态度,而取拉拢拥护态度,前倨后恭,鲁迅在此未免有情之情形中,何能遣此呢?于是所谓自由运动大同盟鲁迅首先列名,所谓左翼作家联盟,鲁迅大作演讲,昔为百炼钢,今为绕指柔,老气横秋之精神,竟为二九小子玩弄于掌上,作无条件之屈服,所以有学识之青年,言下不胜为之叹惜者。

鲁迅常以中国之高尔基自居,高氏在世界文坛拥有极好的地位,共产党打之不倒,乃欢迎之返国,备极崇奉,希望为其工具,鲁迅现以得共产党小子之拥戴以为高尔基之不若了,哪里知道他们以彼做政治斗争之工具呢?批评女子的人,多说女子虚荣太重,试问所谓文学家又何能免俗呢?鲁迅既如上说了,即如郭沫若而论,他以为在中国文坛有地位,要取得国际文坛的地位,中国政党有国际组织者,只有共产党,共产党之背景第三国际赫然国际机关,于是在共产党几声拥护,一次拉拢之后竟加入共产党,现且为第三国际东方宣传部长,在自身,于共产国际式有地位,在文艺,不知世界文坛的地位何似,实在作品要在世界有地位,是在文艺之作品之本身,一念之差,把文艺的精神,贡献于政治魔鬼吞噬,虚荣之误人有如此者,我因说鲁迅而说及当中,不禁为之感慨系之。

我记得,所谓普罗文学家,曾骂鲁迅不懂社会科学,据我的朋友王君告诉我,鲁迅因此大研究其社会科学。现在鲁迅屈服了在共产党麾下之时,不能不说:"挂着革命的创作小说的读者已经减少……已在转向社会、转向社会科学了,这不能不说是好现象";研究社会科学,不能不说是好现象,但社会科学虽与文学有关,但社会科学不是文学,是和文学有关之政治不是文学是一样的,过去之普罗文学家以政治宣传为经以恋爱为纬之谱罗作件("件",应为"品"——抄者)。令人"好像要吐呕"。如最近郭沫若所作《我的幼年》《反正前后》大谈其社会科学把四川铁路收归国有之风潮,人民立光绪牌位争斗之反抗行动是阶级斗争,不是也"好像要吐呕"吗?过去的以文学做共产党的政治宣传,固然失败了,现在又以文学做共产党眼中之社会科学讲义,也许是幼稚命运而已。真出我意料之外,文学家之头脑,竟如幼稚的 CY 这样容易转移。

鲁迅先生在共产党诅骂到怕之后,一拉拢就屈服了,光华书局所出版之《萌芽》,名为鲁迅主编,实则是共党操纵,而且更同流合污的署名于《巴尔底山》(Poritan)之共产党代表的刊物,其自甘为傀儡有如此者,现据熟于文艺界消息的朋友说,张资平也不堪其骂,近已输诚投降了。据说,他俩为了要维持文坛上和社会上的地位,不能不要和他们要好,共同一致,于是共产党文艺政策宣告成功,而文艺前途不知黯淡无光于何时了。啊!为什么不淫不移不屈之士,这么难见于今世?我在鲁迅先生没有醒觉时,深深为之惋惜,不能不痛心地写了一篇鲁迅被共产党屈服。

(男儿)

注释:

原载上海《民国日报》1930年5月7日。

解放中国文坛

☆ 管　理

　　朋友,假如你看一点文学书籍,对于中国文坛稍加注意,那一定会使你发现一桩再痛心没有的事来。这就是中国文坛差不多整个被共产党所把持,垄断! 那一班创造社太阳社的狗们,受了赤色帝国主义的收买,受了苏俄的卢布的津贴,就甘心做赤色帝国主义的走狗,工具,鼓吹在中国不能适用的阶级斗争,和杀人放火式的暴动,而来破坏中国三民主义的革命。

　　更有甚者,他们想把中国文坛上稍有声望的人都拉拢来,于是他们假借"文艺批评"的美名,来带着他们赤色眼镜,他们所站的错误立场上,谩骂那些不鼓吹阶级斗争和暴动的作家,而使这些没有稳定立场的作家们,受不起他们的谩骂而终被他们所屈服,以遂其垄断中国文坛的目的,好去向赤俄报功,领取他们的津贴!

　　举个例吧:在中国文坛上很有名望的鲁迅,从前和他们意见不合,于是他们对准了鲁迅来谩骂,所谓文艺的批评家,前则有成仿吾,后则有钱杏邨,都是借着批评作品的头衔来攻击鲁迅,然而那时鲁迅还能用冷嘲热骂来抵抗他们。可是现在? 现在到底敌不过他们的谩骂,心思一转,终于被他们屈服了,屈服了,屈服在他们赤色旗帜之下了! 你不看见反动的所谓"自由大同盟",我的鲁老先生坐的是第一把交椅吗?

　　总之,现在中国的文坛,差不多全部屈服在他们淫威之下,市上出版的文艺杂志,也大部分被他们所操纵着,可以当得起他们的"机关杂志"的名称。

　　朋友,纯洁的青年们! 我们知道文艺感人的力量是比什么都要大。文艺对于青年们思想的影响也很大,而现在中国文坛变成了这样可痛心的状态,我们能够闭着眼睛不管吗?我们能够不注意他吗?我们能够容许他们把错误的思想输入青年们的脑袋里吗? 不能的,千万不能的! 我们知道产业落后的中国,是根本用不着阶级斗争的,我们又知道只有三民主义才可以救中国,才可以解放农工。那么,朋友,努力创造三民主义的文学吧! 拿我们三民主义的文学,打倒他们"××主义"的文学! 朋友,拿我们正确的立场和主张,改正他们错误,使中国文坛跳出他们的操纵和垄断!

不过事情并不是这样喊喊就算事,我们要脚踏实地去做,朋友,欢喜文艺的同志,联合起来,我们的战线是散漫的,所以更须要团结起来解放中国文坛!

最后,我要向想出头的无名作家们进一度虔诚的忠告。无名作家们,在现在中国文坛之下,我们是受尽了有名作家的虐待,欺骗,压迫,虽然他们打着提拔无名作家的旗帜,而且以先进作家自居,实际上谁都不会做这种傻事,妨碍自己的地位,尤其是我们这班不相信和他们混在一起喊口号的人们,想他们提拔,那更是难于上青天了!千万不要做这种梦想吧!

那么我们的出路是什么呢?告诉你,创造三民主义的文学吧!还是拿我们三民主义文学,打倒现在他们所提倡的文学!

注释:

原载上海《民国日报》1930 年 5 月 14 日。

如何突破现在普罗文艺嚣张的危机

☆陶愚川

朋友，倘若你有空，跑到四马路一带的小书局里去看看，你就立刻会相信我这句话不是杜撰的了！倘若你不怕麻烦，最好将陈列着的红的绿的书翻阅一下，倘若你的血还没有冷的话，我知道你一定要失望，一定要兴"泰山其颓"之叹，在你颤动着的双唇中，一定要迸出一声：

"呀！这未免太嚣张了！"

事实的确是这样的，这种书店中弥漫着红色的恐怖。书架上是充满着所谓普罗列塔利亚的文艺。（？）

阶级斗争，穷，起来，打倒，这一类的字，常常可以在这书中看见。但是很奇怪的，从事于这种普罗文艺的作家，却完全和书中所说的成反比例，他们身上穿的是西装，住的是高房大厦，他们有女人，有钱，他们完全没有什么主义，他们也没有中心思想，他们只知道服从苏俄，他们只要卢布，苏俄一切都比中国好，公妻共产，在他们是正中下怀！

他们拿了他们主人的钱，到中国来办杂志，替他们的主人作宣传，"拥护苏维埃"这是他们的口头禅，"为卢布而卖身"这是他们的人生观；但是上帝呀！他们也是中国人呢！他们祖宗十八代的坟墓，都在中国，他们也是刮刮叫的黄帝后裔呀！利令智昏，他们竟跟了不要祖国捣乱成性的苏俄呐喊了！

因为他们的动机是这样，因为他们是抱着"有钱可卖身"的观念，因为他们根本没有民族意识，所以他们所写的作品，都是"隔鞋搔痒"，都是不切实际，都是不通不通三不通，都是浅薄无聊。

他们不像现在世界的普罗作家高（尔）基这样的出身微贱：做过门房，厨司，侍役。他们也不像美国贫民文学家惠特曼这样的刻苦穷贫，所以他们的作品，只好借此骗骗一班无智识群众，骗骗资产阶级的斯丹林，真真有几分见解的工人看起来，一定为闭口作"葫芦笑"。

因为写几本普罗文艺，就可以得到苏俄的青睐（"睐"），就可以拿卢布，于是稍识之无的小子像叶灵凤辈,也居然以普罗作家自名了!

真的是普罗么?卢布罢了!

因为普罗文学家(?)日多一日,于是狗屁不通的刊物,像《拓荒者》、《海燕》、《萌芽》也就一天一天的增加了!

照这样的胡闹下去,中国文艺界的前途,是很危险的;不但中国文艺界,就是整个中国的前途,也是很危险的。

中国的生产落后,这是谁都知道的;根本不需要阶级争斗,根本没有实行共产的可能,根本没有大资产阶级。我们要救国,要救民,只有一心一德的信仰三民主义,以促其实现,以助其发展,他们没有认识这一点,没有一番选择的目光,就有钱可卖身的跟着无祖国的苏俄乱喊,乱吠,虽然蚍蜉撼树,无妨大体,但是至少总有一般盲目的青年,为受他们的麻醉,投到他们的阵垒里去,供他们的驱使,奔走,做反革命的工作;所以我们为维护党国计,爱惜文艺计,对于这种诋毁党国破坏纯粹文艺的卢布文学,实在有和他们作一防御战的必要!

但是现在万恶的租界尚未收回,帝国主义又是他们的后台老板。他们托庇在帝国主义胯下,干这种反革命的工作,我们又有怎样办法呢?所以他们所设立的书店,仍旧是安然无损,他们所主编的反动刊物,仍旧不能予以彻底的肃清,这是很可耻的。

租界的确是万恶的渊薮呀!

话又说回来了!因为要肃清这种反动文艺而收回租界,这未免小题大做;而且也不是治本的办法!"野火烧不尽,春风吹又生。"就是收回了租界,他们也未必就会心灰意懒的;所以我们现在要以火攻火,想出一个治本的办法来,扑灭他们的火焰,

鲁迅编辑、支持的部分"左联"刊物

使他们不能再横行嚣张；拆穿他们的西洋镜，揭破他们的假面具，使一般受他们迷弄着的民众，都洗心革面的向后跑，跑到我们阵垒里来，做一个革命的健儿。

什么是治本的办法呢？治本的办法，就是我们应一心一德夙夜非懈的建立三民主义的文艺。我们深信，处今日之中国而言救国，舍信仰三民主义实无他道，我们应宣传三民主义，我们同时就应努力于三民主义的文艺创作。我们除非不研究文艺，不写文艺，要研究文艺，要写文艺作品，我们就应把它变成三民主义化，我们要含真理于文艺之中，要使一般人都能明了三民主义；以挽颓风，以养正气，我们不能再跟着一班所谓普罗文学家乱喊了！我们不能再多写那种"粗暴性感"的文艺了！我们不能再因循下去了！反动文艺，一天一天的在飞扬跋扈起来，我们难道就预备这样的坐视旁观么？

文艺的感动人是很深的，因为它的浅而易解，乐而多趣，好象梁启超先生曾经说过：文艺有四种感动力：（一）熏（二）浸（三）刺（四）提。因为有四种力，所以文艺就成为宣传的利器，所以歌德做了一本《少年维特之烦恼》，而情死之风大盛；曹雪芹做了一部《石头记》，而一般多情男女的热泪横流；我们读《水浒传》，则必自拟为黑旋风、花和尚、豹子头等；我们读《花朋痕》，则以目必深印着一个韦痴珠或韩荷生；我们读《三国志》，则敬重诸葛亮的心，油然而起；所以意大利文艺之所以复兴，大半是靠但丁、却塞、文艺宣传的力量。拜伦做了一首哀希腊歌，而希腊人大为感动。张子房的楚歌一吹，而楚营即现支离破碎之象，大矣哉，文艺之感动力，我们要用这种精神去建立我们三民主义的文艺。

现在中国的文艺界实在太复杂了！意见纷歧，派别繁多。这是一种很不好的现象。我们要废除这种现象，我们要统一我们的文艺思想，大家走一条路，大家努力的来垦植这三民主义的文艺之园。

关于这个问题，中央宣传部长叶楚伧先生也已经有文论及了，可惜加入讨论的很少，并且还有人反对，但是反对他的人是狗屁不通的。

"最后的胜利，是在乎最后的努力"，努力呀！有志研究文艺的人们。

本党的同志，同志于本党的，都应当时时刻刻牢记着这一点。

末了我还希望政府党部能加以热烈的提倡。

我们高呼：

打倒一切颓废落伍的文艺。

建立三民主义的文艺。

注释：

原载上海《民国日报》1930年8月6日。

鲁迅加盟左翼之动机

☆ 飞 狼

所谓左翼作家鲁迅周树人氏、被捕之后、平津青年阶级、极为关怀、且有为作不平之呼声者、同时平津报纸、曾载鲁迅被刑取供、因是一般崇拜之者、指为待遇文士过苛、按鲁迅年已五十一岁、绍兴人、周作人之兄也、曩在北平、称为语丝派之领袖、有深知其为人者、谓鲁迅思想清越、文字佳妙、斯为全国青午所崇拜、然其个性、则尖峭刻薄四字、足以尽之、故语丝派作风、亦仅为尖峭刻薄之绍兴师爷化而已、因其个性所尚、是以加盟左翼、竟为共产党所利用、而不自知、缘共产党最初、以每月八十万卢布、在沪充文艺宣传费、造成所谓普罗文艺、大众文艺之形势、未几、普罗化大众化之文艺、力量暴涨、彼雄称一时之语丝派、行被打倒、鲁迅之语丝派领袖地位、亦势不可保、于是彼乃以五十一岁老翁、亟谋巩固其领袖之资格、以完晚誉、有此一念、共产党员郑伯奇等、遂敦请鲁迅加入普罗团、体、仍拥之为领袖、鲁迅聪明一世、竟昧一时、遽尔诺之、故鲁迅与共产党发生因缘、谓其充满冷峭刻薄之个性误之、实无不可、盖倘无此种个性、未必存领袖之欲、若谓其贪取共产党之卢布、转未可信也、以鲁迅十余年来、撰著各书、所得不菲、其脑海中、必无金钱印象、然鲁迅今若自悔、则已晚矣。

鲁迅卖狗皮膏药

☆甲辰生

我们中国公学年来因为学生日众,吴淞原有的校舍不能容纳的缘故,所以去年秋季开学,便把社会科学院和商学院都搬到上海来,今年开学了没有好久,社会科学院里便有几位巨头的同学,发起组织了一个社会科学会,据他们口头宣传,会员也有六七十人了。昨天下午是他们第一次聘请名人演讲。事前看着领班巨头发狂似的热烈宣传,又震于大名鼎鼎的大文豪?(照布告的语气称)鲁迅先生的台衔,所以不由的也告了假去听他的演讲。本定下午一时开始讲的,但是我们候到三时模样,才见大文豪等一般人跚跚而来。我想他们迟到的原因,决不会也像什么红花歌舞社,绿花歌舞社般的故意摆架子,一定因为中途被人拉去演讲所致吧?鲁迅先生在春雷似的掌声中登了讲台,"轻轻的,飘飘的,有气无力的哼了不满三十分钟的雅调。"(袭大文豪的讲词)后来继续上台讲的还有几位,于是更一蟹不如一蟹了,告了半天假,脑筋里所感到的是充满着烦恼,失望,沮丧……

现在把昨天大文豪的演讲,在这里作一个片段的介绍,他的讲题是《美的认识》,开始他就用旁起法讲他的大文章:"现在有一般人,除掉少数真正认识文学的人以外,差不多异口同声讲我的著作不是上等文章,而是下等文章,这种批评,实在是谬谈;所以会发生这种论调的原因,由于他们不能捐除传统思想的结果。例如讲到世人对于美的认识,可以分为无产阶级的美,中小资产阶级的美,大资产阶级的美三种。他们的认识,完全是分道扬镳的。在中产阶级的尤其是资产阶级,他们目光中所认为的'风雅士','佳公子',是一般吟风弄月,骨瘦如柴,扶仗而行的文弱书生。所讲的话,最好句句用典压韵,令听的人愈不懂愈妙;说话的声调,是轻轻的,飘飘的,有气无力的讲着。至于姑娘们的美,最好像《红楼梦》中的林黛玉般的弱不禁风,多愁善感,看见刮风哭,看见下雨也哭。但是无产阶级,工人,农夫们,对于求偶所认为的美,就完全不同了。(这句鲁迅先生说得未免太主观吧!)像我们绍兴农人嫁女前,首须看一看新女婿;而选择的最主要条件,便是肥大的两条腿,因为如此才能养活他的女儿。(甲按:但是两腿局部的发达,不一定就是壮健的汉子)文学当然也跳不出这个公例,所谓下等文章,无产阶级的美,将来无论如何,终会占有优越的位置的。"

鲁大文豪这篇讲词,他的讲题,是好改为两句社会上最流行的俗谚,"文章自己的好,老婆人家的美",比较切题多了。澈骨的讲一声,大文豪昨天演讲的主要目的,无非像火车上的卖轧格灵药水,生发油,香肥皂的零售商,和打拳的卖狗皮膏药一样,作一番口头宣传,想多销去几本下等文学《呐喊》般的书罢了。(因鲁先生讲词中,对于《呐喊》那本书,曾再三介绍;封面所以用红色的原因,更详尽的解释)我终觉得鲁先生对于美的观察,太武断了。例如他说:"非同阶级的人的审美感念是不同的",但是我们从另一方面看,同一阶级的人群,因为学识嗜好,个性,种种的歧异,于是他们对于美的认识的结果,也何尝会一致呢!所以我们只可以讲,宇宙间一切的美,人类天性上的审别是没有差异的。不过因为物质上和精神上的享受不同,于是人群的欲望程度,也随之高下而已。可是各阶级人类对于美的根本原素的认识,仍不因外感的关系,而发生冲突的,例如娇丰香甜的玫瑰,活泼有趣的姑娘,显露在我们的眼帘前,要是他脑筋中或肉体上不发生特别残缺,那么,一切人们的心田里,不是同样的要种下爱苗的。

后来还有大文豪的几位随员演讲,一个个都喊得面红颈赤,声嘶力竭,像猫儿叫春般极叫着;察其内容差不多都是些口号式的话,打倒什么,拥护什么,加入□□大同盟,为节省宝贵的篇幅起见,恕不和他们介绍了!

注释:
原载上海《民国日报》1930年4月1日。

呜呼"自由运动"竟是一群骗人勾当

☆敌 天

报告之一——锡旺君自暨大来稿（略）

报告之二——敌天君大夏来稿

大概是十三日吧！我们校内（大夏）请了中国鼎鼎大名的文艺家鲁迅先生演讲，我是文学科的人，像这样名人的学术演讲，焉得不一聆其妙论？

进了大礼堂以后，迎面的位置都被我们一千多同学坐满了。我就在西边找了一个较为靠近讲台的地方坐下。

来了穿西装的同学，拿了大批的印刷物分给各同学，我因为是会场内的一分子当然也享受到一份的权利，揭开一看，是一张《中国自由运动大同盟宣言》，上面所说的完全是一番反对现政府的话，辞句粗劣不堪，有类漫骂。我看完以后，就十二分的奇怪，何以在文学演讲的时候，而有这样非文学的宣传呢？或者有其他的特殊原因，也未可知，所以等听了演讲后，再来解释这个疑案。

有一位做主席的同学说：现在鲁迅先生还没有来，在未到之先，拟请潘、郑两位先生演讲，并介绍他们的著作和历史，大胆夸讲了几句。在将要讲完了的时候，忽然全场扰动，雷似的掌声震入耳鼓，观其究竟原来是鲁先生已经光临了。潘、郑二先生说完了以后，主席又来报告，他说：鲁先生刚到，要休息十分钟，先再介绍一位王先生来讲，请诸同学不要着急，哪晓得这位王先生真是一个善于演说者！他那声音的响亮和气势的雄威，几乎像疯狗一样的狂吠。

综合他们三位的高论：潘、郑二先生所说的大意，除了在演讲前五分钟略为说些关于文艺方面所谓敷衍门面外，其余可以说都是讨论"自由运动大同盟"的问题。……至于王先生的妙论，就格外奇怪……（指责王提出的六点计划，如一要受共产党领导，等等，俱从略——抄者）末了鲁迅先生最后来登台了！他的题目是《象牙塔与蜗牛庐》，新鲜得很！到底不愧是一个文艺家，可是他却用了做寓言小说的笔调，引出许多比喻从旁面来说明人民是如何的不自由，所以论其结果，还是犯了潘、郑、王三位先生的老毛病。我自听了鲁先生的所谓文艺演讲后所感觉的失望，较之听以前三位的演讲,尤为难受,因为我的最大的目的,是想在鲁先生的演讲中得到些文艺知识的。而结果是徒然费了二小时的宝贵光阴,竟受到这样奇怪而又不满人意的收获。真是痛心而又痛心。

我现在根据了他们演讲的奇怪情形和发起所谓"中国自由运动大同盟"的意义,就发生下列几点的感想:

一、一班失意的文人学士们,因为做不到部长,做不到委员,就五花八门预定出一个下等的计划,假托演讲主角人鲁迅先生迟到或消(休)息的机会,来作反动的宣传,要请大家向歧路上走,这真是一种最卑鄙最龌龊的行动吧!

二、公然作反动的宣传,在事实上既无此勇气,竟借了文艺演讲的美名而来提倡所谓"中国自由运动大同盟"的组织,态度不光明,行动不磊落,这也算是真正革命的志士么?

三、以一位大名鼎鼎的文艺家鲁迅先生,不自保持其优美的历史,反来与一般时代落伍的无聊文人们结合,作那反时代的勾当,真是可惜之至。

四、在现在以党治国的局面下,是否需要"中国自由运动大同盟"的组织,在稍明政党和革命党之分别的人,定能回复这一个答案。

最后要郑重声明的:我是中国四万万同胞中的一个大学生,既没有公开党的色彩,更没有秘密派的色彩,这一篇小小的述评,完全是根据了客观的事实而加以客观的批评,决无丝毫之作用或是主观之成见的,若蒙大名人鲁迅先生的垂青不弃后生小子的我,而肯多多指教些大同盟的事实,我是十二分接受,而又愿意再答复的,至于潘、郑、王三位先生果有所赐示,自信我尚是站在时代前面的一个热血青年,至少已经认为他们是属于不革命者之一流,恕我不慕敬了。

敌天寄自大夏大学

注释:

原载上海《民国日报》1930年3月18日。

鲁迅愿作汉奸

☆思

　　鲁迅之作文字也,非一定欲变作共产党口吻,徒以左倾既成时髦,赤色作品更能卖钱耳,初固不虞政府之对彼不客气到底,根本毁灭其作品也,鲁迅至此始感大窘,成为进退失据,且版税稿费全部打消,连一家八口生活都成问题,穷思竭想,居然想得一法。盖彼之诋毁政府,本靠之向共产党易钱,不过共产党自身且在捕捉之列,不能予彼保障,如转而作汉奸,则日本之搜罗破坏中国现政府者,其迫切固不亚于共产党,且金钱报酬更高,况乎还有保障。因此鲁迅即搜集其一年来诋毁政府之文字,编为南腔北调集,丐其老友内山完造介绍于日本情报局,果然一说便成,鲁迅所获稿费几及万元,以视申报自由谈之十洋一千,更相去几倍矣。现此书已由日本同文书局出版,凡日本书店均有出售,中国官厅格于治外法权,果然无如之何,闻鲁迅此技一售,大喜过望,已与日本书局订定密约,将此期以此等作品供给出版,乐于作汉奸矣。

注释:

原载上海《社会新闻》1934年5月7卷12期。

内山完造底秘密

☆天 一

"在殖民地的宗主国商人,没有一个不像强盗一样凶恶,贪鄙,残忍,奸诈"(罗曼罗兰)。中国虽然还不是日本的殖民地,而在中国的日本商人,早已以宗主国自居了。因此,在中国的日本商人,也不免如罗曼罗兰所说的那样凶恶,贪鄙,残忍,奸诈

内山完造在书店门口设立的施茶桶,过路人均可免费喝茶

了,而内山书店的主人内山完造,尤其是凶恶,贪鄙,残忍,奸诈之尤者!

　　内山完造,他是日本的一个浪人,在家乡以贩卖吗啡等违警品而曾被警察署监禁过,因为不容于故乡,流浪到中国来。他初到上海时,曾带了二千元来,在上海经营书店事业。但是因为他的狂嫖滥赌(他很喜欢赌中国的牌九),把二千元化得干干净净。单是书店的事业,眼见不能维持,幸而他神通广大,在领事馆警察署中找到了一个秘密侦探的任务,每月支二百元的薪水。那时,他的任务是专门侦探留沪日本人及朝鲜人台湾人的政治活动。一九二五年五卅运动起,日本外务省加紧注意中国的事情,于是内山完造由领事馆警察署的小侦探而升为外务省驻华间谍机关中的一个干员了。为要使他的侦探工作发展起见,外务省曾提供了约五万元的资本,给他扩充内山书店,使他的书店由魏盛里的这小房子搬到施高塔路的洋房里,而且在四川路和北四川路开设漂亮的支店了。

　　内山完造的手段是很巧妙的,他以"左"倾的态度来交结中国共产党及左倾人物,一方面,可以从这些左倾人物中取得重要的情报;另一方面,借"左倾"的掩护,来进行他的间谍工作。一二八战事发生,他更忙得厉害,成了皇军的一只最好的猎犬。那时候,日本外务省曾召他回去垂询一切,但又恐怕来去太露骨了,所以他自己想出了一个很巧妙的办法,由上海领事馆加以"捣乱"的罪名,把他"押送"回国,而实际上是"护送"回国。他在日本的任务完毕以后,又回到上海来了。现在,据说他的内山书店要到南京去设分店去了,这不是他的业务的发展,而是他的间谍机关的扩大。

　　施高塔路的内山书店,实际是日本外务省的一个重要的情报机关,而每个内山书店的顾客,客观上都成了内山的探伙,而我们的鲁迅翁,当然是探伙的头子了。

注释:

原载上海《社会新闻》1934年5月7卷16期。

鲁迅与托派

☆ 少 离

在中国文坛上,无人不知有鲁迅翁,鲁迅翁之能成为大名鼎鼎的人物,本刊早有过比较详细的露布。兹就他的生活近况来说一说,特别是关于政治方面的,想定为读者所欢迎吧。

人都以为今天的鲁迅,是个共产党,是个赤匪第一流的应声虫,这些话,都是对的。然而,我们更深一层的追究下去,鲁迅在共产党内,是属于哪一派呢?这一问题是很有趣的。我们曾经访问过许多作家,也曾经晤见过许多灰色以至半赤色的朋友们,经过了好几个月,直至今天,我敢负责的报告读者,鲁迅翁的政治关系,确是共产党左派反对派的一员。

用不到惊奇,只要稍稍知道,或领略过鲁迅翁的凌人放傲,目无旁人的"幽默"之气的,都可以下个预言,他必然会走这一条托派——即左派反对派——的路。这条路的好处,在什么地方呢?所谓,"左了还要左,赤了还要赤"。同时,正和托派的仁兄,所说的一样,他们是毫不走样的列宁真种。而他们那理想之玄妙辉煌是个无上的乌托邦,在那穷极无聊,烟雾醉人,独个儿伏在亭子间里,幻之又幻,想而复想的时候,那确是最高妙的境界。然而,这般普罗的文人,他们自己幻想着,还要表示他们的英雄主义,以自欺而去欺骗一般意志薄弱者,愚蠢无知的工人。

鲁迅翁的政治理想,很容易接近托派,已如上述。鲁迅翁加入托派的动机,主要的却是被火一般的领袖欲所驱使着。这谁都已经知道了的。托派自陈独秀、彭述之等被捕后,虽只有残灰,而因不为人所注意之故,年来已由残灰复活了。鲁迅翁由反左联而投降左联,为的是"争第一把交椅",还言之,就是被领袖欲所驱使。鲁迅在共产党文总内,曾负过一个时期相当重要的责任。但共产党内的斗争,尝使这位老翁"生气"。鲁迅翁遭受了布尔什维克铁面无情的滋味,而且他在干部派下,决难有开展的希望。所以他在几度离合之后,便与干部解缘(?)了。一边解缘,一边自然就有人在拉啦。要在残灰中做个领袖,是比较容易的,鲁迅翁便改唱托派的论调了。

注释:
原载上海《社会新闻》1934 年 4 月 7 卷 2 期。

叁　左联时期参加的三次论争

3　戳穿"第三种人"

苏　汶：在"智识阶级的自由人"和"不自由的,有党派的"阶级争着文坛霸权的时候,最吃苦的,却是这两种人之外的第三种人。这第三种人便是所谓作者之群。

鲁　迅：其实,这"第三种人"的搁笔,原因并不在左翼批评严酷,真实原因的所在,是在做不成这样的"第三种人"……要做这样的人,恰如用自己的手拔着头发,要离开地球一样,他离不开,焦躁着,然而并非因为有人摇了摇头,使他不敢拔了的缘故。

【导读】

戳穿"第三种人"

☆ 陈漱渝

与所谓"第三种人"苏汶(杜衡)的论争是鲁迅加入左联之后被卷入的第三次论争。这场论争的焦点是文艺与政治的关系问题和革命文艺家对小资产阶级作家的态度问题。苏汶是作为胡秋原的间接支持者参加论争的。在他看来,胡秋原的理论是一种自由主义的非功利的创作理论,而左翼文坛则持一种目前主义的功利主义的创作理论。他所说的"第三种人"并非指政治上的中间派,而是指那些在两种截然不同而互不让步的文艺观面前一时感到无所适从的作家。他指责左翼文坛只要行动,不要理论;只要革命,不要文学;只要煽动,不要艺术。苏汶的观点虽然在某些程度上触及了左联常犯的机械论、简单化、左倾关门主义等错误,但他把新文学创作的障碍主要归之于左翼作家的"左而不作"和"第三种"人的欲作而不敢,却放过了摧折进步文艺新芽、奉行文化专制主义的国民党政权,显然是颠倒是非、混淆黑白之谈。鲁迅在论争后期撰写了带总结性的《论"第三种人"》。文章深刻而形象地批驳了超阶级和超政治的文艺观,以及蔑视群众文艺的贵族老爷态度;同时也指出左翼文坛在向文艺神圣之地进军的过程中应着重克服左的关门主义的错误——因为"左翼作家并不是从天上掉下来的神兵,或国外杀进来的仇敌,他不但要那同走几步的'同路人',还要招致那站在路旁看看的看客也一同前进。"苏汶承认鲁迅的意见是公允的,尤其赞赏鲁迅声明左联并不拒绝"同路人"的态度。1934 年以后,随着国民党文化"围剿"的加剧,苏汶的态度日益右转。鲁迅 1934 年 4 月 11 日致日本友人增田涉信揭露苏汶"自称超党派,其实是右派。今年压迫加紧以后,则颇像御用文人了"。证实了在阶级矛盾和民族矛盾的漩涡之中,所谓"第三种人"每时每刻都在分化,不会两脚着地,骑稳一道矮墙,绝对做到不偏不倚。

关于杜衡先生的一篇回忆

☆陈漱渝

"左联"时期跟"自由人"和"第三种人"的论争,历来被称之为20世纪30年代文艺理论战线的三大战役之一。这场论争最初是胡秋原引发的,论争阵地为《文化评论》和《文艺新闻》。由于杜衡(苏汶)登场,论争阵地转移到了发行量高达15000册的《现代》杂志,引起了广泛的关注。

作为论争一方代表人物的杜衡事后是如何看待这场论争的呢?这是一个饶有兴趣的问题。

1964年11月17日,杜衡因心脏病病逝于台中空军医院。国民党中央机关报《中央日报》在刊登这一消息时说:"来台后,他对当年论争之事不提一字,绝口不谈往事。"然而,1969年胡秋原在一篇回忆里却说,"戴杜衡在台写了一篇文章,谈1932年的文艺论争。"可见"绝口不谈往事"之说是不确的。

感谢台湾学者秦贤次先生,他替我找到了这篇目前在台湾亦属孤本的文章。这篇文章原题为《一份被迫害的记录》,《今日大陆》杂志的编者发表时擅加了一个题目——《文坛的魔魇》,而将原题改作副标题。我们转载此文时,恢复了题目的原貌。删节的几行,是直接咒骂共产党的文字,与论争本身完全无关。为帮助读者了解文中涉及的史实,又在文末添加了10余条注释。鲁迅历来重视收集论敌的文字,并公诸于众,以期通过正反对照了解论争的全貌。这对于正确总结我国左翼文艺运动的历史经验是有裨益的。

戴杜衡,本名戴克崇,笔名苏汶。1907年生于浙江杭州,曾就学于杭州宗文中学和上海复旦大学法国文学科。大革命时期加入共青团。1928年开始创作短篇小说。同年夏与刘呐鸥、施蛰存、戴望舒等结成水沫社,先后出版《璎珞》、《新文艺》、《无轨列车》杂志和《马克思主义文艺丛书》。1930年应冯雪峰之邀参加左联。1932年至1934年为《现代》杂志撰写小说、评论并自该刊第3卷后参与编辑工作。1935年与韩侍桁、杨邨人合编"第三种人"的同人杂志《星火》月刊。1940年,杜衡在香港投奔国民党,先后在香港、重庆任《民国日报》、《中央日报》主笔。抗日战争胜利后《中央日报》社迁南京,杜衡继续任该报主笔。1949年赴台湾,先后任《征信报》、《联合报》《新生报》《大华晚报》等数家报纸主笔。去世5年后,评论集《免于偏见的自由》由台湾传记文学社刊行。

杜衡参加20世纪30年代文艺自由论争的第一篇文章,是发表于1932年《现代》杂志1卷3期的《关于"文新"与胡秋原的文艺论辩》。杜衡在文章中认为,胡秋原的理论是一种自由主义的非功利的创作理论,而左翼文坛则持一种目前主义的功利主义的创作理论,两者立场截然不同,各以其道非他人之道,距离不可以道里计,所以论争不会有什么结果。他指摘左翼文坛只要行动,不要理论;只要革命,不要文学;只要煽动,不要艺术。在这篇文章中,杜衡赋予"第三种人"这个名词以特定含义:"在'智识阶级的自由人'和'不自由的、有党派的'阶级争着文坛的霸权的时候,最吃苦的,却是这两种人之外的第三种人。这第三种人便是所谓作者之群。"这就是说,杜衡所说的"第三种人"并非指政治上的中间派,而是指那些在两种截然不同而互不让步的文艺观面前一时感到无所适从的作家。

首先反驳杜衡上述观点的是瞿秋白。他以易嘉为笔名,在《现代》1卷6号发表了《文艺的自由和文学家的不自由》一文。文章指出:新兴阶级并非只要行动、不要理论,而是努力在行动之中学习、研究、应用、发展着理论。新兴阶级也不是只要煽动、不要艺术。"文艺——广泛的说起来——都是煽动和宣传,有意的无意的都是宣传。文艺也永远是,到处是政治的'留声机'。问题是在于做哪一个阶级的'留声机',并且做得巧妙不巧妙。新兴阶级不但要普通的煽动,而且要文艺的煽动。新兴阶级自己也批评一些煽动的作品没有文艺的价值,这并不是要取消文艺的煽动性,而是要煽动作品之中的一部分加强自己的文艺性。"关于作家能否称之为"第三种人"的问题,文章的回答是:"每一个文学家,不论他们有意的,无意的,不论他是在动笔,或者沉默着,他始终是某一阶级的意识形态的代表。在这天罗地网的阶级社会里,你逃不到什么地方去,也就做不成什么'第三种人'。"

继瞿秋白之后批驳杜衡的是周扬。他以"周起应"为署名,在《现代》1卷6号发表《到底谁不要真理,不要文艺?》一文。文章重申了革命行动和革命理论不能分开的论点,并强调:"在政治斗争非常尖锐的阶段,每个无产阶级作家都应该是煽动家,他应该把文学当做 Agitprop 的武器。但做了煽动家并不见得就不是文学家了,而且越是好的文学越有 Agitprop 的效果。所以,我们不但没有忽视'艺术的价值',而且要在斗争的实践中去提高'艺术价值'。"周扬认为杜衡的目的是要使文学脱离无产阶级而自由,换句话说,就是要在意识形态上解除无产阶级的武装。所以,他即使没有做资产阶级的走狗,也至少帮了资产阶级的走狗来咬左翼文坛。

瞿秋白和周扬的文章发表后,杜衡写了3篇文章应战:《"第三种人"的出路》

一个都不宽恕

瞿秋白像

(《现代》1卷6号),《答舒月先生》(《现代》1卷6号),以及他自己最为得意的《论文学上的干涉主义》(《现代》2卷1号)。他认为周扬的文章除了字句之外,意思差不多跟瞿秋白如出一口,不同之处只是武断更胜于瞿秋白,所以他答复了瞿秋白,同时也就答复了周扬。杜衡这3篇文章的要点是:文学的永久的、绝对的、决不能用旁的东西来替代的任务,是"从切身的感觉方面指示出社会的矛盾,以期间接或直接帮助其改善"。构成优秀艺术品的条件是作者和作品的整个融合,而不是作者和政治的融合。文学作品可以有其政治目的,但不能因这政治目的而牺牲真实,违背艺术家的良心。"从政治立场来指导文学,是未必能帮助文学对真实的把握的,反之,如果这指导而带干涉的意味,那么往往会消灭文学的真实性,或甚至使它陷于'奉天承运,皇帝诏曰'式的文学的覆辙。"杜衡强烈批评左翼文艺"用狭窄的理论来限制作家的自由",并且排拒中立的作家和中立的作品,差不多是把所有非无产阶级文学都认为是拥护资产阶级的文学:"不很革命就是不革命,而不是革命就是反革命,因此,除了很革命之外一切皆反革命。"对于"第三种人"这一概念,杜衡再次强调他的原意不过是说:"有左翼文坛那样的马克思列宁主义者,有胡秋原先生那样的学院式马克思主义者,而作家,既非前者,又非后者,那便随便地说是'第三种人'。"针对瞿秋白"在阶级社会里做不成第三种人"的观点,杜衡反驳说:"这'第三种人'未必一定做不成,而且确实已经存在了。只有从狭义的阶级文学理论的立场看来,这'第三种人'才会必然地做不成。"他以马克思对待海涅的态度为例,证明马克思都允许"第三种人"的存在。

杜衡在回忆中说,在这次论争中,写文章支持他的只有两人,其中之一是陈望道,另一人他不拟提出其名字。陈望道(雪帆)在《关于理论家的任务速写》一文中,批评了瞿秋白文章中简单化的倾向,并指出不应把胡秋原、杜衡当时对左翼理论或理论家的不满"扩大作为对于中国左翼文坛不满,甚至扩大作为对于无产阶级文学不满"。另一位"不拟提出其名字"的人,据推断当为冯雪峰。冯雪峰当时是杜衡的朋友,从事革命活动时曾受到过杜衡的资助,因此想在论争中当一个挽回僵局的调解人,虽然结果两面都不讨好。在杜衡选编的《文艺自由论辩集》中,收录了冯雪峰以"何丹仁"为笔名发表的《关于"第三种文学"的倾向与理论》一文。这篇文章批评了杜衡的观念混乱的理论,认为他的"非政治主义或反干涉主义,是不但反对地主资产阶级的政治势力来利用文艺,并且也反对群众的革命的政治势力来利用文艺的,因为他也未能满意这一种政治势力。"对所谓"武器文学理论",冯雪峰作了如下阐释:"一切的文学,都是斗争的武器;但决不是只有狭义的宣传鼓动的文学,才是斗争的武器。有时候,倒是相反的,就是在宣传鼓动的作品'做得不好'的时候。——浅薄的,'江湖十八诀'的,标语口号的宣传鼓动的作品,决负不起伟大的斗争武器的任务。而非狭义的宣传鼓动文学,它越能真实地全面地反映了现实,越能把握住客观的真理,则它越是伟大的斗争的武器。"冯雪峰认为杜衡对左翼文坛和理论的深刻的反感,既跟他本人气质的坏的方面有关,也跟左翼文坛的宗派性有关。冯雪峰希望在论争中不应该把杜衡等视为敌人,"而是看作应当与之同盟战斗的自己的帮手",与之建立起友人的关系,因为他们毕竟"反对旧时代,反对旧社会","反对地主资产阶级及其文学",虽然不是站在无产阶级的立场,但决非反革命的文学。"这种文学也早已对于革命有利,早已并非中立,不必立着第三种文学的名称了。"

需要特别提出的是,除了《"关于第三种文学"的倾向与理论》之外,冯雪峰还有另一篇重要文章,题为《"第三种人"的问题》,原载1933年1月15日出版的《世界文化》第2期。现作为佚文收入人民文学出版社1985年出版的《雪峰文集》第4卷"补遗"部分。《文艺自由论辩集》未收录此文,是因为杜衡编完此书是在"1932年最后一日",而《"第三种人"的问题》却刊登于次年1月中旬。杜衡在该书《编者序》中虽说"将来也许还有续编或补编出现的可能",但时过境迁,并未成为事实,因而冯雪峰的这篇文章长期被研究界所忽视。《"第三种人"的问题》是在张闻天以"歌特"为笔名在中共中央机关报《斗争》第30期发表了《文艺战线上的关门主义》之后撰写的,因此冯雪峰在这篇文章中除了继续批评杜衡"蔑视群众"、"意见在客观上是有利于统治阶级"之外,更强调杜衡所抱的错误意见在当时具有很大的普遍性,他们对左翼文坛的反感,"是由于我们平日没有很好的接近他们,没有和他们建立很好的关系,以及我们的理论上的、批评上的'左'倾关门主义而起的。"文章直接批评瞿秋白的文章、尤其是周扬的文章没有分析"第三种人"的特性、脾气、心理,一味的打击和骂倒他们,分明地反映出左的关门主义的观点。冯雪峰清醒地看到"第三种人"中的有些人很难保证他们永不会变为我们的敌人,但"现在不是我们的敌人,不但如此,他们并且可能成为我们的朋友,有些甚至可能成为我们的同志。"冯雪峰在文章结尾深刻指出:"在阶级斗争尖锐,两个政权对立的目前,真正的'第三种人',真正的'中立者'是不能支持的。然而使'中立者'偏向我们,投入我们,使偏向敌人的以及在敌人里面的中立起来,是我们的任务!"

杜衡在回忆中还提到,陈望道的文章是由茅盾推荐到《现代》杂志的。杜衡拜访茅盾时,茅盾当面的表示,差不多大部分同意他的看法。这一情况也具有一定的可信性。夏衍在《懒寻旧梦录》一书中就提到,茅盾当时对瞿秋白、周扬文章中批"第三种人"的调子不满。他说:"排斥小资产阶级作家,左联就不能发展,批'第三种人'的调子,和过去批我的《从牯岭到东京》差不多。"

在这场论争的初期,鲁迅并没有公开表示意见,但几乎每篇参加论争的文章他都在发表之前看过。最后他写了带总结性的《论"第三种人"》,发表于《现代》第2卷第1期。这篇文章是先给杜衡看过,而后由杜衡交给施蛰存发表的。鲁迅在文章中深刻而形象地批驳了超阶级和超政治的文艺观,以及蔑视群众文艺的贵族老爷态度;同时也指出左翼文坛在向文艺这神圣之地进军的过程中应不断"克服自己的坏处",特别是左的关门主义的错误——因为"左翼作家并不是从天上掉下来的神兵,或国外杀进来的仇敌,他不但要那同走几步的'同路人',还要招致那站在路旁看看的看客也一同前进。"

由上所述可知,1932年左联跟"第三种人"展开的论争,是围绕文艺与政治的关系问题和革命文艺家对小资产阶级作家的态度问题展开的。论争中虽然一度出现措辞尖刻和背离原意的偏向,但始终没有当成政治上的敌我斗争,而是一场气氛渐趋正常的文艺论争。论争告一段落之后,杜衡撰写了一篇《1932年的文艺论辩之清算》,承认陈望道和鲁迅是"公允"的,冯雪峰的批判是"诚恳的"。他表示大体同意冯雪峰正面提出的见解,前文引述的冯雪峰对于"武器文学"的论述更跟他的意见"完全合拍"。他尤其赞赏鲁迅声明左翼并不拒绝"同路人"的态度,只是他觉得左翼文坛过去的确有"横暴"的错误;鲁迅说这是心造的幻影,杜衡觉得这是鲁迅在"替别人文过"。直到1933年,鲁迅跟杜衡之间仍保持着通讯联系。鲁迅曾向杜衡推荐瞿秋白译的《高尔基论文集》、《高尔基小说选集》,替杜衡代向冯雪峰约稿,杜衡也请鲁迅代向瞿秋白组稿。详情见孔另境编《现代作家书简》。

彼此这种友好的态度到1934年起了明显变化。其原因,是在此期间先后发生了鲁迅著作中提到的施蛰存"献策"、穆时英坐上了图书检查官交椅等事件。当时,白区共产党组织大批遭到破坏,从 1933 年至 1934 年 9 月,被捕的共产党员及其支持者多达 4 500 余人;1934 年 2 月国民党中央党部查禁的 149 种书籍中,绝大部分是左翼作家的作品。跟左翼作家的境遇相反,所谓"第三种人"的刊物却比较活跃,除《现代》月刊外,还出版了施蛰存主编的《文艺风景》,叶灵凤、穆时英合编的《文艺画报》,杜衡跟公开脱离共产党的杨邨人等合编的《星火》,以及施蛰存主编的《文饭小品》等。在这种情况下,杜衡等对国民党政府的文化统制政策依旧不置一喙,继续指责左翼文坛"扼杀创作"、"摧残文艺"。因此,鲁迅在 1934

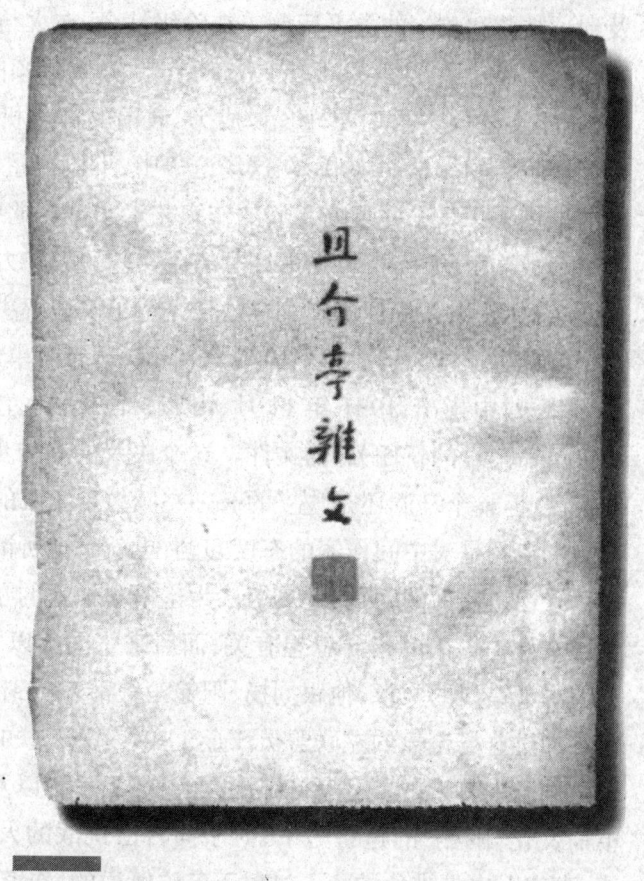

《且介亭杂文》初版本

年 4 月 11 日致增田涉信中说杜衡"自称超党派,其实是右派。今年压迫加紧以后,则颇像御用文人了"。又在《且介亭杂文二集·"题未定"草(九)》中写道,"数年前的文坛上所谓'第三种人'杜衡辈,标榜超然,实为群丑,不久即本相毕露,知耻者皆羞称之"。杜衡在回忆中说鲁迅内心并不真信他会当图书检查官,但"在笔下却仍是要这样说"。查鲁迅著作,的确揭露了有的"第三种人"当上检查官之后,正握着涂抹的笔尖,生杀的权力,暗地里使劲地拉那上了绞架的同业的脚;但鲁迅并未确指当检查官的就是杜衡。在《〈且介亭杂文二集〉后记》中,鲁迅全文引录了杜衡的辟谣启事。鲁迅只是说:"检查官之'爱护''第三种人',却似乎是真的。"因为他有两篇冒犯"第三种人"的文章,一篇被删掉(《病后杂谈之余》),一篇被禁止(《脸谱臆测》)。

近年来,国内现代文学研究界对这场论争进行了反思,观点和评价不尽相同。周扬在纪念左联成立 50 周年大会上发表了题为《继承和发扬左翼文化运动的革命传统》的讲话,其中谈到:"30 年代,我们在同'自由人'与'第三种人'的论争中,涉及到了文艺和政治的关系问题。在阶级社会、在火与血的革命斗争中,文艺不可能脱离政治而自由,它必然要受一定政治势力、政治倾向的支配和影响。一些人叫喊'勿侵略文艺';文艺不要'堕落'成为'政治的留声机',那是别有用心的,是为了反对无产阶级的文学。'左联'在这场论争中,不仅把左翼队伍的马克思主义理论水平向前推进了一步,并且使我们的作家艺术家更自觉地把自己的文学艺术作为无产阶级解放斗争的一翼,大大提高了革命文艺的战斗力。当然,这并不是说,在30年代,左翼文艺运动从理论到实践已经完全正确地解决了文艺与政治的关系问题。对这个问题也还常常解决得不恰当,不正确,还有简单化、庸俗化的毛病。"夏衍在《懒寻旧梦录》中指出,1931年11月,由瞿秋白提议,左联发表了一份题为《中国无产阶级革命文学的新任务》的文件。"这个决议的确初步纠正了1930年8月决议的一些错误,但整个基调还是'左'的……左倾教条主义的味道,依然是很浓厚的。最突出的一点就是对中间作家的态度问题,也就是把所谓'自由人'、'第三种人'应该看作敌人还是友人的问题。"夏衍认为论争中暴露的左的关门主义的错误,实际上跟上述文件中提出的指导思想有关;而后来张闻天以"歌特"为化名发表的那篇纠正关门主义错误的文章,他跟周扬、阳翰笙等都未看到,也从来未听瞿秋白提起过。当年参加过这场论争的左联盟员汪金丁在《有关左联的一些回忆》中说:"我想不出左联的同志中有谁把'第三种人'同梁实秋、王平陵以及胡秋原等一样看待。在当时反革命文化'围剿'的迫害之下,对于向自己挑战的人,不能不从坏的方面设想的情绪,事实上也是难免的。不过对于苏汶所说的'作家之群'也还是有具体分析的:指出他们有的能和革命发生共鸣,一同前进,而有的也能乘机将革命中伤、歪曲。现在想来,这样的分析是必需的,正确的。"(《左联回忆录》上册,中国社会科学出版社,1982年出版)施蛰存则声明:他从来没有自称为"第三种人",他在整个论辩过程中始终保持编者的立场。论辩中虽然有过左、武断等缺点,但当时共产党及其文艺理论家并不把这件事作为敌我矛盾处理,对斗争性质的掌握是正确的。对于杜衡后来的倾向,他个人极不满意,以至连朋友的交情也冷淡了(《〈现代〉杂忆》,《新文学史料》1981年第1期)。当然,也有个别人认为包括鲁迅在内的左翼作家在论争中"敌我不分","乱打棍子",以致把有的"第三种人"逼上了另一条道路。这么一种见解,鲁迅1935年2月7日致曹靖华信中就提到过。杜衡的回忆文章,基调也是如此。我想,通过认真收集当年论争的原始资料,掌握双方矛盾的起因及发展的线索,用实事求是的态度进行评价,上述分歧会取得渐趋一致的看法。

论"第三种人"

☆鲁　迅

　　这三年来,关于文艺上的论争是沉寂的,除了在指挥刀的保护之下,挂着"左翼"的招牌,在马克思主义里发现了文艺自由论,列宁主义里找到了杀尽共匪说论客的"理论"之外,几乎没有人能够开口,然而,倘是"为文艺而文艺"的文艺,却还是"自由"的,因为他决没有收了卢布的嫌疑。但在"第三种人",就是"死抱住文学不放的人",又不免有一种苦痛的豫感:左翼文坛要说他是"资产阶级的走狗"。

　　代表了这一种"第三种人"来鸣不平的,是《现代》杂志第三和第六期上的苏汶先生的文章(我在这里先应该声明:我为便利起见,暂且用了"代表","第三种人"这些字眼,虽然明知道苏汶先生的"作家之群",是也如拒绝"或者","多少","影响"这一类不十分决定的字眼一样,不要固定的名称的,因为名称一固定,也就不自由了)。他以为左翼的批评家,动不动就说作家是"资产阶级的走狗",甚至于将中立者认为非中立,而一非中立,便有认为"资产阶级的走狗"的可能,号称"左翼作家"者既然"左而不作","第三种人"又要作而不敢,于是文坛上便没有东西了。然而文艺据说至少有一部分是超出于阶级斗争之外的,为将来的,就是"第三种人"所抱住的真的,永久的文艺。——但可惜,被左翼理论家弄得不敢作了,因为作家在未作之前,就有了被骂的豫感。

　　我相信这种豫感是会有的,而以"第三种人"自命的作家,也愈加容易有。我也相信作者所说,现在很有懂得理论,而感情难变的作家。然而感情不变,则懂得理论的度数,就不免和感情已变或略变者有些不同,而看法也就因此两样。苏汶先生的看法,由我看来,是并不正确的。

　　自然,自从有了左翼文坛以来,理论家曾经犯过错误,作家之中,也不但如苏汶先生所说,有"左而不作"的,并且还有左而右,甚至于化为民族主义文学的小卒,书坊的老板,敌党的探子的,然而这些讨厌左翼文坛了的文学家所遗下的左翼文坛,却依然存在,不但存在,还在发展,克服自己的坏处,向文艺这神圣之地进军。苏汶先生问过:克服了三年,还没有克服好么?回答是:是的,还要克服下去,三十年也说不定。然而一面克服着,一面进军着,不会做待到克服完成,然后行进那样的傻事的。但是,苏汶先生说过"笑话":左翼作家在从资本家取得稿费;现在我来说一句真话,是左翼作家还在受封建的资本主义的社会的法律的压迫,禁锢,杀戮。所以左翼刊物,全被摧残,现在非常寥寥,即偶有发表,批评作品的也绝少,而偶有批评作品的,也并未动不动便指作家为"资产阶级的走狗",而且不要"同路人"。左翼作家并不是从天上掉下来的神兵,或国外杀进来的仇敌,他不但要那同走几步的"同路人",还要招致那站在路旁看看的看客也一同前进。

但现在要问:左翼文坛现在因为受着压迫,不能发表很多的批评,倘一旦有了发表的可能,不至于动不动就指"第三种人"为"资产阶级的走狗"么?我想倘若左翼批评家没有宣誓不说,又只从坏处着想,那是有这可能的,也可以想得比这还要坏。不过我以为这种豫测,实在和想到地球也许有破裂之一日,而先行自杀一样,大可以不必的。

然而苏汶先生的"第三种人",却据说是为了这未来的恐怖而"搁笔"了。未曾身历,仅仅因为心造的幻影而搁笔,"死抱住文学不放"的作者的拥抱力,又何其弱呢?两个爱人,有因为豫防将来的社会上的斥责而不敢拥抱的么?

其实,这"第三种人"的"搁笔",原因并不在左翼批评的严酷。真实原因的所在,是在做不成这样的"第三种人",做不成这样的人,也就没有了第三种笔,搁与不搁,还谈不到。

生在有阶级的社会里而要做超阶级的作家,生在战斗的时代而要离开战斗而独立,生在现在而要做给予将来的作品,这样的人,实在也是一个心造的幻影,在现实世界上是没有的。要做这样的人,恰如用自己的手拔着头发,要离开地球一样,他离不开,焦躁着,然而并非因为有人摇了摇头,使他不敢拔了的缘故。

所以虽是"第三种人",却还是一定超不出阶级的,苏汶先生就先在豫料阶级的批评了,作品里又岂能摆脱阶级的利害;也一定离不开战斗的,苏汶先生就先以"第三种人"之名提出抗争了,虽然"抗争"之名又为作者所不愿受;而且也跳不过现在的,他在创作超阶级的,为将来的作品之前,先就留心于左翼的批判了。

这确是一种苦境。但这苦境,是因为幻影不能成为实有而来的。即使没有左翼文坛作梗,也不会有这"第三种人",何况作品,但苏汶先生却又心造了一个横暴的左翼文坛的幻影,将"第三种人"的幻影不能出现,以至将来的文艺不能发生的罪孽,都推给它了。

左翼作家诚然是不高超的,连环图画,唱本,然而也不到苏汶先生所断定那样的没出息。左翼也要托尔斯泰,弗罗培尔。但不要"努力去创造一些属于将来(因为他们现在是不要的)的东西"的托尔斯泰和弗罗培尔。他们两个,都是为现在而写的,将来是现在的将来,于现在有意义,才于将来会有意义。尤其是托尔斯泰,他写些小故事给农民看,也不自命为"第三种人",当时资产阶级的多少攻击,终于不能使他"搁笔"。左翼虽然诚如苏汶先生所说,不至于蠢到不知道"连环图画是产生不出托尔斯泰,产生不出弗罗培尔来",但却以为可以产出密开朗该罗,达文希那样伟大的画手。而且我相信,从唱本说书里是可以产生托尔斯泰,弗罗培尔的。现在提起密开朗该罗们的画来,谁也没有非议了,但实际上,那不是宗教的宣传画,《旧约》的连环图画么？而且是为了那时的"现在"的。

总括起来说,苏汶先生是主张"第三种人"与其欺骗,与其做冒牌货,倒还不如努力去创作,这是极不错的。

"定要有自信的勇气,才会有工作的勇气！"这尤其是对的。

然而苏汶先生又说,许多大大小小的"第三种人"们,却又因为豫感了不祥之兆——左翼理论家的批评而"搁笔"了！

"怎么办呢？"

十月十日

注释：
原载上海《现代》1932 年 11 月 1 日第 2 卷第 1 期。

又论"第三种人"

☆鲁　迅

戴望舒先生远远的从法国给我们一封通信,叙述着法国 A. E. A. R.（革命文艺家协会）得了纪德的参加,在三月二十一日召集大会,猛烈的反抗德国法西斯谛的情形,并且介绍了纪德的演说,发表在六月号的《现代》上。法国的文艺家,这样的仗义执言的举动是常有的:较远,则如左拉为德来孚斯打不平,法朗士当左拉改葬的时候讲演;较近,则有罗曼罗兰的反对战争。但这回更使我感到真切的欢欣,因为问题是当前的问题,而我也正是憎恶法西斯谛的一个。不过戴先生在报告这事实的同时,一并指明了中国左翼作家的"愚蒙"和像军阀一般的横暴,我却还想来说几句话。但希望不要误会,以为意在辩解,希图中国也从所谓"第三种人"得到对于德国的被压迫者一般的声援,——并不是的。中国的焚禁书报,封闭书店,囚杀作者,实在还远在德国的白色恐怖以前,而且也得到过世界的革命的文艺家的抗议了。我现在要说的,不过那通信里的必须指出的几点。

那通信叙述过纪德的加入反抗运动之后,说道——

> 在法国文坛中,我们可以说纪德是"第三种人",……自从他在一八九一年……起,一直到现在为止,他始终是一个忠实于他的艺术的人。然而,忠实于自己的艺术的作者,不一定就是资产阶级的"帮闲者",法国的革命作家没有这种愚蒙的见解（或者不如说是精明的策略）,因此,在热烈的欢迎之中,纪德便在群众之间发言了。

这就是说:"忠实于自己的艺术的作者",就是"第三种人",而中国的革命作家,却"愚蒙"到指这种人为全是"资产阶级的帮闲者",现在已经由纪德证实,是"不一定"的了。

这里有两个问题应该解答。

第一,是中国的左翼理论家是否真指"忠实于自己的艺术的作者"为全是"资产阶级的帮闲者"？据我所知道，却并不然。左翼理论家无论如何"愚蒙"，还不至于不明白"为艺术的艺术"在发生时，是对于一种社会的成规的革命，但待到新兴的战斗的艺术出现之际，还拿着这老招牌来明明暗暗阻碍他的发展，那就成为反动，且不只是"资产阶级的帮闲者"了。至于"忠实于自己的艺术的作者"，却并未视同一律。因为不问那一阶级的作家，都有一个"自己"，这"自己"，就都是他本阶级的一分子，忠实于他自己的艺术的人，也就是忠实于他本阶级的作者，在资产阶级如此，在无产阶级也如此。这是极显明粗浅的事实，左翼理论家也不会不明白的。但这位——戴先生用"忠实于自己的艺术"来和"为艺术的艺术"掉了一个包，可真显得左翼理论家的"愚蒙"透顶了。

第二，是纪德是否真是中国所谓的"第三种人"？我没有读过纪德的书，对于作品，没有加以批评的资格。但我相信：创作和演说，形式虽然不同，所含的思想是决不会两样的。我可以引出戴先生所介绍的演说里的两段来——

> 有人会对我说："在苏联也是这样的。"那是可能的事；但是目的却是完全两样的，而且，为了要建设一个新社会起见，为了把发言权给予那些一向做着受压迫者，一向没有发言权的人们起见，不得已的矫枉过正也是免不掉的事。

> 我为什么并怎样会在这里赞同我在那边所反对的事呢？那就是因为我在德国的恐怖政策中，见到了最可叹最可憎的过去底再演，在苏联的社会创设中，我却见到一个未来的无限的允约。

这说得清清楚楚，虽是同一手段，而他却因目的之不同而分为赞成或反抗。苏联十月革命后，侧重艺术的"绥拉比翁的兄弟们"这团体，也被称为"同路人"，但他们却并没有这么积极。中国关于"第三种人"的文字，今年已经汇印了一本专书，我们可以查一查，凡自称为"第三种人"的言论，可有丝毫近似这样的意见的么？倘其没有，则我敢决定地说，"不可以说纪德是'第三种人'"。

然而正如我说纪德不像中国的"第三种人"一样，戴望舒先生也觉得中国的左翼作家和法国的大有贤愚之别了。他在参加大会，为德国的左翼艺术家同伸义愤之后，就又想起了中国左翼作家的愚蠢横暴的行为。于是他临末禁不住感慨——

> 我不知道我国对于德国法西斯谛的暴行有没有什么表示。正如我们的军阀一样，我们的文艺者也是勇于内战的。在法国的革命作家们和纪德携手的时

候，我们的左翼作家想必还在把所谓"第三种人"当作唯一的敌手吧！

这里无须解答，因为事实具在：我们这里也曾经有一点表示，但因为和在法国两样，所以情形也不同；刊物上也久不见什么"把所谓'第三种人'当作唯一的敌手"的文章，不再内战，没有军阀气味了。戴先生的豫料，是落了空的。

然而中国的左翼作家，这就和戴先生意中的法国左翼作家一样贤明了么？我以为并不这样，而且也不应该这样的。如果声音还没有全被削除的时候，对于"第三种人"的讨论，还极有从新提起和展开的必要。戴先生看出了法国革命作家们的隐衷，觉得在这危急时，和"第三种人"携手，也许是"精明的策略"。但我以为单靠"策略"，是没有用的，有真切的见解，才有精明的行为，只要看纪德的讲演，就知道他并不超然于政治之外，决不能贸贸然称之为"第三种人"，加以欢迎，是不必别具隐衷的。不过在中国的所谓"第三种人"，却还复杂得很。

所谓"第三种人"，原意只是说：站在甲乙对立或相斗之外的人。但在实际上，是不能有的。人体有胖和瘦，在理论上，是该能有不胖不瘦的第三种人的，然而事实上却并没有，一加比较，非近于胖，就近于瘦。文艺上的"第三种人"也一样，即使好像不偏不倚罢，其实是总有些偏向的，平时有意的或无意的遮掩起来，而一遇切要的事故，它便会分明的显现。如纪德，他就显出左向来了；别的人，也能从几句话里，分明的显出。所以在这混杂的一群中，有的能和革命前进，共鸣；有的也能乘机将革命中伤，软化，曲解。左翼理论家是有着加以分析的任务的。

如果这就等于"军阀"的内战，那么，左翼理论家就必须更加继续这内战，而将营垒分清，拔去了从背后射来的毒箭！

六月四日

注释：

原载《文学》1933年7月1日第1卷第1号。

关于《文新》与胡秋原的文艺论辩

☆苏 汶

首先要声明，我写这篇文章是并没有什么野心的，这是说，我并不是看别人"战"得有趣，于是自己也卷起袖子来一手；我更不敢有对任何方面挑"战"的意思。这一切，自己也很明白，都不配。不过，我如此见到，我便如此说。

近来，很少看书，尤其是很少看那些据说要销到七八千份以上的国内诸文艺杂志或报章。但是一个极碰巧的机会却终于使我看到了登在《读书杂志》第二卷第一期上的胡秋原先生的《钱杏邨理论之清算》和《文艺新闻》第五十六号上的没有署名的《自由人的文化运动》这两篇煌煌大文。这两篇表面上似乎没有多大连续性而实际上是十分针锋相对的文章上附的那句"标语"：马克思主义文艺理论之拥护。我记得，钱杏邨先生也是曾经把自己视为百分之百的马克思主义者的。

这是文艺舞台替我们排演的一出《新双包案》。

我呢，当然没有能力来判断哪一位包公是真，哪一位包公是假。在前台是看不出真假的。到后台去，不过后台也许还是看不出。

写到这里，我想起一个极陈旧的笑话来。

笑话本来就无聊，笑话而陈旧似乎更可以不必说。不过，被所有的党员都读熟了的《三民主义》里面的话都可在写给党员看的文章里被几百次几千次地引用，那么在我这篇狗屁不值钱的文章里说上一个陈旧的笑话似乎没有什么要紧吧。

从前有一个商人，一个秀才，一个富翁，和一个乞丐同在一座庙里避雪。因为无聊，联句吧。题目不用说，是"雪"。这首诗的头三句是这样的：

大雪纷纷坠地（商人）

都是皇家瑞气（秀才）

再落三年何妨（富翁）

再落三年雪，那还得了。叫化子于是生了气，他忘记了诗题，便这样地破口大骂起来：

放你娘的狗屁！

我向排演《双包案》的戏场的后台偷看了几眼，结论是没有，我只想起这个笑话来。确实,这一次的文艺论战(也许每一次的文艺论战都如此)是和破庙里的联句活脱活像:文艺这东西便是那题目,于是,各人说各人的话,而且,要两方面都同意的结论是决不会有的。

孔夫子这个人确实没有很彻底的思想,尽可以不必硬拖进马克思祠堂,可是他却确实说过几句聪明话。他说:"道不同不相为谋。"我这篇文章平凡得很,只不过想发挥一些这句古话在这次文艺论战上的应用;因此,我这篇文章又名"道不同相为谋说"。

废话少讲,我们来看一看论战的来历。

起初当然是导源于俄罗斯。一些名字长得不容易记清楚的人们争论着,在我们还没有梦想到天下有这么一个问题的时候就争论着。后来闹到日本,日本人似乎没有俄罗斯人那么聪明,说来说去还是俄罗斯人所早就说过的这几句话,没有胡秋原先生所要求于钱杏邨先生的"独创"。假使转借胡先生向福禄特尔借来的话来说,那么日本人就已经做了第二个拿女人来比花的头等蠢才了。于是,这些同一的话又借道东京而来到上海,只用四角方方的文字一写,便俨然成为中国人自己的理论。

其实,说到理论,我们还不如老老实实,现现成成地向俄罗斯人批发些来倒不至于闹大笑话,至于说"新花样",钱杏邨先生固然耍不出来,胡秋原先生也一样;不过胡先生还算能抱定从一而终主义,蒲力哈诺夫,而钱先生呢,不免要东拉拉,西扯扯。

这一点,左翼文坛的近来的指导者是高明得多了。他们不再提出那些"艺术的起源"或"艺术的定义"这些书呆子气的问题来,只看定目前的需要切实地,按部就班地讨论着,决定着又执行着。

可是左翼文坛自身的"奥伏赫变"到现在这地步也不是一朝一夕的事情。它在中国摆下擂台以来,第一个来打擂台的是鲁迅先生。他老人家说:"我们要理论。"于是有人便把蒲力哈诺夫和卢那却尔斯基译了些出来;虽然译得不十分看得懂,可是鲁迅先生满意了。接着茅盾先生又跳上擂台。"我们不要听十八句江湖诀,我们要看货色",他说。货色纵然依旧没有拿出来,可是艺术的技巧的问题是开始被重视,被讨论。于是茅盾先生也满意了。而现在,想不到还有胡秋原先生会从谁也不敢显一显好身手的人群中跳将出来,而据说,他的拳头又是少林嫡派。当然,胡秋原先生将来会不会也像鲁迅先生和茅盾先生那样地满意而去是谁也不敢断言;但是在今日已经明显地立定了脚跟的左翼文坛再不会因这次论战而变换态度却可以料想得到。因此,据我个人愚见,这一场笔战是不会有使两方面都"满意"的结果。

何以见得? 道不同不相为谋。

统观胡先生的大文,从他的蒲力哈诺夫崇拜,对文学的指导生活的理论或主张的非议,一切等等看来,我们可以认识他是一个绝对的非功利论者。反过来,左翼文坛的指导理论家们却正指出哪一种文学有用,哪一种文学没有用,我们要哪一种,我们不要哪一种。这两种马克思主义者之间的距离是不可以道理计的。

其实,我们单说左翼文坛是马克思主义者似乎还是不适当;我们应当说他们是"马克思列宁主义者"。这其间的分别就是他们现在没工夫来讨论什么真理不真理,他们只看目前的需要。是一种目前主义。我们与其把他们的主张当做学者式的理论,却还不如把它当做政治家式的策略,当做行动;而且这策略,这行动实际上也就是理论。目前的需要改变了,他们的主张便也随之而变;这才是,"辩证"。

你会不会称轻重?什么真理,什么文艺,假使比起整个的无产阶级解放运动来,还称得出几斤几两?亭子间里的真理吧!小资产阶级狗男女的文艺吧!你假使真是一个前进的战士,你便不会再要真理,再要文艺了。

譬如拿他们所提倡的文艺大众化这问题来说吧。他们鉴于现在劳动者没有东西看,在那里看陈旧的充满了封建气味的(这就是说,有害的)连环图画和唱本。于是他们便要作家们去写一些有利的连环图画和唱本来给劳动者看。这个,像胡先生之类的批评家当然是要反对了;不但胡先生,恐怕每一个死抱住文学不肯放手的人都要反对。这样低级的形式还生产得出好的作品吗?确实,连环图画里是产生不出托尔斯泰,产生不出弗罗培尔来的。这一点难道左翼理论家们会不知道,他们断然不会那么蠢。但是,他们要弗罗培尔什么用呢?要托尔斯泰什么用呢?他们不但根本不会叫作家们去做成弗罗培尔或托尔斯泰,就是有了,他们也是不要,至少他们"目前"是不要。而且这不要是对的,辩证的。也许将来,也许将来他们会原谅,不过此是后话。

胡秋原先生把卢那却尔斯基称为"官僚,纨袴子,莫明其妙",何其毒视之深!其实,从这里我们正可以看出胡先生是永远不会了解卢那却尔斯基的。卢那却尔斯基有一次曾经把托尔斯泰非议得很利害,但是在托氏百年祭时又把他恭维得很利害。他的话简直有点如出二口。何其前后矛盾一至于此,何其不顾所谓"真理"一至于此!其实,托氏被"不要"于万方多难之秋,而旋又被"原谅"于国泰民安之日,是很有道理的。

你假使是真的马克思主义者便不该非难卢那却尔斯基。"莫明其妙",说他太会变卦。变卦就是辩证法。有人说辩证法是中国古已有之,一部《易经》便是。可惜我对于辩证法和《易经》两者都没有深切的研究,不敢有所发挥。不过我知道,《易经》云胡哉?变卦而已。

话似乎愈说愈远了,应该拉回来。但是,我之所以如此说,无非是想说明左翼文坛的一切主张都无非是行动,并且一切行动都是活的。而胡秋原先生不明白。左翼文坛已经屡次向胡先生暗示了,甚至说明了,叫他不要空谈真理,离开行动是没有什么真理的。而胡先生还是不明白。胡先生固然会说,行动没有真理是不正确的行动;但左翼文坛也会说,真理没有行动便是不正确的真理。那么,这场论战会有什么结果呢?

胡秋原先生纵然以马克思主义相标榜;其实,他充其量不过是一个书呆子马克思主义者。这种马克思主义者老喜欢从最遥远,最难解决的问题说起,而据他们说,这是根本的问题。例如,一提起艺术便要谈到艺术的定义,不但谈到,而且定要把它当作"谈艺术的第一个问题",如胡先生所说。固然,胡先生是继承了蒲力哈诺夫的道统把这么一个奥妙不堪的问题轻易地用"艺术是形象而思索"八个大字来解决了,似乎这便是天经地义似的,骂钱杏邨先生不懂得这个便不配谈艺术。其实天下哪有这样简单的事情!马克思的一部《资本论》里面你找得出资本的定义吗?这整整的三卷书才是资本的定义呢。真正的马克思主义者难道可以说马克思连资本的定义弄不清楚,不配谈经济问题吗?只有书呆子才会左来一个定义,右来一个定义。

耽误大事正就是这种类似定义的问题。一些热衷于真理的马克思主义者们不会把自己关在图书馆里。人类学,考古学。寒窗重检点,再读十年书。照这样,也难怪左翼文坛要说这是"教训民众等待主义了"。

严格地说,蒲力哈诺夫也不免带一些这种书呆子的气氛。你瞧,蒲力哈诺夫的政治理论是终于被列宁所攻击了;而现在,甚至他的艺术理论都据说有点站不住了。书呆子毕竟要不得,没有用。

记得从前章太炎曾经大大地宣传过书呆子主义,说世界上什么惊天动地的大事业都是书呆子做出来的。然而章太炎在政治上终于要不得,也就是书呆子主义在那里作祟。学院式的马克思主义者,其章太炎之流欤?

此之谓秀才造反,三年不成大事。

因此,我们纵然承认胡秋原先生的每一句话都是一百二十分地合乎马克思主义的,但左翼文坛在"能够行动",这一点上就已经比这一百二十分的马克思主义者更合乎马克思主义一点了。纵然左翼文坛也承认胡秋原先生的每一句话都是一百二十分地合乎马克思主义的,但他们必然地还要攻击他,就像列宁攻击蒲力哈诺夫一样,因为他妨碍行动,而妨碍行动这一点就是反马克思主义的。胡先生纵然写十部洋洋四十万言的《唯物史观艺术论》也没有用,至少"目前"没有用,左翼文坛是依然要把他来非难的,因为现在还没有到列宁可以原谅蒲力哈诺夫,卢那却尔斯基可以原谅托尔斯泰的时候。

自己不站在"不自由的,有党派的"群众中,不说话是聪明的。

从这里,我们看出两个绝对不同的立场了。一方面重实践,另一方面只要书本;一方面负着政治的使命,另一方面却背着真理的招牌。于是这两种马克思主义是愈趋愈远,几乎背道而驰了。

萧伯纳说无产阶级的代表人是既懂得无产阶级又懂资产阶级的,而资产阶级的代言人是两者都不懂。让我来做一次"头等的蠢才"吧。我要模仿萧伯纳的口气来说。马克思列宁主义者是既懂得列宁主义又懂得马克思主义的;但书呆子马克思主义者,要是分析到终极,是既不懂列宁主义又不懂得马克思主义。

不过,胡先生听人说他不懂列宁主义便会跳起来,会反问我一声:"那么你自己懂不懂列宁主义呢?"那便真会把我问得哑口无言了。

确实,胡先生曾经指出过文艺上的"目的意识论不过是列宁之政治理论在文艺上之机械的适用",话固然不错,但从"不过是"和"机械的"等字样上看来,胡先生至少是暗示着列宁主义也不过尔尔,是暗示着列宁主义用不到文艺上来。

万一不幸,胡先生是真懂得列宁主义的,说胡先生不懂的人自己倒做了天字第一号的傻瓜,那么我真不知胡先生是何居心了。难怪有人会说胡先生是故意把马克思主义从实际行动中"解放"出来,故意使它成为死的,书本的,缓冲革命运动的,而实际上是替无产阶级的敌人服务的马克思主义。

其实,胡先生还不如让人说书呆子吧。这样是比较有利,这样倒还有做一个蒲力哈诺夫的希望。也许将来的大学里会有"胡秋原学院"呢,就像俄罗斯的大学有"蒲力哈诺夫学院"一样。

在"智识阶级的自由人"和"不自由的,有党派的"阶级争着文坛的霸权的时候,最吃苦的,却是这两种人之外的第三种人。这种第三种人便是所谓作者之群。

作者,老实说,是多少带点我前面所说起的死抱住文学不肯放手的气味的;否则,他也决不会在成千成万的事业中选定了这个最没出息的事业(也许说职业好一点吧)来做。只要张开眼睛来看,不写东西的便罢,写一点东西的都斤斤乎艺术的价值便可知道。甚至如史铁儿先生所说"一举成名天下知"这一类下意识,平心而论,也人人多少有一点。究竟人非圣贤,同时也并非个个是马克思和列宁。

但是在现今这局面下,作者是处了怎样个地位呢?

最初,在根本还没有什么阶级文学的观念打到作者脑筋里去的时候,作者还在梦想文学是个纯洁的处女。但不久,有人告诉他说,她不但不是一个处女,甚至是一个人尽可夫的卖淫妇,她可以今天卖给资产阶级,明天又卖给无产阶级。这个,作者在刚听到的时候似乎就有点意外了;不过据说是事实,于是也就没有方法否认。既而,因为文学这卖淫妇似乎还长得不错,于是资产阶级想占有她,无产阶级也想占有她。于是文学便只能打算从良。从良以后呢?作者便"从此萧郎是路人"。

你瞧,不是有好多大大小小的作者是搁起了笔吗?

固然,有一部分作者还想把她从一个深如海的侯门中拉回来,而另一部分就索性爽爽快快陪嫁了过去。

前面那种作者是正在那儿被"不要",可以不必说。对于后面那种作者呢,要是要的,可是规矩很严,要你做另外一种人。终于,文学不再是文学了,变为连环图画之类;而作者也不再是作者了,变为煽动家之类。死抱住文学不放的作者们是终于只能放手了。然而你说他们舍得放手吗?他们还在恋恋不舍地要艺术的价值。

我这样说,并不是怪左翼文坛不该这样霸占文学。他们这样办是对的,为革命,为阶级。不过他们有一点不爽快,不肯干脆说一声文学现在是不需要,至少暂时不需要。他们有时候也会捐出艺术的价值来给所谓作者们尝一点甜头,可以让他安心地来陪嫁。其实,这样一来,却反把作者弄得手足无措了。为文学呢,为革命?还是两者都为?还是有时候为文学,有时候为革命?

在这一点上,我倒觉得启蒙时代的批评家李初梨先生诸人要痛快得多。他老实先问你,是为文学而革命呢,还是为革命而文学?肯定前半个问题的,走吧;肯定后半个问题的,到这儿来。

正因为有这一班无所适从的作者的存在,胡秋原先生便又以艺术保护者的资格而出现了。他叫人不要碰艺术。这种自由主义的创作理论应该是受作者的欢迎的。但不幸胡先生也不是一个彻底的自由主义者。他猛烈地攻击那种有目的意识的文学:照这看来,你还是不允许作者有整个的自由的。万一胡先生叫人不准碰艺术的态度是这样:你们不要碰,让我来;那可不是同样的不自由?

在人人都不肯让步的今日,诚哉,难乎其为作家?

人各有其道,人各以其道非他人之道。你说着我所不要听的话,我说着你所不要听的话。联句正联得起劲呢。只有作者,有其道而不敢言,更不敢拿来非他人之道。他只想替文学,不管是煽动的也好,暴露的也好,留着一线残存的生机,但是又怕被料事如神的指导者们算出命来,派定他是那一阶级的狗。

在"目前"这情形下,愚盲是幸福,而沉默是聪明的。

注释:

原载《现代》1932年7月第1卷第8期。

论"第三种人"

☆ 梁实秋

鲁迅先生最近到北平,做过数次演讲,有一次讲题是"第三种人"。据报纸所记,其演讲的主旨大致是和他在《现代》二卷一期上所发表的那篇论文差不多,不过这一回花样略为翻新一些。这一回他举了一个譬喻说,胡适之先生所倡导的新文学运动,是穿着皮鞋踏入文坛,现在的普罗运动,是赤脚的也要闯入文坛。随后报纸上就有人批评说,鲁迅先生演讲的那天既未穿皮鞋亦未赤脚,而登着一双帆布胶皮鞋,正是"第三种人"。

非赤即白,非友即敌,非左即右,非普罗阶级即资产阶级,非革命即反革命——这一套的逻辑,我们是已经听过不少了。鲁迅先生之根本否认"第三种人"亦不过是此种逻辑运用到文学上的一例而已。

第一种人是普罗文学家,第二种人是资产阶级文学家,第三种人根本不存在。故文学家只有两种。第一种人是"新兴",其成功是有"必然性"的;第二种人如无著作发表,则系"没落",如有著作发表,则为"落伍",如胆敢在理论上有所声辩,则系"作最后之挣扎"。这已经成为一种公式了。然而这只是一种分类法,以资产的有无来做标准,人类自然是可以分为两个阶级,没有"第三种人"存在的余地。但是若换一个标准,分类法也就随之而异了。例如:按照印度婆罗门教的规律,人是分为四个阶级了;按照批评家安诺德在《文化与混乱》里所讲,人是分为三个型类了。按照人类学家的方法,皮肤的颜色,头发的曲直,无不可为分类的标准;按照欧洲中古的星相学,人又可分为四类不同的气质;按照中国的算命先生,又有五行之说。总之,分来分去,人类还是人类。分类的标准不止一个,资产阶级与无产阶级之说只是一种分类法的结果。在这一种分类法之下,若没有第三种人的存在的可能,在另一种标准之下,也许不但有第三种人,还许有第四种人。

以经济的眼光和阶级的立场来说明文艺的现象,自不失为一种新鲜的方法,于文艺背景之阐明有时是很有裨益的。但亦不是万灵。例如辛克莱尔的《拜金艺术》,他是想给文学以经济的解释的,但除了一部分中肯的解释以外,有时便牵强附会,更有时把难于自圆其说的材料略去不提。台恩的《英国文学史》想以科学方法解释一切文学,也遭遇了同样的失败。凡是在文艺范围之外另寻方法拿来做解释一切文学之万灵的钥匙者,大概都不免失败,虽然其失败有时是光荣的。

强分作家为两个阶级,或左右二翼,这对于文学的发展并没有什么利益。这也许是一种策略罢,大约是逼迫一般较易接受宣传的作家向左转的策略。如此,则第三种人之被否认,亦正是此策略之一部,使此种自称为"第三种人"者感觉惶惑不安,然后左转,以免于"没落",而加厚无产阶级之势力。为阶级斗争计,此种策略是聪明的。为文学计,此种策略无利亦无害。

在资产上论,人有贫富之别,而在人性上论,根本上没有多大分别。"性相近,习相远",这话是不错的。勤苦诚实,是劳动者的美德,资产阶级亦视为美德;欺诈取巧,是买办的劣点,工人也不是绝对没有。喜怒哀乐的常情,并不限于阶级。文学的对象就是这超阶级而存在的常情,所以文学不必有阶级性;如其文学反映出多少的阶级性,那也只是附带的一点色彩,其本质固在于人性之描写而不在于阶级性的表现。岂特第三种人不存在,第一种人第二种人亦无保存此区分之必要。穿皮鞋的,穿帆布胶皮鞋的,赤脚的,在文学里都有位置。能够沉静的观察人生,透澈的表现人性的一部,这就是文学家,他写的东西就是好作品,至于他是什么籍贯的人,他的出身是贵族抑是平民,他的牙齿是黄色是黑色,虽亦常为读者所乐知,究是无关紧要。讲到作者的个性,那是一个人一个样,岂但不仅三种,简直可以说有多少人便有多少种。文学的材料究竟有限,而文学家的个性不同,所以观点各异,人性相同而表现的方法不同,所以作风各异。文学家像狮子,他是独来独往,不像狐狸不像狗,他不成群结队。你说第三种人不存在么?他自己就是一种。

注释:

原载《偏见集》,梁实秋著,南京正中书局,1934年版。

"第三种人"的出路

——论作家的不自由并答复易嘉先生

☆苏 汶

　　明知道沉默是聪明的,然而有话鲠在心头,有如箭在弦上,不得不发,终于耐不住沉默,做了一次傻瓜。

　　为什么聪明人不说话？因为处今之世,多说一句便随时有做"狗"的危险。

　　自从我在《现代》第三期上发表了《关于〈文新〉与胡秋原的文艺论辩》之后,心里就这样害怕着。我想,即使十二万分地自信不是"狗","狗"的头衔终于有一天会加到我的身上吧。一直到看见了易嘉先生的《文艺的自由和文学家的不自由》那篇文章的时候,我才算喘过一口气来。

　　易嘉先生总算没有说我是"狗",然而他说我是"羊",其原因乃在于我无意中用了"作者之群"的这个群字,也就是群众之群。虽然同一群也,群众是虎群,作者当然只能是羊群了。"羊",也许比"狗"好一点;易嘉先生能这样宽大,不呼之曰"狗"而呼之曰"羊",被呼者自然是不得不感激涕零的。……

　　且慢,这种咬文嚼字的话连自己都有点讨厌了,不说也罢,然而这怪不得我,易嘉先生先和我咬文嚼字起来,倒不禁引起了我的兴致。易嘉先生可以在"群"字上做文章,我难道不可以仿其笔法,在"羊"字上做文章？

　　确实,我直感到"作者之群"很有些绵羊气,我在下面也将说明他们之所以会如此绵羊气的原因。

　　我还没有到不惑之年,因此即如对于左翼指导理论家们的众口一词的话都不能无惑。明知道这是"不应当"怀疑的,一怀疑便会被指责是"恶意",然而确实无恶意地怀疑了也就没有办法。

　　现在且就目前易嘉先生的那篇文章里所牵涉到的几点来说。

　　第一,关于文学之武器作用的问题。左翼文坛在目前显然拿文艺只当作一种武器而接受;而他们之所以要艺术价值,也无非是为了使这种武器作用加强而已；因为定要是好的文艺才是好的武器。（实际上应当说,好的武器才是好的文艺）除此之外,他们便无所要求于文艺。这无异是说,除了武器文学之外,其它的文学便什么都不要。这种意思在易嘉先生的文章里很显然地表示着。

我自己以前确实吐露了说左翼文坛不要文学的意思,现在他们再次声明他们要文学,而且是要艺术价值的;然而他们所要的只限于文学中的一部分。只赏识了文学的许多作用中的一个。

固然他们会说,文学中除了这一部分之外,都是资产阶级的文学,文学的作用中除了这个作用之外,都是资产阶级文学的作用,所以他们不要。

可是且慢着非难,我们不妨先拣出易嘉先生的关于文学的非资产阶级的认识来看。他说,"文艺虽然是所谓意识形态的表现,是上层建筑之中最高的一层,它虽然不能够决定社会制度的变更,他虽然结算起来始终也是被生产力的状态和阶级关系所规定的,——可是,艺术能够回转去影响社会生活,在相当的程度之内促进或者阻碍阶级斗争的发展,稍微变动这种斗争的形势,加强或者削弱某一阶级的力量。"在这里,易嘉先生虽然还是主张艺术武器理论,然而他的所谓武器却大大地受了"相当的程度","稍微"等字样的限制,在这里,他不啻自认了艺术虽然是武器,但只是"相当程度"的武器;而使他不得不作这个让步的,并不是什么资产阶级的理论,却偏偏是非资产阶级的唯物史观的公式:存在决定意识,非意识决定存在!

易嘉先生又说,"以前钱杏邨的批评,要求文学家无条件的把政治论文抄进文艺作品里去,这固然是他不了解文艺的特殊任务在于'用形象去思索'。钱杏邨的错误并不在于他提出文艺的政治化,而在于他实际上取消了文艺,放弃了文艺的特殊工具(按:这儿所谓特殊工具是指因文艺性的加强而加强的武器作用)。……再则,进一层说,以前钱杏邨等受着波格唐诺夫,未来派等等的影响,认为艺术能够组织生活,甚至于能够创造生活,这固然是错误。可是这个错误也并不在于他要求文艺和生活联系起来,却在于他认错了这里的特殊的联系方式(按:这联系方式既不是钱先生所谓组织或创造,当然也不是胡先生所谓表现,认识或批评,指的乃是介乎这二者之间影响)。这种波格唐诺夫主义的错误,是唯心论的错误,它认为文艺可以组织社会生活,意识可以组织实质。"在这里,易嘉先生是很巧妙地选择了影响生活这个折中的连系方式来避免了左右为难的难关。然而无产阶级正是要组织群众的;一种武器而其力量只限于影响,谈不上组织或创造,那便显得多么薄弱!在这里,易嘉先生不啻自认了艺术虽然是武器,但不是一种有力的武器;而使他不得不作这个让步的,却也是为了怕陷于唯心论的错误。

照这样,易嘉先生的文学的武器受着质与量两方面的限制。我们纵不能胆大说已经缩小到没有,但是至少也可以说已经远没有他自己原来所打算的那么大了。只限于影响生活,而且还是稍微地,相当程度地。

左翼文坛是在用尽平生气力只举起了一个空心的纸灯笼!

我不是说文学绝对没有武器的作用:纸灯笼也是件东西,不能说是没有东西。可是这作用是有限的,不能整个包括文学的涵意;不幸左翼文坛见不及此,他们要文学,而不肯把文学的全部作用要了去(当然我不是来请求他们连把"狗"的文学都要了去,以造成胡秋原先生所谓"万花撩乱之趣";在这里,我是指涵意说,不是指范围),这依旧是要而不要。

左翼文坛如果能够不把文学的意义看得那么局部,或是说,不把武器的作用看得那么夸张,那还有什么话说! 可是他们是如此之"积极",他们不但不肯承认即使非武器的文学也有它消极的作用(例如表面生活的文学,只要所表现的是真实的人生),甚至还要"肃清"非武器的文学。他们因为太热忱于目前的某种政治目的这原故,而把文学更永久的任务完全忽略了。其实,只要作者是表现了社会的真实,没有粉饰的真实,那便即使毫无煽动的意义也都决不会是对于新兴阶级的发展有害的,它必然地呈现了旧社会的矛盾的状态,而且必然地暗示了解决这矛盾的出路在于旧社会的毁灭,因为这才是唯一的真实。

可是左翼文坛并不如此想。假使有人写了一篇并不显然地表示了斗争意识的作品,客气一点便说它取材不尖端,不客气一点便说它没有用,应被摈入"不需要"之列。这样,在武器文学的理论下,作者是失去了写作只有表现生活的消极意义的,即使无益而至少也不是有害的那种作品的自由了。

第二,关于文学之阶级性的问题。我们现在不必空空地讨论文学有没有阶级性,像这样初步的问题是谁也会这样回答:文学是有阶级性的。这个,我当然也承认。在这里,问题是应当这样分别提出的:(A),所谓阶级性是否单指那种有目的意识的斗争作用?(B),反映某一阶级的生活的文学是否必然是赞助某一阶级的斗争?(C),是否一切非无产阶级的文学即是拥护资产阶级的文学? 关于这三点,我们需要逐条地论到。

(A)在天罗地网的阶级社会里,谁也摆脱不了阶级的牢笼,这是当然的,因为作家也便有意无意地露出了某一阶级的意识形态。文学之有阶级性者,盖在于此。然而我们不能进一步说,泄露某一阶级的意识形态就包含一种有目的意识的斗争作用。意识形态是多方面的,有些方面是离阶级利益很远的,顾了这面会顾不了那面;因此即使是一部攻击资产阶级的作品,都很可能在自身上就泄露了资产阶级或小资产阶级的特征与偏见(在十九世纪以后的文学上可以找到很多的例子),但是我们却不能因此就说这一定是一部为资产阶级服务的作品。假定说,阶级性必然是那种有目的意识的斗争作用,那我便敢大胆地说,不是一切文学都是有阶级性的。

(B)泄露某一种意识形态尚且不必是阶级利益的拥护,更何况反映某一阶级的生活!这儿所谓反映,即如镜子反映人形,不过把这种生活照出来,如此而已。美的照出来是美,丑的照出来是丑,不掩饰丑,同时也不抹杀美,此之谓反映。这是与赞助某一阶级的斗争毫无关系的。

可是在这里,易嘉先生说了,"著作家和批评家,有意的无意的反映着某一阶级的生活,因此,也就赞助着某一阶级的斗争。"这样的武断实在是可以令人佩服的!

(C)真正无产阶级的文学,由于几位指导理论家们的几次三番的限制,其内容已缩到了无可再缩的地步,因而许多作家都不敢赞称无产阶级作家,而只以"同路人"自期。然而这些"不敢冒充"为无产阶级的作品,却未必一定是拥护资产阶级的作品。反之,它们纵然在意识上还有许多旧时代的特征,但多少总是倾向于无产阶级的;即使这一点倾向都看不出,那么至少可说是中立的。然而在左翼文坛看来,中立却并不存在,他们差不多是把所有非无产阶级文学都认为是拥护资产阶级的文学了。这是伦理学上的拒中律的奇怪的应用。他们的推法是这样的:不很革命就是不革命,而不革命就是反革命。因此,除了很革命之外便一切皆反革命。他们看来,作家的路只有两条,一条是做煽动家,那就是很革命的路;另一条呢,只有反动。

为补充上述的意见,我要举出一个资本主义社会里文学的特征来,而这特征往往是左翼指导理论家们所绝对忽略,或不屑注意的。这特征就是:在资本主义社会里,并不是每一个作家都是资产阶级利益的拥护者;而事实却恰相反,他们大都是站在反资产阶级的立场上(纵然未见得是无产阶级的立场)。不信,我们可以翻出浪漫运动以后的文学史来看,在浪漫主义旗帜下可以产生了歌颂叛逆的拜伦,宣传无神论的雪莱,社会主义者的乔治·桑……像这些作家,纵然有他们的个人主义,英雄主义,但你能说他们是资产阶级的代言人吗?在写实主义以至自然主义的旗帜下,产生了鼓吹农奴解放的屠格涅夫,毫无怜惜地暴露了资本主义社会的丑态的左拉……像这些作家,纵然有他们的人道主义,悲观主义,但你能说他们是资产阶级的代言人吗?甚至于如左翼所痛骂的艺术至上派,分析到终极,也是对于资本主义的消极的反动。真如他们说"受人家的收买,受人家豢养"的作家,有当然是有的,然而你能数得出几个?

资本主义下的自由无论在旁的地方是显得多么虚伪,多么骗人,但在文学上倒未必绝对如此:这原故是在于文学家可以拿他的所作当做商品到市场上去自由竞争,而无需乎像封建社会下似地定要被收买,被豢养才能生活了。容我说句笑话,连在中国这样野蛮的国家,左翼诸公都还可以拿他们的反资本主义的作品去从资本家手里换出几个稿费来呢。

因此，我对于这问题的结论是这样：在资本主义社会里，并非一切不是无产阶级文学即是拥护资产阶级的文学，反之，它们大都倒同样地是反资产阶级的文学。

但是左翼拒绝中立。单单拒绝中立倒还不要紧。他们实际上是把一切并非中立的作品都认为中立，并且从而拒绝之。这种拒人于千里之外的态度，我觉得是认友为敌，是在文艺的战线上使无产阶级成为孤立。而在作家方面看来，他们虽然再四声明要文学，却依旧是要而不要。

承易嘉先生为我指示出了伊里支在"万方多难之秋"所说的关于托尔斯泰的话，非常感谢。我自愧以前没有看见过这些话，而且这对我倒是个极大的安慰。连"宣传了世界上最混蛋的东西（宗教）"的托尔斯泰，伊里支都肯说他"有些东西是属于将来的"。如果指导理论家们尽能如此，那还有什么话说！然而不然，在中国的万方多难之秋，指导理论家们却要把所有和他们自己不大相同的人都错为资产阶级的辩护人（例如易嘉先生说我有"某种政治目的"者，凡三次之多；然而这不过是他自己的"政治目的"，实际上于我是无损的）。这都是对文艺阶级性的过度的认识害了他们。

这样，在狭隘的阶级文学的理论下，作家是失去了创造即使不能严格地站在无产阶级的立场上，但至少也不是为资产阶级服务的那一种作品的自由了。

以上是说左翼文坛怎样用狭窄的理论来限制作家的自由。

单单用理论来限制人，有些时候倒也还可以使人心服；然而他们事实上是还用了其它的种种手段。

第一种手段是借革命来压服人，处处摆出一副"朕即革命"的架子来。固然，他们处了"正统党派"的优势，话自然容易说得响；然而他们太常利用这种优势了，也就没有趣味。他们在每一篇文章里都要背出那"十八套"，这就是在暗示说，能够背这"十八套"的人方才是"正确"的泉源，因此别人无论说得怎样振振有词都是"狗屁"了。你批评了他的一句话，他们不以为你是在只有在这一句话上和他们不同意见，他们要说你是侮辱了革命，因为他们是代表革命的。于是，一切和他们不同意见的话都可以还原到"反动"这个大罪名上去，使你无开口的余地。他们从来不和他们之外的人取过一次讨论的形式；他们不开口便罢，一开口便"狗"啦"羊"啦地一大批。这不仅是蛮横，实在是一种手段。

实际上，整个的革命都可能有错误。难道文艺的指导理论家们的话就一定百分之百地"正确"，而旁人的话就一定百分之百地"不正确"吗？

第二种手段是有意曲解别人的话，政治目的之莫须有冤狱是不用说了，他们甚至会在你的每一个句里都加以一个有意的诠注。他们最喜欢的是找人家的语病，语病找不到的时候,便断章取义,便下注解;他们甚至会钻到你心里去,说你表面上虽然如何如何,而实际上却是如何如何,以发表他们的"诛心之论"。

譬如说,你讲起一句艺术价值,他们便说你是艺术至上主义者。艺术至上主义是"万般皆下品,唯有艺术高"的观念;而文学作者之讲艺术价值,实在是和医生之讲医学,律师之讲法律一样的,是他们的本行,这里面决不是定要包含什么"看不起艺术之外的其它一切东西"这种意味的。讲医学的医生难道就是医学至上主义吗?但因为艺术至上主义已经成为一个很好的骂人的名称,因此他们便津津乐道了。

又譬如,因为我说了一句"作家不再是作家,变成煽动家之类",易嘉先生便认定我是主张一切煽动品均非文学的,他举了些高尔基,绥拉菲莫维支来证明煽动的作品也可以有文学价值,甚至推论到我那篇文章是"革命与文学不能并存论"。实际上,我那句话是指左翼文坛在提倡宣传和连环图画等等而说的,并非抹杀了一切高尔基和绥拉菲莫维支。然而易嘉先生不顾上下文,单提出这句话来看,真大有"老吏断狱"之概!

第三种手段是因曲解别人而起的诡辩和武断。前面偶然说起连环图画,我倒想就把这大众文艺问题来做个例子。别人说,提高大众的文化水准,他们便说,你们自己还得去向大众学习,你们配不配叫群众来高攀!然而他们自己却说,和群众一起提高文化水准。这样说来,话自然要好听得多,可是意思还是相差不远,其分别,充其量只是在叫别人不要那么性急地去提高,等一等,因为大众赶不上。这便是巧妙的诡辩。

再如,文学形式低级到某一程度,它必然是要减少文学性的;欧化文学无论如何总是比连环图画进步的形式。这个,我想左翼文坛应该承认吧,否则他们也用不到说什么"和群众一起提高文化水准",因为连环图画就已经够高了。然而易嘉先生还要举出德国的版图式的连环图画来说明这种形式也是艺术品。据我想,这种德国连环图画如果放到中国来,也许未必会被大众所接受吧。拿大众化作为一种策略上的后退则可以,作为暂时的过渡则可以,然而同时还要说这无损于艺术价值却是诡辩而又武断。

然而这种曲解,这种诡辩和武断,都是可以容许的,因为他们是为革命,而且他们即是革命。为革命而曲解,而诡辩,而武断,当然是极其正当的事情。但是只苦了他们之外的那些人。于是作者,便不但没有写作的自由,差不多竟连说话的自由都没有了。

好了,好了。罪孽深重,不自殒灭,还要来噜哩噜苏!"这些话多说也没有趣味了。"

我说作家不自由,易嘉先生又说:你们"尽管放胆去做作家好了"。好像这种不自由都是你们去自讨出来的,他们左翼文坛并没有来干涉。当然,在作家要动笔的时候,他们决不会来夺去你的笔;在作家要开口的时候,他们也决不会来掩住你的口。然而你们虽然这么说,实际上他们是要来"肃清"的;即使不"肃清",至少也要用正如易嘉先生所谓"毒死","闷死"或"饿死"你们这种种方法。譬如他们规定了一种创作的方式,他们便"不但自己这样写,并且还要号召一切人应当这样写,还要攻击不这样写的人"(这固然是我借用了史铁儿先生的论普罗大众文学的话来说,可是左翼文坛的态度,我敢相信向来就是这样的)。在这种做清一色的形势下,摸着筒子不要,摸着索子不要,甚至摸着中发白都不要,你能说他真能够让你去自由地写作吗? 你如果确实要自由,也可以,他们要你先承认了自己是资产阶级的作者之后才放你走。然而你如果自信不是资产阶级作者,那你还肯承认吗?不承认,那就永世也不放你自由。

也许有人会说,只要他们不来夺去你的笔,掩住你的口,那便说你的,写你的好了。可是这个,作家却办不到。我在前面之所以说作家有点绵羊气者,也就在乎此。

他们没有对自己的确信,甚至没有对自己的认识。他们禁不起三个"不需要"就吓怕了,而其所以如此其"不敢放胆"者,正因为怕左翼指导理论家们不管三七二十一地把资产阶级这个恶名称加到他们头上去。

但是他们为什么不照了指导理论家们所规定的范围去做呢? 这问题自然要重要得多,我们要确切地讨论到。

我觉得这不是愿不愿意如此写,而是能不能够如此写的问题。

一个非无产阶级出身的人能不能做无产阶级作者?关于这问题,我们所看到的学理的讨论是已经很多,我现在只想就事实来给这问题作一个解释。

这事实便是中国无产阶级文学运动已经有了三年的历史。在这三年的期间内,理论是明显地进步了,但是作品呢? 不但在量上不见其增多,甚至连质都未见得有多大的进展。固然有人高唱着克服什么什么的根性和偏见。但是克服了三年还没有克服好吗?固然有人高唱着争取文学的武器?但争取了三年还没有争到吗?说作家不肯听指挥,而事实上,曾在这旋涡里转过的大大小小的作家,为数几可以百计,难道这几百个作家都一致地这样不长进吗? 固然说,这克服,这争取,是艰苦的工程,非一朝一夕之功。而这张远期支票要几时才兑现呢? 我们明白地看到,无产阶级在文学上的发展,要比在其它种种路线上要迟缓得多。

我不是在恶意地嘲笑左翼作家;其实,这现象完全是客观和主观的条件两不成熟之故。

在客观方面,中国社会还没有发展到可以产生无产阶级文学的阶级。俄罗斯现在是可以骄傲着他的格拉特科夫,骄傲着他的绥拉菲莫维支;然而在革命的当初,也只能产生一些勃洛克,一些叶赛宁。

在主观方面,非无产阶级出身的人,他固然可以学到用无产阶级的理解去理解人生,但是他不能学到用无产阶级的感觉去感觉人生。而文学的创作,却多少是带一些感情性的东西。

至于现在已经存在了的那些所谓无产阶级文学作品是怎样呢?是勉强的。有如跛子学步,这只脚扶起,那只脚又滑倒了。

作家,假使他是忠实于自己的话,他是决不会愿意拿这种"冒牌货"来自欺欺人的,因为他不能够向自己要他所没有的东西。然而理论家们还是大唱高调,尽向作者要他所没有的东西呢!

不勇于欺骗的作家,既不敢拿出他们所有的东西,而别人所要的却又拿不出,于是怎么办?——搁笔。

这搁笔不是什么"江郎才尽"。而是不敢动笔。因为做了忠实的左翼作家之后,他便会觉得与其作而不左,倒还不如左而不作。而在今日之下,左而不作的左翼作家,何其多也!

我在《关于〈文新〉与胡秋原的文艺论辩》那篇文章里,曾经无意中用了"第三种人"这四个字来指作家。这是极偶然的,意思不过是说,有左翼文坛那样的马克思列宁主义者,有胡秋原先生那样的学院式马克思主义者,而作家,既非前者,又非后者,那便随便地说是"第三种人"。却不料易嘉先生会在这四个字上大做文章,说什么,"在阶级社会里做不成第三种人"。

据我现在想来,这"第三种人"未必一定做不成,而且确实已经存在了。只有从狭隘的阶级文学理论的立场上看来,这"第三种人"才会必然地做不成。然而我在前面已经说明了,"文学有阶级性"这句话是不应当这样去理解的。

曾经在一本马克思的传记上看到,马克思提起他的朋友海涅,他说,诗人是只能让他走另外一条路的(大体是这么一句话,不过原文我却记不得了,反正不是杜撰的就是)。照这样看来,似乎连马克思都允许"第三种人"的存在。

这"第三种人",容我给加上一个解释吧,实在是指那种欲依了指导理论家们所规定的方针去做而不能的作者。

既欲而不能,怎么办呢?他们是必需要有一条路走的。如此易嘉先生便大量地来替他们找出路了,他干脆地说:"你看看,这世界上有的是那种死爱漂亮的女人,她们宁可为着这个缘故而出卖自己的。漂亮是美,'艺术的价格'也是美——抽象的美,无所附丽的美。为着'美'牺牲一切——是'第三种人'的唯一的出路。"其实,不妨说得更干脆一点吧,"为着'美'而出卖自己便是他们的唯一出路。"

这种武断固然由于易嘉先生把"第三种人"个个认为是艺术至上主义者,而且断定他们所谓艺术价值必然是指"无所附丽的美",但是,即退一步言,即使是艺术至上主义者,难道就一定非出卖自己不可吗?

这种出路当然是不敢请教的。

此外就是永远地沉默,长期地搁笔。确实,有一部分作者是在那儿"静待"自我的没落了。

然而我觉得这是没有认清自己,是一种消极的虚无主义。我们知道文学的任务不尽在武器,武器的文学虽然是现在最需要的东西,但如担当不起的话,那便可以担任次要的工作。我们认识文学的阶级性不是这样单纯的:不要以为不能做十足的无产阶级的作家,便一定是资产阶级作家了。当然,每一个作家的环境各自都不同,因此他们能接受左翼文坛的理论的容量也各自不同。能接受的时候,尽可能地接受吧,即如"克服",也尽可能地"克服"。但如接受不了,"克服"不了的时候,却不能勉强,因为这一勉强,便会使你只能写出一些骗人的不真实的东西来。我们需要效果,同时也需要真实。只有在这种诚恳的写作态度下,我们才能创造真实的东西,创造一些"属于将来的东西"。当然,目前你也许会受到非难,甚至于攻击,甚至于时有"被肃清"的危险。然而将来,只要中国有伊里支其人,他是会"如你所值"地承认你的。不要以为做不成真正无产作者就灰心了,这个我们是在本质上就做不成的,除非是冒牌货;但同时也不要因为别人说你是资产阶级的作者就死心塌地去做资产阶级的作者,甚至于果然出卖自己。

在这时代,我们是只能自安于这两句老话的——不必尽如人(别人)意,但求无愧我心。

总括拢来说,"第三种人"的唯一出路并不是为着美而出卖自己,而是,与其欺骗,与其做冒牌货,倒还不如努力去创造一些属于将来(因为他们现在是不要的)的东西吧。

固然,像这样一来,文学倒真如易嘉先生所说脱离左翼而自由。可是你看,表面上虽不脱离左翼而自由,但实际上依旧是我行我素的人也何尝没有?我真说,而他们不肯直说,这其间的分别只在于我老实一点,不欺骗一点而已。

定要有自信的勇气,才会有工作的勇气!

九月一日

一
个
都
不
宽
恕

　　在这篇文字快写完的时候,承《现代》编者拿了周起应先生的《到底是谁不要真理,不要文艺?》来给我看。周先生的文章,除了字句之外,意思差不多和易嘉先生如出一口,这一点,真令人不得不佩服现在左翼文坛的理论之一致,不像从前似地零零落落。正因其一致,我倒可以不必另起炉灶,就拿答复易嘉先生的话作为同时也是答复周先生话的吧。

　　不过周先生和易嘉先生还有一点不同,这一点就是在周先生的武断却更甚于易嘉先生。

　　别的我不想多说,我只打算把其中两点提出来,作一个自己个人的声明。

　　一,周先生说我恶意地歪曲了马克思列宁主义。这我是不能承认的。周先生除引了我的几句话之外便这样说,"他把列宁主义仅仅当作'行动的马克思主义',把列宁主义仅仅还原到政治的实践。他不愿在列宁主义之中看到理论,而不愿承认马克思主义学说由列宁提高到了新的阶级。"这几句话实在是非常费解的。

　　周先生说我在给马克思列宁下定义。实际上我自知"不配",而确实也并没有胆敢作这种尝试。不过我把列宁主义当作行动的马克思主义,把列宁主义还原到政治的实践,也就是承认了如周先生所说的,"马克思主义学说由列宁提高到了新的阶级",至少是指明了许多"提高"中的一种。我没有说,列宁主义尽于此矣!那便用不到什么"仅仅"。难道周先生能说列宁主义不是行动的马克思主义吗?不是政治的实践吗?我真有点想不到自己歪曲于何有?恶意于何有?至于我说我不愿在列宁主义之中看见理论,那更是从何说起!我说,行动实际上就是理论,这就是承认了行动中有理论,和周先生的那句"行动和理论是不能分开的"话也就差不多:充其量,其分别只在重轻之间。在这儿,我的最大的罪状也不过在于自己不懂得这"十八套",可是歪曲于何有?恶意于何有呢?

　　我不是专治社会科学的人,因此对于列宁主义的理解,容有不充分之处,这是自己极愿意承认的。可是截止到现在,我倒还没有发现自己的认识有多大错误;也许将来会发现,那当然在一发现的时候就愿意立刻改正过来。至于周先生的"恶意的歪曲"这一类赐教,那是只能璧谢的。

　　此外,周先生还说我攻击左翼文坛不要真理,我倒也想顺便说一说。

　　以前《文艺新闻》警告胡秋原先生,叫他脱去五四的衣裳。五四是空谈真理的时代,这就是警告胡先生不要空谈真理了。而我在前一篇文章上所谓真理,也真是对准那种五四式的真理,即所谓"亭子间里的"真理而说,那当然是左翼诸君所不要的。《文新》可以叫人不要空谈真理,而我跟着他们说一句那便是恶意的了。在这些地方,我倒觉得周先生对于我的话才是"恶意的歪曲"呢!

二,周先生误解了我的文学上的 Modernism 的提倡者。这种误解是普遍的,因此我倒愿意承认不是恶意的误解。可是在这儿得容许我声明。周先生说,"苏汶先生之类的'摩登少爷'自然可以高谈'艺术的价值',鉴赏什么表现主义,未来主义,超现实主义和一切 isms 的作品。"像"摩登"而又"少爷"之类的讥笑,自然可以无庸置辩,至于说我赏鉴什么 isms,却不知周先生是从哪儿看出来的。看看那些作品,自然有之。但自信也没有鉴赏。

可是,话虽这么说,我倒有一句话要奉劝诸位左翼指导理论家们。要去鉴赏这些 isms 当然大可不必,但是你们也得去看看,去研究研究。不去看,不去研究,自然连例如说施蛰存的小说是新感觉主义这一类空前的大笑话都会闹出来了(附带说明,这笑话不是周先生闹的)。你们是要负起解剖一切文学的使命来的;攻击攻击倒也不要紧,可是最好不要胡说乱道。你们最好是应该把自己的解剖刀先磨磨快。某人的朋友是什么,因此某人也必然是什么,像这一类推理法是不十分确当的。

九月二日又记

注释:
原载《现代》1932 年 10 月第 1 卷第 6 期。

一个都不宽恕

法国通信
——关于文艺界的反法西斯谛运动

☆ 戴望舒

自从希特勒掌握德国政权以来,德国便处于一个绝端的法西斯谛的恐怖之中;德国的智识阶级,也逢到了它的厄运。据我们现在所知道的,加特·考尔维茨(Kate Kollwitz)和亨利希·曼(Heinrich Mann)是被逐出国家学院了;作家如吉希(Kisch),路德维希·雷恩(Ludwieh Renn),勃莱赫特(Brecht),和平主义者如莱卜曼·区尔比德(Lebman Kuerbild),封·奥西次基(Von Ossietzky)等等,都被投入牢狱了;艺术家如莱因哈特(Reinhardt)是逃亡了;连世界的大学者爱因斯坦,也免不掉家里被查抄,存款被没收。劳动者和犹太人的虐杀,那更是天天有的家常便饭。在德国,人们已回复到野蛮的时期了。我们能相信这是哥德,海纳,华格纳,悲多汶的家乡吗?

得到昂德列·纪德(Andre Gide)的参加,法国 A.E.A.R.C(革命文艺家协会)在三月二十一日召集了一次大会,而在这次大会上提出了对于德国法西斯谛的恐怖的最猛烈的反抗。

在法国文坛中,我们可以说纪德是"第三种人"。虽然去年有说纪德曾加入过共产党的这个谣言,其实,自从他在一八九一年发表他的第一部名著《安德列·华尔特的手记》

戴望舒像

（Cahiersd，Andre'Walter）起，一直到现在为止，他始终是一个忠实于他的艺术的人。然而，忠实于自己的艺术的作者，不一定就是资产阶级的"帮闲者"，法国的革命作家没有这种愚蒙的见解（或再不如说是精明的策略吧），因此，在热烈的欢迎之中，纪德便在群众之间发言了。

在晚间八点钟，当我到大东方堂去的时候，不但演讲堂中人已经挤满，甚至加代路上也站满了等机会挤进去的人群了。幸而找到了 A. E. A. R. C 的秘书伐扬·古久列（Vaillant Couturier），我才得排开了群众，在会场上占到了一个席位。

在不断的拍掌欢呼声中，纪德站起来了。他在群众中发言，这是第一次。现在我试将他用洪亮而稍稍有点颤动的声音所说出来的话，移译在下面：

> 我很荣幸置身于诸君之间，而表示我对于我有许多朋友在这其间的作家和艺术家之群的同情，他们比一切都使我更感到关切。
>
> 我只是一个发言人，无论如何我是没有主持者的资格的。我很愿意在说了几句话之后，离开了这个讲坛，而混入听众之中去。
>
> 一个极大的共通的痛苦，那由德国最近的悲剧的事件所惹起的痛苦，使我们聚集在此地。这有些人崇拜的国家主义者的重握政权，由于恐怖，由于竞争和抬价拍卖的需要，有撞到一个可怕的冲突上去的危险。这个冲突，有些人却期望着；或者他们不公然地期望着，但他们的行动却弄得使这个冲突成为不可免的事。把我们聚集在此地的，我相信是一种信念，这信念便是只有一种高出于国家的利害的利害，一种不同的民族所共有着的，使这些民族联合起来而不是使他们对立起来的利害。社会争斗在各地都是同样的。而那些被派出去交战的民众（他们是不完全了解那交战的理由的，如果他们真的知道了，他们当然不会赞同的）他们各自都有着他们已渐渐明白起来的那同样的深切的利害关系。丧身在欧洲大战之中的兵士是受了欺骗的。人们使他们坚信他们是"以战争对付战争"，而用于这个我们早就应该纠正的荒谬的口号，人们叫他们牺牲生命。如果他们能预见到现在欧洲发生的危险，那么谁能说他们之中有多少人会去作这种英雄性的牺牲呢？如果他们能够复活的话，那么谁能说他们之中有多少人现在还会答应去做这种牺牲呢？不，同志们，我们知道"以战争对付战争"的唯一的态度，那便是每一个人，每一个民族，在他自己的国家中向帝国主义宣战；因为一切的帝国主义是必然地产生战争的。
>
> 诸君是都被牛津的勇敢的大学生们的非常的抗议所感动了。曼却斯特的大学生的抗议不久也应之而起。这些大学生之中，或许还有一大部分保持着这

个幻梦：只要不参与其间，抵抗是可以消极性的。我承认，这也是我长久的幻梦。咳，这样的一种抵抗，是有立刻被扫除了的危险的。但是，要采取另一种抵抗的方式——我的意思是说要使这个抵抗有效——那么我们必须要有一种最大的联合：一个在你们之间的密切的联合和各国的全部劳动阶级的联合。

使我们聚集在此地的，是德国民众的重要的一部分（正就是我们能够希望并应该希望互通声气的一部分）受到了钳制噤塞的这件很严重的事。虽则希特勒尝加以极大的压制，他们是总不能被消灭掉的；但是人们却削除了他们的声音。人们削除了他们的发言权，甚至削除了他们的发言的可能；他们已没有了申诉的权利，而他们的抗议也被遏住了。

有人会对我说："在苏联也是这样的"。那是可能的事；但是目的却是完全两样的，而且，为了要建设一个新社会起见，为了把发言权给与那些一向做着受压迫者，一向没有发言权的人们起见，不得已的矫枉过正是也免不掉的事。

我为什么并怎样会在这里赞同我在那边所反对的事呢？那就是因为我在德国的恐怖政策中，见到了最可叹最可憎的过去底再演。在苏联社会的创设中，我却见到一个未来的无限的允约。

主张说那些没有说过话的人们（受压迫的个人或民众，种族或社会阶级）是无话可说，实在是荒谬之谈。他们曾经受过强力的压制，被人弄得呆木了，以致连他们的声诉也是格格不吐的了。那占着发言权的统治者们，主张保留着这个特权。他们把它保留了长久。而现在，当他们有被夺去了这种特权的危险的时候，他们便格外说得高，说得响了。人类的历史是一切当初被羁囚的人们底迟缓而苦痛的向光明前进的历史。虽则是暂时地迟缓了一点，但是这向解放的进行，总还是不可免的，而且任何帝国主义也都没有阻止它的能力的。

我们现在对于德国的受压迫的一部分有什么办法呢？那些比我更胜任的人们当然将对诸君把那办法说明的，我很高兴让他们来说。

事情是在乎和德国的被压迫者联合起来；事情第一在乎在我们之间联合起来。我想一切将发言的人们都感到这一点吧；我希望他们格外关心于那使我们今天聚在一起的公共的国际的利害，而丢开了一切可以引起内讧的动机。

纪德的发言结束了，但是他并没有离开讲坛而混到听众中去，他坐下来；现在，他喝着水，吸着烟，望着四周的群众，微笑着，呼吸着窒热的空气，听着其他的人发言了。

继续着他发言的，是贝留思（Berlioz），《巴黎的郊外》(Faubourgs de Paris)的作者达比特(Eugene Dabit)，昂多纳(A. P. Antoine)，医士达尔沙士(Dalsace)，画家奥上方(Ozenfant)，《欧罗巴》月刊主编葛诺(Guehenno)，茹尔丹(Francis Jourdain)，勒加希(Bernard Lecache)，超自然主义诗人爱吕阿(Eluarld)，王道(La voie royale)作者马尔罗(Malraux)，维拉(WiUard)，华能教授(Wallon)，他们都用热烈的，透澈的话攻击德国法西斯谛的残暴，并指示出必然的出路。

在群众的欢呼声中，由一个隐名的德国作者向法国文艺界致谢之后，伐扬·古久列便把这天的集会下了一个结论，他说，"我们不是向德国民族宣战，却是向全部资本主义制度宣战。"

由纪德宣读了议决案（其实纪德只念了一半，因为嗓子不好，由伐扬继续念完的），听众一致附议后，这场热烈的集会就结束了。

我不知道我国对于德国法西斯谛的暴行有没有什么表示。正如我们的军阀一样，我们的文艺者也是勇于内战的。在法国的革命作家们和纪德携手的时候，我们的左翼作家想必还是在把所谓"第三种人"当作唯一的敌手吧！

三月二十三日，巴黎

附笔：加入这个战线的，尚有巴比塞，罗曼·罗兰，维德拉(Vildrac)，勃洛克(Jean Richard Block)，杜尔丹(Durtain)，及超自然主义者之群阿拉公(Aragon)，勃勒东(A.Breton)，夏尔(R. Char)，克勒维(R. Crevel)，葛乃斯特(Max Ernest)，贝莱(B. Peret)，查拉(Tristan Tzara)，于宜克(P. Unik)，布纽尔(L. Bunuel)等等。

注释：

原载《现代》杂志第3卷第2期。

肆 左翼文坛内部之争

1 "革命文学"论争

杜荃(郭沫若)：鲁迅先生的时代性和阶级性,就此完全决定了。他是资本主义以前的一个封建余孽。资本主义对于社会主义是反革命,封建余孽对于社会主义是二重的反革命。鲁迅是二重的反革命的人物……他是一位不得志的Fascist(法西斯谛)!

鲁　迅：但那时的革命文学运动,据我的意见,是未经好好的计划,很有些错误之处的。例如,第一,他们对于中国社会,未曾加以细密的分析,便将在苏维埃政权之下才能运用的方法,来机械的地运用了。再则他们,尤其是成仿吾先生,将革命使一般人理解为非常可怕的事,摆着一种极左倾的凶恶的面貌,令人对革命只抱着恐怖。其实革命是并非教人死而是教人活的。

【导读】

"革命文学"之辩

☆陈漱渝

鲁迅跟后期创造社、太阳社之间围绕"革命文学"展开的论争,是中国革命文学阵营内部进行的第一次大论争,也是对鲁迅思想发展最具意义的一场论争。创、太两社的年轻作家在大革命失败之后的白色恐怖中奋起,两眼喷发出向屠杀者复仇的怒火,首先在战友的血泊中撑起了"革命文学"的战旗,其历史功绩自然是不能抹杀的。但这群认为自身就是革命、立志包办工人阶级文艺事务的作家却对中国国情相当隔膜。他们在政治上不可避免地受到"左"倾盲动主义影响,文艺上照搬苏俄拉普理论和日本福本主义的观点及至词句,因而错误地把长期关心文艺和革命关系问题的鲁迅作为了"革命文学"的祭旗人。鲁迅在论争中就文艺与宣传、文艺创作与社会现实、"革命人"与"革命文学"等重大问题发表了言简意赅的意见,为中国左翼文艺运动夯实了理论基础。

这一论争,使鲁迅思想发生了很大的变化。他说:"我有一件事要感谢创造社的,是他们'挤'我看了几种科学的文艺论,明白了先前的文学史家们说了一大堆,还是纠缠不清的疑问。并且因此译了一本蒲力汗诺夫的《艺术论》,以救正我——还因我而及于别人——的只信进化论的偏颇"。论争的另一成果,是促成了中国左翼作家联盟的诞生。

"醉眼"中的朦胧

☆鲁　迅

　　旧历和新历的今年似乎于上海的文艺家们特别有着刺激力，接连的两个新正一过，期刊便纷纷而出了。他们大抵将全力用尽在伟大或尊严的名目上，不惜将内容压杀。连产生了不止一年的刊物，也显出拼命的挣扎和突变来。作者呢，有几个是初见的名字，有许多却还是看熟的，虽然有时觉得有些生疏，但那是因为停笔了一年半载的缘故。他们先前在做什么，为什么今年一齐动笔了？说起来怕话长，要而言之，就因为先前可以不动笔，现在却只好来动笔，仍如旧日的无聊的文人，文人的无聊一模一样。这是有意识或无意识地，大家都有些自觉的，所以总要向读者声明"将来"：不是"出国"，"进研究室"，便是"取得民众"。功业不在目前，一旦回国，出室，得民之后，那可是非同小可了。自然，倘有远识的人，小心的人，怕事的人，投机的人，最好是此刻预致"革命的敬礼"。一到将来，就要"悔之晚矣"了。

　　然而各种刊物，无论措辞怎样不同，都有一个共通之点，就是：有些朦胧。这朦胧的发祥地，由我看来，——虽然是冯乃超的所谓"醉眼陶然"——也还在那有人爱，也有人憎的官僚和军阀。和他们已有瓜葛，或想有瓜葛的，笔下便往往笑迷迷，向大家表示和气，然而有远见，梦中又害怕铁锤和镰刀，因此也不敢分明恭维现在的主子，于是在这里留着一点朦胧。和他们瓜葛已断，或则并无瓜葛，走向大众去的，本可以毫无顾忌地说话了，但笔下即使雄赳赳，对大家显英雄，会忘却了他们的指挥刀的傻子是究竟不多的，这里也就留着一点朦胧。于是想要朦胧而终于透漏色彩的，想显色彩而终于不免朦胧的，便都在同地同时出现了。

　　其实朦胧也不关怎样紧要。便在最革命的国度里，文艺方面也何尝不带些朦胧。然而革命者决不怕批判自己，他知道得很清楚，他们敢于明言。惟有中国特别，知道跟着人称托尔斯泰为"卑污的说教人"了，而对于中国"目前的情状"，却只觉得在"事实上，社会各方面亦正受着乌云密布的势力的支配"，连他的"剥去政府的暴力，裁判行政的喜剧的假面"的勇气的几分之一也没有；知道人道主义不彻底了，但当"杀人如草不闻声"的时候，连人道主义式的抗争也没有。剥去和抗争，也不过是

"咬文嚼字",并非"直接行动"。我并不希望做文章的人去直接行动,我知道做文章的人是大概只能做文章的。

可惜略迟了一点,创造社前年招股本,去年请律师,今年才揭起"革命文学"的旗子,复活的批评家成仿吾总算离开守护"艺术之宫"的职掌,要去"获得大众",并且给革命文学家"保障最后的胜利"了。这飞跃也可以说是必然的。弄文艺的人们大抵敏感,时时也感到,而且防着自己的没落,如漂浮在大海里一般,拼命向各处抓攫。二十世纪以来的表现主义,踏踏主义,什么什么主义的此兴彼衰,便是这透露的消息。现在则已是大时代,动摇的时代,转换的时代,中国以外,阶级的对立大抵已经十分锐利化,农工大众日日显得着重,倘要将自己从没落救出,当然应该向他们去了。何况"呜呼! 小资产阶级原有两个灵魂……"虽然也可以向资产阶级去,但也能够向无产阶级去的呢。

这类事情,中国还在萌芽,所以见得新奇,须做《从文学革命到革命文学》那样的大题目,但在工业发达,贫富悬隔的国度里,却已是平常的事情。或者因为看准了将来的天下,是劳动者的天下,跑过去了;或者因为倘帮强者,宁帮弱者,跑过去了;或者两样都有,错综地作用着,跑过去了。也可以说,或者因为恐怖,或者因为良心。成仿吾教人克服小资产阶级根性,拉"大众"来作"给与"和"维持"的材料,文章完了,却正留下一个不小的问题:

倘若难于"保障最后的胜利",你去不去呢?

这实在还不如在成仿吾的祝贺之下,也从今年产生的《文化批判》上的李初梨的文章,索性主张无产阶级文学,但无须无产者自己来写;无论出身是什么阶级,无论所处是什么环境,只要"以无产阶级的意识,产生出来的一种的斗争的文学"就是,直截爽快得多了。但他一看见"以趣味为中心"的可恶的"语丝派"的人名就不免曲折,仍旧"要问甘人君,鲁迅是第几阶级的人?"

我的阶级已由成仿吾判定:"他们所矜持的是'闲暇,闲暇,第三个闲暇';他们是代表着有闲的资产阶级,或者睡在鼓里的小资产阶级。……如果北京的乌烟瘴气不用十万两无烟火药炸开的时候,他们也许永远这样过活的罢。"

我们的批判者才将创造社的功业写出,加以"否定的否定",要去"获得大众"的时候,便已梦想"十万两无烟火药",并且似乎要将我挤进"资产阶级"去(因为"有闲就是有钱"云),我倒颇也觉得危险了。后来看见李初梨说:"我以为一个作家,不管他是第一第二……第百第千阶级的人,他都可以参加无产阶级文学运动;不过我们先要审察他们的动机。……"这才有些放心,但可虑的是对于我仍然要问阶级。"有闲便是有钱";倘使无钱,该是第四阶级,可以"参加无产阶级文学运动"了罢,但我知道那时又要问"动机"。总之,最要紧是"获得无产阶级的阶级意识"——这回可不能只是"获得大众"便算完事了。横竖缠不清,最好还是让李初梨去"由艺术的武器到武器的艺术",让成仿吾去坐在半租界里积蓄"十万两无烟火药",我自己是照旧讲"趣味"。

那成仿吾的"闲暇,闲暇,第三个闲暇"的切齿之声,在我是觉得有趣的。因为我记得曾有人批评我的小说,说是"第一个是冷静,第二个是冷静,第三个还是冷静","冷静"并不算好批判,但不知怎地竟像一板斧劈着了这位革命的批评家的记忆中枢似的,从此"闲暇"也有三个了。倘有四个,连《小说旧闻钞》也不写,或者只有两个,见得比较地忙,也许可以不至于被"奥伏赫变"("除掉"的意思,Aufheben 的创造派的译音,但我不解何以要译得这么难写,在第四阶级,一定比照描一个原文难)罢,所可惜的是偏偏是三个。但先前所定的不"努力表现自己"之罪,大约总该也和成仿吾的"否定的否定",一同勾消了。

创造派"为革命而文学",所以仍旧要文学,文学是现在最紧要的一点,因为将"由艺术的武器,到武器的艺术",一到"武器的艺术"的时候,便正如"由批判的武器,到用武器的批判"的时候一般,世界上有先例,"徘徊者变成同意者,反对者变成徘徊者"了。

但即刻又有一点不小的问题:为什么不就到"武器的艺术"呢?

这也很像"有产者差来的苏秦的游说"。但当现在"无产者未曾从有产者意识解放以前",这问题是总须起来的,不尽是资产阶级的退兵或反攻的毒计。因为这极彻底而勇猛的主张,同时即含有可疑的萌芽了。那解答只好是这样:

因为那边正有"武器的艺术",所以这边只能"艺术的武器"。

这艺术的武器,实在不过是不得已。是从无抵抗的幻影脱出,坠入纸战斗的新梦里去了。但革命的艺术家,也只能以此维持自己的勇气,他只能这样。倘他牺牲了他的艺术,去使理论成为事实,就要怕不成其为革命的艺术家。因此必然的应该坐在无产阶级的阵营中,等待"武器的铁和火"出现。这出现之际,同时拿出"武器的艺术"来。倘那时铁和火的革命者已有一个"闲暇",能静听他们自叙的功勋,那也就成为一样的战士了。最后的胜利。然而文艺是还是批判不清的,因为社会有许多层,有先进国的史实在;要取目前的例,则《文化批判》已经拖住 Upton Sinclair,《创造月刊》也背了 Viguy 在"开步走"了。

倘使那时不说"不革命便是反革命",革命的迟滞是"语丝派"之所为,给人家扫地也还可以得到半块面包吃,我便将于八时间工作之暇,坐在黑房里,续抄我的《小说旧闻钞》,有几国的文艺也还是要谈的,因为我喜欢。所怕的只是成仿吾们真像符拉特弥尔·伊力支一般,居然"获得大众";那么,他们大约更要飞跃又飞跃,连我也会升到贵族或皇帝阶级里,至少也总得充军到北极圈内去了。译著的书都禁止,自然不待言。

不远总有一个大时代要到来。现在创造派的革命文学家和无产阶级作家虽然不得已而玩着"艺术的武器",而有着"武器的艺术"的非革命文学家也玩起这玩意儿来了,有几种笑迷迷的期刊便是这。他们自己也不大相信手里的"武器的艺术"了罢。那么,这一种最高的艺术——"武器的艺术"现在究竟落在谁的手里了呢?只要寻得到,便知道中国的最近的将来。

二月二十三日,上海

注释:
原载《语丝》1928年3月12日第4卷第11期。

我的态度气量和年纪

☆鲁　迅

英勇的刊物是层出不穷,"文艺的分野"上的确热闹起来了。日报广告上的《战线》这名目就惹人注意,一看便知道其中都是战士。承蒙一个朋友寄给我三本,才得看见了一点枪烟,并且明白弱水做的《谈中国现在的文学界》里的有一粒弹子,是瞄准着我的。为什么呢?因为先是《"醉眼"中的朦胧》做错了。据说错处有三:一是态度,二是气量,三是年纪。复述易于失真,还是将这粒子弹移置在下面罢:——

　　鲁迅那篇,不敢得很,态度太不兴了。我们从他先后的论战上看来,不能不说他的量气太窄了。最先(据所知)他和西滢战,继和长虹战,我们一方面觉得正直是在他这面,一方面又觉得辞锋太有点尖酸刻薄,现在又和创造社战,辞锋仍是尖酸,正直却不一定落在他这面。是的,仿吾和初梨两人对他的批评是可以有反驳的地方,但这应庄严出之,因为他们所走的方向不能算不对,冷嘲热刺,只有对于冥顽不灵者为必要,因为是不可理喻。对于热烈猛进的绝对不合用这种态度。他那种态度,虽然在他自己亦许觉得骂得痛快,但那种口吻,适足表出"老头子"的确不行吧了。好吧,这事本该是没有勉强的必要和可能,让各人走各人的路去好了。我们不禁想起了五四时的林琴南先生了!

这一段虽然并不涉及是非,只在态度,量气,口吻上,断定这"老头子的确不行",从此又自然而然地抹杀我那篇文字,但粗粗一看,却很像第三者从旁的批评。从我看来,"尖酸刻薄"之处也不少,作者大概是青年,不会有"老头子"气的,这恐怕因为我"冥顽不灵",不得已而用之的罢,或者便是自己不觉得。不过我要指摘,这位隐姓埋名的弱水先生,其实是创造社那一面的。我并非说,这些战士,大概是创造社里常见他的脚踪,或在艺术大学里兼有一只饭碗,不过指明他们是相同的气类。因此,所谓《战线》,也仍不过是创造社的战线。所以我和西滢、长虹战,他虽然看见正直,却一声不响,今和创造社战,便只看见尖酸,忽然显战士身而出现了。其实所断定的先两回的我的"正直",也还是死了已经两千多年了的老头子老聃先师的"将欲取之必先与之"的战略,我并不感服这类的公评。陈西滢也知道这种战法的,他因为要打倒我的短评,便称赞我的小说,以见他之公正。

即使真以为先两回是正直在我这面的罢,也还是因为这位弱水先生是不和他们同系,同社,同派,同流……从他们那一面看来,事情可就两样了。我"和西滢战"了以后,现代系的唐有壬曾说《语丝》的言论,是受了墨斯科的命令;"和长虹战"了以后,狂飙派的常燕生曾说《狂飙》的停版,也许因为我的阴谋。但除了我们两方以外,恐怕不大有人注意或记得了罢。事不干己,是很容易滑过去的。

这次对于创造社,是的,"不敬得很",未免有些不"庄严";即使在我以为是直道而行,他们也仍可认为"尖酸刻薄"。于是"论战"便变成"态度战","量气战","年龄战"了。但成仿吾辈的对我的"态度",战士们虽然不屑留心到,在我本身是明白的。我有兄弟,自以为算不得就是我"不可理喻",而这位批评家于《呐喊》出版时,即加以讥刺道:"这回由令弟编了出来,真是好看得多了"。这传统直到五年之后,再见于冯乃超的论文,说是"无聊赖地跟他弟弟说几句人道主义的美丽的说话"。我的主张如何且不论,即使相同,何以说话相同便是"无聊赖地"?莫非一有"弟弟",就必须反对,一个讲革命,一个即该讲保皇,一个学地理,一个就得学天文么?还有,我合印一年的杂感为《华盖集》,另印先前所钞的小说史料为《小说旧闻钞》,是并不相干的。这位成仿吾先生却加以编排道:"我们的鲁迅先生坐在华盖之下正在钞他的'小说旧闻'。"这使李初梨很高兴,今年又钞在《文化批判》里,还乐得不可开交道,"他(成仿吾)这段文章,比'趣味文学'还更有趣些。"但是还不够,他们因为我生在绍兴,绍兴出酒,便说"醉眼陶然";因为我年纪比他们大了,便说"老生",还要加注道:"若许我用文学的表现"。而这一个"老"的错处,还给"战线"上的弱水先生作为"的确不行"的根源。我自信对于创造社,还不至于用了他们的籍贯,家族,年纪,来作奚落的资料,不过今年偶然做了一篇文章,其中第一次指摘了他们文字里的矛盾和笑话而已。但是"态度"问题来了,"量气"问题也来了,连战士也以为尖酸刻薄。莫非必须我学革命文学家所指为"卑污"的托尔斯泰,毫无抵抗,或者上一呈文:"小资产阶级或有产阶级臣鲁迅诚惶诚恐谨呈革命的'印贴利更追亚'老爷麾下",这才不至于"的确不行"么?

至于我是"老头子",却的确是我的不行。"和长虹战"的时候,他也曾指出我这一条大错处,此外还嘲笑我的生病。而且也是真的,我的确生过病,这回弱水这一位"小头子"对于这一节没有话说,可见有些青年究竟还怀着纯朴的心,很是厚道的。所以他将"冷嘲热刺"的用途,也瓜分开来,给"热烈猛进的"制定了优待条件。可惜我生得太早,已经不属于那一类,不能享受同等待遇了。但幸而我年轻时没有真上战线去,受过创伤,倘使身上有了残疾,那就又添一件话柄,现在真不知道要受多少奚落哩。这是"不革命"的好处,应该感谢自己的。

其实这回的不行,还只是我不行,无关年纪的。托尔斯泰,克罗颇特庚,马克思,虽然言行有"卑污"与否之分,但毕竟都苦斗了一生,我看看他们的照相,全有大胡子。因为我一个而抹杀一切"老头子",大约是不算公允的。然而中国呢,自然不免又有些特别,不行的多。少年尚且老成,老年当然成老。林琴南先生是确乎应该想起来的,他后来真是暮年景象,因为反对白话,不能论战,便从横道儿来做一篇影射小说,使一个武人痛打改革者,——说得"美丽"一点,就是神往于"武器的文艺"了。旧的和新的,往往有极其相同之点——如:个人主义者和社会主义者往往都反对资产阶级,保守者和改革者往往都主张为人生的艺术,都讳言黑暗,棒喝主义者和共产主义者都厌恶人道主义等——林琴南先生的事也正是一个证明。至于所以不行之故,其关键就全在他生得更早,不知道这一阶级将被"奥服赫变",及早变计,于是归根结蒂,分明现出 Fascist 本相了。但我以为"老头子"如此,是不足虑的,他总比青年先死。林琴南先生就早已死去了。可怕的是将为将来柱石的青年,还像他的东拉西扯。

又来说话,量气又太小了,再说下去,就要更小,"正直"岂但"不一定"在这一面呢,还要一定不在这一面。而且所说的又都是自己的事,并非"大贫"的民众……。但是,即使所讲的只是个人的事,有些人固然只看见个人,有些人却也看见背影或环境。例如《鲁迅在广东》这一本书,今年战士们忽以为编者和被编者希图不朽,于是看得"烦躁",也给了一点对于"冥顽不灵"的冷嘲。我却以为这太偏于唯心论了,无所谓不朽,不朽又干吗,这是现代人大抵知道的。所以会有这一本书,其实不过是要黑字印在白纸上,订成一本,作商品出售罢了。无论是怎样泡制法,所谓"鲁迅"也者,往往不过是充当了一种的材料。这种方法,便是"所走的方向不能算不对"的创造社也在所不免的。托罗兹基虽然已经"没落",但他曾说,不含利害关系的文章,当在将来另一制度的社会里。我以为他这话却还是对的。

四月廿日

注释:
原载《语丝》周刊 1928 年 5 月 7 日第 4 卷第 19 期。

上海文艺之一瞥
——八月十二日在社会科学研究会讲

☆鲁　迅

上海过去的文艺，开始的是《申报》。要讲《申报》，是必须追溯到六十年以前的，但这些事我不知道。我所能记得的，是三十年以前，那时的《申报》，还是用中国竹纸的，单面印，而在那里做文章的，则多是从别处跑来的"才子"。

那时的读书人，大概可以分他为两种，就是君子和才子。君子是只读四书五经，做八股，非常规矩的。而才子却此外还要看小说，例如《红楼梦》，还要做考试上用不着的古今体诗之类。这是说，才子是公开的看《红楼梦》的，但君子是否在背地里也看《红楼梦》，则我无从知道。有了上海的租界，——那时叫作"洋场"，也叫"夷场"，后来有怕犯讳的，便往往写作"彝场"——有些才子们便跑到上海来，因为才子是旷达的，那里都去；君子则对于外国人的东西总有点厌恶，而且正在想求正路的功名，所以决不轻易的乱跑，孔子曰，"道不行，乘桴浮于海"，从才子们看来，就是有点才子气的，所以君子们的行径，在才子就谓之"迂"。

才子原是多愁多病，要闻鸡生气，见月伤心的。一到上海，又遇见了婊子。去嫖的时候，可以叫十个二十个的年轻姑娘聚集在一处，样子很有些像《红楼梦》，于是他就觉得自己好像贾宝玉；自己是才子，那么婊子当然是佳人，于是才子佳人的书就产生了。内容多半是，惟才子能怜这些风尘沦落的佳人，惟佳人能识坎坷不遇的才子，受尽千辛万苦之后，终于成了佳偶，或者是都成了神仙。

他们又帮申报馆印行些明清的小品书出售，自己也立文社，出灯谜，有人选的，就用这些书做赠品，所以那流通很广远。也有大部分，如《儒林外史》，《三宝太监西洋记》，《快心编》等。现在我们在旧书摊上，有时还看见第一页印有"上海申报馆仿聚珍板印"字样的小本子，那就都是的。

佳人才子的书盛行的好几年，后一辈的才子的心思就渐渐改变了。他们发现了佳人并非因为"爱才若渴"而做婊子的，佳人只为的是钱。然而佳人要才子的钱，是不应该的，才子于是想了种种制伏婊子的妙法，不但不上当，还占了她们的便宜。叙述这各种手段的小说就出现了,社会上也很风行,因为可以做嫖学教科书去读。这些书里面的主人公,不再是才子+(加)呆子,而是在婊子那里得了胜利的英雄豪杰,是才子+流氓。

在这之前,早已出现了一种画报,名目就叫《点石斋画报》,是吴友如主笔的,神仙人物,内外新闻,无所不画,但对于外国事情,他很不明白,例如画战舰罢,是一只商船,而舱面上摆着野战炮;画决斗则两个穿礼服的军人在客厅里拔长刀相击,至于将花瓶也打落跌碎。然而他画"老鸨虐妓","流氓拆梢"之类,却实在画得很好的,我想,这是因为他看得太多了的缘故;就是在现在,我们在上海也常常看到和他所画一般的脸孔。这画报的势力,当时是很大的,流行各省,算是要知道"时务"——这名称在那时就如现在之所谓"新学"——的人们的耳目。前几年又翻印了,叫做《吴友如墨宝》,而影响到后来也实在利害,小说上的绣像不必说了,就是在教科书的插画上,也常常看见所画的孩子大抵是歪戴帽,斜视眼,满脸横肉,一副流氓气。在现在,新的流氓画家又出了叶灵凤先生,叶先生的画是从英国的毕亚兹莱(Aubrey Beardsley)剥来的,毕亚慈莱是"为艺术的艺术"派,他的画极受日本的"浮世绘"(Ukiyoe)的影响。浮世绘虽是民间艺术,便所画的多是妓女和戏子,胖胖的身体,斜视的眼睛——Erotic(色情的)眼睛。不过毕亚兹莱来的人物却瘦瘦的,那是因为他是颓废派(Decadence)的缘故。颓废派的人们多是瘦削的,颓丧的,对于壮健的女人他有点惭愧,所以不喜欢。我们的叶先生的新斜眼画,正和吴友如的老斜眼画合流,那自然应该流行好几年。但他也并不只画流氓的,有一个时期也画过普罗列塔利亚,不过所画的工人也还是斜视眼,伸着特别大的拳头。但我以为画普罗列塔利亚应该是写实的,照工人原来的面貌,并不须画得拳头比脑袋还要大。

现在的中国电影,还在很受着这"才子+流氓"式的影响,里面的英雄,作为"好人"的英雄,也都是油头滑脑的,和一些住惯了上海,晓得怎样"拆梢","揩油","吊膀子"的滑头少年一样。看了之后,令人觉得现在倘要做英雄,做好人,也必须是流氓。

才子+流氓的小说,但也渐渐的衰退了。那原因,我想,一则因为总是这一套老调子——妓女要钱,嫖客用手段,原不会写不完的;二则因为所用的是苏白,如什么倪=我,耐=你,阿是=是否之类,除了老上海和江浙的人们之外,谁也看不懂。

然而才子+佳人的书,却又出了一本当时震动一时的小说,那就是从英文翻译过来的《迦茵小传》(H. R. Haggard:*Joan Haste*)。但只有上半本,据译者说,原本从旧书摊上得来,非常之好,可惜觅不到下册,无可奈何了。果然,这很打动了才子佳人们的芳心,流行得很广很广。后来还至于打动了林琴南先生,将全部译出,仍旧名为《迦茵小传》。而同时受了先译者的大骂,说他不该全译,使迦茵的价值降低,给读者以不快的。于是才知道先前之所以只有半部,实非原本残缺,乃是因为记着迦茵生了一个私生子,译者故意不译的。其实这样的一部并不很长的书,外国也不至于分印成两本。但是,即此一端,也很可以看出当时中国对于婚姻的见解了。

这时新的才子+佳人小说便又流行起来,但佳人已是良家女子了,和才子相悦相恋,分拆不开,柳阴花下,像一对胡蝶,一双鸳鸯一样,但有时因为严亲,或者因为薄命,也竟至于偶见悲剧的结局,不再都成神仙了,——这实在不能不说是一个大进步。到了近来是在制造兼可擦脸的牙粉了的天虚我生先生所编的月刊杂志《眉语》出现的时候,是这鸳鸯胡蝶式文学的极盛时期。后来《眉语》虽遭禁止,势力却并不消退,直待《新青年》盛行起来,这才受了打击。这时有伊孛生的剧本的绍介和胡适之先生的《终身大事》的另一形式的出现,虽然并不是故意的,然而鸳鸯胡蝶派作为命根的那婚姻问题,却也因此而诺拉(Nora)似的跑掉了。

这后来,就有新才子派的创造社的出现。创造社是尊贵天才的,为艺术而艺术的,专重自我的,崇创作,恶翻译,尤其憎恶重译的,与同时上海的文学研究会相对立。那出马的第一个广告上,说有人"垄断"着文坛,就是指着文学研究会。文学研究会却也正相反,是主张为人生的艺术的,是一面创作,一面也看重翻译的,是注意于绍介被压迫民族文学的,这些都是小国度,没有人懂得他们的文字,因此也几乎全都是重译的。并且因为曾经声援过《新青年》,新仇夹旧恨,所以文学研究会这时就受了三方面的攻击。一方面就是创造社,既然是天才的艺术,那反看那为人生的艺术的文学研究会自然就是多管闲事,不免有些"俗"气,而且还以为无能,所以倘被发现一处误译,有时竟至于特做一篇长长的专论。一方面是留学过美国的绅士派,他们以为文艺是专给老爷太太们看的,所以主角除老爷太太之外,只配有文人,学士,艺术家,教授,小姐等等,要会说 Yes,No,这才是绅士的庄严,那时吴宓先生就曾经发表过文章,说是真不懂为什么有些人竟喜欢描写下流社会。第三方面,则就是以前说过的鸳鸯胡蝶派,我不知道他们用的是什么方法,到底使书店老板将编辑《小说月报》的一个文学研究会会员撤换,还出了《小说世界》,来流布他们的文章。这一种刊物,是到了去年才停刊的。

创造社的这一战,从表面看来,是胜利的。许多作品,既和当时的自命才子们的心情相合,加以出版者的帮助,势力雄厚起来了。势力一雄厚,就看见大商店如商务印书馆,也有创造社员的译著的出版,——这是说,郭沫若和张资平两位先生的稿件。这以来,据我所记得,是创造社也不再审查商务印书馆出版物的误译之处,来作专论了。这些地方,我想,是也有些才子+流氓式的。然而,"新上海"是究竟敌不过

"老上海"的，创造社员的凯歌声中，终于觉到了自己就在做自己们的出版者的商品，种种努力，在老板看来，就等于眼镜铺大玻璃窗里纸人的眼，不过是"以广招徕"。待到希图独立出版的时候，老板就给吃了一场官司，虽然也终于独立，说是一切书籍，大加改订，另行印刷，从新开张了，然而旧老板却还是永远用了旧版子，只是印，卖，而且年年是什么纪念的大廉价。

商品固然是做不下去的，独立也活不下去。创造社的人们的去路，自然是在较有希望的"革命策源地"的广东。在广东，于是也有"革命文学"这名词的出现，然而并无什么作品，在上海，则并且还没有这名词。

到了前年，"革命文学"这名目这才旺盛起来了，主张的是从"革命策源地"回来的几个创造社元老和若干新分子。革命文学之所以旺盛起来，自然是因为由于社会的背景，一般群众，青年有了这样的要求。当从广东开始北伐的时候，一般积极的青年都跑到实际工作去了，那时还没有什么显著的革命文学运动，到了政治环境突然改变，革命遭了挫折，阶级的分化非常显明，国民党以"清党"之名，大戮共产党及革命群众，而死剩的青年们再入于被迫压的境遇，于是革命文学在上海这才有了强烈的活动。所以这革命文学的旺盛起来，在表面上和别国不同，并非由于革命的高扬，而是因为革命的挫折；虽然其中也有些是旧文人解下指挥刀来重理笔墨的旧业，有些是几个青年被从实际工作排出，只好借此谋生，但因为实在具有社会的基础，所以在新份子里，是很有极坚实正确的人存在的。但那时的革命文学运动，据我的意见，是未经好好的计划，很有些错误之处。例如，第一，他们对于中国社会，未曾加以细密的分析，便将在苏维埃政权之下才能运用的方法，来机械地运用了。再则他们，尤其是成仿吾先生。将革命使一般人理解为非常可怕的事，摆着一种极左倾的凶恶的面貌，好似革命一到，一切非革命者就都得死，令人对革命只抱着恐怖。其实革命是并非教人死而教人活的。这种令人"知道点革命的厉害"，只图自己说得畅快的态度，也还是中了才子+流氓的毒。

激烈得快的，也平和得快，甚至于也颓废得快。倘在文人，他总有一番辩护自己的变化的理由，引经据典。譬如说，要人帮忙的时候用克鲁巴金的互助论。要和人争闹的时候就用达尔文的生存竞争说。无论古今，凡是没有一定的理论，或主张的变化并无线索可寻，而随时拿了各种各派的理论来作武器的人，都可以称之为流氓。例如上海的流氓，看见一男一女的乡下人在走路，他就说，"喂，你们这样子，有伤风化，你们犯了法了！"他用的是中国法。倘看见一个乡下人在路旁小便呢，他就说，"喂，这是不准的，你犯了法，该捉到捕房去！"这时所用的又是外国法。但结果是无所谓法不法，只要被他敲去了几个钱就都完事。

在中国,去年的革命文学者和前年很有点不同了。这固然由于境遇的改变,但有些"革命文学者"的本身里,还藏着容易犯到的病根。"革命"和"文学",若断若续,好像两只靠近的船,一只是"革命",一只是"文学",而作者的每一只脚就站在每一只船上面。当环境较好的时候,作者就在革命这一只船上踏得重一点,分明是革命者,待到革命一被压迫,则在文学的船上踏得重一点,他变了不过是文学家了。所以前年的主张十分激烈,以为凡非革命文学,统得扫荡的人,去年却记得了列宁爱看冈却罗夫(I. A. Gontcharov)的作品的故事,觉得非革命文学,意义倒也十分深长;还有最彻底的革命文学家叶灵凤先生,他描写革命家,彻底到每次上茅厕时候都用我的《呐喊》去揩屁股,现在却竟会莫名其妙的跟在所谓民族主义文学家屁股后面了。

　　类似的例,还可以举出向培良先生来。在革命渐渐高扬的时候,他是很革命的;他在先前,还曾经说,青年人不但嗥叫,还要露出狼牙来。这自然也不坏,但也应该小心,因为狼是狗的祖宗,一到被人驯服的时候,是就要变而为狗的。向培良先生现在在提倡人类的艺术了,他反对有阶级的艺术的存在,而在人类中分出好人和坏人来,这艺术是"好坏斗争"的武器。狗也是将人分为两种的,豢养它的主人之类是好人,别的穷人和乞丐在它的眼里就是坏人,不是叫,便是咬。然而这也还不算坏,因为究竟还有一点野性,如果再一变而为吧儿狗,好像不管闲事,而其实在给主子尽职,那就正如现在的自称不问俗事的为艺术而艺术的名人们一样,只好去点缀大学教室了。

　　这样的翻着筋斗的小资产阶级,即使是在做革命文学家,写着革命文学的时候,也最容易将革命写歪;写歪了,反于革命有害,所以他们的转变,是毫不足惜的。当革命文学的运动勃兴时,许多小资产阶级的文学家忽然变过来了,那时用来解释这现象的,是突变之说。但我们知道,所谓突变者,是说 A 要变 B,几个条件已经完备,而独缺其一的时候,这一个条件一出现,于是变成了 B。譬如水的结冰,温度须到零点,同时又须有空气的振动,倘没有这,则即便到了零点,也还是不结冰,这时空气一振动,这才突变而为冰了。所以外面虽然好像突变,其实是并非突然的事。倘没有应具的条件的,那就是即使自说已变,实际上却并没有变,所以有些忽然一天晚上自称突变过来的小资产阶级革命文学家,不久就又突变回去了。

　　去年左翼作家联盟在上海的成立,是一件重要的事实。因为这时已经输入了蒲力汗诺夫,卢那卡尔斯基等的理论,给大家能够互相切磋,更加坚实而有力,但也正因为更加坚实而有力了,就受到世界上古今所少有的压迫和摧残,因为有了这样的压迫和摧残,就使那时以为左翼文学将大出风头,作家就要吃劳动者供献上来的黄

左联成立地——上海中华艺术大学

油面包了的所谓革命文学家立刻现出原形,有的写悔过书,有的是反转来攻击左联,以显出他今年的见识又进了一步。这虽然并非左联直接的自动,然而也是一种扫荡,这些作者,是无论变与不变总写不出好的作品来的。

但现存的左翼作家,能写出好的无产阶级文学来么?我想,也很难。这是因为现在的左翼作家还都是读书人——知识阶级,他们要写出革命的实际来,是很不容易的缘故。日本的厨川白村(H.Kuriyagawa)曾经提出过一个问题,说:作家之所描写,必得是自己经验过的么?他自答道,不必,因为他能够体察。所以要写偷,他不必亲自去做贼,要写通奸,他不必亲自去私通。但我以为这是因为作家生长在旧社会里,熟悉了旧社会的情形,看惯了旧社会的人物的缘故,所以他能够体察;对于和他向来没有关系的无产阶级的情形和人物,他就会无能,或者弄成错误的描写了。所以革命文学家,至少是必须和革命共同着生命,或深切地感受着革命的脉搏的。(最近左联的提出了"作家的无产阶级化"的口号,就是对于这一点的很正确的理解。)

在现在中国这样的社会中,最容易希望出现的,是反叛的小资产阶级的反抗的,或暴露的作品。因为他生长在这正在灭亡着的阶级中,所以他有甚深的了解,甚大的憎恶,而向这刺下去的刀也最为致命与有力。固然,有些貌似革命的作品,也并非要将本阶级或资产阶级推翻,倒在憎恨或失望于他们的不能改良,不能较长久的保持地位,所以从无产阶级的见地看来,不过是"兄弟阋于墙",两方一样的是敌对。但是,那结果,却也能在革命的潮流中,成为一粒泡沫的。对于这些的作品,我以为实在无须称之为无产阶级文学,作者也无须为了将来的名誉起见,自称为无产阶级的作家的。

但是,虽是仅仅攻击旧社会的作品,倘若知不清缺点,看不透病根,也就于革命有害,但可惜的是现在的作家,连革命的作家和批评家,也往往不能,或不敢正视现社会,知道它的底细,尤其是认为敌人的底细。随手举一个例罢,先前的《列宁青年》上,有一篇评论中国文学界的文章,将这分为三派,首先是创造社,作为无产阶级文学派,讲得很长,其次是语丝社,作为小资产阶级文学派,可就说得短了,第三是新月社,作为资产阶级文学派,却说得更短,到不了一页。这就在表明:这位青年批评家对于愈认为敌人的,就愈是无话可说,也就是愈没有细看。自然,我们看书,倘看反对的东西,总不如看同派的东西的舒服,爽快,有益;但倘是一个战斗者,我以为,在了解革命和敌人上,倒是必须更多的去解剖当面的敌人的。要写文学作品也一样,不但应该知道革命的实际,也必须深知敌人的情形,现在的各方面的状况,再去断定革命的前途。惟有明白旧的,看到新的,了解过去,推断将来,我们的文学的发展才有希望。我想,这是在现在环境下的作家,只要努力,还可以做得到的。

在现在,如先前所说,文艺是在受着少有的压迫与摧残,广泛地现出了饥馑状态。文艺不但是革命的,连那略带些不平色彩的,不但是指摘现状的,连那些攻击旧来积弊的,也往往就受迫害。这情形,即在说明至今为止的统治阶级的革命,不过是争夺一把旧椅子。去推的时候,好像这椅子很可恨,一夺到手,就又觉得是宝贝了,而同时也自觉了自己正和这"旧的"一气。二十多年前,都说朱元璋(明太祖)是民族的革命者,其实是并不然的,他做了皇帝以后,称蒙古朝为"大元",杀汉人比蒙古人还利害。奴才做了主人,是决不肯废去"老爷"的称呼的,他的摆架子,恐怕比他的主人还十足,还可笑。这正如上海的工人赚了几文钱,开起小小的工厂来,对付工人反而凶到绝顶一样。

在一部旧的笔记小说——我忘了它的书名了——上,曾经载有一个故事,说明朝有一个武官叫说书人讲故事,他便对他讲檀道济——晋朝的一个将军,讲完之后,那武官就吩咐打说书人一顿,人问他什么缘故,他说道:"他既然对我讲檀道济,那么,对檀道济是一定去讲我的了。"现在的统治者也神经衰弱到像这武官一样,什么他都怕,因而在出版界上也布置了比先前更进步的流氓,令人看不出流氓的形式而却用着更厉害的流氓手段:用广告,用诬陷,用恐吓;甚至于有几个文学者还拜了流氓做老子,以图得到安稳和利益。因此革命的文学者,就不但应该留心迎面的敌人,还必须防备自己一面的三翻四复的暗探了,较之简单地用着文艺的斗争,就非常费力,而因此也就影响到文艺上面来。

现在上海虽然还出版着一大堆的所谓文艺杂志,其实却等于空虚。以营业为目的的书店所出的东西,因为怕遭殃,就竭力选些不关痛痒的文章,如说"命固不可以不革,而亦不可以太革"之类,那特色是在令人从头看到末尾,终于等于不看。至于官办的,或对官场去凑趣的杂志呢,作者又都是乌合之众,共同的目的只在捞几文稿费,什么"英国维多利亚朝的文学"呀,"论刘易士得到诺贝尔奖金"呀,连自己也并不相信所发的议论,连自己也并不看重所做的文章。所以,我说,现在上海所出的文艺杂志都等于空虚,革命者的文艺固然被压迫了,而压迫者所办的文艺杂志上也没有什么文艺可见。然而,压迫者当真没有文艺么?有是有的,不过并非这些,而是通电,告示,新闻,民族主义的"文学",法官的判词等。例如前几天,《申报》上记着一个女人控诉她的丈夫强迫鸡奸并殴打得皮肤上成了青伤的事,而法官的判词却道,法律上并无禁止丈夫鸡奸妻子的明文,而皮肤打得发青,也并不算毁损了生理的机能,所以那控诉就不能成立。现在是那男人反在控诉他的女人的"诬告"了。法律我不知道,至于生理学,却学过一点,皮肤被打得发青,肺,肝,或肠胃的生理的机能固然不至于毁损,然而发青之处的皮肤的生理的机能却是毁损了的。这在中国的现在,虽然常常遇见,不算什么稀奇事,但我以为这就已经能够很明白的知道社会上的一部分现象,胜于一篇平凡的小说或长诗了。

除以上所说之外,那所谓民族主义文学,和闹得已经很久了的武侠小说之类,是也还应该详细解剖的。但现在时间已经不够,只得待将来有机会再讲了。今天就这样为止罢。

注释:
原载上海《文艺新闻》1931年7月27日第20期和8月3日第21期。

一个都不宽恕

《三闲集》序言

☆鲁 迅

我的第四本杂感《而已集》的出版,算起来已在四年之前了。去年春天,就有朋友催促我编集此后的杂感。看看近几年的出版界,创作和翻译,或大题目的长论文,是还不能说它寥落的,但短短的批评,纵意而谈,就是所谓"杂感"者,却确乎很少见。我一时也说不出这所以然的原因。

但粗粗一想,恐怕这"杂感"两个字,就使志趣高超的作者厌恶,避之惟恐不远了。有些人们,每当意在奚落我的时候,就往往称我为"杂感家",以显出在高等文人的眼中的鄙视,便是一个证据。还有,我想,有名的作家虽然未必不改换姓名,写过这一类文字,但或者不过图报私怨,再提恐或玷其令名,或者别有深心,揭穿反有妨于战斗,因此就大抵任其消灭了。

"杂感"之于我,有些人固然看作"死症",我自己确也因此很吃过一点苦,但编集是还想编集的。只因为翻阅刊物,剪帖成书,也是一件颇觉麻烦的事,因此拖延了大半年,终于没有动过手。一月二十八日之夜,上海打起仗来了,越打越凶,终于使我

《三闲集》初版本

们只好单身出走，书报留在火线下，一任它烧得精光，我也可以靠这"火的洗礼"之灵，洗掉了"不满于现状"的"杂感家"这一个恶谥。殊不料三月底重回旧寓，书报却丝毫也没有损，于是就东翻西觅，开手编辑起来了，好像大病新愈的人，偏比平时更要照照自己的瘦削的脸，摩摩枯皱的皮肤似的。

我先编集一九二八至二九年的文字，篇数少得很，但除了五六回在北平上海的讲演，原就没有记录外，别的也仿佛并无散失。我记得起来了，这两年正是我极少写稿，没处投稿的时期。我是在二七年被血吓得目瞪口呆，离开广东的，那些吞吞吐吐，没有胆子直说的话，都载在《而已集》里。但我到了上海，却遇见文豪们的笔尖的围剿了，创造社，太阳社，"正人君子"们的新月社中人，都说我不好，连并不标榜文派的现在多升为作家或教授的先生们，那时的文字里，也得时常暗暗地奚落我几句，以表示他们的高明。我当初还不过是"有闲即是有钱"，"封建余孽"或"没落者"，后来竟被判为主张杀青年的棒喝主义者了。这时候，有一个从广东自云避祸逃来，而寄住在我的寓里的廖君，也终于忿忿的对我说道："我的朋友都看不起我，不和我来往了，说我和这样的人住在一处。"

那时候，我是成了"这样的人"的。自己编着的《语丝》，实乃无权，不单是有所顾忌（详见卷末《我和〈语丝〉的始终》），至于别处，则我的文章一向是被"挤"才有的，而目下正在"剿"，我投进去干什么呢。所以只写了很少的一点东西。

现在我将那时所做的文字的错的和至今还有可取之处的，都收纳在这一本里。至于对手的文字呢，《鲁迅论》和《中国文艺论战》中虽然也有一些，但那都是峨冠博带的礼堂上的阳面的大文，并不足以窥见全体，我想另外搜集也是"杂感"一流的作品，编成一本，谓之《围剿集》。如果和我的这一本对比起来，不但可以增加读者的趣味，也更能明白别一面的，即阴面的战法的五花八门。这些方法一时恐怕不会失传，去年的"左翼作家都为了卢布"说，就是老谱里面的一着。自问和文艺有些关系的青年，仿照固然可以不必，但也不妨知道知道的。

其实呢，我自己省察，无论在小说中，在短评中，并无主张将青年来"杀，杀，杀"的痕迹，也没有怀着这样的心思。我一向是相信进化论的，总以为将来必胜于过去，青年必胜于老人，对于青年，我敬重之不暇，往往给我十刀，我只还他一箭。然而后来我明白我倒是错了。这并非唯物史观的理论或革命文艺的作品蛊惑我的，我在广东，就目睹了同是青年，而分成两大阵营，或则投书告密，或则助官捕人的事实！我的思路因此轰毁，后来便时常用了怀疑的眼光去看青年，不再无条件的敬畏了。然而此后也还为初初上阵的青年们呐喊几声，不过也没有什么大帮助。

这集子里所有的，大概是两年中所作的全部，只有书籍的序引，却只将觉得还有几句话可供参考之作,选录了几篇。当翻检书报时,一九二七年所写而没有编在《而已集》里的东西,也忽然发现了一点,我想,大约《夜记》是因为原想另成一书,讲演和通信是因为浅薄或不关紧要,所以那时不收在内的。

但现在又将这编在前面,作为《而已集》的补遗了。我另有了一样想头,以为只要看一篇讲演和通信中所引的文章,便足可明白那时香港的面目。我去讲演,一共两回,第一天是《老调子已经唱完》,现在寻不到底稿了,第二天便是这《无声的中国》,粗浅平庸到这地步,而竟至于惊为"邪说",禁止在报上登载的。是这样的香港。但现在是这样的香港几乎要遍中国了。

我有一件事要感谢创造社的,是他们"挤"我看了几种科学的文艺论,明白了先前的文学史家们说了一大堆,还是纠缠不清的疑问。并且因此译了一本蒲力汗诺夫的《艺术论》,以救正我——还因我而及于别人——的只信进化论的偏颇。但是,我将编《中国小说史略》时所集的材料,印为《小说旧闻钞》,以省青年的检查之力,而成仿吾以无产阶级之名,指为"有闲",而且"有闲"还至于有三个,却是至今还不能完全忘却的。我以为无产阶级是不会有这样锻炼周纳法的,他们没有学过"刀笔"。编成而名之曰《三闲集》,尚以射仿吾也。

一九三二年四月二十四日之夜,编讫并记

注释:

原载 1932 年 9 月北新书局版《三闲集》。

艺术与社会生活(节录)

☆冯乃超

一

这篇小论文或许不能给学校里的教授们以满足的意见，因为他们或许暗记着 Plato, Aristoteles, Kant, Croce, Lipps 等等，诸如此类的美学学说，然而，我们用不着拉他们来到这里装成严肃的学者的样子。

这篇小论文或许不见许于当代堂堂的大艺术家，因为 Michel Angelo 是怎么样的崇高，Raphael 是怎么样的优美，这些古董商人的知识，在这里完全用不着。

那么，我们不能不快点言归正文去。

二

人类只能提出自己可以解决的问题，因为可以解决的物质的条件已经存在之故。我们不去勾引古人的名章大论来粉饰思想的幽玄，只因为我们的言论不能不给社会所提出的活生生的问题以切实的解答之故。

那么，我们的社会在艺术的分野提出什么问题呢？为究明问题之所在，我们不能不研究中国的文艺与社会二者目前的状态，——这个研究又非从历史的过程上着手不成。

文学革命以来——白话文运动以来，封建思想的代言者——旧文学——确定地衰替了。然而,这个文化上的新运动获得了什么东西呢？白话文的确立！然而，不上两年，红楼梦的考证，儒林外史的标点，风靡天下了。这又有什么意义？我们不能不把潜伏着的根本的社会的根据裸露出来，这却也是可能的吧。

自从中国各地的重要商港化为了殖民地以后，中国的资产阶级虽然落后得很远，渐渐有了微弱的发生，加以受过自由思想的洗礼的知识阶级——东西洋留学生，对着窒息的封建制社会的拘束，发生如荼如火的改革的热忱。在这个时候，胡适博士的《文学改良刍议》——新文学运动，正所谓对症施方的良药，适应社会的切实的要求。从这个观点，博士在历史上演了很重大的革命的任务，然而，白话运动的元勋——新文学运动的健将，我们的胡适之博士不久却又引导它没落到泥泞的湖沼里去了。考古! 疑古!! 动地般敲着退军的鼙鼓,博士革命的责任就此告终了,博士的历史的使命就此完结了，不太仓惶了么？

但是，从这个时候以来，在文艺的分野中，试炼这白话文的新武器的新作家的簇生，蓬蓬勃勃，大有春雷新笋一般的现象。何故呢？因为上海滩上有了商务印书馆（——注意! 这不过是一个代名词，原不必指定四马路棋盘街那间商务印书馆），泰东书局等等，就是说——中国的资本家的魔手伸到出版界来了，同时又说中国的社会生活渐向近代文明国家的社会生活接近了。

其次，我们有分析文学革命以后的中国文坛的必要，但是，对于这个问题，在这里我们不能——也没有必要作详细的批判，只抽出几个代表作家并指出他们的倾向和社会的关系便足。

从主张提倡自然主义的一派——文学研究会的团体中，可以抽出叶圣陶。他是一个静观人生的作家，他只描写个人（——当然是很寂寞的有教养的一个知识阶级）和守旧的封建社会，他方面和新兴的资产阶级的社会的"隔膜"。他是中华民国的一个最典型的厌世家，他的笔尖只涂抹灰色的"幻灭的悲哀"。他反映着负担没落的运命的社会。另一方面他的倾向又证明文学研究会标榜着自然主义的口号的误谬，这是非革命的倾向！

鲁迅这位老先生——若许我用文学的表现——是常从幽暗的酒家的楼头，醉眼陶然地眺望窗外的人生。世人称许他的好处，只是圆熟的手法一点，然而，他不常追怀过去的昔日，追悼没落的封建情绪，结局他反映的只是社会变革期中落伍者的悲哀，无聊赖地跟他弟弟说几句人道主义的美丽的说话。隐遁主义！好在他不效 L. Tolstoy 变作卑污的说教人。

郁达夫的悲哀，令一般青年切实地同感的原因，因为他所表现的愁苦与贫穷是他们所要申诉的，——他们都是《沉沦》中的主人公。但是，他对于社会的态度与上述二人没有差别。

我们若要寻一个实有反抗精神的作家，就是郭沫若。《王昭君》《聂荧》《卓文君》里面的叛道的热情就是作者对于社会的反抗的翻译。创造社的 Romanticism 运动在当时确不失为进步的行为。

其次，我们可以举出一位通俗作家张资平。他自从写了一本曝露中国基督教信徒的内幕的小说《上帝的儿女们》以后，一向不见有会心的名作，只给一般人描写学生的平凡生活，小资产阶级的无聊的叹息和虚伪的两性生活。他的任务在革命期中的中国社会当然会没落到反动的阵营里去。

以上举了五个作家，当然他们五个人可以代表五种类的有教养的知识阶级的人士。他们以敏感的感受性，圆滑的技巧，描写尽中国的悲哀，但是小资产阶级 Petit Bourgeois 的特性是可以倾向保守也可以倾向革命的。时代忙快地流换，地球不绝地回转，他们没落的没落，革命的革命去了。

死去了的阿Q时代

☆钱杏邨

鲁迅创作中所表现的时代——庚子暴动与辛亥革命——超越时代与追逐时代——过去的《呐喊》与现在的《彷徨》——人生咒诅论与《野草》——六面找不着出路的碰壁——《坟》的前途——小资产阶级的观察者——病态的国民性的表现者——《阿Q正传》的评价——死去了的阿Q时代——时代文艺与时代技巧

一

无论鲁迅著作的量增加到任何地步,无论一部分读者对鲁迅是怎样的崇拜,无论《阿Q正传》中的造句是如何的俏皮刻毒,在事实上看来,鲁迅终竟不是这个时代的表现者,他的著作内含的思想,也不足以代表十年来的中国文艺思潮!

十年来的中国文艺思潮的转变,果真细细的分析,它的速度和政治的变化是一样的急激。我们目击政治思想一次一次的从崭新变为陈旧,我们看见许多的政治中心人物抓不住时代,一个一个的被时代的怒涛卷没;最近两年来政治上的屡次分化,和不革命阶级的背叛革

瞿秋白绘阿Q像

命，在在都可以证明这个特征。文坛上的现象也是如此。在几个老作家看来，中国文坛似乎仍然是他们的"幽默"的势力，"趣味"的势力，"个人主义思潮"的势力，实际上。中心的力量早已暗暗的转移了方向，走上了革命文学的路了。

我们便从"五·四"运动说起。"五·四"运动在形式上固然是起源于外交的激刺，实际上却是潜伏在青年内心的初期文化运动的精神的推动，这是谁个都不能否认的事实。初期的文化运动创造了光荣的"五·四"，复又因"五·四"的冲击而得到尽量的发展，新文化运动的第一期思潮便这样的建立了它的基础。这个时期的思潮，个人主义已经变成了可咒诅的名词，社会的职任已被青年认为切身的责任，引起了青年的对于一切的怀疑，怀疑社会，怀疑家庭，怀疑社会上的一切旧势力，旧制度，大家都站起来走向社会，去做社会改革的伟业。所以真能代表这个时期的作家，他的创作是涂满了怀疑的色调，对于社会是整个的不信任，个人主义的精神是死亡了的。

这种思潮渐渐的伸展，还没有到十分展开的时候，便遇到孙中山的死，接着就是"五·卅"惨案的继起，因为这内外两大激刺的侵袭，以及几年来主义思潮在青年内心暗地酝酿，遇到"五·卅"这个时期，便如伟大的火山突兀的爆发起来，于是思潮又有了一大转变。这时期的思潮是有了绝大的进步，举国的青年有了民族的觉醒，有了阶级的觉醒，有了对于帝国主义的认识，同时有了很强烈的革命的要求，个人的家族观念在青年的心里差不多完全死亡了。而潜伏的革命文学的呼喊也渐渐的接着第一期的文艺思潮伸起头来，在文坛上得到了许多的进展。

"五·卅"惨案发生以后，中国的阶级地位又突然的起了一大变化，工农的阶级力量逐渐的表现出来，上海的工人对于惨案的奋斗，香港工人的十九个月的大罢工，湘鄂工人的响应革命军运动，上海工人驱逐奉鲁军的三次大暴动，以及前此的京汉路的"二·七"惨案，以及革命所到的地方的农民对于革命的帮助，以及革命军的以工农为革命的主力军，在在都给予青年以莫大的激刺，使他们对于第二期的思潮发现了不满，完全彻底的站到工农一方面来向着压迫他们的资产阶级抗斗，激起了还没有终止奋斗的激烈的血潮，逃出了国的制度的束缚，思潮转向全世界被压迫阶级联合的抗斗。所以在这个时候，酝酿了很久的第四阶级文艺运动的呼喊，又渐渐的高涨起来，造成了现在的革命文艺与劳动文艺交流的局面。

以上是把十年来的中国文艺思潮的转变概略的叙述了一点。我们现在可以再回转来一检鲁迅的创作，究竟能代表新文艺运动的那一个时期的思想呢？除去在《狂人日记》里表现了一点对于礼教的怀疑，除去《幸福的家庭》表现了一点青年的活性，除去《孤独者》、《风波》表现了一点时间背景而外，大多数是没有现代的意味！

不仅没有时代思想下所产生的小说,抑且没有能代表时代的人物!阿Q,陈士成,四铭,高尔基这一些人物究竟是什么时代的人物呢?曾经读过《呐喊》与《彷徨》的人大概总能说的出来。在《酒楼上》篇里的吕纬甫说:"老年人记性真长久!"(《彷徨》P.44)我们觉得这句话真可以移赠鲁迅,老年人的记性真长久,科举时代的事件,辛亥革命时代的事件,他都能津津不倦的,不知有汉,无论魏晋的叙述出来,来装点"现代"文坛的局面,这真是难得!不过,"太阳下去时候出现的东西,不会给你什么好处的。"(《野草》P.37)这又变为他的恰切的批评了,他的创作在时代的意义上实在是没有什么好处的。他不过是如天宝宫女,在追述着当年皇朝的盛事而已;站在时代的观点上,我们是不需要这种东西的。

所以鲁迅的创作,我们老实的说,没有现代的意味,不是能代表现代的,他的大部分创作的时代是早已过去了,而且遥远了。他的创作的时代背景,时代地位,把他和李伯元,刘铁云并论倒是很相宜的,他的创作的时代决不是"五·四"运动以后的,确确实实的只能代表清末以及庚子义和团暴动时代的思想,真能代表"五·四"时代的创作实在不多;这一点,希望读者不要误会,我们不是说历史小说不能写,我们觉得写历史小说,站在文学负有社会的使命一点说,也是应该有些时代的意味的,而鲁迅,而鲁迅的创作里,大部分却找不到这种精神。

无论从那一国的文学去看,真正的时代的作家,他的著作没有不顾及时代的,没有不代表时代。超越时代的这一点精神就是时代作家的唯一生命!然而,鲁迅的著作何如呢?自然,他没有超越时代;不但不曾超越时代,而且没有抓住时代;不但没有抓住时代,而且不曾追随时代;胡适之追逐不上时代,跑到故纸堆中去了,鲁迅呢?在他创作中所显示的精神,是创作的精神不一定要顾及时代,他没有法跟上时代,他创作的动机大概是在和子君"在灯下对坐的怀旧谈中,回味那时冲突以后的和重生一般的乐趣"(《彷徨》P.187)一样的回忆的情趣下写成的。在这样的思想底下所写成的创作,根据所谓自由主义的文学的规例所写成的文学创作,不是一种伟大的创造的有永久性的,而是滥废的无意义的类似消遣的依附于资产阶级的滥废的文学!

所以,关于鲁迅的创作的时代地位问题,根据《呐喊》《彷徨》和《野草》说,我们觉得他的思想是走到清末就停滞了;因此,他的创作不能代表时代,他只能代表庚子暴动的前后一直到清末;再换句话说,就是除开他的创作的技巧,以及少数的几篇能代表"五·四"时代的精神外,大部分是没有代表现代的!

二

鲁迅两部创作集的名称——《呐喊》与《彷徨》——实在说明了他自己。我们把他的这两部创作和《野草》合看的结果,觉得他始终没有找到一条出路,始终的在呐喊,始终的在彷徨,始终的如一束丛生的不能变成一棵乔木! 实在的,我们从鲁迅的创作里所能够找到的,只有过去,充其量亦不过说到现在为止,是没有将来的。他所看到的如何呢? 在《野草》里也就很明白的说过,所谓将来就是坟墓! 因为他感到的前途只有坟墓(《野草》P.41),所以他觉到"各样的青春在眼前一一驰去了,身外但有昏黄环绕。"(《野草》P.93)于是,他也就把希望扔到坟墓里去了,他不存一点什么希望了,他的意思是说希望也是同样的空虚,不如没有希望的好,我们可以看他的自白:

> 这以前,我的心也曾充满过血腥的歌声,血和铁,火焰和毒,恢复和报仇。然而这些都空虚了,但有时故意的填以没奈何的自欺的希望。希望,希望,用这希望的盾,抗拒那空虚中暗夜的袭来,虽然盾后面也依然是空虚中的暗夜。然而就是如此,陆续的耗尽了我的青春。
>
> 我早先岂不知我的青春已经逝去了? 但以为身外的青春固在:星,月,僵坠的胡蝶,暗中的花,猫头鹰的不祥之言,杜鹃的啼泣,笑的渺茫,爱的翔予……虽然是悲凉漂忽的青春罢,然而究竟是青春。
>
> 然而现在何以如此寂寞? 难道连身外的青春也都逝去,世上的青年多衰老了么? (《野草》P.21—22)

他把人生看得这样的灰暗,他也就觉到人生太无味道了,然而他并不想死,他还是要"我还得活几天"(《孤独者》)。他总认定"世界上并没有为了奋斗者而开的活路!"(《伤逝》)不过他所以要活,不是为着前途,是要"求生"(《伤逝》)。求生就是他的渴求,然而意义是没有的,意义就是一个单纯的活着。可是活着究竟是痛苦,一面看到前途是黯淡无光,一面又觉得现实不能使自己满足,找不着出路,又不愿堕落,这结果只有狂喊几声,彷徨歧路了。他自己解剖这种心理也很精细:

> 我有所不乐意的在天堂里,我不愿去;我有所不乐意的在地狱里,我不愿去;我有所不乐意的在你们将来的黄金世界里,我不愿去。呜呼呜呼!我不愿意,我不如彷徨于无地。

我不过一个影,要别你而沉没在黑暗了。然而黑暗又会吞并我;然而光明又会使我消失。然而我不愿彷徨于明暗之间,我不如在黑暗里沉没。(《野草》P.6)

在这一节叙述里,鲁迅把自己的小资产阶级的恶习性完全暴露了出来,小资产阶级的任性,小资产阶级的不愿认错,小资产阶级的疑忌,我们是实在的可以看得出来。所以,横在他面前的虽有很光明的出路,他要有所不乐意,他不愿去。既不甘于现实,在理想中又没有希望,结果只有徘徊歧途,彷徨于无地了!这是鲁迅没有出路的心理原因,是小资产阶级的脾气害了他!其实,具有这样习性,而葬送了他们的一生的,我们随时随地都可以遇到;这种人若不把领袖思想英雄思想从他们的脑中赶掉,总归是没有希望的!再进一步说,鲁迅所以陷于这样的状态之中,我们也可以说完全是所谓自由思想害了他,自由思想的结果只有矛盾,自由思想的结果只有徘徊,所谓自由思想在这个世界上只是一个骗人的名词,鲁迅便是被骗的一个……

只满口的喊着苦闷,而不去找一条出路,这是鲁迅自己戕杀的灵药,他吃了这样的灵药而不悔……说到这里,也许有人要反诘我。不错的,鲁迅似乎也有出路,记得在《伤逝》篇里就说过,然而他的出路是什么呢?——"深山大泽,洋场,电灯下的盛筵,壕沟,最黑最黑的深夜、利刀的一击,毫无声响的脚步……"(《彷徨》P.206)这是怎样的一条出路呢?我们想是不需要什么解释的。因为他的出路只是目前的经济的出路,没有顾及其他,是异常的浅薄,终于使他不能满意而灰暗下来;结果这浅薄的希望也就如蜿蜒的长蛇消失在黑暗里了!(P.212)……不错的,鲁迅也曾觉醒过,他也因着淡淡的血痕的冲激而兴奋起来,所以他在《淡淡的血痕中》就说:"叛逆的勇士出于人间;他屹立着,洞见一切已故和现有的废墟和荒坟,记得一切深广和久远的痛苦,正视一切重叠淤积的凝溃,深知一切已死,方生,将生,和未生。他看透了造化的把戏,他将要起来使人类苏生,或者使人类灭尽,这些造物主的良民们。"(《野草》P.88—89)然而,这种兴奋只不过是一个浅薄的同情者而已,并没有看到他怎样的屹立人间,怎样的向前抗斗;其实,就是这样的兴奋,在鲁迅的事实上看来,也不过是一个刹那间的胰子泡而已!他是不会站起来的,这样淡淡的血痕的冲激,是掩不了他的个人主义的精神的,他虽是富有反抗一切破坏一切的思想,但终于是一种滥泼的思想,没有多少益处的。他终结还是彷徨!……再进一步说,他不但没有站将起来,根本上他就没有兴奋,任青年的血是怎样的沸腾,他充其量也不过站在路旁吹一两下唿哨而已!看了《一觉》篇我们就可以知道:"青年的魂灵屹立在我眼前,他们已经粗暴了,或者将要粗暴了,然而我爱这些流血和隐痛的灵魂,因为他使我觉得是在人间,是在人间活着。"(《野草》P.91)这是怎样的无聊的浅薄的思想?他始终只有一两声呐喊!……总之,鲁迅的思想是只有怀疑,没有出路,"六面碰壁,外加钉子。真是完全失败,鸣呼哀哉了……"(《野草》P.74)

因为他的思想向前走不通,因为他的思想的停滞,他便不能不沉醉于过去的回忆里而写出《呐喊》与《彷徨》,他便不能不把人生变为悲惨的灰暗的阴森的了。因此,他说人生是痛苦的是病态的是不健全的,他用雪人象征整个人生的灰暗,他用墓碣文来说明人生的自戕,他又用颓败线的颤动来说明人之一生的痛苦,他觉得人生是没有丝毫的光明的。我们可以看下面的引例:

但他终于独自坐着了。晴天又来消蚀他的皮肤,寒夜又使他结一层冰,化做不透明的水晶模样;连续的晴天又使他成为不知道算什么,而嘴上的胭脂也消尽了。(《雪》,《野草》P.26)

抉心自食。欲知本味。创痛酷烈,本味何能知?痛定之后,徐徐食之。然其心已陈旧,本味又何由知?(《墓碣文》,《野草》P.61)

她赤身露体地,石像似的站在荒野的中央,于一刹那间照见过去的一切:饥饿、痛苦、惊异、羞辱、欢欣,于是发抖;害苦、委屈、带累,于是痉挛;杀,于是平静……又于一刹那间将一切并合:眷念与决绝,爱抚与复仇,养育与歼除,祝福与咒诅……(《颓败线的颤动》,《野草》P.65)

鲁迅所看到的人生只是如此,所以展开《野草》一书便觉冷气逼人,阴森森如入古道,不是苦闷的人生,就是灰暗的命运;不是残忍的杀戮,就是社会的敌意;不是希望的死亡,就是人生的毁灭;不是精神的杀戮,就是梦的崇拜;不是咒诅人类应该同归于尽,就是说明人类的恶鬼与野兽化……一切一切,都是引着青年走向死灭的道路,为跟着他走的青年们掘了无数无数的坟墓,所以他说明人生的终结道:"负着空虚的重担,在严威和冷眼中走着所谓人生的路,这是怎么可怕的事呵!而况这路的尽头又不过是——连墓碑也没有的坟墓。"(《彷徨》P.206)

鲁迅这种态度是大错误的,人类即使如"狮子似的野心,兔子的怯弱,狐狸的狡猾……"(《呐喊》P.10)然而终究没有好的希望么?也就没有所谓人生的光明面么?人类不是没有改善的希望的,人类更不是没有出路;苦闷有来源总归是有出路,光明的大道是现在自己的眼前;他偏偏的不走上去,只是沿着三面夹道的墙去专显碰壁的精神,这究竟有什么意义呢?……所以鲁迅对于人生的视察也不过是说明他是一个怀疑现实而没有革命的勇气的人生咒诅者而已,他何曾"在无形无色的鲜血淋漓的粗暴上接吻"(《野草》P.91)来!……他又何曾想到彷徨的痛苦,呐喊的无聊,希望的现实,和前途的光明来！他所说的"然而我又不愿意他们因为要一气,都如我的辛苦展转而生活,也不愿意他们都如闰土的辛苦麻木而生活,也不愿意都如别人的辛苦恣睢而生活。他们应该有新的生活,为我们所未经生活过的"(《呐喊》P.110)一些话,也终于是一个暂时兴奋而已！……我们所感到的人生,不像鲁迅所见到的这般灰暗而阴惨……

三

然而鲁迅究竟有鲁迅的好处,鲁迅究竟有鲁迅的地位,虽然《阿Q正传》不是一篇伟大的创作,确确实实的可以代表鲁迅他自己。《阿Q正传》的技巧的好坏,在这里我们不想说,但是《阿Q正传》里藏着过去了的中国的病态的国民性,这却是值得我们注意的一点。创作中表现国民性的必要,根据过去的理论,在客观上我们对于《阿Q正传》时代的思潮,是不能否认的。鲁迅能把病态的一部分很扼要的捉住,又很扼要的表现出,这是很难能,而且在其它的创作中难以找到的。我们读完《阿Q正传》,至少可以得到两种最深刻的印象,同时从这两种深刻的印象上可以找到过去的中国人的特长是什么东西。所谓两种印象,第一是我们认识了中国人过去时代的从听天由命的思想所造成的一种对人生不加思索莫名其妙的生莫名其妙的死的可怜可恨的人物,第二就是我们认识了中国人的阴险刻毒势利凭藉阶级仗势欺人以及其他类似以上种种的冷酷的性格。这两种绝对相反的性格,确实是中国人的病态性格的最重要的部分,被鲁迅在一个短篇小说里露骨的表现出来了,所以我们客观的说,这一篇创作是可以代表中国人的死去了的病态的国民性的,是鲁迅创作中最可纪念的一篇。

这一篇的好处不但是代表了病态的国民性,同时还解剖了在辛亥革命初期的农村里一部分人物的思想,我们扩大点说,阿Q的思想也代表了那时都市里一部分民众的思想。我们要分析这时期的农村农民的思想,那是最容易捉到阿Q的生命的。那时候农民当然是才从帝王子民的梦境里醒悟过来；在民可使由之不可使知之的帝王统治之下,尤其是农村里的人很少有读书的,即使有读书的也不过是被训练成怎样做一个安分的百姓而已,因此像阿Q这样的胡涂的人物当然是多而又多,《阿Q正传》于是就应运而生了！……那时乡村的豪绅阶级横行乡里出入公门欺凌弱者,农民没有觉悟不敢反抗只有隐忍也自是当然的趋势；一旦革命军突然起来,推翻一切的统治阶级,无知的一向饱受豪绅阶级欺凌的农民你叫他怎能不愤愤而起复仇的念头呢？我们便看阿Q的对于革命党的同情,和他的"革命也好罢,革

走向舞台的阿Q

这伙妈妈的命,太可恶!太可恨!……便是我,也要投降革命党了"(《呐喊》P.161)的想念,也就可以想见农民当时的泄愤的心理了。因泄愤的原因及对革命党是打倒自家的仇人的一种欢喜,阿Q要实行革命,也是当时很普通的现象。于是,《阿Q正传》便应运而成了悲剧的大团圆了。……豪绅知识阶级究竟比一般粗鲁的人的知识高明的多,乘机跑到革命的队伍里去一跃而为投机的革命党,夤缘而继续他的旧势力的命运,也是必然而可能的事。这样,以革命为真革命为真是替人民报仇的在初期曾向压迫者泄愤的农民们便不得不成为豪绅贪污式的伪革命党的牺牲品了,于是乎阿Q成,而《阿Q正传》也就完成了他的时代的记载!

《阿Q正传》虽有这么多的好处,在表现与意义两方面虽值得我们称赞,然而究竟不能说是代表十年来的中国现代文坛的时代的力作;十年来的中国农民是早已不像那时的农村民众的幼稚了。所以根据文艺思潮的变迁的形式去看,阿Q是不能放在"五·四"时代的,也不能放在"五·卅"时代的,更不能放到现在的大革命的时代的。现在的中国农民第一是不像阿Q时代的幼稚,他们大都有了很严密的组织,而且对于政治也有了相当的认识;第二是中国农民的革命性已经充分的表现了出来,他们反抗地主,参加革命,近且表现了原始的Baudon的形式,自己实行革起命来,决没有像阿Q那样屈服于豪绅的精神;第三是中国的农民智识已不像阿Q

时代的农民的单弱,他们不是莫明其妙的阿Q式的蠢动,他们是有意义的,有目的的,不是泄愤的,而是一种政治的斗争了……说到这里,我们是很明白的可以看到现在的农民不是辛亥革命时代的农民,现在的农民的趣味已经从个人的走上政治革命的一条路了。

事实已经很明显的放在眼前,我们能不能说阿Q的时代是万古常新呢?我们愿意很坚决的说,《阿Q正传》确实有它的好处,有它本身的地位,然而它没有代表现代的可能,阿Q时代是早已死去了!阿Q时代是死的已经很遥远了!我们如果没有忘却时代,我们早就应该把阿Q埋葬起来!勇敢的农民为我们又已创造了许多最宝贵的健全的光荣的创作的材料了,我们是永不需阿Q时代了……

不但阿Q时代已经死去了,《阿Q正传》的技巧也已死去了!《阿Q正传》的技巧,我们若以小资产阶级的文艺的规律去看,它当然有不少的相当的好处,有不少的值得我们称赞的地方,然而也已死去了,也已死去了!现在的时代不是阴险刻毒的文艺表现者所能抓住的时代,现在的时代不是忤巧俏皮的作家的笔所能表现出的时代,现在的时代不是没有政治思想的作家所能表现出的时代!旧的皮囊不能盛新的酒浆,老了的妇人永不能恢复她青春的美丽,《阿Q正传》的技巧随着阿Q一同死亡了,这个狂风暴雨的时代,只有具着狂风暴雨的革命精神的作家才能表现出来,只有忠实诚恳情绪在全身燃烧,对于政治有亲切的认识自己站在革命的前线的作家才能表现出来!《阿Q正传》的技巧是力不能及了!阿Q时代是早已死去了!我们不必再专事骸骨的迷恋,我们把阿Q的形骸与精神一同埋葬了罢,我们把阿Q形骸与精神一同埋葬了罢……

一九二八,二,一七——八于上海

附记:

《死去了的阿Q时代》总算写定了,不过有几句声明应该补记在这里:就是这一篇评论完全根据鲁迅的《呐喊》,《彷徨》和《野草》三书而作,一切的论断也依据这三本书而定,所以算不得一篇完善的鲁迅论。我觉得鲁迅的真价的评定,他的论文杂感与翻译比他的创作更重要。他在中国新文艺运动的初期是很有力量,很有地位的,同时他的创作对于新文坛的推进,也有很大的帮助,这是不可抹煞的事实,可是本篇单纯的论他的创作,就没有办法涉及其他了,所以关于他反抗封建势力……一类的杂感里所表现的时代精神,只有让读者在《坟》,《热风》,《华盖正续集》一类的书里去寻找了。

注释:

原载《太阳月刊》1928年3月1日3月号。

谈现在中国的文学界

☆ 弱　水

近来我们文坛上顿呈热闹的现象，各方面都在很起劲的发议论；其原动力是"无产阶级文学"六个字。在一向颇觉衰颓的文坛上，果然又会兴奋一下子，实在是好现象；只可惜这兴奋仍带着病态。先是《创造月刊》上成仿吾的《从文学革命到革命文学》和麦克昂的《英雄树》；再是《太阳月刊》上蒋光慈的《现代中国文学与社会生活》及《关于革命文学》和钱杏邨的《死去了的阿Q时代》及关于现代中国文学的通信；再是《文化批判》上冯乃超的《艺术与社会生活》和李初梨的《怎样地建设革命文学》；再是《语丝》上鲁迅的《"醉眼"中的朦胧》，这些都是有关于无产阶级文学的文字。

无产阶级文学这个名词，在中国还是颇为生硬的一个，虽然就是在统治者压力最高的日本已经说起了多时而为一般人所熟闻的了。在中国，这名词不但是生硬，而且还有点刺目以至于刺心；因为上面有"无产阶级"那个很讨厌的冠词。实在的，中国人真有点异样；只求"心"上清静，不管事实是如何，讨厌铃子作响，不想法使它无声，却只掩去了自己的受声器。自然，无产阶级四字是这样的丑恶以至于人人要见而生厌的；何况又是可恶的共产党口里喊出来的还觉得有危险性呢？然而，这名词的丑恶与否是一件事，事实上有无这丑恶的东西又是一件事；共产党的可恶是一件事，他们口中喊出的是否合于事实又是一件事。但中国人不管这些。我们的"大哥哥""伏老"以为中国没有丑恶的"无产阶级"，只有古雅的"无恒产者"。我们的"小弟弟"章乃器则以为中国没有过并且用不着危险的无产阶级对资产阶级的斗争，只有"调洽的"人的阶级对神的阶级的斗争。好像中国的乱源只要在文章上搬演几个文雅的字眼就可以塞去了似的。好像共产党可恶则凡曾经过共产党说起过的一切都就可恶似的。中国人的心理既有如此的病态，所以就不但见了无产阶级这种字眼要掩"目"疾走，就是带着这冠词的一切如无产阶级文学之类也要闻而刺心了。

其实，文学这东西，完全是时代思潮和现实生活互相激荡出来的。如果思潮一起生活即刻如影随形地奔赴了上去，那就没有什么文学之类出现了。只因在思潮的急流中要碰到许多生活的矶石,那才飞沫四溅,荡出了各种文学。所以,无产阶级文学的应讲不应讲决不以其名称的刺心与否作条件,要以其本身是否是思潮的飞沫,生活的反映来决定。且看:马克思那个阶级斗争的学说,无论中国人是怎样的批驳,它的掀起世界上的轩然大波总是没法否认的事实;因之,无产阶级这个观念就总不失为时代思潮的一个泡沫。再看:中国虽说只有大贫小贫,没有悬殊的阶级,但小贫虽没有小到够得上人家资本阶级的资格,大贫到大到够得上人家无产阶级的资格而有余! 思潮为彼,生活又如此,问中国现在应不应讲无产阶级文学,我们竟找不出否定的说辞了。再说,谈谈无产阶级文学到底有什么刺心呢?民间疾苦,不是不只当局诸公急于要知道,就是关心民疾的有志者也是急于知道的吗? 无产阶级文学,也不过表表大贫大到够得上人家的无产阶级的大贫人,是贫困到怎样地步,其生活是怎样的情形的一种文学罢了,所谓提倡无产阶级文学,也不过是说,文学者今后应当集中其注意,贯注其精神,于那些大贫人的生活状态,用同情的笔尖尽量地表现出他们的意识,使衮衮诸公有所借镜;不要再像先前那样,只沉溺在所谓伤感,趣味,享乐等等个人主义的挥发中,庶几执枪的执枪,执笔的执笔,各在各人的能力中尽他一份子的革命责任,这个意思罢了。

这样,我们的文学界,对于这个文学的转变应如何的急起直追,奋勇前进! 在现今,一切问题都正在严重的时期中;这时,我们对于每个问题都应积极地努力于出路的求得,不要横生无谓的枝节;应当只讨论问题本身的性质和其解决的途径而不顾其他的一切。

蒋光慈的两篇和麦克昂的一篇,我以为太为文学家的地位顾虑了。我们现在只要讨论以后应走的途径如何而努力于新文学的产出。鲁迅说得好,你们觉得旧的不好吗? 你们拿新的好的来! 至于谁是向前者谁是落后者自有时代在那里批判;志同者来,不同者去,谁有前进的志愿和勇气自己自然会得来。说什么太快太慢,说什么劝勉的话。难道我们为要维持文学者的地位才来做新文学运动的吗?能够认清时代的不劝自来,认不清或不肯认清时代的劝也不来!

钱杏邨那封通信,未免太小气了。谁是革命文学的首创者这个问题也值得争辩的吗? 事实俱在,无容自白。况且斤斤于首创者的名义也太未脱去英雄思想。革命者只知劳力,只知事业,难道还希望有人来论功行赏吗。

李初梨那篇论到作者的问题。不错,无产阶级文学的作者问题确真有讨论之必要的,但现在可说已在解决不成问题的了。就是只问作品不问其他。他问甘人君问鲁迅的阶级,大是辞费。鲁迅到底是怎样,我们只要从他近来作品中去批评,我们只能先研究作品的价值用以详断作者的地位,我们不能先定了作者地位再来评判作品的价值。

鲁迅那篇,不敬得很,态度太不兴了。我们从他先后的论战上看来,不能不说他的气量太窄了。最先(据所知)他和西滢战,继和长虹战,我们一方面觉得正直是在他这面,一方面又觉得辞锋太有点尖酸刻薄。现在又和创造社战,辞锋仍然是尖酸,正直却不一定落在他这面。是的,仿吾和初梨两人对他的批评是可以有反驳的地方,但这应庄严出之,因为他们所走的方向不能算不对,冷嘲热刺,只有对于冥顽不灵者为必要,因为是不可理喻,对于热烈猛进的绝对不合用这种态度。他那种态度,虽然在他自己亦许觉得骂得痛快,但那种口吻,适足表出"老头子"的确不行罢了。好吧,这事本该是没有勉强的必要和可能,让各人走各人的路去好了。我们不禁想起了"五·四"时的林琴南先生了!

这些大概许是从旧途径跑到新道路这个特变期中自然的现象和历程吧,一方眷恋,一方烦躁?

在一个转变时期对于旧的批评和对于新的努力是同样需要的。但我以为就文学论,我们只能以作品作对象,不能以作者作对象,只能就大体讲,不能捉住无关宏旨的枝节作发挥的题材。

一九二八,三,一八。于上海

注释:

原载《战线》周刊 1928 年 4 月 1 日创刊号。

请看我们中国的 Don Quixote 的乱舞
——答鲁迅《"醉眼"中的朦胧》

☆ 李初梨

中国革命的顶重要的特点，除了他内在的特殊性而外，是在它抬头于国际资本主义急激地没落地今日；它的目的，不特是社会的一部分的改良，而是全社会构成的变革。

所以，中国的革命，应当而且必然地，由政治经济的斗争，扩大到意识的斗争。现实地，这种斗争已经开始了。

这种斗争的开始，在长夜漫漫，昏迷在有产者梦寝中的中国文坛里面，的确是一个霹雳的"突变"。

这一个"突变"，遂使得许多人仓惶混乱，狼狈战栗，虚构曲解，嘲骂中伤。

因此上，惹出了我们文坛的老骑士鲁迅出来献一场乱舞。

现在，就让我们来看他这老态龙钟的乱舞罢。

一 鲁迅的社会认识的盲目

在中国革命的初期，因为它内包的要素的复杂，所以它反映到意识方面来的，只是一个混合型的革命文学。

然而经过国内布尔乔亚汜及小有产者知识阶级相继叛变的两个阶段以后，即中国普罗列塔利亚特的 Hegemonie 确在了的今日，革命文学当然被奥伏赫变（不是鲁迅的"除掉"）为普罗列塔利亚文学。这也可以说是一个文学上的方向转换。

然而这一个方向转换，决不能实行于前年或去年上期，这必然地应该实现于去年的年底或今年的转正。

因为在去年的八、九月间，革命才入了它第三的阶级，在十冬月间，普罗列塔利亚特才把它的政治的方向转换完结。

这正是我们的 Don 鲁迅在他那《"醉眼"中的朦胧》开口第一句所说的"旧历和新历的今年似乎上海的文艺家们特别有着刺激力，接连的两个新正一过"，"将全力用尽在伟大或尊严的名目上"的"期刊便纷纷而出了"的原故。

然而因为我们的 Don 鲁迅,对于社会认识完全盲目的原故,所以这种现象,在他看起来,却是一个从天而降的"突变"!

可是,这一个"突变"的青天霹雳,倒"非同小可",却把我们"远识的","小心的""怕事的"鲁迅的脑筋,震动得"朦胧"起来。

所以他一篇《"醉眼"中的朦胧》,结局是一片神经错乱者的"呐喊"。

你看他狂吠着"他们先前在做什么,为什么今年一齐动笔了?说起来怕话长。要而言之,就因为先前可以不动笔,现在却只好来动笔,仍如旧日的无聊的文人,文人的无聊一模一样"。

他这种"突变"的说明,据我看来,恐怕不只是"无聊",还怕有些"无知"。

正因为他这"无聊"而且"无知"的缘故,所以他说:"可惜略迟了一点,创造社前年招股本,去年请律师,今年才揭起'革命文学'的旗子"。

这是一点不迟的! Don 鲁迅!

他又说:

> 现在则已是大时代,动摇的时代,转换的时代,中国以外,阶级的对立大抵已经锐利化……

这又岂独是社会认识的盲目,明明是在故意的歪曲事实。

二 一篇"朦胧"论,结局是一篇的"朦胧"

因为鲁迅对于社会认识的盲目,所以就发生了他那堂堂的一篇"朦胧"论。

他说:

> 然而各种刊物,无论措辞怎样不同,都有一个共通之点,就是:有些朦胧。这朦胧的发祥地,由我看来,也还是在那有人爱,也有人憎的官僚和军阀。和他们已有瓜葛,或想有瓜葛的,笔下便往往笑迷迷,向大家表示和气,然而有远见,梦中又害怕铁锤和镰刀,因此也不敢分明恭维现在的主子,于是在这里留着一点朦胧。和他们瓜葛已断,或并无瓜葛,走向大众去的,本可以毫无顾忌地说话了,但笔下即使雄纠纠,对大家显英雄,会忘却了他们的指挥刀的傻子是究竟不多的,这里也就留着一点朦胧。(他这"朦胧",简直像夏天苍蝇所带着的

病菌一样，到处"留着"——梨）于是想要朦胧而终于透漏色彩的，想显色彩而终于不免朦胧的，便都在同地同时出现。

你这一篇"朦胧"论，是说人家立场的"朦胧"呢，还是理论的"朦胧"？或者是见着别人的造语的多样性，你就硬给他"留着一点朦胧"？

立场与理论的"朦胧"这是不能容许的，然而用语的伸缩，是革命家应有的策略。

假若只能见着人家一个有伸缩性的用语，就"朦胧"地"呐喊"着"朦胧"起来，这只有对于革命运动是白痴的人，才能如此。

譬如你在你那《"醉眼"中的朦胧》的末后，张皇四顾地"呐喊"着：

"武器的艺术"（？）现在究竟落在谁的手里了呢？只要寻得到，便知道中国的最近的将来。

我们的 Don 鲁迅，能够说得出这样一句漂亮的话，我们只有为他拍手喝采，决不会说他是"朦胧"。

然而若是照着他的笔法（这或许是"岂明老人"所谓"师爷派"的笔法），这就未免有些"朦胧"。而且这"朦胧的发祥地"，正是"梦中又害怕些什么什么，因此也不敢分明恭维现在的主子。要"预致'革命的敬礼'"。

不过鲁迅又说："其实朦胧也不关怎样紧要"！

一篇"朦胧"论，结局是一篇的"朦胧"。

三 同风车格斗的 Don Quixote
——何谓武器的艺术

马克思在那黑格尔（Hegel）《法律哲学批判》里说：

不把普罗列塔利亚奥伏赫变，哲学绝不能实现，没有哲学的实现，普罗列塔利亚自身也不能奥伏赫变。

这儿所谓"哲学的实现"，是指能够实现的哲学——即辩证法的唯物论。

所以，普罗列塔利亚要解放他自身，非把他的哲学实现不可。然而普罗列塔利亚要实现他的哲学，尤须首先把他自己从一切有产者意识的支配中解放。

不过，这普罗列塔利亚从一切有产者意识的解放过程，即同时是普罗列塔利亚解放过程中的激烈的意识争斗。而意识争斗的过程，正是普罗列塔利亚哲学的实现过程，——换言之，即普罗列塔利亚的现实的解放过程——之一部分。

这就是意识争斗的重要性及其实践性。

而且在有产者意识事物化的现在，一切有产者的观念形态，事实上已成了社会发展的障碍物，如果我们要企图全社会构成的变革，这些障碍物，是须得粉碎的。

然而因为鲁迅不能认识这种意识争斗的重要性及其实践性的缘故，所以他说：

"剥去和抗争"也不过是"咬文嚼字"，并非"直接行动"。

可是呀，"这回可不能只是"直接行动"便算完事了"。

所以，要粉碎这些障碍物的有产者观念形态，当然要是一个能够粉碎它的武器才可以。即以文艺方面而论，无产者文艺，不得仅是一个观照的东西，应该是一种有破坏力的物力。因此我主张"我们的作品，是由艺术的武器，到武器的艺术"。所谓"艺术的武器"，当然是指前一种观照的东西，即以你这新伟大醉眼中的"朦胧"而论，这虽然不能说是"艺术"，也可以说是你骂人的"武器"。但是因为你的骂法，是基于你自己头脑的昏乱，或事实的虚构曲解，毫无现实的意义，所以，这只得是一场"王婆骂街"的乱骂，不得成为"武器的艺术"。

但总不知为了什么缘故，生拉活扯地，我们的 Don 鲁迅，硬把"武器的艺术"与"武器的批判"，作为一样的东西。

这或许是从前师爷们过考试做八股的搭题。把"子曰学"拉到"孟子见"，这样地拉惯了的缘故。

又或许是"弄文艺的人们大抵敏感"，我们的 Don 鲁迅，不知在什么地方，看过某刊物上有了一句"××是一种艺术"的话，而且这句话又"不知怎样地竟像一板斧劈着了这位"Don Quixote 的"记忆中枢"，从此一架风车，就变成了一个巨人（giant），"武器的艺术"也就变成 Don 鲁迅的醉眼朦胧中的敌人了。

现在我们来看这个同风车格斗的 Don Quixote 的狂态罢。

我们的 Don Quixote 鲁迅说：

创造派"为革命而文学"，所以仍旧要文学。（不错——梨）因为将"由艺术的武器，到武器的艺术"；一到"武器的艺术"（这是你醉眼朦胧中的风车呀！

——梨)的时候,便正如"由批判的武器,到用武器的批判"的时候一般,世界上有先例,"徘徊者变成同意者,反对者变成徘徊者"了。

他举起锈烂了的青龙刀,照着风车就是一下,好不利害!

但即刻又有一点不小问题:为什么不就到"武器的艺术"呢?

这正是扬鞭大叫,来将报名。可惜风车不会答话。

"这也很像有产者差来的苏秦游说。"(正是——梨)但当现在"无产者未曾从有产者意识解放以前",这问题(这问题结局是头脑混乱的问题。——梨)是总须起来的,不尽是资产阶级的退兵或反攻的毒计。因为这极彻底而勇猛的主张,同时即含有可疑的(可疑的只是一架风车,是不是一个巨人?——梨)萌芽了。那解答只好是这样:因为那边正有'武器的艺术',所以这边只能'艺术的武器'。"

你看他喘气吁吁,大汗淋漓地,这边一钉,那边一打,这是多么勇敢哟!

这艺术的武器,实在不过是不得已,是从无抵抗的幻影脱出,坠入纸战斗的新梦里去了。(这只有不认识意识争斗的重要性及实践性的盲人,才说得出这样的瞎语。——梨)但革命的艺术家,也只能以此维持自己的勇气,他只能这样。(勇敢勇敢!——梨)倘他牺牲了他的艺术,去使理论成为事实,就要怕不成其为革命的艺术家。("我并不希望做文章的人去直接行动,我知道做文章的人是大概只能做文章的",这是谁放的屁?——梨)因此必然的应该坐在无产阶级的阵营中,等待"武器的铁和火出现"。(这是"坐在黑房里,续钞《小说旧闻钞》"的人,才是这样。——梨)这出现之际,同时拿出"武器的艺术"来。倘那时铁和火的革命者已有一个"闲暇"能静听他们自叙的功勋,那也就成为一样的战士了。

这真是乌天黑地,飞沙走石的一场大混战。不过你身旁的山差(Don Quixote 的仆人——梨)应该向你说:
Don 鲁迅呀!这不是一个巨人,是一架风车!

四　我们这勇敢的骑士原来是一个
战战兢兢的恐怖病者

在上面"雄纠纠,对大家显"了一场"英雄"的我们的勇敢的骑士,在这儿他却又长吁短叹,珠泪两行地呜咽起来:

> 我们的批判者才将创造社的功业写出,加以"否定的否定",要去"获得大众"的时候,便已梦想"十万两无烟火药",并且似乎要将我挤进"资产阶级"去,因为"有闲就是有钱云";我倒颇也觉得危险了。后来看见李初梨说:"我以为一个作家,不管他是第一第二……第百第千阶级的人,他都可以参加无产阶级文学运动;不过我们先要审察他们的动机……"这才有些放心。但可虑的是对于我仍然要问阶级。"有闲便是有钱";倘使无钱,该是第四阶级,可以"参加无产阶级文学运动"了罢,但我知道那时又要问"动机"。

你看他时而"觉得危险",时而"才有些放心",时而又"可虑"。他还有什么"因为恐怖"跑过去了。又"怕的只是成仿吾们真像符拉特弥尔伊力支一般,居然'获得大众'。"

怪可怜的,他恐怖得成这个样子!假若这恐怖病再深沉起来,一朝一日,他身上有了什么好歹,这真是千不是万不是,是成仿吾、李初梨的不是了。你成仿吾、李初梨哟,"天国近了,你们应当改悔",你们以后切不可提及"有闲"或"阶级"两个字了。

不过我应该在此地声明,而且请鲁迅放心,我丝毫没有要清查鲁迅的阶级的意思。我向甘人君问鲁迅的阶级,只是为指摘他(甘人)论理的不一贯——他论理过程中的 Cunning;至于鲁迅的阶级如何,当然有他的作品替他表明,无须我来盘问。甘人君的原文如下:

> 无奈文艺须完全是真情的流露,一有使命,便是假的,以第一第二阶级的人,写第四阶级的文学,与住在疮痍满目的中国社会里,制作唯美派的诗歌,描写浪漫的生活一样的虚伪。鲁迅从来不说他要革命,也不要写无产阶级的文学,也不对人家写,然而他曾诚实地发表过我们人民的苦痛,为他们呼冤,他的是泪里面有着血的文学,所以是我们时代的作者。

他在前面说得有条有理,"以第一第二阶级的人,写第四阶级的文学",是"虚伪"的;这在他,对于文学与作者,似乎已有了明白的阶级的区别。然而他一提到鲁迅的大名,"阶级"这两个字,就烟消云散,"逃之夭夭"了;结局只笼统地以一个"时代"了之。这是他论理上的 Cunning。在甘人君,鲁迅的"文学"当然不是"虚伪"的"文学",然而依甘人君的说法,不"虚伪"的"文学"只有是某一阶级的人所写的自己阶级的"文学",那么,鲁迅的阶级就成为问题。所以"我要问甘人君,鲁迅究竟是第几阶级的人,他写的又是第几阶级的文学?他所曾诚实地发表过的,又是第几阶级的人民的痛苦?"我们的时代",又是第几阶级的时代?我的本意,只不过为提醒甘人君的论理的健忘,并不是一看见"'以趣味为中心'的可恶的'语丝派'"的人名就不免曲折,仍旧'要问甘人君,鲁迅是第几阶级的人'。"

关于这一点,《战线》第一期上有一段弱水君的文章,他说:

> 他(李初梨)向甘人君问鲁迅的阶级,大是辞费,鲁迅到底是怎样,我们只要从他近来作品中去批评,我们只能先研究作品的价值用以详断作者的地位。我们不能先定了作者的地位再来评判"作品的价值"。

这完全是弱水君的误解。

好,话已说明,从此鲁迅可以"放心"无需"恐怖",也不必"可虑""仍然要问阶级"了。

可是我们诊断鲁迅害了这恐怖病的原因,(鲁迅自己就是一个医生,本来自己可以诊断自己的病源,不过现在头脑有些"朦胧"不中用了。)倒不仅是李初梨问了一句阶级。据我们看来,一方面是他在"梦中又害怕铁锤和镰刀",一方面又要想"照旧讲趣味","续钞《小说旧闻钞》"。正是:

"一个胸儿,两心居住。"

这是多么深刻的浮士德的烦闷哟!

"呜呼!小资产阶级原有两个灵魂……"

五 鲁迅在阶级对立间所演的角色

鲁迅说:"倘使那时不说'不革命便是反革命',革命的迟滞是语丝派之所为,给人家扫地也还可以得到半块面包吃,我便将于八时的工作之暇,坐在黑房里,续钞我的《小说旧闻钞》,有几国的文艺也还是要谈的,因为我喜欢。"

这样崇高而又可怜的心愿,的确可以博得天下许多善男信女的一掬同情之泪,然而我们却不能因此看过了他社会的根据及其实践的要求。

在这儿我们可以看出鲁迅在这阶级对立间,取了一个中立(？)的态度,也"不革命"也不"反革命",但他所"喜欢"的,无论是谁,是动也不许动的。

这种人谓之曰小有产者,这种要求,谓之曰小有产者的要求。

但是在阶级对立间,会有一个也"不革命"也不"反革命"的"中立"么？我们再看鲁迅的下落,就可以明了。因为：他有如上的要求,所以必然地主张：

"剥去和抗争"也不过是"咬文嚼字",并非"直接行动"。我并不希望做文章的人去直接行动,我知道做文章的人是大概只能做文章的。

这艺术的武器(应作武器的艺术——梨)实在不过是不得已,是从无抵抗的幻影脱出,坠入纸战斗的新梦里去了。

他在这里,一方面积极地抹杀并拒抗普罗列塔利亚特的意识争斗,他方面,消极地,固执着构成有产者社会之一部分的上部构造的现状维持,为布鲁乔亚汜当了一条忠实的看家狗！

而且他把成仿吾的"以明了的意识努力你的工作,驱逐资产阶级的'意德沃罗基'在大家中的流毒与影响,获得大众,不断地给他们以勇气,维持他们的自信！"一句话,巧妙地造成一个煽动的句子说：

成仿吾……拉"大众"来作"给与"和"维持"的材料,……

这与反动者流说着普罗列塔利亚的前卫,牺牲"大众"利用"大众"来作他们争权夺利的"材料",如出一辙！

所以,鲁迅,

对于布鲁乔亚汜是一个最良的代言人,

对于普罗列塔利亚是一个最恶的煽动家！

四月十日

注释：

原载《文化批判》1928 年 4 月 15 日第 4 号。

"除掉"鲁迅的"除掉"！

☆ 彭 康

大凡在一个"大时代,动摇的时代,转换的时代",尤其是在"阶级的对立大抵已经十分锐利化,农工大众日日显得着重"的时代,为物质的生产关系所规定的两个阶级对立着斗争起来,是当然的事,自然"除掉"不了；可是心里"原有两个灵魂","可以向资产阶级去,也能够向无产阶级去的"小资产阶级及 Intelligentia,在这时候,便不免有点麻烦,感着迷惑。

有勇气的,能够真正地认识社会的,便能决定他们进行的方向,决然地参加"十分锐利化"了的阶级的种种方面的斗争；卑怯的,懦弱的,便"漂浮","彷徨",然而又没有"敢于明言"的勇气,于是只好装作"醉眼",在他的醉眼中,一切便都"朦胧"起来。

这"朦胧"有两方面,一是对于理论的没理解,一是对于事实的盲目。这没理解与盲目更使得他们"拚命的挣扎",乱冲乱撞,对于人家的批判,不能做正正堂堂的理论斗争,只在那里"咬文嚼字",胡闹乱骂,"将内容压杀",而把自己的无知"朦胧"下去。

我们的文艺家鲁迅的《"醉眼"中的朦胧》(《语丝》第四卷第十一期)便是这种"朦胧"的"咬文嚼字"的典型。

他所戴的关于别的方面的"朦胧"的面幕,会有别的人把它"除掉",我们且看他对于"Aufheben"的意义是怎样地理解着罢。

他说"奥伏赫变"是"'除掉'的意思,Aufheben 的创造派的译音",自然,这是我们的音译,因为我们在中国文字里找不出可以包括 Aufheben 的复杂的全部意义的语句。"抑扬","弃扬","止扬",我们觉得不妥；麦克昂君译的"蜕变",也以为不能表示全部的积极的意义,于是采用音译的办法,写为"奥伏赫变"。这本是平平常常的事,并没有什么"不解"。

不过鲁迅到底是一个人道主义者,他很知道在种种压迫下剥夺了生存权的第四阶级当然更没有受教育的机会,所以不但"奥伏赫变"这四个字,就是顶平常的字恐怕也难得"照描"，于是怜悯之心便油然而生，对于我们的音译也就"不解"起来。他接着说："但我不解何以要译得这么难写，在第四阶级，一定比照描一个原文难"。在这里，我们应该替第四阶级感谢他的"人道主义式的"老婆心！

可是这儿有个问题，既然感谢他的老婆心，则应"除掉""奥伏赫变"，采用他所译的"除掉"了？不！Aufheben 决不只是"除掉"Aufheben 就是"奥伏赫变"。感谢自感谢，他的"除掉"却须得"除掉"！

Aufheben 这个字，在普通的字典里，本有举高，贮藏，废止等等的意思，但在一个地方却只用一个意思。这是平常德国文字里所通用的。

可是黑格尔（Hegel）开始用在哲学里的时候，它的意义便复杂起来了。黑格尔的哲学最重要的地方是在他把世界看为变动的，会生成的（Werden）。而世界的运动又取辩证法的方式，即所谓肯定——否定——否定的否定——肯定的过程，这种过程，黑格尔用 Aufheben 这个字来表示，因为 Aufheben 原有否定，保存，提高的意义。所以这里的 Aufheben 包含了这三种全部的意思，不只是其中的一个。

其实这种意思，我们在本杂志创刊号《新辞源》第四项下已有简单而明了的说明。在那里明明白白地写着：

……它本是黑格尔哲学的特有的用语，用以表示辩证法的进程的。这是一个思考必然地包含与它相矛盾的思考，对于这二个相反的矛盾的思考，丢弃了矛盾的不合理的部分，表扬它的合理的部分，形成一个较高级的综合的思考，这个丢弃，蓄积及表扬的过程，就叫做奥伏赫变……

看了这个，当然能够了解我们何以不意译而取音译的办法的缘故。

可是在鲁迅的"醉眼"中，这些黑字只"朦胧"地"跑过去了"，或者是因为不合大文艺家的"趣味"，不屑看，也就没有看，于是偏偏便"不解"了。

"不解"也就罢了，然而又好像很解的似的，自信地将"奥伏赫变"解为"除掉"，那知这"除掉"二字正包含着他的一切的"朦胧"，连自家的"没理解"也"朦胧"不了。朦胧不了，就须得"除掉"，可是因为"除掉"，小资产阶级根性便不能奥伏赫变。

要将它奥伏赫变，在意识上还是要理解"奥伏赫变"。

"奥伏赫变"之不能译为"除掉"，只要对于黑格尔哲学有理解的人就应该知道。若是战取了唯物的辩证法及获得了阶级意识的更能明白它的意义及重要性。

唯物的辩证法是将黑格尔唯心的辩证法倒过来的。世界事物取辩证法的过程运动，黑格尔以为是绝对精神的显现，绝对精神的变化过的是辩证法的，这是所谓唯心的辩证法。

但是在唯物的辩证法，存在的法则同时也是思维的法则，思维要受存在的规定。所以我们在《新辞源》"奥伏赫变"项下接着又说：

> 不过在辩证法的唯物论上，所谓思考，当然不是绝对精神的发现。这是事物自身的必然的发展，由此发展，反映到人的头脑，才形成种种的思考。所以思考发生与它自己相矛盾的思考时，就是物质自身的发展的发现，有了这个物质自身的矛盾发现，才发展两者的斗争而反映于人的思考上，使人们有不得不奥伏赫变二者间的矛盾而形成一个较高级的综合思考了。

这是说：思维的发展不能离开存在的发展而独立，而存在的发展又取辩证法的方式，即一切存在有发生的理由，同时必然地，内在地包含了矛盾使得它消灭，而与它相反的形态出现。

这种根本原理及方法运用到社会及历史的研究，才能真正地了解社会是怎样地构成与怎样地变革。这种理论便是唯物史观。

唯物史观告诉我们：社会的基础是物质的生产力，生产力构成生产关系，在这个生产关系上，产出了种种的制度及意德沃罗基。

生产力发达到与生产关系矛盾，社会的下部构造便起动摇，这种动摇反映到人的意识里，意德沃罗基也起动摇，于是对于社会的全部的批判，必然地发生出来。这种批判一方面奥伏赫变旧的意德沃罗基，一方面同时确立新兴阶级的革命理论。这种工作做到了，即是旧社会起了部分的崩坏。意德沃罗基上的工作之实践的意义就在这里。

不过这儿有不能忽略的两点：

一切事物会运动，运动要有矛盾，这矛盾是它内在地包含着的，所以一切变动是矛盾的必然的发展，这是社会变革的必然性。

可是这种必然性——生产力与生产关系间的矛盾——一定要为革命的阶级所意识而加以变革的行为，社会才会现实地变革。只有一定的物质的条件存在发展，而没有实践的行为，变革是不可能的。这儿需要一种意识的努力。

这必然性与意识的努力，是社会变革的现实的过程，也是奥伏赫变的过程。在这过程中，旧社会因为包含了矛盾，必然地会崩坏，在这崩坏了的旧社会的废墟与要素上，筑起新的社会形态。而这些废墟与要素中，一部分还没有完全被克服的遗物残留在新社会，一部分在旧社会里只不过是萌芽的，现在则得着充分的发展而具现。

这种过程在意德沃罗基的战野上也是一样。因为意德沃罗基是现实的社会的反映。

　　以上本是极简单的叙述，而我们的文艺家鲁迅竟没有理解，以"除掉"二字将"奥伏赫变"的重要的意义"除掉"了。

　　但是"除掉"了以后，还留着一个对于理论的无知没有"除掉"。无产阶级是最后的阶级，而鲁迅却叫为第"四"阶级！或者"他知道很清楚"，"不远总有一个大时代要到来"，那时候，一定有第"五"阶级会出来把第"四"阶级"除掉"。你看他是多么一个"有远识的人！"

　　阶级的对立基于生产手段的所有即生产关系。可是资本主义的生产关系是社会的生产关系之最后的敌对的形态。所以资产阶级与无产阶级是最后的阶级的对立。因而无产阶级负有废除阶级及构成一个无阶级社会的历史的使命。历史的使命是必然的，历史的进展会导致最后的胜利。

　　无产阶级要完成它的使命，获得最后的胜利，必须从社会的上部构造与下部构造双方进攻。在意识上，需要关于社会的全部的批判。意德沃罗基的战野因之重要，而且必须锐利而巩固。旧社会的意德沃罗基的崩坏，即是旧社会的部分的崩坏。因为批判原是一种武器。

　　文艺也是意德沃罗基的一部门，要尽它应尽的义务，它应是无产阶级的文艺，因而应是武器的艺术。

　　构成意德沃罗基的战野，确立马克思主义，在现在的中国，客观的条件已成熟，一般革命的民众也在急迫地要求。在这样的客观的情状之下，这种运动必然地会产生，革命的知识阶级也必然地会努力。

　　然而在鲁迅的"醉眼"中，这种运动的出现骇为"突变"，人家的努力骂为"拼命的挣扎"。要对于这种"拼命的挣扎"，他自家也就拼命的挣扎。可是他的拼命的挣扎，我们毫不觉得是"突变"，因为这是他想"朦胧"他的无知与盲目的必然的结果。只要看他说"中国以外，阶级的对立大抵已经十分锐利化，农工大众日日显得着重"，以"中国以外"四字将中国"除掉"，便知道。

　　但是他在除外了的中国怎样做呢？他自己已明言过，"照旧讲趣味！"可是一讲趣味，当然"连人道主义式的抗争也没有"了，又是什么缘故呢？

　　这儿有个必然的经过。

　　他知道现在是"杀人如草不闻声的时候"，当然"害怕"，而他"朦胧"地又看得有"铁锤和镰刀"的影子，也有点"害怕"，于是左难右难起来。所以他虽然接连"三个冷静"地"呐喊"过几声，然而这种"呐喊"只不过是"咬文嚼字"，毫无实践的意义，更非

"直接行动"。不讨好,而且白费气力,所以坐在"华盖"之下,也感着"热风",发起热来。于是愈加"朦胧",便不得不"彷徨"。"彷徨",便"批判自己",批判的结果,决意将人道主义式的抗争"除掉",还是不如讲"趣味"好。

讲"趣味",便不至于与"那有人爱,也有人憎的官僚和军阀"冲突,还可向他们"表示和气",而且用趣味的幌子将已经十分锐利化了的阶级的对立在中国朦胧下去,那"现在的主子"更会"笑迷迷"。真是安全不过!所以还是"照旧讲趣味"!"于是想要朦胧而终于透漏色彩"了。

讲趣味,要有个去向,也要有个讲法。好在他也明言过,我们不必过虑。就是"坐在黑房里",续钞他的《小说旧闻钞》。

可是这儿"有点不小问题":

为什么不跟着他的弟弟坐在十字街头的象牙塔里呢?

这或者是工程师的设计不完全,自己倒塌了,也许是听到了黄包车夫骂他阻碍交通,亲自拆毁了。总之,在现在交通频繁的十字街头,是不许有象牙之塔了,于是钞《小说旧闻钞》也只好"坐在黑房里"。

但在黑房里,已不仅是"朦胧"的"醉眼"了,"朦胧"变了黑暗,"醉眼"成为瞎眼。如果坐着不动,或者将生命"除掉",那也就此了事。然鲁迅要钞他的《小说旧闻钞》,便非走动不可,瞎眼子在黑房里走动,"碰壁"是当然的事。碰着壁所发出的声音,他或许以为这又是人道主义式的抗争了,然而在我们,这还"只是社会变革期中的落伍者的悲哀"!

瞎眼坐在黑房里要发出悲哀来,是悲惨的事,然而这是必然的结果,恐怕"除掉"不了,而且是他自家不情愿"将自己从没落救出",我们自然无可如何,更只好是满不在乎了。

然而他的"除掉"却须得"除掉"!

注释:

原载《文化批判》1928年4月15日第4号。

毕竟是"醉眼陶然"罢了

☆石厚生

我们这次的前进,在我们自己只不过是当然的事,但是在素来与我们背道而驰的人,这一定不免要说是"突变"——这是不难理解的。所以,我们一方面预期大部分革命的青年必定起来参加,同时他方面我们也静候着那些守旧的,蒙昧的及开倒车的分子的无耻的明枪暗箭的齐下。

我们抱了绝大的好奇心在等待拜见那勇敢的来将的花脸,我们想象最先跳出来的如不是在帝国主义国家学什么鸟文学的教授与名人,必定是在这一类人的影响下少年老成的末将。看呀!阿呀,这却有点奇怪!这位胡子先生倒是我们中国的Don Quixote(堂吉诃德)——堂鲁迅!

也罢,听他唱来,听这英勇的骑士唱来!但是,他才唱出些什么!

他唱了一句"醉眼中的朦胧";他的词锋诚然刁滑得很,因为这是他们师爷派的最后的武器。然而它的各段的内容,"无论措辞怎样不同,都有一个共同之点,就是:有些朦胧"。"这朦胧的发祥地"在那儿呢?"由我看来",却在我们中国的堂吉诃德的特殊性上。

我们中国的堂吉诃德,不仅害了神经错乱与夸大妄想诸症,而且同时还在"醉眼陶然";不仅见了风车要疑为神鬼,而且同时自己跌坐在虚构的神殿之上,在装作鬼神而沉入了恍惚的境地。

听说堂鲁迅近来每天最关心的只是自己的毁誉;他注意到时下的报纸杂志,是因为要知道什么人怎样礼赞而什么人怎样失礼;而且一次触了他的眼膜,"竟像一板斧劈着了"他的"记忆中枢似的,从此"再也不会忘记,而且一有时机,那便真的睚眦必报了。

从前听人说过有一种菩萨,他的事情绝少,他只每日坐在殿上享受人间的香火而注意它们的数量。我们的堂鲁迅大概有点近乎此。

所以我们中国的堂吉诃德不仅是一位骑士,同时还是一尊小菩萨。这儿有我们中国的堂吉诃德的特殊性,《"醉眼"中的朦胧》的朦胧之发祥地就在这里。

为什么这种特殊性必然地在"醉眼"中引起朦胧来呢？是因为他坐在宝殿之上每天所要注意的只是自己的毁誉，在一定的时期内，这些是大概一定了的。大多数的人要在他面前顶礼；只有少数的人（大抵是稍微明白的青年们）扭转头不睬他，或竟说出几句不好听的话，这时候我们的小神必定把冷酷的面孔更加变得冷酷起来，说一声："年轻人这般傲慢！"而像一板斧劈着了"记忆中枢似的"，从此这种青年的可恶的小影永远留在堂鲁迅的脑中，而堂鲁迅的面孔越发一天天的冷酷下去。不幸的是堂鲁迅究竟还赶不上孔二先生，他究竟没有方法处治这种可恶的青年，也没有方法可以防范。

但是这些毁誉，在一定的时期，总和与百分比大概是一定了的。于是每天只注意这些的我们的小神就没有什么变化可以使他构成"时间"这个观念。于是对于我们的小神，时间好像破旧的钟表永远停了摆动似的。于是空间尽管变化，北自北京，南至岭表，终于也跑来"坐在半租界里"，然而时间还是静水般停止着，洪宪以来，不知有曹三，无论国民革命与什么革命了。

这就是堂鲁迅的朦胧的发祥地，因此他的头脑无法可以构成时间这形式，所以他不能观察事物在它们的动的状态上，在它们发展的必然性上；"于是在这里留着一点朦胧"，在那里"也就留着一点朦胧"。

假使能够长久这般，那是多么美满的一回事！然而，不幸的是我们的堂鲁迅！我们已经知道这梦游的人道主义者，因环境的关系，一天天的冷酷下去了。现在，因为对他的毁誉之总和与百分比之急剧的变化，他更不得不悲叹自己为环境所作用了。于是，他不得已开始把自己清算起来。他有时候"颇也觉得危险了"，但是有时候却又"有些放心"，结果还是"照旧讲趣味"。所以，结果还是"留着一点朦胧"，毕竟是"醉眼陶然"罢了。

我们在这里又可以看出时代落伍的印贴利更追亚的自暴自弃。这里面当然有阶级的关系存在，不过我们的 Don Quixote，因为他的特殊性的原故，不能认识时代，也就终于不能悔悟，"终于不免朦胧"——这不要多劳思索才能理解。

我们现在试把他所唱的《"醉眼"中的朦胧》检讨一下。

在第一段里，我们的堂鲁迅对于期刊"纷纷而出"的"突变"叙述他的惊异，并且提出了一种观念论者的理由来说明这种现象。就在这一段里，我们可以看出他的不可救药的朦胧来。他的说明："为什么今年一齐动笔了？说起来怕话长。要而言之，就因为先前可以不动笔，现在却只好来动笔"了，"却正留下一个不小的问题"——这"突变"和"伟大或尊严的名目"又如何说明呢？

第二段里说："各种刊物，无论措辞怎样不同，都有一个共通之点，就是：有些朦胧。"并说及"这朦胧的发祥地""也还在那有人爱,也有人憎的官僚和军阀":因为和他们"有瓜葛的","梦中又害怕铁锤和镰刀","并无瓜葛,走向大众去的",但是"会忘却了他们的指挥刀的傻子是究竟不多的。""于是在这里留着一点朦胧",在那里"也就留着一点朦胧"。这种说话,在他自己一定以为搔着了他人的痒处,但是,我们的堂吉诃德呀,你又在欺骗自己了!并且,依你自己的说法,你自己的朦胧到底又是属于哪一类的?

"连人道主义式的抗争也没有!"在第三段里,我们的人道主义者很得意地说着。我们知道。人道主义者不论在什么阶级支配下都很得意的,因为他有意识或无意识地总是支配阶级的走狗。所以,我们的堂吉诃德呀,你的得意不过露出了你的马脚!并且,在革命运动的现阶级,社会的内在的矛盾已经尖锐化了的时候,一切的抗争不得不由阶级意识出发,人道主义者的假哭佯啼直是拙劣的丑角,可以招人冷笑罢了。

在这第四段里,我们的堂鲁迅感慨难禁似的说:"可惜略迟了一点,创造社前年招股本,去年请律师,今年才揭起革命文学的旗帜。"我写到这里,也不禁要说:可惜略迟了一点,堂鲁迅前年抄小说,去年在广东,今年才写了《"醉眼"中的朦胧》。我们已经知道堂鲁迅是无法构成时间这观念的,他以为现在仍是那美好的中世纪;在他的意思,他是可以当十字军大劫掠时在广东的,去年才"在"过一时,真是"可惜略迟了一点"。这在他是绝对正确的,我们不必多管;他说我们投机,这在他看来大约也是绝对正确的,我们也不必多管;不过他在下一段"留下一个不小的问题:倘若难于保障最后的胜利,你去不去呢?"我以为这问题应改为:"倘若……你能不去吗?"我以为问题要是这样才有研究的可能性。

以后有堂鲁迅自叙他自己清算的经过的几段,结果他"自己是照旧讲趣味"。还有关于成仿吾的"闲暇,闲暇,第三个闲暇"的考据,这一点我不敢轻信我们的堂鲁迅,因为讲趣味是这"老生"的专门,讲到考据,恐怕终要让吾家博士适之坐坐上席。这当然是我的猜想,不过我终不敢轻信。

末尾几段详述他对于所谓"武器的艺术"的意见,关于这一点,我以为无讨论的必要,因为堂鲁迅全然缺少理解。他不曾理解什么是我们所谓武器的艺术,就如他不渣理解"奥伏赫变"与"否定的否定"。他冷嘲《文化批判》介绍 Sinclair 而《创造月刊》继续介绍 Vigny。这儿实在有绝大的矛盾;不过 Vigny 的介绍是去年以来的续稿,而《文化批判》介绍 Sinclair 也绝对不能是把他"拖住"的,这可以说是十分明显。我们的文学界正在方向转换的过程中,对症的理论的指导与优秀的旧技巧的介绍都是必要的,不过同时我们要维持批判的态度,也要提醒读者大众取批判的态度,就是,一方面介绍它们,同时他方面还得克服它们——在这一点,我们不免有可以非难之处,虽然将来是要,而且也不难补救的。但是堂鲁迅以为"文艺是还是批判不清的",这却又是她把现在永久化,而把社会固定化了的结果。

最后,我们的堂鲁迅预言了"不久总有一个大时代要到来",并且对于"中国的最近的将来"给了一个暗示,虽然是很朦胧的。我以为我们应该相信这是堂鲁迅趋向革命的披露,我们应该"预致革命的敬礼"。

由以上的检讨,我们可以明白堂鲁迅的朦胧的程度。这里当然有阶级(他的阶级"已由成仿吾判定",他自己说过的了)的关系,也有时代的关系。不过"中国以外,阶级的对立大抵已经十分锐利化",你看他是怎样明白!这儿却又"想要朦胧而终于透漏色彩"了。

但是在"工业发达,贫富悬隔的国度"以外的中国人,人道主义式的欺瞒也多是无意识的行动,人道主义者自己恐怕也不知道他自己的行动有什么意义——我很愿意这样想,并且希望我们的人道主义者,因为中国之社会的国际的特殊情势,能够对于眼前的现象加以正确的分析而停止"卑污的说教"。

对于我们的堂鲁迅,我希望他快把自己虚构的神殿粉碎,把自己从朦胧与对于时代的无知中解放出来,而早一点悔改,——他的悔改,同 Don Quixote 一样,是可能的。传闻他近来颇购读社会科学书籍,"但即刻又有一点不小问题":他是真要做一个社会科学的忠实的学徒吗?还是只涂抹彩色,粉饰自己的没落呢?这后一条路是掩耳盗铃式的行为,是更深更不可救药的没落。

回到这《"醉眼"中的朦胧》,我们的英勇的骑士纵然唱得很起劲,但是,它究竟暴露了些什么呢?暴露了自己的朦胧与无知,暴露了知识阶级的厚颜,暴露了人道主义的丑恶罢。

毕竟是"醉眼陶然"罢了。

注释:

原载《创造月刊》1928 年 5 月 1 日第 1 卷第 11 期。

文艺战线上的封建余孽
——批评鲁迅的《我的态度气量和年纪》

☆杜 荃

一 发 端

鲁迅的文章我很少拜读，提倡趣味文学的《语丝》更和我没缘。最近友人寄了一册四卷十九期的《语丝》给我，我读了鲁迅的一篇随感录，就是《我的态度气量（器量？）和年纪》。

二 未读以前的说话

在未读这篇随感录以前我的鲁迅观是：

大约他是一位过渡时代的游移分子。他对于旧的资产阶级的意识已经怀疑，而他对于新的无产阶级的意识又没有确实的把握。所以他的态度是中间的，不革命的——更说进一层，他或者不至于反革命。

这种观察我想现时代的青年一定有许多和我抱着同感的。

就是鲁迅自己怕也在把这种所谓超越感来自己满足的罢？——"这是'不革命'的好处，应该感谢自己的。"

然而不幸得很——

三 既读以后的说话

我读了他那篇随感录以后我得了三个判断：

第一，鲁迅的时代在资本主义以前（Prae=käpitalistisch），更简切的说，他还是一个封建余孽。

第二，他连资产阶级的意识形态（Bürgerliche·ldeologie）都还不曾确实的把握。所以，第三,不消说他是根本不了解辩证法的唯物论。

以下我们请把他的话来引证罢。

四 第一判断的引证

鲁迅说:

> 我自信对于创造社,还不至于用了他们的籍贯,家族,年纪,来作奚落的资料。

这是最关紧要的一个眼目。

鲁迅先生这个所以张脉偾兴要起来"直道而行",就是因为创造社用了他的"籍贯,家族,年纪,来奚落"了他呀!

创造社怎样奚落了他呢?

A,关于籍贯的

> 他们因为我生在绍兴,绍兴出酒,便说"醉眼陶然"……

B,关于家族的

> 我有兄弟,自以为算不得就是我"不可理喻",而这位批评家(指成仿吾)于《呐喊》出版时,即加以讥刺道:"这回由令弟编了出来,真是好看得多了。"这传统直到五年之后,再见于冯乃超的论文,说是"无聊赖地跟他弟弟说几句人道主义的美丽的说话。"我的主张如何且不论,即使相同,何以说话相同便是"无聊赖地"?莫非一有"弟弟",必须反对,一个讲革命,一个即该讲保皇,一个学地理,一个就得学天文吗?

C,关于年纪的

> 因为我年纪比他们大了,便说"老生"……

还有

D，关于身体的之预测

幸而我年轻时没有真上战线去，受过创伤，倘使身上有了残疾，那就又添一件话柄，现在真不知道要受多少奚落哩。

江南水乡绍兴

你看，这是多么天大的一回事。这便动了我们鲁迅先生的"直道"，要抖擞精神起来"战""战""战"了。

无奈一个人自以为我是这样的，别人不必便以为你是那样。

在我们看来鲁迅先生所罗列的一篇伤心话，可怜只像一位歇斯迭里女人的悲诉，无怪乎弱水先生要说他"态度太不兴，气（器？）量太窄了。"

其实这不仅是态度和器量的问题——

五 问题的展开

问题是：

像这样尊重籍贯，尊重家族，尊重年纪，甚至于尊重自己的身体发肤，这完全是封建时代的观念！

到这资本主义的时代，这种种观念是已经打破了的，科学的研究家还晓得把遗传，地域，时代的几个要件作为研究一个人的对象，这虽然还是一种观照的唯物论，但比偶像崇拜狂的封建思想是大有进步的。

然而鲁迅连这种观念形态都还不曾把握，而他还固执着偶像崇拜狂的时代。

凡为遗传，地域，时代相同的人大抵是不出一个窠臼。不幸得很，令我也要连想到他的兄弟来了。

六　一个插话

　　在五、六年前一位无政府主义的盲诗人爱罗新柯到中国的时候,鲁迅兄弟是很替他捧场的。

　　这位盲诗人有一次去看北大学生演剧,他还看(？)出了那舞台上的种种缺点。

　　这是很有趣味的一段逸事。这诗人假使不是真盲,那就是他(或者翻译者)所用的字汇太疏忽了。

　　结果果然有一位北大学生提出抗议,在《晨报副刊》做了一篇《爱罗新柯的盲视》(题目是否这样我记不确实了)。

　　这便恼怒了我们那位周作人大师。他大发雷霆,责骂那位学生,说不该拿别人身上的残疾来作奚落的资料……

　　你看这是多么"相同的气类"呢?

　　"这传统直到五(六)年之后,再见于"鲁迅先生的随感!

七　第二判断的引证

　　鲁迅连自然科学的唯物论都还不曾彻底的克服,这在上面是已经论断了的。我现在再引几处来证明:

鲁迅与爱罗新柯

A,莫非一有"弟弟",必须反对,一个讲革命,一个即该讲保皇,一个学地理,一个就得学天文吗?

天文和地理是"反对"的,这是鲁迅先生的自然科学观,这已经滑稽到不可思议;保皇和革命是"反对"的,这更表明了鲁迅的时代。

鲁迅的头脑还在满

清末年,在那时候保皇和革命是视为"反对"的。其实这只是皮相的观察。

满清末年的改革是中国封建制度向资本制度的推移。表现在政治生活上的过程是要求立宪(资产阶级的德模克拉西),是产业救国(产业的社会化——富国强兵)。

当时的保皇党人——一般是以梁任公为代表,他根本上是一个德模克拉西的论客,和当时的所谓革命领袖一样。他们所不同的只是一个在主张君主立宪,一个在主张民主立宪,然而同一是立宪论者,同一是富国强兵论者,他们都是资产阶级(在当时是革命的阶级)的代言人。

这就和英日的君主立宪和美法的民主立宪同一是帝国主义者一样,想来到了现在总不会再有那样的"思想的权威者",会以英日和美法的制度是"反对"的罢?

  B,"个人主义者和社会主义者往往都反对资产阶级。"

社会主义根本反对资产阶级,并不是"往往",至于个人主义者反对资产阶级则未之前闻——或许是个人无政府主义者的笔误罢?

资产阶级的意识根本就是个人主义。鲁迅先生,可惜你还不曾知道。

八 第三判断的引证

连资产阶级的意识形态都还不曾了解的人,当然更说不上无产阶级的意识形态。鲁迅在此也正好做一个证明。

请看他说的话。

  A.林琴南先生是确乎应该想起的,他后来真是暮年景象,因为反对白话不能论战,便从横道儿做一篇影射小说,使一个武人痛打改革者,——说得"美丽"一点,就是神往于"武器的文艺"了。

这是等于在说:石器时代的是应该想起的,石器时代用石器杀人,电气时代用电流杀人,同一是武器,以石器是等于电流,新还是等于旧。

也是等于在说:吃牛的老虎是应该想起的,老虎吃牛,牛挌老虎,同一是用器斗争,所以牛角是等于虎爪,老虎还是等于牛。

  旧的和新的,往往有极其相同之点——如:个人主义者和社会主义者往往都反对资产阶级,保守者和改革者往往都主张为人生的艺术,都讳言黑暗,棒喝主义者和共产主义者都厌弃人道主义等——

前一个时代为肯定自己的肯定而反对,后一个时代为否定自己的否定而反对,这种唯物的辩证法,超资产阶级的鲁迅先生哪里会梦想得到!

不过他算学习了一个很简的几何公理就是:

$$A=B \quad B=C \quad \therefore A=C$$

这是自然科学的唯物论一个极简单的例子,这里面是没有包含"历史"或者发展的意义的。

所以在鲁迅先生看来,就是

旧 = 新
个人主义 = 社会主义
保守者 = 改革者
棒喝主义 = 共产主义

他自己的立场呢?是资产阶级?是为艺术的艺术家?是人道主义者?
否,否,否,不是,不是,不是!
你看他说:

> 但我以为"老头子"如此,是不足虑的,他总比青年先死。林琴南先生就早已死去了。可怕的是将为将来柱石的青年,还像他的东拉西扯。

所以个人主义者保守者棒喝主义者是"不足虑的。","可怕"的是社会主义者改革者共产主义者的青年。

这些青年一时还不会死,然而又"可怕",这怎么办呢?这是好叫他比"老头子"早死了!

杀哟!杀哟!杀哟!杀尽一切可怕的青年!而且赶快!

这是这位"老头子"的哲学,于是乎而"老头子"不死了。"林琴南先生"果真"就早已死去了"吗?还有我们的鲁迅先生"想起"呢!

于是归根结蒂,分明现出 Facistist(写错了呀!应作 Fascist)本想了。

B,我和西滢长虹战,他(指弱水先生)虽然看见正直,却一声不响,今和创造社战,便只看见尖酸,忽然显战士身(?——疑落——"手"字)而出现了。

"这位隐姓埋名的弱水",虽然经过鲁迅先生"影射"了一番,但我们还是不知道是哪一个,在现在"Facistist"当权的时候,谁个反对派能够用出自己的真姓本名呢?这位弱水先生大约就是反对派的一个。那么你和西滢长虹战,他为什么要为你响一声呢。

猩猩和猩猩战,人可以从旁批判它们的曲直,谁个会去帮助哪一个猩猩?

帝国主义者间因利害冲突而战,弱小民族可以从旁批判他们范围内的曲直,谁个会去帮忙哪一个帝国主义者?

但是猩猩要同人战,帝国主义者要同弱小民族战,那就不同,那没有曲直可用待言,只有结紧联合战线。

这有什么大惊小怪,值得你来"影射"值得你来"指明"?

阶级的分化已经很尖锐了,弱水先生当然"是创造社那一面的"。

"也还是因为这位弱水先生是不和他们(指西滢长虹)同系,同社,同派,同流……"

倒亏你知道了啦,但有什么裨益呢?你以为那是片面之辞,就可以掩盖你的对于时代的盲目,落后,反动了吗?

你看,他那四同而加一串虚点的表示法,他是在那里面感觉着多么浓厚的滑稽味,讽刺味,轻蔑味哟!在我们超资本阶级的鲁迅先生,那是只好讲同宗,同寅,同乡,同僚,同窗,同帮,同泽,同胞……啦!

九 结 尾

鲁迅先生的时代性和阶级性,就此完全决定了。

他是资本主义以前的一个封建余孽。

资本主义对于社会主义是反革命,封建余孽对于社会主义是二重的反革命。

鲁迅是二重的反革命的人物。

以前说鲁迅是新旧过渡期的游移分子,说他是人道主义者,这是完全错了。

他是一位不得志的Fascist(法西斯谛)!

一九二八年,六月,一日

注释:

原载《创造月刊》1928年8月10日第2卷第1期。

阿Q与鲁迅

☆朱 彦

自钱杏邨在《太阳月刊》上提出了阿Q的死生问题,颇引起许多读者的反感;《语丝》杂感栏中更陆续发表了许多为阿Q喊冤的文字。

反感是应当有的。阿Q自得鲁迅作传后,已成了大家的熟人,忽然有人宣布其死耗,自然要有人为之不欢。而且这问题又有关于现在中国文学的命途,阿Q果然一旦死去,谁是东储,当然又是颇费争论的一件事。

但我们要讨论这问题,应当注意两件事:第一,阿Q的死与不死和鲁迅无关,阿Q时代的过去与否和鲁迅时代的过去与否没有必然的关联;他的生死簿不在鲁迅手里而在时代手里。我们要知道他的寿命,要到时代判官那里去查看他的生死簿,不必因他的命运而杞忧及鲁迅的命运。

第二,时代判官的行辕,并不驻在某一乡某一村,而是车辙遍中国的;我们要探问阿Q的消息,不能执途人而问之,应当看中国的大势。自然,中国虽大,不外是许多的一乡一村所组成,踢开了乡村,便找不到超在空间的抽象中国,然中国的时代性,到底不是能用某乡某村来断定的,要用中国全般社会的行动做标识。现在的乡村是否还是阿Q时代那个样子,我们到下面再讲,即使还有那样的乡村,只要现在中国的全般社会已不像当年,我们也只能叫那乡村来跟着全般社会跑,不能叫全般社会回去和那乡村站在一处。

我们且来看看阿Q是否还足以代表现在中国的时代性。

他是混沌未凿,暗弱无能的一个典型;对于环境毫不能反抗,只能做一个崛强的俘虏,对于传习,更是一味承受,毫没有革命的意识。中国在"义和团"暴动以至"五·四"运动以前确是这种社会。把这样的人物揭示出来,真是大扬家丑。只因一般社会既那样醉生梦死,给他一面镜子照照,很足以使他自己警惕,谋所以振拔,所以我们宁愿家丑外扬,不肯让它蕴在内里自霉自烂。自"五·四"以后,革命意识大醒,把一切传习都打个粉碎,对一切外压都要积极反抗。"五·卅"惨案更震撼了全国,革命情绪不但高达顶点,且亦渗透乡邑。粤港海员罢工,能使世界最强悍的英帝国主义知难而退。北伐军兴,湘粤农民竟都沿途揭竿相助。到现在,此乡彼镇,固然还多愚蒙,然反抗传习反抗外压的表现,不难到乡陬找出。难道现在中国全般社会的时代性,不用"五·四","五·卅",海员罢工,农民帮着北伐,以及现在到处的打劣绅,杀土豪等等现象做表征,还要拿此乡彼镇所有愚蒙人数来做指数吗?

时代是我们的命令,我们的行动完全要听时代指挥,决不能和它差池。孙中山先生要唤起民众"共同"奋斗,就是这个意义。试问现在的民众,已算起来了没有呢?没有的话,北伐已经不行,发约更是过早计。这是中国社会所应许的吗?已经起了的话,那还要阿Q来做什么?我知道说者一定这样说:中国既"尚"有愚蒙,即阿Q还有用处。然而,他能对乡间的愚蒙起什么作用么?如果他的正传,是写给愚蒙看的,那么就请它到愚蒙那里去(怕的是它不肯自承落后,去和愚蒙为伍)吧,我们这儿已不再要它。我们这儿要革命文学了,要无产阶级的文学了。

于是乎再说鲁迅。

鲁迅,我们知道,他的革命情绪,一向是热的。他的从北京到厦门,到广东,到上海,都含有一种相当的革命意义的。据熟知他的人说,他对于无产者的革命要求也极表同情的。这个,我们从他所办的《语丝》和《奔流》看,可以相信的,尤以所译苏俄文艺政策和从"第三国际通信"译来那篇布哈林的短作可以做个例证。不过我们相信他有革命的情绪,不一定就要赞成他的行动。以他最近对于革命文学的态度而论,我们就不能不说他太欠斟酌。革命文学——无产阶级文学的声浪一呼出以后,鲁迅竭尽冷讥热骂,尖酸刻薄的能事,这到底是什么表现?有人说,他的讥骂,不是骂中国不该要革命文学,只是骂创造社的人不配讲革命文学。这着实太离奇。讲革命文学难道还要具什么资格吗?那么,请问要怎样的资格?且为什么他又不说创造社的不配在哪里,而只对所有讲革命文学的人横加漫骂?而且,见《战线》有了一篇弱水同情于讲革命文学的文字,就说《战线》是创造社的,弱水也是创造社的人;潘梓年办了《洪荒》,也有同样的同情,就说他跟着弟弟说漂亮话;听说创造社门市部楼上开了咖啡店又借题奚落了革命文学一大番——这些又是什么讲究呢?以前鲁迅常感叹他自己不幸生在绍兴,现在革命文学真也要自叹不幸而落在创造社了!更不幸鲁迅还可以从绍兴到日本到北京到厦门到广东到上海,革命文学却一辈子跑不出创造社,遂使要和它谈谈话也不得不沦入这不拔地狱的创造社里去!恨煞它降生中国时没带半只眼睛!

然而,何处又是它诞生的合适爷娘和家庭呢?文学研究会大概也不见得是鲁迅所认可,大约只有他自己和他为其主妇的语丝社了。然而,革命文学不是谁人的私儿,而是中国的"公子"。果然是它生不逢娘,不得其家庭的话,我们这个义士竟可以大兴吊民之师。把它拯诸水火而登诸衽席；为什么又只对它诅咒，讥笑；还是要把它骂回老家，然后再来投生语丝社，还是只因它既投胎没带眼睛，就要罚它永远不得在中国滋生？

那是不用说的，革命文学不是不许人家批评的东西；说革命文学的人更不是不许人家批评的神人。但要批评革命文学或谈革命文学的人，须立在革命文学的立场上。你说人家所说的革命文学是瞎说瞎话，你自己就须说出革命文学到底是怎么的一种东西，指出人家的错误在什么地方。你说人家的谈革命文学只是空挂一块招牌，里面一点货色都没有，你就得自己拿点货色出来看看。此外就不再有什么批评可说。是的，鲁迅一定又这样说了：哪里！你太忠厚了。他们那班人哪里是在提倡什么革命文学，不过是借着幌子来招摇撞骗罢了；我们不把这班人扩清了出去，文坛上还能留得一片干净土吗？这话说来非常动听，一按实际就立见矛盾。试问他们要骗些什么呢？故立新奇，吸引卖客，骗得读者一笔买书钱吗？沽名钓誉，抢了这块高贵牌头骗取革命者的美名吗？这都是很矛盾的猜忌。

我们第一个的前提，就得先行承认：现在对于革命文学的要求很是迫切，这是一种事实。不承认这个前提，就是反对革命文学，根本上就无话可说。要是在这个前提之下立论的，那就只怕没有人谈革命文学，不怕人家来瞎谈或假说革命文学。他瞎谈，你可以来指正，他假谈，你可以拿出真货。这样，他的骗术还售得出去吗？可惜鲁迅计不出此，自己只是说无产阶级文学的使者还没有派来呢！无产阶级文学的匾还没挂起呢！正正式式的无产阶级文学理论却半点也拿不出来，反说，现在创造社要打倒他，这和原始社会中儿子要打死老子一样，但他又不是他们的老子那种恶劣话；他的急先锋侍桁，又只能写出像《评〈从文学革命到革命文学〉》那种蛮不讲理的骂街文学，自己却连什么主义什么社会科学也不承认其在文学上有关；他的裨将杨骚也只能写写《空舞台》《因诗必烈孙》的作品，骂骂人家的空虚，自己却也拿不出货真价实的革命文学。不，他那两篇文字，这简直是说"革命文学只是空话，要不得"的口吻。而《语丝》和《奔流》居然也登载出来，那鲁迅你自己还有资格骂人家没有资格吗！

这样，无怪乎惯捧着鲁老先生两只大腿的忠实同志，没有别法可想，只好从坟墓里拖出阿Q来，来拉长鲁老先生的寿命了。

注释：

原载《新宇宙》1928年10月15日创刊号。

"眼中钉"

☆郭沫若

L.兄把《萌芽月刊》第二期中鲁迅先生的《我和〈语丝〉的始终》一篇文章剪寄了给我,我读了。

这篇文章虽是随意的叙述,却颇有意义。因为我们在这儿可以看见一个小团体内起了自我批判,鲁迅先生对于"语丝派"的以往的关系,及"语丝派"的各个成员在社会上所演的角色,我们算得到了一个具体的认识,虽然有些地方还不免朦胧。而且鲁迅先生要算是超越了"语丝派"的这个阶段得到了一个新的发展了。

我现在要来写这篇文章不是要来批评,却是要来辩证一个事实。

鲁迅先生说:

经我担任编辑之后,《语丝》的时运就很不济了,受了一回政府的警告,遭了浙江当局的禁止,还招了创造社式"革命文学"家的拚命的围攻。(原刊第47页)

这句话可是事实,但他对于这"警告""禁止""围攻"的社会的意义,却不曾认明。特别是他对于"围攻"的认识,是使我草出这篇文章的动机。

鲁迅先生说:

至于创造社派的攻击,那是属于历史的了,他们在把守"艺术之宫",还未"革命"的时候,就已经将"语丝派"中的几个人看作眼中钉的,叙事夹在这里太冗长了,且待下一回再说罢。(原刊第48页)

鲁迅先生的"下一回再说"是否已经写出,我还不曾看见。不过便单就这简单的几行字句看来,便可以知道鲁迅先生于认识上不免有错误,于事实上不免也有错误。"艺术之宫"的把守者的"攻击"和"革命"者的"攻击",意义是两样的。老实说前期的创造社的几个人要谥以"艺术宫守"的尊号,他们的资格还不配。这话说来也未免太长,暂时寄放在这儿,让我追溯一些创造社的几个人对于语丝派的几个人所发生过的文字上的关系罢。

一口说创造社的几个人,其实所谓创造社的人并没有几个。拿前期的来说,顶着创造社的担子在实际上精神上都发生过一些作用的,仅仅郁达夫、成仿吾和我三个人而已。

就在这三个人里面,据我所知道的,达夫对于语丝派的人便从没生过恶感。

仿吾批评过鲁迅的《呐喊》,批评过周作人的小诗。

我呢,对于周作人之介绍小诗略略表示过不满的意思(见《创造季刊》二期批评意门湖的文字里面),对于他提倡印象批评也说过不赞成的话头(见《创造周报》一篇谈批评的文字里,连题名我都不记得了)。关于鲁迅呢,我只间接的引用过他的一句话,便是"中国还没有一个作家"(见《文艺论集》中《天才与教育》),而且我还承认他的并不是"傲语"。

前期创造社的几个人和"语丝派"的几个人所发生过的关系就只有这一点(其实当时《语丝》还没有出现)。

结果还只是成仿吾和我谈驳过周作人或鲁迅而已。所谓"历史"就只有这样一点历史。

再说到我们的谈驳是否是有意的"攻击"?

在这儿要夹叙一下。"攻击"这个字在一般人是很忌避的。大抵被批评者总爱把"攻击"这个字样去鉴定批评家,而批评家总兢兢于要辩护,说"我不是攻击"。但在我们现在看来,凡是站在不同的阶级的立场上所施行的战斗的批评,实质上就是"攻击"。所以"攻击"在我们现在的立场上说来是批评的要素。"攻击"是美名,"攻击"是无须乎忌避的。

但是我们前期的那一些谈驳文字可以配得上称为"攻击"吗?

在当时的所谓"语丝"也,所谓"创造"也,所谓周鲁也,所谓成郭也,要不过一丘之貉而已!说得冠冕一些是有产者社会中的比较进步的"因迭里根治"的集团,说得刻薄一些便是旧式文人气质未尽克服的文学的行帮和文学的行帮老板而已。成郭对于周鲁自然表示过不满,然周鲁对于成郭又何尝是开诚布公?(例如周作人先生便刻薄过成仿吾是苍蝇。)始终是一些旧式的"文人相轻"的封建遗习在那儿作怪,这是我自己在这儿坦白地招认的。

自然我对于周作人先生的鼓吹小诗和提倡印象批评,就到现在我也还是反对,不过认识更明了了一些,不再是那种意气的反对,为反对而反对的反对了。

仿吾的"呐喊批评",我不能说什么话,因为《呐喊》我并未曾读完,仿吾的文章也没在我的手里。不过我相信仿吾站在现在的立场来,恐怕他的批评又不同。那些以往的批评我们是用不着再去批评。就在当时,他的见解也不见得和我们几个就是一致。

拿我自己来说罢。

我所读的鲁迅先生的第一篇小说《头发的故事》,是民国九年在《学灯》的双十节增刊上看见的。这可以说也是我第一次看见的中国的近代小说。我当时很佩服他,觉得他的观察很深刻,笔调很简练,大有自然主义派的风味。但同时也觉得他的感触太枯燥,色彩太暗淡,总有点和自己的趣味相反驳。——这话是我一点加减乘除也没的表白,这假如值得说上"批评",我对于鲁迅先生的批评,直到他的《呐喊》为止,就是这样。

《呐喊》我是没有读完的。在初出版时(民国十二年),我曾请泰东书局买过一本(当时我寄居在泰东的编辑处)。有一天礼拜日我带着孩子们到吉司菲尔公园时,是带着《呐喊》同去的。我睡在草地上从前面读起,读了三分之一的光景。我得的印象依然还是前几年读《头发的故事》时是一样。但终因和自己的趣味有点反驳的原故,所以读了三分之一之后终竟没有读完。达夫虽曾对我说过,《故乡》很不坏,《阿Q正传》也很有一读的价值,但我终是怠慢了,失掉了读的机会。以后的著作便差不多连书名都不清楚了。

这便是我以前对于鲁迅先生的模糊的认识,我相信和仿吾的见解,一定有多少不同。

至于说到最近两三年来"创造社式'革命文学'家的围攻",那情形完全是两样的。

中国的文艺运动在最近两三年来完全进展到了另一种新的阶段,这是不能否认的事实。

创造社已经不再是前期的创造社了。便宜上我们称那最后一两年的为后期的创造社吧。后期创造社的几位主要的成员,如彭康,朱镜我,李初梨,冯乃超诸人,他们以战斗的唯物论为立场对于当前的文化作普遍的批判,他们几位在最近的新运动上的成绩是不能否认的。

他们的批判不仅限于鲁迅先生一人,他们批判鲁迅先生,也决不是对于"鲁迅"

这一个人的攻击。他们的批判对象是文化的整体,所批判的鲁迅先生是以前的"鲁迅"所代表,乃至所认为代表着的文化的一个部门,或一部分的社会意识。

所以后期创造社的批判和前期创造社的驳斥,在意识上完全不同。新的批判自然是历史的成果,是一般社会的历史的成果,然而在狭隘的小团体的范围之内决没有什么"历史的"或传统的关系。

最好又拿我自己来说罢。

当在一九二七年的年末,那时鲁迅先生在上海,我也从广东回到了上海。伯奇,光慈诸人打算恢复《创造周报》,请鲁迅先生合作,这个提议我是首先赞成的。记得在报上还登载过启事,以鲁迅先生为首名。我当时并曾对伯奇不止说过一次,有机会时很想和鲁迅先生面谈;但不久我病了,所以这件事情竟没有实现。至于《创造周报》的没有恢复是因为大家的意思以为不足以为代表一个新的阶段的标帜,所以废除了前议,才有《文化批判》的出世。

这些往事我现在把它写了出来,可以证明创造社的几个人对于鲁迅先生是并没有什么成见。

然而批判之实质就是战斗。在后期创造社的批判一开始,在内部便生了分化,如张资平先生便是这样分裂出去了。在外部便形成了对于鲁迅先生的"围攻"——但与其说是"围攻",宁可说是激战。因为鲁迅先生守着"语丝"的城垒是在努力应战的。

以往的情形大抵就是这样。总归成一句话,便是创造社的几个人并不曾"将语丝派的几个人看成眼中钉"。

好在创造社这个小团体老早是已经失掉了它的存在的,"语丝派"这个小团体现在已由鲁迅先生的自我批判把它扬弃了。我们现在都同达到了一个阶段,同立在了一个立场。我们的眼中不再有什么创造社,我们的眼中不再有什么语丝派,我们的眼中更没有什么钉子——自然站在新的立场上来的"眼中钉"是会有的,我们就不必把别人看成钉子,别人是要把钉子钉在你的眼里——然而以往的流水账我们把它打消了罢。

注释:

原载《拓荒者》1930年5月第4、5期合刊。

周伯超致鲁迅

鲁迅先生：

　　昨与成仿吾、冯乃超诸人同席，二人宣传先生讨姨太太，弃北京之正妻而与女学生发生关系，实为思想落伍者。后学闻之大愤，与之争辩。此事关系先生令名及私德，彼二人时以为笑谈资料，于先生大有不利，望先生作函警戒之。后学为崇拜先生之一人，故敢冒昧陈言，非有私怨于成、冯二人，惟先生察之。敬颂著祉！

　　　　　　　　　　　　　　　后学周伯超上言
　　　　　　　　　　　　　　　[一九二八年二月]九号

肆　左翼文坛内部之争

2　鲁迅与田汉之争

鲁　迅：但倘有同一营垒中人，化了装从背后给我一刀，则我的对于他的憎恶和鄙视，是在明显的敌人之上的。

田　汉：……该文虽与我有关，但它既非开玩笑，也非恶意中伤，而是有意"冤枉"先生，便于先生起来提出抗议。

【导读】

鲁迅与田汉

☆陈漱渝

鲁迅与田汉在 20 世纪 30 年代同属于左翼文艺营垒。他们之间曾以笔墨相讥,这已经成为人们所熟知的事情,故不赘述。这里要着重介绍的,是鲁迅与田汉关系的另一侧面,以期使读者较为全面地了解他们相互交往的历史原貌。

在《鲁迅日记》中,关于田汉的记载只有三处,但他们之间的实际接触却不止如此。据田汉回忆,他初见鲁迅是在 1930 年 2 月 13 日。那时,在党的发动和组织下,成立了一个"以号召被压迫民众争取自由为宗旨"的群众团体——中国自由运动大同盟,发起者有 51 人,郁达夫领衔,鲁迅名列第二,田汉名列第三。2 月 13 日,在上海汉口路的一个基督教教堂"圣公会"召开了秘密成立大会。鲁迅当天日记中,就有"赴法教堂"的记载。后来,鲁迅、田汉等 21 人被选为该同盟的执行委员,鲁迅与田汉等 7 人又被分配在同盟宣传部工作,负责起草宣言、编辑刊物、外出讲演等事宜。当时国民党江苏省党部出版的《江苏党务周刊》第 14 期上,就刊登了一篇署名"岫云"的文章《什么"自由大同盟"》。文中说:"同盟分子鲁迅、田汉、蒋光慈、郁达夫等到各校演讲,都是反对党的专政"。鲁迅保存了这份反面材料,并亲笔在上面写了"请看"二字。

1930 年 3 月 2 日午后,鲁迅、田汉等四十余人在上海窦乐安路(今多伦路)145 号中华艺术大学出席了中国左翼作家联盟成立大会。鲁迅、田汉等先后在会上发表了演说,鲁迅、田汉均被选为"左联"常务委员。此后,鲁迅与田汉等并肩参加了多次战斗,如联名签署了《中国著作家为中苏复交致苏联电》,联名刊登了《为横死之小林(按:指日本无产阶级作家小林多喜二)遗族募捐启》……当田汉所在的上海艺华影片公司被国民党特务视为"赤色电影大本营"而予以捣毁,田汉等左翼作家的 149 种作品被国民党中央党部查禁时,鲁迅都曾撰文予以揭露。

在上海,鲁迅还经常参加日本友人内山完造组织的漫谈会。在漫谈会上,鲁迅也曾与田汉相聚。文物出版社 1976 年出版的《鲁迅》照片集上,就收有一帧鲁迅、田汉等 1930 年 8 月 6 日在上海功德林菜馆举行漫谈会后的合影。这是漫谈文艺问题的一次聚会,参加者大多是旅沪爱好文艺的日本友人,应邀参加的中国作家除鲁迅、田汉外,还有郁达夫。

最值得介绍的，是 1930 年 9 月 17 日上海左翼文化界和文艺界人士预祝鲁迅 50 寿辰的一次活动。地点在上海法租界的一家荷兰西餐室，是通过美国友人史沫特莱租借的。当时上海白色恐怖十分严重，据说国民党反动派秘密开列了一份黑名单，准备逮捕田汉等人。鲁迅得知这一消息，就在这次聚会时迅速通知了田汉，使他得以及时走避。田汉每当回忆起这件事，都对鲁迅充满了感念之情。

鲁迅去世之后，田汉印行了根据鲁迅原著小说改编的五幕剧《阿Q正传》，列为 1937 年戏剧时代出版社出版的《戏剧时代丛书》之一；此外还撰写了《鲁迅翁逝世二周年》（载 1938 年 10 月 19 日重庆《新华日报》）、《漫忆鲁迅先生》（载 1945 年 11 月《文萃》第 5 期）等回忆、追悼文章。在七律《鲁迅逝世周年纪念》中，田汉写道：

> 手法何妨有异同，
> 十年苦斗各抒忠，
> 雄文未许余曹敌，
> 亮节堪称一世风。
> 惜逝惊添霜鬓白，
> 忧时喜见铁流红，
> 中原正作存亡战，
> 百万旌旗祭树翁。

本书收录了署名"绍伯"的《调和》一文。鲁迅确认"田汉同志也就是绍伯先生"。但事实上，"绍伯"原名为易绍伯，田汉的表弟，生于 1914 年 9 月 24 日，当年 20 岁，上海美术学科学校学生。不过，田汉承认该文跟他有关，该文发表前他曾看过，实际上代表了他的意见和态度。所以，鲁迅因为该文而憎恶鄙视田汉，是可以理解的。

答《戏》周刊编者信(节录)

☆鲁　迅

　　临末还有一点尾巴,当然决没有叭儿君的尾巴的有趣。这是我十分抱歉的,不过还是非说不可。记得几个月之前,曾经回答过一个朋友的关于大众语的质问,这信后来被发表在《社会月报》上了,末了是杨邨人先生的一篇文章。一位绍伯先生就在《火炬》上说我已经和杨邨人先生调和,并且深深的感慨了一番中国人之富于调和性。这一回,我的这一封信,大约也要发表的罢,但我记得《戏》周刊上已曾发表过曾今可,叶灵凤两位先生的文章;叶先生还画了一幅阿Q像,好像我那一本《呐喊》还没有在上茅厕时候用尽,倘不是多年便秘,那一定是又买了一本新的了。如果我被绍伯先生的判决所震慑,这回是应该不敢再写什么的,但我想,也不必如此。只是在这里要顺便声明:我并无此种权力,可以禁止别人将我的信件在刊物上发表,而且另外还有谁的文章,更无从预先知道,所以对于同一刊物上的任何作者,都没有表示调和与否的意思;但倘有同一营垒中人,化了装从背后给我一刀,则我的对于他的憎恶和鄙视,是在明显的敌人之上的。

　　这倒并非个人的事情,因为现在又到了绍伯先生可以施展老手段的时候,我若不声明,则我所说过的各节,纵非买办意识,也是调和论了,还有什么意思呢?

　　专此布复,即请
文安

鲁迅　十一月十四日

调 和
——读《社会月报》八月号

☆ 绍 伯

"中国人是善于调和的民族"——这话我从前还不大相信,因为那时我年纪还轻,阅历不到,我自己是不大肯调和的,我就以为别人也和我一样的不肯调和。

这观念后来也稍稍改正了。那是我有一个亲戚,在我故乡两个军阀的政权争夺战中做了牺牲,我那时对于某军阀虽无好感,却因亲戚之故也感着一种同仇敌忾,及至后来两军阀到了上海又很快的调和了,彼此过从颇密,我不觉为之呆然,觉得我们亲戚假使仅仅是为着他的"政友"而死,他真是白死了。

后来又听得广东 A 君告诉我在两广战争后战士们白骨在野碧血还腥的时候,两军主持的太太在香港寓楼时常一道打牌,亲昵逾常,这更使我大彻大悟。

现在,我们更明白了,这是当然的事,不单是军阀战争如此,帝国主义的分赃战争也作如是观。老百姓整千整万地做了炮灰,各国资本家却可以聚首一堂举着香槟相视而笑。什么"军阀主义""民主主义"都成了骗人的话。

然而这是指那些军阀资本家们"无原则的争斗",若夫真理追求者的"有原则的争斗"应该不是这样!

最近这几年,青年们追随着思想界的领袖们之后做了许多惨淡的努力,有的为着这还牺牲了宝贵的生命。个人的生命是可宝贵的,但一代的真理更可宝贵,生命牺牲了而真理昭然于天下,这死是值得的,就是不可以太打浑了水,把人家弄得不明不白。

后者的例子可求之于《社会月报》。这月刊真可以说是当今最完备的"杂"志了。而最"杂"得有趣的是题为"大众语特辑"的八月号。读者试念念这一期的目录罢,第一位打开场锣鼓的是鲁迅先生(关于大众语的意见),而"压轴子"的是《赤区归来记》作者杨邨人氏。就是健忘的读者想也记得鲁迅先生和杨邨人氏有过不小的一点"原则上"的争执罢。鲁迅先生似乎还"嘘"过杨邨人氏,然而他却可以替杨邨人氏打开锣鼓,谁说鲁迅先生器量窄小呢?

苦的只是读者,读了鲁迅先生的信,我们知道"汉字和大众不两立",我们知道应把"交通繁盛言语混杂的地方"的"'大众语'的雏形,它的字汇和语法输进穷乡僻壤去"。我们知道"先驱者的任务"是在给大众许多话"发表更明确的意思",同时"明白更精确的意义";我们知道现在所能实行的是以"进步的"思想写"向大众语去的作品"。但读了最后杨邨人氏的文章,才知道向大众去根本是一条死路,那里在水灾与敌人围攻之下,破产无余……"维持已经困难,建设更不要空谈"。还是"归"到都会里"来"扬起小资产阶级文学之旗更靠得住。

于是,我们所得的知识前后相销,昏昏沉沉,莫明其妙。

这恐怕也表示中国民族善于调和吧,但是太调和了,使人疑心思想上的争斗也渐渐没有原则了。变成"戟门坝上的儿戏"了。照这样的阵容看,有些人真死的不明不白。

关于开锣以后"压轴"以前的那些"中间作家"的文章特别是大众语问题的一些宏论,本想略抒鄙见,但这只好改日再谈了。

注释:

原载《大晚报·火炬》1934年8月31日。

田汉致鲁迅

树人先生：

　　两书未得复示，秉三入狱后有人以您给他的论及绍伯所写的文字的一封信见示，知道先生对于我盖有这样深的误会！

　　您写给《戏》周刊的信是经过我的手发出去的。当时虽觉得先生是有所指，但未加只字按语，后以说者纷纷，曾于十二月某期致编者信中涉及，卒以恐惹出更多风波作罢，原文今附上（见下页），一阅便知此事经过。总之该文虽与我有关，但既非开玩笑，也非恶意中伤，而是有意"冤枉"先生，便于先生起来提出抗议，因为我们知道先生那信是写给猛克的，曹聚仁君不能不负擅登的责任，因而达到打击杨某使该志成为一较清流的刊物之目的。该志第一期登载杨文，编者的介绍是那样严重，我们当然不希望先生的文字和他的并在。何况文中把秉三夫妇的名字一字不改的写出，完全是公开告密，成为此次他们被捕的直接原因。而且登了两期才进赤区，以后还不知要写得多么恶劣，我们苦思所以阻止其继续登载之方法乃不能不采取责备贤者的策略。明知先生或且震怒于绍伯，但该文只须先生抗议该志，实际于先生无伤，因为谁都知道先生不是调和派。

　　可是很意外的，先生不抗议该志，而过度地集矢于绍伯，恰等于替该志编者陈灵犀们辩护。《社会月报》第三期自经绍伯一文，杨作即停止登载，后自杨见先生之信打击绍伯，甚为痛快，此等效果盖非先生与绍伯始料所及也。

　　至于先生对于我（？）的批评，——如"心口不如一"等，虽则自问缺点极多，然而那恰不是我的缺点，我与先生不但是多年文化上的战友，而且无论在什么意义也没有丝毫矛盾的地方，我有什么中伤同志特别是中伤您的必要？既然无此必要却会把友人当敌人那除非发了疯。一九三五年我们的阵线需要更整齐而坚强，同志间任何意义的误会都于整个工作有害，为着说明那一文字的经过与意义，我写这封信给您，希望您也不要怀疑您的战友。无论什么时候我是敬爱同志特别是先生的。

致敬礼

田　汉
[一九三五年]一月二十八日

田汉致《戏》周刊编者信

　　最后我还想借这机会对鲁迅先生作一个简单的声明。读他为阿Q剧本写给《戏》周刊编者的信中有涉及绍伯在《大晚报·火炬》写的《调和》之处。绍伯却是我的一位亲戚（表弟），他是一个很纯洁而憨直的文学青年，他写那篇文章的用意，却绝不在从暗地里杀谁一刀，他没有任何那样的必要，何况是对于鲁迅先生他从来就很敬爱的。但正因为如此，他极不高兴鲁迅先生把文章登在以杨邨人先生的那一长篇创作为压轴子的《社会月报》是事实。这是不能拿鲁迅先生通信于《戏》周刊相比的，《戏》周刊虽也有些不愉快的名字，但那既不占主要部分，也不是有连续性的，而且他们的文字也不包含十分不愉快的内容，但是《社会月报》却另为一谈。我疑心鲁迅先生并没有读过杨先生的那个长篇，假使读过，他的确会要"耻与为伍"的，因为那中间是包含一些近于公开告密的内容。而且编者在介绍文里郑重的说，杨先生的文章是中国革命没有前途的一个证据。同时又听得说鲁迅先生的信原不是写给那月报的。为了促起鲁迅先生的注意，绍伯便写了那篇文章，他以为鲁迅先生虽没有权力禁止人家登载他的信件，却有充分的权力提出抗议的。我也曾看过那篇文章，虽则很憨直的责备着贤者，却丝毫没有中伤鲁迅先生或曲解他的论点之处。这我以为是没有理由取得鲁迅先生的"鄙视"与"敌意"的。但鲁迅先生却再三的表示他的愤然了。那有什么办法呢？绍伯曾学着阿Q的"个人笔调"说："反正一个人有时也未免要受受人家的鄙视与敌视的。何况杨先生的长篇巨制也停刊了，我也满足了。"他并没有响。然而中国"文坛消息家们"却颇有拾起这个做挑拨离间的材料。这次是甚至也射到我的身上来，所以我不能不在这儿说几句话："凡是在同一的阵营中的，我和任何人没有矛盾。""我们应该更分明的认清敌友"。

肆　左翼文坛内部之争

3　鲁迅与廖沫沙之争

廖沫沙：近来有一种文章,四周围着花边,从一些副刊上出现。……今天一则"偶感",明天一段"据说",从作者看来,自然是好文章……但从读者看,虽然不痛不痒,都往往渗有毒汁,散布了妖言。

鲁　迅：聚起一九三四年所写的这些东西来,就是这一本《花边文学》。这一个名称,是和我在同一营垒里的青年战友,换掉姓名挂在暗箭上射给我的。

【导读】

廖沫沙误伤鲁迅

☆ 陈漱渝

　　凡经历过那场"十年浩劫"的人，大概无人不知廖沫沙的大名。因为批判他(笔名吴南星)跟邓拓、吴晗在《北京晚报》发表的杂文《三家村札记》，成为了引发"文化大革命"的一根导火索。还有一些人知道廖沫沙的大名，则是通过鲁迅的杂文集《花边文学》。鲁迅在这本杂文集的《序言》中解释了书名的由来："这一个名称，是和我在同一营垒里的青年战友，换掉姓名挂在暗箭上射给我的。那立意非常巧妙：一，因为这类短评，在报上登出来的时候往往围绕一圈花边以示重要，使我的战友看得头疼；二，因为'花边'也是银元的别名，以见我的这些这些文章是为了稿费，其实并无足取。"

　　鲁迅所指的"青年战友"系指廖沫沙，因为他1933年加入中国左翼作家联盟，所以鲁迅跟他"在同一营垒里"。1934年7月3日，廖沫沙以"林默"为笔名，在上海《大晚报》的副刊《火炬》发表了《论"花边文学"》一文，除了讽刺那种"外形似乎是'杂感'，但又像'格言'，内容却不痛不痒，毫无着落"的"花边体"文章之外，还对鲁迅以"公汗"为笔名在同年6月28日《申报·自由谈》上发表的一篇杂文《倒提》提出了异议。当时在上海租界有个规定，如果倒提着鸡鸭行走，会被工部局以"虐待动物"的罪名拘入捕房罚款。有几位华人对此深感不平，认为华人常被洋人虐待，命运反比不上鸡鸭。《倒提》一文认为，"这其实是误解了洋人。他们鄙夷我们，是的确的，但并未放在动物之下。"此外，中国古人也谴责过"生封驴肉"、"火烤鹅掌"等残虐的行为，保护动物的心思跟洋人一样。更为重要的是：鸡鸭不能言语，不会抵抗，不必加以无益的虐待，而人能组织，能反抗，能为奴，也能为主，应该"自有力量，自有本领"，跟鸡鸭攀比，是没有出息的。

　　廖沫沙的化名文章对此进行了反驳。他认为《倒提》一文是在为洋人辩护说教，表现出作者的买办意识：一，"常以了解西洋人自夸"；二，"赞成西洋人统治中国，虐待华人"；三，"反对中国人记恨西洋人"。鲁迅在《花边文学·序言》中认为他跟廖沫沙的分歧在于："我以为我们无须希望外国人待我们比鸡鸭优，他却以为应该待我们比鸡鸭优"。

　　1981年11月10日，我去廖沫沙寓所拜访他，话题自然而然就从他跟鲁迅的关系聊起。时年74岁的廖老说，他原名廖家权，湖南长沙人，先后在长沙第一师范附小和长沙师范学校读书。刚进高小时读的是文言文，1920年以后就采用白话文教材。老师从《新青年》等报刊上选篇目，油印出来发给他们。鲁迅的《阿Q正传》刚在《晨报副刊》连载时，十四五岁的廖沫沙就已经读到了。这一时期他读过一些鲁迅的杂文，还有陈独秀、胡适、郭沫若等人的作品。学校订阅了《小说月报》、《创造季刊》等文学研究会和创造社的刊物，他也都看。小学毕业时，他还参加了话剧演出，记得演的是杨荫深改编的《孔雀东南飞》。老师中还有一位作家和学者，叫陈子展。这些都培养了他对文学的最初爱好。1927年，他担任湖南学生联合会的秘书，填写了入党申请书，不料赶上了当年5月21日发生的"马日事变"——何键指使他的部属捕杀大批共产党人、国民党左翼和工农群众。黑名单上有"廖家权"的名字，他就逃亡到了上海……廖沫沙当时发表文章主要有几个报刊：一个是《中华日报》副刊《动向》，一个是《大晚报》副刊《火炬》，另一个是《申报》副刊《自由谈》。在徐懋庸编的《新语林》和陈望道编的《太白》杂志上也发表过文章。他一律都用笔名，如达伍，埜（野）容，易容，熊飞，林默，易庸，沫沙，文益谦……每个笔名都有含义。如达伍，是他过去妻子的名字。野容，因他有个朋友叫容野；易容由埜（野）容演变而来。"文益谦"取自古语"满招损，谦受益"，他将词序颠倒过来，就成了"文益谦"。

廖沫沙重点谈了《论"花边文学"》这篇文章写作和发表的经过。他说，1934年5、6月间，他从左联的一个盟员那里听到一个消息，说《申报》馆的老板史量才迫于国民党当局的压力，撤换了该报副刊《自由谈》的主编黎烈文。黎是湖南湘潭人，跟廖沫沙是大同乡，又是熟人，心中很不平；想到左翼作家将失去了一个阵地，更为愤怒。听说接编的是一位老先生，估计像鲁迅杂文那样的战斗作品很难再刊出了。廖沫沙强调："鲁迅是我最崇拜的前辈作家呵！"于是，憋着火的廖沫沙花了好几天的时间，专门从《申报·自由谈》刊登的文章中找岔儿，结果找到了这篇《倒提》。《倒提》刊登时的署名是"公汗"，廖沫沙万万没想到这是鲁迅的笔名，也没有看懂鲁迅曲笔背后隐含的微言大义。他于是写了这篇《论"花边文学"》，仍投寄《申报·自由谈》黎烈文收，试探他还在不在。隔几天，这篇文章被退回来了，还以编辑部的名义寄了一封简短的退稿信，说"公汗"是一位老先生，他的文章不便批评。这就更坚定了廖沫沙的推测：如果黎烈文还在，无论如何都会回封亲笔信，或亲自跟他打声招呼的。他于是把这篇被退稿的文章又投给了《大晚报》——他通过田汉认识了《大晚报·火炬》的编辑崔万秋。就这样，那篇激怒鲁迅的文章就在《大晚报》刊出了。不过，此前廖沫沙跟鲁迅之间并没有过节。廖沫沙崇敬鲁迅自不待言，鲁迅事后在8月16日发表的杂文《安贫乐道法》中还转引了廖沫沙《拥护会考》一文中引用过的材料。《拥护会考》发表时廖沫沙使用的笔名是"埜容"。正如同廖沫沙不知道"公汗"是鲁迅的笔名一样，鲁迅也不知道"埜容"是廖沫沙的笔名。"大水冲了龙王庙"，这在当时的左翼文艺阵营内部并不是太新鲜的事情。

廖沫沙在什么时候才知道自己无意之中闯了大祸呢？那是1938年《鲁迅全集》出版之后的事情。因为《论"花边文学"》一文发表不久，廖沫沙就被调到中共中央地下机关从事秘密工作，同年冬天被关进了法租界的捕房和上海公安局，挨打受苦，跟所有人（包括关系密切者如陈子展、田汉）都失去了联系。出狱后读到《鲁迅全集》，鲁迅已经去世，连解释的机会也已经失去，只能抱恨终天。万万没有想到，他年轻时这一冒失行为，竟成为"四人帮"迫害他的重要罪证。不过，在"文化大革命"中蒙冤受难他也没想过自杀，坚信问题终有水落石出的一天。当年的"三家村"成员中，吴晗、邓拓均已作古，他成了唯一的幸存者。

廖沫沙说完自己的这番经历，便问我的年龄。我说："今年刚好四十岁。"他羡慕不已地说："正是好时候，正是好时候。我四十岁时，写了不少文章，开夜车，有时写到凌晨四五点。第二天早上才睡一小觉。"他又问我"文化大革命"中受冲击没有。我回答："那当然。当时我在教中学，未能幸免。"他又问："学黄帅，批修正主义教育路线回潮时，你受冲击没有？"我回答："那时候的日子比'文化大革命'初期好过多了。军宣队动员学生给老师写大字报，但很多学生提笔忘字，没兴趣写大字报。革命的方式是砸玻璃、翘地板，结果全校玻璃几乎都被砸了。"廖沫沙听后哈哈大笑，指着我说："你看，你看，这就是你们教出来的学生！"

因为廖沫沙兴致很好，我便乘机跟他求一幅字。他欣然命笔，写了两首七绝：

偶　感

（1973—1978年作）

四汉三家道不孤，
秦皇事业化丘墟；
坑灰未冷心犹热，
读尽残篇断简书。

岂有文章惊海内，
漫劳倾国动干戈；
三家竖子成何物，
高唱南无阿弥陀。

——录旧作供漱渝同志一哂

廖沫沙 1981，11

花边文学·序言

☆鲁　迅

　　我的常常写些短评，确是从投稿于《申报》的《自由谈》上开头的；集一九三三年之所作，就有了《伪自由书》和《准风月谈》两本。后来编辑者黎烈文先生真被挤轧得苦，到第二年，终于被挤出了，我本也可以就此搁笔，但为了赌气，却还是改些作法，换些笔名，托人抄写了去投稿，新任者不能细辨，依然常常登了出来。一面又扩大了范围，给《中华日报》的副刊《动向》，小品文半月刊《太白》之类，也间或写几篇同样的文字。聚起一九三四年所写的这些东西来，就是这一本《花边文学》。

　　这一个名称，是和我在同一营垒里的青年战友，换掉姓名挂在暗箭上射给我的。那立意非常巧妙：一，因为这类短评，在报上登出来的时候往往围绕一圈花边以示重要，使我的战友看得头疼；二，因为"花边"也是银元的别名，以见我的这些文章是为了稿费，其实并无足取。至于我们的意见不同之处，是我以为我们无须希望外国人待我们比鸡鸭优，他却以为应该待我们比鸡鸭优，我在替西洋人辩护，所以是"买办"。那文章就附在《倒提》之下，这里不必多说。此外，倒也并无什么可记之事。只为了一篇《玩笑只当它玩笑》，又曾引出过一封文公直先生的来信，笔伐的更严重了，说我是"汉奸"，现在和我的复信都附在本文的下面。其余的一些鬼鬼祟祟，躲躲闪闪的攻击，离上举的两位还差得很远，这里都不转载了。

　　"花边文学"可也真不行。一九三四年不同一九三五年，今年是为了《闲话皇帝》事件，官家的书报检查处忽然不知所往，还革掉七位检查官，日报上被删之处，也好像可以留着空白（术语谓之"开天窗"）了。但那时可真厉害，这么说不可以，那么说又不成功，而且删掉的地方，还不许留下空隙，要接起来，使作者自己来负吞吞吐吐，不知所云的责任。在这种明诛暗杀之下，能够苟延残喘，和读者相见的，那么，非奴隶文章是什么呢？

　　我曾经和几个朋友闲谈。一个朋友说：现在的文章，是不会有骨气的了，譬如向一种日报上的副刊去投稿罢，副刊编辑先抽去几根骨头，总编辑又抽去几根骨头，检查官又抽去几根骨头，剩下来还有什么呢？我说：我是自己先抽去了几根骨头的，否则,连"剩下来"的也不剩。所以,那时发表出来的文字,有被抽四次的可能,——现在有些人不在拚命表彰文天祥、方孝孺么,幸而他们是宋明人,如果活在现在,他们的言行是谁也无从知道的。

因此除了官准的有骨气的文章之外,读者也只能看看没有骨气的文章。我生于清朝,原是奴隶出身。不同二十五岁以内的青年,一生下就是中华民国的主子,然而他们不经世故,偶尔"忘其所以"也就大碰其钉子。我的投稿,目的是在发表的,当然不给它见得有骨气,所以被"花边"所装饰者,大约也确比青年作家的作品多,而且奇怪。被删掉的地方倒很少。一年之中,只有三篇,现在补全,仍用黑点为记。我看《论秦理斋夫人事》的末尾,是申报馆的总编辑删的,别的两篇,却是检查官删的:这里都显着他们不同的心思。

今年一年中,我所投稿的《自由谈》和《动向》,都停刊了;《太白》也不出了。我曾经想过:凡是我寄文稿的,只寄开初的一两期还不妨,假使接连不断,它就总归活不久。于是从今年起,我就不大做这样的短文,因为对于同人,是回避他背后的闷棍,对于自己,是不愿做开路的呆子,对于刊物,是希望它尽可能的长生。所以有人要我投稿,我特别敷延推宕,非"摆架子"也,是带些好意——然而有时也是恶意——的"世故":这是要请索稿者原谅的。

一直到了今年下半年,这才看见了新闻记者的"保护正当舆论"的请愿和智识阶级的言论自由的要求。要过年了,我不知道结果怎么样。然而,即使从此文章都成了民众的喉舌,那代价也可谓大极了:是北五省的自治。这恰如先前的不敢恳请"保护正当舆论"和要求言论自由的代价之大一样:是东三省的沦亡。不过这一次,换来的东西是光明的。然而,倘使万一不幸,后来又复换回了我做"花边文学"一样的时代,大家试来猜一猜那代价该是什么罢……

一九三五年十二月二十九之夜,鲁迅记

倒 提

☆鲁 迅

　　西洋的慈善家是怕看虐待动物的,倒提着鸡鸭走过租界就要办。所谓办,虽然也不过是罚钱,只要舍得出钱,也还可以倒提一下,然而究竟是办了。于是有几位华人便大鸣不平,以为西洋人优待动物,虐待华人,至于比不上鸡鸭。

　　这其实是误解了西洋人。他们鄙夷我们,是的确的,但并未放在动物之下。自然,鸡鸭这东西,无论如何,总不过送进厨房,做成大菜而已,即顺提也何补于归根结蒂的运命。然而它不能言语,不会抵抗,又何必加以无益的虐待呢?西洋人是什么都讲有益的。我们的古人,人民的"倒悬"之苦是想到的了,而且也实在形容得切帖,不过还没有察出鸡鸭的倒提之灾来,然而对于什么"生剖驴肉""活烤鹅掌"这些无聊的残虐,却早经在文章里加以攻击了。这种心思,是东西之所同具的。

　　但对于人的心思,却似乎有些不同。人能组织,能反抗,能为奴,也能为主,不肯努力,固然可以永沦为舆台,自由解放,便能够获得彼此的平等,那运命是并不一定终于送进厨房,做成大菜的。愈下劣者,愈得主人的爱怜,所以西崽打叭儿,则西崽被斥,平人忤西崽,则平人获咎,租界上并无禁止苛待华人的规律,正因为我们该自有力量,自有本领,和鸡鸭绝不相同的缘故。

　　然而我们从古典里,听熟了仁人义士,来解倒悬的胡说了,直到现在,还不免总在想从天上或什么高处远处掉下一点恩典来,其甚者竟以为"莫作乱离人,宁为太平犬",不妨变狗,而合群改革是不肯的。自叹不如租界的鸡鸭者,也正有这气味。

　　这类的人物一多,倒是大家要被倒悬的,而且虽在送往厨房的时候,也无人暂时解救。这就因为我们究竟是人,然而是没出息的人的缘故。

六月三日

注释:

原载《申报·自由谈》1934年6月28日,署名公汗。

论"花边文学"

☆林 默

近来有一种文章,四周围着花边,从一些副刊上出现。这文章,每天一段,雍容闲适,缜密整齐,看外形似乎是"杂感",但又像"格言",内容却不痛不痒,毫无着落。似乎是小品或语录一类的东西。今天一则"偶感",明天一段"据说",从作者看来,自然是好文章,因为翻来复去,都成了道理,颇尽了八股的能事的。但从读者看,虽然不痛不痒,却往往渗有毒汁,散布了妖言。譬如甘地被刺,就起来作一篇"偶感",颂扬一番"摩哈达麻",咒骂几通暴徒作乱,为圣雄出气禳灾,顺便也向读者宣讲一些"看定一切","勇武和平"的不抵抗说教之类。这种文章无以名之,且名之曰"花边体"或"花边文学"罢。

这花边体的来源,大抵是走入鸟道以后的小品文变种。据这种小品文的拥护者说是会要流传下去的(见《人间世》:《关于小品文》)。我们且来看看他们的流传之道罢。六月念八日《申报》《自由谈》载有这样一篇文章,题目叫《倒提》。大意说西洋人禁止倒提鸡鸭,华人颇有鸣不平的,因为西洋人虐待华人,至于比不上鸡鸭。

于是这位花边文学家发议论了,他说:"这其实是误解了西洋人。他们鄙夷我们是的确的,但并未放在动物之下。"

为什么"并未"呢?据说是"人能组织,能反抗……自有力量,自有本领,和鸡鸭绝不相同的缘故。"所以租界上没有禁止苛待华人的规律。不禁止虐待华人,当然就是把华人看在鸡鸭之上了。

倘要不平么,为什么不反抗呢?

而这些不平之士,据花边文学家从古典里得来的证明,断为"不妨变狗"之辈,没有出息的。

这意思极明白,第一是西洋人并未把华人放在鸡鸭之下,自叹不如鸡鸭的人,是误解了西洋人。第二是受了西洋人这种优待,不应该再鸣不平。第三是他虽也正面的承认人是能反抗的,叫人反抗,但他实在是说明西洋人为尊重华人起见,这虐待倒不可少,而且大可进一步。第四,倘有人要不平,他能从"古典"来证明这是华人没有出息。上海的洋行,有一种帮洋人经营生意的华人,通称叫"买办",他们和同胞做起生意来,除开夸说洋货如何比国货好,外国人如何讲礼节信用,中国人是猪猡,该被淘汰以外,还有一个特点,是口称洋人曰:"我们的东家"。我想这一篇《倒提》的杰作,看他的口气,大抵不出于这般人为他们的东家而作的手笔。因为第一,这般人是常以了解西洋人自夸的,西洋人待他很客气;第二,他们往往赞成西洋人(也就是他们的东家)统治中国,虐待华人,因为中国人是猪猡;第三,他们最反对中国人怀恨西洋人。抱不平,从他们看来,更是危险思想。

从这般人或希望升为这般人的笔下产出来的就成了这篇"花边文学"的杰作。但所可惜是不论这种文人,或这种文字,代西洋人如何辩护说教。中国人的不平,是不可免的。因为西洋人居然不曾把中国放在鸡鸭之下,但事实上也似乎并未放在鸡鸭之上。香港的差役把中国犯人倒提着从二楼摔下来,已是久远的事;近之如上海,去年的高丫头,今年的蔡洋其辈,他们的遭遇,并不胜过于鸡鸭,而死伤之惨烈有过之而无不及。这些事实我辈华人是看得清清楚楚,不会转背就忘却的,花边文学家的嘴和笔怎能朦混过去呢?

抱不平的华人果真如花边文学家的"古典"证明,一律没有出息的么?倒也不的。我们的古典里,不是有九年前的"五·卅"运动,两年前的"一·二八"战争,至今还在艰苦支持的东北义勇军么?谁能说这些不是由于华人的不平之气聚集而成的勇敢的战斗和反抗呢?

"花边体"文章赖以流传的长处都在这里。如今虽然在流传着,为某些人们所拥护。但相去不远,就将有人来唾弃他的。现在是建设"大众语"文学的时候,我想"花边文学",不论这种形式或内容,在大众的眼中,将有流传不下去的一天罢。

这篇文章投了好几个地方,都被拒绝。莫非这文章又犯了要报私仇的嫌疑么?但这"授意"却没有的。就事论事,我觉得实有一吐的必要。文中过火之处,或者有之,但说我完全错了,却不能承认。倘得罪的是我的先辈或友人,那就请谅解这一点。

笔者附识

注释:

原载《大晚报·火炬》1934 年 7 月 3 日。

肆　左翼文坛内部之争

4 "两个口号"论争

徐懋庸：在目前，我总觉得先生最近半年来的言行，是无意地助长着恶劣的倾向的。以胡风的性情之诈，以黄源的行为之谄，先生都没有细察，永远被他们据为私有，眩惑群众，若偶像然……

鲁　迅：不是只要"抗日"，就是战友吗？"诈"何妨，"谄"又何妨？又何必要剿灭胡风的文字，打倒黄源的《译文》呢……首先应该扫荡的，倒是拉大旗作为虎皮，包着自己，去吓呼别人；小不如意，就倚势(!)定人罪名，而且重得可怕的横暴者。

人事纠葛下的一场论争

☆陈漱渝

"两个口号论争"是左翼文艺阵营内部的又一次论争,也是使临终前的鲁迅情绪十分愤慨、心情格外苦痛的一场论争。这场论争虽然是由建立新的更为广泛的抗日民族统一战线引发的,但实际上与鲁迅跟左联某些领导人长期存在隔膜和分歧密不可分。比如1932年鲁迅批评周扬主编的《文学月报》刊登文风不正的诗歌,被某些"战友"视为"落入了右倾机会主义的陷井"。1934年,又先后发生了廖沫沙挖苦鲁迅杂文是"花边文学"和田汉指责鲁迅跟叛徒杨邨人"调和"的事件。事实上,周扬率先提出"国防文学"口号和鲁迅嗣后提出的"民族革命战争的大众文学"口号都是文学战线抗日救亡的口号,但"国防文学"的倡导者在对这一口号进行阐释的过程中有左的(如排斥非国防题材的作品)或右的(如忽视统一战线内部的斗争与相互批评)缺陷,而鲁迅对新口号的解释则更明确,更深刻,更有内容,既坚持了无产阶级的领导责任,又抵制了以创作题材划分政治战线的关门主义倾向。但论争中夹杂了人事纠葛与意气成分,以致影响了团结,分散了力量,这在徐懋庸致鲁迅的信中得了集中的反映。鲁迅在《华盖集·杂感》中写道:"死于敌手的锋刃,不足悲苦,死于不知何来的暗器,却是悲苦。但是最悲苦的是死于慈母或爱人误进的毒药,战友乱发的流弹,病菌的并无恶意的侵入……"我们了解了鲁迅的上述观点,就能真切体会鲁迅在"两个口号"论争过程中抑郁悲愤的心情。

"敌乎,友乎？余惟自问"
——徐懋庸临终前后琐忆

☆陈漱渝

我接触徐懋庸的名字,是通过鲁迅那篇著名杂文《答徐懋庸并关于抗日统一战线问题》；而跟他本人接触则是始于1976年7月。当时我刚从北京一所普通中学调进鲁迅博物馆鲁迅研究室工作，单位所在地跟徐懋庸住的王府仓只隔一条东西向的马路，因此我常去跟寂寞的他聊天。他对我说，他一生都崇仰鲁迅，只是26岁时年轻气盛，写了一封跟鲁迅意见相左的信件，遭到鲁迅的斥责。随着鲁迅著作的流芳百世，他的名字也就变得"遗臭万年"。"文化大革命"期间，有些"走资派""牛鬼蛇神"由本单位的红卫兵和造反派专门揪斗，而他名气太大，是"公众人物"，所以单位、学校、街道都可以随时揪斗他。我很同情他的遭遇，便劝他实事求是地写些回忆录，特别希望他把鲁迅致他的50多封书信注释出来，为后人留下一份历史记录。

徐懋庸接受了我的建议，准备开始工作。但1976年7月28日凌晨发生了唐山大地震，北京、天津受到强烈波及，老百姓在马路边、空地上搭起了一排排绵延不绝的抗震棚。饱经折磨的徐懋庸身体十分虚弱，当然不能适应抗震棚里的生活，便决定到南京儿子家避震。他打算利用这段难得的空闲时间注释鲁迅给他的书信，并围绕两个专题撰写回忆录。

关于回忆录的设想是：

一，鲁迅《答徐懋庸并关于抗日统一战线问题》一文的前前后后

A.鲁迅与"左联"的关系

B.鲁迅与徐懋庸的关系

C."左联"解散对鲁迅思想情绪的影响

D.徐懋庸攻击鲁迅的信对鲁迅思想情绪的影响

E.《答徐》一文发表后鲁迅在私人通信中所表现的心理状态

二,毛主席"关于1936年'两个口号论争问题'对徐懋庸的指示"关于书信注释的设想是："我的注释，将与曹靖华同志的注释法不同（按：指《鲁迅书

简——致曹靖华》),范围要宽一些,将说明一些事实,并对鲁迅先生的思想作些分析,有些地方,还要联系鲁迅先生给别人的一些信。所以工作量不小,我想在三四个月内完成。

徐懋庸之所以说"范围要宽一点",是想"使书信的背景更明白而那些事情的意义也更清楚"。

以上这些设想,都是他给我信中的文字表述。

然而写作时面临的困难不少。一是当年冬天南京大风、降温、下雪,他身体感到不适。二是缺少必要的资料和助手——没有帮助抄写的人,更没有复写、打印的条件。但徐懋庸以高昂的精神状态不断克服着面临的困难。

在此期间,我跟他书信往返频繁。他有时要我帮一些小忙,比如写作中涉及鲁迅与瞿秋白的关系,他要我查证瞿秋白何时到上海?何时跟鲁迅交往?何时离上海去苏区?同时,他还要我给他寄几百张稿纸。我一一满足了他的要求。与此同时,我也写信向他请教一些问题。比如,1936年8月28日,鲁迅在致杨霁云信中曾谈到徐懋庸当年8月1日给他的这封信:"其实,写这信的虽是他一个,却代表着某一群,试一细读,看那口气,即可了然。"因此,我问徐先生写这封信到底是不是他的个人行为?

徐先生在1976年11月17日复信说:"你问我的一件事,本来很简单,但被人们弄得很复杂了。事实是:①我给鲁迅先生的信,完全是我个人起意写的,没有任何人指使我,也没有别的人参与。②但信中的一些主要内容,如关于无产阶级在统一战线中的领导权问题(其实,在这个问题上我还没有像'四条汉子'那样走得远,他们根本否认无产阶级的领导权,而我,却只是反对'不以工作,只以特殊的资格去要求领导权',我承认'在客观上,普罗之为主体,是当然的',但这种提法,当然也是不够正确的)以及胡风是坏人等问题,乃是周扬平时多次向我谈论的,所以不能说周扬对我的信毫无责任。但是,自从鲁迅先生答复我的文章发表以后,周扬等怕得要命,竭力想推卸责任,曾召集会议围攻我,说我'个人行动'、'无组织,无纪律'等,我当时同他们争论,指出他们不能这样推卸责任。到了文化大革命的时候,则发生另一种情况。有人(我估计是何家槐)大概在红卫兵压力之下,说了一些似是而非的情况,说他和另一人曾参与我的信的写作,并说我8月1号未曾把信发出,过了几天,才发出的。于是,红卫兵根据这个口供,一定要我承认此信不是我个人的行动,而是'集体创作'。我坚决予以驳斥。你们只要看一看我的信的原文,就可看出这完全是我个人的口气。至于胡乔木制止云云,更无其事。胡乔木只参加过决定解散左联的那次常委会,后来就不见了。"读完这封信,我想起了徐懋庸跟我说过的一句话:"周扬想把我当成肥皂,以我的消失洗净他的责任。"

正当徐懋庸集中精力进行写作时,发生了一件给他以致命打击的事情,这就是1976年12月23日新华社发布的一则电讯。这件事的经过是:

1976年底,鲁迅研究界陆续发现了13封鲁迅书信:有8封本人或家属提供的原信,另5封曾刊登于《北平新报》、《西北风》半月刊、《北洋画报》,均为1958年版《鲁迅全集》未收,其中包括1936年8月25日致小说家、杂文家欧阳山信。写这封信时,鲁迅刚发表《答徐懋庸并关于抗日统一战线问题》,怒气未消。信中写道:"但我也真不懂徐懋庸为什么竟如此昏蛋,忽以文坛皇帝自居,明知我病到不能读,写,却骂上门来,大有抄家之意。"1976年12月23日,新华社发布了一则电讯,刊登于次日《人民日报》第4版下方,题为《新发现一批鲁迅书信》。标题下有一段按语:"这些书信,都是鲁迅成为伟大的共产主义者的最后十年写下的,其中对徐懋庸伙同周扬、张春桥之流,'以文坛皇帝自居',围攻鲁迅的反革命面目的揭露,对我们今天深入揭发、批判'四人帮'反党集团的斗争有重要意义。"

1976年10月粉碎"四人帮"之后,徐懋庸原本跟全国人民一样,沉浸于欢乐的泪水之中。不料只隔两个月,他居然又跟"四人帮"成了拴在同一根绳上的蚂蚱。这是徐懋庸万万想不到的,对他的打击之大也是局外人难于体会到的。在病中,徐懋庸怀着十分沉重的心情,写出了《对一条电讯的意见》,成为他四十余年文字生涯中的绝笔。

令徐懋庸感到不解的是,在"文化大革命"期间,他一直作为周扬的"追随者""干将"和"打手"受到无数次批判;打倒"四人帮"之后,怎么会摇身一变,又具有了"伙同"周扬的资格,甚至名列周扬之前了呢?如果说20世纪30年代上海左联有派别之分,那徐懋庸明明是周扬派的成员,并没有自立山头,另成一派,怎么又会成为"徐派"之首呢?说徐懋庸以"文坛皇帝自居",虽然是鲁迅书信中的原文,但经过这位新华社记者的引用并加以强调,那就在无形中被肯定为事实了。如果真是如此,那鲁迅为什么又在书信中称周扬为"元帅"呢?"皇帝"与"元帅"之间,究竟谁主谁从呢?最为离奇的是创造了徐懋庸"伙同"张春桥的新闻。在人神共愤的"四人帮"当中,被称为"狗头军师"的张春桥是民愤极大而态度最顽固的一人。徐懋庸从1934年下半年起跟张春桥毫无接触,他怎么能对张春桥的任何行为负责任呢?

这则电讯不仅使徐懋庸感到疑惑,委屈,同时也有几分紧张——当时刚刚打倒"四人帮",因一封私人通信而长期受到迫害的他难免心有余悸。1977年1月4日,他在给我的信中说:"你们也看到了(19)76年12月23号新华社的一则电讯了吧。这则电讯的编写者,是一个伟大的创造发明家。他把我提升在周扬之上,并把张春桥列为'徐派'小丑。真是奇闻。把事实搞成这样,在政策上不知将对我如何处理。我将写一材料,寄中央提个意见。这个材料,也可以寄给你们。多年以来,我被'四人帮'折腾惯了,对于此则新闻,倒也不觉得太特别。升级也不是坏事,但'提级不提薪',却也得不到好处。"信中的语气貌似轻松,但提到"在政策上不知将对我如何处理",流露出的显然是一种掩饰不住的恐惧感。

接到这封信,我的心情也很沉重。我以为,新华社起草这则电讯的记者,与徐懋庸"今日无冤,昔日无仇",绝非有意对他进行政治陷害,也不能代表权威部门。只是出于"十年浩劫"乃至此前十七年中上纲上线的积习,为了突出鲁迅书信的现实战斗意义,强行把徐懋庸跟张春桥挂上了钩。至于这样行文可能导致什么后果,这位记者下笔之前是没有考虑周全的。在我的印象中,这则电讯事前也征询过有关专家的意见。专家的目光大概集中于鲁迅书信本身,也忽略了书信前的那一段导语。我当时不禁想起了巴人1956年5月6日在《人民日报》发表的一篇杂文:《况钟的笔》。巴人通过昆剧《十五贯》中况钟那枝三落三起的朱砂笔,告诫一切用笔的"机关首长、单位的负责人,以至一般的工作人员",落笔时要慎重而严肃,特别应该"善于在笔底下看到'人'"。记者虽然不是掌握生杀予夺之权的审判官,但对于更弱者,"也还有左右他命运的若干力量"(鲁迅:《论"人言可畏"》),其文字的杀伤力可能是出于本人预料之外的。我感到,这种教训,在改革开放已经三十年的今天仍然应该记取。构建和谐社会,更应该如巴人所说,要"善于在笔底下看到'人'"。

这则电讯发布之后徐懋庸便得了一场大病。1977年1月16日,徐先生之子徐克洪来信说,他父亲1月7日突然病倒,病因是肺部感染,住院抢救,身体极为虚弱,大小便都只能在床上,暂时无法写东西。然而在重病中,徐懋庸仍记挂着注释鲁迅书信之事,并嘱徐克洪回北京时将他已写成的部分(七封信,五千字)交给我。

1977年2月9日,徐克洪又来信报告了一个噩耗:"我以沉痛的心情告知你们:我父亲徐懋庸于2月7日上午9时许于南京海军医院病逝了。他主要是由于肺部炎症引起了肺心病复发,造成严重缺氧,呼吸困难,心力衰竭。事情很突然,我们都缺乏思想准备。医院全力抢救,终于无效。现在,我和妈妈等都在南京候北京来人商量后事的处理问题。特通知你们。"

徐懋庸去世后,家属向他所在单位请示丧事处理事宜。1977年3月初,家属得到了通知:"一,徐懋庸同志犯有严重错误,不开追悼会。二,徐懋庸同志骨灰安放在八宝山革命公墓。三,按徐懋庸级别发给家属抚恤金。"所谓"严重错误",当然主要是指在鲁迅问题上的错误;但因此连追悼会都不允许开,显然违背了毛主席关于

"只要他是做过一些有益的工作的,我们都要给他送葬,开追悼会"的指示。徐懋庸的家属因此想不通,这是完全可以理解的。将徐懋庸的骨灰安放在八宝山革命公墓,是因为他20世纪30年代就现身左翼文坛,1938年8月又经艾思奇和张庚介绍,在延安入党。这一段资历总是抹杀不了的。同年4月18日上午,徐懋庸的骨灰被安放在八宝山革命公墓9室60号。当时没有任何安放仪式,也没有通知徐懋庸的生前友好,家属非常难过,进行了申诉。

1978年12月,徐懋庸1957年被错划为右派的问题得到了改正,恢复了他的政治名誉和共产党员称号。1979年4月12日,又为他在八宝山革命礼堂召开了追悼会。悼词说:"中国共产党党员、我国文艺界和社会科学战线的老战士徐懋庸同志,浙江省上虞县人,生于1910年,1934年参加革命工作,1938年加入中国共产党,1977年2月7日逝世,终年67岁。抗日战争和解放战争期间,他在山西临汾民族革命大学、延安文化界抗敌协会、抗大、晋冀鲁豫文联、冀热辽军区政治部、热河省文化界建国联合会、热河建国学院、冀察热辽联合大学,历任教员、教育研究室主任、宣传科长、文联主任、学院院长、校长等职。全国解放后,历任第四野战军南下工作团三分团政委,武汉大学秘书长、文学院院长、校长等职。全国解放后,历任第四野战军南下工作团三分团政委,武汉大学秘书长、文学院院长、副校长,中南军政委员会教育部副部长、文化部副部长,中共中南党校政治经济学教研究主任等职。1957年3月,调中国科学院哲学研究所搞研究工作。徐懋庸同志1927年在党的领导下,编辑和发行革命刊物《指南针》。1933年在上海参加'左联',担任'左联'的领导工作,在中国共产党的领导和影响下,他和'左联'的同志一道为反蒋抗日作了有益的工作。在此期间,他还翻译了有关宣传马列主义的著作。1938年,他离开上海去延安,一直从事文化教育工作。在民主革命时期,他艰苦奋斗,忘我工作,经受了战争的锻炼和考验,为党培养干部作了积极的贡献。在社会主义革命和社会主义建设时期,他襟怀坦白,敢于讲出自己的观点。在工作上兢兢业业,埋头苦干,做出了一定的成绩。"

鲁迅去世后,徐懋庸曾敬献了一幅著名的挽联:"敌乎友乎?余惟自问;知我罪我,公已无言。"经过打倒"四人帮"之后的拨乱反正,恢复实事求是的传统,徐懋庸"敌乎友乎"的问题在1978年底终于有了明确的结论。令人伤感的是,徐懋庸已驾鹤西归,无论对他的"知"或"罪",他都已经不可能知道了。

徐懋庸去世之后,我一直关心着他遗著的出版,除1976年12月所写的七条注释之外,他在漫长的文字生涯中还留下了大量杂文、回忆、诗词……1979年5月14日,徐夫人王韦在给我的信上说:"您对懋庸和我们的关心,真使我们非常感谢!

常感觉得只有您关心我们,为我办理了若干我们不能办理的事情,但我们对您却无任何帮忙,还要麻烦您。我们能理解,这一切无非是出于一种正义。懋庸生前虽未完成您所给他的任务,但有了往来,有所了解。""您的建议和鼓励,使我们决心还是要整理,即使不出版,也可存给自己家人传阅几代人的!"1982年7月,人民文学出版社出版了《徐懋庸回忆录》;1983年2月,三联书店又出版了50余万字的《徐懋庸杂文集》。这些遗文的出版,凝聚了徐懋庸夫人王韦的深情和心血,既是对家属的安慰,也是对读者的嘉惠。

答徐懋庸并关于抗日
统一战线问题

☆鲁　迅

鲁迅先生：

贵恙已痊愈否？念念。自先生一病，加以文艺界的纠纷，我就无缘再亲聆教诲，思之常觉怆然！

我现因生活困难，身体衰弱，不得不离开上海，拟往乡间编译一点卖现钱的书后，再来沪上。趁此机会，暂作上海"文坛"的局外人，仔细想想一切问题，也许会更明白些的罢。

在目前，我总觉得先生最近半年来的言行，是无意地助长着恶劣的倾向的。以胡风的性情之诈，以黄源的行为之谄，先生都没有细察，永远被他们据为私有，眩惑群众，若偶像然，于是从他们的野心出发的分离运动，遂一发而不可收拾矣。胡风他们的行动，显然是出于私心的，极端的宗派运动，他们的理论，前后矛盾，错误百出。即如"民族革命战争的大众文学"这口号，起初原是胡风提出来用以和"国防文学"对立的，后来说一个是总的，一个是附属的，后来又说一个是左翼文学发展到现阶段的口号，如此摇摇荡荡，即先生亦不能替他们圆其说，对于他们的言行，打击本极易，但徒以有先生作着他们的盾牌，人谁不爱先生，所以在实际解决和文字斗争上都感到绝大的困难。

我很知道先生的本意。先生是唯恐参加统一战线的左翼战友，放弃原来的立场，而看到胡风们在样子上尚左得可爱；所以赞同了他们的。但我要告诉先生，这是先生对于现在的基本的政策没有了解之故。现在的统一战线——中国的和全世界的都一样——固然是以普洛为主体的，但其成为主体，并不由于它的名义，它的特殊地位和历史，而是由于它的把握现实的正确和斗争能力的巨大。所以在客观上，普洛之为主体，是当然的。但在主观上，普洛不应该挂起明显的徽章，不以工作，只以特殊的资格去要求领导权，以至吓跑别的阶层的战友。所以，在目前的时候，到联合战线中提出左翼的口号来，是错误的，是危害联合战线的。所以先生最近所发表的《病中答客问》,既说明"民族革命战争的大众文学"是普洛文学到现在的一发展,又说这应该作为统一战线的总口号,这是不对的。

再说参加"文艺家协会"的"战友",未必个个右倾堕落,如先生所疑虑者;况集合在先生的左右的"战友",既然包括巴金和黄源之流,难道先生以为凡参加"文艺家协会"的人们,竟个个不如巴金和黄源么?我从报章杂志上,知道法西两国"安那其"之反动,破坏联合战线,无异于托派,中国的"安那其"的行为,则更卑劣。黄源是一个根本没有思想,只靠捧名流为生的东西。从前他奔走于傅、郑门下之时,一副谄佞之相,固不异于今日之对先生效忠致敬。先生可与此辈为伍,而不屑与多数人合作,此理我实不解。

我觉得不看事而只看人,是最近半年来先生的错误的根由。先生的看人又看得不准。譬如,我个人,诚然是有许多缺点的,但先生却把我写字糊涂这一层当作大缺点,我觉得实在好笑。(我为什么故意要把"邱韵铎"三字,写成像"郑振铎"的样子呢?难道郑振铎是先生所喜欢的人么?)为此小故,遽拒一个人于千里之外,我实以为不对。

我今天就要离沪,行色匆匆,不能多写了,也许已经写得太多。以上所说,并非存心攻击先生,实在很希望先生仔细想一想各种事情。

拙译《斯太林传》快要出版,出版后当寄奉一册,此书甚望先生细看一下,对原意和译文,均望批评。敬颂

痊安。

懋庸上 八月一日

以上,是徐懋庸给我的一封信,我没有得他同意就在这里发表了,因为其中全是教训我和攻击别人的话,发表出来,并不损他的尊严,而且也许正是他准备我将它发表的作品。但自然,人们也不免因此看得出:这发信者倒是有些"恶劣"的青年!

但我有一个要求:希望巴金,黄源,胡风诸先生不要学徐懋庸的样。因为这信中有攻击他们的话,就也报答以牙眼,那恰正中了他的诡计。在国难当头的现在,白天里讲些冠冕堂皇的话,暗夜里进行一些离间,挑拨,分裂的勾当的,不就正是这些人么?这封信是有计划的,是他们向没有加入"文艺家协会"的人们的新的挑战,想这些人们去应战,那时他们就加你们以"破坏联合战线"的罪名,"汉奸"的罪名。然而我们不,我们决不要把笔锋去专对几个个人,"先安内而后攘外",不是我们的办法。

但我在这里,有些话要说一说。首先是我对于抗日的统一战线的态度。其实,我已经在好几个地方说过了,然而徐懋庸等似乎不肯去看一看,却一味的咬住我,硬

要诬陷我"破坏统一战线",硬要教训我说我"对于现在基本的政策没有了解"。我不知道徐懋庸们有什么"基本的政策"。(他们的基本政策不就是要咬我几口么?)然而中国目前的革命的政党向全国人民所提出的抗日统一战线的政策,我是看见的,我是拥护的,我无条件地加入这战线,那理由就因为我不但是一个作家,而且是一个中国人,所以这政策在我是认为非常正确的,我加入这统一战线,自然,我所使用的仍是一支笔,所做的事仍是写文章、译书,等到这支笔没有用了,我可以自己相信,用起别的武器来,决不会在徐懋庸等辈之下!

其次,我对于文艺界统一战线的态度。我赞成一切文学家,任何派别的文学家在抗日的口号之下统一起来的主张。我也曾经提出过我对于组织这种统一的团体的意见过,那些意见,自然是被一些所谓"指导家"格杀了,反而即刻从天外飞来似地加我以"破坏统一战线"的罪名。这首先就使我暂不加入"文艺家协会"了,因为我要等一等,看一看,他们究竟干的什么勾当;我那时实在有点怀疑那些自称"指导家"以及徐懋庸式的青年,因为据我的经验,那种表面上扮着"革命"的面孔,而轻易诬谄别人为"内奸",为"反革命",为"托派",以至为"汉奸"者,大半不是正路人;因为他们巧妙地格杀革命的民族的力量,不顾革命的大众的利益,而只借革命以营私,老实说,我甚至怀疑过他们是否系敌人所派遣。我想,我不如暂避无益于人的危险,暂不听他们指挥罢。自然,事实会证明他们到底的真相,我决不愿来断定他们是什么人,但倘使他们真的志在革命与民族,而不过心术的不正当,观念的不正确,方式的蠢笨,那我就以为他们实有自行改正一下的必要。我对于"文艺家协会"的态度,我认为它是抗日的作家团体,其中虽有徐懋庸式的人,却也包含了一些新的人;但不能以为有了"文艺家协会",就是文艺界的统一战线告成了,还远得很,还没有将一切派别的文艺家都联为一气。那原因就在"文艺家协会"还非常浓厚的含有宗派主义和行帮情形。不看别的,单看那章程,对于加入者的资格就限制得太严;就是会员要缴一元入会费,两元年费,也就表示着"作家阀"的倾向,不是抗日"人民式"的了。在理论上,如《文学界》创刊号上所发表的关于"联合问题"和"国防文学"的文章,是基本上宗派主义的;一个作者引用了我在一九三〇年讲的话,并以那些话为出发点,因此虽声声口口说联合任何派别的作家,而仍自己一厢情愿的制定了加入的限制与条件。这是作者忘记了时代。我以为文艺家在抗日问题上的联合是无条件的,只要他不是汉奸,愿意或赞成抗日,则不论叫哥哥妹妹,之乎者也,或鸳鸯蝴蝶都无妨。但在文学问题上我们仍可以互相批判。这个作者又引例了法国的人民阵线,然而我以为这又是作者忘记了国度,因为我们的抗日人民统一战线是比法国的人民阵线还要广泛得多的。另一个作者解释"国防文学",说"国防文学"必须有正确的创作方法,又说现在不是"国防文学"就是"汉奸文学",欲以"国防文学"一口号去统一作家,也先预备了"汉奸文学"这句词作为后日批评别人之用。这实在是出色的宗派主义的理论。我以为应当说:作家在"抗日"的旗帜,或者在"国防"的旗帜之下联合起来;不能说,作家在"国防文学"的口号下联合起来,因为有些作者不写"国防为主题"的作品,仍可从各方面来参加抗日的联合战线;即使他像我一样没有加入"文艺家协会",也未必就是"汉奸"。"国防文学"不能包括一切文学,因为在"国防文学"与"汉奸文学"之外,确有既非前者也非后者的文学,除非他们有本领也证明了《红楼梦》,《子夜》,《阿Q正传》是"国防文学"或"汉奸文学"。这种文学存在着,但它不是杜衡,韩侍桁,杨邨人之流的什么"第三种文学"。因此,我很同意郭沫若先生的"国防文艺是广义的爱国主义的文学"和"国防文艺是作家关系间的标帜,不是作品原则上的标帜"的意见。我提议"文艺家协会"应该克服它的理论上与行动上的宗派主义与行帮现象,把限度放得更宽些,同时最好将所谓"领导权"移到那些确能认真做事的作家和青年手里去,不能专让徐懋庸之流的人在包办。至于我个人的加入与否,却并非重要的事。

其次,我和"民族革命战争的大众文学"这口号的关系。徐懋庸之流的宗派主义也表现在对于这口号的态度上。他们既说这是"标新立异",又说是与"国防文学"对抗。我真料不到他们会宗派到这样的地步。只要"民族革命战争的大众文学"的口号不是"汉奸"的口号,那就是一种抗日的力量;这什么这是"标新立异"?你们从哪里看出这是与"国防文学"对抗?拒绝友军之生力的,暗暗的谋杀抗日的力量的,是你们自己的这种比"白衣秀士"王伦还要狭小的气魄。我以为在抗日战线上是任何抗日力量都应当欢迎的,同时在文学上也应当容许各人提出新的意见来讨论,"标新立异"也并不可怕;这和商人的专卖不同,并且事实上你们先前提出的"国防文学"的口号,也并没有到南京政府或"苏维埃"政府去注过册。但现在文坛上仿佛已有"国防文学"牌与"民族革命战争大众文学"牌的两家,这责任应该徐懋庸他们来负,我在病中答访问者的一文里是并没有把它们看成两家的。自然,我还得说一说"民族革命战争的大众文学"这口号的无误及其与"国防文学"口号之关系。——我先得说,前者这口号不是胡风提的,胡风作过一篇文章是事实,但那是我请他做的,他的文章解释得不清楚也是事实。这口号,也不是我一个人的"标新立异",是几个人大家经过一番商议的,茅盾先生就是参加商议的一个。郭沫若先生远在日本,被侦探监视着,连去信商问也不方便。可惜的就只是没有邀请徐懋庸们来参加讨论。但问题不在这口号由谁提出,只在它有没有错误。如果它是为了推动一向囿于普洛革命文学的左翼作家们跑到抗日的民族革命战争的前线上去,它是为了补救"国防文学"这名词本身的在文学思想的意义上的不明了性,以及纠正一些注进"国防文学"这名词里去的不正确的意见,为了这些理由而被提出,那么它是正当的,正确的。如果人不用脚底皮去思想,而是用过一点脑子,那就不能随便说句"标新立异"就完事。"民族革命战争的大众文学"这名词,在本身上,比"国防文学"这名词,意义更明确,更深刻,更有内容。"民族革命战争的大众文学",主要是对前进的一向称左翼的作家们提倡的,希望这些作家们努力向前进,在这样的意义上,在进行联合战线的现在,徐懋庸说不能提出这样的口号,是胡说!"民族革命战争的大众文学",也可以对一般或各派作家提倡的,希望的,希望他们也来努力向前进,在这样的意义上,说不能对一般或各派作家提这样的口号,也是胡说!但这不是抗日统一战线的标准,徐懋庸说我"说这应该作为统一战线的总口号",更是胡说!我问徐懋庸究竟看了我的文章没有?人们如果看过我的文章,如果不以徐懋庸他们解释"国防文学"的那一套来解释这口号,如聂绀弩等所致的错误,那么这口号和宗派主义或关门主义是并不相干的。这里的"大众",即照一向的"群众","民众"的意思解释也可以,何况在现在,当然有"人民大众"这意思呢。我说"国防文学"是我们目前文学运动的具体口号之一,为的是"国防文学"这口号,颇通俗,已经有很多人听惯,它能扩大我们政治的和文学的影响,加之它可以解释为作家在国防旗帜下联合,为广义的爱国主义的文学的缘故。因此,它即使曾被不正确的解释,它本身含义上有缺陷,他仍应当存在,因为存在对于抗日运动有利益。我以为这两个口号的并存,不必像辛人先生的"时期性"与"时候性"的说法,我更不赞成人们以各种的限制加到"民族革命战争的大众文学"上。如果一定要以为"国防文学"提出在先,这是正统,那么就将正统权让给要正统的人们也未始不可,因为问题不在争口号,而在实做;尽管喊口号,争正统,固然也可作为"文章",取点稿费,靠此为生,但尽管如此,也到底不是久计。

最后,我要说到我个人的几件事。徐懋庸说我最近半年的言行,助长着恶劣的倾向。我就检查我这半年的言行。所谓言者,是发表过四五篇文章,此外,至多对访问者谈过一些闲天,对医生报告我的病状之类;所谓行者,比较的多一点,印过两本版画,一本杂感,译过几章《死魂灵》,生过三个月的病,签过一个名,此外,也并未到过咸肉庄或赌场,并未出席过什么会议。我真不懂我怎样助长着,以及助长什么恶劣倾向。难道因为我生病么?除了怪我生病而竟不死以外,我想就只有一个说法:怪我生病,不能和徐懋庸这类恶劣的倾向来搏斗。

其次,是我和胡风,巴金,黄源诸人的关系。我和他们,是新近才认识的,都由于文学工作上的关系,虽然还不能称为至交,但已可以说是朋友。不能提出真凭实据,而任意诬我的朋友为"内奸",为"卑劣"者,我是要加以辩正的,这不仅是我的交友的道义，也是看人看事的结果。徐懋庸说我只看人，不看事，是诬枉的，我就先看了一些事，然后看见了徐懋庸之类的人。胡风我先前并不熟识，去年的有一天，一位名人约我谈话了，到得那里，却见驶来了一辆汽车，从中跳出四条汉子：田汉，周起应，还有另两个，一律洋服，态度轩昂，说是特来通知我：胡风乃是内奸，官方派来的。我问凭据，则说是得自转向以后的穆木天口中。转向者的言谈，到左联就奉为圣旨，这真使我口呆目瞪。再经几度问答之后，我的回答是：证据薄弱之极，我不相信！当时自然不欢而散，但后来也不再听人说胡风是"内奸"了。然而奇怪，此后的小报，每当攻击胡风时，便往往不免拉上我，或由我而涉及胡风。最近的则如《现实文学》发表了O.V.笔录的我的主张以后，《社会日报》就说O.V.是胡风，笔录也和我的本意不合，稍远的则如周文向傅东华抗议删改他的小说时，同报也说背后是我和胡风。最阴险的则是同报在去年冬或今年春罢，登过一则花边的重要新闻：说我就要投降南京，从中出力的是胡风，或快或慢，要看他的办法。我又看自己以外的事：有一个青年，不是被指为"内奸"，因而所有朋友都和他隔离？终于在街上流浪，无处可归，遂被捕去，受了毒刑的么？又有一个青年，也同样的被诬为"内奸"，然而不是因为参加了英勇的战斗，现在坐在苏州狱中，死活不知么？这两个青年就是事实证明了他们既没有像穆木天等似的作过堂皇的悔过的文章，也没有像田汉似的在南京大演其戏。同时，我也看人：即使胡风不可信，但对我自己这人，我自己总还可以相信的，我就并没有经胡风向南京讲条件的事。因此，我倒明白了胡风耿直，易于招怨，是可接近的，而对于周起应之类，轻易诬人的青年，反而怀疑以至憎恶起来了。自然，周起应也许别有他的优点。也许后来不复如此，仍将成为一个真的革命者；胡风也自有他的缺点，神经质，繁琐，以及在理论上的有些拘泥的倾向，文字的不肯大众化，但他明明是有为的青年，他没有参加过任何反对抗日运动或反对过统一战线，这是纵使徐懋庸之流用尽心机，也无法抹杀的。

至于黄源，我以为是一个向上的认真的译述者，有《译文》这切实的杂志和别的几种译书为证。巴金是一个有热情的有进步思想的作家，在屈指可数的好作家之列的作家，他固然有"安那其主义者"之称，但他并没有反对我们的运动，还曾经列名于文艺工作者联名的战斗的宣言。黄源也签了名的。这样的译者和作家要来参加抗日的统一战线，我们是欢迎的，我真不懂徐懋庸等类为什么要说他们是"卑劣"？难道因为有《译文》存在碍眼？难道连西班牙的"安那其"的破坏革命，也要巴金负责？

还有，在中国近来已经视为平常，而其实不但"助长"，却正是"恶劣的倾向"的？是无凭无据，却加给对方一个很坏的恶名。例如徐懋庸的说胡风的"诈"，黄源的"谄"，就都是。田汉、周起应们说胡风是"内奸"，终于不是，是因为他们发昏；并非胡风诈作"内奸",其实不是,致使他们成为说谎。《社会日报》说胡风拉我转向,而至今不转,是撰稿者有意的诬陷;并非胡风诈作拉我,其实不拉,以致记者变了造谣。胡风并不"左得可爱",但我以为他的私敌,却实在是"左得可怕"的。黄源未尝作文捧我,也没有给我作过传,不过专办着一种月刊,颇为尽责,舆论倒还不坏,怎么便是"谄",怎么便是对于我的"效忠致敬"?难道《译文》是我的私产吗?黄源"奔走于傅、郑门下之时,一副谄佞之相",徐懋庸大概是奉谕知道的了,但我不知道,也没有见过,至于他和我的往还,却不见有"谄佞之相",而徐懋庸也没有一次同在,我不知道他凭着什么,来断定和谄佞于傅、郑门下者"无异"?当这时会,我也就是证人,而并未实见的徐懋庸,对于本身在场的我,竟可以如此信口胡说。含血喷人,这真可谓横暴恣肆,达于极点了。莫非这是"了解"了"现在的基本的政策"之故吗?"和全世界都一样"的吗?那么,可真要吓死人!

其实"现在的基本政策"是决不会这样的好像天罗地网的。不是只要"抗日",就是战友吗?"诈"何妨,"谄"又何妨?又何必定要剿灭胡风的文字,打倒黄源的《译文》呢,莫非这里面都有"二十一条"和"文化侵略"吗?首先应该扫荡的,倒是拉大旗作为虎皮,包着自己,去吓呼别人;小不如意,就倚势(!)定人罪名,而且重得可怕的横暴者。自然,战线是会成立的,不过这吓成的战线,作不得战。先前已有这样的前车,而覆车之鬼,至死不悟,现在在我面前,就附着徐懋庸的肉身而出现了。

在左联结成的前后,有些所谓革命作家,其实是破落户的漂零子弟。他也有不平,有反抗,有战斗,而往往不过是将败落家族的妇姑勃谿,叔嫂斗法的手段,移到文坛上。喊喊嚷嚷,招是生非,搬弄口舌,决不在大处着眼。这衣钵流传不绝。例如我和茅盾,郭沫若两位,或相识,或未尝一面,或未冲突,或曾用笔墨相讥,但大战斗却都为着同一的目标,决不日夜记着个人的恩怨。然而小报却偏喜欢记些鲁比茅如何,郭对鲁又怎样,好像我们只在争座位,斗法宝。就是《死魂灵》,当《译文》停刊后,《世界文库》上也登完第一部的,但小报却说"郑振铎腰斩《死魂灵》",或鲁迅一怒中止了翻译。这其实正是恶劣的倾向,用谣言来分散文艺界的力量,近于"内奸"的行为的。然而也正是破落文学家最末的道路。

我看徐懋庸也正是一个喊喊嚷嚷的作者,和小报是有关系了,但还没有坠入最末的道路。不过也已经胡涂得可观。(否则,便是骄横了。)例如他信里说:"对于他们的言行,打击本极易,但徒以有先生作他们的盾牌……所以在实际解决和文学斗争上都感到绝大的困难。"是从修身上来打击胡风的诈,黄源的谄,还是从作文上来打击胡风的论文,黄源的《译文》呢?——这我倒并不急于知道;我所要问的是为什么我认识他们,"打击"就"感到绝大的困难"?对于造谣生事,我固然决不肯附和,但若徐懋庸们义正词严,我能替他们一手掩尽天下耳目的吗?而且什么是"实际解决"?是充军,还是杀头呢?在"统一战线"这大题目之下,是就可以这样锻炼人罪,戏弄威权的?我真要祝祷"国防文学"有大作品,倘不然,也许又是我近半年来,"助长着恶劣的倾向"的罪恶了。

　　临末,徐懋庸还叫我细细读《斯太林传》。是的,我将细细的读,倘能生存,我当然仍要学习;但我临末也请他自己再细细的去读几遍,因为他翻译时似乎毫无所得,实有重新细读的必要。否则,抓到一面旗帜,就自以为出人头地,摆出奴隶总管的架子,以鸣鞭为唯一的业绩——是无药可医,于中国也不但毫无用处,而且还有害处的。

八月三——六日

注释:

原载《作家》月刊1936年8月第1卷第5期。

徐懋庸致鲁迅

周先生：

　　好久没有跟先生见面，也没有通信了，虽然很有些话想告诉先生，但是本来，还不想这样早的就再写信给先生的。因为自从《每周文学》的所谓"进攻《海燕》专号"出版之后，文坛上的是非接连而起，谣言也丛生，据一般的传说，先生对于有一批人，已经深恶痛疾，我也在其内；我曾经省察过，自己在公在私，所做之事，虽不如谣传中之无聊无耻，但错误和疏忽之处确也不少，难怪先生生气的，但要辩解，非空言所能奏功，不如一心做眼前的心安理得的事，力求无过，倘若做得不错，事实会替我和我们向先生分辨的。万一做坏了，那自然证明了我们的无救，那么就是现在用言语辩解也是没有用的。

　　但是，今天何家槐先生给看了先生给他的信，这使我觉得立刻有向先生说明几句话的必要。先生的信中，说曾经参加过一个集团，但不知道那集团的结局，最后的《文学生活》也没有看到。这几句话，和我很有点关系。原来，过去作为那个集团的代表跟先生接洽的，就是我。但据我所记得，这集团的解散以前，我曾见过先生，报告解散的意义而且征求先生的意见。迨乎这集团解散以后，我也见过先生，报告解散的经过及解散以后的状况。至于《文学生活》，后来是一直没有出，并非出了而不寄给先生。这些事情都是我负责的。但现在先生竟说什么都不知道，那是证明着我的不尽责了。

徐懋庸像

我又听到过另外一种话。有人曾见先生，谈起我和先生的关系，据说那时先生回答说，"徐某的来见我，是一种个人的应酬，并不谈到公事"。

这也是使我很惶恐的。我记得去年我和先生发生关系之初，首先就说明我的资格，后来每次见面，首先总是由我报告公事，征求意见，以后才谈些不相干的话。并没有一次是私人应酬，不知何以我的态度会被先生误会到这样？

想起来，也许是我的说话的方式不对。我记得我的确不曾像煞有介事的打官话，虽是公事，谈的时候却是闲闲的。同时，也常常批评自己这面的办事上的缺点，并不把运动说得闹烘烘。这在当时，我还以为是对先生说话的最好的方式呢，因为我知道先生是不尚矜夸，喜欢切实的。

我也曾屡次对先生说过，从前的办事者，因为环境坏，人手少，能力低，破绽的确是很多的。像我自己，有时候是比别人想得周到，想得切实，但是因为约束不了别人，也只好眼看着别人做出不妥的事来，只好事后和他们斗争。当我自己弄出破绽来的时候，也是同样。无论什么事，大家化了许多气力做得好，或至少做得无过，那是看不出努力的，只要一个人弄了一些小破绽，却立刻会招致全局的败坏。譬如《每周文学》上的邱先生的文章和我批评《故事新编》的文章，错误原只是我们个人负责的，但后来却被夸张成是一个小集团的总攻击计划，并且把一切滥账堆上去，弄得无法清算，这真是无可奈何的事。

要清算一切纠纷，在现在是恐怕没有办法的，就是稍稍把谣言拨开些，大概也不大可能。但好在一切事情，都是要做出来给人看的，更好在先生是注重事实的人，

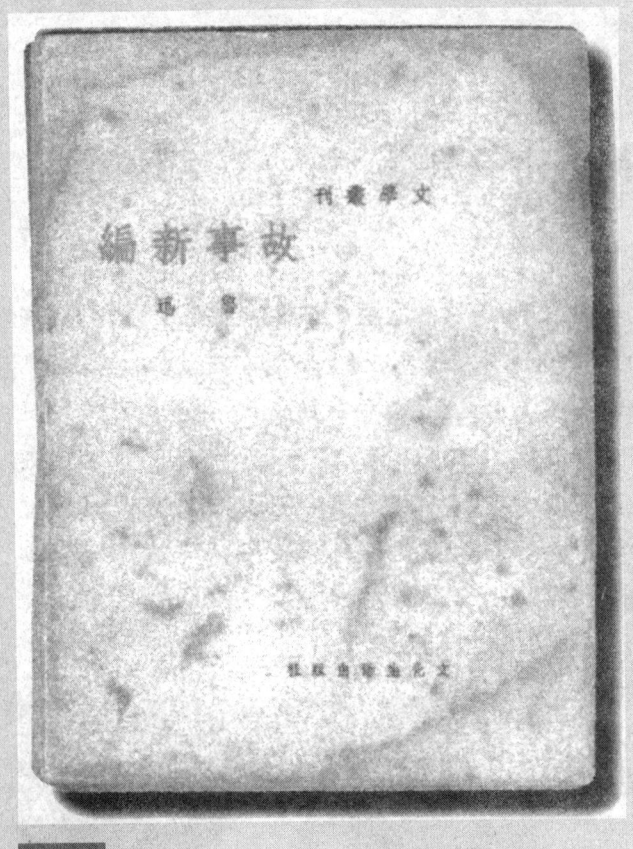

《故事新编》初版本

所以现在我不将其他的事提出来饶舌。这封信的意思,只是要向先生声明:过去的集团,曾派我做代表跟先生发生关系,那集团的办事的功过,自有全体办事者负责,至于跟先生接洽不周处,那是由我负责的。先生如果真的觉得我欠尽责,那请对我明说,让我好向过去的同人认罪。

此祝

康健!

茂荣上
[一九三六年]四月卅日

昨晚写了上面的一些话,今晨觉得还有什么话必须向先生说一说似的。但这完全是关于个人的了。我记得也曾向先生说过,我是个初学办事的人,能力又薄,遇到复杂的关系,就无法应付,所以自己办事的成绩总也很坏。但我的办事也有一个态度,就是总求和政治的意义相配合。所以近来一切主张,其实并不是堕落,投机,或趁此想和谁勾结,妥协。目前很有人说我勾结傅东华,郑振铎,或谁某谁某,好像亟亟为自己开路的样子,这其实是冤枉的。倘若真有一个《每周文学》派,这一派和郑、傅等在某些地方合作,但批评《文学》最不客气的,《每周文学》其实也是一个,有事实在着。我自己相信并相信有些友人,幼稚,浅薄则有之,那样卑劣则未必。但或者也有自己不觉得的错处。所以我希望有一种荣幸,请先生指出先生所看到的我的坏处,或听别人所说的我的坏处,使我有自省的机会,也许就是改正的机会。

近来身体很弱,不能写文章,但在译一部没有书店肯发行的书:巴比塞氏的スタリン传。这书有二十万字,已译了一个月,只译得一半,完工尚须一月。译成之后,还得自己筹印费,但那时自己的生活就已无办法。说不定得离开上海到乡下挨些时。所以,倘若先生愿给一个机会,当面专解释些误会,那真是幸甚的事。因为先生是平素所敬爱的人,这回弄到这样,总不免于心耿耿。

又及。

倘给回信,请寄曹宅转,信面上可写明我的姓名。

注释:

据信封,此信五月一日寄出。查鲁迅日记,一九三六年五月二日:"得徐懋庸信,下午复。"

"スタリン传",即《斯大林传》。

一封真的想请发表的私信

☆徐懋庸

我写给鲁迅先生那封信，完全是一封私信，鲁迅先生存心"诬枉"，说这是我"准备"请他"将它发表的作品"，未得我的同意，"将它发表"了，那是他的一种新的战术，意在"挑拨"我的信中有名的诸人的恶感，加重对我的威胁；同时，也因为他无法从公开的文字上找到打击我的根据的缘故。还有是我一人署名负责的私信，他偏要指为"他们"的"挑战"，这无非是想一举而"格杀"大批的青年，我虽然猜不出鲁迅先生所要株连的"他们"是谁们，但也不禁替"他们"危！（按：原文如此。——辑录者）

照理，纵使我这私信真是写得罪大恶极，论起罪名来，我想不过是"教训"鲁迅罪，和"攻击"鲁迅的朋友罪罢了。但是，鲁迅先生所据以判定的我的罪状，不知有多少条呵（我是连统计也无胆统计）！从"咬他几口"起一直到"敌人所派遣"止……

构成这些罪名的事实呢？乃是和我无关的田汉，周起应及别的什么"洋服""大汉"之类的行为，以及也是和我无关的《社会日报》的文字。这初看不过是"含血喷人"的手段，是平常的，殊不知这其中有着非常恶毒的一手，那就是暴露左联的秘密，咬实我和左联的关系，揆其目的，岂不是同时要使另外一种人来迫害我么！

看他的主意，无非是要把"徐懋庸式的青年"逐出"文艺家协会"，不准我有"领导权"，不准我"包办"，好的，我现在是决定"奉谕"退出"文协"了……而且在他的恶毒打击之下，我已什么事都做不来了，我此后只能从旁欣赏鲁迅先生和他的"能够认真做事"的"朋友"们所"领导"、"包办"的统一战线组织的救国的"业绩"了……

八月二十六日夜于F县

注释：

原载《社会日报》1936年9月1日第2版。

还答鲁迅先生

☆徐懋庸

因为贫和病,回到偏僻的乡间闲居了多时,每日只看一份和出版的日子已隔四五天的《申报》,别的读物,则一点也找不到。因此,看到八月十六日登在《申报》上的《作家》的广告,已是二十日,至于看到一个朋友寄来的那登着鲁迅先生的《答徐懋庸并关于抗日统一战线问题》这一万言长文的《作家》的时候,则又隔了五六天了。

看完了鲁迅先生的"万言长文",心里很踌躇了一会,本来觉得也可以默尔而息。但又觉得这一回鲁迅先生实在是"信口胡说,含血喷人,横暴恣肆,达于极点"。倘不辩明几句,倒显得我是"唾面自乾"了。所以。终于决定要还答几句。

我是八月一日下午离开上海的,这日的前夜。收拾行李既毕,坐着想想上海文艺界的种种现状,很有点感慨;同时也想到了鲁迅先生。本来我是早想写封信给他谈谈统一战线问题的,早些日子总是因为忙于他事,写不成,于是这夜就匆匆的写好,次日早晨寄出——这就是鲁迅先生公布在《作家》上而作了答复的。

这信完全是我个人负责,而且是只对鲁迅先生个人负责的一封私信,并不如鲁迅先生所武断那样,是我准备请他发表的"作品",更不是什么"有计划的""他们""向没有加入'文艺家协会'的人们的新的挑战"。鲁迅先生这回完全是"诬枉"。未得发信人的同意,而公布其私信,借以引起多人的恶感而相威胁,这种"恶劣"的"拳经"的出手,在鲁迅先生好像是第一回。

我的寄私信给鲁迅先生,并不是无端的事。一则,我和先生是曾经有过互通私信的因缘的;二则,这回的一点主要的意见,是我要和先生讨论未便公开为文的讨论,所以只得在私信中对他说。

但到了现在,鲁迅先生既已断定我为一个"卑劣的青年",那么对于我的私信,自然也没有直接回复的情谊。这一层,我到并不以为是意外的事情,我记得鲁迅先生《白莽遗诗序》里说到,白莽这青年倘不早死,鲁迅先生会不会终于跟他闹翻呢,这连先生自己也说不定。这话分明地说明着鲁迅先生的性格。我在文艺界抗日统一战线问题发生以前,虽也曾蒙先生相当的青眼相看,但我既然活到现在,还没有像

一个都不宽恕

白莽那样的死掉,那么为了对于一个问题的意见稍有不合,就会被先生公开判为卑劣,施以打击,乃是必至的事情。这真是"倘使当时身便死,一生真伪有谁知"呵!我是只差在半年前不死掉,所以终于在鲁迅先生这块试金石之前显出卑劣来了。不过,这对于先生,显然向来十分敬爱,却并没有一味要博取他的好感的意思,所以,在意见不同的时候,我不愿意与先生苟同,要进言的时候,我就直率地进言,因为进言逆耳而碰壁,那我就摸摸顽皮,忍一忍痛,不介意的。

这回使我非常惊异的是,第一,鲁迅先生竟有那样的魄力,把许多不应公开发表的言语公开发表出来。因替胡风辩护而把左联里面的人事尽情暴露,同时也证实了我和左联的关系,这种魄力,是唯鲁迅先生所独有的。但与"告密"自然不同。我就是因为没有这种魄力,所以问题涉及了左联之类时,就只敢写私信讨论。即如关于胡风的破坏统一战线的行为的"诈",我虽然知道许多确凿的事实,但因这些事实也不会使尽人皆知,所以也不在公开的文章说起。鲁迅先生不知道这些事实,或者知道而情形不同,就以为"纵使徐懋庸之流用尽心机,也无法抹杀"胡风的拥护统一战线的"业绩"了。但是,鲁迅先生假如对于这些事实,也有"姑妄听之"的愿意,我仍可在私信中奉告的,至于公开地在杂志上乱说,却要请原谅,我始终没有这种魄力。

其次,使我惊异的,是鲁迅先生的这回的"糊涂得可观"。"一人做事一人当",是极通常的情理。是我写的私信,无论"恶劣"到怎样,只是我一个人的事,但是鲁迅先生却要株连、诬及我以外的"他们"。这"他们"是哪些人呢?连我自己也不知道这信该叫什么人来共同负责。即在别的事情上,我也只是一个简简单单的人罢了。自己署名的事情,是自己个人负责的。偶与什么团体发生关系,也只是因为赞同其原则,而作为一个简单的工作者。比如"文艺家协会"罢,虽然我是会员,后来也被选为理事,却尽力甚少。发起人并不是我邀集的,章程并不是我起草的。成立以前我既然没有决定一件事,自从当了理事之后,又因两次离沪,只参与过首次理事会,至今丝毫没有做过什么事情。这样的迹近怠工,我正自觉歉然,不料鲁迅先生竟会无端指我握着什么"领导权",正在"包办"着什么。我不知道他是从什么地方看出来的。关于这一层,先生可以去问问茅盾先生。

我所惊异的第三点,是鲁迅先生这回"罗织入罪,戏弄威权"的"横暴"之甚。我这回的罪名,本来至多不过是"教训鲁迅罪"。及"攻击鲁迅的朋友巴金,胡风,黄源罪"罢了。但是,鲁迅先生却把田汉、周起应等的行为,《社会日报》的文字,一起拉扯出来,搁在我的头上,一则曰:什么"覆车之鬼""附徐懋庸的肉身而出现",再则曰:"徐懋庸正是一个喊喊嚓嚓的作者,和小报是有关系了"。好像我和田、周是一系,《社会日报》的文字全是我作的。我和田、周的关系,这里不说。至于小报,的确有两个我跟它们发生过关系,一是《世界晨报》,我曾自愿地做过一个月的社评,一是《时代日报》,由于估计上的错误,我曾做过两个礼拜的《漫话》(都不是什么"喊喊嚓嚓"的文坛消息),后来一定不愿意做了,就被该报天天攻击。这都是去年的事了。至于《社会日报》,除了应曹聚仁先生之命,作过一两篇所谓"星期论文"之外,我可与之绝无关系。鲁迅先生借此来打击我,真是所谓"含血喷人"!还有呢,我不过说到黄源的"谄",鲁迅先生却诬我是攻击《译文》,我不过说跟胡风他们本来可以在同一原则上,邀集有关系方面,评定双方的倾向的曲直、而"实际解决"文艺界的纠纷,鲁迅先生却诬我是要把胡风他们"充军""杀头"。还有呢,鲁迅先生说我是什么"奴隶总管""倚势""骄横""横暴恣肆""以鸣鞭为唯一业绩","抓到一面旗子,就自以为出人头地"……我的那封私信的寥寥千余言,难道竟包含着这许多罪状么?还有呢,鲁迅先生又怀疑我是"敌人所派遣"——呜呼,在这样的罪状下面,倒是我该先被鲁迅先生这面"充军""杀头"了!

现在头既未杀,且再来说几件事实吧。

上面已经声明过,我写给鲁迅先生的那信只是一封私信,因为是私信,所以拉扯了许多人,信口雌黄了一通,只是等于私人的闲谈。身非阮嗣宗,"口不否臧人物"的美德的确缺如,私下褒贬别人的事,是常有的。即如鲁迅先生在私人谈话和私信中,也常用简单的评语,议论他人一样。鲁迅先生公开他和景宋先生的《两地书》时,曾把其中的许多人名改掉,声明曰:"此无他,或则怕别人见于我们的信里,于他有些不便,或者单为自己,省得又是什么'听候开审'之类的麻烦而已",这一条例,对于我这样的人似乎并不适用。我的私信中拉扯到胡风、巴金、黄源诸位,经鲁迅先生一公开,使诸位知道我在背后作这样的私议,在我是不免有点惶恐的,但也没有什么大的不安,因为那些本是我心中所有的话,只是本不打算公开告人的而已。不过我在这里承认:"中国的安那其的行为,则更卑劣"一语,实在说得太笼统,这是应该向别的许多并不卑劣的安那其主义者道歉的。

我和巴金、胡风二位,虽也识面,也说过话,却并无私交,说不上"私人的恩怨",所以也并非"私敌"。我和黄源则是很熟的相识,有一时候,也曾忝居他的"兄阶级"的朋友之列。关于他的"谄"状,我是有许多事实可说的,但这却是毫无公开的必要。至于我在给鲁迅先生的信中攻击到他,则因他有一件和统一战线相关的"卑劣"的事,使我时常不满。原来"文艺家协会"的发起,最初本有黄源在内的。我曾亲自听他说,他从傅东华、沈起予那里接受了一张发起人的名单,上面有二三十个人的姓名,有许多要待他去接洽,不料隔不多时,不知为了什么,手掌"文协"发起人的名单的他,忽而变成"文协"的积极的破坏者了(后来我听说这是他和巴金商议的结果,因此，我对于巴金也有点莫名其妙）。此公的反覆乖张，于此可见。其时他还有宣达鲁迅对沈起予的不满（为了周文的《山坡上》的问题），并因此退还为《译文》特约的沈起予的译稿的事（见沈起予登在《每周文学》上的《麻烦账》），这才真是所谓"以鸣鞭为业绩"啊！

关于两个口号的问题，现在是鲁迅先生出来承认有一个是他所提的了，而且还是经过和几个人商议过的，"可惜的就只是没有邀请徐懋庸们来参加议讨"。自然，像鲁迅先生所夸示的那种巨头会议，我怎么配"参加议讨"呢！不过，我倒并不觊觎这种荣耀，我一向是只要是同一营的人，不管是谁发起的事，拣我认为正当的就做的。若是巨头们的决议，而我有所怀疑时，我也是要质疑的。鲁迅先生决定了一个口号，叫胡风先生作文提出来。但我并不知道胡风就是"鲁府"的"奴隶总管"，况且连鲁迅先生也承认胡风所作的文章"解释的不清楚也是事实"，那么，事后我向胡风提些质疑，总也算不得是什么十恶不赦的大罪罢。关于这问题，我只作过两篇文章，都发表在《光明》上，都写得心平气和，绝未"轻易诬陷别人为'内奸'"，为"反革命"，为"托派"，以至为"汉奸"，然而鲁迅先生偏要诬枉我有此事实，因而"轻易"判定我是"宗派的""格杀革命的民族的力量"，以至有"敌人所派遣"的嫌疑。所谓"信口胡说，含血喷人，横暴恣肆，达于极点"者，岂不是先生自己的这种行为么？

再说些关于"宗派主义"的"行帮"话罢。第二次"文协"发起时，有人曾请鲁迅、巴金、胡风、黄源……等诸多人共同做发起人，但是除了鲁迅先生有一个回信之外，余人部置之不理。后来发起人曾又去函征求他们做基本会员，他们又置之不理。直到后来，他们才自成一"帮"以"文艺工作者"的团体而出现了。试问在这样的事实上，到底谁是"宗派"的，谁是"行帮"的？

但鲁迅先生已分明说着，他之所以不加入"文艺家协会"，是因为这里面有徐懋庸式的青年在内的缘故。好了，现在徐懋庸已经被鲁迅先生公开地判为"恶劣"，怀疑为"敌人所派遣"，并且咬实了与左联的关系，事实上已不能再做什么事情了，我就趁此"奉"鲁先生的"谕"而退出"文协"罢。我希望鲁迅先生在公布手谕，谁当逐出，谁当加入，然后自己也去加入，使"文协"无一"徐懋庸式的青年"而成为健全的抗×统一战线组织罢。先生的加入与否，我看并非"却非重要的事"。

最后我只想再说一说鲁迅先生的言行"助长恶劣的倾向的问题"。这问题，是要看胡风他们的半年来的倾向的评价而定的。倘若他们的倾向实在是"恶劣"的，那么鲁迅先生的"助长"之迹，从这回的信中也可以看得出来；倘是良好的呢，那么鲁迅先生当然也是"助长"良好的倾向的了。

鲁迅先生这回企图通过我的身上打击大批的青年，在他的特别出奇的"拳经"

之下,我的受伤当然是很重了。我要长久的躺倒来,内省一下,自己的罪孽是否实在那样深重?并且也要仔细看看鲁迅先生所说的大批"徐懋庸式的青年们"(我虽然不知他到底指定是谁们,但想来总不外是"文艺家协会"中的分子),是否跟我一样的"卑劣"?为鲁迅先生的"威严"计,我是宁愿发现一切真是如他所说的那样的。不过如果真的那样,则足见两间之正气,一贯的真理,实为鲁迅先生独占得太多,而青年们分有得太少,这在鲁迅先生当然是光荣的,但对于中国,恐怕也是"不但毫无用处,而且还有害处的"罢!

注释:
原载《今代文艺》1936年8月26日第1卷第3期。

我所受于鲁迅的影响

☆徐懋庸

一

我初次知道鲁迅,是在自己十三岁的那一年,老师徐叔侃先生对我讲授文学知识时极推崇地说到了这个伟大名字。翌年,我开始读《呐喊》、《现代小说译丛》、《现代日本小说集》等书;《苦闷的象征》出版后,叔侃先生又立刻介绍给我,并为仔细分析此书译文的句法,至此我就热烈地爱上了鲁迅。从文艺兴趣上说,成了鲁迅迷;从思想立场上说,成了"鲁迅派";凡是鲁迅的作品,或著或译,只要是印行了的,我每字都读过。一九三四年以后,因"左联"的工作,又时与鲁迅晤谈、通信,直接受到他的教诲。

因此,我所受于鲁迅的影响,是非常广而深的,首先最重要的当然要算是鲁迅使我走上共产主义的道路,此外在工作作风、生活态度方面,我有意无意的学习鲁迅之处也很多。虽由于自己根基的浅薄,至今未能学习到鲁迅的伟大处的千百分之一,甚至有些鲁迅的长处,被我学得了却变成缺点,但我的学习鲁迅,实已将近二十年了。

要一一叙述我所受于鲁迅的各种影响,是不可能的,而且也许对于一般青年同志,并没有什么意义。但我想从中抽出两件事来谈一谈,因为它们似乎比较有些意思。

二

我因为家庭贫穷,受教育的时间很短,所以知识浅薄,工作能力很低。初涉社会时,胆量极小,不大敢做事,唯恐被人嗤笑。事实上也常常被人嗤笑。但在读了《热风》之后,我的这种态度就改变了,因为在那里面鲁迅这样说着:

愿中国青年都摆脱冷气,只是向上走,不必听自暴自弃者流的话。能做事的做事,能发声的发声。有一分热,发一分光,就令萤火一般,也可以在黑暗里发一点光,不必等候炬火。

此后如竟没有炬火,我便是唯一的光。倘若有了炬火,出了太阳,我们自然心悦诚服的消失,不但毫无不平,而且还要随着赞美这炬火或太阳;因为他照了人类,连我都在内。

自此在工作上我就胆大起来,比较勇于任事了。只要是于社会有益的、应该做、必须做的事,倘没有旁人做,或旁人做得还不够,则虽明知自己力量不足,也还是勉力去做,以冀多少有点助益,而且由此求自己的进步。举一个具体事实来说罢,我虽然学了几种外国文,但没有一种是精通的,本来不配做翻译工作,而我在一九三三年以后之所以竟译了许多书者,就是报据上述的信念。例如关于巴比塞的《斯大林传》,我在读了原本之后,觉得这是一本极益于青年的好书,希望有精通法文的高手把它译出,但等了几个月,看到竟没有人翻译的时候,我就自己来动手,虽然明知道自己的力量差得远。后来的事实证明,这一工作,虽然不能不包含许多缺点,但到底是增长了一九三六年以后的中国许多青年的兴奋和知识的。鲁迅的这一影响对我是完全有利的,我想对于一切青年尤其是革命青年,也是极有益的。革命青年在工作中应该有勇气;凡是应该做而自己能做的,就好好的做;能做而做不好的,就边学边做,在工作中求进步;必须做,而完全不能做的,就从头学起。一点一滴地做,但又须以远大自期;不要理会不负责任的冷笑和暗箭,但必须接受善意的批评;不要怕挫折,但也宜谨慎,不得鲁莽。

三

几千年来私有财产社会的最大恶果之一,不仅是人心的险恶,而且是人心的虚伪,因为一蒙上虚伪,就使人看不出险恶之为险恶,而老实一点的人,就要因误信虚伪为真实而吃无穷的大亏。我在参加社会生活之初,是一个书呆子,所以总是上虚伪者的大当。有时受了欺侮还莫明其来由,即使明白一点来由了,还不愿意相信旧社会人心真是如此之坏。但在一九二六年,我得到鲁迅的启示了,他在《纪念刘和珍君》一文中悲愤而严肃地宣言:

> 我向来是不惮以最坏的恶意来推测中国人的。

这是可怕的真理,但只有十七岁的我,已因自己的经验不能不相信这是真理了。从此我的看人的态度就改变过来,而且渐渐的炼就了对于虚伪的敏感。

因而同时又练习起对虚伪的战法来,而这也是学鲁迅的。他曾说道:

> 我自己也知道,在中国,我的笔要算较为尖刻的,说话有时也不留情面。但我又知道人们怎样地用了公理正义的美名,正人君子的徽号,温良敦厚的假脸,流言公论的武器,吞吐曲折的文字,行私利己,使无刀无笔的弱者不得喘息。倘使我没有这笔,也就是被欺侮到起诉无门的一个;我觉悟了,所以要常用,尤其是用于使麒麟皮下露出马脚。(《我还不能"带住"》)

从此我也学习尖刻的用笔,不留情面的说话,而这居然很有效。虽然由于学问经验的不逮,看人的真切、战术的正确,远远不如鲁迅,所以在对虚伪的斗争中,不能常胜,但至少弄成两败俱伤,虚伪者的一面,也很难获得全胜的。

然而,鲁迅的这一影响,对我并不是完全有利的,因为上述的看法和战法,对旧社会的旧人物虽然完全适用,但施之革命队伍里的同志们,却极不相宜。可是我,由于在对付旧社会时用惯了那一套,所以在参加革命队伍后,对个别同志的缺点,往往估计得过于严重,而斗争的方式,就失之于过于"尖锐",结果于人于己,两无益处。抗战以后,经过多次的事实的教训,这才逐渐的觉悟到:既然是革命同志,那么他基本上总是革命的,决不该仍以"最坏的恶意"去推测他们;倘若他们有些缺点,则当予以善意的批评,决不应出之以"尖锐攻击"。

我极为我自己的这种觉悟而欣慰,因为这证明着中国的社会已经有很大的进步,革命的人们到底与旧人物不同。所以近几年来,我的灵魂日趋于柔和,不像先前似的粗暴了。

可是我还不想完全忘掉鲁迅的教训,也不想完全丢开鲁迅的战法,而且还要练习得更好些,因为在今日,革命的敌人尚多,在革命营垒的内部,个别的坏蛋分子的隐藏,也未必能免。敌人固不必说,就是对于以革命的仁义道德为假面、为武器,行私利己,破坏革命的某些坏分子,警惕也仍应加严,"尖锐"也仍有必要——这是斯大林同志也屡次告诫过的。

但愿有一天，鲁迅所说的可怕的真理完全不成其为真理——鲁迅的战法完全不合时宜了,则世界才真正光明了罢! 因此,我是鲁迅的学生,但我要为推翻鲁迅的某些真理而奋斗!

一九四一年为纪念鲁迅逝世五周年而作

注释：
原载《新华日报》1941 年 10 月 19 日。

肆 左翼文坛内部之争

【附录】

《社会日报》上攻击鲁迅的一组材料

黄老大：原来在《文学》月刊上写文章的一批人表面上虽然相亲相爱，情如手足，而暗地里却时常明枪暗箭，尔诈我虞的侵轧得不得了。其中冤仇最深的是茅盾、鲁迅两人……两人都有领袖的野心，在争夺喽罗的时候，不能不有冲突。

孙　奥：不过鲁氏这一篇"万言长文"给人家之印象甚不好，因为很多地方他是自吹自擂说将来会捍卫社会。甚至将自己之《阿Q正传》列为千古杰作，媲美于《红楼梦》。

鲁迅将转变
谷非张光人近况如何

☆虹 儿

刻遇某文坛要人,据谓鲁迅翁有被转变的消息。

据说"转变"大约可分为三种,一是时务的,如××等,看到环境不佳,出路为难,于是就自动的请人向当局说项,经负责人允许后,就约期于大西洋或晋隆吃一顿饭,握一握手,互相的"久仰久仰"一下,这就保过了险,可以四通八达,一无前有红灯之麻烦了。二是软硬兼施的,先施之以法,禁之于室,然后再局部的恢复其自由,同时相与接洽,谈判,"上马金下马银",金银既收之后,大事告成。××等即属此类。第三种是邀请的。决不施用与对方身体不大舒服的举动,只是托人晓以大义,谆谆劝诱。这大半对年龄较长者施用之,也存有尊老惜旧之意云。

对鲁迅翁,据说将施用第三种办法。至于有否接洽,若已接洽则其结果如何等等,都不可而知。关于鲁迅翁的往哪里去,只要先看一看谷非、张光人、胡风先生的行动就行了。

注释:

原载《社会日报》1935年12月1日第3版正中,并加花边。

《文学》起内哄

由周文而起,他背后:"牌子":周鲁迅
"理论":张谷非

☆黑 二

《文学》提到了鲁迅、茅盾、郑振铎等"大字辈"的朋友,于是一举成名,声势浩大,然而傅东华野心太大,引起了郑振铎的不满而卸去了编者的责任。又为了译文的误会,使得周鲁迅也深为不快。于是傅东华就显得孤单单起来,于是为了所谓"大作家"们的稿子的青黄不接,只得花样翻新,在十二月号来了一个"六个新作家"专号,《文学》素来是看不起新人的,真的被人们攻击得太厉害了,就把郭源新也当作"新人"而塞塞别人的口。其实"提拔新人"也根本不通。编者取稿当以"好""不好"为前提,为"提拔"而勉强登些"新人"的作品既不必,为"联络"而塞些"朋友"的东西更"无聊"。

这些都是闲话,都说这次"提拔新人","提拔"出事情来了。

十二月号的《文学》上,所谓"六个新作家"中,有一个叫周文的写了一篇《山坡上》。这是一个五千字左右的短篇小说,所描写的是战场上的情形:站在不同战场上的兵士,到末了由于看了一场狗吞肠子的活剧而憬悟,而"弟兄"起来了。从"敌人"而变为"兄弟"的一场过程,无论如何是不可少的,而《山坡上》却没了这么一段描写。单是"李占魁觉得心头一阵难过,就此将王大胜的两手拔开,颤头说道:弟兄,你别这样,你别——"的一来而已。

原作是并不如此的,还有六七百字的一段描写,而傅东华认为:"我们就他(指周文)最近的出产看来,发见他有一个重要的缺憾,就是写人物的动作过分烦琐……即如现在这篇,他把全力用来描写王大胜和李占魁两个人物的动作……"(见该期《论坛》第三篇《一个小小的实验》第十节)。于是那六七百字的一段被删去了。

但周文并不干休,他已写了一篇文章在质问傅东华,大意说给如此一删,全篇文章的精华就被淹没完了。而傅东华自然也未便吃瘪,也有一篇"驳文"登在"论坛"

中——来鸿去雁都将发表于新年号的该志上。

周文是笔名,原来就是何君谷天,是一位七八成新的作家。他后面,论"牌头",有周鲁迅,讲"理论",有左翼社会主义的第三种人的民族文学理论家"胡风、谷非、张光人"。这次周文之向傅东华提出抗议是否有背景,我们是不得而知。不过这问题一经闹出来,将引起周鲁迅的行动"金不换"是可能的。

要是傅东华不于事先打个招呼,则将因此而受点委屈也说不定。又,紧接此而之下,有一则消息:

张光人近来不知为什么满面红光,笑容可掬?有人说他新近得了一笔钱(来源不详)。

注释:

原载《社会日报》1935年12月16日第3版。

鲁迅茅盾暗斗

《译文》于焉停刊
新文坛史料外页

☆黄老大

《译文》的停刊曾经在读者间引起不少惋惜的表示，大家都觉得生活书店出版的四大杂志里边，编得最齐整而被知识分子所拥护的是《译文》，编得最凌乱而内容最贫乏的是《文学》，生活不停《文学》，反而停了《译文》，真是咄咄怪事。终刊号上，据"文学月刊社"传出来的理由是"销路不佳"——"销路不佳"不过是"文学月刊社"方面故意放出来的烟幕弹而已。

《译文》编者在名义上虽然是黄源，实际上却是鲁迅。《译文》的一些台柱子，如黎烈文，孟十还诸人，都是不折不扣的，以鲁迅为领袖的"自由谈系"。《译文》停刊的远因就种在这里。原来在《文学》月刊上写文章的一批人表面上虽然相亲相爱，情如手足，而暗地里却时常明枪冷箭，尔诈我虞的侵轧得不得了。其中冤仇最深的是茅盾、鲁迅两人。第一是因为他们两个都是大字辈，所谓两雄不并立；有鲁迅没有茅盾，有茅盾没有鲁迅，而且两人都有领袖的野心，在争夺喽罗的时候，不能不有冲突。第二，茅盾一手霸住《文学》，做自己的地盘，对鲁迅推荐来的作品一点不肯放松，在这里两人之间也结不少说不出口的冤仇。两人间的矛盾到鲁迅黄源主编《译文》，竭力想压到（倒）茅盾的用心，最近是越来越深刻了。讲起作品、学识和才能，茅盾究竟敌不住鲁迅。可是，茅盾在阴险的一点上却远胜鲁迅，一到短兵相接的时候，他就施展鬼计，想来中伤鲁迅。一年前，当肖伯纳来过上海之后，傅东华化名伍实讽刺鲁迅和梅兰芳如何如何，就是茅盾唆使出来的。最近，茅盾来看《译文》越来越精彩，知道不用阴谋是敌不住了，便和傅东华商量，怎样到生活书店最高当局那里去设法破坏《译文》。傅东华因为鲁迅挈黄源来威胁，而且好的译稿又都拿到《译文》去发表，心中也正不高兴，如今听茅盾说要破坏《译文》，正是"我所愿也"。

这时邹韬奋刚抵沪上，预备把《生活》整顿一番。第一个愿望是：把《文学》停了，每月可省千五百元的开支。傅东华知道消息不好，便发动全部喽罗，捏造几百封骂

《译文》的读者来信,拿了去见邹韬奋,结果,《文学》被保全,而《译文》却停刊了。近来传说鲁迅和巴金正在发动倒傅运动,那便是由《译文》停刊而来的。

注释:
原载《社会日报》1935年12月26日。

鲁老头子笔尖儿横扫五千人

但可惜还不能自圆其说

☆未　名

鲁迅，以其一寸小影列于世界名作家果戈里、纪德、高尔基之列，排在《作家》的目录版头画上，谁不知他是一位怎样的作家。

《作家》对于鲁氏，自然是奉命唯谨的，所以八月份的《作家》上，一篇和徐懋庸吵架叫做《答徐懋庸并关于统一战线》的文字，也被标为万言长文而排出，如果从商业方面说，是得计的，因为这一篇文字牵涉的有转变后的田汉、穆木天、周起应，有安那其主义的巴金，有《译文》派的黄源，《世界文库》派的郑振铎，以及许多许多，甚至杜衡、韩侍桁也在其列。可谓笔尖儿横扫五千人了。

不过中间牵涉到本报的许多记载，却特别注意，认为是有人特别和他捣鬼，这未免过于太主观。

譬如他说，有人说他，本报也说他腰斩《死魂灵》这一事件。明明《世界文库》附在第六(期)卷的第七期目录上，是有"死魂灵(七)"的字样的，但是到了第七期不见《死魂灵》第二部，而《译文》新卷，却有《死魂灵》第二之登载，这叫本报撰稿人如何去为鲁氏"曲全其说"呢？

中间既然说即使鸳鸯蝴蝶派也可列入于统一战线之林，可是对于第三种文学之杜衡、韩侍桁则特别标出来，不在例内，那么杜衡、韩侍桁永远被剥夺，鲁氏又用什么科学方法来证明杜衡、韩侍桁的作品是汉奸文学呢？

总之，这篇文字是有点费解。

注释：
原载《社会日报》1936年8月20日。

读鲁迅先生关于统一战线问题应为徐懋庸先生辩白的几句话

☆灵 犀

我所要说的是小报造谣问题,因为周先生在文中一再提到《社会日报》曾刊过周先生所认为并非事实的记载……徐先生和小报——本报,关系的确有是有一点,那便是给编者拿到几篇《星期论文》,除此之外,徐先生在本报上并没有写过其它的文章(还有,那便是双十特刊等的纪念文字了),那些给周先生指为谣言的稿子,我敢以人格担保,那绝对不是徐先生写的……周先生却还以若干年前的眼光来看现在的小报,把小报看成罪恶的东西,把"和小报早有关系了"的人看成罪犯,那是何等痛心的事!而我在本报三周纪念册上所说,"……新文学和小报素来是壁垒森严的,因此我又很有志愿想把这个难关打通,一则使小报在文学上可以争得一些地位,二则把新的思想,健全的意识,介绍到一般大众读者的脑筋里,也就是甘愿为大众文艺做个前驱……"但是给周先生的笔尖上很轻松的加上了一句"和小报是有关系了",吓得作家们为避免罪名起见,都不敢和小报有关系,而我的一片热望也给打粉碎了……

……但若因了本报的文字,而使周、徐失和,那是为了良心的谴责,我不能不说明责任的所在;虽然周、徐的交好交恶,没有多大关系。不过倘使因此而破坏了统一战线,外未攘而内先闹翻,那么关系便太严重了,所以我要不惮词费的自动来和徐先生辩白一下,附带说明"和小报是有关系了"并非罪恶;小报也根本并未如周先生所说的那么"恶劣"。

注释:

原载《社会日报》1936年8月22日第2版。

鲁迅笔下的二位西装大汉

据说就是华汉林伯修

☆孙 奥

那篇文字最碍眼的就是除了郭沫若、茅盾和辛人三人被称为先生之外,一切人物概直呼名字,俨然有余子不屑谈也之概。

其次是放烟幕弹这一政策。文中说到和田汉、周起应去约他谈话的二人,他偏偏不写出真名来。这并不是鲁氏有什么顾忌,这是他利用这二个西装大汉,使许多作家都陷入嫌疑之地位。据说这二位西装大汉,就是华汉(阳翰笙)和林伯修二人。当时是不是如他所说的去指摘胡风,现在还须待第三者来证明。

不过鲁氏这一篇"万言长文"给人家之印象甚不好,因为很多地方他是自吹自擂说将来会捍卫社会。甚至将自己之《阿Q正传》列为千古杰作,媲美于《红楼梦》,而又不是"汉奸文学",那么就是十年前的"国防文学"了。由于此,恐将引起更多人对他的攻击,而他在读者脑中的印象,说不定也将因此起了动摇。

注释:

原载《社会日报》1936年8月24日第2版。

梅雨以大义责鲁迅

☆ 维 新

八月号的《作家》,以鲁迅之答徐懋庸及关于统一战线一文作为号召读者的幌子,在广告上大吹其万言长文之法螺,结果固然多销了若干本,但是"万言长文"一语,终于成为文学界的新名词……

被指为恶劣的敌对的徐懋庸的复文,还没有登出以前,各方对这包剿国防文学的异军,虽有片断的牢骚以及责备,但是怕被指为恶劣似的,都不肯去捋周大公子[注]的虎须。

在这个时候出来仗义执言的,却是我们的诗学理论家梅雨,他在《文化报道》第六期上,指摘鲁迅对于徐懋庸辈的毒痛,为失掉文学前辈态度的野蛮行为。第一是因为罔指徐懋庸之私人为集团,第二是把私人的信札当成罪状,末了,他对鲁氏的骂人,也给了一声丧钟:那就是说对敌人的讥笑怒骂有时固然是痛快而且也是必要手段,但是对自己同一战线的人的怒骂,却是不应该之又不应该。尤其是对于胡说,胡说,更其胡说之叠次应用,尤为不该。这一短文可以说是文学界对鲁氏的缄默的答复的代言。

[注]被鲁迅动不动就指为无耻之流的某君,有一句说:"我虽不敢触犯周家大公子的圣讳,但是横祸还是飞来。"

注释:
原载《社会日报》1936年9月13日第2版。

曹聚仁致鲁迅

鲁迅先生：

我要写寄先生的信，这是第三封。前二封，有一封是在西湖上写的，知道先生正在病中，我不应该以个人精神上的苦闷来麻烦先生，终于搁着没发。近读先生复懋庸的信，知道先生已康复了。

我的精神上的苦闷？自今春被出卖一次以后，自己总想找一出路；半年来决心多学习一点，也教多一点书，但其没有出路还是依然，以前想访先生谈一谈，即是为此。现在且不去说他。

先生复懋庸的信中，几处提到《社会日报》；好像《社会日报》所载那些文坛消息，颇有和懋庸等一吹一唱的痕迹，我想为《社会日报》向先生表白几句。我和《社会日报》发生关系以后，颇想使它向上，劝灵犀先生把第三版专刊文艺界消息的地位改载国内社会通信，事实上虽未完全做到，文坛消息的确逐渐减少了。而且我请他特别注意几个熟人的消息，格外慎重一点，我所以主张不刊文坛消息，因为一则文人的花样很多，知道利用新闻自吹自捧或攻讦别人，报中既无专人采访，道听途说的十有八九不可靠；二则文人的吃饭睡觉，相骂打架没有告诉读者的价值。先生所举的那些消息，当然有写寄的人，不过我敢说决非《社会日报》的珍闻，大概市场中有此传说，寄稿的人就有此新闻，未必有什么作用罢？我自己绝对不写文坛消息，懋庸也从来不曾写过，这一点，请先生谅解一点。

上半年，我是给功课忙得昏天黑地，近月则心乱如麻，百凡不安定；几乎变成"不知有汉，遑论魏晋"。和懋庸同处一屋，一月间也难得碰头。上月末，有一天懋庸说要写一封信劝劝先生，劝先生不要被别人包围，又说先生在病着，不写了罢。我因为对于这回争论全未留心，不曾问下去。看了《作家》，原来他毕竟把信写了。这样惹是非的信，假使我知道，一定要劝他不写；因为他曾劝我不要小孩子脾气，叫我要沉着慎重，我受了"直谅"益处，我也应该以直谅答直谅，劝他沉着慎重的。先生把原信和复信一同刊出来，我的私意不敢苟同；年轻的人有许多见不到的地方，当作私人通信开导一番，其益处比公开的好得多。器量有广狭，有些不必有的是非，先生还得为年轻的人包含一点。懋庸说我不懂世故,但他虽少年"老"成,也是这样不懂世故。信中说胡风性诈黄源行谄那几句,该打百下手心。人间何处不相逢?这样破了脸,真会终身切齿成仇呢! 原信一刊出来,似乎两面都不能收场;在我不懂世故的人看来,倒是给另外一些人拍手的。

谢谢先生的《死魂灵一百图》,那么精美的图画! 这句话是在前二信上的,搁了许久了。

祝先生健康!

曹聚仁谨上
[一九三六年]八,十七

　　一星期以后,由内山转奉枣酒一坛,据中医说是补神的,我不必在懂得医理的人面前说谎。

伍 有关中西文化的论争

鲁　迅：中国书虽有劝人入世的话,也多是僵尸的乐观;外国书即使是颓唐和厌世的,但却是活人的颓唐和厌世。
　　　　我以为要少——或者竟不——看中国书,多看外国书。

袁小虚：熟精古书,最厉害不过变成一个"食古不化"的人,倒是纯粹中国人;若中国人熟精外国书,不学中国书了,最好是一个中国骨骼外国皮毛的杂种人。

【导读】

中西文化之辩

☆陈漱渝

　　围绕《咬文嚼字》《青年必读书》和是否应该劝青年人读《庄子》《文选》而引发的论争,均属于有关中西文化的论争,鲁迅反对传统文化的惰性;强调青年最要紧的是"行"而不是"言"。对于从古书中去学文法,寻字汇的主张,他也提出了异议。要准确领会鲁迅的上述观点,必须联系北洋政府时期和国民党执政时期尊孔复古的文化背景,以及鲁迅故意"拗一调"以增强行文效果的特殊表达方式。

　　施蛰存先生论争中,是否知道"丰之余"就是鲁迅的笔名,他后来的回忆中说法前后不一。但他在致香港吴羊璧先生信中坦陈了真实心态:"鲁迅对我的批判,我是不服。但看他把周扬、夏衍也奚落得不成样子,我也只好自认晦气,不该触怒一个文坛霸权。他现在还是一个'老虎屁股',所以我始终不吭一声。"(《施蛰存海外书简》,河南教育出版社出版)

咬文嚼字

☆鲁 迅

一

以摆脱传统思想的束缚而来主张男女平等的男人，却偏喜欢用轻靓艳丽字样来译外国女人的姓氏：加些草头，女旁，丝旁。不是"思黛儿"，就是"雪琳娜"。西洋和我们虽然远哉遥遥，但姓氏并无男女之别，却和中国一样的，——除掉斯拉夫民族在语尾上略有区别之外。所以如果我们周家的姑娘不另姓绸，陈府上的太太也不另姓 䔹则欧文的小姐正无须改作姬纹，对于托尔斯泰夫人也不必格外费心，特别写成妥 妳苔也。

以摆脱传统思想的束缚而来介绍世界文学的文人，却偏喜欢使外国人姓中国姓：Gogol 姓郭；Wilde 姓王；D'Annunzio 姓段，一姓唐；Holz 姓何；Gorky 姓高；Galsworthy 也姓高，假使他谈到 Gorky，大概是称他"吾家 rky"的了。我真万料不到一本《百家姓》，到现在还有这般伟力。

一月八日

二

古时候，咱们学化学，在书上很看见许多"金"旁和非"金"旁的古怪字，据说是原质名目，偏旁是表明"金属"或"非金属"的，那一边大概是译音。但是镭，锇，锡，锆，矽，连化学先生也讲得很费力，总须附加道："这回是熟悉的悉。这回是休息的息了。这回是常见的锡。"而学生们为要记得符号，仍须另外记住腊丁字。现在渐渐译起有机化学来，因此这类怪字就更多了，也更难了，几个字拼合起来，像贴在商人帐桌面前的将"黄金□两"拼成一个的怪字一样。中国的化学家多能兼做新仓颉。我想，倘若就用原文，省下造字的功夫来，一定于本职的化学上更其大有成绩，因为中国人的聪明是决不在白种人之下的。

在北京常看见各样好地名：辟才相同，乃兹府，丞相胡同，协资庙，高义伯胡同，贵人关。但探起底细来，据说原是劈柴胡同，奶子府，绳匠胡同，蝎子庙，狗尾巴胡同，鬼门关。字面虽然改了，涵义还依旧。这很使我失望；否则，我将鼓吹改奴隶二字为"弩理"，或是"努礼"，使大家可以永远放心打盹儿，不必再愁什么了。但好在似乎也并没有什么人愁着，爆竹毕毕剥剥地都祀过财神了。

二月十日

注释：

原载北京《京报副刊》1925年1月11日、2月12日。

咬嚼之余

☆鲁 迅

我的一篇《咬文嚼字》的"滥调",又引起小麻烦来了,再说几句罢。

我那篇的开首说:"以摆脱传统思想之束缚……"

第一回通信的某先生似乎没有看见这一句,所以多是枝叶之谈,况且他大骂一通之后,即已声明不管,所以现在也不在话下。

第二回的潜源先生的通信是看见那一句的了,但意见和我不同,以为都非不能"摆脱传统思想之束缚……"各人的意见,当然会各式各样的。

他说女名之所以要用"轻靓艳丽"字眼者,㈠因为"总常想知道他或她的性别"。但我却以为这"常想"就是束缚。小说看下去就知道,戏曲是开首有说明的。㈡因为便当,譬如托尔斯泰有一个女儿叫作 Elizabeth Tolstoi,全译出来太麻烦,用"妥妳丝苔"就明白简单得多。但假如托尔斯泰还有两个女儿,叫做"Mary Tolstoi et Hilda Tolstoi,即又须别想八个"轻靓静丽"字样,反而麻烦得多了。

他说 Go 可译郭,Wi 可译王,Ho 可译何,何必故意译作"各""旺""荷"呢?再者,《百家姓》为什么不能有伟力?但我却以为译"郭""王""何"才是"故意",其游魂是《百家姓》;我之所以诧异《百家姓》的伟力者,意思即见前文的第一句中。但来信又反问了,则又答之曰:意思即见前文第一句中。

再说一遍罢,我那篇的开首说:"以摆脱传统思想之束缚……"所以将翻译当作一种工具,或者图便利,爱折中的先生们是本来不在所讽的范围之内的。两位的通信似乎于这一点都没有看清楚。

末了,我对于潜源先生的"末了"的话,还得辨正几句。㈠我自己觉得我和三苏中之任何一苏,都绝不相类,也不愿意比附任何古人,或者"故意"凌驾他们。倘以某古人相拟,我也明知是好意,但总是满身不舒服,和见人使 Gorky 姓高相同。㈡其实《呐喊》并不风行,其所以略略流行于新人物间者,因为其中的讽刺在表面上似乎大抵针对旧社会的缘故,但使老先生们一看,恐怕他们也要以为"吹敲""苛责",深恶而痛绝之的。㈢我并不觉得我有"名",即使有之,也毫不想因此而作文更加郑重,来维持已有的名,以及别人的信仰。纵使别人以为无聊的东西,只要自己以为有聊,且不被暗中禁止阻碍,便总要发表曝露出来,使厌恶滥调的读者看看,可以从速改正误解,不相信我。因为我觉得我若专讲宇宙人生的大话,专刺旧社会给新青年看,希图在若干人们中保存那由误解而来的"信仰",倒是"欺读者",而于我是苦痛的。

一位先生当面,一位通信,问我《现代评论》里面的一篇《鲁迅先生》,为什么没有了。我一查,果然,只剩了前面的《苦恼》和后面的《破落户》,而本在其间的《鲁迅先生》确乎没有了。怕还有同样的误解者,我在此顺便声明一句:我一点不知道为什么。

假如我说要做一本《妥妳丝苔传》,而暂不出版,人便去质问托尔斯泰的太太或女儿,我以为这办法实在不很对;因为她们是不会知道我所玩的是什么把戏的。

一月二十日

【备考】:

"无聊的通信"

伏园先生:

自从先生出了征求"青年爱读书十部"的广告之后,《京报副刊》上就登了关于这类的许多无聊的通信;如"年轻妇女是否可算'青年'"之类。这样无聊的文字,这样简单的脑筋,有登载的价值么?除此,还有前天的副刊上载有鲁迅先生的《咬文嚼字》一文,亦是最无聊的一种,亦无登载的必要!《京报副刊》的篇幅是有限的,请先生宝贵它吧,多登些有价值的文字吧!兹寄上一张征求的表请收下。

十三,仲潜

凡记者收到外间的来信,看完以后认为还有再给别人看看的必要,于是在本刊上发表了。例如廖仲潜先生这封信,我也认为有公开的价值,虽然或者有人(也许连廖先生自己)要把它认为"无聊的通信"。我发表"青年二字是否连妇女也包括在内?"的李君通信,是恐怕读者当中还有像李君一般怀疑的,看了我的答案可以连带的明白了。关于这层我没有什么其他的答辩。至于鲁迅先生的《咬文嚼字》,在记者个人的意见,是认为极重要极有意义的文字的,所以特用了二号字的标题,四号字的署名,希望读者特别注意。因为鲁迅先生所攻击的两点,在记者也以为是晚近翻译界堕落的征兆,不可不力求改革的。中国从翻译印度文字以来,似乎数千年中还没有人想过这样的怪思想,以为女人的名字应该用美丽的字眼,男人的名字的第一音应该用《百家姓》中的字,的确是近十年来的人发明的(这种办法在严几道时代还未通行),而近十年来的翻译文字的错误百出也可以算得震铄前古的了。至于这两点为什么要攻击,只要一看鲁迅先生的讽刺文字就会明白。他以中国"周家的小姐不另姓绸",去映衬有许多人用"玛丽亚"、"婀娜"、"娜拉"这些美丽字眼译外国女人名字之不当,以"吾家 rky"一语去讥讽有许多人将无论哪一国的人名硬用《百家姓》中的字作第一音之可笑,只这两句话给我们的趣味已经够深长够浓厚了,而廖先生还说它是"最无聊"的文字么?最后我很感谢廖先生热心的给我指导,还很希望其他读者如对于副刊有什么意见时不吝赐教。

伏园敬复
一九二五年一月十五日《京报副刊》

关于《咬文嚼字》

伏园先生:

　　我那封短信,原系私人的通信,应无发表的必要;不过先生认为有公开的阶值,就把它发表了。但因此那封信又变为无聊的通信了,岂但无聊而已哉,且恐要惹起许多无聊的是非来,这个挑拨是非之责,应该归记者去担负吧!所以如果没有彼方的答辩则已;如有,我可不理了。至于《咬文嚼字》一文,先生认为原意中攻击的两点是极重要且极有意义的,我不无怀疑之点:A,先生照咬文嚼字的翻译看起来,以为是晚近翻译界堕落的征兆。为什么是堕落?我不明白。你以为女人的名字应该用美丽的字眼,男人的名字的第一音应该用《百家姓》中的字,是近来新发明的,因名之曰怪思想么?但我要问先生认它为"堕落"的,究竟是不是"怪思想"?我以为用美丽的字眼翻译女性的名字是翻译者完全的自由与高兴,无关紧要的;虽是新发明,却不是堕落的征兆,更不是怪思想!B,外国人的名是在前,姓是在后。"高尔基"三个音连成的字,是 Gorky 的姓,并不是他就是姓"高";不过便于中国人的习惯及记忆起见,把第一音译成一个相似的中国姓,或略称某氏以免重复的累赘的困难。如果照中国人的姓名而认他姓高,则尔基就变成他的名字了?岂不是笑话吗!又如,Wilde 可译为王尔德,可译魏尔德,又可译为樊尔德,然则他一人姓了王又姓魏又姓樊,此理可说的通吗？可见所谓"吾家rky"者，我想，是鲁迅先生新发明的吧！不然，就是说"吾家rky"的人，根本不知"高尔基"三音连合的字是他原来的姓！因同了一个"高"字，就贸贸然称起吾家还加上rky来，这的确是新杜撰的滑稽话！却于事实上并无滑稽的毫末，只惹得人说他无意思而已，说他是门外汉而已，说他是无聊而已！先生所谓够深长够浓厚极重要极有意义的所在，究竟何所而在？虽然，记者有记者个人的意见，有记者要它发表不发表的权力，所以二号字的标题与四号字的署名，就刊出来了。最后我很感谢先生上次的盛意并希望先生个人认为很有意思的文字多登载几篇。还有一句话：将来如有他方面的各种的笔墨官司打来，恕我不再来答辩了，不再来凑无聊的热闹了。

　　此颂

撰安！

十六，弟仲潜敬复

　　"高尔基三个音连成的字，是 Gorky 的姓，并不是他就姓高"，廖先生这句话比鲁迅先生的文字更有精采。可惜这句话不能天天派一个人对读者念着，也不能叫翻译的人在篇篇文章的原著者下注着"高尔基不姓高，王尔德不姓王，白利欧不姓白……"廖先生这篇通信登过之后不几天，廖先生这句名言必又被人忘诸脑后了。所以，鲁迅先生的讽刺还是重要，如果翻译界的人被鲁迅先生的"吾家尔基"一语刺得难过起来，竟毅然避去《百家姓》中之字而以声音较近之字代替了（如哥尔基，淮尔德，勃利欧……），那末阅者一望而知"三个音连成的字是姓，第一音不是他的姓？"不必有烦廖先生的耳提面命了。不过这样改善以后，其实还是不妥当，所以用方块儿字译外国人名的办法，其寿命恐怕至多也不过还有五年，进一步是以注音字母译（钱玄同先生等已经实行了，昨天记者遇见钱先生，他就说即使第一音为《百家姓》中的字之办法改良以后，也还是不妥），再进一步是不译，在欧美许多书籍的原名已经不译了，主张不译人名即使在今日的中国恐怕也不算过激罢。

伏园附注
一九二五年一月十八日《北京副刊》

《咬文嚼字》是"滥调"

伏园先生：

　　鲁迅先生《咬文嚼字》一篇，在我看来，实在毫无意义。仲潜先生称它为"最无聊"之作，极为得体。不料先生在仲潜先生信后的附注，对于这"最无聊"三字大为骇异，并且说鲁迅先生所举的两种，为翻译界堕落的现象，这真使我大为骇异了。

　　我们对于一个作家或小说戏剧上的人名，总常想知道他或她的性别（想知道性别，并非主张男女不平等）。在中国的文字上，我们在姓底下有"小姐""太太"或"夫人"，若把姓名全写出来，则中国女子的名字，大多有"芳""兰""秀"等等"轻靓艳丽"的字眼。周家的姑娘可以称之为周小姐，陈家的太太可以称之为陈太太，或者称为周菊芳、陈兰秀亦可。从这些字样中，我们知道这个人物是女性。在外国文字中可就不同了。外国人的姓名有好些 Syllables 是极多的，用中文把姓名全译出来非十数字不可，这是何等惹人讨厌的事。年来国内人对于翻译作品之所以比较创造作品冷淡，就是因为翻译人名过长的缘故（翻译作品之辞句不顺口，自然亦是原因中之一）。假如托尔斯泰有一个女叫做 Elizabeth Tolstoi，我们全译出来，成为"托尔斯泰伊丽莎白"八字，何等麻烦。又如有一个女子叫做 Mary Hilda Stuwart，我们全译出来，便成为"玛丽海尔黛司徒渥得"也很讨厌。但是我们又不能把这些名字称为托尔斯泰小姐或司徒渥得夫人，因为这种六个字的称呼，比起我们看惯了周小姐陈太太三字的称呼多了一半，也不方便。没法，只得把名字删去，"小姐"，"太太"也省略，而用"妥妳丝苔"译 Elizabeth Tolstoi，用"丝图娃德"译 Mary Hilda Stuwart，这诚是不得已之举。至于说为适合中国人的胃口，故意把原名删去，有失原意的，那么，我看根本外国人的名字，便不必译，直照原文写出来好。因为中国人能看看不惯的译文，多少总懂得点洋文的。鲁迅先生此举诚未免过于吹毛求疵？

　　至于用中国姓译外国姓，我看也未尝不可以。假如 Gogol 的 Go 可以译做郭，Wilde 的 Wi 可以译做王，Holz 的 Ho 可以译做何，我们又何必把它们故意译做"各""旺""荷"呢？再者，《百家姓》为什么不能有伟力？

　　诚然，国内的翻译界太糟了，太不令人满意了！翻译界堕落的现象正多，却不是这两种。伏园先生把它用二号字标题，四号字标名，也算多事，气力要卖到大地方去，却不可做这种吹敲的勾当。

　　末了，我还要说几句：鲁迅先生是我所佩服的。讥刺的言辞，尖锐的笔锋，精细的观察，诚可引人无限的仰慕。《呐喊》出后，虽不曾名噪天下，也名噪国中了。他的令弟启明先生，亦为我崇拜之一人。读书之多，令人惊叹。《自己的园地》为国内文艺界一朵奇花。我尝有现代三周(还有一个周建人先生),驾乎从前三苏之慨。不过名人名声越高,作品也越要郑重。若故意纵事吹敲或失之苛责,不免带有失却人信仰的危险。而记者先生把名人的"滥调"来充篇幅,又不免带有欺读者之嫌。冒犯,恕罪! 顺祝健康。

潜源
一月十七日于唐山大学

　　鲁迅先生的那篇《咬文嚼字》,已有两位"潜"字辈的先生看了不以为然,我猜想青年中这种意见或者还多,那么这篇文章不是"滥调"可知了。你也会说,我也会说,我说了你也同意,你说了他也说这不消说:那是滥调。鲁迅先生那两项主张,在簇新头脑的青年界中尚且如此通不过去,名为滥调,是冤枉了,名为最无聊,那更冤枉了。记者对于这项问题,是加入讨论的一人,自知态度一定不能公平,所以对于"潜"字辈的先生们的主张,虽然万分不以为然,也只得暂且从缓答辩。好在超于我们的争论点以上,还有两项更高一层的钱玄同先生的主张,站在他的地位看我们这种争论也许是无谓已极,无论谁家胜了也只赢得"不妥"二字的考语罢了。

伏园附注

注释:
原载北京《京报副刊》1925 年 1 月 22 日。

咬嚼未始"乏味"

☆鲁　迅

对于四日副刊上潜源先生的话再答几句：

一、原文云：想知道性别并非主张男女不平等。答曰：是的。但特别加上小巧的人工，于无须区别的也多加区别者，又作别论。从前独将女人缠足穿耳，也可以说不过是区别；现在禁止女人剪发，也不过是区别，偏要逼她头上多加些"丝苔"而已。

二、原文云：却于她字没有讽过。答曰：那是译 She 的，并非无风作浪。即不然，我也并无遍讽一切的责任，也不觉得有要讽草头丝旁，必须从讽她字开头的道理。

三、原文云："常想"真是"传统思想的束缚"么？答曰：是的，因为"性意识"强，这是严分男女的国度里必有的现象，一时颇不容易脱体的，所以正是传统思想的束缚。

四、原文云：我可以反问：假如托尔斯泰有两兄弟，我们不要另想几个"非轻靓艳丽"的字眼么？答曰：断然不必。我是主张连男女的姓也不要妄加分别的，这回的辩难一半就为此。怎么忽然又忘了？

五、原文云：赞成用郭译 Go……习见故也。答曰："习见"和"是"毫无关系。中国最习见的姓是"张王李赵"，《百家姓》的第一句是"赵钱孙李"，"潜"字却似乎颇不习见，但谁能说"钱"是而"潜"非呢？

六、原文云：我比起三苏，是因为"三"字凑巧，不愿意，"不舒服"，马上可以去掉。答曰：很感谢。我其实还有一个兄弟，早死了。否则也要防因为"四"字"凑巧"，比起"四凶"，更加使人着急。

【备考】：

咬嚼之乏味

☆潜　源

当我看《咬文嚼字》那篇短文时，我只觉得这篇短文无意义，其时并不想说什么。后来伏园先生在仲潜先生信后的附注中,把这篇文字大为声张,说鲁迅先生所举的两点是翻译界堕落的现象,所以用二号字标题,四号字标名;并反对在我以为"极为得体"的仲潜先生的"最无聊"三字的短评。因此,我才写信给伏园先生。

在给伏园先生的信中,我说过:"气力要卖到大地方去,却不可从事吹敲""记者先生用二号字标题,四号字标名,也是多事"几句话。我的意思是:鲁迅先生所举的两点是翻译界极小极小的事,用不着去声张作势;翻译界可论的大事正多着呢,何不到那去卖气力?(鲁迅先生或者不承认自己声张,然伏园先生却为之声张了。)就是这两点极小极小的事,我也不能迷信"名人说话不会错的"而表示赞同,所以后面对于这两点加以些微非议。

在未入正文之先,我要说几句关于"滥调"的话。

实在,我的"滥调"的解释与普通一般的解释有点不同。在"滥调"二字旁,我加了" ",表示它的意义是全属于字面的(literal)。即是指"无意义的论调"或直指"无聊的论调"亦可。伏园先生与江震亚先生对于"滥调"二字似乎都有误解,故顺便提及。

现在且把我对于鲁迅先生《咬嚼之余》一篇的意见说说。

先说第一点吧:鲁迅先生在《咬嚼之余》说,"我那篇开首说:'以摆脱传统思想之束缚……'……—两位的通信似乎于这一点都没有看清楚。"于是我又把《咬文嚼字》再看一遍。的确,我看清楚了。那篇开首明明写着"以摆脱传统思想的束缚而来主张男女平等的男人,却……"那面的意思即是:主张男女平等的男人,即已摆脱传统思想的束缚了,我在前次通信曾说过,"加些草头,女旁,丝旁","来译外国女人的姓氏",是因为我们想知道他或她的性别,然而知道性别并非主张男女不平等。(鲁迅先生对于此点没有非议)。那么,结论是,用"轻靓艳丽"的字眼译外国女人名,既非主张男女不平等,则其不受传统思想的束缚可知。糟就糟在我不该在"想"字上面加个"常"字,于是鲁迅先生说,"'常想'就是束缚。""常想"真是"束缚"吗?是"传统思想的束缚"吗?口吻太"幽默"了,我不懂。"小说看下去就知道,戏曲是开首有说明的。"作家的姓名呢?还有,假如照鲁迅先生的说法,数年前提倡新文化运动的人们特为"创"出一个"她"字来代表女人,比"想"出"轻靓艳丽"的字眼来译女人的姓氏,不更为受传统思想的束缚而更麻烦吗?然而鲁迅先生对于用"她"字却没有讽过。至于说托尔斯泰有两个女儿,又须别想八个"轻靓艳丽"的字眼,麻烦得多,我认此点并不在我们所谈之列。我们所谈的是"两性间"的分别,而非"同性间"。而且,同样我可以反问:假如托尔斯泰有两兄弟,我们不要另想几个"非轻靓艳丽"的字眼吗?

关于第二点,我仍觉得把 Gogol 的 Go 译做郭,把 Wilde 的 Wi 译做王,……既不曾没有"介绍世界文学",自然已"摆脱传统思想的束缚"。鲁迅说"故意"译做"郭""王"是受传统思想的束缚,游魂是《百家姓》,也未见得。我少时简直没有读过《百家姓》,我却赞成用"郭"译 Gogol 的 Go,用"王"译 Wilde 的 Wi,为什么?"习见"故也。

他又说:"将翻译当作一种工具,或者图便利,爱折中的先生们是本来不在所讽的范围之内的。"对于这里我自然没有话可说,但是反面"以摆脱传统思想束缚的,而借翻译以主张男女平等,介绍世界文学"的先生们,用"轻靓艳丽"的字眼译外国女人名,用郭译 Go,用王译 Wi,我也承认是对的,而"讽"为"吹敲",为"无聊",理由上述。

正话说完了。鲁迅先生"末了"的话太客气了。(一)我比起三苏,是因为"三"字凑巧,不愿意,"不舒服",马上可以去掉。(二)《呐喊》风行得很;讽刺旧社会是对的,"故意"讽刺已摆脱传统思想的束缚的人们是不对。(三)鲁迅先生名是有的:《现代评论》有《鲁迅先生》,以前的《晨报附刊》对于"鲁迅"这个名字,还经过许多滑稽的考据呢!

最后我要说几句好玩的话。伏园先生在我信后的附注中,指我为簇新青年,这自然挖苦的成分多,真诚的成分少。假如我真是"簇新",我要说用"她"字来代表女性,是中国新文学界最堕落的现象,而加以"讽刺"呢。因为非是不足以表现"主张男女平等",非是不足以表现"摆脱传统思想的束缚"!

二,一,一九二五,唐大

注释:
原载《京报副刊》1925 年 2 月 10 日。

青年必读书
——应《京报副刊》的征求

☆ 鲁 迅

青年必读书	从来没有留心过, 所以现在说不出。
附 注	但我要趁这机会,略说自己的经验,以供若干读者的参考—— 　　我看中国书时,只觉得就沉静下去,与实人生离开;读外国书——但除了印度——时,往往就与人生接触,想做点事。 　　中国书虽有劝人入世的话,也多是僵尸的乐观;外国书即使是颓唐和厌世的,但却是活人的颓唐和厌世。 　　我以为要少——或者竟不——看中国书,多看外国书。 　　少看中国书,其结果不过不能作文而已。但现在的青年最要紧的是"行",不是"言"。只要是活人,不能作文算什么大不了的事。 　　　　　　　　　　　　　　　　　　　　二月十日

注释:

原载《京报副刊》1925年2月21日。

熊以谦致孙伏园

伏园先生：

先生在副刊上面征求青年必读书，起初我本想也献一献丑的，后来，我想我还没有到贡献别人的必读书的程度，我要静待别人来贡献我。但是我很感谢先生这种办法，有赐于我们青年不少。

不过先生这种苦心经营的法子，想得比较公认为重要的书籍，给现在青年做个选择来读的标准，而鲁迅先生所说的话，适与先生祈意相反，我不管先生赞不赞成鲁迅先生的话，我认为鲁迅先生的话太说匆忙一点，有误一班青年，有误中国，而且与实际不合？故忘了对不对，出来说几句话，并想借付一点篇幅，公开出来，因为我认为这也是有讨论的价值的问题。

特此敬礼

撰安！

熊以谦谨启
二月廿一夜

如副刊无地方，在报纸后篇发表亦可。

如不登载，即请将原稿退回，我好在别处发表，我现无底稿，我的通信处是：前外常德会馆。

我希望鲁迅先生"行"

鲁迅先生"看中国书时,总觉得就沉静下去,与实人生离开;读外国书时——但除了印度——时,往往就与人生接触,想做点事。"他的经验——看——是这样;所以他的结论——断案——是:

"我以为要少——或者竟不——看中国书,多看外国书"。

喂!鲁迅!你的经验……你自己的经验,我"一思就得其解了"。

我看中国青年两只脚只要踏在外国——也除了印度——的领土内——连租借地——不但说话俏皮,做事是格外漂亮的;但是一到"海棠叶的中国"做事就混蛋了,但说话仍旧漂亮。根据这层理由,我的断案是:

我以为中国青年要搬到——连家眷都在内——外国去。——照例再除了印度。我还希望再进一步,不但要实行搬到外国住,并且要到善后会议出席"宣传这种主义!"

不幸,我自信我"人微言轻",实行了与一般青年毫无影响,宣传,一般青年又充耳不闻。所以我诚恳的希望:

一、鲁迅先生是感觉"现在青年最要紧的是'行',不是'言',所以敢请你出来做我们一般可怜的青年的领袖(连家眷)。先搬到外国去,然后我要做个摇旗呐喊的小卒。

二、鲁迅先生搬家到外国后,我们大家都应马上搬去。把沙漠似的中国让了保存国粹家好好地受用吧!

瞎咀(郝广盛)一九二五·三·五 于云山别墅

可叹致柯柏森、熊以谦

记者先生转

柯柏森、熊以谦两先生钧鉴：

大作《偏见的经验》与《奇哉！所谓鲁迅先生的话》，甚佩，甚佩！

鲁迅先生以中国人而提倡不读中国书只读外国书，其用心如何……殊可注意！

六七年前，我在湖南南部一个外国人办的学堂里读书，校内高小三班，中学四班，英文一科，都是外人教授，不说半句中国话，开初进去，实在累人。但有一层，英文学不学，学生可以自由，而中学三、四年级的英文教本，即是中学一、二年级所学过了的代数的英文原本，教者学者，都很省力。此外博物生理理化等外国货，大概从略，只有四年级那一班两点钟化学，却也不用玻璃瓶子之类，专一谈理。至于四书五经古文观止，则七班班班有的。落后询及各处外国人办的学堂，其情形虽略有不同，而以四书五经等为必要科，则通都一样。

我想，外国人尚且注重中国书，而鲁迅先生却提倡不读中国书，其爱中国，诚外国人之不若呵，可叹可叹！

可叹于北河沿
三月八日

伏园先生：

柯、熊辈，其浅薄殊令人作呕。本欲写一长篇《教会学校生活》呈览。头痛笔便来不及了。如可将此数语披露，似亦可以给彼辈一醒悟剂也。

为中国书打抱不平

☆袁小虚

不要自以为著名文豪,不晓得反省自己错处,专向批评自己过处者,加以无谓漫骂的文字;要知人谁无过,闻过但知忏悔,这才是真正学者,有真正学问和涵养的,而他人亦可有相当之谅解;若闻过反恼羞成怒,出以无谓之强辩,这不但丢失自己的文格,并且他人亦不能默然,任其专横了。譬如富人无理欺负了贫汉,权贵无理压倒了平民,旁的人看见了没有不生气的。即如此次鲁迅先生受了熊以谦先生的攻击,不自省过处,反在熊先生篇中,断章取义的一阵瞎驳,是不由人的气动。

我是绝对不认得熊先生,与鲁先生也无仇无怨的。我写此篇文字完全是吐自己的骨鲠,替中国书打抱不平,不是帮着熊先生来说话的。我注明了来历,于是要请鲁先生晓得不要以为埋名学子的中间,就目为"秦无人"啊! 是专任一般会放洋屁,夜郎自大的洋奴来横行直撞的!

鲁先生在《报"奇哉所谓…………"》里,向我们说:我可是佩服他的文章之长。我敢在此处,罔识忌讳的,也佩服您的文章之长了。我亦敢在先生文章里,依先生逐条的意议来约略说说谈谈。

一、先生自愧浅薄,不敢据此来衡量杨、朱先生的精神。既不敢衡量杨、朱先生的精神,怎可以就推翻杨、朱先生的学说?就是杨、朱先生的学说,是僵死的,或是腐死的,说不好也可,但决不能因一派的学说不好,就可以推翻全中国。书都不好,是不堪读的否;就劝人少看中国书,多读外国书了啊! 我本疑惑的不得了,后来仔细看了先生的大作,才知道先生是"略略一翻"了几部中国书,始恍然大悟过来。如先生满肚子装着外国书,成了外国才子,何怪有此种荒谬论调了! 不,不敢,是特别论调罢?

我们要认清了争点,——是少看中国书,多读外国书;和多读中国书,参看外国书。——就争点上说,我们并不十分反对外国书,外国书是外国人必须读的,因为外国人必须有外国的精神,故必须多读外国书不可。我们中国人何独不然?偏生生的将一个半料读过洋书的外国人——或中国人拉扯着中国青年,必须多读外国书,死往外国精神里跑,将来学成了一个外外——双料外——国人,这不是不成东西了罢?本来我们争点是很简单、是很易明了的;因为鲁先生的文章里,撕成了六断,使我不得不再说去。

二、先生又说:莫非必须老头子如赵尔巽者,才可以做代表当主席?我响朗为先生代说一声,老头子赵尔巽是的确不配做代表当主席的;但是他不配做代表当主席,不是因为他是多读了中国书的原故。要如先生说的"只要行,不要读书"的青年来做代表当主席,就胜于老头子赵尔巽了么?再不然,是死读透了外国书,茫不知中国国情的来做代表当主席就可以了么?

三、熟精古书,最厉害不过变成一个"食古不化"的人,倒是纯粹中国人;若中国人熟精外国书,不学中国书了,最好是一个中国骨骼外国皮毛的杂种人。我的迂想头是如此,不知高明的"一想就通"到哪里去,先生的常识是真不可反处?

《新青年》杂志第四卷第五号上发表的《狂人日记》

四、说来痛心,先生的大志愿欲和外国以宾主关系相通。恐怕外国不希罕我们中国来做他的宾客罢?或如先生说多读外国书之后,说不定外国尚可当我们中国是他们的宾客了罢!

先生又说不忍见再如五胡乱华以至满州入关那样,先以主奴关系而后有所谓"同化"!先生这个"!"标点想叹喟号了,不知先生究属谁来?想那时虽是中国一时的羞辱,——也是那时时势使然,试问最后的胜利,到底被谁得去?岂先生忍心以后将中国被外国有所谓"同化"么?先生岂不知道,如熊先生所说外国人方挟其文字作他们灭人国的利器?而先生偏引今博古,不来彻底的批评人家,强自遮颜。依先生所说起来,印度为何不做英国主,日本也未曾为朝鲜奴啊?这才是因为懂得古书而不透彻底的笑话呢!我写此段文字,不禁三叹了!

五、此段先生所说的,我放胆大呼,简直冲口为骂不成话,不如放屁!先生做了《狂人日记》,约摸先生自己也有了精神病罢?为什么简直硬说外国文字绝对是好的,蔑侮自己汉文绝对坏的啊!我不是硬坑先生,请先生自己看看自己的大作?就可知道我不是篇派先生。此虽是先生个人的论调,且不管先生是否中国人心肝;但最古怪是先生为甚作文章用的是中国字,并且尊名"鲁迅"二字,偏偏又是古书所说创世所造的呢?实在使人莫名其妙!先生真辩论能家,所引证的话,出人意料之外,特别新鲜,我们是不配插嘴的;但是先生平心静气的——不知是否可能——细细想去,恐怕不禁哑然失笑,自己会用力打自己嘴巴了罢?至于先生此段强辩的痕迹太多,亦不须我多饶舌来揭破。

六、此不足辩了。至于"素负学者声名","站在中国青年前面"等词,先生也要不值得辩论的,另分一条辩起来,何苦呢?

先生后来,岂不是虚心了么?先生怎样知道是永远论不定的,我偏踩着脚说:是中国人必须多读中国书,才是中国人;若如先生所说,中国人必须多读外国书,是有百弊而无一利于中国的。我还要领先生大教,如何推翻此话来。不知先生也配教如我之人乎?

我随意写到这里,回转一看前头,觉得话说得太激烈些。所以我临末,也要"果决地"说几句:我承认我上面是瞎说,还是听鲁迅先生的话:多读外国书的好,因为将来外国人灭了中国之后,像元朝和清朝一样,还要奖励你多读中国书,孔子也还要更崇奉;我们读中国书的机会尽有着呢,不要在那时再捞不到外国书读!鲁先生确是不比常人,有远识,有眼力的中国学者啊!

我们不愿自己修造——或建设自己的文艺园,不得不托迹于他人园地了。但是他人园地,对于我全适意和畅否?不能应一毛舒适,而累及全身啊,国人其注意之!

"人必自侮,而后人侮之"是不堪设想了啊!

十四、三、八写于刊庐

袁小虚致孙伏园信

在鲁迅先生势力范围之内,想发表此篇文字,真是"戛戛乎其难哉"的了!不过既写了这些:如其丢在自己字纸篓内,与丢在您们字纸篓内是一样的。所以我就果决地寄上了。可笑太不自量,乞您的宽恕!

小虚
八夜

真是偏见的经验

☆张空空

记者先生的"青年必读书"征题,究竟是为什么出的,我虽不知,但也不愿妄事揣测。对于青年,究竟有什么利益;对于社会,究竟有什么影响,我的学识浅陋,不敢遽加论断。但鲁迅先生的答案附注中说:"但我要趁这机会……我以为要少——或者竟不——看中国书,多看外国书……"(参看二月二十一日及三月五日本刊)我不能不认[为]鲁迅先生过于崇拜外国书。什么道理呢?因为世界上书籍,无论中国,外国,因空间,时间之不同,及作者目光高下之各异,自然各有长短,及适时与不适时之弊。我们自然应当取长补短,中外并重。若进一步讲,中国书是记载中国现在及古代的人民政治、思想、风俗、人情及其他一切的书,中国人更当特别研究,求其善良适时者,保守之,否则删除或改进之。鲁迅先生是中国人,竟说要少看中国书,多看外国书,已经是轻重颠倒了,并加上"或者竟不"四个字,岂不是过于崇拜外国书吗?中国人竟不看中国书,岂不是笑话吗?鲁迅先生于"竟不"二字上,加上"或者"两个狡猾的字,预备有人攻击时,可以拿出来挡他一阵。不知道那"或者"两个字,在字面上,固然不能掩护"竟不"两个字,在意义上,更不能掩盖住过于崇拜外国书的面目。鲁迅先生因柯柏森先生"偏见的经验"五字的批评,因作一篇《聊答》,观其口吻,心中是很不耐烦的。柯先生是不配批评他的。大约我也在柯先生一列了。但我所以不揣冒昧者,因为见着鲁迅先生的经验及对柯先生的态状,若不讲话,似乎横骨在喉,不吐不快。但鲁迅先生何以如此慢傲,自是柯先生激出来的,柯先生的粗语痛讥,又是鲁迅先生的"经验"引出来的。至鲁迅先生说:"我并无指导一切青年之意,我自问还不至于如此之昏。"鲁迅先生究竟有未有指导一切青年之意,我亦不管。但是少要——或者竟不看中国书,多看外国书的经验,鲁迅先生不能不承认是自己说的,是自己有的。我去年岁末,曾有友人对我说:"中国的老学究,多半是对于中国古书,奉为金科玉律的,若孔孟之书,简直视若天条,不惟不敢议之于口,并且不敢非之于心。对于外国书,则视为异端邪说,俨若寇仇。至若青年学子,对中国古书,又多视为粪草,一文不值。对于外国书,又多视若拱璧,一方是太顽固,一方是太时髦,皆失乎中。"鲁迅先生不但轻视中国古书,中国近代书也不愿看。较之友人所谓太时髦的青年,又更超壹等了。不知鲁迅先生,亦自知是太时髦中之时髦者否。我对于鲁迅先生,一时也想不出适当的字来恭敬他,不得已把柯柏森先生的"偏见的经验"五字上边,加上"真是"两个字。

张空空致鲁迅信

鲁迅先生:

 这篇稿子,本想请孙伏园先生代为发表,劝告先生,不要过于崇拜外国书。后又转想,不如直接寄给先生好,又因为誊写太费时间,所以就把草稿寄给先生了,不恭之处,请先生原谅。

 并祝

先生的健康!

十四年三月九号张空空写于东城

柯柏森致鲁迅

鲁迅先生：

笔墨官司，没有打过；并且不会打，这是我要首先声明的。我做《偏见的经验》一文，因当时刺激力太猛烈，不顾及"……"，有关于你的人格名誉，实在很抱歉，要向你请罪的。蒙你解答一下，非常感激，现在就在此向你做个鞠躬谢谢吧。

但是，你说："我那时的答话，就先不写在'必读书'栏内，还要一则曰'若干'，再则曰'参考'。三则曰'或'，以见我并无指导一切青年之意，"又使我忍不住要说几句话，你这种"若干"、"或"的消极词，让青年自己寻味选择，不愧为宽厚大方者，但底下"竟不——看中国书，多看外国书"这些字，恐怕有"指导"的意思了，还不"昏"吗。

至于说我很不了了近时近地的事，这"近时近地"，该是指中华民国而言，中华民国十四年的事，就退一百步来说我是聋瞶的人，也不该连一些都不知道。像"五·四"运动成功的恩人曹汝霖等，不是留学外国过吗？最近国人天天喊叫要打倒的帝国主义侵略，没有所谓留学外国的"亲日亲英亲法……派"做巴结的勾当，虽使外国富强到极点，敢说不会"不翼而飞"走进中国来呢。再"金佛郎案"的关系人物，哪一个不是留学外国会跑入"东交民巷"的？

总之，中国闹得"乌烟瘴气"，虽然在军阀政客官僚无道德无良心；而推醉心外国文明打洋人马屁的学者，却也难辞其咎。

我这样说，不是故意反对留学外国，我信外国所长于中国的，都可以补中国所短，不过你们留学外国"得鱼忘筌"一流人物，我要看为一个奴……而已。

临末，还有两句话请教你，你读外国——但除了印度——书时……印度是亡国，你就除出来，我们中国要亡了，你不读中国书，就说是僵死的，你不爱做"亡国奴"就是了，还说什么……

柯柏森

笨伯致孙伏园

伏园先生:

你算不算站在群众文艺的前头,负了一个领导的使命,虽然,你不敢顾盼自雄,这样的表现,然而,这次征求,什么必读书,爱读书,你是默地的一种承认表现,你总算有横绝一代的思想,虽然,群众文艺,增加了什么?青年被你这一领导,满意了什么?讲到群众文艺上,是得群众的鉴赏和批评,才算得到群众文艺的真诠,才合群众文艺的心理,然而,你对群众文艺是发现了什么?满篇登录的,不是几个开明——疑古——疑今——满成——钦文那一类的人物,你对于群众文艺上是发现了什么?自然是那一般人等的作品,自然多,自然好,虽然他们是群众文艺上的健将,然而,未必就可以概括群众文艺,我想群众里边,未必就再没有投稿的作品到你那去,为何我们读者不太经见呢?自然不好,被你裁汰在故纸堆中了!我想另外,或者别有原因一个,大半被"不知名之士"几个字,竟未邀得你一盼,不然,我听人家说,他们很有些作品,寄给你,却都被你给湮没了!让一百步说,一个人不好,十个人不好,三十、五十,就连一篇不"太好"就拣不出来么?并不是别有用意,我要说这几句话,因为这群众文艺,是被鉴赏,才增进了,这群众文艺,究竟你对群众文艺上发现了什么?前天看见了什么无名氏一篇文字,论青年读书的事件,题目是什么五色旗,后面却大书特书的标出张松年三字,此外又劳你大书特书的介绍一回,这大半总因为"知名之士"这几个字的面子吧!无名氏也特地聪明伶俐了,后边标出了这张松年三字,不然也怕被你没收了,显显他的镇压手段,我再假设一层的说,如果梁启超、胡适之、吴稚晖,诸人作的文字,是未标题出了个人的三个字,镇压镇压,也或者有万分的淹没危险,就像欧阳兰、彭基相吧!他们是有认识你的机会,所有他们的文字,会被你登录,再说吧,副刊上的东西,大半数的作者,却被你讲过认识论的。我尝说,老百姓遇着军阀,是合该倒霉,青年学子的头上有了文阀,也活遭厄运。前些日子鲁迅先生给警官柯先生的回信,开场几句话,说得有多难听,大意思是说:"我现在是不愿意,和你们这一流人物谈话"咳!这是怎样的欺蔑!假令柯先生有一千分不对,鲁先生也要有百分之十的不合理,敬谨希望你也要有百分之十的不合理,人们说你会发现秘密,不知道对自己怎样?选拣作品的权衡由你。我讨厌了,先领这一千分的不对去了!此祝

撰安!

笨伯谨叩首　十四,三,廿一,山西姜专

瞎咀（郝广盛）致孙伏园

伏园先生：

　　劳驾转给鲁迅先生的信，不知你"老"先生转交了没有？这就有些唐突了，以素不识面的我，干吗劳驾你给转信呢？——大概不至因不相识就不转吧？然而事至今日还不曾知道鲁先生态度如何：是积极的"着勿庸议"呢，还是消极的"置之不理"呢？还是已经容纳了"我的平庸的提议"坐火轮船到外国去了呢？——这些我完全不知道。

　　但是这封信已被先生收到我是的确晓得的，转交鲁先生——对不起，因为"鲁迅"不姓鲁，是我亲耳听鲁迅先生亲口说的——没有？我也不曾知道。

　　"鲁迅先生搬家了吗？"我这几天常常这样想。因为发信后三日于西城铲辘西口曾碰见鲁先生坐"黄包车"中，匆匆向东去了；我当时就告诉我那位伴侣——旅行沙漠中的伴侣，同我一样不愿在中国住的伴侣——说："鲁先生搬家了，好了，搬向外国去了；我的提议被他赞成了；虽然不见鲁先生家眷，但鲁先生家眷或者不在西城吧；最低限度是劝告他西城的朋友们同他一时出国。好了，明天就可于《京报》上，《晨报》上，在第一版上用三号字排印着：

　　"鲁迅先生同他家眷到外国去了。——不是到印度国。"好了，后天咱们也可以一块往外国跑。——除了印度——让这群"保存国粹的魔鬼"好好横行吧！这块沙漠地就只合他们永久住！"

　　这个猜想是错了吧，不然，为什么第二天，第三天，以至于今天报纸上，所有的报纸上不见这条新闻呢？

　　况且"吐丝"上还依然发表着鲁迅先生的文章；岂是由外国寄来的吗？既然能在外国寄回"沙漠国"这些稿件，就不能寄回信件吗？为什么到今天还不曾批阅我的请求呢？

　　这些猜想都错了！

　　"原来不曾签名盖章，人家怕'瞎咀'不负责，所以不答复。"

　　假若这个消息不错，那么，这次的责任是不让"瞎咀"负了。连上次的责任"郝君"都要负了。——"瞎咀"由"郝君"转音来的。

我这次要得要领了,这几天真闷人呀!自己的请求,人家置之不理,安得不苦闷呢?因鲁先生也感到这层:

"……既非赞同,也无反对,如置身毫无边际的荒原,无可措手了,这是怎样的悲哀啊……"

伏园先生再劳驾你这次!

一九二五,三,二三　瞎咀(郝广盛)
于云山别墅

重三感旧
——一九三三年忆光绪朝末

☆鲁 迅

我想赞美几句一些过去的人,这恐怕并不是"骸骨的迷恋"。所谓过去的人,是指光绪末年的所谓"新党",民国初年,就叫他们"老新党"。甲午战败,他们自以为觉悟了,于是要"维新",便是三四十岁的中年人,也看《学算笔谈》,看《化学签原》;还要学英文,学日文,硬着舌头,怪声怪气的朗诵着,对人毫无愧色,那目的是要看"洋书",看洋书的缘故是要给中国图"富强",现在的旧书摊上,还偶有"富强丛书"出现,就如目下的"描写字典""基本英语"一样,正是那时应运而生的东西。连八股出身的张之洞,他托缪荃孙代作的《书目答问》也竭力添进各种译本去,可见这"维新"风潮之烈了。

然而现在是别一种现象了。有些新青年,境遇正和"老新党"相反,八股毒是丝毫没有染过的,出身又是学校,也并非国学的专家,但是,学起篆字来了,填起词来了,劝人看《庄子》《文选》了,信封也有自刻的印板了,新诗也写成方块了,除掉作新诗的嗜好之外,简直就如光绪初年的雅人一样,所不同者,缺少辫子和有时穿穿洋服而已。

变法维新领导人康有为

近来有一句常谈,是"旧瓶不能装新酒"。这其实是不确的。旧瓶可以装新酒,新瓶也可以装旧酒,倘若不信,将一瓶五加皮和一瓶白兰地互换起来试试看,五加皮装在白兰地瓶子里,也还是五加皮。这一种简单的试验,不但明示着"五更调""攒十字"的格调,也可以放进新的内容去,且又证实了新式青年的躯壳里,大可以埋伏下"桐城谬种"或"选学妖孽"的喽罗。

"老新党"们的见识虽然浅陋,但是有一个目的:图富强。所以他们坚决,切实;学洋话虽然怪声怪气,但是有一个目的:求富强之术。所以他们认真,热心。待到排满学说播布开来,许多人就成为革命党了,还是因为要给中国图富强,而以为此事必自排满始。

变法维新领导人梁启超

排满久已成功,"五·四"早经过去,于是篆字,词,《庄子》,《文选》,古式信封,方块新诗,现在是我们又有了新的企图,要以"古雅"立足于天地之间了。假使真能立足,那倒是给"生存竞争"添一条新例的。

十月一日

注释:

原载 1933 年 10 月 6 日《申报·自由谈》时,题为《感旧》,无副题,署名"丰之余",下同。

"感旧"以后(上)

☆鲁 迅

又不小心,感了一下子旧,就引出了一篇施蛰存先生的《〈庄子〉与〈文选〉》来,以为我那些话,是为他而发的,但又希望并不是为他而发的。

我愿意有几句声明:那篇《感旧》,是并非为施先生而作的,然而可以有施先生在里面。

倘使专对个人而发的话,照现在的摩登文例,应该调查了对手的籍贯,出身,相貌,甚而至于他家乡有什么出产,他老子开过什么铺子,影射他几句才算合式。我的那一篇里可是毫没有这些的。内中所指,是一大队遗少群的风气,并不指定着谁和谁;但也因为所指的是一群,所以被触着的当然也不会少,即使不是整个,也是那里的一肢一节,即使并不永远属于那一队,但有时是属于那一队的。现在施先生自说了劝过青年去读《庄子》与《文选》,"为文学修养之助",就自然和我所指摘的有点相关,但以为这文为他而作,却诚然是"神经过敏",我实在并没有这意思。

不过这是在施先生没有说明他的意见之前的话,现在却连这"相关"也有些疏远了,因为我所指摘的,倒是比较顽固的遗少群,标准还要高一点。

现在看了施先生自己的解释,(一)才知道他当时的情形,是因为稿纸太小了,"倘再宽阔一点的话",他"是想多写几部书进去的";(二)才知道他先交的履历,是"从国文教员转到编杂志",觉得"青年人的文章太拙直,字汇太少"了,所以推举了这两部古书,使他们去学文法,寻字汇,"虽然其中有许多字是已死了的",然而也只好去寻觅。我想,假如庄子生在今日,则被劈棺之后,恐怕要劝一切有志于结婚的女子,都去看《烈女传》的罢。

还有一点另外的话——

(一)施先生说我用瓶和酒来比"文学修养"是不对的,但我并未这么比方过,我是说有些新青年可以有旧思想,有些旧形式也可以藏新内容。我也以为"新文学"和"旧文学"这中间不能有截然的分界,然而有蜕变,有比较的偏向,而且正因为不能以"何者为分界",所以也没有了"第三种人"的立场。

（二）施先生说写篆字等类，都是个人的事情，只要不去勉强别人也做一样的事情就好，这似乎是很对的。然而中学生和投稿者，是他们自己个人的文章太拙直，字汇太少，却并没有勉强别人都去作字汇少而文法拙直的文章，施先生为什么竟大有所感，因此来劝"有志于文学的青年"该看《庄子》与《文选》了呢？做了考官，以词取士，施先生是不以为然的，但一做教员和编辑，却以《庄子》与《文选》劝青年，我真不懂这中间有怎样的分界。

（三）施先生还举出一个"鲁迅先生"来，好像他承接了庄子的新道统，一切文章，都是读《庄子》与《文选》读出来的一般。"我以为这也有点武断"的。他的文章中，诚然有许多字为《庄子》与《文选》中所有，例如"之乎者也"之类，但这些字眼，想来别的书上也不见得没有罢。再说得露骨一点，则从这样的书里去找活字汇，简直是胡涂虫，恐怕施先生自己也未必。

十月十二日

【备考】：

《庄子》与《文选》

☆施蛰存

上个月《大晚报》的编辑寄了一张印着表格的邮片来，要我填注两项：(一)目下在读什么书，(二)要介绍给青年的书。

在第二项中，我写着：《庄子》，《文选》，并且附加了一句注脚："为青年文学修养之助。"

今天看见《自由谈》上丰之余先生的《感旧》一文，不觉有点神经过敏起来，以为丰先生这篇文章是为我而作的了。

但是现在我并不想对于丰先生有什么辩难，我只想趁此机会替自己作一个解释。

第一，我应当说明我为什么希望青年人读《庄子》和《文选》。近数年来，我的生活，从国文教师转到编杂志，与青年人的文章接触的机会实在太多了。我总感觉到这些青年人的文章太拙直，字汇太少，所以在《大晚报》编辑寄来的狭狭的行格里推荐了这两部书。我以为从这两部书中可以参悟一点做文章的方法，同时也可以扩大一点字汇(虽然其中有许多字是已死了的)。但是我当然并不希望青年人都去做《庄子》,《文选》一类的"古文"。

第二,我应当说明我只是希望有志于文学的青年能够读一读这两部书。我以为每一个文学者必须要有所借助于他上代的文学,我不懂得"新文学"和"旧文学"这中间究竟是以何者为分界的。在文学上,我以为"旧瓶装新酒"与"新瓶装旧酒"这譬喻是不对的。倘若我们把一个人的文学修养比之为酒,那么我们可以这样说:酒瓶的新旧没有关系,但这酒必须是酿造出来的。

我劝文学青年读《庄子》与《文选》,目的在要他们"酿造",倘若《大晚报》编辑寄来的表格再宽阔一点的话,我是想再多写几部书进去的。

这里,我们不妨举鲁迅先生来说,像鲁迅先生那样的新文学家,似乎可以算是十足的新瓶了。但是他的酒呢?纯粹的白兰地吗?我就不能相信。没有经过古文学的修养,鲁迅先生的新文章决不会写到现在那样好。所以,我敢说:在鲁迅先生那样的瓶子里,也免不了有许多五加皮或绍兴老酒的成分。

至于丰之余先生以为写篆字,填词,用自刻印板的信封,都是不出身于学校,或国学专家们的事情,我以为这也有点武断。这些其实只是个人的事情,如果写篆字的人,不以篆字写信,如果填词的人做了官不以词取士,如果用自刻印板信封的人不勉强别人也去刻一个专用信封,那也无须丰先生口诛笔伐地去认为"谬种"和"妖孽"了。

新文学家中,也有玩木刻,考究版本,收罗藏书票,以骈体文为白话书信作序,甚至写字台上陈列了小摆设的,照丰先生的意见说来,难道他们是"要以'今雅'立足于天地之间"吗?我想他们也未必有此企图。

临了,我希望丰先生那篇文章并不是为我而作的。

注释:
原载 1933 年 10 月 8 日《申报·自由谈》。

"感旧"以后(下)

☆鲁 迅

还要写一点。但得声明在先,这是由施蛰存先生的话所引起,却并非为他而作的。对于个人,我原稿上常是举出名字来,然而一到印出,却往往化为"某"字,或是一切阔人姓名,危险字样,生殖机关的俗语的共同符号"××"了。我希望这一篇中的有几个字,没有这样变化,以免误解。

我现在要说的是:说话难,不说亦不易。弄笔的人们,总要写文章,一写文章,就难免惹灾祸,黄河的水向薄弱的堤上攻,于是露臂膊的女人和写错字的青年,就成了嘲笑的对象了,他们也真是无拳无勇,只好忍受,恰如乡下人到上海租界,除了拚出被称为"阿木林"之外,没有办法一样。

然而有些是冤枉的,随手举一个例,就是登在《论语》二十六期上的刘半农先生"自注自批"的《桐花芝豆堂诗集》这打油诗。北京大学招考,他是阅卷官,从国文卷子上发现一个可笑的错字,就来做诗,那些人被挖苦得真是要钻地洞,那些刚毕业的中学生。自然,他是教授,凡所指摘,都不至于不对的,不过我以为有些却还可有磋商的余地。集中有一个"自注"道——

有写"倡明文化"者,余曰:倡即"娼"字,凡文化发达之处,娼妓必多,谓文化由娼妓而明,亦言之成理也。

娼妓的娼,我们现在是不写作"倡"的,但先前两字通用,大约刘先生引据的是古书。不过要引古书,我记得《诗经》里有一句"倡予和女",好像至今还没有人解作"自己也做了婊子来应和别人"的意思。所以那一个错字,错而已矣,可笑可鄙却不属于它的。还有一句是——

辛"萌科学思想之芽"。

"萌"字和"芽"字旁边都加着一个夹圈,大约是指明着可笑之处在这里的罢,但我以为"萌芽","萌蘖",固然是一个名词,而"萌动","萌发",就成了动词,将"萌"字作动词用,似乎也并无错误。

"五·四"运动时候,提倡(刘先生或者会解作"提起婊子"来的罢)白话的人们,写错几个字,用错几个古典,是不以为奇的,但因为有些反对者说提倡白话者都是不知古书,信口胡说的人,所以往往也做几句古文,以塞他们的嘴。但自然,因为从旧垒中来,积习太深,一时不能摆脱,因此带着古文气息的作者,也不能说是没有的。

当时的白话运动是胜利了,有些战士,还因此爬了上去,但也因为爬了上去,就不但不再为白话战斗,并且将它踏在脚下,拿出古字来嘲笑后进的青年了。因为还正在用古书古字来笑人,有些青年便又以看古书为必不可省的工夫,以常用文言的作者为应该模仿的格式,不再从新的道路上去企图发展,打出新的局面来了。

现在有两个人在这里。一个是中学生,文中写"留学生"为"流学生",错了一个字;一个是大学教授,就得意洋洋的做了一首诗,曰:"先生犯了弥天罪,罚往西洋把学流,应是九流加一等,面筋熬尽一锅油。"我们看罢,可笑是在那一面呢?

十月十二日

注释:

原载《申报·自由谈》1933 年 10 月 16 日。

扑 空

☆鲁 迅

自从《自由谈》上发表了我的《感旧》和施蛰存先生的《〈庄子〉与〈文选〉》以后,《大晚报》的《火炬》便在征求展开的讨论。首先征到的是施先生的一封信,题目曰《推荐者的立场》,注云"《庄子》与《文选》的论争"。

但施先生又并不愿意"论争",他以为两个人作战,正如弧光灯下的拳击手,无非给看客好玩。这是很聪明的见解,我赞成这一肢一节。不过更聪明的是施先生其实并非真没有动手,他在未说退场白之前,早已挥了几拳了。挥了之后,飘然远引,倒是最超脱的拳法。现在只剩下一个我了,却还得回一手,但对面没人也不要紧,我算是在打"逍遥游"。

施先生一开首就说我加以"训诲",而且派他为"遗少的一肢一节"。上一句是诬赖的,我的文章中,并未对于他个人有所劝告。至于指为"遗少的一肢一节",却诚然有这意思,不过我的意思,是以为"遗少"也并非怎么很坏的人物。新文学和旧文学中间难有截然的分界,施先生是承认的,辛亥革命去今不过二十二年,则民国人中带些遗少气,遗老气,甚而至于封建气,也还不算甚么大怪事,更何况如施先生自己所说,"虽然不敢自认为遗少,但的确已消失了少年的活力"的呢,过去的余气当然要有的。但是,只要自己知道,别人也知道,能少传授一点,那就好了。

我早经声明,先前的文字是并非专为他个人而作的,而且自看了《〈庄子〉与〈文选〉》之后,则连这"一肢一节"也已经疏远。为什么呢,因为在推荐给青年的几部书目上,还提出着别一个极有意味的问题:其中有一种是《颜氏家训》。这《家训》的作者,生当乱世,由齐入隋,一直是胡势大张的时候,他在那书里,也谈古典,论文章,儒士似的,却又归心于佛,而对于子弟,则愿意他们学鲜卑语,弹琵琶,以服事贵人——胡人。这也是庚子义和拳败后的达官,富翁,巨商,士人的思想,自己念佛,子弟却学些"洋务",使将来可以事人:便是现在,抱这样思想的人恐怕还不少。而这颜氏的渡世法,竟打动了施先生的心了,还推荐于青年,算是"道德修养"。他又举出自己在读的书籍,是一部英文书和一部佛经,正为"鲜卑语"和《归心篇》写照。只是现代变化急速，没有前人的悠闲，新旧之争，义正剧烈，一下子看不出什么头绪，他就也只好将先前两代的"道德"，并萃于一身了。假使青年，中年，老年，有着这颜氏式道德者多，则在中国社会上，实是一个严重的问题，有荡涤的必要。自然，这虽为书目所引起，问题是不专在个人的，这是时代思潮的一部。但因为连带提出，表面上似有太关涉了某一个人之观，我便不敢论及了，可以和他相关的只有"劝人看《庄子》《文选》了"八个字，对于个人，恐怕还不能算是不敬的。但待到看了《（庄子）与（文选）》，却实在生了一点不敬之心，因为他辩驳的话比我所预料的还空虚，但仍给以正经的答复，那便是《感旧以后》（上）。

然而施先生的写在看了《感旧以后》（上）之后的那封信，却更加证明了他和我所谓"遗少"的疏远。他虽然口说不来拳击，那第一段却全是对我个人而发的。现在介绍一点在这里，并且加以注解。

施先生说："据我想起来，劝青年看新书自然比劝他们看旧书能够多获得一些群众。"这是说，劝青年看新书的，并非为了青年，倒是为自己要多获些群众。

施先生说："我想借贵报的一角篇幅，将……书目改一下：我想把《庄子》与《文选》改为鲁迅先生的《华盖集》正续编及《伪自由书》。我想，鲁迅先生为当代'文坛老将'，他的著作里是有着很广大的活字汇的，而且据丰之余先生告诉我，鲁迅先生文章里的确也有一些从《庄子》与《文选》里出来的字眼，譬如'之乎者也'之类。这样，我想对于青年人的效果也是一样的。"这一大堆的话，是说，我之反对推荐《庄子》与《文选》，是因为恨他没有推荐《华盖集》正续编与《伪自由书》的缘故。

施先生说："本来我还想推荐一二部丰之余先生的著作，可惜坊间只有丰子恺先生的书，而没有丰之余先生的书，说不定他是像鲁迅先生印珂罗版木刻图一样的是私人精印本，属于罕见书之列，我很惭愧我的孤陋寡闻，未能推荐矣。"这一段话，有些语无伦次了，好像是说：我之反对推荐《庄子》与《文选》，是因为恨他没有推荐我的书，然而我又并无书，然而恨他不推荐，可笑之至矣。

这是"从国文教师转到编杂志"，劝青年去看《庄子》与《文选》，《论语》，《孟子》，《颜氏家训》的施蛰存先生，看了我的《感旧以后》（上）一文后，"不想再写什么"而终于写出来了的文章，辞退做"拳击手"，而先行拳击别人的拳法。但他竟毫不提主张看《庄子》与《文选》的较紧实的理由，毫不指出我那《感旧》与《感旧以后》（上）两篇中间的错误，他只有无端的诬赖，自己的猜测，撒娇，装傻。几部古书的名目一撕下，"遗少"的肢节也就跟着渺渺茫茫，到底是现出本相：明明白白的变了"洋场恶少"了。

十月二十日

【备考】：

推荐者的立场

☆ 施蛰存

万秋先生：

我在贵报向青年推荐了两部旧书，不幸引起了丰之余先生的训诲，把我派做"遗少中的一肢一节"。自从读了他老人家的《感旧以后》（上）一文后，我就不想再写什么，因为据我想起来，劝新青年看新书自然比劝他们看旧书能够多获得一些群众。丰之余先生毕竟是老当益壮，足为青年人的领导者。至于我呢，虽然不敢自认为遗少，但的确已消失了少年的活力，在这万象皆秋的环境中，即使丰之余先生那样的新精神，亦已不够振拔我的中年之感了。所以，我想借贵报一角篇幅，将我在九月二十九日贵报上发表的推荐给青年的书目改一下：我想把《庄子》与《文选》改为鲁迅先生的《华盖集》正续编及《伪自由书》。我想，鲁迅先生为当代"文坛老将"，他的著作里是有着很广大的活字汇的，而且据丰之余先生告诉我，鲁迅先生文章里的确也有一些从《庄子》与《文选》里出来的字眼，譬如"之乎者也"之类。这样，我想对于青年人的效果也是一样的。本来我还想推荐一二部丰之余先生的著作，可惜坊间只有丰子恺先生的书，而没有丰之余先生的书，说不定他是像鲁迅先生印珂罗版木刻图一样的是私人精印本，属于罕见书之列，我很惭愧我的孤陋寡闻，未能推荐矣。

此外，我还想将丰之余先生介绍给贵报，以后贵报倘若有关于征求意见之类的计划，大可设法寄一份表格给丰之余先生，我想一定能够供给一点有价值的意见的。不过，如果那征求是与"遗少的一肢一节"有关系的话，那倒不妨寄给我。

看见昨天的贵报，知道你预备将这桩公案请贵报的读者来参加讨论。我不知能不能请求你取消这个计划。我常常想，两个人在报纸上作文字战，其情形正如孤光灯下的拳击手，而报纸编辑正如那赶来赶去的瘦裁判，读者呢，就是那些在黑暗里的无理智的看客。瘦裁判总希望拳击手一回合又一回合地打下去，直到其中的一个倒了下来，One，Two，Three……站不起来，于是跑到那喘着气的胜者身旁去，举起他的套大皮手套的膀子，高喊着"Mr.X Win the Champion"，你试想想看，这岂不是太滑稽吗？现在呢，我不幸而自己做了这两个拳击手中间的一个，但是我不想为了瘦裁判和看客而继续扮演这滑稽戏了。并且也希望你不要做那瘦裁判。你不看见今天《自由谈》上止水先生的文章中引着那几句俗话吗？"舌头是扁的，说话是圆的"，难道你以为从读者的讨论中会得有真是非产生出来呢?

施蛰存　十月十八日
十月十九日,《大晚报》《火炬》

《扑空》正误

☆鲁　迅

前几天写《扑空》的时候,手头没有书,涉及《颜氏家训》之处,仅凭记忆,后来怕有错误,设法觅得原书来查了一查,发现对于颜之推的记述,是我弄错了。其《教子篇》云:"齐朝有一士大夫,尝谓吾曰:我有一儿,年已十七,颇晓书疏,教其鲜卑语,及弹琵琶,稍欲通解,以此伏事公卿,无不宠爱,亦要事也。吾时俛而不答。异哉此人之教子也。若由此业,自致卿相,亦不愿汝曹为之。"

然则齐士的办法,是庚子以后官商士绅的办法,施蛰存先生却是合齐士与颜氏的两种典型为一体的;也是现在一部分的人们的办法,可改称为"北朝式道德",也还是社会上的严重的问题。对于颜氏,本应该十分抱歉的,但他早经死去了,谢罪与否都不相干,现在只在这里对于施先生和读者订正我的错误。

十月二十五日

突　围

☆施蛰存

(八)对于丰之余先生,我的确曾经"打了几拳",这也许会成为我毕生的遗憾。但是丰先生作《扑空》,其实并未"空",还是扑的我,站在丰先生那一方面(或者说站在正邪说那方面)的文章却每天都在"剿"我,而我却真有"一个人的受难"之感了。

但是,从《扑空》一文中我发现了丰先生作文的逻辑,他说"我早经声明,先前的文字并非专为他个人而发的"。但下文却有"因为他辩驳的话比我所预料的还空虚"。不专为我而发,但已经预料我会辩驳,这又该作何解?

因为被人"指摘"了,我也觉得《庄子》与《文选》这两本书诚有不妥处,于是在给《大晚报》编辑的信里,要求他许我改两部新文学书,事实确是如此的。我并不说丰先生是恨我没有推荐这两部新文学书而"反对《庄子》与《文选》"的,而丰先生却说我存着这样的心思,这又岂是"有伦次"的话呢?

丰先生又把话题搭到《颜氏家训》，又搭到我自己正在读的两本书，并为一谈，说推荐《颜氏家训》是在教青年学鲜卑语，弹琵琶，以服事贵人，而且我还以身作则，在读一本洋书；说颜之推是"儒士似的，却又归心于佛"，因而我也看一本佛书；从丰先生的解释看起来，竟连我自己也失笑了，天下事真会这样巧！

　　我明明记得，《颜氏家训》中的确有一个故事，说有人教子弟学鲜卑语，学琵琶，但我还记得底下有一句："亦不愿汝曹为之"，可见颜之推并不劝子弟读外国书。今天丰先生有"正误"了，他把这故事更正了之后，却说："施蛰存先生却是合齐士与颜氏的两种典型为一体的。"这个，我倒不懂了，难道我另外还介绍过一本该"齐士"的著作给青年人吗？如果丰先生这逻辑是根据于"自己读外国书即劝人学鲜卑语"，那我也没话可说了。

　　丰先生似乎是个想为儒家争正统的人物，不然何以对于颜之推受佛教影响如此之鄙薄呢？何以对于我自己看一本《释迦传》如此之不满呢？这里，有两点可以提出来：（一）《颜氏家训》一书之价值是否因《归心篇》而完全可以抹杀？况且颜氏虽然为佛教张目，但他倒并不鼓吹出世，逃避现实，他也不过列举佛家与儒家有可以并行不悖之点，而采佛家报应之说，以补儒家道德教训之不足，这也可以说等于现在人引《圣经》或《可兰经》中的话一样。（二）我看一本《佛本行经》，其意义也等于看一本《谟罕默德传》或《基督传》，既无皈佛之心，更无劝人学佛之行，而丰先生的文章却说是我的"渡世法"，妙哉言乎，我不免取案头的一本某先生舍金上梓的《百喻经》而引为同志矣。

　　我以前对于丰先生，虽然文字上有点太闹意气，但的确还是表示尊敬的，但看到《扑空》这一篇，他竟骂我为"洋场恶少"了，切齿之声俨若可闻，我虽"恶"，却也不敢再恶到以相当的恶声相报了。我呢，套一句现成诗："十年一觉文坛梦，赢得洋场恶少名"，原是无足重轻，但对于丰先生，我想该是会得后悔的。今天读到《〈扑空〉正误》，则又觉得丰先生所谓"无端的诬赖，自己的猜测，撒娇，装傻"，又正好留着给自己"写照"了。

　　（附注）《大晚报》上那两个标题并不是我自己加的，我并无"立场"，也并不愿意因我之故而使《庄子》与《文选》这两部书争吵起来。

右答丰之余先生（二十七日）

注释：

原载《申报·自由谈》1933年10月23、24日。

答"兼示"

☆鲁　迅

　　前几天写了一篇《扑空》之后,对于什么"《庄子》与《文选》"之类,本也不想再说了。第二天看见了《自由谈》上的施蛰存先生《致黎烈文先生书》,也是"兼示"我的,就再来说几句。因为施先生驳复我的三项,我觉得都不中肯——

　　(一)施先生说,既然"有些新青年可以有旧思想,有些旧形式也可以藏新内容",则像他似的"遗少之群中的一肢一节"的旧思想也可以存而不论,而且写《庄子》那样的古文也不妨了。自然,倘要这样写,也可以说"不妨"的,宇宙决不会因此破灭。但我总以为现在的青年,大可以不必舍白话不写,却另去熟读了《庄子》,学了它那样的文法来写文章。至于存而不论,那固然也可以,然而论及又有何妨呢?施先生对于青年之文法拙直,字汇少,和我的《感旧》,不是就不肯"存而不论"么?

　　(二)施先生以为"以词取士",和劝青年看《庄子》与《文选》有"强迫"与"贡献"之分,我的比例并不对。但我不知道施先生做国文教员的时候,对于学生的作文,是否以富有《庄子》文法与《文选》字汇者为佳文,转为编辑之后,也以这样的作品为上选?假使如此,则倘作"考官",我看是要以《庄子》与《文选》取士的。

　　(三)施先生又举鲁迅的话,说他曾经说过:一,"少看中国书,其结果不过不能作文而已。"可见是承认了要能作文,该多看中国书;二,"……我以为倘要弄旧的呢,倒不如姑且靠着张之洞的《书目答问》去摸门径去。"就知道没有反对青年读古书过。这是施先生忽略了时候和环境。他说一条的那几句的时候,正是许多人大叫要作白话文,也非读古书不可之际,所以那几句是针对他们而发的,犹言即使恰如他们所说,也不过不能作文,而去读古书,却比不能作文之害还大。至于二,则明明指定着研究旧文学的青年,和施先生的主张,涉及一般的大异。倘要弄中国上古文学史,我们不是还得看《易经》与《书经》么?

　　其实,施先生说当他填写那书目的时候,并不如我所推测那样的严肃,我看这话倒是真实的。我们试想一想,假如真有这样的一个青年后学,奉命惟谨,下过一番苦功之后,用了《庄子》的文法,《文选》的语汇,来写发挥《论语》《孟子》和《颜氏家训》的道德的文章,"这岂不是太滑稽吗？"

　　然而我的那篇《感旧》是严肃的。我并非为要"多获群众",也不是因为恨施先生没有推荐《华盖集》正续编及《伪自由书》；更不是别有"动机",例如因为做学生时少得了分数,或投稿时被没收了稿子,现在就借此来报私怨。

　　　　　　　　　　　　　　十月二十一日

玩笑只当它玩笑(上)

☆鲁 迅

不料刘半农先生竟忽然病故了,学术界上又短少了一个人。这是应该惋惜的。但我于音韵学一无所知,毁誉两面,都不配说一句话。我因此记起的是别一件事,是在现在的白话将被"扬弃"或"唾弃"之前,他早是一位对于那时的白话,尤其是欧化式的白话的伟大的"迎头痛击"者。

他曾经有过极不费力,但极有力的妙文:

> 我现在只举一个简单的例:
> 子曰:"学而时习之,不亦悦乎?"
> 这太老式了?不好!
> "学而时习之,"子曰,"不亦悦乎?"
> 这好!
> "学而时习之,不亦悦乎?"子曰。
> 这更好!为什么好?欧化了。但"子曰"终没有能欧化到"曰子"!

这段话见于《中国文法通论》中,那书是一本正经的书;作者又是《新青年》的同人,"五·四"时代"文学革命"的战士,现在又成了古人了。中国老例,一死是常常能够增价的,所以我想从新提起,并且提出他终于也是《论语》社的同人,有时不免发些"幽默";原先也有"幽默",而这些"幽默",又不免常常掉到"开玩笑"的阴沟里去的。

实例也就是上面所引的文章,其实是,那论法,和顽固先生,市井无赖,看见青年穿洋服,学外国话了,便冷笑道:"可惜鼻子还低,脸孔也不白"的那些话,并没有两样的。

自然,刘先生所反对的是"太欧化"。但"太"的范围是怎样的呢?他举出的前三法,古文上没有,谈话里却能有的,对人口谈,也都可以懂。只有将"子曰"改成"曰子"是决不能懂的了。然而他在他所反对的欧化文中也寻不出实例来,只好说是"'子曰'终没有能欧化到'曰子'!"那么,这不是"无的放矢"吗?

欧化文法的侵入中国白话中的大原因,并非因为好奇,乃是为了必要。国粹学家痛恨鬼子气,但他住在租界里,便会写些"霞飞路","麦特赫司脱路"那样的怪地名;评论者何尝要好奇,但他要说得精密,固有的白话不够用,便只得采些外国的句法。比较的难懂,不像茶淘饭似的可以一口吞下去是真的,但补这缺点的是精密。胡适先生登在《新青年》上的《易卜生主义》,比起近时的有些文艺论文来,的确容易懂,但我们不觉得它却又粗浅,笼统吗?

如果嘲笑欧化式白话的人,除嘲笑之外,再去试一试绍介外国的精密的论著,又不随意改变,删削,我想,他一定还能够给我们更好的箴规。

用玩笑来应付敌人,自然也是一种好战法,但触着之处,须是对手的致命伤,否则,玩笑终不过是一种单单的玩笑而已。

七月十八日

文公直给康伯度的信

伯度先生:

今天读到先生在《自由谈》刊布的大作,知道为西人侵略张目的急先锋(汉奸)仍多,先生以为欧式文化的风行,原因是"必要"。这我真不知是从哪里说起?中国人虽无用,但是话总是会说的。如果一定要把中国话取消,要乡下人也"密司忒"起来,这不见得是中国文化上的"必要"吧。譬如照华人的言语说:张甲说:"今天下雨了。"李乙说:"是的,天凉了。"若照尊论的主张,就应该改作:"今天下雨了,"张甲说。"天凉了,——是的;"李乙说。这个算得是中华民国全族的"必要"吗?一般翻译大家的欧化文笔,已足阻尽中西文化的通路,使能读原文的人也不懂译文。再加上先生的"必要",从此使中国更无可读的西书了。陈子展先生提倡的"大众语",是天经地义的。中国人间应该说中国话,总是绝对的。而先生偏要说欧化文法是必要!毋怪大名是"康伯度",真十足加二的表现"买办心理"了。刘半农先生说:"翻译是要使不懂外国文的人得读";这是确切不移的定理。而先生大骂其半农,认为非使全中国人都以欧化文法为"必要"的性命不可!先生,现在暑天,你歇歇吧!帝国主义的灭绝华人的毒气弹,已经制成无数了。先生要做买办尽管做,只求不必将全个民族出卖。我是一个不懂颠倒式的欧化文式的愚人!对于先生的盛意提倡,几乎疑惑先生已不是敝国人了。今特负责请问先生为甚么投这文化的毒瓦斯?是否受了帝国主义者的指使?总之,四万万四千九百万(陈先生以外)以内的中国人对于先生的主张不敢领教的!幸先生注意。

文公直 七月二十五日

康伯度答文公直

　　公直先生:中国语法里要加一点欧化,是我的一种主张,并不是"一定要把中国话取消",也没有"受了帝国主义者的指使",可是先生立刻加给我"汉奸"之类的重罪名,自己代表了"四万万四千九百万(陈先生以外)以内的中国人",要杀我的头了。我的主张也许会错的,不过一来就判死罪,方法虽然很时髦,但也似乎过分了一点。况且我看"四万万四千九百万(陈先生以外)以内的中国人",意见也未必都和先生相同,先生并没有征求过同意,你是冒充代表的。

　　中国语法的欧化并不就是改学外国话,但这些粗浅的道理不想和先生多谈了。我不怕热,倒是因为无聊。不过还要说一回:我主张中国语法上有加些欧化的必要。这主张,是由事实而来的。中国人"话总是会说的",一点不错,但要前进,全照老样却不够。眼前的例,就如先生这几百个字的信里面,就用了两回"对于",这和古文无关,是后来起于直译的欧化语法,而且连"欧化"这两个字也是欧化字;还用着一个"取消",这是纯粹日本词;一个"瓦斯",是德国字的原封不动的日本人的音译。都用得很恰当,而且是"必要"的。譬如"毒瓦斯"罢,倘用中国固有的话说"毒气",就显得含混,未必一定是毒弹里面的东西了。所以写作"毒瓦斯",的确是出乎"必要"的。

　　先生自己没有照镜子,无意中也证明了自己也正是用欧化语法,用鬼子名词的人,但我看先生决不是"为西人侵略张目的急先锋(汉奸)",所以也想由此证明我也并非那一伙。否则,先生含狗血喷人,倒先污了你自己的尊口了。

　　我想,辩论事情,威吓和诬陷,是没有用处的。用笔的人,一来就发你的脾气,要我的性命,更其可笑得很。先生还是不要暴躁,静静的再看看自己的信,想想自己,何如?

　　专此布复,并请
热安。

弟康伯度脱帽鞠躬　八月五日

注释:

文内两信原载《申报·自由谈》1934年7月25日及8月7日,署名"康伯度"。

陆 与高长虹、顾颉刚等人的短兵相接

1 鲁迅与高长虹

高长虹：我在天涯行走，
　　　　夜做了我的门徒，
　　　　月儿我交给他了，
　　　　我交给夜去消受。

鲁　迅：那流言，最初是韦漱园通知我的，说是沉钟社中人所说，《狂飙》上有一首诗，太阳是自比，我是夜，月是她……如果是"夜"，当然要有月亮，倘以此为错，是逆天而行也。

【导读】

高长虹和他的"月亮诗"

☆陈漱渝

高长虹是一位从20世纪20年代到40年代现身于中国现代文坛的作家,一生追求进步,追求光明。尤其是他跟鲁迅有一段由亲密合作到反目相向的曲折经历,更为广大读者所瞩目。鲁迅对高长虹有褒有贬,比如肯定他在编辑《莽原》周刊的过程中奔走最力,肯定他撰写的格言式的小文似乎还可观,肯定他早期作品中还带着并不自满的声音……当然,鲁迅对高长虹也有批评,甚至批评得十分"刻毒"。这主要是因为鲁迅认为高长虹对自己采取了先利用后打杀的态度,他退避无地,于是也采取了"拳来拳对,刀来刀挡"的态度。

俗语说:"清官难断家务事。"高、鲁冲突当然不是"家务事",鲁迅对高长虹的有些批评也并非没有原则意义。但跟陈源与鲁迅之争、梁实秋与鲁迅之争、革命文学论争、"两个口号"之争相对而言,高、鲁之争并不具有重要的社会政治意义和学术理论意义。在诱发矛盾的诸多因素中,有一时误会,有乡土情结,有意气用事,有不易为外人洞察的种种人事纠葛。要条理清晰地理出矛盾产生、发展和终结的线索,并作出准确的道德判断和价值判断,绝不是一件容易的事情。

根据公开披露的文字资料,高长虹与鲁迅的决裂是由下面几件事情造成的。

1925年8月,陈友仁主编的北京《民报》增加了一种副刊,每天一张,韦素园编辑,该报在广告中说:"现本报自八月五日起增加副刊一张,专登载学术思想及文艺等,并特约中国思想界之权威者鲁迅、钱玄同、周作人、徐旭生、李玄伯诸先生随时为副刊撰著,实学术界大好消息也。"(《〈民报〉十二大特色》,见1925年8月5日《京报》)这则为别人所刊登事前并未征得鲁迅同意的广告,却引起了高长虹对鲁迅的强烈反感。他大肆攻击道:"……'思想界权威者'的大广告便在《民报》上登出来了。我看了真觉'瘟臭',痛惋而且呕吐。试问,中国所需要的正是自由思想的发展,岂明这样说,鲁迅也这样说。然则要权威者何用?"(《走到出版界》)事实上,任何时代,任何阶级都需要自己的权威,高长虹后来利用鲁迅为自己做广告时,也称鲁迅为"思想界先驱者";而且,"权威者"一语,在外国也很平常。高长虹借这件事寻衅,只不过说明他试图与鲁迅相抗衡罢了。

高长虹与鲁迅的公开冲突,是在鲁迅赴厦门之后发生的。其导火线,是《莽原》半月刊的编者韦素园压下了向培良的独幕剧《冬天》。《冬天》一剧原是《新女性》杂志的退稿,后改投于《莽原》半月刊。向培良自认为这是他剧本中比较光明的一篇,所以他觉得剧本被压是别有用意的。这个剧本,后来收入向培良的《沉闷的戏剧》一书。由于这场压稿的纠葛,在北京的向培良对韦素园破口大骂起来。上海的高长虹接到向培良的来信,便在1926年10月17日出版的《狂飙周刊》上发表了《通讯》二则。在《给韦素园先生》中,高长虹用攻击的口吻说:"莽原须不是你家的!林冲对王伦说过:'你也无大量大材,做不得山寨之主!'谨先为先生或先生等诵之。"在《给鲁迅先生》中,高长虹先表白了一番自己对《莽原》的功绩,而后要挟鲁迅道:"你如愿意说话时,我也想听一听你的意见。"然而,在厦门的鲁迅因为不知其中的底细曲折,故保持沉默,没有表态,于是高长虹便批评鲁迅持"中立主义",有"派别感情",转而把鲁迅作为了主要的攻击目标。他诽谤鲁迅是"世故老人","倒卧在青年脚下的绊脚石",甚至把生病也算是笑柄,年龄也当成错误。鲁迅为他选定《心的探险》一书,这时也成了一桩罪过。他不但不顾事实地宣称此书系由他"自作自编",而且反诬鲁迅主张去掉的几篇是书中的成功之作。鲁迅建议将这几篇抽下,是因为对这些作品"不能领会",以及"嫉贤妒能"。后来,他干脆将该书从"乌合丛书"中抽出,易名为《从荒岛到莽原》,改交光华书局出版。在《戏答》一诗中,他更恶毒地把鲁迅影射为独霸《莽原》的"女妖",而把自己比喻成《莽原》的"生父":"与她和好有一年;生了个儿子叫草原(按:影射《莽原》),满望小草成灌木,妖精翻脸出真相……而今妖心有七窍,抚养草原把仇报,生子不必知父名,我今生子种祸根。"可见高长虹忘恩负义到了何等地步!

我们没有听到韦素园本人对"压稿事件"的解释。但即使从向培良的一面之词中,我们也感到《冬天》未能及时刊出是不无理由的。大约在1926年8月初,《莽原》半月刊第15期即将出版,向培良写信给韦素园,询问《冬天》是否可登。韦素园回信表示同意,但说要等下期。向培良于是将稿子寄去。待韦素园编《莽原》半月刊第16期时,因为《冬天》篇幅长了一点,一时安排不下,于是只发表了他的另一篇作品《肉底触》。编第17期时,韦素园原想刊登《冬天》,但鲁迅离京前特别嘱咐,要将另外三篇积压时间更长的稿件(石民的《诗二首》和译文《凡有艺术品》,以及G线的《两封信》)排上,限予篇幅,《冬天》又未能发表。同年9月下旬,韦素园因听说《冬天》已收入《沉闷的戏剧》一书,即将出版,便将原稿退给了向培良。(参阅培良《为什么同鲁迅闹得这样凶?》,见《狂飙周刊》第509—511页。)由此可见,《冬天》没有在《莽原》半月刊发表,是有具体原因的。事实上,从《莽原》半月刊创刊到高长虹公开进行分裂活动的这段时间中,几乎每期都载有狂飙社成员的稿件(18期登了15篇)。如果说原莽原社内部有派别之争,则高长虹一方的派别情绪显然甚于对方。鲁迅对于"压稿事件"没有表态,同样没有什么可指摘非难之处。鲁迅说:"这是只要有一点常识,就知道无从说起的,我并非千里眼,怎能见得这么远。"(《新的世故》,见《集外集拾遗补编》)

　　高长虹对鲁迅的不满,还与鲁迅跟许广平的爱情有关。

　　高长虹问世的作品有千余篇,总计100万余字,共分为17个集子出版;其中诗集有《精神与爱的女神》、《闪光》、《献给自然的女儿》、《给》等,加上集外佚诗,大约近400首。然而可悲的是,这将近400首诗作中,留存在大多数读者记忆中的可能只有一首《给——》(也被人称之为"月亮诗"):"我在天涯行走,月儿向我点首,我是白日的儿子,月儿呵,请你住口。我在天涯行走,夜做了我的门徒,月儿我交给他了,我交给夜去消受。夜是阴冷黑暗,月儿逃出在白天,只剩着今日的形骸,失却了当年的风光。我在天涯行走,太阳是我的朋友,月儿我交给他了,带她向夜归去。夜是阴冷黑暗,他嫉妒那太阳。太阳丢开他走了,从此再未相见。我在天涯行走,月儿又向我点首,我是白日的儿子,月儿呵,请你住口。"

　　在1981年版《鲁迅全集》注文中,对这首诗是这样注释的:"《给——》短诗,高长虹作,载《狂飙》周刊第7期(1926年11月26日)。诗中,他自比太阳,以月亮喻许广平,以黑暗影射鲁迅。"后来,有人撰文著书,严词谴责注释者为高长虹制造了冤案。批评者的具体意见并非没有可取之处,但将责任归咎为注释者却有失公正,因为注释者的意见是来自鲁迅本人的书信。1927年1月11日,鲁迅在致许广平的原信中是这样写的:"那流言,最初是韦漱园通知我的,说是沉钟社中人所说,《狂飙》上有一首诗,太阳是自比,我是夜,月是她。今天打听川岛,才知此种流言早已有之,传播的是品青,伏园,衣萍,小峰,二太太……"鲁迅听到上述"流言"之后,一度怀疑这是别人神经过敏的推测,"因为长虹痛哭流涕的做《给——》的诗,似乎已经很久了";也曾怀疑这是《狂飙》社中人故意附会宣传,作为攻击他的别一方式,但最终却对这种"流言"深信不疑,并由此激化了他跟高长虹的矛盾,由对高长虹的隐忍退让一变而为"拳来拳对,刀来刀挡"。1932年底,鲁迅决定将他跟许广平的通信编为《两地书》交青光书局公开出版,并在出版之前对原信作了认真的增删润饰。在这封信中,鲁迅除开作了相当多的改动之外,还在"我是夜,月是她"之后加了一段重要的话:"他(按:指韦漱园)还问我这事可是真的,要知道一点详细。我这才明白长虹原来在害'单相思病',以及川流不息的到我这里来的原因,他并不是为《莽原》,却在等月亮。但对我竟毫不表示一些敌对的态度,直待我到了厦门,才从背后骂得我一个莫名其妙,真是卑怯得可以。我是夜,则当然要有月亮的,还要做什么诗,也低能得很。那时就做了一篇小说(按:指《奔月》,收入《故事新编》),和他开了一些小玩笑,寄到未名社里去了。"

这首《月亮诗》是否真是高长虹暗恋许广平、攻击鲁迅的文字凭证呢?今天看来难说得很。传话者韦漱园并非知情人,他通知鲁迅的情况得之于沉钟社;而据沉钟社成员冯至说,他们提供的情况也是辗转听来的,猜想的成分多于事实,所以韦漱园才会问鲁迅"这事可是真的"。自古以来"诗无达诂"。"沉钟社中人"固然可以这样理解,但其他读者也可以根据此诗的意象作出其他的诠释和理解。依凭什么一定要把"月亮"坐实为许广平,把"夜"坐实为鲁迅,把"太阳"坐实为高长虹呢?

许广平跟高长虹究竟有没有特殊关系?我们从许广平存留的文字中找不到任何蛛丝马迹。1925年4月25日许广平致鲁迅的信中,曾说刊登于《莽原》第1期的《棉袍里的世界》一文中颇有鲁迅的作风在内,但不知署名"长虹"的这位作者是否就是鲁迅。鲁迅在4月28日的复信中明确答复:"长虹确不是我,乃是我今年新认识的,意见也有一部分和我相合,而似是安那其主义者。"由上述通信可知,许广平原本对高长虹毫不了解,只是对他的作品有一定的兴趣和肯定。同年6月17日,许广平致鲁迅信的原件中还有一段谈高长虹的文字:"长虹君的《精神与爱的女神》,草草看了一遍,篇首的'精神的宣言',其前半多可见,以后即逊色了,其余的诗,我不懂得好处在哪里,别人也是这样……"鲁迅对此未予呼应。此信编入《两地书》时,鲁迅又删掉了前文所引的这段话。而根据高长虹的回忆,他跟许广平的关系也十分单纯:"一天的晚上,我到了鲁迅那里,他正在编辑《莽原》,从抽屉里拿出一篇稿子(按:指《乱七八糟》,署名"非心",系许广平的笔名)来给我看,问我写得怎样,可不可修改发表。《莽原》的编辑责任是完全由鲁迅担负的,不过他时常把外面投来的稿子先给我看。我看了那篇稿子觉得写得很好,赞成发表出去。他说作者是女师大的学生。我们都说,女子能有这样大胆的思想,是很不容易的了。以后还继续写稿子来(指《怀疑》、《酒瘾》、《内幕之一部》、《一死一生》、《过时的话》、《反抗下去》、《力的缺乏》),此人就是景宋(按:即许广平)。我那时有一本诗集(按:指《精神与爱的女神》),是同《狂飙周刊》一时出版的。一天接到一封信,附了邮票,是买这本诗集的,这人正是景宋。因此我们就通起信来,前后通了有八九次信,可是并没有见面,那时我仿佛觉得鲁迅与景宋的感情是很好的。因为女师大的风潮,常有女学生到鲁迅那里。后来我在鲁迅那里同景宋见过一次面(按:似应为1925年8月14日),可是并没有谈话,此后连通信也间断了。以后人们所传说的什么什么,事实的经过却只是这样的简单,景宋所留给我的唯一印象就是一副长大的身材。她的信保留在我的记忆中的,是她说她的性格很矛盾,仿佛中山先生那样的性格。"(《一点回忆——关于鲁迅和我》)综上可知,在许广平和高长虹之间,并没有发生任何可以跟"月亮诗"相对应的事情。

  1999年9月,河北人民出版社出版了友人董大中先生撰写的《鲁迅与高长虹》一书,首次指出高长虹跟鲁迅争夺许广平完全是捕风捉影。书中用大量史实证明,高长虹相思的对象其实是石评梅。董大中还以高长虹小说《游离》为证,说明高长虹的确用月亮象征过评梅。除此之外,高长虹的小说《革命的心》和书信体小说《曙》也曾以石评梅为原型。董大中的结论是,高长虹的月亮诗只是一首"广义的恋爱诗",诗中并没有具体的恋情,决不是一首攻击鲁迅的诗作。我反复研读了董大中的论著和高长虹、石评梅的相关史料,感到他的观点是站得住脚的,很有新意。

所谓"思想界先驱者"鲁迅启事

☆鲁 迅

《新女性》八月号登有"狂飙社广告",说:"狂飙运动的开始远在二年之前……去年春天本社同人与思想界先驱者鲁迅及少数最进步的青年文学家合办《莽原》……兹为大规模地进行我们的工作起见于北京出版之《乌合》《未名》《莽原》《弦上》四种出版物外特在上海筹办《狂飙丛书》及一篇幅较大之刊物"云云。我在北京编辑《莽原》,《乌合丛书》,《未名丛刊》三种出版物,所用稿件,皆系以个人名义送来;对于狂飙运动,向不知是怎么一回事:如何运动,运动甚么。今忽混称"合办",实出意外;不敢掠美,特此声明。又,前因有人不明真相,或则假借虚名?加我纸冠,已非一次,业经先有陈源在《现代评论》上,近有长虹在《狂飙》上,迭加嘲骂,而狂飙社一面又赐以第三项"纸糊的假冠",真是头少帽多,欺人害己,虽"世故的老人",亦身心之交病矣。只得又来特此声明:我也不是"思想界先驱者"即英文 Fore-runner 之译名。此等名号,乃是他人暗中所加,别有作用,本人事前并不知情,事后亦未尝高兴。倘见者因此受愚,概与本人无涉。

注释:

本篇最初发表于《莽原》半月刊 1926 年 12 月 10 日第 23 期,又同时发表于《语丝》、《北新》、《新女性》等期刊。

《走到出版界》的"战略"

☆ 鲁　迅

"他(鲁迅)的战略是'暗示',我的战略是'同情'。"

——长虹

> 狂飙社广告
> ……与思想界先驱者鲁迅及少数最进步的青年合办《莽原》……

"鲁迅是一个深刻的思想家,同时代的人没有及得上他的。"
"……"
"我们思想上的差异本来很甚,但关系毕竟是好的。《莽原》便是这样好的精神的表现。"
"…………"
"但如能得到你的助力,我们竭诚地欢喜。"
"……"
"但他说不能作批评,因为他向来不作批评,因为他觉得自己是党同伐异的。我以为他这种态度是很好的。但是,如对于作批评的朋友,却要希望他党同伐异,便至少也是为人谋而不忠了!"
"……"
"已经成名的人,我想能够得到他们的帮助便是很好的了。鲁迅当初提议办《莽原》的时候,我以为他便是这样态度。但以后的事实却……只证明他想得到一个'思想界的权威者'的空名便够了!同他反对的话都不要说……而他还不以为他是受了人的帮助,有时倒反疑惑是别人在利用他呢?"
"……"
"于是'思想界权威者'的大广告便在《民报》上登出来了。我看了真觉'瘟臭'痛惋而且呕吐。"

"……"

"须知年龄尊卑,是乃父乃祖们的因袭思想,在新的时代是最大的阻碍物。鲁迅去年不过四十五岁……如自谓老人,是精神的堕落!"

"……"

"直到实际的反抗者从哭声中被迫出校后……鲁迅遂戴其纸糊的权威者的假冠入于身心交病之状况矣!"

> 所谓"思想界先驱者"鲁迅启事
> ……而狂飙社一面又赐以第三顶"纸糊的假冠",真是头少帽多,欺人害己……

"未名社诸君的创作力,我们是知道的,在目前并不十分丰富。所以,《莽原》自然要偏重介绍的工作了……但这实际上也便是《未名半月刊》了。如仍用《莽原》的名义,便不免有假冒的嫌疑。"

"……"

"至少亦希望彼等勿挟其历史的势力,而倒卧在青年的脚下以行其绊脚石式的开倒车狡计,亦勿一面介绍外国作品,一面则蝎子撩尾以中伤青年作者的毫兴也!"

"……"

"正义:我来写光明日记——救救老人!
　　不再吃人的老人或者还有?
　　救救老人!!!"

"……"

"请大家认清界限——到'知其故而不能言其理'时,用别的方法来排斥新思想,那便是所谓开倒车,如林琴南,章士钊之所为是也。我们希望《新青年》时代的思想家不要再学他们去!"

"……"

"正义:我深望彼等觉悟,但恐不容易吧!
公理:我即以其人之道反诸其人之身。"

二二,一二,一九二六　鲁迅掠

注释:

原载北京《语丝》周刊1927年1月8日第113期。

新的世故

☆鲁　迅

一　"普通的批评看去像广告"

"批评工作的开始。所批评的作品,现在也大概举出几种如下:——

《女神》、《呐喊》、《超人》、《彷徨》、《沉沦》、《故乡》、《三个叛逆的女性》、《飘渺的梦》、《落叶》、《荆棘》、《咖啡店之一夜》、《野草》、《雨天的书》、《心的探险》

此项文字都只在《狂飙周刊》上发表,现在也说不定几期可发表几篇,一切都决于我的时间的分配。"

二　"这里的广告却是批评"

党同:"《心的探险》。实价六角。长虹的散文及诗集。将他的以虚无为实有,而又反抗这实有的精悍苦痛的战叫,尽量地吐露着。鲁迅选并画封面。"

伐异:"我早看过译出的一部分《察拉图斯德拉如是说》和一本《工人绥惠略夫》。"

三　"幽默与批评的冲突"

批评:你学学亚拉借夫!你学学哥哥尔!你学学罗曼罗兰!幽默:前清的世故老人纪晓岚的笔记里有一段故事,一个人想自杀,各种鬼便闻风而至,求作替代。缢鬼劝他上吊,溺鬼劝他投池,刀伤鬼劝他自刎。四面拖曳,又互相争持,闹得不

《野草》初版本

可开交。那人先是左不是,右不是,后来晨鸡一叫,鬼们都一哄而散,他到底没有死成,仔细一想,索性不自杀了。

批评:唉,唉,我真不能不叹人心之死尽矣。

四　新时代的月令

八月,鲁迅化为"思想界先驱者"。

十一月,"思想界先驱者"化为"绊脚石"。

传曰:先驱云者,鞭之使冲锋,所谓"他是受了人的帮助"也。不受"帮助",于是"绊"矣。脚者,所谓"我们"之脚,非他们之脚也。其化在十二月,而云十一月者何,倒填年月也。

五　世故与绊脚石

世故:不要再写,中了计,反而给他们做广告。

石:不管。被做广告,由来久矣。

世故:那么,又做了背广告的"先驱者"了。

石:不,有时也"绊脚"的。

六　新旧时代和新时代间的冲突

新时代:我是青年,所以公理在我这里。

旧时代:我是前辈,所以公理在我这里。

新时代:须知年龄尊卑,是乃父乃祖们的因袭思想,在新的时代是最大的阻碍物。

七　希望与科学的冲突

希望:勿蝎子撩尾以中伤青年作者的毫兴也。

科学:"生存竞争,天演公例",是彪门书局出版的一本课本上就有的。

八　给……

见面时一谈，
不见面时一战。
在厦门的鲁迅，
说在湖北的郭沫若骄傲，
还说了好几回，在北京。
倘不信，有科学的耳朵为证。
但到上海才记起来了，
真不能不早叹人心之死尽矣！
幸而新发现了近地的蔡子民先生之雅量
和周建人先生为科学作战。

九　自由批评家走不到的出版界

光华书局。

十　忽而"认清界限"

　　以上也许近乎"蝎子撩尾"。倘是蝎子，是它不撩尾，"希望"是不行的，正如希望我之到所谓"我们的新时代"去一样，惟一的战略是打杀。

　　不过打的时候，须有说它要螫我，它是异类的小勇气。倘若它也螫"公理"和"正义"，所以打，那就是还未组织成功的科学家的话，在旧时代尚且要觉得有些支离。

　　知其故而言其理，极简单的：争夺一个《莽原》；或者，《狂飙》代了《莽原》。仍旧是天无二日，惟我独尊的酋长思想。不过"新时代的青年作者"却又似乎深恶痛疾这思想，而偏从别人的"心"里面看出来。我做了一篇《论他妈的》是真的，"论"而已矣，并不说这话是我所发明，现在却又在力争这发明的荣誉了。

　　因为稿件的纠葛，先前我曾主张将《莽原》半月刊停止或改名；现在却不这样了，还是办下去，内容也像第一年一样。也并没有作什么"运动"的豪兴，不过是有人做，有人译，便印出来，给要看的人看，不要看的自然会不看它，以前的印《乌合丛书》也是这意思。

　　创作翻译和批评，我没有研究过等次，但我都给以相当的尊重。对于常被奚落的翻译和介绍,也不轻视,反以为力量是非同小可的。我译了几种书,就会有一个中国的绥惠略夫出现,倘译一部世界史,不就会有许多拟中外古今的大人物猬集一堂么。但我想不干这件事。否则?拿破仑要我帮同打仗,秦始皇要我帮同烧书,科仑布拉去旅行,梅特涅加以压制,一个人撕得粉碎了。跟了一面,其余的英雄们又要造谣。

创作难,翻译也不易。批评,我不知道怎样,自己是不是会做,却也不"希望"别人不做。大叫科学,斥人不懂科学,不就是科学;翻印几张外国画片,不就是新艺术,这是显而易见的,称为批评,不知道可能就是批评,做点杂感尚且支离,则伟大的工作也不难推见。"听见他怎么说","他'希望'怎样","他'想'怎样","他脸色怎样"……还不如做自由新闻罢。

不过这也近乎蝎子撩尾,不多谈;但也不要紧。尼采先生说过,大毒使人死,小毒是使人舒服的。最无聊的倒是缠不清。我不想螫死谁,也不想绊某一只脚,如果躺在大路上,阻了谁的路了,情愿力疾爬开,而且从速。但倘若我并不躺在大路上,而偏有人绕到我背后,忽然用作前驱,忽然斥为绊脚,那可真是"闭门家里坐,祸从天上来",有些知其故而不欲言其理了。

本来隐姓埋名的躲着,未曾登报招贤,也没有奔走求友,而终于被人查出,并且来访了。据"世故"所训示:青年们说,不见,是摆架子。于是乎见。有的是一见而去了;有的是提出各种要求,见我无能为力而去了;有的是不过谈谈闲天;有的是播弄一点是非;有的是不过要一点物质上的补助;有的却这样那样,纠缠不清,知有己而不知有人,硬要将我造成合于他的胃口的人物。从此我就添了一门新功课,除陪客之外,投稿,看稿,绍介,写回信,催稿费,编辑,校对。但我毫无不平,有时简直一面吃药,一面做事,就是长虹所笑为"身心交病"的时候。我自甘这样用去若干生命,不但不以生命来放阎王债,想收得重大的利息,而且毫不希望一点报偿。有人要我做一回踏脚而升到什么地方去,也可以的,只希望不要踏不完,又不许别人踏。

然而人究竟不是一块踏脚石或绊脚石,要动转,要睡觉的;又有个性,不能适合各个访问者的胃口。因此,凡有人要我代说他所要说的话,攻击他所敌视的人的时候,我常说,我不会批评,我只能说自己的话,我是党同伐异的。的确,我还没有寻到公理或正义。就是去年的和章士钊闹,我何尝说是自己放出批评的眼光,环顾中国,比量是非,断定他是阻碍新文化的罪魁祸首,于是啸聚义师,厉兵秣马,天戈直指,将以澄清天下也哉?不过意见和利害,彼此不同,又适值在狭路上遇见,挥了几拳而已。所以,我就不挂什么"公理正义",什么"批评"的金字招牌。那时,以我为是者我辈,以章为是者章辈;即自称公正的中立的批评之流,在我看来,也是以我为是者我辈,以章为是者章辈。其余一切等等。照此类推。再说一遍:我乃党同而伐异,"济私"而不"假公",零卖气力而不全做牺牲,敢卖自己而不卖朋友,以为这样也好者不妨往来,以为不行者无须劳驾;也不收策略的同情,更不要人布施什么忠诚的友谊,简简单单,如此而已。

至于被利用呢,倒也无妨。有些人看见这字面,就面红耳赤,觉得扫了豪兴了,我却并不以为有这样坏。说得好听一点,就是"帮助"。文字上这样的玩艺儿是颇多的。"互相利用"也可以说"互助";"妥协","调和",都不好听,说"让步"就冠冕。但现在姑且称为帮助罢。叫我个人帮一点忙,是可以的,就是利用,也毫无反感;只是不要间接涉及别的人。八月底我到上海,看见狂飙社广告,连《未名丛刊》和《乌合丛书》都算作"狂飙运动"的工作了。我颇诧异,说:这广告大约是长虹登的罢,连《未名》和《乌合》都拉扯上,未免太会利用别个了,不应当的。因为这两种书,是只因由我编印,要用相似的形式,所以立了一个名目,书的著者译者,是不但并不互相认识,有几个我也只见过两三回。我不能骗取了他们的稿子,合成丛书,私自贩卖给别一个团体。

接着,在北京的《莽原》的投稿的纠葛发生了,在上海的长虹便发表一封公开信,要在厦门的我说一句话。这是只要有一点常识,就知道无从说起的,我并非千里眼,怎能见得这么远。我沉默着。但我也想将《莽原》停刊或别出。然而青年作家的豪兴是喷泉一般的,不久,在长虹的笔下,经我译过他那作品的厨川白村便先变了灰色,我是从"思想深刻"一直掉到只有"世故",而且说是去年已经看出,不说坦白的话了。原来我至少已被播弄了一年!

这且由他去罢。生病也算是笑柄了,年龄也成了大错处了,然而也由他。连别人所登的广告,也是我的罪状了;但是自己呢,也在广告上给我加上一个头衔。这样的双岔舌头,是要螫一下的,我就登一个《所谓"思想界先驱者"鲁迅启事》。

这一下螫出"新时代富于人类同情"的幽默来了,有公理和正义的谈话——

不再吃人的老人或者还有?
救救老人!!!

还有希望——

至少亦希望彼等勿挟其历史的势力,而倒卧在青年的脚下以行其绊脚石式的开倒车的狡计,亦勿一面介绍外国作品,一面则蝎子撩尾以中伤青年作者的毫兴也！

这两段只要将"介绍外国作品"改作"挂着批评招牌"，就可以由未名社赠给他自己。

其实，先驱者本是容易变成绊脚石的。然而我幸不至此，因为我确是一个平凡的人；加以对于青年，自以为总是常常避道，即躺倒，跨过也很容易的，就因为很平凡。倘有人觉得横亘在前，乃是因为他自己绕到背后。而又眼小腿短，于是别的就看不见，走不开，从此开口鲁迅，闭口鲁迅，做梦也是鲁迅；文字里点几点虚线，也会给别人从中看出"鲁迅"两字来。连在泰东书局看见老先生问鲁迅的书，自己也要嘟哝着《小说史略》之类我是不要看。这样下去，怕真要成"鲁迅狂"了。病根盖在肝，"以其好喝醋也"。

只要能达目的，无论什么手段都敢用，倒也还不失为一个有些豪兴的青年。然而也要有敢于坦白地说出来的勇气，至少，也要有自己心里明白的勇气，费笔费墨，费纸费寿，归根结蒂，总逃不出争夺一个《莽原》的地盘，要说得冠冕一点，就是阵地。中国现在道路少，虽有，也很狭，"生存竞争，天演公例"，须在同界中排斥异己，无论其为老人，或同是青年，"取而代之"，本也无足怪的，是时代和环境所给与的运命。

但若满身挂着什么并不懂得的科学，空壳的人类同情，广告式的自由批评，新闻式的记载，复制铜版的新艺术，则小范围的"党同伐异"的真相，虽然似乎遮住，而走向新时代的脚，却绊得跨不开了。

这过误，在内是因为太要虚饰，在外是因为太依附或利用了先驱。但也都不要紧只要唾弃了那些旧时代的好招牌，不要忽而不敢坦白地说话，则即使真有绊脚石，也就成为踏脚石的。

我并非出卖什么"友谊"或"同情"，无论对于识者或不识者都就是这样说。

一九二六，十二，二四

注释：

原载《语丝》周刊 1927 年 1 月 15 日第 114 期。

新时代的放债法

☆鲁　迅

还有一种新的"世故"。

先前,我总以为做债主的人是一定要有钱的,近来才知道无须。在"新时代"里,有一种精神的资本家。

你倘说中国像沙漠罢,这资本家便乘机而至了,自称是喷泉。你说社会冷酷罢,他便自说是热;你说周围黑暗罢,他便自说是太阳。

阿!世界上冠冕堂皇的招牌,都被拿去了。岂但拿去而已哉。他还润泽,温暖,照临了你。因为他是喷泉,热,太阳呵!

这是一宗恩典。

不但此也哩。你如有一点产业,那是他赏赐你的。为什么呢?因为倘若他一提供共产,你的产业便要充公了,但他没有提倡,所以你能有现在的产业。那自然是他赏赐你的。

你如有一个爱人,也是他赏赐你的。为什么呢?因为他是天才而且革命家,许多女性都渴仰到五体投地。他只要说一声"来!"便都飞奔过去了,你的当然也在内。但他不说"来!"所以你得有现在的爱人。那自然也是他赏赐你的。

这又是一宗恩典。

还不但此也哩!他到你那里来的时候,还每回带来一担同情!一百回就是一百担——你如果不知道,那就因为你没有精神的眼睛——经过一年,利上加利,就是二三百担……

阿阿!这又是一宗大恩典。

于是乎是算账了。不得了,这么雄厚的资本,还不够买一个灵魂么?但革命家是客气的,无非要你报答一点,供其使用——其实也不算使用,不过是"帮忙"而已。

倘不如命地"帮忙",当然,罪大恶极了。先将忘恩负义之罪,布告于天下。而且不但此也,还有许多罪恶,写在账簿上哩,一旦发布,你便要"身败名裂"了。想不"身败名裂"么,只有一条路,就是赶快来"帮忙"以赎罪。

然而我不幸竟看见了"新时代的新青年"的身边藏着这许多账簿,而他们自己对于"身败名裂"又怀着这样天大的恐慌。

于是乎又得新"世故",关上门,塞好酒瓶,捏紧皮夹。这倒于我很保存了一些润泽,光和热——我是只看见物质的。

九,十四

注释:
原载《语丝》周刊1927年10月22日第154期,原题为《新时代的避债法》。

《两地书》原稿中的高长虹

鲁迅1926年10月23日致许广平(节录)

长虹和韦素园又闹起来了,在上海出版的《狂飙》上大骂,又登了一封给我的信,要我说几句话。他们真是吃得闲空,然而我却不愿意陪着玩了,先前也陪得够苦了,所以拟置之不理。(闹的原因是因为《莽原》上不登培良的一篇剧本。)我的生命,实在为少爷们耗去了好几年,现在躲在岛上了,他们还不放。但此地的几个学生,已组织了一种出版物,叫作《波艇》,要我看稿,已经看了一期,自然是幼稚,但为鼓动空气计,所以仍然怂恿他们出版。逃来逃去,还是这样。

鲁迅1926年11月20日致许广平(节录)

从昨天起,我的心又平静了。一是因为决定赴粤,二是因为决定对长虹们给一打击。你的话并不错的;但我之所以愤慨,却并非因为他们以平常待我,而在他日日吮血,一觉到我不肯给他们吮了,便想一棒打杀,还将肉作罐头卖以获利。这回长虹笑我对章士钊的失败道"于是遂戴其纸糊的'思想界的权威者'之假冠,而入于身心交病之状态矣"。但他八月间在《新女性》登广告,却云"与思想先驱者鲁迅合办《莽原》",自己加我"假冠",又因别人所加之"假冠"而骂我,真是不像人样。我之所以苦恼,是因我平生言动,即使青年来杀我,我总不愿意还手,而况是常常见面的人。因为太可恶,昨天竟决定了,虽是什么青年,我也不再留情面,于是作一启事,将他利用我的名字,而对于别人用我名字的事,则加笑骂等情状,揭露出来,比他的长文要刻毒些。且毫不客气,刀锋正对着他们的所谓"狂飙社",即送登《语丝》,《莽原》,《新女性》,《北新》四种刊物。我已决定不再彷徨,拳来拳对,所以心里也舒服了。

鲁迅1926年1月11日致许广平(节录)

这是你知道的,我这三四年来,怎样地为学生,为青年拼命,并无一点坏心思,只要可给与的便给与。然而男的呢,他们互相嫉妒,争起来了,一方面不满足,就想打杀我,给哪方面也无所得。看见我有女生在坐,他们便造流言。这些流言,无论事之有无,他们是在所必造的,除非我和女人不见面。他们貌作新思想,其实都是暴君、酷吏、侦探、小人。倘使顾忌他们,他们更要得步进步。我蔑视他们了。我有时自己惭愧,怕不配爱那一个人;但看看他们的言行思想,便觉得我也并不算坏人,我可以爱。

那流言,最初是韦漱园通知我的,说是沈钟社中人所说,《狂飙》上有一首诗,太阳是自比,我是夜,月是她。今天打听

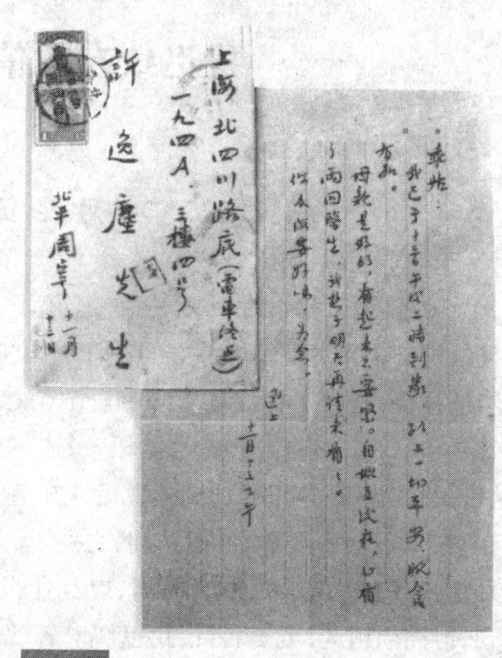

《两地书》原信

川岛,才知此种流言早已有之,传播的是品青,伏园,衣萍,小峰,二太太……他们又说我将她带在厦门了,这大约伏园不在内,而送我上车的人们所流布的。黄坚从北京接家眷来此,又将这流言带到厦门,为攻击我起见,广布于人,说我之不肯留,乃为月亮不在之故。在送别会上,陈万里且故意说出,意图中伤。不料完全无效,风潮并不稍减。我则十分坦然,因为此次风潮,根株甚深,并非由我一人而起。况且如果是"夜",当然要有月亮,倘以此为错,是逆天而行也。

鲁迅致友人信中的高长虹

1926年1月29日致李霁野(节录)

为《莽原》,我本月中又寄了三篇稿子,想已收到。我在这里所担的事情太繁,而且编讲义和作文是不能并立的,所以作文时和作了以后,都觉无聊与苦痛。稿子既然这样少,长虹又在捣乱见上海出版的《狂飙》,我想:不如至廿四期止,就停刊,未名社就专印书籍。一点广告,大约《语丝》还不至于拒绝罢。据长虹说,似乎《莽原》便是《狂飙》的化身,这事我却到他说后才知道。我并不希罕"莽原"这两个字,此后就废弃它。《坟》也不要称《莽原丛刊》之一了。至于期刊,则我以为有两法,一,从明年一月起,多约些做的人,改名另出,以免什么历史关系的牵扯,倘做的人少,就改为月刊,但稿须精选,至于名目,我想,"未名"就可以。二,索性暂时不出,待大家有兴致做的时候再说。《君山》单行本也可以印了。

1926年11月9日致韦素园(节录)

要鸣不平,我比长虹可鸣的要多得多;他说以"生命赴《莽原》"了,我也并没有从《莽原》延年益寿,现在之还在生存,乃是自己寿命未尽之故也。他们不知在玩什么圈套。今年夏天就有一件事,是尚钺的小说稿,原说要印入《乌合丛书》的。一天高歌忽而来取,说尚钺来信,要拿回去整理一番。我便交给他了。后来长虹从上海来信,说"高歌来信说你将尚钺的稿交还了他,不知何故?"我不复。一天,高歌来,抽出这信来看,见了这话,问道,"那么,拿一半来,如何?"我答:"不必了。"你想,这奇怪不奇怪?然而我不但不写公开信,并且没有向人说过。

《狂飙》已经看到四期,逐渐单调起来了。较可注意的倒是《幻洲》《莽原》在上海减少百份,也许是受它的影响,因为学生的购买力只有这些,但第二期已不及第一期,未卜后来如何。《莽原》如作者多几个,大概是不足虑的,最后的决定究竟是在实质上。

1926年11月20日致韦素园(节录)

我到上海看见狂飙社广告后,便对人说:我编《莽原》。《未名》,《乌合》三种,俱与所谓什么狂飙运动无干?投稿者多互不相识,长虹作如此广告,未免过于利用别人了。此语他似乎今已知道,在《狂飙》上骂我。我作了一个启事,给开一个小玩笑。今附上,请登人《莽原》。又登《语丝》者一封,请即叫人送去为托。

1926年11月28日致韦素园(节录)

《狂飙》第五期已见过,但未细看,其中说诳挑拨之处似颇多,单是记我的谈话之处,就是改头换面的记述,当此文未出之前,我还想不到长虹至于如此下劣。这真是不足道了。关于我在京从五六年起所遇的事,我或者也要做一篇记述发表,但未一定,因为实在没有工夫。

明年的半月刊,我恐怕一月只能有一篇,深望你们努力。我曾有信给季野,你大约也当看见罢。我觉得你,丛芜。霁野,均可于文艺界有所贡献,缺点只是疏懒一点,

未名社的部分成员(中:韦素园)

将此点改掉,一定可以有为。但我以为丛芜现在应该静养。

《莽原》改名,我本为息事宁人起见。现在既然破脸,也不必一定改掉了,《莽原》究竟不是长虹的。这一点请与霁野商定。

1926年12月5日致韦素园(节录)

留学自然很好,但既然对于出版事业有兴趣,何妨再办若干时。我以为长虹是泼辣有余,可惜空虚。他除掉我译的《绥惠略夫》和郭译的尼采小半部而外,一无所有。所以偶然作一点格言式的小文,似乎还可观,一到长篇,便不行了,如那一篇《论杂交》直是笑话。他说那利益,是可以没有家庭之累,竟不想到男人杂交后虽然毫无后患,而女人是要受孕的。

在未名社的你们几位,是小心有余,泼辣不足。所以作文,办事,都太小心,遇见一点事,精神上即很受影响,其实是小小是非,成什么问题,不足介意的。但我也并非说小心不好,中国人的眼睛倘此后渐渐亮起来,无论创作翻译,自然只有坚实者站得住,《狂飙》式的恫吓,只能欺骗一时。

长虹的骂我,据上海来信,说是除投稿的纠葛之外,还因为他与开明书店商量,要出期刊,遭开明拒绝,疑我说了坏话之故。我以为这是不对的,由我看来,是别有两种原因。一,我曾在上海对人说,长虹不该擅登广告,将《乌合》、《未名》都拉入什么"狂飙运动"去,我不能将这些作者都暗暗卖给他。大约后来传到他耳朵里去了。二,我推测得极奇怪,但未能决定,已在调查,将来当面再谈罢,我想,大约暑假时总要回一躺[趟]北京。

1926年12月8日致韦素园(节录)

我对于你们几位,毫无什么意见;只有对于目寒是不满的,因为他有时确是"无中生有"的造谣,但他不在京了,不成问题。至于长虹,则我看了他近出的《狂飙》,才深知道他很卑劣,不但挑拨,而且于我的话也都改头换面,不像一个男子所为。他近来又在称赞周建人了,大约又是在京时来访我那时的故伎。

1926年12月29日致韦素园(节录)

至于关于《给——》的传说,我先前倒没有料想到。《狂飙》也没有细看,今天才将那诗看了一回。我想原因不外三种：一，是别人神经过敏的推测，因为长虹的痛哭流涕的做《给——》的诗，似乎已很久了；二，是《狂飙》社中人故意附会宣传，作为攻击我的别一法；三，是他真疑心我破坏了他的梦，——其实我并没有注意到他做什么梦，何况破坏——因为景宋在京时，确是常来我寓，并替我校对，抄写不少稿子，《坟》的一部分，即她抄的，这回又同车离京，到沪后她回故乡，我来厦门，而长虹遂以为我带她到了厦门了。倘这推测是真的，则长虹大约在京时，对她有过各种计划，而不成功，因疑我从中作梗。其实是我虽然也许是"黑夜"，但并没有吞没这"月儿"。

如果真属于末一说，则太可恶，使我愤怒。我竟一向在闷胡芦中，以为骂我只因为《莽原》的事。我从此倒要细心研究他究竟是怎样的梦，或者简直动手撕碎它，给他更其痛哭流涕。只要我敢于捣乱，什么"太阳"之类都不行的。

我还听到一种传说，说《伤逝》是我自己的事，因为没有经验，是写不出这样的小说的。哈哈，做人真愈做愈难了。

1927年11月3日致李霁野(节录)

还说《莽原》，用报纸似乎太难看，用较好一点而比以前便宜一点的，如何？至于减少页数，那自然无所不可。

狂飙社的人们，似乎都变了曾经最时髦的党了。尚钺坏极，听说在河南，培良在湖南，高歌、长虹似乎在上海。这一班人，除培良外，都是极坏的骗子。长虹前几天去访开明书店章君，听说没见他。

给鲁迅先生

☆ 长　虹

鲁迅先生：

　　昔日曾使你惊喜过的《狂飙》周刊，今已借尸而还魂了，这对于你，想来仍然是一个好的消息。回忆当时情况，"普天下"能赏识《狂飙》者，只有你，郁达夫先生，日本友人伊东干夫，与开封的欲擒而已。达夫外恭而内倨，仅一次往来，遂成路人。你呢，我们思想上找差异本来很甚，但关系毕竟是好的，莽原便是这样好的精神而表现。今者周刊复活，伊东干夫不知漂流何处，才特异而年特少之可爱的欲擒乃不幸已永别人间，想我当时旧友一话此中之快痛者，乃只剩先生一人而已！不幸此执笔之初乃有一事不得不先同你谈谈，这诚然是一件不幸的事呵！我诅咒这样事实发生的那一个日子！

　　接培良来信，说他同韦素园先生大起冲突，原因是为韦先生退还高歌的《剃刀》，又压下他的《冬天》。《冬天》一剧，培良曾以友谊的关系帮助《新女性》稿件而被拒，现在又给韦闹，因此而感想及于《冬天》的命运之可笑，言下愤怒而凄苦。但此系私事，无须多说。所欲言者，则以此事证之，现在编辑莽原者，且甚至执行编辑之权威者，为韦素园先生也。素园曾以权威献人，今则用以自献，然权威或可施之于他人，而不应施之于同伴也。忆月前在上海相遇，我曾以莽原编辑为问，你说丛芜生病，霁野回家，目前大概由素园维持，将来则属之霁野。霁野眼明中正，公私双关，总算一个最合适的人物，现在暑假已过，不知霁野何以没有回京。如已回京，又何以仍由素园编辑。如已由霁野编辑，培良又何以同素园相闹。我真有点不明真相。不过既已闹出事来，免不得要累及霁野。忆去年莽原改组议初起的时候，你曾要我编辑，我当时畏难而退。虽经你解释，然我终于不敢担任，盖不特无以应付外界，亦无以应付自己；不特无以应付素园诸君，亦无以应付日夕过从之好友钟吾。党同伐异，我认为是客观的真理，然我不愿拿它作主观的态度。然而这个，在当时是行不下去的。若再说到何者为同，何者为异，亦漫无定论，以朋友关系说，钟吾为同，素园为异。以刊物说，《莽原》为同，其他刊物为异。然则即以党同伐异为是，编辑《莽原》，也不能于莽原内部而有所党伐也。后来半月刊出现，发行归之霁野，编辑仍由你自任。然从半月刊的形迹之间，几无处不显示有人主出奴之分，此则我不能不为霁野不直者。然而还可以诿之于客观的真理，所以我始终未提出异议。今则态度显然，公然以"退还"加诸我等矣！刀搁头上矣！到了这时，我还能不出来理论吗？

《莽原》本来是由你提议，由我们十几个人担任稿件的一个刊物，并无所谓团体，形式上的聚会，只有你，衣萍，有麟，培良及我五人的一次吃酒。它的发生，与《狂飙》周刊的停刊显有关连，或者还可以说是主要的原因。撰稿的人，也是由我们几个人"举尔所知"。以后培良南去，衣萍又不大做文，莽原内部事，当其冲者遂只剩我们三人。无论有何私事，无论大风泞雨，我没有一个礼拜不赶编辑前一日送稿子去。我曾以生命赴莽原矣！尔时所谓安徽帮者则如何者！乃一经发行，几欲据为私有，兔死狗烹，现在到时候了！言之痛心，想来这也不是你办莽原的本意吧！我对于莽原想说的话甚多，一向搁于情势，未能说出，现在一时也无从提起，究竟有没有说的必要，待几天再看。你如愿意说话时，我也想听一听你的意见。

新生的《狂飙》周刊已由书局直接寄你，阅后感想如何？这次发刊，我们决意想群策群力开创一新的时代。但只是冒险，实无把握，成绩如何，俟之他日。或者中途死灭，亦意中事。但如能得到你的助力时，我们竭诚地欢喜。

彷徨，我曾写了一点的短感想。培良想批评孤独者，我或者也批评一点伤逝，此中消息不足为外人道也！

十，十，一九二六，长虹

一九二六,北京出版界形势指掌图

☆高长虹

我今应时代的需要来作此图,以述明北京出版界的实情。我想作此图,本于去年暑假中居北京时,即我对北京出版有较正确之了解时。初来也同一两个朋友略示此意,不料图尚未作,我个人之形势突然变异,直到现在,我还没有明白究竟。但我敢在这里特别声明的,即我为一游离者,中产阶段的利益我既不屑顾,无产阶级的战线我又未能至,故对于世人实不愿,也无其必要而行任何样式之斗争。我所说的话,其实只是看见什么便不愿意私有,以为说明真象,对于同时代的人们都不无用处。至于世间也不是没有人喜欢秘密,厌恶公开,然此只个人好恶不同,他喜欢秘密便秘密他的,我喜欢公开便公开我的,各行其是,本无抵触,闲言太多,画归正图。

这里所谓出版界者,此出版界一词,我在《走到出版界》中已屡用之。现在我也趁此加以一些说明。要知我们普通虽然也说什么文坛,什么思想界,实则仔细一考较时,才都是妄言妄听,并没有那么一回事。我现在问你:"文坛建立何处?""思想界在三界的哪一层? 则你必瞠目不能对答。因为这本来都是些错误的说法。即如你说文坛,实则说的只是这本诗集呀,那本小说呀,又一本杂感呀之类,你说说思想界,其实也只说的几本书,或几种定期刊物,此外便什么没有。你说某人的思想如何,你并不看见他的思想,他也不能拿出他的思想给你看,这其间所说的只是书报,即出版物是也。出版物是什么? 便是,有人写出,有人印出,有人去看。我今便混名此写,此印,此看,而称之以出版界。所以出版界的范围是很大的。

我何以此图单述北京的出版界呢? 一,因为北京出版界比较发达,界限也比较显明。我们不妨大致这样说,广东重实行,上海多工厂,北京多言论。广东的出版物,我们常看不见什么。上海出版物虽然不少,然除商务派与非商务派外,我们看不见其他的色彩。北京则不但有专致于思想的工作者,即章士钊做一总长,也要来办一刊物,发挥他个人的主张,我是在别处所看不到的。二,本来都住在中国,北京并不是中国境外的一块地方,所以北京出版界的形势中也有中国出版界形势的缩影潜伏在里边,说北京则大致可知道全国。三,我个人对于北京出版界的状况知道得比较多些,而且是自己曾经参加过的,关系较亲,则言之较确。四,读者对于北京出版界的注意较多,而隔膜亦较多,所以有早于说明的必要。

在三年以前,我对于出版界的情形是什么也不知道。我当时曾听人说过,鲁迅即周建人的别字,我便信以为真。亦如在今年暑假以前,培良尚以为章锡琛是一女士。那时狂飙社虽已成立,然潜声默影,初无表示。我个人为生活所苦,日惟解决出国问题,他无所顾。沐鸿尔时已有诗稿不少,我亟称之,而彼不信。要我就正于北京负时望之作者。我虽允许,然机缘既少,我又自信多而信人者少,所以终未成为事实。后来,不用说是些什么原因了吧,我们在一九二四年九月一日,办起一个小小的《狂飙》周刊,虽只出了三期,然因此我们在出版界终于便成为"闯入者"了。

便在这一年的冬天,我又因为出国问题,认识了《晨副》编辑孙伏园,也便送了他两份《狂飙》周刊。后来见了他时,他说他给周作人看了,但没有说什么。但我却得到郁达夫的两信。我早已便想国中的文艺界虽然分作文学研究会,创造社两派——那时我以为鲁迅,周作人都是文学研究会会员,后来才知道不是的——但我们的刊物,两派大概是都会赞赏的。这时却又疑惑未必:一面我又觉得郁达夫倒很率真。还是说归我的出国问题,伏园倒很好,说每年帮我二三百元的旅费是可以的,我给他留了一篇《离魂曲》,一面便想动手作《幻想与做梦》。不料,大概不到一月的光景吧,离魂曲还没有发表,幻想与做梦所以也还没有写,《晨副》却发生问题,伏园辞职了。这个问题,便是因为鲁迅的《我的失恋》而发生的。这个事件也影响到我:我的出国计划失败了!

于是,便到了双十节。北京政局起了剧变:即冯玉祥班师是也。应运而来的,一个老朋友所办的被曹政府封闭的日报复活了。我们在那里便又办起两个周刊:一,《世界语周刊》;一,即《狂飙》周刊也。《狂飙》因此也便再生,我同北京出版界的关系也便正式开始了。这一次的政变与北京的出版界是很有关系的,政变以后,定期刊物很出了几种,除"五·四"时期外,怕没有再那样热闹过吧?我们居然在那种热闹中也凑了一个份子,却是我们想不到的事情。再则,当《狂飙》周刊出版的时候,其实那时也还只一种也没有出版,《语丝》还是一两期以后才出的。我们对于出两个刊物,当时都觉得不好。《语丝》的文字我只看见第二期烽话颇有意味。以后的《野草》,自然是又作别论了。我们对于当时出版界是不大注意的,我们只想做我们的工作。那时,我还想办一个每周评论,批评实际生活,但没有成功。我同高歌向来不满意《新青年》时代的思想,但那时也并没有想开始批评,而我自己又还在妄想着出国。如我那时真的能够出国,现在想来,还是一件好事体,因为这样可以不看见无大关系的中国的出版界!

在这里,我想夹叙一段似乎无大关系的事情,但我想,识者可以看出它不惟无大关系的吧！我有一个朋友叫"君宇"的,曾做向导记者,在思想上我们可以说是互相反对的,但是却听说过他很希望有一个刊物出来说话。也正在这年暑假中,我在一个地方遇到他了。谈话当然是没有结果的,所以他又说希望我出来办一刊物。但到我们办起刊物不久,他却死了。我虽然以为他思想浅薄,然而他的这种态度是我始终喜欢的。而他尚死,也更减少了我从事某种批评的一个机缘,我在这里不得不又想念这一个朋友。

十一二月之间吧,《京副》出世,我又见了伏园,但不过随便谈谈,因我此时已无稿可卖了。我问起关于《狂飙》周刊的舆论。他说:"鲁迅曾问过长虹何人,那日请客,在座人很多,有麟也在。大家问《狂飙》如何,他说,据他看是好的。"我从此便证实我那一个推想,因鲁迅,郁达夫已都赞赏《狂飙》也。当时的《狂飙》是没有多少人看的,我们当时的无经验的心实私自欣慰,以为此两人必将给我们一些帮助,而《狂飙》亦从此可行得去也。而谁知乃有大谬不然者!

当我在《语丝》第三期看见《野草》第一篇《秋夜》的时候,我既惊异而又幻想,惊异者,以鲁迅向来没有过这样文字也。幻想者,此人于心的历史,无从证实,置之不谈。自我从伏园处得到消息,于是鲁迅之对于《狂飙》,我已确知之矣。在一个大风的晚上我带了几份《狂飙》,初次去访鲁迅。这次鲁迅的精神特别奋发,态度特别诚恳,言谈特别坦率,虽思想不同,然使我想象到亚拉籍夫与绥惠略夫会面时情形之仿佛。我走时,鲁迅谓我可常来谈谈,我问以每日何时在家而去。此后大概有三四次会面,鲁迅都还是同样好的态度,我那时以为已走入一新的世界,即向来所没有看见过的实际世界了。我与鲁迅,会面不只百次,然他所给与我的印象,实以此一短促的时期为最清新,彼此时实在为真正的艺术家的面目。过此以往,则递降而至一不很高明而却奋勇的战士的面目,再递降而为一世故老人的面目,除世故外,几不知其他矣。

说到这里,我将转而一述郁达夫矣。一日下午,我同两个朋友——此中一友,今已不在人世,我哭之不及矣!——围炉坐谈,门外有叫长虹声音者,我走出去。来者说:"你是长虹!"我也说是:"你是达夫!"于是围炉者添一新友,而为四人矣!此时达夫出其雄谈,滔滔不绝,我等几无插言地。达夫去后,我谓此人态度率真,特言多宣传,隐含傲意,未能真正认识我等。在此以前,达夫给过我两次信,我则报以一诗,而无复信,但我却找过他两次,都没有遇见。我亦一骄傲人也,即我之友人,亦不乏斥我为骄傲者,他更无论。然我低头真理,面视坦白,蔑弃世故——然我亦非不识世故之童呆,我曾饱经世故,历受挫折,但我终不为彼所屈服——此则我敢于私心自信者。我当日晚上,便给达夫写了一率直而骄傲的信,我说,"明日下午想请你来大家喝一次酒,我觉得你身体很弱,但不知我能否帮助你些什么吗？"我何以请他来而不找他去呢？因为我曾问过他何时在家,他说,每天常在外面跑,改日他再来谈。并不像去今两月以前,达夫在北京遇见仲平,要他改日去谈谈,仲平未去,达夫便大生其空气。不料到次日,我们等到晚上,达夫仍不来,我们才饿着肚子出去吃饭。而且连回信都没有。我犹疑惑或者信未接到,也说不定。又次日,我同高歌及另一两个朋友同去找他,入其凄凉之客厅,等候了好久,主人才拐着腿走来,谈话亦应酬多而真挚少矣。我现在再述一琐事,万一达夫贵眼见此贱文,以助其唤起当时的回忆。达夫指高歌问我曰:"此位？"我说:"高歌,我的弟弟。"达夫笑曰:"看见倒像你的哥哥。"我笑说:"舆论向来如此！"别有一事,则达夫谓张资平常发不平,说自己的小说比他的好,他也以为资平的话是对的。说着,把东方杂志上资平的一篇小说撕下来给我看。此文我回去只看一段,至今再未翻过。但从别处看了资平的几篇小说,则非小说也。我顺便报告给达夫的意见。从这一次会面,我才知道了真象,因为达夫说信已收到,因他断酒,亦未复也。然而真象怕还不只于如此吧。我们从此以后便再没有见面,也便无从证实了。

　　那时,我对于我处的境地并没有觉得有什么困难,因为我那时编辑《狂飙》的态度是认作品不认人,对朋友则认人不认其他。现在想来,才是错了。我那时已经是处于语丝社与创造社之间了。然而当达夫初次同我见面的时候,也说他在鲁迅那里他们也谈起《狂飙》,他还为《狂飙》发不平,说狂飙社人如是从外国回来的时,则已成名人了,在鲁迅处,我也问过他对创造社的意见,他说,还是达夫大胆一些。大家都正像朋友似的。

　　在那时我曾看见一个很好的时代的缩图,这可以使我想象到未来的那一个时代,我相信那一个时代是一定要到来,那决不是一个黄金时代,但比过去的时代却好得多了。那时,我并没有多大的妄想,但我终没有料到它会那样恍惚的,它会像做了一个刹那的梦,那一个光明的缩图他才只做了现在这一个形势指掌图中的一个不重要的沙洲。那时,我在幻想与做梦中想写一篇——那是什么名字呵？我那时没有写得出来,我现在还是写不出来,我想,它将来是总可写得出来的吧！

　　当幻想与做梦还没有写完的时候,我写了一篇精神的宣言起来走了,到那篇文字发表出时,我早已离开北京了。这个宣言？是不久便证明是说谎。我不久便又回到北京,已经入了一九二五年的初间,于是我看见一切都变态了。于是我的幻想与做梦便写了第十六篇噩梦,于是便一切都完了。我知道我所希望的无论什么,都还在辽远的将来呢！

　　"《狂飙》,你们弟兄两个包办了吧？"鲁迅向我同高歌说。

"成了兄弟周刊了！我们也正想办兄弟周刊呢！"我说。

这时，我开始来写《创伤》与《土仪》。这时，郁达夫也已走了。这时，鲁迅给与我的印象是一个平凡的人。这时，《狂飙》社内部发生问题。这时，《狂飙》的销路逐期递降。这时，办日报的老朋友也走了，印刷方面也发生问题。终于，《狂飙》周刊到十七期受了报馆的压迫便停刊了。于是一切都完事大吉。一面，我还在写我的《创伤》与《土仪》，而且我的《创伤》还添了不少新的材料。

当我们的周刊办成兄弟周刊的时候，朋友们没有给我们表同情的，因为他们正在四处攻击我们；他们有的是在袖手旁观我们。但是，我把那个困难解决了，我质问一个攻击我们的朋友到他无话可说的时候，我们又变成原来的朋友了。我从此也便同培良开始了初次的长谈，我们开始做了形式上的同路人。但是，那个形式同形式以外的一切，对于我们都不大合适，所以还是到那个形式破灭之后，我们才渐渐入于实际的朋友。

郁达夫说过要给《狂飙》写的感想，当然没有写。鲁迅只给我的一个日本朋友译了两首诗。还是他好，他时常说想法给《狂飙》推广销路。但他说不能做批评，因为他向来不做批评，因为他觉得自己是党同伐异的。我以他这种态度是很好的。但是，如对于做批评的朋友，却要希望他党同伐异，便至少也是为人谋而不忠了！

当由兄弟周刊而变成朋友周刊的《狂飙》停刊之后，便是快入于莽原时期的时候了。但中间也还又有一点牵连，颇有一述的必要。当时有一个朋友愿意介绍《狂飙》到《京报》做一附属物，条件却是要他加入狂飙社。培良是偏于主张这样办的。听说那时鲁迅也赞成这样。我同高歌是反对这种办法。因为这个朋友，我们知道是不能合得来的，再则我们吃尽了附属的苦，而且连自己的朋友都隔膜太多。《狂飙》遂不得再出。过了几天，我便听说鲁迅要编辑一个周刊了。最先提议的，大概是鲁迅，有麟，培良吧。我也被邀入伙，又加了衣萍，这便组成了那一次五人吃酒。这便是《莽原》的来历。《莽原》的倾向，是已从文艺而扩张到批评。培良是最好说话的人。我呢，虽已似老气横秋的然而只要得其当也并不是不好说话。我那时是想开始批评从《新青年》所沿袭下来的思想。培良是思想之外，又着重于文艺，戏剧。我那时以为，一个文艺家其实是一个孤独者，如中国人都能像冰心，郁达夫者，岂不是一个很好的社会了吗？批评作品，则当然可以，批评作者则不大必要。这是我们当时的态度所不同的地方。但这些在《莽原》上可以说都没有实现，因为《莽原》还没出版时，培良已留下几篇槟榔集离京他去，我又陷入自己生活的迷雾中，无批评的余裕了。这时，高歌也已他去，所以现在的《莽原》半月刊倒无妨认他是一个外人。

担任《莽原》稿件的人，当时是大家"举尔所知"。尚钺，燕生是我举出的，沐鸿

（即高成均，亦即劣者）的稿子也都是我带去的。别一方面，则是霁野，素园，丛芜几个人。《莽原》实只是大家的工作。至于外面人的观览呢，则那又只是鲁迅办的一个刊物，再不会认识其他。这不但是反对者如此，连赞成者也都是一鼻孔出气，所以我当时委实以为这两派人都差不多，所歧途者只是个人间利害关系不同而已。

大家想来知道当时引人注意的周刊可以说有四个，即：《莽原》，《语丝》，《猛进》，《现代评论》。《莽原》是最后出版的，暂且不说。最先，那三个周刊并没有显明的界限，如《语丝》第二期有胡适的文字，第三期有徐志摩的文字，《现代评论》有张定璜的《鲁迅先生》一文，孙伏园又在《京副》说这三种刊物是姊妹周刊，都是例证。徐旭生给鲁迅的信说，思想革命也以《语丝》，《现代评论》，《猛进》三种列举，而办文学思想的月刊又商之于胡适之。虽然内部的同异是有的，然大体上却仍然是虚与委蛇。最先对于当时的刊物提出抗议的人却仍然是狂飙社的人物，我们攻击胡适，攻击周作人，而漠视《现代评论》与《猛进》。我们同鲁迅谈话时也时常说《语丝》不好，周作人无聊，钱玄同没有思想，非攻击不可。鲁迅是赞成我们的意见的。而鲁迅也在那时才提出思想革命的问题。但这个是没有什么结果的，因为并没有怎么实行。思想运动倒是从别一方面才表现出来，从实际的事件。至于思想上的战线，则始终没有分清，所以到霉江写《联合战线》一文时，终于碰了《语丝》的壁而撕碎了。而鲁迅则说，他对于《语丝》的责任，只有投稿。但大体上的界限却是很明显了：《莽原》，《语丝》，《猛进》对《现代评论》；《京副》，《民副》对《晨副》。但孙伏园以后在《京副》以《语丝》，《猛进》，《现代评论》并举的时候也还有过。

我做关于实际的文字，是从《莽原》第八期弦上才开始的，正是当时的实际运动很急剧的时候。这文字的动机：一是因为《莽原》内部的问题，一是为想给于少数真正的反抗者以一些感兴。虽然人们从此便有以为我是专好骂人的，然而我的文字却并不是为骂人而作，倒是人们没有看懂。而且骂人的地方其实也很少。不过，人们既谓之曰谩骂，则我亦"谩骂"之而已！实则，我倒是反对谩骂的一人。但思想既与人们不同，这些处所当然也无从分辩，故当时也只好将错就错，听之而已！但要找当时骂人的口实时，则也怕远是从我开始的吧！直到现在还很风行的"他妈的！"那几个字，便是《莽原》第一期我在《绵袍里的世界》才初次使用。但那时绵袍里的世界的声音，而不是骂某一个人，也不是泛常的骂，则怕明白的人还不多有呢！

到实际运动起来的时候，思想革命的工作自然更无暇做起了。也许有人以为那已经做过且已完成了吗？否则，我们的现在又如何这样寂寞呵！当初的《语丝》并没有做这个工作的意思，《猛进》也没有的。只是《莽原》有其志而却未能做。而且《莽原》的内部对于这个问题也是别有问题的。我是主张批评的，我以为如不批评，思想革命是没有结果的,而且连界限都分不清。鲁迅却是主张骂,不相信道理。但是,骂的结果又怎么样呢?像做了一个噩梦,醒来时连主张过的思想革命都也像忘怀了!

我在这里顺便要批评几个人了。鲁迅是一个直觉力很好的人,但不能持论。如他对自己不主张批评,我不反对。但如因为自己不能批评,便根本反对批评,那便不应该了,我同他在初期的谈话里他倒并不反对批评,我以为还是那时的态度好些。以后的态度,我以为那是被感情,地位,虚荣等所摇动了。岂明是比较能够持论的了,但直觉力却不很好,这在事实上是便成为妥协。所以江绍原一面在《晨副》做文,一面又在《语丝》做文,而且使霉江撕毁了"联合战线"。我承认岂明的思想是在水平线上的,要奋发起来,还是好的。我去年也曾给过他一次信,希望他多做文字,自然我是不足道的。徐旭生是研究哲学的,当然能持论了,然直觉力实在不好,连人都认识不清。但他是一个最诚实的人,这一点我佩服。

如想再来一次思想革命,我以为非得由几个青年来做这件工作不可。他们的思想是新的,他们是没有什么顾忌的,他们是不妥协的,他们的小环境是单纯而没有什么纠葛的。已经成名的人,我想能够得到他们的帮助便是最好的了。鲁迅当初提议办《莽原》的时候,我以为他便是这样态度。但以后的事实却不能证明他是这样态度。这事实只证明他想得到一个"思想界的权威者"的空名便够了!同他反对的话都不要说,我想找一些人来替他说话,说他自己所想说的话,而他还不以为他是受了人的帮助,有时还反疑惑是别人在利用他呢!然而他却是得到了"思想界的权威者","青年叛徒的领袖"的荣誉!

在文字的战斗时期,鲁迅显然只知道有他自己,而忘记了同伴。我现在要举两件事实出来。当黎锦明屡次投稿不登的时候,在一个刊物上发表了一篇文字攻击《莽原》,但不敢攻击鲁迅,却除开鲁迅去攻击其他的人。鲁迅是《莽原》的编辑,不登稿也是鲁迅不登,并不是其他的人,两者都应该他出来说话。而他不但不说话,到我写了那篇已经十分和平的《弦外余音》的时候,他反以为是无须乎的样子。他说过几次要攻击江绍原,但又说要等到暑假开学以后。我在《莽原》第十三期写了《弦上第八我的命令》一文后,《语丝》第四十期便有江绍原的一篇《仿近人体骂章川岛》,我很疑惑,后来知道那是仿《民副》上的一篇文字。我那时说应该说几句话了。但他却说,江绍原已托川岛来向他认错,所以无须说话。江绍原向鲁迅认错,便可以白骂了别人!但到了霉江的信来的时候,他又说他对于《语丝》的责任只有投稿了!若再述一件琐事,则鲁迅更不应该。当"他妈的"三字在《绵袍里的世界》初次使用的时候,鲁迅看了,惊异地说:"这三个字你也用了!"我说:"其实工人绥惠略夫上也有过,但只是用你的娘",我们看鲁迅"论他妈的"一文,却居然有"予生也晚"云云了!

我们再回头看一看霉江的那封信,再看信中征引的岂明"而新的还没练好"那一句话,我们又当作何感想呢?他使"新的"撕碎了"联合战线"而不自知,他却知道说"新的还没练好"!对于自己何其宽容,对于他人何其夸大!我们如再看了他关于国民文学的那两句话"要切开民族昏愦的痛疽,要阉割民族自大的疯狂"时,又当作何感想呢?我当时看了此文,便老大地不满意,真不知岂明何以自处,又何以处人!岂明年纪至多不过四十以上,以古例之,正在不惑的时候,以新例之则托尔斯泰未著其忏悔也。乃自己不努力,而把责任推在青年身上,而独不自知,乃敢谓在训练新兵!试问岂明不知科学,何以训练科学的新兵?不敢批评,无创作力,何人训练艺术的新兵?左顾孺人,右对稚子,身不履险,足不行远,茶余酒后,偶作一二率直短文,便以为功不再世,此何以能训练实行的新兵?若夫当时的所谓新兵者,亦大抵是二十以上的人,力量却是大得多,即鲁迅所谓富有生力者也。他们所缺乏的倒只是地位与声望,这倒正需要有人帮助,如蔡孑民昔日之帮助《新青年》者。我写到这里真不免有怀古之感而有如鲁迅之怕敢想下去者!不料当事诸人无蔡孑民之雅量,不重视青年思想之自觉,而视为若为彼等私人争气,而独不知感激,反妄以主帅自诩,我当时真叹中国民族之心死矣!至于反对刊物,则又谣诼繁兴,横加污蔑,而诸作者不特忽视他人之痛苦,而反故贻人以口实!对于私人方面,则又某籍某系,盈篇累幅,层出不穷,如人心未死,请清夜自思,亦有一二可供自我谴责者否?

　　我今再转而一述徐旭生又何如者。徐旭生为人老实,我曾听河南朋友说过,鲁迅也曾说过。第一次是我同培良为《狂飙》事找他去的,我所见过的他也以这一次是为最坦白。他说,《猛进》文艺稿甚少,希望我们做点文字。我们是极愿意帮助他,只是当时做不出多少文字。然而我们也终于帮助他了。《猛进》第十五期发表欧阳兰诗,一时传为笑柄,我知再难坐视,遂先后送了他几篇稿子,即:第二十期我的《三段故事》,第二十三期劣者的《游惰的灵魂》,第二十六期尚钺的《一切都黑暗了》,《生活与希望》是也。谁知道这个诚实的朋友也知道摆他们所攻击的臭架子,不但毫无谢意,且不久乃似以敌眼看我了。这都是伤心话,不免还要详细叙述一番。

　　这便又该回头来说到《莽原》事件,而且得回头来说到《狂飙》事件。莽原内部的派别无可讳言,当初是鲁迅,有麟,尚钺同我算是一派,素园,霁野,丛芜又是一派。当暑假将到的时候,尚钺走了,有麟听说素园等不来稿了因为我有稿费,他们没有。这桩事既因我而起,遂同鲁迅商量也给他们一些稿费,鲁迅说,无须,我又说,那我便去找他们一次,鲁迅也说,无须。当时有麟是怕暑假中没有稿件,但鲁迅同我却不怕这层。我当时说,不但还有一两个朋友可以寄稿来,便只剩我们三人,也能维持下去。不料过了一两礼拜,素园等又寄稿了。实则我一月虽拿十元八元钱,然不是我亲自去代售处北新书局讨要,便是催迫有麟去讨要,并不是正当薪水,出纳分明。这其实是普通视为丢脸的事。鲁迅也同有麟,小峰说过,因为我穷,给点钱用,这一点我感激鲁迅。素园等坐在家里,不见编辑,不见发行,又不到代售处,而想有人送稿费去,如何能办到。素园今发行《莽原》,与北新书局不无往来。当已知北新的钱不是容易拿到了吧!素园今发行《莽原》之对于撰稿者与昔日有麟又如何者。不退稿已足,我们不愿有过外的要求也!请素园平心静气酌量前后事件而比较观之,此中亦究有公理存在否?

从稿费问题起后,我才听有麟说,某君在《莽原》初办时已在鲁迅前攻击过我同高歌。这类事我本早可想到,以其无关重要,不去理会。攻击我的人向来是多的,然都是口出耳入,不敢写在纸上,所谓流言,说者既不负责任,我又何苦多事计较?此事又涉及《狂飙》时期卖稿事件。然某报之穷,人所共知,我等又无买稿权,何必积怨成仇?我想素园,丛芜亦未必如某君之小器也。我向来看人,不愿以类视,一个人还他一个人,不特某君不同素园,即素园亦不同于丛芜。且此事说来,牵涉更多,不复细述。如素园提出异议,我必奉陪。

现在我再一说《民副》事件,此关系较大,也是我视为最痛心的一事。内情鲁迅知道,素园知道,不足为外人道。是我当时看见静农态度不好,然我不愿意说出。静农去后,鲁迅也说出同样怀疑,我于是也说出。鲁迅托我次日到徐旭生处打听一下。我次日没有打听去,却又到了鲁迅家里。鲁迅又提起此事,又托我去打听。我再次日去打听时,则诚如我等所怀疑者。鲁迅当下同我商量,说要给徐旭生去说明真象。我说:"为思想计,则多一刊物总比少一刊物好,为刊物计则素园编辑总比孙伏园好,其他都可牺牲。"鲁迅说:"只是态度太不好——但那样又近于破坏了!"于是鲁迅没有写信,而《民副》产生。这些本来与我无关,无须多管闲事。但不料此后我再见徐旭生时,则看我为贼人矣!此真令我叹中国民族之心死也!不料不久以后则鲁迅亦以我为太好管闲事矣!此真令我叹中国民族之心死也!

当《民副》定议出版前,素园来找我要稿,此素园之无伏园编辑臭架子也!素园又谓听鲁彦说,衣萍对鲁迅说他们用手段,事出误会。不知果否传闻之误,然我当时则以为素园之不坦白也,故未致一辞。又素园要我做稿,态度大似,"鲁迅做稿,周作人做稿,某某人做稿,所以你也可以做稿",这又是使我很不满意的。我以为既是来要我做稿,则只这要我做稿好了。然而萍水相逢,我留他吃饭,我对于朋友,也并不怠慢!而且我也做稿。虽然他们把自己的稿子放在前面,拿我的稿子掉尾巴,然而我终还做稿,为所谓"联合战线"也!

于是"思想界权威者"的大广告便在《民报》上登出来了。我看了真觉"瘟臭",痛惋而且呕吐。试问，中国所需要的正是自由思想的发展，岂明也这样说，鲁迅也不是不这样说，然则要权威者何用？为鲁迅计，则拥此空名，无裨实际，反增自己的怠慢，引他人的反感，利害又如何者？反对者说：青年是奴仆！自"训练"见于文字；于是思想界说：青年是奴仆！自此"权威"见于文字；于是青年自己来宣告说：我们是奴仆！我真不能不叹中国民族的心死了！

须知年龄尊卑，是乃父乃祖们的因袭思想，在新的时代是最大的阻碍物。鲁迅去年不过四十五岁，岂明也大抵在四十上下，如自谓老人，是精神的堕落！思想呢，则个人只是个人的思想，用之于反抗，则都有余，用之于压迫，则都不足！如大家都不拿人当人，则一批倒下，一批起来；一批起来，一批也仍然要倒下，猴子耍把戏，没有了局。所以有当年的康梁，也有今日的康梁；有当年的章太炎，也有今日的章太炎；有当年的胡适，也有今日的胡适；有当年的章士钊，也有今日的章士钊。所谓周氏兄弟者，今日如何，当有以善自处了！

章太炎像

说话太多，再来叙事。我又见了鲁迅，他问及《民副》投稿事，我说了我的不满意。他很奇怪地问："为什么？"我便说了那个"某人……所以你……"的公式。鲁迅默然。停了一歇，他又说道："有人——就说权威者一语，在外国其实是很平常的！"要是当年的鲁迅，我不等他说，便提出问题来了。即不然，要是当年的鲁迅，我这时便要说，"外国也不尽然，再则外国也不足为例"了。但是，我那时也默然了！直到实际的反抗者从哭声中被迫出校后，我当晚到鲁迅家略谈片刻后，鲁迅遂戴其纸糊的权威者的假冠入于心身交病之状况矣！此后，我们便再没有能坦白的话。

实际的运动虽然失败，然文字的运动总算是胜利了。这却是由于"联合战线"的好处。单凭一两个人是没多大用处的。《现代评论》本来是由太平洋社同创造社合作的，但创造社却逐渐退出了，有不少青年学生因此都知道了《现代评论》的没有价值。虽然比陈源会说话的徐志摩编辑了《晨副》，然而也无所施其伎。虽然用"话匣子"做题目似乎同我开过玩笑，然而我当时已无心做文，无心看报，所以始终不知其详。我本来对于文字方面是主张批评的。对《现代评论》，对《甲寅》，我都曾想批评过。便是在反陈空气最热的时候，我仍然同鲁迅这样说。而且我说："便是陈源同我做朋友也好，但是批评仍然是批评。"这当然是他所不高兴的话了。我当时没有能够实行我的主张。便是到徐志摩编辑《晨副》消息传出时，我仍想批评过。但不久，不但批评，我连什么文字都不想做了。在闹嚷嚷的这一个时期，只有张申府同周作人的辩论辟出另外的一个境地，却是张申府占优势的。我当时不赞成张申府的态度，但我也才知道他的见解好，能持论。到吴稚晖的文字出现后，则又是另外一个景象了。

郁达夫去年也是回过一次北京的，但只做了一篇反《甲寅》的照例文字，一面又敷衍于陈、杨之间。所以他那时至少也是妥协派。郁达夫是时常唾骂大人先生的，曾发表过文字劝青年去偷，他也是青年，为什么反同压迫青年的大人先生们妥协呢！这便又涉及所谓文学共和国里的党派问题了。

我是不懂什么党派的，如有不认识的人攻击我的朋友，如其攻击得对，我也赞成。我自己呢，如其我今天的思想不攻击我昨天的思想，那我也便没有进步了。如有人攻击我，我倒是非常感激呢！岂明有时候也有这样的态度，这是我最赞成他的一点。即如他不佩服鲁迅的小说，去佩服郁达夫的，这是他的一种最好的自由批评的精神。他如能把这一种精神尽量地表现出来，便是一个最好的批评家了。郁达夫是写过"文学上的阶级斗争"的人，然他所举的例却是新旧艺术的斗争。郁达夫是写实派呢，还是罗曼派呢？郁达夫同当时压迫青年的现代评论社妥协，是艺术上的罗曼运动呢，还是写实运动呢？或者阶级斗争可以解作此社与彼社的斗争吗？则成仿吾，洪水何以又攻击陈源，岂明何以又佩服郁达夫？然则郁达夫不过是受了因袭的党派思想的支配罢了，如何能拿阶级斗争来作护身符呢？中国的经济状况同外国是不一样的，如有人要主张阶级斗争，实际上的或艺术上的，须先把中国的经济状况说得明白，分出界线，才行。否则，那只是党同伐异而已！

一个人的作品和思想，都是环境和时代的产物，个人不得据为私有。写的写出，印的印出，看的去看，批评的去批评。四者之中本无所谓联合战线。著作者虽然无妨用其以作品卖钱，然作品并非为卖钱而产生；著作者虽然无妨以作品而得名，然作品不能作求名之工具。若著作者既已假此而得名,而又患得患失,得而又欲扩而充之,而著作者间乃至行其相互之仇恨,即退一步说,视之为亦无不可。然挟此私恨以见于群众运动之中,不惜淆乱黑白,假公济私则与章士钊之所为何异,有何颜面去反对章士钊呢?

我本来对于从事艺术工作的人,都是表同情的,正如前面所说艺术家都是孤独者。不但我在《莽原》第六期中国与文学一文曾以呐喊,沉沦,超人并举,而且我同鲁迅在谈话间也没有攻击过他。而且我对于创造社几个人都是同样态度。有一次谈起成仿吾批评《呐喊》,我只说,态度不好,但见解我以为有一部分还是对的。鲁迅则常说郭沫若骄傲,我则说他的态度才能倒都好,颇有类似歌德的样子。鲁迅说,他可没有歌德的伟大。我说,他正是学歌德学坏了,所以我将来想批评他,把他的错处指出,他大概可以变好。鲁迅则说,他不以为你说得对的。我说,只是我对于歌德没有研究,我想用歌德批评他最好。鲁迅说,那他要同你辩论。我说辩论是可以的。只是,鲁迅说郭沫若骄傲不只一次,我时常疑惑他是借郭沫若说我的,所以我常不说什么话。他也说《女神》好,《星空》不好,却同我的意见一样。因为我对于创造社的态度如此,所以到后来我在鲁迅处听品青说郁达夫往来于杨、陈之间的时候,我真不能不为他痛惜的了!

所谓党派者,在传说上好像是很热闹的,我对此实在是莫名其妙。有一次,听一个朋友说,从北新书局传出的消息,郭沫若醉后写了一副对联给周作人,意思是什么成文豪置房产之类吧,原句已记不起了。当时我以为沫若不至如此,但真象如何,却无从证实,我也没有调查,不久便忘掉了。但事实有无,且不管它,既然成了一种传说,则在某种意义上也便是一种事实了。我不知道外国有没有这类现象,我想,大概是不会有吧?这对于中国的艺术,总不是一个好的现象,我想将来是可以不会有的吧?

但不久,好像我也陷入这样漩涡了。一次,鲁迅对我说,有一个叫李玄的山西人住某路某号,给周作人去信,说他听说北京只有五个人。他想看一看这五个人究竟如何。他听说我从前在那里住过,所以要我调查一下。我当时觉得好像这信便是我写的似的。我确乎也有这样一个朋友,但我却没有知道他到了北京。我便转托了一个朋友去调查时,果然是那个朋友到了北京。以后事实如何,我没有再留心。我实在不高兴再留心这一类事实。其实,这些倒还是常有的事实呢!

传说这一类事:我是讨厌透了的,这不能证明事实,而只能淆乱事实。关系《莽原》的,有一些人都疑惑是我编辑,连徐旭生都有一次这样问过我。外面来稿不登的,也有人便积怨于我。事实则是,《莽原》通信处是有麟住的地方,收到的稿,他再转给鲁迅看。例如焦菊隐,是我曾见过一次面的,他投稿几次都没有登,听说他初次投稿时曾提及我,但到我知道时,已是两三个月以后了。所以我连信都无从回复。又如黎锦明也曾给有麟同我去过一次信,有麟倒转给我了。但他的意思是想借我的笔骂锦明,所以我便索兴不说话。此类事实还很多,后来我因此在我的生活上还接受过一次报复,但那时不但主持正义的先生们,便是土匪派的先生们也没有注意,以为那只是我个人的私事。至于时常传说有某某人想办一刊物专攻击《莽原》,则又知道在暗中似乎又有一所谓反《莽原》派了。我却是欢迎这样攻击的,形诸文字上的攻击,至少也可以表明各个的态度,这在中国是很需要的一种现象。然而偏始终没有出现,或者已无形消灭也未可知了。

当时虽然是打着思想革命的招牌,然而工作却已偏重到事实方面,而且大有被节外生枝的另一些琐碎事实所混乱了的趋势。到暑假中,我觉得《狂飙》月刊不可以不进行了。也已经同鲁迅,徐旭生担任稿件,但后来却都没有做。我又想暂且停止了这个工作,退出北京的出版界,到上海游逛一次。我开始写生的跃动,预备写六七万字来上海卖稿,但又有朋友提议先出一期不定期刊,于是我把生的跃动写了五分之一的样子便收缩住留给不定期刊用了。培良,高歌也正在这时回到北京。培良写了一篇批评《现代评论》前二十六期的小说的文字,我本来想写一篇文字批评《现代评论》的思想,但又没有做起。到《狂飙》不定期刊中经颠连困顿出现到北京出版界的时候,我已不在北京了,《狂飙》不定期刊此时便走了孤独的路,不像本来的《狂飙》周刊了。这已到了一年的末了的一月,《狂飙》周刊把着开始思想上的联合战线上的思想的批评工作,然而没有能够开始,而仅只出了一本不定期刊,且已像站在联合战线以外了。从《狂飙》周刊起,中经《莽原月刊》,而又到了《狂飙》不定期刊,这是我在北京出版界经历的一部分的实情。

二十八,十,一九二六在上海

给

长 虹

我在天涯行走,
月儿向我点首,
我是白日的儿子,
月儿呵,请你住口。

我在天涯行走,
夜做了我的门徒,
月儿我交给他了,
我交给夜去消受。

夜是阴冷黑暗,
月儿逃出在白天,
只剩着今日的形骸,
失却了当年的风光。

我在天涯行走,
太阳是我的朋友,
月儿我交给他了,
带她向夜归去。

夜是阴冷黑暗,
他嫉妒那太阳,
太阳丢开他走了,
从此再未相见。

我在天涯行走，
月儿又向我点首，
我是白日的儿子，
月儿呵，请你住口。

一点回忆
——关于鲁迅和我

☆ 长　虹

　　作家对于自己的作品,能不能有一种较正确的认识,这是一向来不很能决定的问题。鲁迅在那时对这问题的意见,他是屡次讲到的。他常以为一个天才作家时常不能意识到自己是天才,因此他常倾向这种结论:一个作家不能意识到自己的天才的,才是天才作家。我时常喜欢拿托尔斯泰的话来同他讲:托尔斯泰说过他自己的理想的作品不是他自己的作品,却是陀斯妥也夫斯基的作品。我的话常被他拿来做一种论证,他证明陀斯妥也夫斯基就是一个天才作家而不能意识到自己的天才。也许把这理论应用到托尔斯泰还要合适一点,因为这个被当代作家公推为最天才的作家的他却常否定他自己的作品的艺术价值。不过这里是要添上时间的条件的。托尔斯泰不能意识到自己的天才的时候,已经是他写过天才的作品以后的事了。

　　我那时就不相信鲁迅完全意识不到自己的天才,不过,我相信,他不能意识到自己的作品究竟有多大的艺术价值。他为人是很自负的,但对自己的作品缺乏很强的自信力。他想叫自己的精神弄得平衡一些,常把这种缘故归之于自己缺乏冷静。他常说,他不能写批评,因为他不能冷静。

　　可是无论在什么时候,都不能找到一种证据,说鲁迅对作品缺乏认识力。甚至因为偶然的疏忽错误认识了任何作品。当他偏袒某人的时候,他仍然知道那人的作品有什么缺点,当他痛恨某人的时候他其实对那人的作品的价值完全领会。他是以自己的感情做标准来批评一切的。说他把认识藏在心里,而叫自己的感情说话,这就对了。

　　周作人在当时的北京是惟一的批评家。但他对于作品的认识与鲁迅相差很远。第一,他有时认识得不对,第二,有时他又常认识得不深。鲁迅完全没有这些。人时常相信作家,不相信批评家,不是没有理由的。比如李金发的诗常为周作人所称道,我觉得是很好笑的事。

　　可是,鲁迅对自己的作品的认识绝不像他对于别人的作品的认识得一样确当和不可动摇。一个作家对自己的作品做一种正面的声明,这也是常有的事。鲁迅却向来不做这个。他很希望有人来批评他的作品，可是批评的结果，他又常是不能满意的，甚而至于以为是含有恶意的。

成仿吾是他最不喜欢的批评家。有一次谈起成仿吾来，他很愤慨的，我向他说："你还记得那件事情吗？"他豹眼圆睁地昂然答道："他要毁灭我，我如何能忘记了呢？"这里所说的那件事情，就是成仿吾在《创造周报》写过的对于鲁迅的作品的一篇批评，而所谓毁灭，就是说，把他的作品批评坏了。鲁迅对于同时代的作家们，以对成仿吾的感情最坏。这是说把徐志摩等除外的，因为他根本不把他们当做作家。他对成仿吾所以这样坏，原因就是他批评了他的作品。有一次还有别的朋友在一道，大家说笑话，鲁迅又说了："只要有成仿吾把在艺术之宫的门口，我是不进去的。"这话，他说过不只一次。

我本来以为成仿吾批评鲁迅时的态度，已经是很尊的。如只是意见上有出入的地方，作家对于批评家也不必过于苛求。那时写批评的人本来很少，批评鲁迅的文字，更是少见，成仿吾对他的批评，不但是写得最好的，也是把他批评得最好的。所以鲁迅对成仿吾的态度，我以为是矫枉过正。

从"五·四"运动过来的人，都还记得那时候的作家们所经过的艰苦奋斗的情形。每一个成名的作家，都是从挨骂中壮大起来的。越是好的，挨骂越多，被骂越凶，成名越晚。鲁迅文名的普遍，在呐喊出版以前，是远赶不上周作人的。《呐喊》出版以后，看的人多了，名气也广播起来了；不过《呐喊》的多数读者都以为这是一部厌世的讽刺小说，看了觉得好玩。这时候，有成仿吾出来堂堂正正地批评《呐喊》，对于读者的理解上是有很大帮助的。

那时候，也许谁都会想。鲁迅这人，只好叫人骂，不好说他好，说了好不讨好。他的性格上确有这么一点，被人骂了时，先是激昂慷慨的。他自己说，刚一被人骂了时，先是有一点沮丧，但歇一歇气，就激昂起来了。

跟着《语丝》《莽原》的出版，鲁迅战斗的姿态，越来越显明起来。不过，直到《语丝》初出版的时候，鲁迅被人的理解还是在周作人之次。他自己也常说同《语丝》的关系只是一个撰稿人。这时，确是鲁迅转移阵地的时候。《语丝》是为孙伏园辞掉《北平晨报副刊》的编辑才创刊的。孙伏园辞职是因为《晨报》的总编辑抽掉了鲁迅的稿子。被抽的稿子不是别的，就是《野草》里的那篇《我的失恋》。这篇稿子，在我以后看见的时候，也觉得不很好。可见竟因为这样一篇稿子而创刊了《语丝》，鲁迅当时在文坛的作用是大起来了。

那时候最前进的青年作家们，对于《语丝》是不很满意的。首先是因为《语丝》缺乏正面战斗的态度。而在这一点上，也正是大家对于鲁迅所感到的一种缺点。他自己当然把这个知道得很清楚。所以鲁迅与《狂飙》的会合就创刊了《莽原》，这有十分充足的理由。《莽原》在当时的莽原同人看来,是惟一的战斗的刊物。

鲁迅的态度越显明,挨骂也就越挨越多。可是地位因此高起来了。他的笔这时变得像一把刀。实际行动家们这时都给他以应有的注意。可惜的是,鲁迅无论如何,在当时还不是一个行动家。一次又谈起《呐喊》来,他问,成仿吾的批评如何呢？我说:"观察得不够深,大致却还是不错的。"比如《不周山》一篇我当时也认为是表现的内容较丰富的一篇,鲁迅同意,不过他说,从中段以后写得不好了,因为同活人开起玩笑起来了。他问《呐喊》中最好的是哪篇？我说,情绪紧张,还是《狂人日记》,不过以小说而论,还是《阿Q正传》最好,只是开玩笑的地方太多了,鲁迅听了不很喜欢,不过他是同意的。他常把中国作家喜欢开玩笑的原因归之于社会太坏。作家在创作时不能忘情于社会,因此使艺术成份不能丰厚。

同活人开玩笑,鲁迅说是他写《不周山》到中段时,上海的那些人又闹起来了。我没有问是哪一些人,因为想来说的是创造社诸人。就像同人讨论问题的时候,一面不能不同另一些人吵嘴,讨论的内容一定会被弄乱的。创作时需要的精神集中比讨论问题时所需要的要多得多。艺术中的现实是再组织的生活,不是现实生活的记录。创作时外在现实的侵入可以破坏艺术的完整。这些是没有问题的事。留在现实的问题只是:魏央踏熄了孔明的神灯,这责任究竟是应由魏央来负呢,还是孔明也应负一点责任呢？我那时是完全同情鲁迅的,不过,也只是以《不周山》这类作品为界限的。

鲁迅常希望有人来批评他的作品,可是他所要求的又过高,几乎没有人能做到。希望批评的理由最简单的是作品难懂,没有人批评读者是很少明白的。批评文字,无论如何,总比作品容易理解。作品的难懂,第一是文字方面的言简意赅,读者没有养成习惯,必须边看边想,才可以懂。第二是表现的技巧,独创的手法,读者必须看惯了,才可以理解。第三是所表现的内容,内容的社会意义,才是最难理解的一点,不经批评指出就是容易懂的作品,也常被读者模糊过去。这三个难懂的点,在鲁迅的作品中都具有的。难懂的作品经过两种方法获得读者的理解,一种方法是不懂的读者慢慢老了,新的读者生长起来,他们的生活经验和文艺训练都与作者相隔很近,所以容易理解。一种方法是发挥批评的功能,把难懂的地方都一一指明,详加解释,叫作品变得易懂。这种方法不但可以缩短作品的时代距离,把它从未来提进到现在,也可以推进社会的文艺水平,把进步的历程加快。不过,这种工作也不是容易做的。比如说,成仿吾的文字在当时是比鲁迅的容易理解,所以他批评鲁迅,可以收一部分功效。可是他在作者那边所引起的反应,却完全是反面的。这时周作人也写了一篇文字批评《呐喊》,听说没有发表,原因是鲁迅不很喜欢。鲁迅也说过周作人的批评应有尽有,只是不很深刻。可是当时的读者对于周作人的文字,也划分在深刻的一派。所以周作人的批评文字，对于作品的易于理解，也是可收功效的。

鲁迅，以后又加上周作人，都希望我多写批评文字。那时我创作，论文，都喜欢写，但对于写文艺批评，却不很喜欢。我初走进文艺界，不过，我对于当时文艺界的情形已经有些不满。我走进文艺界时的理解，是把文艺界团结起来与现实的黑暗势力作战，以当时的事实来看这个理想却还渺茫得很。文艺界内部的斗争还是很尖锐的。但无论如何，对现实黑暗的战争是起来了。不但鲁迅，连周作人都参加了这种战争。我当时在政治、社会批评外，还间或写文艺批评。《玉君》是那时很流行的一本庸俗的小说，我用"假话"的题目写了一篇文字批评了他。这篇文字，周作人是十分赞成的。

只有关于《呐喊》的批评，我常想写，却始终没有动笔。甚至有时仿佛已经答应了鲁迅要写，还是没有动笔。一个写创作的，他愿意有人批评他的作品，但他自己不喜欢批评别人，我那时大概也有这种心情。不过我那时好像还有一种心境：宁愿挨别人的骂，不喜欢说别人好。因为从我开头发表文字以来，仿佛连我也觉得有些太多了。

从谈话的经验看来，我对于《呐喊》的批评鲁迅是不能十分赞成的，比如谈到《阿Q正传》时，我也说过第一段闲话说得太多了。《呐喊》描写得深刻处，在当时是无与比伦的。写实中间，常有热情流露。有根深蒂固的人道主义做创作的轴心。这些都是鲁迅的生命。然而文字的生硬，形式的偏于欧化，人物的缺乏活跃性，平面性，都在说明这书的思想价值。在谈话中间，泛论中国新文艺的时候，这些问题时常成为中心问题。在写批评时这样讲，就是不很妥当的了。

比《呐喊》谈得更多的是《野草》。我那时比《呐喊》，更喜欢《野草》。态度比《呐喊》战斗，情调比《呐喊》紧张，文字比《呐喊》精炼，形式比《呐喊》民族，表现比《呐喊》深刻。只是，百利之外，不免一弊：厌世主义的思想也比《呐喊》更为深厚。如王品青一类人常反覆传述：《野草》是周先生的哲学。我认为它是一种写意的象征主义的散文诗。在当时，鲁迅对于他的这种厌世主义是并不讳言的，他有时候，把这叫做是同自己的生命战斗。我想批评《野草》的时候，比想批评《呐喊》的时候还要多一点，不过到我写出文章来，已经是在上海《狂飙周刊》的时候了。

鲁迅的短篇小说虽然不很多，但在当时的小说界占压倒的优势。在这一点上，没有一个人能够提出异议来。只是，文艺界最容易有的一种错觉以为必须是块头很大的作品才有很大的艺术价值，不幸普遍流行在中国的文艺界里。这种只看形式，不重内容的批评态度，对于作家的窘迫，有时叫人喘不过气来。鲁迅有时候也说，想写一个中篇小说。可是始终没有写。因此，他的文艺财产除了一集散文诗外，就是些短篇小说了。在当时那样的环境里，就是鲁迅，也不免要气短的。有一次《小说月报》

上发表了一篇批评,大致是说中国的新文艺赶不上欧洲,还很远。鲁迅气苦地说:我们的作品真连欧洲的那些小国家的作品都赶不上吗?这里特别指出小国家来,第一因为他们的作家在当时是很被重视的,第二因为它们的作品翻译过来的多半是短篇小说。民族的尊荣心,我在那时久已根深蒂固的了。我对这个问题的答复是,中国新文艺不会比任何一国次一点的。我们愿意拿来比的是俄国的文艺。可是俄国文艺并没有叫我们感觉到前途已受什么威胁。厌世的情绪,在俄国文艺里,甚至高尔基的作品里,也是时常流窜着的。叫我们感到时常有一种缺陷不容易填满的就是一种完满的艺术性。不过,这种缺陷,不但在中国有,就是在外国,特别是在几个大作家的作品里,也都像治不好的伤疤一样,顽强地存在着。说到作品的行动内容,中国的新文艺,就在那时也已是毫无疑意地开示了他们新的路途了。

块头要大,件数也要多,这种社会心理,在鲁迅文艺活动的中流造成了逆流中的主流。也在青年读者间的影响常不能不让出防地来,让他的对手郭沫若来进据,除青年情绪容易为青年所领会外,绝不是没有第二个原因的。鲁迅为克服这些困难,他在思想上采取了突出的战略,为青年开路。这种企图,他大部分是成功了。大部分的青年们从此觉得,鲁迅是站在自己的这边了。

他为青年们开示的行为指南是:生存,自由和发展;求学的戒条是:不读线装书。他受到很多的攻击,但也获得更多的拥护。

《彷徨》和《热风》也在这年出版了。《彷徨》,他自己谈比《呐喊》没有进步的地方。不过,其中《长明灯》一篇,我在报纸初次看到时,是一篇印象颇深刻的文字。全书感到不很均整,热情比《呐喊》衰歇。不过其中也有几篇在小说的形式上是比较完美的。《热风》是"五·四"运动以后杂感的辑录,这是鲁迅写作中最好和最精采的一部分,这些文字,在《新青年》、《新潮》以唐俟的名字发表的时候,给人的印象是最深刻的。他那时写的杂感很少,每篇都像是到不得不写时才写的,态度也严肃,矜持,集名《热风》,名实颇能相符。不过也有可惜的地方,这册书的出版,在鲁迅的著作生活上形成了一个转换点,他从此以后,杂感写得越多,创作却越写越少了。

鲁迅对于创作,也不免常抱一种厌世的态度。他常攻击中国文字,说,用语太少,是新文艺成功的很大障碍。我那时对于他的这种意见,是不赞成的。我以为中国的文字表现的意义是很丰富的。用语太少,由于有很多的白话□□□□□□□□□□□□□可是,他对于当时的青年作家们,却常鼓动他们多写。他以为写得多就写得好了,不写是写得不好的,他鼓吹多写,我那时有不同的意见,以为青年应多学少写,写都要写得好。他时常攻击这种意见。有的青年作家,的确是写得多就写得好了。不过这种好是进步的,不是跃进的,也是有止境的,有限度的。

不过,批评不算外,鲁迅鼓动我多写的时候,连一次也没有。

鲁迅也很少讲到他自己的创作计划。他时常讲的只有一个,说他想描写鬼,结尾是一个人死的时候,看见鬼掉过头来,在最后的这一刹那他看见鬼的脸是很美丽的。这样的一篇东西,他说想把它写成一个剧本。我常鼓动他快写,但可惜他始终没有写。因为有些创作计划要不是马上就写出来,过一个时候,就会觉得没有用处,没有再写的必要了。

比写创作鲁迅是更喜欢斗争的。他的杂感文字,是快而且多产的。这些文字大抵是为斗争的目的来写的。他常说,刚一挨了人的骂时,不能写东西,歇一歇就可写了。

那么是不是说创作不可以当作斗争的武器呢?完全不是的。创作也是一种斗争的武器,不过必须有某些条件和在某些条件下,斗争才能拿创作来作武器,而且艺术碰到它,就要变格了。十年之争是可以动用创作的武器的,若只是年,月,日之争,就不是很必需的了。

在读者方面,也有相类的情形。杂感文字像短兵相接,人一看就可以明白的。可是艺术,也许到人领会了的时候,那拿它致用的时候已经过去了。

但也有人想用杂感写得太多作事实来动摇鲁迅的艺术家的地位,这是没有用处的。一个大作家的杂感文字,时常是有价值的。而在鲁迅,杂感文字是被他用作主要的武器而来完成他的斗争目的的。他写的创作越少,他的杂感含有的创作性也越多。因重视鲁迅而重视他的杂感是可以的,因杂感而低估鲁迅的价值,就不可以了。

一九二五年在中国民族解放的历史上,不是很消沉的一年,因为"五·卅"运动是在这年发生,一九二七年的革命浪潮是在这年掀起的。在北京,反动势力的压迫先此民运成"三·一八"惨案。"三·一八"惨案一发生,《莽原》,《语丝》和徐旭生主办的《猛进周刊》,都用尽力量来援助学生运动。到"五·卅"运动的滚轮伸展到北京的时候,学生运动和它汇合在一起,由轩然大波而达到学生运动的高潮。

这在鲁迅的杂感的系统中,就是从反《晨报》反徐志摩,陈西滢,章士钊诸战役而与当代的运动巧妙地联系着。当时主要的战场,除上述几个刊物外,还有《京报副刊》,是由荆有麟介绍孙伏园编辑的。

当时鲁迅的生活情形是很简单,在北大和女师大做讲师外就剩教育部的金事了。在世界语学校教书是不给薪金的。他的教育部的职业,我同几个青年朋友们初知道的时候,觉得很奇怪,又很好笑。不过过后不怎么样了。家庭里边人口很少。他对他的母亲是很孝顺的。不过看起来,并不是完全出于感情的自然。所以,他有时候说,母亲死了是孩子的幸福。他这话的大胆,最受钱玄同佩服。因为这个缘故,我同我的朋友们都常常拿最多的同情心来看鲁迅。他的一切不合青年理想的生活形态,我们看来都是应当的了。

鲁迅那时的生活,看来是毫无快乐的。他的快乐,只有斗争,他的眼睛里光彩焕发的时候,就是讲到同人斗争的时候。斗争对他还有很多益处,可以结识青年朋友,接近时代,以及其它种种。

他同人斗争的方法,好像是等人来厮打的。就如徐志摩,陈西滢,起先只是传言传语,是他先写文字骂起来的。骂徐志摩的一篇文章利害的,把徐志摩比作一只不老实的小雀儿,自比是真正的鹞的恶声。骂陈西滢时,就都是用杂笔了。他骂人不是把他骂得不能说话,或者骂得敬悔,却骂得人不能不回骂。被骂的人一回骂,他就激昂起来,真像一个寻人厮打的人,摩拳擦掌的样子。陈西滢是他最理想的对手。因为隔一月,陈西滢要回骂一次,这一月鲁迅就有文字写了。可是对于章士钊,这方法却不生效力。他总不回骂。但后来把他教育部的佥事免职了。他只得准备同章士钊起诉。

我那时同一般青年朋友一样,以为不在教育部做官,一点也不是坏的事情。所以对他的法律斗争,并不十分注意。他的版税,稿税的收入,论理已不很少;不过,他的生活,确是比从前困难起来了。那时唯一的救济,是一个朋友为他举行借款。那个朋友在女师大任教务长,一时曾代理校长。

一次,鲁迅说道,马裕藻说起为北大担任教授,他还没有决定,答应。鲁迅寻常很喜欢讲一个人一娶了太太,当了大学教授,就什么都完了。大学教授,对于一个喜欢战斗的人不是很合适的职业。我当时又以为,鲁迅的性格也不适于教授的职业,所以不加赞成。当时,以为鲁迅只要多写一点文章,著作职业应是不成问题的。鲁迅却仿佛觉得朋友们对他的生活情形太不注意了。

烟,酒,茶三种习惯,鲁迅都有,而且很深。到鲁迅那里的朋友,一去就会碰见一盏碗茶的。我同培良,那时也正是喜欢喝酒的时候,可以在他那里喝酒,是很寻常的事,有时候也土耳其牌、埃及牌地买起很阔的金嘴香烟来。我劝他买便宜的国产香烟,他说:"还不差乎这一点!"

到这年的秋天,鲁迅就病起来了。一天,尚钺到我的住所来说,鲁迅家里开了一间客厅出来,他却被请在客厅里了,所以他很生气。我只几天没有看见鲁迅,觉得很奇怪。我去看时,不料也被挡在客厅里。从此以后,这些青年朋友们的足迹,在鲁迅的家里就很少看见了。一直到他病好以后,才恢复了原状。不过在友谊间再也没有从前那样的休戚相关了。

孙中山的北上,把国民党在北京的根芽繁荣滋长起来了。民报出版《文艺副刊》,请了鲁迅编辑。每星期只有三天,篇幅也很小。我仍是主撰者中的一个。

那时加入国民党的人很多,成了一时期的风气。我问鲁迅为什么不加入国民党?他说他想骂的人不一定是国民党要骂的人,国民党要骂的人他不一定想骂,所以他不加入国民党。这话在现在看来好像是很奇怪的,在那时却十分平常。那时在我们的谈话里把骂人看得像现在的抗敌一样光荣。我那时写骂人的文字也不少了,鲁迅还时常表示不满,说一个人不可以像上帝一样面目□有时像一个无赖。

不过,鲁迅当时对于孙中山却是十分敬仰的。我同狂飙朋友们出版了《弦上周刊》的时候,对当时的军阀势力毫无忌惮地攻击。有一次我写了几句话同孙中山先生幽默,说:"有一个老革命家指着一个军阀向他的英文秘书说,那个老头儿会不赞成革命的吗?"鲁迅当时听了,表情上是很不赞成的。

鲁迅那时的政治思想还没有确定,凡是革命的,进步的,他都赞成。我曾问过他对于马克思主义有什么意见,他说:"怕是对的吧!"不过,他对于那时的青年共产主义者却很表示不满,常说他们是皇太子主义,以为明天的天下一定是他们的。

鲁迅是一个很现实的人,他不很相信理想。最喜欢嘲笑的是黄金世界,那是永远没有的。不过循理论,厌世主义在他的思想里是很深刻的。他时常攻击我是理想的人,说,"再过五十年还是这样,这里有《莽原》,那里有《现代评论》!"

我同鲁迅第一次伤感情的事,是《闪光》的出版。《闪光》是一百首短诗的诗集。印得很精美的一个小册子,是在一九二五年的夏天用狂飙社的名义出版的。我付印的时候告诉他,他仿佛像自语地说:"这样太快了!"我那时什么都喜欢快,《闪光》一两个星期就印出来了。当这些短诗交给鲁迅在报纸上发表的时候,鲁迅是很喜欢他们的。我时常试探着想叫他说出哪几首不好来,可是他总是说很好。他常喜欢说的,写批评又写创作,最容易把杂感带到艺术里面,我因而问他:"这首太理智了吗?"可是他常是答说:"还好,歌德也是这样。"不料后来就因为这首小诗集的出版在我们友谊中造成了初次的裂痕。

我初时仅以为这只是鲁迅的一种派别感情。因为这种感情在他是很深的,他对于郭沫若,郁达夫,有时候他对于周作人都常被这种感情支配着。他常批评郭沫若太骄傲。我说他是可与讨论的人,鲁迅说,他会同你辩论。我说,辩论是可以的。可是在鲁迅的意见认为辩论是个平行线永远交不在一点,所以他就不言语了。他编辑了一个文艺丛书,《彷徨》,《热风》外,也要把培良和我的著作收编在内,而命名是《乌合丛书》。《莽原》的结合也很散漫,丝毫不像一个团体,反之,狂飙朋友们无论思想上,生活上都是打成一片的。所以我当时一点也没有想到鲁迅想在文艺上创立一个新派别出来。

我当时也有过过不去的事情,比如说,培良本来是同鲁迅很接近的,但从同我认识后参加到狂飙这面来了,尚钺是他的学生,也参加到这面。他们因为对未名社诸人的不满,同鲁迅的感情也越来越疏远。后来朋其也参加了狂飙。北京一时有希望的青年作家都被狂飙席卷了去,鲁迅精神上不觉显得孤立。

一天的晚上，我到了鲁迅那里，他正在编辑《莽原》，从抽屉里拿出一篇稿子来给我看，问我写得怎样，可不可修改发表。《莽原》的编辑责任是完全由鲁迅担负的，不过他时常把外面投来的稿子先给我看。我看了那篇稿子觉得写得很好，赞成发表出去。他说作者是女师大的学生。我们都说，女子能有这样大胆的思想，是很不容易的了。以后还继续写稿子来，此人就是景宋。我那时候有一本诗集，是同《狂飙周刊》一时出版的。一天接到一封信，附了邮票，是买这本诗集的，这人正是景宋。因此我们就通起信来。前后通了有八九次信，可是并没有见面，那时我仿佛觉得鲁迅与景宋的感情是很好的。因为女师大的风潮，常有学生到鲁迅那里。后来我在鲁迅那里同景宋见过一次面，可是并没有谈话。此后连通信也间断了。以后人们所传说的什么什么，事实的经过却只是这样的简单。景宋所留给我的唯一印象就是一副长大的身裁。她的信保留在我的记忆中的，是她说她的性格很矛盾，仿佛中山先生是那样性格。青年时代的狂想，人是必须加以原谅的。可是这种朴素的通信也许就造成鲁迅同我伤感情的第二次原因了。我对于当时思想界那种只说不做的缺点，在通信中也是讲到的。

后来我问了有麟，景宋在鲁迅家里的厮熟情形，我决定了停止与景宋的通信，并且认为这种办法是完全正确的。

那时，凡是能教我同鲁迅的友谊巩固起来的事，我都是断然去做的。但可惜我没有很多的办法来收到这样的效果。

于是到《莽原周刊》停刊后，鲁迅想改用《莽原半月》刊交给未名社印行并想叫我担任编辑的时候，我赞成了出版的办法，把编辑责任辞却了。莽原的半月刊的编辑责任，由鲁迅继续担任了一个时期，以后事实上落到未名社手里，因此就潜伏下狂飙与鲁迅决裂的最后的原因了。

狂飙不定期刊在一九二五年冬间出版，鲁迅本说要写篇小说，后来又说翻译，但最后连译稿都没有。狂飙朋友都攻击起鲁迅来。我时常为鲁迅辩护，从中劝解。

以后的《弦上周刊》篇幅小得同游戏一样，撰稿者不署真名，只以一拉丁字母代替。而鲁迅仍然惜墨如金，不给一点稿子，我只得把他口说的一句诗登了，以和缓中间的感情。

很可惜的，鲁迅对狂飙的这种中立主义成了我们友谊上隔离的第三个原因了。当时的狂飙朋友们，越是年少的，也越是对鲁迅不能谅解的。

一九二六年的春天，鲁迅的《小说史大纲》出版，他也送了我一本。我看了之后，觉得鲁迅不很适于做这种工作，太吃力了，后来鲁迅问我对于那本书的意见，我没有置可否。好像就在这时，鲁迅整理起他的《小说旧闻钞》。

一个都不宽恕

刘和珍

这时鲁迅的生活是很平静的,飞扬的气概已经不大看见了。生活仿佛是规律起来。对未名社有时也发一点牢骚。但还是很在意地帮助韦素园经营出版事业。那时未名社出版了一个青年的诗集,很给鲁迅增光。同时,他还保持着同北新书局和语丝的关系。一面又在不声不响地进行他的新家庭的组织工作。

一九二五年北京文化界的斗争,最大的损失是"三·一八"惨案牺牲了女师大的学生刘和珍和奉军入关后枪决了《京报》记者邵飘萍。鲁迅在生活上虽然也受到了一点损失,不过同他的收获比较起来,那就是很小很小的了。他在思想界几乎做了一时的盟主。韦素园在一个新开广告上把他称做思想界的权威者,在当时进步的青年界抱反感的人是很少的。而在这些以外,他又获得组织新家庭的机会和便利。在这一年以前也许是连他自己都没有想到的事。

可是鲁迅觉得他自己受到很大的牺牲。在他病的时候,陶元庆给他画了一张像,把这种感情表现得很尽致。

不过对于他的新家庭的理想,大家是一致希望能够实现的,鲁彦和鲁迅是比我更厮熟的朋友,到了鲁迅家里,随便躺在躺椅上的,鲁迅说笑话时,把他当作兄弟,称为吾家鲁彦。这时他到了北京。看见鲁迅,不料也生疏起来,叫他也不能说,鲁迅这种人,青年朋友们听道说,鲁迅也恋爱了,很高兴,希望成功,不料他连一个字也不肯露出来,我当时以为鲁迅这种谨慎态度也是应有的顾虑。我所纳闷的是像汽车拐弯时不放一点声响,不是反容易弄出岔子来吗?不过,以后事实都证明,鲁迅是很现实的人,他没有打算的事情没有做,他打算做的事都做到了。一切顾虑,对于他都是不很必要的。

一九二六年的夏天,我从北京到了上海。我的此行,他不十分赞成,但也没有反对。对于在上海出版《狂飙》的事,他当然应允赞助。

我在上海寄给他两篇稿子,给《莽原半月刊》,是关于郭沫若和周作人的批评文字。好久没有发表出来。我去信问一个少年朋友,并叫他到鲁迅那里去看怎样回事,鲁迅说是,交给韦素园了。韦素园说,鲁迅交给他的时候,说"就说你们不发表吧"。那个少年朋友给我的信上很惊奇地说:"为什么鲁迅也这样呢?"我当时却没有感觉什么,认为这两篇稿子没有什么,不发表也没有什么关系。

过了些时候鲁迅任了厦门大学的教职,从北京到了上海。我同章锡琛一道去旅馆里看他。也许因为旅行关系,他的感情很不平静。谈话多关于北京当时的情形,因为那时的北京,完全在反动势力的支配下面。顺便我问到那两篇稿子,鲁迅气急地谈起周作人来,好像有一点事情都是想暗害他的样子。我知道他们兄弟间的关系,听得这样说就完全放下不谈了。这是我们最后一次的见面,在这次谈话里,仍然是像很深知的朋友。

那时,已经同章锡琛讲好出版《狂飙季刊》,已经就到交创刊号的稿子的时候了。不料次日看见章锡琛的时候,他留难起来,让先出版一期看看。这天鲁迅已经走了,我当时感情很激越的,就把《狂飙季刊》出版的计划立刻停止了。

九月间,在光华书局创刊了《狂飙周刊》。十五开本,每期三万六千字,有插图,在当时的周刊中,是颇为壮观的。我在《狂飙周刊》写的文字,对鲁迅那边的青年朋友,隐隐约约地挑起战来了。我立即在《狂飙周刊》上提出□□的警惕。不料正在这个时期,接到北京的来信,说培良和高歌写给《莽原半月刊》的稿子都被韦素园拒绝发表了。这下一来,再没有办法了。我同鲁迅的友谊就从此断绝了。

我本想写三万六千字来答复鲁迅,因为这恰好可以作满一版《狂飙》的篇幅。写到三分之一的时候,想想说:"鲁迅老了,何苦这样呢!"后来我看到他的岂有此理的启事时,才想,要是写满三万六千字的时候,也许还要好一点。文章写好后,给一个朋友看,我还说:"不发表吧!"那个朋友说:"写了,就发表了好了。"我擦干眼泪,就交给书店付印了。

鲁迅始终没有从正面答复,他也不能答复。只是以后,在他的杂感里,时而也听见一两声枪响是向我这面射击的。我偶尔也用枪声回应。这情形一直到一九三〇年初我离开中国的时候。要在一九三〇年以前没有发生这事的话,那就不会发生了。

一九四〇年七月二十六日,在北碚写完

注释:

原载《国民公报·星期增刊》1940年9月1日(星期日)第2版,"□"内字因为原件模糊,不能认定,特标明。

一点回忆
——关于鲁迅和我

☆ 长　虹

　　一九三八年的六月里,我在香港看到茅盾的时候,他说,"鲁迅的三周年纪念快要到了,文艺阵地预备出版一期纪念号。我们写的文字太多了,写来写去恐怕还是那么些话。你是深知鲁迅的,你写一点批评鲁迅的文字,也许要客观一些。"我对他说:"批评鲁迅,写一点文字纪念他,这事,时常想做。只因我从前看过他的书只有那几本,近十年来他出版的书,我几乎和没有看过一样,所以总没有写。现在要从头来看也没有时间,一时也找不到这么些书。"这后一个问题,他立刻替我解决了。他愿意把他收存的鲁迅的著作都借给我看。我的困难,只剩下时间的了,我问他:"可否把这些书带到汉口去呢?"我说时,已经觉到这话很不实际。他也笑着答,带到汉口去很麻烦,在那里也可以找到,我也认为这话说得对,只从他那里拿了几本鲁迅的杂感集翻了翻。因为很快就离开了香港,到汉口后很少时间看文艺的书,也就是从那时以后,鲁迅的著作我还没有再翻过一次。

　　现在又是两年以后了。这中间,关于我和鲁迅,还不免有一种传说留存在人们的记忆里,甚至在去年的新加坡的报纸上,还有人把以讹传讹的风闻当事实讲,说我是鲁迅的什么敌人,一九三〇年后在上海重归于好。一九三〇年我已离开中国,这种事实的反证比什么都更有力量。其实,我和鲁迅在《莽原》时期,是很好的朋友。《狂飙周刊》在上海出版以后,有过一番争执,不过以后我们就都把它忘记了。一九三〇年后,他的光明的行动,我在国外也时常为之激赏,庆幸。除这以外,人造的谣言都是没有□□处的。我同鲁迅的认识,是在一九二四年的冬天。在北平分手时是一九二六年的夏天。最后的一次见面是在上海,时间是一九二六年的秋天。友谊经历两年之久。最契合的时候,当然要算是一九二五年同办《莽原》的时候了。不过,以后的分裂,还是因为《莽原》而引起的。所以,这种友谊,可以说是以《莽原》始以《莽原》终的。

　　怎么样认识起来的呢?原因是我在一九二四年的冬天,同几个狂飙朋友在北平创办了《狂飙周刊》，获得鲁迅的同情反应。在这以前，我有些朋友在一个世界语学校里做了鲁迅的学生，我时常听到他们谈说鲁迅。《呐喊》恰好也在这年出版，这也是给鲁迅传说增加兴味的原因。不过我看了《呐喊》，认为是很消极的作品，精神上得不到很多鼓励。朋友们关于他的传说，给我的印象也不很好。他们都喜欢传述鲁迅讲书时说的笑话。比如，这个说了，鲁迅今天说："中国人没有孙悟空主义，都是猪八戒主义，我也是猪八戒主义。"这已经不很好听。可是另一个还曾说，鲁迅说了："人人都以为梅兰芳好看，这我不能理解，我觉得梅兰芳也没有什么。"诸如此类。这种传说，给看《呐喊》的人所增加的印象，当然不会是很积极的。可是，说也奇怪，《狂飙周刊》在北平出版了还不到几期，居然在北平的文艺界取得它的地位，而最与以重视的，郁达夫外，尤其是望重一时的大小说家鲁迅。我同鲁迅见面的机会来了。可是我初次同他讲话的印象，却不但不是人们传说中的鲁迅，也不很像《呐喊》的作者鲁迅，却是一个严肃，诚恳的中年战士。此后我同鲁迅的见面时候很多，其中只有一次，仿佛是达夫传述了什么，鲁迅以世故老人的气派，同我接触。不过，除这以外，我们总是很好的朋友，甚至在友谊中间不无芥蒂的时候，不但是很好的，而且在形式上总是很深知的朋友。

我那时候，还正在青年时代，年纪二十六七岁，理想还是那时生活中的主要成分，对于艺术的主张，是必须通过同情。当时的主要企图，是要到国外去。不过因为种种的人事关系，一直到五年后才成为事实。平常很喜欢文艺，却绝不想做一个专门的作家。《狂飙》的创办，只因为有些朋友喜欢写作，办起来给大家发表的机会。同鲁迅认识以后，文艺的朋友越多，精力和时间也越大半为文艺活动占据去了。

鲁迅那时仿佛像一个老人，年纪其实也只四十三四岁。他的中心事业，是文艺事业，思想事业。不过因为当时的环境不好，常持一种消极的态度。写文章的时候，态度倔强，同朋友们谈起话来，却很和蔼谦逊。

见面多了，谈话的题目大部分还是文艺。在文艺的兴趣上也不很一样。我喜欢的作家如歌德、托尔斯泰，对他并不发生兴趣。不过他喜欢的契诃夫、郭果里等，却也是我所喜欢的。对文艺的基本理解，都认为不但是要现实的，还要为现实的。不过他写的多是黑暗的一面，我喜欢揭发光明。

对于当时的文艺现状，都感觉还好得不够。不过如何往前发展跃进，却不容易有一定的办法。鲁迅那时所希望的是，一面把读者的文艺理解能力提高，一面仿佛也希望有所谓天才者出现，为完成前一种工作，他翻译了厨川白村的几种著作。一面他也很喜欢同新起的青年作家们结识。因为他的作品在当时被视为难于理解，所以在谈话的时候，他也喜欢讲到他的作品。

我当时还是初事创作，鲁迅认为我的作品是很难懂的。当时一般的感想，便是这样。不过我自己还不很在意，大众化的问题，在当时还没有发生。当时注意的只是内容问题，而作品的内容又必须从作家的生活经验出发。

注释：
原载《国民公报·星期增刊》1940年8月25日第1版。

陆　与高长虹、顾颉刚等人的短兵相接

2　鲁迅与顾颉刚

鲁　迅：我真想不到,在厦门那么反对民党,使兼士愤愤的顾颉刚,竟到这里来做教授了,那么,这里的情形,难免要变成厦大,硬直者逐,改革者开除。

顾颉刚：如我在武汉者(武汉中山大学亦曾聘我),凭此一纸副刊,已足制我死命。我诚不知我如何"反对民党",亦不知我如何使沈兼士为我愤愤？血口喷人,此而极,览此大愤。

【导读】

鲁迅为何与顾颉刚势不两立

☆陈漱渝

　　鲁迅的历史小说《理水》中有一座文化山,山上有一位鸟头先生,他鼻子红得发紫,说话结结巴巴。当人们议论大禹治水时,他立刻把鼻尖涨得通红,吃吃地说:"这这些些都是废话,你们是受了谣言的骗的。其实并没有所谓禹,'禹'是一条虫,虫虫会治水的吗?"这位鸟头先生就是影射我国现代著名史学家、"古史辨学派"代表人物顾颉刚。据《说文解字》,顾字从页雇声,雇是鸟名,页本义是头,"鸟头"这个绰号即从"顾"字而来。在《古史辨》第一册中,顾颉刚指出:"禹是上帝派下的神,而不是人。"他又依据《说文解字》对"禹"字加以解释,说禹是蜥蜴之类的虫。

　　1919年3月26日,鲁迅在《孔乙己·附记》中反对用小说进行人身攻击,使小说成为一种泼秽水的器具;但十六年后他撰写《理水》,却把顾颉刚的生理缺陷当做笔下的嘲讽材料,这显然违反了他当初的创作宣言。鲁迅后来承认,《故事新编》"内容颇有些油滑,并不佳"(1936年1月18日致王野秋信),也许含有对上述做法的自我批评吧。说"禹"是一条虫,这是一种石破天惊的新论,更丝毫没有可笑之处。在《与钱玄同先生论古史书》中,顾颉刚先生指出,《尚书》今文二十八篇中的《尧典》、《禹贡》、《皋陶谟》三篇是战国儒家的伪造文件。伪书的作者利用远古的神话材料,确立了一个尧、舜、禹、汤、文、武、周公的古史系统,虚构他们的许多美政,引导人们一心向往儒家宣扬的尧舜盛世。顾颉刚先生运用翔实的史料,通过缜密的考证,从根本上动摇了封建卫道士砭砭守护着的伪古史。他在史学研究中表现出的"疑古"精神,是当时的反封建思潮的一个侧面。

　　那么,鲁迅跟顾颉刚之间的矛盾为什么会发展到水火不相容的地步呢?

　　在致许广平、章廷谦等人的私人信札中,鲁迅真实袒露了他厌恶顾颉刚的几点理由:

　　一,顾颉刚自称只佩服胡适、陈源两人,而胡适在20世纪20年代却多次给封建军阀出谋献策,幻想由他们来"裁兵"、"制宪",实行"联省自治",甚至反对驱逐废帝溥仪出宫。陈源则是众所周知的鲁迅的论敌。

　　二,1926年秋,鲁迅与顾颉刚先后应聘到厦门大学任教。顾颉刚曾表示不问外事,专一看书,但他推荐了潘家洵、黄坚、陈万里来厦大,陈万里又推荐罗常培、王肇鼎,因而在厦大国文系和国学院形成了一种势力。他们排斥鲁迅,说鲁迅是"名士派"。同年12月,章廷谦来厦大任国学院出版部干事兼图书馆编辑。顾颉刚暗中竭力反对,但事成定局后,他又抢先向章廷谦报告。章抵厦门的当天,他还派人送章一大碗红烧牛肉和一碗炒菜花。

三,鲁迅1937年致孙伏园的一封信中,说顾颉刚在厦门时曾起劲地反对国民党,使厦大国学院主任、国民党员沈兼士感到愤愤。

1927年1月中旬,鲁迅辞去厦大教职赴广州任中山大学文学系主任兼教务主任。同年四月十八日,顾颉刚也应中山大学文科主任傅斯年之聘来中大担任教授。鲁迅宣布"顾某若来,周某即去",坚决表示辞职。同年5月11日,武汉《中央日报》副刊披露了鲁迅致孙伏园信和鲁迅的学生谢玉生致孙伏园信,指责顾颉刚"反对民党"、"造作谣言"、"主张开除学生"等。7月22日,顾颉刚在杭州看到这份报纸,便于7月24日致函鲁迅,提出待9月中旬他回广州后将对鲁迅提起诉讼,因为在北伐战争高潮中,"反对民党"无异于反革命。顾在信中说:"如颉刚确有反革命之事实,虽受死刑,亦所甘心,否则先生等自当负发言之责任。"鲁迅后来在《三闲集》中公布了顾的来信和他的复信,并加了一个篇名:《辞顾颉刚教授令"候审"》。

厦门大学旧址

今天看来，顾颉刚在厦大期间确曾有"安插私人"的做法，在对待章廷谦的态度上，也的确表里不一。但说顾颉刚"反对民党"，恐怕不尽符合事实。最有力的反证，就是顾颉刚曾在私下里动员胡适参加国民党。1927年2月，顾颉刚在致胡适信中说："有一件事我敢请求先生，先生归国以后似以不作政治活动为宜。如果要作，最好加入国民党。自从北伐军到了福建，使我认识了几位军官，看见了许多印刷品，参加了几次宴会，我深感到国民党是一个有主义、有组织的政党，而国民党的主义是切中于救中国的，又感到这一次的革命确比辛亥革命不同，辛亥革命是上级社会的革命，这一次是民众的革命。我对于他们深表同情，如果学问的嗜好不使我却绝他种事务，我真要加入国民党了。"（见《胡适来往书信选》上册）顾颉刚的这封私人信札，具体谈及了他在厦门时期的思想转变情况，证明他当时"服膺中山先生的三民主义"，而并非"反对民党"。至于顾颉刚是否系胡适的信徒，也须作具体分析。顾颉刚承认，他在治学方法上明显受到了胡适的影响；但他同时也受了我国史学史上疑古思想的影响，乾嘉考据学的影响，道咸以来经世致用思想的影响。在"五·四"运动中，他受到了当时"民主"和"科学"两个口号的深刻影响；在"五·四"以后，他还逐步接受了唯物史观的影响。在政治态度上，顾颉刚更没有跟在胡适后面亦步亦趋。在给胡适的信札中，他就批评了胡适提倡"好政府主义"，"反对没收清宫"的主张和"为段政府的善后会议议员"的行为，规劝胡适跟梁启超、丁在君、汤尔和一班人断绝关系。由此看来，鲁迅跟顾颉刚盛气相向，在某些方面固然有是非之分，在另一些方面也确有彼此误解和意气用事之处。

1997年12月，顾颉刚先生的女儿顾潮在华东师大出版社出版了《我的父亲顾颉刚》一书。书中写道："鲁迅作《中国小说史略》，以日本盐谷温《支那文学概论讲话》为参考书，有的内容是根据此书大意所作，然而并未加以注明。当时有人认为此种做法有抄袭之嫌，父亲亦持此种观点，并与陈源谈及，1926年初陈氏便在报刊上将此事公布出去……为了这一件事，鲁迅自然与父亲亦结了怨。"（第103页）不过，尚无资料证实鲁迅得知陈源散播的流言源自顾颉刚。

辞顾颉刚教授令"候审"

☆ 鲁 迅

来 信

鲁迅先生：

顷发一挂号信，以未悉先生住址，由中山大学转奉，嗣恐先生未能接到，特探得尊寓所在，另抄一分奉览。

敬请大安。

颉刚敬上 十六，七，廿四

抄 件

鲁迅先生：

颉刚不知以何事开罪于先生，使先生对于颉刚竟作如此强烈之攻击，未即承教，良用耿耿。前日见汉口《中央日报副刊》上，先生及谢玉生先生通信，始悉先生等所以反对颉刚者，盖欲伸党国大义，而颉刚所作之罪恶直为

顾颉刚像

天地所不容，无任惶骇。诚恐此中是非，非笔墨口舌所可明了，拟于九月中回粤后提起诉讼，听候法律解决。如颉刚确有反革命之事实，虽受死刑，亦所甘心，否则先生等自当负发言之责任。务请先生及谢先生暂勿离粤，以俟开审，不胜感盼。

敬请大安，谢先生处并候。

中华民国十六年七月廿四日

回　信

颉刚先生：

来函谨悉，甚至于吓得绝倒矣。先生在杭盖已闻仆于八月中须离广州之讯，于是顿生妙计，命以难题。如命，则仆尚须提空囊赁屋买米，作穷打算，恭候偏何来迟，提起诉讼。不如命，则先生可指我为畏罪而逃也；而况加以照例之一传十，十传百乎哉？但我意早决，八月中仍当行，九月已在沪。江浙俱属党国所治。法律当与粤不异，且先生尚未启行，无须特别函挽听审，良不如请即就近在浙起诉，尔时仆必到杭，以负应负之责。倘其典书卖裤，居此生活费綦昂之广州，以俟月余后或将提起诉讼，天下那易有如此十足笨伯哉！《中央日报副刊》未见；谢君处恕不代达，此种小傀儡，可不做则不做而已，无他秘计也。此复，顺请

著安！

鲁迅

鲁迅先生脱离广东中大

☆伏　园

一　谢玉生先生的来信

伏园先生：

我去年在厦大的时候，和先生虽没有见过面，但是因为我崇拜迅师的关系，同时也景仰先生，所以我今天有写这封信的资格，告诉先生一些消息：

迅师本月二十号，已将中大所任各职，完全辞卸矣。中大校务委员会及学生方面，现正积极挽留，但迅师去志已坚，实无挽留之可能了。

迅师此次辞职的原因，就是因顾颉刚忽然本月十八日由厦来中大担任教授的原故。原来迅师所以要去职者，即是表示与顾不合作的意思。原顾去岁在厦大造作谣言，诬蔑迅师；迄厦大风潮发生之后，顾又背叛林语堂先生，甘为林文庆之谋臣，伙同张星、张颐、黄开宗等主张开除学生，以致此项学生，至今流离失所，这是迅师极伤心的事。

自迅师辞职后，中大文科主任傅斯年，因为与顾有友谊的关系，现亦以辞职相要挟，如顾去，彼亦不干。中大校务委员会现在无法解决，学生方面的意见，可分四种：（一）极力挽留迅师拒绝顾颉刚，（二）挽留迅师、傅斯年二人对顾颉刚不欢迎亦不拒绝，（三）主张对迅师、傅斯年、顾颉刚三人均挽留，（四）主张挽留迅师、傅斯年同时要求委员会本期暂请顾颉刚赴北京购买中文书籍，下期不再聘。（委员会亦主张如此解决，傅也同意。）以我揣测，除非第一种办法外，迅师断难挽留，但是第一种办法，傅斯年必去，也会发生纠纷，且学生方面，亦未必一致如此，从此观察，迅师辞职，必不能挽回矣。

迅师预备暂在此休息两月，厦大被开除学生亦有数人随从在此。

此，敬颂

撰安！

谢玉生　四月二十五日

二 鲁迅先生的来信

接到谢玉生先生来信以后,昨天又接到鲁迅先生寄来的《老调子已经唱完》一文,此文曾登广东《国民新闻》的附刊《新时代》,今天已经在本刊转录了。信上有提及此文及关于脱离中大的两节话:

寄给我的报,收到了五六张,零落不全。我的《无声的中国》,已看见了,这是只可在香港说说的,浅薄的很。我似乎还没有告诉你我到香港的情形。讲演原定是两天,第二天是你。你没有到,便由我代替了,题目是《老调子已经唱完》。这一篇在香港不准登出来,我只得在《新时代》上发表,今附上。梁式先生的按语有点小错,经过删改的是第一篇,不是这一篇。

我真想不到,在厦门那么反对民党,使兼士愤愤的顾颉刚,竟到这里来做教授了,那么,这里的情形,难免要变成厦大,硬直者逐,改革者开除。而且据我看来,或者会比不上厦大,这是我新得的感觉。我已于上星期四辞去一切职务,脱离中大了。我住在上月租定的屋里,想整理一点译稿,大约暂时不能离开这里。前几天也颇有流言,正如去年夏天我在北京一样。哈哈,真是天下老鸦一般黑哉!

三 希望鲁迅先生来武汉

武汉青年是极希望鲁迅先生来到武汉的,萍霞女士的意见可以代表大部分的武汉青年。鲁迅先生之所以被青年认为思想的领袖,并不是他高标一个什么旗帜,要青年都跟着他跑。他只是消极的,叫青年固然不要跟着他,但也不要跟着一切有形无形的旧势力,只要他们跟着自己,听自己的指挥。凡人一生出来就是革命的,看见旧势力,不必人指导,自然会摧毁;但要注意的,是旧势力的反动,能葬送青年的生命。这时候如果有人略一提携,但求能勉去葬送,青年便自然又往革命的路上跑了。所以在或一意义上,这种无形的领导,实比高标一个什么旗帜的领导还更重要。鲁迅先生对于青年思想界的贡献就在此。

鲁迅先生是不大用普通用语的,他所谓"硬直者逐,改革者开除",用普通语译出来,就是"反动"。看来我们那位傅斯年先生和顾颉刚先生大抵非大大的反动一下不可了。"而且据我看来,或者会比不上厦大,这是我新得的感觉。"厦大的情形,林语堂先生来武汉,才详详细细的告我,顾颉刚先生真是荒谬得可以。从鲁迅先生

鲁迅任教的广州中山大学大钟楼

这新得的感觉里,可以看出广东的反动势力已经侵入中山大学了。而不幸傅斯年、顾颉刚都变了反动势力的生力军。

武汉青年大都是革命的,但武汉的旧势力也就不小,我们希望鲁迅先生快快脱离广东,快快到武汉来做铲除旧势力的工作。

注释:

原载《中央日报》副刊1927年5月12日第49号。

《两地书》(原稿)中的顾颉刚

鲁迅 1926 年 9 月 20 日致许广平(节录)

在国学院里的,顾颉刚是胡适之的信徒,另外还有两三个,似乎是顾荐的,和他大同小异,而更浅薄,一到这里,孙伏园便要算可以谈谈的了。我真想不到天下何其浅薄者之多。他们语言无味,夜间还唱留声机,什么梅兰芳之类。我现在唯一的方法是少说话;他们的家眷到来之后,大约要搬往别处去了罢。从前在女师大的黄坚是一个职员兼林玉堂的秘书,一样浮而不实,将来也许会生风作浪,我现在也竭力地少和他往来。

鲁迅 1926 年 9 月 25 日致许广平(节录)

看厦大的国学院,越看越不行了。顾颉刚是自称只佩服胡适、陈源两个人的,而潘家洵、陈万里、黄坚三人,皆似他所荐引,黄坚(江西人)尤善兴风作浪,他曾在女师大,你知道的罢,现在是玉堂的襄理,还兼别的事,对于较小的职员,气焰不可当,嘴里都是油滑话。我因为亲闻他密语玉堂:"谁怎样不好"等等,就看不起他了。前天就很给他碰了一个钉子,他昨天借题报复,我便又给他碰了一个大钉子,而自己则辞去国学院兼职,我是不与此辈共事的;否则,何必到厦门。

鲁迅 1926 年 11 月 1 日致许广平(节录)

我的情形,并未因为怕害马神经过敏而隐瞒,大约一受刺激,便心烦,事情过后,即平安些。可是本校情形实在太不见佳,顾颉刚之流已在国学院大占势力,周览(鲠生)又要到这里来做法律系主任了,从此现代评论色彩,将弥漫厦大。在北京国文系对抗着的,而这里的国学院却弄了一大批胡适之、陈源之流,我觉得毫无希望。你想:坚士至于如此胡涂,他请了一个顾颉刚,顾就荐三人,陈乃乾,潘家洵,陈万里,他收了;陈万里又荐两人,罗某,黄某,他又收了。这样,我们个体,自然被排斥。所以我现在很想至多在本学期之末,离开厦大。他们实在有永久在此之意,情形比北大还坏。

另外又有一班教员,在作两种运动:一是要求永久聘书,没有年限的;一是要求十年二十年后,由学校付给养老金终身。他们似乎要想在这里建立他们理想中的天国,用橡皮做成的。谚云"养儿防老",不料厦大也可以"防老"。

我在这里又有一事不自由,学生个个认得我了,记者事情却没有提。他大约不久当可回校,我可以知道一点情形,如果中大很想我去,我到后于学校有益,那我便于开学之前到那边去。此处别的都不成问题,只在对不对得住玉堂,但玉堂也太胡涂——不知道还是老实——无药可救。昨天谈天,有几句话很可笑。我之讨厌黄坚,有二事,一,因为他在食饭时给我不舒服;二,因为他令我一个人挂拓本,不许人帮忙。而昨天玉堂给他辨解,却道他"人很爽直",那么,我本应该吃饭受气,独自陈列,他做的并不错,给他帮忙和对我客气的,倒都是"邪曲"的了。黄坚是玉堂的"襄理",他的言动,是玉堂应该负责的,而玉堂似乎尚不悟。现黄坚已同兼士赴京,去接家眷去了,已大有永久之计,大约当与国学院同其始终罢。

顾颉刚在此专门荐人,图书馆有一缺,又在计划荐人了,是胡适之的书记。但昨听玉堂口气,对于这一层却似乎有些觉悟,恐怕他不能达目的了。至于学校方面,则这几天正在大敷衍马寅初;昨天浙江学生欢迎他,硬要拖我同去照相,我严辞拒绝,他们颇以为怪。鸣呼,我非不知银行之可以发财,其如"道不同不相为谋"何。明天是校长赐宴,陪客又有我,他们处心积虑,一定要我去和银行家扳谈,苦哉苦哉!但我在知单上只了一个"知"字,不去可知矣。

鲁迅 1926 年 11 月 3 日致许广平(节录)

今天又知道一件事。先前顾颉刚要荐一个人到国学院(是给胡适抄写的,冒充清华校研究生),但没有成。现在这人终于来了,住在南普陀寺。为什么住到那里去的呢?因为伏园在那寺里的佛学院有几点钟功课(每月五十元),现在请人代着,他们就想挖取这地方。从昨天起,顾颉刚已在大施宣传手段,说伏园假期已满(实则未满)而不来,乃是在那边已经就职,不来的了。今天又另派探子,到我这里来探听伏园消息。我不禁好笑,答得极其神出鬼没,似乎不来,似乎并非不来,而且立刻要来,于是乎终于莫名其妙而去。你看研究系下的小卒就这么阴险,无孔不入,真是可怕可恨。不过我想这实在难对付,譬如要我对付,就必须将别的事情放下,另用一番心机，本业抛荒，所做的事就浮浅了。研究系学者之浅薄，就因为分心于此等下流事情之故也。

鲁迅1926年12月15日致许广平（节录）

本校并无新事发生。惟顾颉刚是日日夜夜布置安插私人；黄坚从北京到了，一个太太，四个小孩，两个用人，四十件行李，大有"山河永固"之意。我的要走已经宣传开去，大半是我自己故意说的。下午一个广大的学生来，他是本地人，问我广大来聘，我已应聘的话，可是真的。我说都真。他才高兴，说，我来厦门，他们都以为奇，但大概系不知内容之故，想总是住不久的，今果然，云云。可见能久在厦大者，必须不死不活的人才合宜，大家都以为我还不至于此。此人本是厦大学生，因去年的风潮而转广大，所以深知情形。

十五夜

鲁迅致友人信中的顾颉刚

1927年5月15日致章廷谦（节录）

我到此只三月，竟做了一个大傀儡。傅斯年我初见，先前竟想不到是这样人。当红鼻到此时，我便走了；而傅大写其信给我，说他已有补救法，即使鼻赴京买书，不在校；且宣传于别人。我仍不理，即出校。现已知买书是他们的预定计划，实是鼻们的一批大生意，因为数至五万元。但鼻系新来人，忽托以这么大事，颇不妥，所以托词于我之反对，而这是调和办法，则别人便无话可说了。他们的这办法，是我即不辞职，而略有微词，便可以提出的。

注释：
"红鼻"、"鼻"均指顾颉刚。

1927年5月30日致章廷谦（节录）

十来天以前见绍原，知道你因闻季和我已"他亡"，急欲知其底细，当时因为他已写信，我又忙于整理译稿，所以无暇写信。其实是我固在此地，住白云楼上吃荔枝也。不过事太凑巧，当红鼻到粤之时，正清党发生之际，所以也许有人疑我之滚，和政治有关，实则我之"鼻来我走"与鼻不两立，大似梅毒菌，真是倒霉之至之宣言，远在四月初上也。然而顾、傅为攻击我起见，当有说我关于政治而走之宣传，闻香港《工商报》，即曾说我因"亲共"而逃避云云，兄所闻之流言，或亦此类也欤。然而"管他妈的"可也。

中大当初开学，实在不易，因内情纠纷，我费去气力不少。时既太平，红鼻莅至，学者之福气可谓好极。日前中大图书馆征求家谱及各县志，厦大的老文章，又在此地应用了，则前途可想。骦先其将如玉堂也欤。绍原似乎也很寂寞，该校情形，和北大很不同，大约他也看不惯。

1927年6月12日致章廷谦(节录)

鼻之口中之鲁迅,可恶无疑,而且一定还有其他种种。鼻之腹中,有古史,有近史,此其所以为"学者";而我之于鼻,则除乞药揸鼻一事外,不知其他,此其所以非"学者"也。难于伺候哉此鼻也,鲁迅与之共事,亦可恶,不与共事,亦可恶,仆仆杭沪宁燕而宣传其可恶,于是乎鲁迅之可恶彰闻于天下矣,于是乎五万元之买书成为天经地义矣。岂不懿欤! 休哉!

我很感谢你和介石向孑公去争,以致此公将必请我们入研究院。然而我有何物可研究呢?古史乎,鼻已"辨"了;文学乎,胡适之已"革命"了,所余者,只有"可恶"而已。可恶之研究,必为孑公所大不乐闻者也,其实,我和此公,气味不投者也,民元以后,他所赏识者,袁希涛、蒋维乔辈,则十六年之顷,其所赏识者,也就可以类推了。

绍原,我想,他是在这里的。钱之不我许,是的确的。他很冤枉,因为系我绍介,有人说他鲁迅派。其实我何尝有什么派,一定介绍同派呢。而广东人和"学者"们,倘非将一人定为某一派,则心里便不舒服,于是说他也要走。还有人疑心我要运动他走。其实我是不赞成他走的,连季黻辞职时(因为走时,傅斯年探听他什么态度),我也反对过。而别人猜测我,都与我的心思背驰,因此我觉得我在中国人中,的确有点特别,非彼辈所能知也。

我之"何时离粤"与"何之"问题,一时殊难说。我现在因为有国库券,还可取几文钱,所以住在这里,反正离开也不过寓沪,多一番应酬。我这十个月中,屡次升沉,看看人情世态,有趣极了。我现已编好两部旧稿,整理出一部译的小说。此刻正在译一点日本人的论文,预备寄给你的,但日内未必完工,因为太长。每日吃鱼肝油,胖起来了,恐怕还要"可恶"几年哩。至于此后,则如暑假前后,咱们的"介石同志"打进北京,我也许回北京去,但一面也想漂流漂流,可恶一通,试试我这个人究竟受得多少明枪暗箭。总而言之,现在是过一天算一天,没有一定者也。

"出亡"的流言,我想是故意造的,未必一定始于愈之,或者倒是鼻一流人物。他们现在也大有此意,而无隙可乘,因为我竟不离粤,否则,无人质证,此地便流言蜂起了,他们只在香港的报上造一点小谣言,一回是说我因亲共而躲避,今天是说我已往汉口(此人是现代派,我疑是鼻之同党),我已寄了一封信,开了一点小玩笑,但不知可能登出,因为这里言论界之暗,实在过于北京。

注释:

此信第二段提到的"介石"系指郑奠。"孑公"指蔡元培。第四段的"介石同志"指蒋介石。

1927年6月23日致章廷谦(节录)

鼻又赴沪,此人盖以"学者"而兼"钻者"矣,吾卜其必将蒙赏识于"孑公"。顷得季茀来信,已至嘉兴,信有云:"浙省亦有办大学之事……我想傅、顾不久都会来浙的。"语虽似奇,而亦有理。我从上帝之默示,觉得鼻之于粤,乃专在买书生意及取得别一种之"干脩",下半年上堂讲授,则殆未必,他之口吃,他是自己知道的。所以也许对于浙也有所图也,如研究教授之类。

中大又聘容肇祖之兄容庚为教授,也是口吃的。广东中大,似乎专爱口吃的人。

傅近来颇骂适之,不知何故。据流言,则胡于他先有不敬之语云。(谓傅所学之名目甚多,而一无所成。)

中大对于绍原,是留他的。但自然不大舒服。傅拜帅而鼻为军师,阵势可想而知。他颇有愿在浙江谋事之口风,但我则主张其先将此间聘书收下,因为浙江大学,先就渺茫,他岂能吸西北风而等候哉?他之被谥为"鲁迅派",我早有所闻,其实他们是知道他并不是的。所以用此流言者,乃激将法,防其入于"鲁迅派"也。所以"谥"之而已,不至于排斥他。

1927年8月2日致江绍原(节录)

鼻盖在杭闻我八月中当离粤,昨得其一函,廿四写,廿六发,云:九月中当到粤给我打官司,令我勿走,"听候开审"。命令未来之被告,使他恭候月余,以俟打渺渺茫茫之官司,可谓天开奇想。实则他知我必不恭候,于是可指我为畏罪而逃耳。因复一函,言我九月已在沪,可就近在杭州起诉云,两信稿都已录寄川岛矣。鼻专在这些小玩意上用工夫,可笑可怜,血奔鼻尖而至于赤,夫岂"天实为之"哉。

中国士大夫之好行小巧,真应"大发感慨",明即以此亡。而江浙尤为此种小巧渊薮。我意现状如无大异,先生何妨仍来此地,孟德固有齐鲁方士夸诞遗风,然并不比鼻更可怕,在江浙,恐鼻族尤多,不会更好的。在此与孟德辈不即不离,似当尚可居若干月;但第一着则须搬出钟楼也。

1927年8月8日致章廷谦(节录)

鼻信已由前函奉告,是要我在粤恭候,何尝由我定。我想该鼻未尝发癫,乃是放刁,如泼妇装作上吊之类;倘有些癫,则必是中大的事有些不顺手也。谢早不在此,孙林处信不能通,好在被告有我在,够了。大约即使得罪于鼻,尚当不至于成为弥天重犯,所以我也不预备对付他,静静地看其发疯,较为有趣。他用这样的方法吓我是枉然的;他不知道我当做《阿Q正传》到[阿]Q被捉时,做不下去了,曾想装作酒醉去打巡警,得一点牢监里的经验。

我本决于月底走了,房子已回复,而招商无船,太古公司又罢工,从香港转,则行李太多,很不便,所以至此刻止,还未决定怎么办。倘不能走,则当函告赤鼻,叫他到这里来告,或到别处去,也要通知他。《中央副刊》我未见,不知登的是那一封;但打起官司来,我在法庭上还有话,也许比玉堂的"启事"有趣。

1927年8月17日致章廷谦(节录)

遥想一月以前,一个獐头鼠目而赤鼻之"学者",奔波于"西子湖"边而发挥咱们之"不好",一面又想出起诉之"无聊之极思"来,湖光山色,辜负已尽,念及辄为失笑。禹是虫,故无其人;据我最近之研究:迅盖禽也,亦无其人,鼻当可聊以自慰欤。案迅即 ,实即隼之简笔,与禹与禺,也与它无异,如此解释,则" "字迎刃而解,即从水,隼声,不必附会从"淮"之类矣。我于文字亦颇有发明,惜无人与我通信,否则亦可集以成"今史辨"也。

近偶见该《古史辨》,惊悉上面乃有自序一百多版。查汉朝钦犯司马迁,因割掉卵 而发牢骚,附于偌大之《史记》之后,文尚甚短,今该学者不过鼻子红而已矣,而乃已浩浩洋洋至此,殆真所谓文豪也哉,禹而尚在,也只能忍气吞声,自认为并无其人而已。

此地下半年之中大文科,实即去年之厦大而撵走了鼻所不喜之徒,而傅乃大贴广告,谓足为全国模范。不过这是半月以前的事,后来如何,须听下回分解矣。我诸事大略已了,本即可走,而太古公司洋鬼子,偏偏罢工,令我无船可坐;此地又渐热,在西屋中九蒸九晒,炼得遍身痱子。继而思之,到上海恐亦须挤在小屋中,不会更好,所以也就心平气和,"听其自然",生痱子就生痱子,长疙瘩就长疙瘩,无可无不可也。总之:一有较便之船,我即要走;但要我苦心孤诣,先搬往番鬼所管之香港以上邮船,则委实懒于奋发耳。好在近来鼻之起诉计划,当亦有所更改或修正,我亦无须急急如律令矣。

陆　与高长虹、顾颉刚等人的短兵相接

3　鲁迅与杨邨人

杨邨人：可是今年我脱离共产党以后，在左右夹攻的当儿，《艺术新闻》与《出版消息》都登载着先生要"嘘"我的消息，说是书名定为：《北平五讲与上海三嘘》，将对我"用嘘的方式加以袭击"，而且将我与梁实秋、张若谷并列，这自然是引起我的反感……

鲁　迅：先生似乎羞与梁实秋、张若谷两位先生为伍，我看是排起来倒也并不怎样辱没了先生，只是张若谷先生比较的差一点，浅陋得很，连做一"嘘"的材料也不够，我大概要另换一位的。

【导读】

杨邨人和鲁迅的一场论战

☆陈漱渝

　　杨邨人(1901—1955),广东潮安人。1925年加入中国共产党。太阳社成员。后加入了左翼作家联盟。1930年撰文诬蔑鲁迅"领到当今国民政府大学院的奖赏,"为儿子周年"大开汤饼会"。1932年和1933年提倡"小资产阶级革命文学"。1932年4月赴湘鄂西苏区,在苏维埃文化部社会教育科工作。5月苏区肃反扩大化,大量中高层干部蒙冤。9月初湘鄂区中心区洪湖陷落,杨邨人逃往汉口,宣布"离开政党生活的战壕"。1933年5月返回上海,发表《新儒林外史》,用轻薄词语评价《两地书》,再次触怒鲁迅。同年13月28日,鲁迅作《答杨邨人先生公开信的公开信》,痛斥杨为"革命场中的'小贩'"。

答杨邨人先生公开信的公开信

☆ 鲁　迅

《文化列车》破格的开到我的书桌上面,是十二月十日开车的第三期,托福使我知道了近来有这样一种杂志,并且使我看见了杨邨人先生给我的公开信,还要求着答复。对于这一种公开信,本没有一定给以答复的必要的,因为它既是公开,那目的其实是在给大家看,对我个人倒还在其次,但是,我如果要回答也可以,不过目的也还是在给大家看,要不然,不是只要直接寄给个人就完了么?因为这缘故,所以我在回答之前,应该先将原信重抄在下面——

鲁迅先生:

读了李倏先生(不知道是不是李又燃先生,抑或曹聚仁先生的笔名)的《读伪自由书》一文,近末一段说:

"读着鲁迅的《伪自由书》,便想到鲁迅先生的人。那天,见鲁迅先生吃饭,咀嚼时牵动着筋肉,连胸肋骨也拉拉动的,鲁迅先生是老了!我当时不禁一股酸味上心头。记得从前看到父亲的老态时有过这样的情绪,现在看了鲁迅先生的老态又重温了一次。这都是使司马懿之流,快活的事,何况旁边早变心了魏延。"(这末一句照原文十个字抄,一字无错,确是妙文!)

不禁令人起了两个感想:一个是我们敬爱的鲁迅先生老了,一个是我们敬爱的鲁迅先生为什么是诸葛亮?先生的"旁边"哪里来的"早变心了魏延"?无产阶级大众何时变成了阿斗?

第一个感想使我惶恐万分!我们敬爱的鲁迅先生老了,这是多么令人惊心动魄的事!记得《呐喊》在北京最初出版的时候(大概总在十年前),我拜读之后,景仰不置,曾为文介绍颂扬,揭登于张东荪先生编的《学灯》,在当时我的敬爱先生甚于敬爱创造社四君子。其后一九二八年《语丝》上先生为文讥诮我们,虽然两方论战绝无感情,可是论战是一回事,私心敬爱依然如昔。一九三〇年秋先生五十寿辰的庆祝会上,我是参加庆祝的一个,而且很亲切地和先生一起谈天,私心很觉荣幸。左联有一次大会在一个日本同志家里开着,我又和先生见面,十分快乐。可是今年我脱离共产党以后,在左右夹攻的当儿,《艺术新闻》与《出版消息》都登载着先生要"嘘"我的消息,说是书名定为《北平五讲与上海三嘘》,将对我"用嘘的方式加以袭击",而且将我与梁实秋、张若谷同列,这自然是引起我的反感,所以才有《新儒林外史第一回》之作。但在《新儒林外史第一回》里头只说先生出阵交战用的是大刀一词加以反攻的讽刺而已。其中引文的情绪与态度都是敬爱先生的。文中的意义却是以为先生对我加以"嘘"的袭击未免看错了敌人吧了。到了拜读大著《两地书》以后为文介绍,笔下也十分恭敬并没半点谩骂的字句,可是先生于《我的种痘》一文里头却有所误会似地顺笔对我放了两三支冷箭儿,特别地说是有人攻击先生的老,在我呢,并没有觉得先生老了,而且那篇文章也没有攻击先生的老,先生自己认为是老了了。伯纳萧的年纪比先生还大,伯纳萧的鬓毛比先生还白如丝吧,伯纳萧且不是老了,先生怎么这样就以为老了呢?我是从来没感觉到先生老了的,我只感觉到先生有如青年而且希望先生永久年轻。然而,读了李俊先生的文章,我惶恐,我惊讶,原来先生真的老了。李俊先生因为看了先生老了而"不禁一股酸味上心头",有如看他的令尊的老态的时候有过的情绪,我虽然也时常想念着我那年老的父亲,但并没有如人家攻击我那样地想做一个"孝子",不过是天性所在有时未免兴感而想念着吧了,所以我看了李俊先生的文章并没有联想到我的父亲上面去。然而先生老了,我是惶恐与惊讶。我惶恐与惊讶的是,我们敬爱的文坛前辈老了,他将因为生理上的缘故而要停止他的工作了!在这敬爱的心理与观念上,我将今年来对先生的反感打个粉碎,竭诚地请先生训诲。可是希望先生以严肃的态度出之,如"嘘",如放冷箭儿等却请慎重,以令对方心服。

第二个感想使我……因为那是李俊先生的事,这里不愿有扰清听。

假如这信是先生觉得有答复的价值的话,就请寄到这里《文化列车》的编者将它发表,否则希望先生为文给我一个严正的批判也可以。发表的地方我想随处都欢迎的。

专此并竭诚地恭敬地问了一声安好并祝康健。

杨邨人谨启　一九三三,一二,三

末了附带声明一句,我作这信是出诸至诚,并非因为鬼儿子骂我和先生打笔墨官司变成小鬼以后向先生求和以……"大鬼"的意思,邨人又及。

以下算是我的回信。因为是信的形式,所以开头照例是——

邝人先生:

先生给我的信是没有答复的价值的。我并不希望先生"心服",先生也无须我批判,因为近二年来的文字,已经将自己的形象画得十分分明了。自然,我决不会相信"鬼儿子"们的胡说,但我也不相信先生。

这并非说先生的话是一样的叭儿狗式的猖狺;恐怕先生是自以为永久诚实的罢,不过因为急促的变化,苦心的躲闪,弄得左支右绌,不能自圆其说,终于变成废话了,所以在听者的心中,也就失去了重量。例如先生的这封信,倘使略有自知之明,其实是不必写的。

先生首先问我"为什么是诸葛亮?"这就问得稀奇。李倏先生我曾经见过面,并非曹聚仁先生,至于是否李又燃先生,我无从确说,因为又燃先生我是没有预先见过的。我"为什么是诸葛亮"呢?别人的议论,我不能,也不必代为答复,要不然,我得整天的做答案了。也有人说我是"人群的蟊贼"的。"为什么?"——我都由它去。但据我所知道,魏延变心,是在诸葛亮死后,我还活着,诸葛亮的头衔是不能加到我这里来的,所以"无产阶级大众何时变成了阿斗?"的问题也就落了空。那些废话,如果还记得《三国志演义》或吴稚晖先生的话,是不至于说出来的,书本子上及别人,并未说过人民是阿斗。现在请放心罢。但先生站在"小资产阶级文学革命"的旗下,还是什么"无产阶级大众",自己的眼睛看见了这些字,不觉得可羞或可笑么?不要再提这些字,怎么样呢?

其次是先生"惊心动魄"于我的老,可又"惊心动魄"得很稀奇。我没有修炼仙丹,自然的规则,一定要使我老下去,丝毫也不足为奇的,请先生还是镇静一点的好。而且我后来还要死呢,这也是自然的规则,预先声明,请千万不要"惊心动魄",否则,逐渐就要神经衰弱,愈加满口废话了。我即使老,即使死,却决不会将地球带进棺材里去,它还年轻,它还存在,希望正在将来,目前也还可以插先生的旗子。这一节我敢保证,也请放心工作罢。

于是就要说到"三嘘"问题了。这事情是有的,但和新闻上所载的有些两样。那时是在一个饭店里,大家闲谈,谈到有几个人的文章,我确曾说:这些都只要以一嘘了之,不值得反驳。这几个人们中,先生也在内。我的意思是,先生在那冠冕堂皇的"自由"里,明明的告白了农民的纯厚,小资产阶级的智识者的动摇和自私,却又要来竖起小资产阶级革命文学的旗,就自己打着自己的嘴。不过也并未说出,走散了就算完结了。但不知道是辗转传开去的呢,还是当时就有新闻记者在座,不久就张大其辞的在报上登了出来,并请读者猜测。近五、六年来,关于我的记载多极了,无论为毁为誉,是假是真,我都置之不理,因为我没有聘定律师,常登广告的巨款,也没有遍看各种刊物的工夫,况且新闻记者为要哄动读者,会弄些夸张的手段,是大家知道的,甚至于还全盘捏造。例如先生还在做"革命文学家"的时候,用了"小记者"的笔名,在一种报上说我领到了南京中央党部的文学奖金,大开筵宴,祝孩子的周年,不料引起了郁达夫先生对于亡儿的记忆,悲哀了起来。这真说得栩栩如生,连出世不过一年的婴儿,也和我一同被喷满了血污。然而这事实的全出于创作,我知道,达夫先生知道,记者兼作者的您杨邨人先生当然也不会不知道的。

当时我一声不响。为什么呢?革命者为达目的,可用任何手段的话,我是以为不错的,所以即使因为我罪孽深重,革命文学的第一步,必须拿我来开刀,我也敢于咬着牙关忍受。杀不掉,我就退进野草里,自己舐尽了伤口的血痕,决不烦别人敷药。但是,人非圣人,为了麻烦而激动起来的时候也有的,我诚然讥诮过先生"们",这些文章,后来都收在《三闲集》中,一点也不删去,然而和先生"们"的造谣言和攻击文字的数量来比一比罢,不是不到十分之一么?不但此也,在讲演里,我有时也曾嘲笑叶灵凤先生或先生,先生以"前卫"之名,雄赳赳出阵的时候,我是祭旗的牺牲,则战不数合便从火线上爬了开去之际,我以为实在也难以禁绝我的一笑。无论在阶级的立场上,在个人的立场上,我都有一笑的权利的。然而我从未傲然的假借什么"良心"或"无产阶级大众"之名,来凌压敌手,我接着一定声明:这是因为我和他有些个人的私怨的。先生,这还不够退让么?

但为了不能使我负责的新闻记事,竟引起先生的"反感"来了,然而仍蒙破格的优待,在《新儒林外史》里,还赏我拿一柄大刀。在礼仪上,我是应该致谢的,但在实际上,却也如大张筵宴一样,我并无大刀,只有一支笔,名曰"金不换"。这也并不是在广告不收卢布的意思,是我从小用惯,每支五分的便宜笔。我确曾用这笔碰着了先生,不过也只如运用古典一样,信手拈来,涉笔成趣而已,并不特别含有报复的恶意。但先生却又给我挂上"三支冷箭"了。这可不能怪先生的,因为这只是陈源教授的余唾。然而,即使算是我在报复罢,由上面所说的原因,我也还不至于走进"以怨报德"的队伍里面去。

至于所谓《北平五讲与上海三嘘》,其实是至今没有写,听说北平有一本《五讲》出版,那可并不是我做的,我也没有见过那一本书。不过既然闹了风潮,将来索性写一点也难说,如果写起来,我想名为《五讲三嘘集》,但后一半也未必正是报上所说的三位。先生似乎羞与梁实秋、张若谷两位先生为伍,我看是排起来倒也并不怎样辱没了先生,只是张若谷先生比较的差一点,浅陋得很,连做一"嘘"的材料也不够,我大概要另换一位的。

对于先生,照我此刻的意见,写起来恐怕也不会怎么坏。我以为先生虽是革命场中的一位小贩,却并不是奸商。我所谓奸商者,一种是国共合作时代的阔人,那时颂苏联,赞共产,无所不至,一到清党时候,就用共产青年,共产嫌疑青年的血来洗自己的手,依然是阔人,时势变了,而不变其阔;一种是革命的骁将,杀土豪,倒劣绅,激烈得很,一有蹉跌,便称为"弃邪归正",骂"土匪",杀同人,也激烈得很,主义改了,而仍不失其骁。先生呢,据"自白",革命与否以亲之苦乐为转移,有些投机气味是无疑的,但并没有反过来做大批的买卖,仅在竭力要化为"第三种人",来过比革命党较好的生活。既从革命阵线上退回来,为辩护自己,做稳"第三种人"起见,总得有一点零星的忏悔,对于统治者,其实是颇有些益处的,但竟还至于遇到"左右夹攻的当儿"者,恐怕那一方面,还嫌先生门面太小的缘故罢,这和银行雇员的看不起小钱店伙计是一样的。先生虽然觉得抱屈,但不信"第三种人"的存在不独是左翼,却因先生的经验而证明了,这也是一种很大的功德。

平心而论,先生是不算失败的,虽然自己觉得被"夹攻",但现在只要没有马上杀人之权的人,有谁不遭人攻击。生活当然是辛苦的罢,不过比起被杀戮,被囚禁的人们来,真有天渊之别;文章也随处能够发表,较之被封锁,压迫,禁止的作者,也自由自在得远了。和阔人骁将比,那当然还差得很远,这就因为先生并不是奸商的缘故。这是先生的苦处,也是先生的好处。

话已经说得太多了,就此完结。总之,我还是和先前一样,决不肯造谣说谎,特别攻击先生,但从此改变另一种态度,却也不见得,本人的"反感"或"恭敬",我是毫不打算的。请先生也不要因为我的"将因为生理上的缘故而要停止工作"而原谅我,为幸。

专此奉答,并请
著安。

鲁迅 一九三三,一二,二八

青年与老子

☆鲁　迅

听说,"慨自欧风东渐以来",中国的道德就变坏了,尤其是近时的青年,往往看不起老子。这恐怕真是一个大错误,因为我看了几个例子,觉得老子的对于青年,有时确也很有用处,很有益处,不仅足为"文学修养"之助的。

有一篇旧文章——我忘记了出于什么书里的了——告诉我们,曾有一个道士,有长生不老之术,自说已经百余岁了,看去却"美如冠玉",像二十左右一样。有一天,这位活神仙正在大宴阔客,突然来了一个须发都白的老头子,向他要钱用,他把他骂出去了,大家正惊疑间,那活神仙慨然的说道,"那是我的小儿,他不听我的话,不肯修道,现在你们看,不到六十,就老得那么不成样子了。"大家自然是很感动的,但到后来,终于知道了那人其实倒是道士的老子。

还有一篇新文章——杨某的自白——却告诉我们,他是一个有志之士,学说是很正确的,不但讲空话,而且去实行,但待到看见有些地方的老头儿苦得不像样,就想起自己的老子来,即使他的理想实现了,也不能使他的父亲做老太爷,仍旧要吃苦。于是得到了更正确的学说,抛去原有的理想,改做孝子了。假使父母早死,学说那有这么圆满而堂皇呢?这不也就是老子对于青年的益处么?

那么,早已死了老子的青年不是就没有法子么?我以为不然,也有法子想。这还是要查旧书。另有一篇文章——我也忘了出在什么书里的了,——告诉我们,一个老女人在讨饭,忽然来了一位大阔人,说她是自己的久经失散了的母亲,她也将错就错,做了老太太。后来她的儿子要嫁女儿,和老太太同到首饰店去买金器,将老太太已经看中意的东西自己带去给太太看一看,一面请老太太还在拣,——可是,他从此就不见了。

不过,这还是学那道士似的,必须实物时候的办法,如果单是做做自白之类,那是实在有无老子,倒并没有什么大关系的。先前有人提倡过"虚君共和",现在又何妨有"没亲孝子"?张宗昌很尊孔,恐怕他府上也未必有"四书""五经"罢。

十一月七日

注释:

原载《申报·自由谈》1933 年 11 月 17 日,署名敬一尊。

伪自由书·后记(节录)

☆鲁　迅

《后记》这回本来也真可以完结了,但且住,还有一点余兴的余兴。因为剪下的材料中,还留着一篇妙文,倘使任其散失,是极为可惜的,所以特地将它保存在这里。

这篇文章载在六月十七日《大晚报》的《火炬》里——

新儒林外史
第一回　揭旗扎空营　兴师布迷阵

☆柳　丝

却说卡尔和伊理基两人这日正在天堂以上讨论中国革命问题,忽见下界中国文坛的大戈壁上面,杀气腾腾,尘沙弥漫,左翼防区里面,一位老将紧追一位小将,战鼓震天,喊声四起,忽然那位老将牙缝开处,吐出一道白雾,卡尔闻到气味立刻晕倒,伊理基拍案大怒道,"毒瓦斯,毒瓦斯!"扶着卡尔赶快走开去了。原来下界中国文坛的大戈壁上面,左翼防区里头,近来新扎一座空营,揭起小资产价级革命文学之旗,无产阶级文艺营垒受了奸人挑拨,大兴问罪之师。这日大军压境,新扎空营的主将兼官佐又兼士兵杨邨人提起笔枪,跃马相迎,只见得战鼓震天,喊声四起,为首先锋扬刀跃马而来,乃老将鲁迅是也。那杨邨人打拱,叫声"老将军别来无恙?"老将鲁迅并不答话,跃马直冲扬刀便刺,那杨邨人笔枪挡住又道:"老将有话好讲,何必动起干戈?小将别树一帜,自扎空营,只因事起仓卒,未及呈请指挥,并非倒戈相向,实则独当一面,此心此志,天人共鉴。老将军试思左翼诸将,空言克服,骄盈自满,战术既不研究,武器又不制造。临阵则军容不整,出马则拖枪而逃,如果长此以往,何以维持威信?老将军整顿纪纲之不暇,劳师远征,窃以为大大对不起革命群众的呵!"老将鲁迅又不答话,圆睁环眼,倒竖虎须,只见得从他的牙缝里头嘘出一道白雾,那小将杨邨人知道老将放出毒瓦斯,说的迟那时快,已经将防毒面具戴好了,正是：情感作用无理讲，是非不明只天知！欲知老将究竟能不能将毒瓦斯闷死那小将，且待下回分解。

第二天就收到一封编辑者的信，大意说：兹署名有柳丝者（"先生读其文之内容或不难想像其为何人"），投一滑稽文稿，题为《新儒林外史》，但并无伤及个人名誉之事。业已决定为之发表，倘有反驳文章，亦可登载云云。使刊物暂时化为战场，热闹一通，是办报人的一种极普通办法，近来我更加"世故"，天气又这么热，当然不会去流汗同翻筋斗的。况且"反驳"滑稽文章，也是一种少有的奇事，即使"伤及个人名誉事"，我也没有办法，除非我也作一部《旧儒林外史》，来辩明"卡尔和伊理基"的话的真假。但我并不是巫师，又怎么看得见"天堂"？"柳丝"是杨邨人先生还在做"无产阶级革命文学者"时候已经用起的笔名，这无须看内容就知道，而曾几何时，就在"小资产阶级革命文学"的旗子下做着这样的幻梦，将自己写成了这么副形容了。时代的巨轮，真是能够这么冷酷地将人们辗碎的。但也幸而有这一辗，因为韩侍桁先生倒因此从这位"小将"的腔子里看见了"良心"了。

这作品只是第一回，当然没有完，我虽然毫不想"反驳"，却也愿意看看这有"良心"的文学，不料从此就不见了，迄今已有月余，听不到"卡尔和伊理基"在"天堂"上和"老将""小将"在地狱里的消息。但据《社会新闻》（七月九日，四卷三期）说，则又是"左联"阻止的——

杨邨人转入 AB 团

叛左联而写揭小资产战斗之旗的杨邨人，近已由汉来沪，闻寄居于 AB 团小卒徐翔之家，并已加入该团活动矣。前在《大晚报》署名柳丝所发表的《新封神榜》一文，即杨手笔，内对鲁迅大加讽刺，但未完即止，闻因受左联警告云。

［预］

左联会这么看重一篇"讽刺"的东西，而且仍会给"叛左联而写揭小资产战斗之旗的杨邨人"以"警告"，这才真是一件奇事。据有些人说，"第三种人"的"忠实于自己的艺术"，是已经因了左翼理论家的凶恶的批评而写不出来了，现在这"小资产战斗"的英雄，又因了左联的警告而不再"战斗"，我想，再过几时，则一切割地吞款，兵祸水灾，古物失踪，阔人生病，也要都成为左联之罪，尤其是鲁迅之罪了。

现在使我记起了蒋光慈先生。

事情是早已过去,恐怕有四、五年了,当蒋光慈先生组织太阳社,和创造社联盟,率领"小将"来围剿我的时候,他曾经做过一篇文章,其中有几句,大意是说,鲁迅向来未曾受人攻击,自以为不可一世,现在要给他知道知道了。其实这是错误的,我自作评论以来,即无时不受攻击,即如这三、四月中,仅仅关于《自由谈》的,就已有这许多篇,而且我所收录的,还不过一部份。先前何尝不如此呢,但它们都与如驶的流光一同消逝,无踪无影,不再为别人所觉察罢了。这回趁几种刊物还在手头,便转载一部份到《后记》里,这其实也并非专为我自己,战斗正未有穷期,老谱将不断的袭用,对于别人的攻击,想来也还要用这一类的方法,但自然要改变了所攻击的人名。将来的战斗的青年,倘在类似的境遇中,能偶然看见这记录,我想是必能开颜一笑,更明白所谓敌人者是怎样的东西的。

所引的文字中,我以为很有些篇,倒是出于先前的"革命文学者"。但他们现在是另一个笔名,另一副嘴脸了。这也是必然的。革命文学者若不想以他的文学,助革命更加深化,展开,却借革命来推销他自己的"文学",则革命高扬的时候,他正是狮子身中的害虫,而革命一受难,就一定要发现以前的"良心",或以"孝子"之名,或以"人道"之名,或以"比正在受难的革命更加革命"之名,走出阵线之外,好则沉默,坏就成为叭儿的。这不是我的"毒瓦斯",这是彼此看见的事实!

一九三三年七月二十日午,记

准风月谈·后记(节录)

☆鲁　迅

听说,现在是连用古典有时也要被检查官禁止了,例如提起秦始皇,但去年还不妨,不过用新典总要闹些小乱子。我那最末的《青年与老子》,就因为碰着了杨邨人先生(虽然刊出的时候,那名字已给编辑先生删掉了),后来在《申报》本埠增刊的《谈言》(十一月二十四日)上引得一篇妙文的。不过颇难解,好像是在说我以孝子自居,却攻击他做孝子,既"投井",又"下石"了。因为这是一篇我们的"改悔的革命家"的标本作品,弃之可惜,谨录全文,一面以见杨先生倒是现代"语录体"作家的先驱,也算是我的《后记》里的一点余兴罢——

聪明之道

☆杨邨人

畴昔这夜,拜访世故老人于其庐:庐为三层之楼,面街而立,虽电车玲玲轧轧,汽车呜呜哑哑,市嚣扰人而不觉,俨然有如隐士,居处晏如,悟道深也。老人曰,"汝来何事?"对曰:"敢问聪明之道。"谈话有主题,遂成问答。

"难矣哉,聪明之道也!孔门贤人如颜回,举一隅以三隅反,孔子称其聪明过人,于今之世能举一隅以三隅反者尚非聪明之人,汝问聪明之道,其有意难余老聩者耶?"

"不是不是,你老人家误会了我的问意了!我并非要请教关于思辨之术。我是生性拙直愚笨,处世无方,常常碰壁,敢问关于处世的聪明之道。"

"嚱嘻,汝诚拙直愚笨也,又问处世之道!夫今之世,智者见智,仁者见仁,阶级不同,思想各异,父子兄弟夫妇姊妹因思想之各异,一家之内各有主张各有成见,虽属骨肉至亲,乖离冲突,背道而驰;古之所谓英雄豪杰,各事其君而为仇敌,今之所谓志士革命家,各为阶级反目无情。甚至只因立场之不同,骨肉至亲格杀无赦,投机取巧或能胜利于一时,终难立足于世界,聪明之道实则无穷,且唯既愚且鲁之徒方能享福无边也矣……"

"老先生虽然说的头头是道,理由充足,可是,真的聪明之道就没有了吗?"

"然则仅有投机取巧之道也矣。试为汝言之:夫投机取巧之道要在乎滑头,而滑头已成为专门之学问,西欧学理分门别类有所谓科学哲学者,滑头之学问实可称为滑头学。滑头学如依大学教授之编讲义,大可分成若干章,每章分成若干节,每节分成若干项,引古据今,中西合璧,其理论之深奥有甚于哲学,其引证之广大举凡中外历史,物理化学,艺术文学,经商贸易之直,诱惑欺骗之术,概属必列,包罗万象,自大学预科以至大学四年级此一讲义仅能讲其千分之一,大学毕业各科及格,此滑头学则无论何种聪明绝顶之学生皆不能及格,且大学教授本人恐亦知其然不知其所以然,其难学也可想而知之矣。余处世数十年,头顶已秃,须发已白,阅历不为不广,教训不为不多,然而余着手编辑滑头学讲义,仅能编其第一章之第一节,第一节之第一项也。此第一章之第一节,第一节之第一项其纲目为'顺水行舟',即人云亦云,亦即人之喜者喜之,人之恶者恶之是也,举一例言之,如人之恶者为孝子,所谓封建宗法社会之礼教遗孽之一,则汝虽曾经为父侍汤服药问医求卜出诸天性以事亲人,然论世之出诸天性以事亲人者则引'孝子'之名以责难之,惟求青年之鼓掌称快,勿管本心见解及自己行动之如何也。被责难者处于时势潮流之下,百辞莫辩,辩则反动更为证实,从此青年鸣鼓而攻,体无完肤,汝之胜利不但已操左券,且为青年奉为至圣大贤,小品之集有此一篇,风行海内洛阳纸贵,于是名利双收,宝贵无边矣。其第一章之第一节,第一节之第二项为"投井下石",余本亦知一二,然偶一忆及投井下石之人,殊觉头痛,实无心编之也。然而滑头学虽属聪明之道,实乃左道旁门,汝实不足学也。"

"老先生所言想亦很有道理,现在社会上将这种学问作敲门砖混饭吃的人实在不少,他们也实在到处逢源,名利双收,可是我是一个拙直愚笨的人,恐怕就要学也学不了吧?"

"呜呼汝求聪明之道,而不学之,虽属可取,然碰壁也宜矣!"

是夕问道于世故老人,归来依然故我,呜呼噫嘻!

陆　与高长虹、顾颉刚等人的短兵相接

4　鲁迅与史济行

史济行：这里,晚以十二分的诚意,恳乞先生惠赐大作一篇,以光篇幅!如无新作,旧存作品亦可。倘再没有,日记或书函亦甚欢迎……我希望先生不要使我失望。先生!你一定要答应我的要求!

鲁　迅：看见《社会日报》,说是善于翻戏的史济行,现又化名为齐涵之了。我这才悟到自己竟受了骗。他仍在玩着骗取文稿的老套……人还是大意不得,偶不疑虑,偶动友情,到底成为我的弱点了。

【导读】

史济行和鲁迅的一场论战

☆陈漱渝

　　史济行(1905—1969)，又名史天行，化名史岩，浙江宁波人。原为上海中化艺术大学学生，曾撰写"革命文豪劣迹"投稿给《语丝》，为鲁迅所拒。1935年在武汉编辑《人间世》（后改名《西北风》），以"史岩"的化名骗取鲁迅稿件，被鲁迅斥为"无耻之尤"。1936年，他又化名"齐涵之"，自称是白莽的同学，骗取鲁迅为《孩儿塔》作序。鲁迅逝世后曾伪造鲁迅佚文逸事。抗日战争胜利后曾任青年党机关报《中华时报》副刊编辑。1949年后在宁波教中学，两次入狱，病逝于鄞县。

史济行致鲁迅

(一)一九三四年

鲁迅先生：

曩先生住景云里时，常与赵平复、徐殷夫诸兄至贵处，曾有数次相遇，谅先生或尚能忆起。晚年来在宁波，从事文化事业，现除主持宁波日报编务外，兼任斐迪中学教职。近因鉴于国内文坛之消沉，特发起组织一《新文学》月刊，预定七月一日出创刊号，形式和性质略与傅东华编之《文学》相仿佛，不过我们要比较年轻一些。该刊由上海一家新开的春江书铺发行，编辑处因同人职业关系暂设宁波。负责编务者除晚外，尚有王任叔、邬孟晖二位。稿已一部分付印，计有：老舍、巴金、许杰、蓬子、徐盈、黑婴、田汉、孙用、孙席珍、臧克家、陈瘦石、张天翼等文字。惟因初次问世，内容力求充实，我们打算创刊号至少要有十六万字，现所有只八、九万字，所以稿件不敷尚多。

这里，晚以十二分的诚意，恳乞先生惠赐大作一篇，以光篇幅！如无新作，旧存作品亦可。倘再没有，日记或书函亦甚欢迎。最好随笔及论文，《新文学》颇少是项材料。酬费可有每千字五元至六元，版权仍由原作者保留。(稿到即将款寄去)

来稿盼于六月十日前寄来，俾得赶及付印。稿端署名可听便。同时，尤盼先生惠以近影一帧，盖《新文学》卷首亦附有画报之故。照片制版后，当挂号寄回。以上的要求，想先生热心文艺，当可允我所请吧！

末，晚谨以最大的热忱，期待着先生的惠稿。专此，即颂著绥！

晚史岩拜
[一九三四年]五月十日，于甬东华严居

为了《新文学》初次发刊，乞先生无论如何要在百忙中写一篇来，千万不借端而推却我，使我感着深深的失望。

白莽有一本遗下诗集，叫做《孩儿塔》，我想把它出版，要求先生做一篇序，谅可办到吧?他原名徐白,一名殷夫,他家中尚有一哥一姊,他的哥就是现任航空署长的徐培根。岩又及。

赐教乞寄:

宁波江东华严街二十号。

(二)一九三五年

鲁迅先生大鉴:

前奉二函,谅达台端,未蒙复我为念。

晚等所创之《新文学》月刊,初因集稿不易,后又内部纠纷,致出版一再展期,盖初次问世,给人印象实不能太坏也。

现敝刊大致已告就绪,准在三月二十日出创刊号。第一期为创作专号,有郭沫若、郁达夫、老舍、巴金等文字。一待出版,即当寄奉。第二期预定为翻译专号,稿已收到者有杨丙辰、董冬芬、王了一、姚蓬子等。久仰先生为文坛权威,恳乞无论如何于百忙中惠赐大译一篇,以光篇幅!如无新译,旧存译品亦可,但请千万莫再使我失望才好。酬费当有千字六元,版权仍由原译者保留。(稿到即寄图书审查委员会审查,如无问题,即将酬费寄奉。晚原知先生译品毫无问题,酬费不妨先奉,但一则不知字数,二则限于敝刊与书店所订条约。乞先生谅之。)尊稿至迟盼于三月十五日前寄我,俾得赶及付印。同时,如能附以原著者图书或照片,更属欢迎。

末,我希望先生不要使我失望。先生!你一定要答应我的要求。总之,在敝刊翻译号中,无论如何要有先生的一篇译文,晚只望得先生一篇短短的译文或译诗,于愿已足。想先生对文艺十分热忱,一定能答许我的所请。

专此,即颂

大安

晚　天行拜上

[一九三五年]二月二十八日

敝刊由上海春江书店发行,在该店未设门市部前,暂托上海中华杂志公司代理发行。

敝刊内部曾一度纠纷,外界谣传定多,但此乃一二人中伤,先生可勿信。

惠稿乞寄:宁波江东华严街史宅《新文学》社。(或写史岩收。)

酬费弟绝对负责,决不使先生脑力白化。

(三)一九三五年

鲁迅先生:

　　前奉数函,未蒙一复为念。现敝刊《新文学》,创刊号已于日前出版,兹特寄一册,乞先生有以教我。

　　敝刊第二期为翻译专号,稿已有多篇付印,恳乞先生亦望能于百忙中惠赐大译一篇,以光篇幅! 新译如无,旧译亦可,化名亦一听尊便。尊稿不论什么,均所欢迎。(序跋文亦佳。)倘再无暇,先生可将早经在《朝日新闻》发表之文字,命人译一篇来,亦非常欢迎。但请先生千万莫再使我失望,至皇! 至盼! 大稿至迟望于本月三十日前送至——四马路二九七号中华杂志公司转敝刊,俾能赶及付印。酬费只有千字六元,未足云报,想先生热心文艺,谅不致却我所请也。专此祝吉!

　　　　　　　　　　　　　　　　　　　　　　　弟史岩即天行拜

　　　　　　　　　　　　　　　　　　　　　　　〔一九三五年四月〕

　　酬费本可先寄,但一则不知字数,二则限于敝刊与公司所订条约。倘先生需用,弟可暂填半数,先生大稿命人送至书店时,即取钱可也。但请先函约定时间,弟可嘱人等候。行又及。

续 记

☆鲁 迅

这是三月十日的事。我得到一个不相识者由汉口寄来的信,自说和白莽是同济学校的同学,藏有他的遗稿《孩儿塔》,正在经营出版,但出版家有一个要求:要我做一篇序;至于原稿,因为纸张零碎,不寄来了,不过如果要看的话,却也可以补寄。其实,白莽的《孩儿塔》的稿子,却和几个同时受难者的零星遗稿,都在我这里,里面还有他亲笔的插画,但在他的朋友手里别有初稿,也是可能的;至于出版家要有一篇序,那更是平常事。

近两年来,大开了印卖遗著的风气,虽是期刊,也常有死人和活人合作的,但这已不是先前所谓"骸骨的迷恋",倒是活人在依靠死人的余光,想用"死诸葛吓走生仲达"。我不大佩服这些活家伙。可是这一回却很受了感动,因为一个人受了难,或者遭了冤,所谓先前的朋友,一声不响的固然有,连赶紧来投几块石子,借此表明自己是属于胜利者一方面的,也并不算怎么希罕;至于抱守遗文,历多年还要给它出版,以尽对于亡友的交谊者,以我之孤陋寡闻,可实在很少知道。大病初愈,才能起坐,夜雨淅沥,怆然有怀,便力疾写了一点短文,到第二天付邮寄去,因为恐怕连累付印者,所以不题他的姓名;过了几天,才又投给《文学丛报》,因为恐怕妨碍发行,所以又隐下了诗的名目。

此后不多几天,看见《社会日报》,说是善于翻戏的史济行,现又化名为齐涵之了。我这才悟到自己竟受了骗,因为汉口的发信者,署名正是齐涵之。他仍在玩着骗取文稿的老套,《孩儿塔》不但不会出版,大约他连初稿也未必有的,不过知道白莽和我相识,以及他的诗集的名目罢了。

至于史济行和我的通信,却早得很,还是八九年前,我在编辑《语丝》,创造社和太阳社联合起来向我围剿的时候,他就自称是一个艺术专门学校的学生,信件在我眼前出现了,投稿是几则当时所谓革命文豪的劣迹,信里还说这类文稿,可以源源的寄来。然而《语丝》里是没有"劣迹栏"的,我也不想和这种"作家"往来,于是当时即加以拒绝。后来他又或者化名"彳亍",在刊物上捏造我的谣言,或者忽又化为"天行"(《语丝》也有同名的文字,但是别一人)或"史岩",卑词征求我的文稿,我总给他一个置之不理。这一回,他在汉口,我是听到过的,但不能因为一个史济行在汉口,便将一切汉口的不相识者的信都看作卑劣者的圈套,我虽以多疑为忠厚长者所诟病,但这样多疑的程度是还不到的。不料人还是大意不得,偶不疑虑,偶动友情,到底成为我的弱点了。

今天又看见所谓"汉出"的《人间世》的第二期,卷末写着"主编史天行",而下期要目的预告上,果然有我的《序〈孩儿塔〉》在。但卷端又声明着下期要更名为《西北风》了,那么,我的序文,自然就卷在第一阵"西北风"里。而第二期的第一篇,竟又是我的文章,题目是《日译本〈中国小说史略〉序》。这原是我用日本文所写的,这里却不知道何人所译,仅止一页的短文,竟充满着错误和不通,但前面却附有一行声明道:"本篇原来是我为日译本《支那小说史》写的卷头语……"乃是模拟我的语气,冒充我自己翻译的。翻译自己所写的日文,竟会满纸错误,这岂不是天下大怪事么?

中国原是"把人不当人"的地方,即使无端诬人为投降或转变,国贼或汉奸,社会上也并不以为奇怪。所以史济行的把戏就更是微乎其微的事情,我所要特地声明的,只在请读了我的序文而希望《孩儿塔》出版的人,可以收回这希望,因为这是我先受了欺骗,一转而成为我又欺骗了读者的。

最后,我还要添几句由"多疑"而来的结论:即使真有"汉出"《孩儿塔》,这部诗也还是可疑的。我从来不想对于史济行的大事业讲一句话,但这回既经我写过一篇序,且又发表了,所以在现在或到那时,我都有指明真伪的义务和权利。

四月十一日

注释:

原载 1936 年 5 月《文学丛报》月刊第 2 期,发表时题为《关于〈白莽遗诗序〉的声明》。